엑셀

데이터 분석
바이블

EXCEL
BIBLE

실무에 최적화된 엑셀 사용서

최준선 지음

모든 버전
사용 가능

(2007) (2010) (2013) (2016) (2019) (Microsoft 365)

HB 한빛미디어
Hanbit Media, Inc.

지은이 **최준선**

마이크로소프트의 엑셀 MVP로, 엑셀 강의 및 기업 업무 컨설팅과 집필 활동을 활발히 하고 있습니다. 네이버 엑셀 대표 카페인 '엑셀.하루에 하나씩(http://cafe.naver.com/excelmaster)'에서 체계적인 교육 프로그램인 '엑셀 마스터 과정'을 운영하고 있습니다. 주요 저서로는 《엑셀 함수&수식 바이블》(한빛미디어, 2020), 《엑셀 업무 공략집》(한빛미디어, 2020), 《엑셀 매크로&VBA 바이블》(한빛미디어, 2019), 《엑셀 바이블》(한빛미디어, 2019), 《엑셀 2016 함수&수식 바이블》(한빛미디어, 2018), 《엑셀 피벗&파워 쿼리 바이블》(한빛미디어, 2017), 《엑셀 2016 매크로&VBA 바이블》(한빛미디어, 2016), 《엑셀 2016 바이블》(한빛미디어, 2016), 《엑셀 2013 바이블》(한빛미디어, 2013), 《회사에서 바로 통하는 엑셀 실무 데이터 분석》(한빛미디어, 2012), 《회사에서 바로 통하는 엑셀 2010 함수 이해&활용》(한빛미디어, 2012) 등이 있습니다.

엑셀 데이터 분석 바이블

실무에 최적화된 엑셀 사용서 – 모든 버전 사용 가능

초판 1쇄 발행 2021년 4월 30일
초판 3쇄 발행 2024년 6월 27일

지은이 최준선 / **펴낸이** 전태호
펴낸곳 한빛미디어(주) / **주소** 서울특별시 서대문구 연희로2길 62 한빛미디어(주) IT출판1부
전화 02-325-5544 / **팩스** 02-336-7124
등록 1999년 6월 24일 제25100-2017-000058호 / **ISBN** 979-11-6224-425-8 13000

총괄 배윤미 / **책임편집** 장용희 / **기획·편집** 박지수 / **교정** 신꽃다미 / **진행** 진명규
디자인 박정화 / **전산편집** 김보경
영업 김형진, 장경환, 조유미 / **마케팅** 박상용, 한종진, 이행은, 김선아, 고광일, 성화정, 김한솔 / **제작** 박성우, 김정우

이 책에 대한 의견이나 오탈자 및 잘못된 내용은 출판사 홈페이지나 아래 이메일로 알려주십시오.
파본은 구매처에서 교환하실 수 있습니다. 책값은 뒤표지에 표시되어 있습니다.
한빛미디어 홈페이지 www.hanbit.co.kr / 이메일 ask@hanbit.co.kr / 자료실 www.hanbit.co.kr/src/10425

지금 하지 않으면 할 수 없는 일이 있습니다.
책으로 펴내고 싶은 아이디어나 원고를 메일(writer@hanbit.co.kr)로 보내주세요.
한빛미디어(주)는 여러분의 소중한 경험과 지식을 기다리고 있습니다.

데이터 분석이란?

회사는 다양한 활동을 통해 대량의 데이터를 누적하고, 이렇게 얻은 데이터로 고객을 이해해 이익을 극대화하거나 비용을 줄이는 등 현실적인 도움을 얻고 싶어 합니다. 이를 위한 일련의 과정을 데이터 분석이라고 합니다. 데이터 분석의 전체 프로세스는 다음과 같이 정리할 수 있습니다.

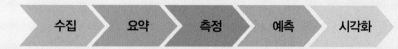

위 프로세스에서 데이터를 수집하고 이를 필요한 기준으로 요약하는 등의 작업은 데이터 분석의 기본 단계입니다. 그리고 요약된 데이터가 원하는 결과에 도달했는지 평가(측정)하고 이를 통해 미래를 예측하는 등의 작업은 고급 단계에 해당합니다.

이런 작업으로 도출한 여러 수치를 차트와 피벗 테이블 등 여러 도구를 이용해 한눈에 보기 좋게 나열하는 작업을 데이터 시각화라고 합니다. 그리고 이렇게 작업한 결과물을 하나의 시트에 모아 데이터 시각화를 가장 극대화해 보여주는 양식을 대시보드라고 부릅니다.

이 책은 데이터 분석에 필요한 여러 프로세스를 엑셀로 해결하는 방법을 학습하도록 설계되어 있습니다. 이 책을 통해 데이터 분석에 한 걸음 가깝게 접근할 수 있길 기대합니다.

데이터 분석은 전문가만 하는 것이 아닌가?

데이터 분석에서 데이터를 수집하고 요약하는 부분은 일반 사용자가 자주 하는 업무 카테고리에 들어갑니다. 하지만 데이터를 평가하고 예측하는 작업을 자주 진행하지는 않습니다. 데이터를 평가하고 예측하는 작업을 수행하려면 다양한 통계/분석 기술에 대한 이해가 필요하며, 결과를 시각화하는 여러 가지 기술도 습득해야 합니다. 그렇기 때문에 엑셀보다는 태블로(Tableau)와 같은 전문적인 BI 프로그램을 사용하는 경우가 많고 이런 프로그램을 활용하는 사람들과 업무를 구분해 수행하는 것이 대부분입니다.

하지만 늘 그렇듯 엑셀을 활용한 전산 업무는 더 많은 데이터를 다루는 방향으로 나아가고 있습니다. 데이터가 방대해질수록 간단한 요약 보고서로는 의사 결정권자의 눈높이를 만족시키기 어렵습니다. 그렇기 때문에 마이크로소프트에서는 엑셀에서 다양한 데이터 분석 업무를 처리할 수 있는 기존 기능에 더해 파워 BI 관련 기능(파워 쿼리, 파워 피벗)을 추가로 지원하고 더욱 개선하고 있습니다.

이런 기능을 활용할 줄 알면 꼭 데이터 분석 전문가가 아니라도 엑셀을 이용해 쉽게 데이터를 요약, 분석하고 시각화하는 데이터 분석 작업을 수행할 수 있습니다. 다른 프로그램을 사용하지 않고 엑셀만으로도 충분히 경쟁력 있는 보고서를 만들 수 있습니다.

이 책은 엑셀 초보자에게도 유용한가?

이 책은 데이터 분석 업무를 하려는 분이라면 누구에게나 유용하다고 생각합니다. 하지만 초보자라면 데이터 분석 기능을 다루기 위한 추가적인 지식이 필요할 수도 있습니다. 이 책은 엑셀 경험자를 대상으로 구성되어 있습니다. 엑셀의 가장 기초적인 부분부터 설명하지는 않기 때문에 엑셀을 이제 막 시작했다면 《엑셀 바이블》과 함께 보는 것을 추천합니다.

그렇다고 《엑셀 바이블》을 꼭 봐야만 이 책을 이해할 수 있는 것은 아닙니다. 이 책은 데이터 분석 업무에 필요한 기술을 기본부터 활용 수준까지 습득할 수 있도록 구성했습니다. 다만 사용자의 데이터가 모두 다르고, 실력도 모두 다르기 때문에 엑셀 초보자라면 엑셀의 세부 기능에 대한 추가적인 이해가 필요할 수도 있다는 의미입니다. 이 책에서 다루지 않는 기능이나 분야의 이해를 위해서는 《엑셀 바이블》이나 《엑셀 함수&수식 바이블》을 통해 부족한 부분을 보완하는 것을 추천합니다.

함께 성장하는 커뮤니티

책에 아무리 많은 정보가 있어도 업무를 진행하다보면 해결해야 할 문제는 얼마든지 발생할 수 있습니다. 이런 문제가 왜 발생하는지, 어떻게 해결해야 하는지 막막한 독자를 위해 '엑셀..하루에 하나씩(https://cafe.naver.com/excelmaster)' 카페를 운영하고 있습니다.

엑셀..하루에 하나씩(https://cafe.naver.com/excelmaster)

이 카페를 통해 2004년부터 하루도 빠짐없이 다양한 분들의 고충을 듣고 함께 고민해왔습니다. 주변에 도움을 얻을만한 곳이 없어 곤란하다면 카페에 방문해 모르는 부분을 질문하고 해결할 수 있습니다. 여러 회원과 문제를 공유하고, 잘 이해되지 않는 부분에 대한 추가 설명과 실무에 적용하면서 생길 수 있는 다양한 문제의 해결 방법에 대한 생생한 조언을 얻을 수 있습니다.

엑셀 마스터 과정

혼자 책으로 공부하기 버겁거나, 빠르게 엑셀 실력을 향상해야 하는 분들을 위해 '엑셀..하루에 하나씩' 카페에서는 엑셀을 체계적으로 학습할 수 있는 '엑셀 마스터' 과정을 2010년부터 개설해 운영하고 있습니다.

엑셀 마스터 과정은 제가 직접 강의를 진행합니다. 강의와 책을 함께 활용한다면 가장 빠른 시간에 원하는 실력을 얻을 수 있습니다. 이직이나 부서 이동으로 빠르게 실력을 키워야 하거나, 빠르고 효율적인 방법으로 업무를 개선하고 싶은 분들에게 큰 도움이 될 것이라 확신합니다.

감사의 인사

이 책을 선택해주신 독자들께 진심으로 감사의 인사를 전합니다. 책은 항상 부족한 부분이 있을 수 있습니다. 부족한 부분은 제가 운영하는 카페를 통해 채워나가겠습니다.

그리고 책이 발간되기까지 많은 분의 수고가 필요합니다. 책 출간에 힘써준 한빛미디어 출판사 관계자분들께도 감사드립니다.

끝으로 하나, 하얀, 하운과 부모님, 그리고 와이프에게 고마운 마음을 전합니다.

2021년 4월

최준선

추세선과 예측 시트를 활용한 예측 기법

2016 이상 버전

10 06
예측 시트 기능을 활용해 미래 예측하기

예제 파일 PART 04 \ CHAPTER 10 \ 예측 시트.xlsx

지수 평활법

이동 평균법의 예측 기법 중 하나인 지수 평활법은 시계열 데이터의 흐름으로 미래값을 예측하는 기법입니다. 엑셀에서는 2016 버전부터 새롭게 추가된 FORECAST.ETS 함수를 사용해 지수 평활법을 사용할 수 있으며, 예측 시트 기능은 해당 함수와 다양한 옵션으로 미래값을 예측해 반환해줍니다.

FORECAST.ETS (예측 X, 기존 Y 범위, 기존 X 범위, 계절성, 보간 방법, 중복 X)

지수 평활법을 사용해 기존 데이터로 미래 시점의 데이터를 예측해 반환합니다.

예측 X	예측할 시점의 시계열 데이터			
기존 Y 범위	예측에 사용될 과거 실제 데이터			
기존 X 범위	예측에 사용될 과거 시계열 데이터			
계절성	얼마간의 주기로 데이터를 예측할지 결정할 값			
	옵션	설명		
	1 또는 생략	자동으로 계절성이 있는지 확인하고 적용		
	0	계절성이 없다고 가정하고 선형 예측		
	2 이상	입력된 주기로 반복된다고 가정하고 예측		
보간 방법 (누락 데이터 처리)	기존 X 범위에 누락 데이터가 있을 경우 처리 방법을 결정할 값			
	옵션	설명		
	1 또는 생략	누락 데이터를 주변 데이터의 평균으로 계산		
	0	누락 데이터를 0으로 처리		
중복 X (중복 시계열 처리)	누락된 시계열 데이터가 있을 때 동일한 주기에 위치한 Y 값을 계산하기 위해 사용할 함수를 결정할 값			
	옵션	설명	옵션	설명
	1 또는 생략	AVERAGE	5	MEDIAN
	2	COUNT	6	MIN
	3	COUNTA	7	SUM
	4	MAX		

핵심 키워드

한 CHAPTER 내에서 소개하는 엑셀의 다양한 기능을 내용별 핵심 키워드로 묶어 좀 더 찾기 쉽게 구성했습니다.

버전 표시

엑셀 2007~2019 버전 그리고 마이크로소프트 365 버전까지 모든 버전에서 학습할 수 있도록 구성했습니다. 특정 버전에서만 사용할 수 있는 경우에는 버전을 명시하고, 엑셀 버전에 따른 차이는 그때그때 상세하게 설명합니다.

SECTION

엑셀로 데이터 분석을 수행하기 위해 꼭 알고 있어야 할 개념과 기능을 Section으로 구분해 구성했습니다.

함수 설명

엑셀 함수의 기능과 구문, 특이 사항, 사용 예 등을 꼼꼼하게 정리해 엑셀 함수 및 구문을 쉽고 자세하게 배울 수 있게 했습니다.

쿼리를 활용한 데이터 전처리

03 17
열 방향 데이터를
행 방향 데이터로
구조 변환해 반환받기

예제 파일 PART 01 \ CHAPTER 03 \ 쿼리 - 열_피벗 해제.xlsx

엑셀에는 제공되지 않지만 파워 쿼리에서 지원되며, 피벗 테이블 보고서와 함께 사용할 때 가장 유용한 명령이 바로 [열 피벗 해제]입니다. 열 피벗으로 오른쪽 방향으로 입력된 데이터를 아래쪽 방향으로 바꿔주는 기능으로 잘 사용하면 매우 효과적인 결과를 얻을 수 있습니다. 다음 과정을 참고합니다.

01 예제를 열고 표의 지점별 매출을 [O5] 셀 위치에 피벗 테이블을 이용해 생성하겠습니다.

02 표 내부의 셀을 하나([B6] 셀) 선택합니다.

03 리본 메뉴의 [데이터] 탭-[데이터 가져오기 및 변환] 그룹-[테이블/범위에서 ▦]를 클릭합니다.

TIP 예제의 표는 엑셀 표로 변환되어 있습니다.

172 YALL 01 : 엑셀 데이터 관리 기술

실무 활용 예제

해당 Section에서 학습한 기능을 실무 예제에 적용하여 실제 엑셀 문서에서 어떻게 활용할 수 있는지 익힙니다.

01 예제를 열면 화면과 같은 표를 확인할 수 있습니다.

🔍 더 알아보기 예제 이해하기

예제 파일에서 ❶, ❸ 부분을 정확하게 이해해야 합니다. 먼저 ❶은 매출에 영향을 주는 요인을 정리해놓은 것으로, 수치화할 수 있는 다양한 독립변수를 가져와 정리합니다. ❸는 ❶의 머리글 영역(D4:I4)을 복사해 붙여 넣어 구성한 것으로, 상관관계 분석을 위해서는 머리글을 왼쪽 표에 정리된 독립변수의 순서에 맞춰 구성하는 것이 옳습니다. 다음은 [L4:R10] 범위의 표를 구성하는 방법입니다.

01 [D4:I4] 범위를 복사해 [M4] 셀에 붙여 넣습니다.

02 이어서 [L5] 셀을 선택하고 마우스 오른쪽 버튼을 클릭합니다.

03 [붙여넣기 옵션] 그룹에서 [행/열 바꿈 ▦]을 선택합니다.

02 광고비와 다른 독립변수 데이터 간의 상관관계 분석을 진행하겠습니다.

03 [N5] 셀에 다음 수식을 입력하고 채우기 핸들[+]을 [R5] 셀까지 드래그합니다. `=PEARSON($D$5:$D$28, E5:E28)`

CHAPTER 12 : 회귀 분석을 이용한 관계 분석 및 예측 671

TIP

이론 설명이나 실습 중 헷갈리기 쉬운 부분을 정리합니다. 유용한 정보, 알고 넘어가면 좋을 참고 사항을 소개합니다.

더 알아보기

학습할 때 꼭 알아야 할 관련 지식을 해당 부분에서 바로 확인할 수 있도록 정리했습니다. 특히 '수식 이해하기'에서는 실습에 사용된 함수의 구조와 사용 방법을 자세히 설명하고, '예제 이해하기'에서는 실습 예제의 구조와 특성, 데이터 분석 방향을 이해하도록 안내합니다.

엑셀 데이터 분석 바이블 실습 예제 다운로드

이 책에 사용된 모든 실습 및 완성 예제 파일은 한빛미디어 홈페이지(www.hanbit.co.kr/media)에서 다운로드할 수 있습니다. 예제 파일은 따라 하기를 진행할 때마다 사용되므로 컴퓨터에 복사해두고 활용합니다.

1 한빛미디어 홈페이지(www.hanbit.co.kr/media)로 접속합니다. 로그인 후 화면 오른쪽 아래에서 [자료실] 버튼을 클릭합니다.

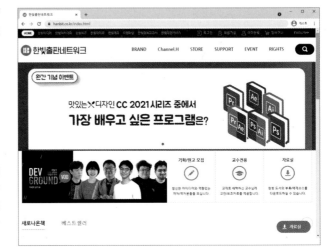

- 이 책에 사용된 예제의 저작권은 저자에게 있습니다. 저자의 허락 없이 영리적 이용을 금하며 파일의 배포, 재판매 및 유료 콘텐츠의 예제로 사용할 시 법적 제재를 받을 수 있습니다.

2 자료실 도서 검색란에 도서명을 입력해 검색합니다. 선택한 도서 정보가 표시되면 오른쪽에 있는 예제 소스 다운로드 아이콘을 클릭합니다.

- 다운로드한 예제 파일은 일반적으로 다운로드 폴더에 저장되며, 사용하는 웹 브라우저 설정에 따라 다를 수 있습니다.

엑셀 데이터 관리 기술

CONTENTS

피벗을 활용한 데이터 요약/분석

CHAPTER **피벗 테이블의 이해와 활용**

CHAPTER 05 **피벗 테이블을 활용한 데이터 분석**

PART 03 의사 결정을 지원하는 데이터 시각화

CHAPTER 06 조건부 서식을 활용한 데이터 시각화

CONTENTS

CHAPTER 07 차트/스파크라인을 활용한 데이터 시각화

CHAPTER **08** **대시보드를 활용한 데이터 시각화**

PART 04 데이터 분석 및 예측 기술

PART 01

엑셀 데이터 관리 기술

엑셀은 대표적인 표 계산(Spreadsheet) 프로그램으로, 주로 수치 계산을 통한 데이터 집계, 분석 업무에 최적화되어 있습니다. 이때 사용하는 데이터는 엑셀 자체적으로 관리하거나 외부 프로그램에서 가져옵니다. 엑셀은 전문 데이터베이스 프로그램에 비해 데이터 관리 용도로는 부족한 점이 많으며, 엑셀 사용자 역시 데이터베이스에 대한 인식이 많이 부족한 것이 사실입니다. 따라서 엑셀 프로그램으로 데이터를 관리할 때 필요한 여러 내용을 먼저 학습하는 것이 좋습니다.

PART 01에서는 엑셀에서 데이터를 관리할 때 필요한 전반적인 표 관리 기술에 대해 소개하고, 엑셀 2010 버전부터 사용할 수 있는 파워 쿼리 기능을 이용해 표를 원하는 형태로 변환, 취합하고 연결하는 방법을 알아보겠습니다.

엑셀 데이터
관리 기법

엑셀은 사무용 데이터 관리 프로그램 중에는 진입장벽이 가장 낮고 활용할 수 있는

범위도 넓지만 데이터를 관리하기에 최적화된 프로그램은 아닙니다.

데이터 분석을 하려면 먼저 엑셀에서 데이터를 관리하는 방법에 대해 이해해야 합

니다. 데이터를 제대로 관리하려면 간단한 규칙을 이해하고 따를 수 있으면 됩니

다. 다만 늘 그렇듯 가장 간단한 것이 가장 쉬운 것은 아니므로 주의가 필요합니다.

표의 구분 이해하기

예제 파일 PART 01 \ CHAPTER 01 \ 표 구분.xlsx

표를 왜 구분해서 관리해야 하나요

엑셀 사용자는 각자 다양한 방법으로 표를 구성하고 활용합니다. 다만 사용자가 구성한 모든 표를 엑셀이 인식할 수는 없다는 점은 잘 이해하지 못합니다. 사용자가 자유롭게 구성하고 입력한 모든 경우의 수를 처리할 수 있도록 프로그램을 설계하는 것은 거의 불가능에 가깝습니다. 그러므로 프로그램에서 인식할 수 있는 방법으로 사용자가 데이터를 기록, 관리해야 합니다. 그래야만 엑셀을 이용해 업무를 쉽게 처리할 수 있게 됩니다.

표의 구분

엑셀을 포함한 대부분의 전산 프로그램에서는 표를 크게 테이블(Table), 크로스 탭(Cross-Tab), 템플릿(Template)으로 구분합니다. 목적에 맞는 표를 사용해야 해당 프로그램의 기능을 온전히 활용할 수 있습니다.

테이블(Table)

전산의 가장 기본이 되는 표 형식입니다. 오피스 프로그램에서는 액세스(Access)와 같은 데이터베이스 프로그램에서 주로 생성하는 표입니다. 그리고 전산 시스템에서 내려받은 엑셀 파일은 대부분 테이블 형식으로 표가 구성되어 있습니다.

테이블의 구조는 다음과 같습니다.

첫 번째 행에는 각 열의 제목이 입력됩니다. 제목을 보통 머리글이라고 하며, 열의 제목이므로 열 머리글이라고 합니다.

두 번째 행부터 실제 표에 기록할 데이터가 입력됩니다.

보통 우리가 엑셀에서 확인하는 테이블의 모양은 다음과 같습니다.

	지점	주문일	분류	제품	단가	수량	할인율	판매
	고잔점	2020-01-02	복사기	컬러레이저복사기 XI-3200	1,176,000	3	15%	2,998,800
	가양점	2020-01-02	바코드스캐너	바코드 Z-350	48,300	3	0%	144,900
	성수점	2020-01-02	팩스	잉크젯팩시밀리 FX-1050	47,400	3	0%	142,200
	고잔점	2020-01-03	복사용지	프리미엄복사지A4 2500매	17,800	9	0%	160,200
	용산점	2020-01-03	바코드스캐너	바코드 BCD-100 Plus	86,500	7	0%	605,500
	신도림점	2020-01-13	복사용지	복사지A4 2500매	14,400	8	0%	115,200
	용산점	2020-01-14	제본기	링제본기 ST-100	161,900	9	5%	1,384,245
	성수점	2020-01-14	복사기	컬러레이저복사기 XI-2000	1,003,000	2	10%	1,805,400
	가양점	2020-01-15	바코드스캐너	바코드 BCD-200 Plus	96,900	6	0%	581,400
	자양점	2020-01-15	복사용지	복사지A4 1000매	5,700	8	0%	45,600
	화정점	2020-01-15	복사용지	복사지A4 5000매	24,500	8	0%	196,000

❶ 판매 대장

❶ **표 제목**
테이블과는 무관하며, 테이블과 한 행 정도 떨어뜨려 구성하는 것이 좋습니다.

❷ **머리글**
표의 제목이 구성되는 영역으로, 병합이나 중복 없이 구성하는 것이 좋습니다.

❸ **데이터**
실제 표에 기록되는 데이터 영역으로, 빈 셀 없이 모든 셀에 데이터를 입력하는 것이 좋습니다.

크로스 탭(Cross-Tab)

흔히 집계 표라고 불리며, 테이블 형식의 표를 요약하거나 분석할 때 만들어지는 표 형식입니다. 사용자가 엑셀로 가장 많이 만드는 표이자 엑셀이 가장 잘 만들 수 있는 표입니다. 크로스 탭의 구조는 다음과 같습니다.

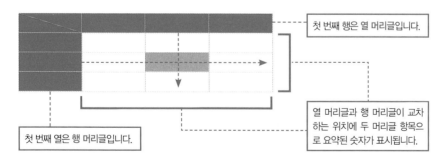

첫 번째 행은 열 머리글입니다.

열 머리글과 행 머리글이 교차하는 위치에 두 머리글 항목으로 요약된 숫자가 표시됩니다.

첫 번째 열은 행 머리글입니다.

크로스 탭은 엑셀에서 다음과 같은 모양으로 확인할 수 있습니다.

❶ 서울/경기 지역의 지점별 세부 매출 집계

지점	문서세단기	바코드스캐너	복사기	복사용지	복합기	제본기	출퇴근기록기	팩스
서울	8,648,485	9,419,850	34,373,680	2,830,500	17,604,705	8,172,065	9,637,095	2,095,300
가양점	1,581,655	1,620,800		553,000	1,223,220		143,400	
성수점	359,300	280,800	9,250,995	163,000	698,600	2,583,700	1,163,800	652,200
수서점	461,000	1,306,800	8,756,950	288,300	2,423,160	1,781,600	1,310,775	
신도림점	273,700	1,399,100	4,896,000	561,200	3,617,600	1,251,720	2,898,665	252,500
용산점	1,251,150	1,605,900	5,237,535	509,300	3,045,250	1,976,445	2,858,155	1,190,600
자양점	3,053,480	2,683,950	2,937,600	449,600	4,316,275	578,600	997,300	
청계천점	1,668,200	522,500	3,294,600	306,100	2,280,600		265,000	
경기	2,315,420	1,702,700	14,658,775	1,501,600	3,469,465	2,275,600	359,300	728,400
고잔점	760,800		2,998,800	333,600	1,022,865	710,000		500,000
동백점		399,200	4,298,875	80,600			120,600	228,400
서수원점	553,700			248,300	818,400	1,054,400		
죽전점	1,000,920		2,201,400	445,600			204,000	
화정점		1,303,500	5,159,700	393,500	1,628,200	511,200	34,700	
총합계	10,963,905	11,122,550	49,032,455	4,332,100	21,074,170	10,447,665	9,996,395	2,823,700

❶ 표 제목

크로스 탭 표와는 무관하며, 테이블 표와 마찬가지로 크로스 탭 표와 한 행 정도 떨어뜨려 구성하는 것이 좋습니다.

❷ 머리글

5행과 B열에 입력된 것은 머리글입니다. [B5] 셀에는 아래와 같이 입력하는 것이 정확한 형식이지만, 엑셀에서는 이런 식의 작업이 불편해 하나의 머리글만 입력하는 것이 일반적입니다.

❸ 데이터

요약된 데이터로 테이블의 데이터를 가지고 SUM과 같은 함수나 피벗 테이블을 이용해 구할 수 있습니다.

테이블과 크로스 탭 표는 얼핏 구분이 잘 되지 않을 수 있습니다. 테이블 표는 개별 상황이 발생할 때마다 사용자가 하나씩 데이터를 기록하며, 크로스 탭 표는 기록된 데이터를 월별, 고객별, 제품별과 같은 기준으로 요약할 때 사용하는 표입니다.

템플릿(Template)

테이블에 기록된 데이터나 크로스 탭에 요약된 데이터를 보기 좋게 표시하기 위한 표입니다. 특별히 정해진 구조가 없으며, 의사 결정권자의 요구에 따라 자유롭게 구성할 수 있습니다.

다음은 템플릿의 예시입니다.

거래 내역서

구매자	상 호(법인)		공급자	사업자번호			
	담당자			상호(법인)		대표	
	직 위			주 소			
	연락처			업 태		종목	
				전화번호			

총 액 (공급가액 + 세액)		

번호	품명	규격	수량	단가	공급가액	세액
합 계						

템플릿의 특징은 레이아웃만 구성된다는 것입니다. 표에 표시하는 데이터는 테이블이나 크로스 탭에서 가져와 표시해야 합니다. 또한 다른 표와는 달리 보기 좋게 구성하기 위해 병합 기능을 자주 사용합니다.

01 02 테이블의 이해와 올바른 사용 방법 알아보기

예제 파일 PART 01 \ CHAPTER 01 \ 테이블.xlsx

테이블에서 사용하는 용어

효과적으로 데이터 분석을 하려면 무엇보다 데이터를 요약하는 데 많은 시간이 소요되지 않아야 합니다. 그러기 위해서는 무엇보다 테이블을 제대로 관리해야 합니다. 테이블은 쉬워 보이지만, 여러 가지로 지켜야 할 규칙이 있는 까다로운 표입니다.

먼저 테이블은 제목을 입력하는 머리글 영역과 데이터를 입력하는 데이터 영역으로 크게 나눌 수 있습니다.

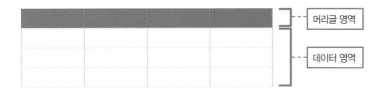

테이블에서는 데이터 영역의 열 단위와 행 단위를 다른 용어로 부르는데, **열**은 **필드**, **행**은 **레코드**라고 합니다. 필드와 레코드는 테이블에서만 사용하는 용어로, 다른 표에서는 사용하지 않습니다. 다음 표의 경우 필드가 네 개, 레코드가 세 개입니다.

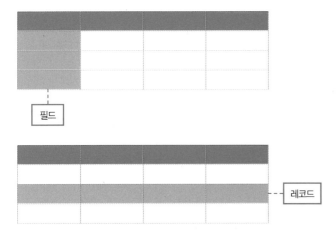

테이블의 규칙

테이블은 머리글 영역과 데이터 영역에서 반드시 지켜야 할 몇 가지 규칙이 있습니다. 규칙을 지키면서 기록해야 테이블을 제대로 활용할 수 있으므로 잘 알아둡니다.

머리글 영역

머리글 영역에서 반드시 지켜야 할 규칙은 다음과 같습니다.

첫째, 테이블을 구성할 때 제목은 반드시 하나의 행에 기록합니다.

업무에서 활용하는 표는 다음과 같이 구성하는 경우가 많습니다.

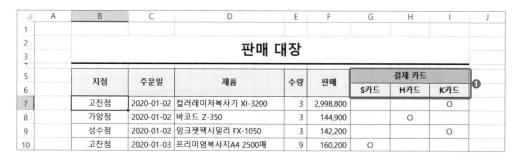

❶의 [G5:I6] 범위를 보면 마치 대분류, 소분류처럼 머리글이 구성되어 있습니다. 보통 입력을 편리하게 하거나 보기 좋게 만들고자 이런 식으로 표를 구성하곤 하는데, 머리글 영역에서 두 개 이상의 행을 사용한 표는 테이블로 활용하기 어렵습니다.

이런 경우는 보통 다음과 같이 하나의 열로 구성해야 맞습니다.

결제 카드
K카드
H카드
K카드
…

둘째, 동일한 머리글을 사용하지 않습니다.

테이블에는 머리글에 동일한 열이 있으면 안 됩니다. 하지만 실무에서는 다음과 같이 표를 구성하는 경우가 많습니다.

	지점	주문일	제품	수량	판매	카드	결제액	카드	결제액	
6	고잔점	2020-01-02	컬러레이저복사기 XI-3200	3	2,998,800	S카드	2,000,000	K카드	998,800	❶
7	가양점	2020-01-02	바코드 Z-350	3	144,900	H카드	144,900			
8	성수점	2020-01-02	잉크젯팩시밀리 FX-1050	3	142,200	K카드	142,200			
9	고잔점	2020-01-03	프리미엄복사지A4 2500매	9	160,200	H카드	160,200			
10	용산점	2020-01-03	바코드 BCD-100 Plus	7	605,500	K카드	500,000	H카드	105,500	

판매 대장

보통 한 건의 판매에 결제 카드 여러 개를 사용하는 경우에 이처럼 열을 여러 개 구성해 작업합니다. 더 많은 방식의 결제를 지원하려면 열을 더 늘려야만 합니다.

이런 경우에는 판매 내역 표와 결제 내역 표를 각각 만들어야 합니다. 즉 두 개의 표를 하나로 구성하는 바람에 위와 같은 문제가 발생했다고 생각하면 맞습니다. 다음은 판매 내역과 결제 내역을 구분해 두 개의 표로 구성한 것입니다.

판매 대장

지점	주문번호	주문일	제품	수량	판매
고잔점	K1-200102001	2020-01-02	컬러레이저복사기 XI-3200	3	2,998,800
가양점	S1-200102001	2020-01-02	바코드 Z-350	3	144,900
성수점	S2-200102001	2020-01-02	잉크젯팩시밀리 FX-1050	3	142,200
고잔점	K1-200103002	2020-01-03	프리미엄복사지A4 2500매	9	160,200
용산점	S3-200103001	2020-01-03	바코드 BCD-100 Plus	7	605,500
서수원점	K3-200106001	2020-01-06	고급복사지A4 500매	2	7,000
수서점	S4-200106001	2020-01-06	바코드 Z-350	7	324,100
용산점	S3-200106002	2020-01-06	바코드 BCD-100 Plus	8	836,000
화정점	K5-200107001	2020-01-07	잉크젯복합기 AP-3300	1	79,800
화정점	K5-200107002	2020-01-07	잉크젯복합기 AP-3200	8	714,400
동백점	K2-200107001	2020-01-07	고급복사지A4 500매	7	28,700
용산점	S3-200108003	2020-01-08	잉크젯복합기 AP-3200	2	159,000
자양점	S6-200108001	2020-01-08	레이저복합기 L200	3	495,900
동백점	K2-200108002	2020-01-08	고급복사지A4 500매	8	28,800
화정점	K5-200109003	2020-01-09	링제본기 ST-100	4	511,200

결제 내역

주문번호	결제카드	결제액
K1-200102001	S카드	2000000
K1-200102001	K카드	998,800
S1-200102001	H카드	144,900
S2-200102001	K카드	142,200
K1-200103002	H카드	160,200
S3-200103001	K카드	500,000
S3-200103001	H카드	105,500
K3-200106001	S카드	7,000
S4-200106001	H카드	324,100
S3-200106002	K카드	836,000
K5-200107001	H카드	79,800
K5-200107002	H카드	500,000
K5-200107002	S카드	214,400

주문번호 K-2001020001의 내역을 찾아보면 왼쪽의 '판매 대장' 테이블과 오른쪽의 '결제 내역' 테이블에서 모두 확인할 수 있습니다. 표를 이렇게 나눠 관리할 경우에는 O열과 U열처럼 값이 동일한 열이 두 표에 모두 있어야 나중에 데이터를 서로 연동할 수 있습니다.

데이터 영역

데이터 영역에서는 다음과 같은 규칙을 지켜야 합니다.

첫째, 새로운 데이터는 반드시 표 하단에 기록해야 합니다.

테이블 표에 새로운 데이터를 기록해야 하는 경우 반드시 표 하단에 기록해야 합니다. 이 규칙은 머리글 영역이 규칙을 정확하게 지켜 구성되어 있다면 어렵지 않게 지킬 수 있습니다.

둘째, 데이터는 한 개의 행에 기록해야 합니다.

새로운 데이터는 반드시 한 개의 행에 기록해야 합니다. 다음은 여러 행에 걸쳐 데이터를 나눠 기록한 예입니다.

	지점	주문일	분류	제품	단가	수량	할인율	판매
	판매 대장							
❶	가양점							
		2020-01-02	바코드스캐너	바코드 Z-350	48,300	3	0%	144,900
		2020-01-15	바코드스캐너	바코드 BCD-200 Plus	96,900	6	0%	581,400
	고잔점							
		2020-01-02	복사기	컬러레이저복사기 XI-3200	1,176,000	3	15%	2,998,800
		2020-01-03	복사용지	프리미엄복사지A4 2500매	17,800	9	0%	160,200

이런 표는 보기에는 좋을지 몰라도 엑셀의 기능을 이용하기는 쉽지 않은 구성입니다. 그러므로 여러 행에 나눠 데이터를 기록하지 않도록 조심합니다.

테이블 전체

테이블은 직접 작성하는 것보다는 전산 시스템에서 내려받아 사용하는 경우가 많습니다. 그래서 동일한 데이터를 저장하는 표가 여러 시트나 파일로 분산되어 있는 경우가 많습니다. 하지만 테이블은 한 번 만들면 분할 없이 하나의 표에 누적해서 쌓는 것이 가장 좋은 방법이고, 표가 분리된 경우에는 하나로 합치는 것이 좋습니다.

분리된 여러 테이블을 하나로 합칠 때는 이 책의 PART 02에서 소개하는 파워 쿼리(Power Query)를 이용하는 것이 가장 효율적입니다.

01 03 Raw 데이터 문제 확인하고 해결하기 1 – 병합

예제 파일 PART 01 \ CHAPTER 01 \ 병합.xlsx

병합하고 가운데 맞춤

병합은 여러 개의 셀을 하나로 합쳐 하나의 셀처럼 사용할 수 있게 하는 기능입니다. 다만 병합을 사용하면 수식을 사용해 원하는 계산 결과를 얻거나 엑셀에서 제공하는 필터, 정렬, 피벗 등의 기능을 온전히 활용하는 데 제약이 있습니다. 그러므로 병합은 템플릿에서만 사용하고 테이블이나 크로스 탭 형식의 표에서는 사용하지 않는 것이 좋습니다.

병합 해제와 값 채우기

테이블에 병합된 셀이 있으면 모두 해제하고 데이터를 채워 넣는 것이 좋습니다. 아래 표에서 병합된 셀을 해제하고 값을 채우는 몇 가지 방법을 소개하겠습니다.

	A	B	C	D	E	F	G	H	I
1									
2				판매 대장					
3									
5		지점	분류	제품	단가	수량	할인율	판매	
6		가양점	바코드스캐너	바코드 Z-350	48,300	3	0%	144,900	
7				바코드 BCD-200 Plus	96,900	6	0%	581,400	
8		고잔점	복사기	컬러레이저복사기 XI-3200	1,176,000	3	15%	2,998,800	
9				프리미엄복사지A4 2500매	17,800	9	0%	160,200	
10		동백점	복사용지		4,100	7	0%	28,700	
11				고급복사지A4 500매	3,600	8	0%	28,800	
12		서수원점			3,500	2	0%	7,000	
13		성수점	팩스	잉크젯팩시밀리 FX-1050	47,400	3	0%	142,200	
14			문서세단기	오피스 Z-01	39,900	2	0%	79,800	
15			복합기	잉크젯복합기 AP-3200	84,800	6	0%	508,800	
16			복사기	컬러레이저복사기 XI-2000	1,003,000	2	10%	1,805,400	
17									

1단계 – 병합 해제

예제에서 병합된 셀이 포함된 범위를 모두 선택하고, 리본 메뉴의 [홈] 탭–[맞춤] 그룹–[병합하고 가운데 맞춤🔳]을 클릭해 병합을 해제합니다.

2단계 – 빈 셀 선택

빈 셀을 선택하는 방법은 매우 다양합니다. 엑셀에는 크게 세 가지 방법이 있습니다.

첫째, 자동 필터

이 방법은 친숙한 자동 필터를 이용해 간단하고 편리하지만 이번과 같이 병합된 열이 여러 개인 경우보다는 하나인 경우에 쉽게 작업할 수 있습니다.

01 리본 메뉴의 [데이터] 탭–[정렬 및 필터] 그룹–[필터▽]를 클릭해 자동 필터를 적용합니다.

02 빈 셀이 있는 열 머리글의 필터 단추▼를 클릭합니다.

03 필터 목록에서 [(**필드 값 없음**)] 항목만 체크하고 [확인]을 클릭합니다.

TIP [(모두 선택)] 항목의 체크를 해제하여 전체 항목의 체크를 해제한 후 [(필드 값 없음)] 항목에만 체크하면 편리합니다.

둘째, 찾기(Ctrl + F) 기능

찾기 기능은 열이 여러 개인 경우에 빈 셀을 모두 선택하는 데 사용할 수 있지만 세 번째로 소개할 이동 기능을 이용할 때보다는 약간 복잡합니다.

01 빈 셀이 포함된 전체 범위([B6:D16] 범위)를 선택합니다.

02 Ctrl + F 를 눌러 [찾기 및 바꾸기] 대화상자를 호출합니다.

03 [찾을 내용]을 비어 있는 상태로 두고 [모두 찾기]를 클릭합니다.

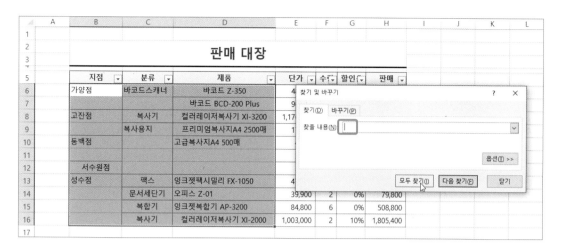

04 바로 `Ctrl` + `A` 를 누르면 빈 셀이 모두 선택됩니다.

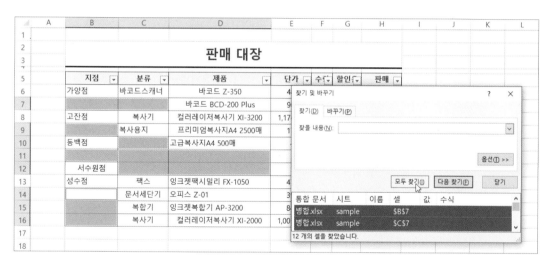

TIP `Ctrl` + `A` 는 목록에 있는 여러 항목을 한번에 선택할 때 유용한 단축키입니다.

05 [닫기]를 클릭해 [찾기 및 바꾸기] 대화상자를 닫습니다.

셋째, 이동(`F5`) 기능

이동 기능은 엑셀에서 조건에 맞는 셀 또는 범위를 빠르게 선택할 수 있는 기능입니다. 빈 셀 이외에도 다양한 조건에 맞는 데이터 범위를 선택하는 데 사용할 수 있으니 잘 기억해둡니다.

01 빈 셀이 포함된 전체 범위([B6:D16] 범위)를 선택합니다.

02 `F5` (또는 `Ctrl` + `G`)를 눌러 [이동] 대화상자를 호출합니다.

03 [이동] 대화상자에서 [옵션]을 클릭합니다.

04 [이동 옵션] 대화상자에서 [빈 셀] 옵션을 선택하고 [확인]을 클릭합니다.

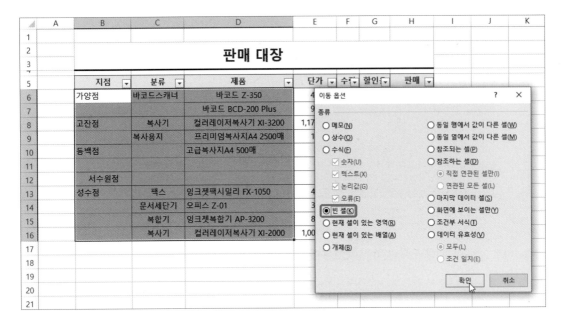

05 빈 셀이 모두 선택됩니다.

3단계 – 값 채우기

빈 셀을 모두 선택했다면 간단한 참조로 모든 셀에 값을 채울 수 있습니다. 이번 예제의 경우에는 [이동] 기능을 이용해 빈 셀을 선택했다고 가정하고 작업합니다.

01 빈 셀이 모두 선택되면 그중에 배경이 흰색인 셀이 하나 표시됩니다.

	지점	분류	제품	단가	수	할인	판매
6	가양점	바코드스캐너	바코드 Z-350	48,300	3	0%	144,900
7			바코드 BCD-200 Plus	96,900	6	0%	581,400
8	고잔점	복사기	컬러레이저복사기 XI-3200	1,176,000	3	15%	2,998,800
9		복사용지	프리미엄복사지A4 2500매	17,800	9	0%	160,200
10	동백점		고급복사지A4 500매	4,100	7	0%	28,700
11				3,600	8	0%	28,800
12				3,500	2	0%	7,000
13				47,400	3	0%	142,200
14				39,900	2	0%	79,800
15				84,800	6	0%	508,800
16			-2000	1,003,000	2	10%	1,805,400

> 여러 셀이 선택되어 있을 때 이렇게 흰색 배경으로 표시되는 셀을 활성 셀이라고 합니다. 활성 셀은 키보드로 입력하는 기준 셀이 되며, 위치는 2단계 작업에서 선택한 방법에 따라 달라질 수 있습니다.

02 등호(=)를 입력하고 활성 셀의 바로 위에 있는 셀을 참조합니다.

	A	B	C	D	E	F	G	H	I
1									
2				판매 대장					
3									
5		지점 ▼	분류 ▼	제품 ▼	단가 ▼	수 ▼	할인 ▼	판매 ▼	
6		가양점	바코드스캐너	바코드 Z-350	48,300	3	0%	144,900	
7		=B6		바코드 BCD-200 Plus	96,900	6	0%	581,400	
8		고잔점	복사기	컬러레이저복사기 XI-3200	1,176,000	3	15%	2,998,800	
9			복사용지	프리미엄복사지A4 2500매	17,800	9	0%	160,200	
10		동백점		고급복사지A4 500매	4,100	7	0%	28,700	
11					3,600	8	0%	28,800	
12		서수원점			3,500	2	0%	7,000	
13		성수점	팩스	잉크젯팩시밀리 FX-1050	47,400	3	0%	142,200	
14			문서세단기	오피스 Z-01	39,900	2	0%	79,800	
15			복합기	잉크젯복합기 AP-3200	84,800	6	0%	508,800	
16			복사기	컬러레이저복사기 XI-2000	1,003,000	2	10%	1,805,400	
17									

TIP 예제에서는 활성 셀이 [B7] 셀이므로 바로 위의 셀은 [B6] 셀입니다.

03 Ctrl + Enter 를 눌러 수식을 입력하면 빈 셀에 값이 모두 채워집니다.

B7 ▼ : × ✓ fx =B6

	A	B	C	D	E	F	G	H	I
1									
2				판매 대장					
3									
5		지점 ▼	분류 ▼	제품 ▼	단가 ▼	수 ▼	할인 ▼	판매 ▼	
6		가양점	바코드스캐너	바코드 Z-350	48,300	3	0%	144,900	
7		가양점	바코드스캐너	바코드 BCD-200 Plus	96,900	6	0%	581,400	
8		고잔점	복사기	컬러레이저복사기 XI-3200	1,176,000	3	15%	2,998,800	
9		고잔점	복사용지	프리미엄복사지A4 2500매	17,800	9	0%	160,200	
10		동백점	복사용지	고급복사지A4 500매	4,100	7	0%	28,700	
11		동백점	복사용지	고급복사지A4 500매	3,600	8	0%	28,800	
12		서수원점	복사용지	고급복사지A4 500매	3,500	2	0%	7,000	
13		성수점	팩스	잉크젯팩시밀리 FX-1050	47,400	3	0%	142,200	
14		성수점	문서세단기	오피스 Z-01	39,900	2	0%	79,800	
15		성수점	복합기	잉크젯복합기 AP-3200	84,800	6	0%	508,800	
16		성수점	복사기	컬러레이저복사기 XI-2000	1,003,000	2	10%	1,805,400	
17									

TIP Ctrl + Enter 는 선택한 모든 셀에 활성 셀의 값이나 수식을 복사해 넣는 단축키입니다.

4단계 – 수식을 값으로 변환

수식을 그대로 두면 계산 속도가 떨어지기도 하고 이렇게 채운 값은 변하는 부분이 아니므로 값으로 변환하는 것이 좋습니다. 수식을 값으로 변환하는 작업을 가장 쉽게 할 수 있는 방법으로 [선택하여 붙여넣기]가 있습니다.

01 값이 채워진 전체 범위([B6:D16] 범위)를 선택합니다.

TIP 복사하여 붙여 넣는 작업은 연속된 범위를 선택했을 때만 가능하며 떨어진 범위를 선택했을 때는 제대로 동작하지 않습니다.

02 Ctrl + C 를 눌러 범위를 복사합니다.

03 이어서 Ctrl + Alt + V 를 눌러 [선택하여 붙여넣기] 대화상자를 호출합니다.

04 [값] 옵션을 선택하고 [확인]을 클릭합니다.

▲	A	B	C	D	E	F	G	H	I	J	K
1											
2				**판매 대장**							
3											
5		지점 ▼	분류 ▼	제품 ▼	단가 ▼	수↕	할인↕	판매 ▼			
6		가양점	바코드스캐너	바코드 Z-350	48,30						
7		가양점	바코드스캐너	바코드 BCD-200 Plus	96,90						
8		고잔점	복사기	컬러레이저복사기 XI-3200	1,176,00						
9		고잔점	복사용지	프리미엄복사지A4 2500매	17,80						
10		동백점	복사용지	고급복사지A4 500매	4,10						
11		동백점	복사용지	고급복사지A4 500매	3,60						
12		서수원점	복사용지	고급복사지A4 500매	3,50						
13		성수점	팩스	잉크젯팩시밀리 FX-1050	47,40						
14		성수점	문서세단기	오피스 Z-01	39,90						
15		성수점	복합기	잉크젯복합기 AP-3200	84,80						
16		성수점	복사기	컬러레이저복사기 XI-2000	1,003,00						
17											
18											
19											
20											

선택하여 붙여넣기   ? ×

붙여넣기
- ○ 모두(A)
- ○ 수식(F)
- ● 값(V)
- ○ 서식(T)
- ○ 주석 및 메모(C)
- ○ 유효성 검사(N)
- ○ 원본 테마 사용(H)
- ○ 테두리만 제외(X)
- ○ 열 너비(W)
- ○ 수식 및 숫자 서식(R)
- ○ 값 및 숫자 서식(U)
- ○ 조건부 서식 모두 병합(G)

연산
- ● 없음(O)
- ○ 더하기(D)
- ○ 빼기(S)
- ○ 곱하기(M)
- ○ 나누기(I)

☐ 내용 있는 셀만 붙여넣기(B)   ☐ 행/열 바꿈(E)

연결하여 붙여넣기(L)   확인   취소

05 Esc 를 눌러 복사 모드를 해제합니다.

B7   fx 가양점

▲	A	B	C	D	E	F	G	H	I
1									
2				**판매 대장**					
3									
5		지점 ▼	분류 ▼	제품 ▼	단가 ▼	수↕	할인↕	판매 ▼	
6		가양점	바코드스캐너	바코드 Z-350	48,300	3	0%	144,900	
7		가양점	바코드스캐너	바코드 BCD-200 Plus	96,900	6	0%	581,400	
8		고잔점	복사기	컬러레이저복사기 XI-3200	1,176,000	3	15%	2,998,800	
9		고잔점	복사용지	프리미엄복사지A4 2500매	17,800	9	0%	160,200	

TIP 복사 모드는 **04** 과정의 화면과 같이 선택 범위 가장자리에 녹색의 굵은 점선이 표시되는 상태를 의미하며, 이 상태에서만 붙여 넣는 작업을 할 수 있습니다.

이번 작업의 **03-04** 과정은 리본 메뉴의 [홈] 탭-[클립보드] 그룹-[붙여넣기 🗐]를 클릭하고 [값 🗐]을 선택해도 됩니다.

데이터 전처리

Raw 데이터 문제 확인하고 해결하기 2 - 데이터 형식 1

예제 파일 PART 01 \ CHAPTER 01 \ 데이터 형식-바꾸기.xlsx

데이터 형식이란

셀에 저장된 데이터는 계산할 수 있는지 여부에 따라 다음과 같은 네 가지 데이터 형식으로 구분됩니다.

구분	데이터 형식	셀 표시 위치
계산 가능	숫자	오른쪽
	날짜/시간	오른쪽
	논릿값	가운데
계산 불가능	텍스트	왼쪽

잘못 입력하거나 잘못 관리한 데이터는 엑셀에서 계산되지 않는 문제가 있으므로 항상 올바른 형식으로 데이터를 입력해야 합니다.

특히, 날짜 데이터의 경우는 연도, 월, 일을 하이픈(-) 또는 슬래시(/)로 구분해 입력한 경우에만 정확한 날짜 데이터로 인식됩니다. 또한 시간은 시, 분, 초를 콜론(:)으로 구분해 입력해야 합니다. 숫자 데이터와 함께 입력할 수 있는 기호는 천 단위 구분 기호(,), 백분율 기호(%), 통화 기호(₩, $ 등)뿐이며, 다른 기호와 함께 입력하면 숫자 데이터로 인식되지 않습니다.

만약 잘못된 구분 기호를 사용해 날짜/시간 데이터를 입력했거나 숫자 데이터에 숫자로 인식할 수 없는 문자를 포함해 입력했다면 수정해야 합니다.

바꾸기(Ctrl + H)를 이용한 데이터 형식 변환

엑셀이 인식할 수 있는 형태로 데이터를 입력하지 않으면 잘못된 데이터 형식으로 인식되어 원하는 계산 결과를 얻을 수 없습니다. 다음 과정을 통해 데이터를 확인하고 이를 개선하는 방법에 대해 알아봅니다.

1단계 – 데이터 형식 확인

먼저 내 데이터가 올바른 형식으로 관리되고 있는지 확인할 수 있어야 합니다. 다음 과정을 참고합니다.

01 예제를 열면 다음 표를 확인할 수 있습니다.

데이터 형식 변환 (바꾸기)

날짜 데이터		숫자 데이터	
사례 1	사례 2	사례 1	사례 2
2020.01.01	2020.01.01	12 EA	12 EA
2020.01.02	2020.01.02	10 EA	10 EA
2020.01.03	2020.01.03	5 EA	5 EA
2020.01.04	2020.01.04	9 EA	9 EA
2020.01.05	2020.01.05	40 EA	40 EA

한 쪽은 정확하게 입력한 데이터이고 한 쪽은 잘못 입력한 데이터입니다.

02 먼저 [B:C] 열의 날짜 데이터 중 잘못된 데이터를 확인하겠습니다.

03 [B7] 셀을 선택하고 리본 메뉴에서 [홈] 탭–[맞춤] 그룹–[가운데 맞춤]이 적용되어 있는지 여부를 확인합니다.

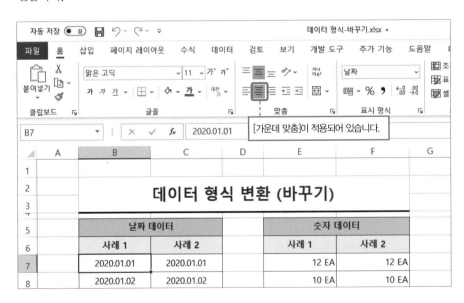

04 [가운데 맞춤ᐧ≡ᐧ]을 클릭해 해제합니다.

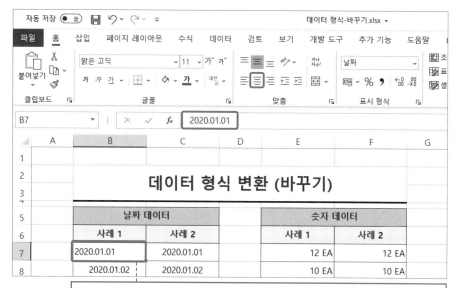

사용자가 설정한 맞춤 명령을 해제했을 때 데이터가 셀 왼쪽에 표시되면 텍스트 데이터입니다. 그리고 셀에 표시되는 값과 수식 입력줄에 표시되는 값이 동일합니다.

05 [C7] 셀을 선택하고 **03-04** 과정과 동일하게 작업합니다.

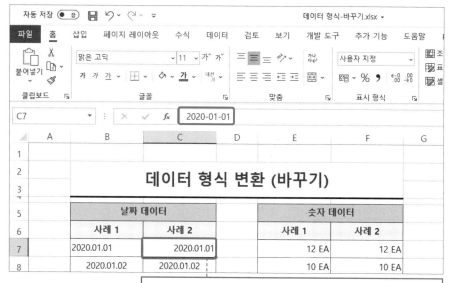

데이터가 셀 오른쪽에 표시되면 숫자 또는 날짜/시간 데이터입니다. 그리고 셀에 표시되는 값과 수식 입력줄에 표시되는 값이 다릅니다.

06 [E7] 셀과 [F7] 셀도 **03-04** 과정과 동일한 방법으로 데이터 형식을 확인합니다.

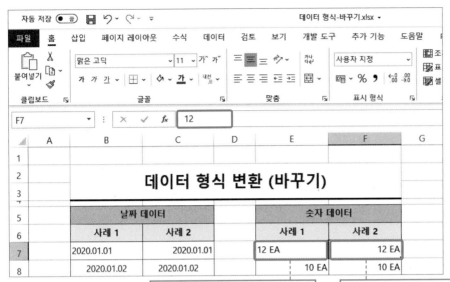

[E7] 셀의 맞춤 설정을 해제하면 데이터가 왼쪽에 표시되므로 텍스트 데이터입니다.

[F7] 셀에는 맞춤 설정이 되어 있지 않고 데이터가 셀 오른쪽에 표시되므로 숫자 데이터입니다.

2단계 – 데이터 형식 변환

잘못 인식된 데이터는 올바른 형식으로 인식되도록 수정하고 입력한 내용과 다르게 표시된 데이터는 어떻게 설정한 것인지 확인합니다.

01 먼저 B열의 날짜 데이터를 올바른 형식으로 변환하겠습니다.

🔍 **더 알아보기**   **날짜 데이터 이해하기**

> 엑셀을 포함한 대부분의 한국어 버전 전산 프로그램은 날짜 데이터를 yyyy-mm-dd 형식으로 입력받습니다. B열에 입력된 날짜 데이터는 yyyy.mm.dd 형식이므로 연, 월, 일을 구분하는 구분 기호를 마침표(.)에서 하이픈(-)으로 수정해야 합니다.

02 [B7:B11] 범위를 선택하고 Ctrl + H 를 눌러 [찾기 및 바꾸기] 대화상자를 호출합니다.

03 [찾을 내용]에 마침표(.)를, [바꿀 내용]에 하이픈(-)을 입력하고 [모두 바꾸기]를 클릭합니다.

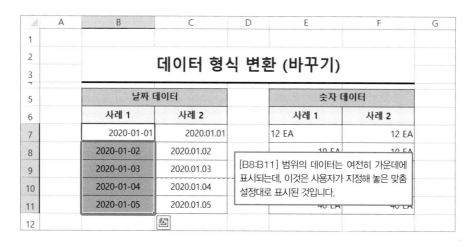

04 올바른 형식의 날짜 데이터로 변경되고, [B7] 셀은 데이터가 오른쪽에 표시됩니다.

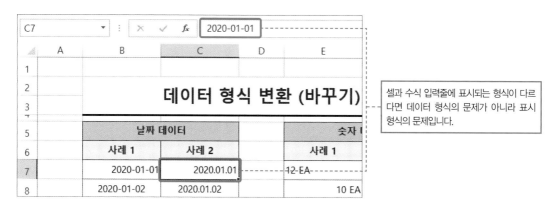

[B8:B11] 범위의 데이터는 여전히 가운데에 표시되는데, 이것은 사용자가 지정해 놓은 맞춤 설정대로 표시된 것입니다.

05 C열의 데이터는 입력한 값과 표시되는 내용이 어떻게 다른 것인지 확인하겠습니다. [C7] 셀을 선택해보면 수식 입력줄과 셀에 표시되는 값이 다릅니다.

셀과 수식 입력줄에 표시되는 형식이 다르다면 데이터 형식의 문제가 아니라 표시 형식의 문제입니다.

🔍 더 알아보기   데이터 형식과 표시 형식의 차이

데이터 형식은 엑셀이 셀에 저장된 데이터를 계산할 수 있는 데이터인지 여부에 따라 구분하는 것으로, 엑셀은 네 가지 형식(숫자, 날짜/시간, 논릿값, 텍스트 형식)으로 데이터를 구분해 사용합니다.

표시 형식은 셀에 저장된 다양한 형태의 데이터를 사용자가 원하는 형식으로 표현하는 기능입니다. 유용하지만 사용자가 데이터 형식을 제대로 구분하지 못하게 되는 주요한 원인이기도 합니다.

06 표시 형식을 **yyyy-mm-dd** 형식으로 변경하겠습니다.

07 [C7:C11] 범위를 선택합니다.

08 [홈] 탭-[표시 형식] 그룹-[표시 형식]의 아래 화살표 를 클릭한 후 [간단한 날짜]를 선택합니다.

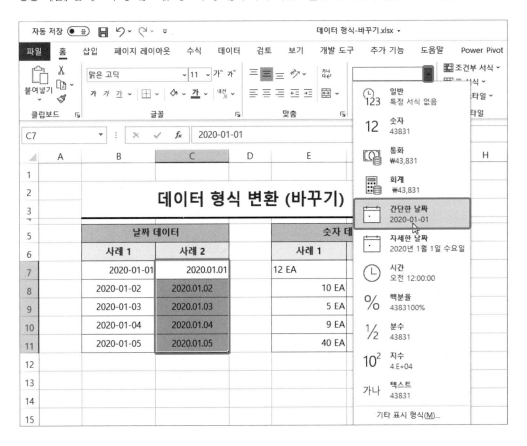

09 C열의 데이터도 **yyyy-mm-dd** 형식에 맞게 표시됩니다.

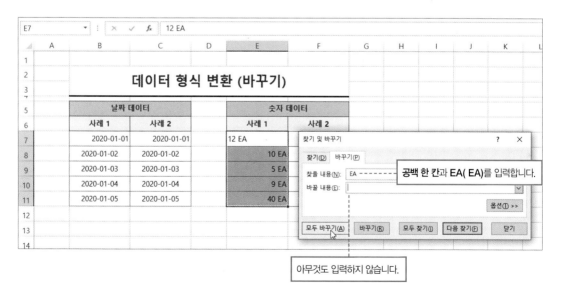

	날짜 데이터		숫자 데이터	
	사례 1	사례 2	사례 1	사례 2
	2020-01-01	2020-01-01	12 EA	12 EA
	2020-01-02	2020-01-02	10 EA	10 EA
	2020-01-03	2020-01-03	5 EA	5 EA
	2020-01-04	2020-01-04	9 EA	9 EA
	2020-01-05	2020-01-05	40 EA	40 EA

🔍 **더 알아보기**　　**C열의 표시 형식 변경**

C열의 경우는 표시 형식을 변경하지 않고 그대로 사용해도 계산하는 데 아무런 지장이 없습니다. 하지만, 다른 사용자가 혼동할 수 있으므로 가급적 날짜 데이터는 **yyyy-mm-dd** 형식으로 표시되도록 하는 것이 좋습니다.

10 E열의 텍스트 형식의 데이터도 수정해 숫자 데이터로 변환하겠습니다.

11 [E7:E11] 범위를 선택하고 Ctrl + H 를 누릅니다.

12 [찾기 및 바꾸기] 대화상자를 다음과 같이 구성하고 [모두 바꾸기]를 클릭합니다.

공백 한 칸과 EA(EA)를 입력합니다.

아무것도 입력하지 않습니다.

<table>
<tr><td>🔍 더 알아보기</td><td>[찾기 및 바꾸기] 대화상자 이해하기</td></tr>
</table>

이 과정은 숫자 뒤에 입력된 ' EA' 단위를 지우는 작업입니다. [찾을 내용]에는 **공백 한 칸**과 **EA**를 입력하는데, EA 단위 왼쪽에 반드시 공백을 입력해야 합니다. E열에 입력된 데이터를 보면 '12 EA' 등으로 숫자 뒤에 띄어쓰기가 있기 때문입니다. 숫자를 제외한 모든 부분을 지우려면 공백까지 입력해야 합니다.

그리고 [바꿀 내용]에 아무 내용도 입력하지 않는 것은 [찾을 내용]에서 찾은 부분을 비어 있는 상태로 수정하라는 의미입니다. 이렇게 설정하고 바꾸기를 실행하면 값이 지워집니다.

13 제대로 고쳐지면 E열의 데이터가 숫자 데이터로 변환되며 셀 오른쪽으로 정렬됩니다.

	A	B	C	D	E	F	G

E7 … ƒx 12

	A	B	C	D	E	F	G
1							
2		**데이터 형식 변환 (바꾸기)**					
3							
5		날짜 데이터			숫자 데이터		
6		사례 1	사례 2		사례 1	사례 2	
7		2020-01-01	2020-01-01		12	12 EA	
8		2020-01-02	2020-01-02		10	10 EA	
9		2020-01-03	2020-01-03		5	5 EA	
10		2020-01-04	2020-01-04		9	9 EA	
11		2020-01-05	2020-01-05		40	40 EA	
12							

14 F열의 데이터는 숫자인데 'EA' 단위가 어떻게 표시된 것인지 확인하겠습니다.

15 [F7] 셀을 선택하고 수식 입력줄을 확인하면 셀에 저장된 값과 표시되는 값이 다릅니다.

16 [홈] 탭-[표시 형식] 그룹의 대화상자 표시 단추 ⬓를 클릭합니다.

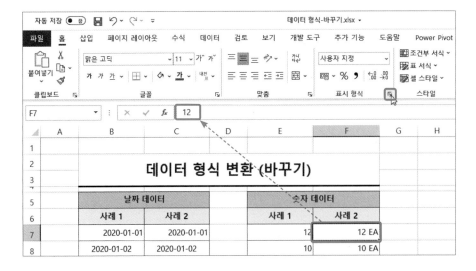

17 [셀 서식] 대화상자가 표시되면 다음과 같은 화면을 확인할 수 있습니다.

🔍 **더 알아보기** **[셀 서식] 대화상자 이해하기**

[셀 서식] 대화상자의 ❶ [표시 형식] 탭은 셀에 저장된 값을 원하는 형식으로 바꿔 표시할 때 사용합니다. ❷ [범주]에서 [사용자 지정] 항목이 선택되었다는 것은 사용자가 원하는 표시 형식을 직접 선택했다는 의미입니다. ❸ [형식]에 입력된 **0" EA"**에서 0 은 숫자를 표시하는 서식 코드이며 큰따옴표(") 안의 문자열은 셀에 입력되지 않고 표시만 하라는 의미입니다.

그러므로 [형식]에서 **" EA"** 부분을 삭제하거나 [범주]에서 [숫자]를 선택하면 뒤의 **" EA"** 단위가 표시되는 것을 없앨 수 있습니다. 다만, F열의 데이터는 이미 숫자이고, SUM 함수 등을 사용해 계산하는 데 문제가 없으므로 굳이 **" EA"** 단위가 표시되는 것을 지울 필요는 없습니다.

18 [확인]을 클릭해 대화상자를 닫습니다.

01 05 Raw 데이터 문제 확인하고 해결하기 2 – 데이터 형식 2

예제 파일 PART 01 \ CHAPTER 01 \ 데이터 형식-텍스트 나누기.xlsx

날짜와 시간 데이터

엑셀에서 날짜와 시간은 숫자로 관리되며, 날짜는 **날짜 일련번호**라고 부릅니다. 날짜를 계산하는 방법은 생각보다 복잡해서 엑셀은 1900-01-01일부터 9999-12-31일까지의 날짜를 미리 계산해놓고 숫자로 매칭해 사용합니다. 정확하게는 1900-01-01일을 1로 저장하고 하루가 지날 때마다 1씩 증가시키는 방법으로 관리합니다. 아래 다이어그램을 참고합니다.

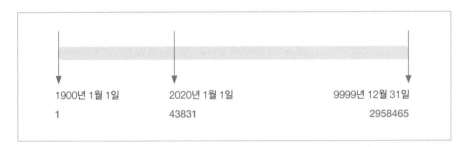

그러므로 엑셀에서 1은 날짜로는 **1900년 1월 1일** 또는 **하루**를 의미합니다. 시간은 1(하루)을 24(시간)로 나눈 소수값으로 관리합니다. 예를 들어, 오후 12시는 정확하게 하루의 절반이므로 12/24로 나눈 값(0.5)이 됩니다.

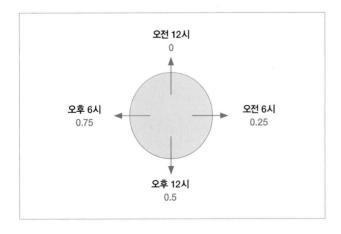

그러므로 날짜와 시간은 기본적으로 숫자 데이터입니다. 엑셀은 사용자가 날짜 형식(yyyy-mm-dd)이나 시간 형식(hh:mm:ss)으로 입력한 데이터를 자동으로 날짜 일련번호와 시간 데이터로 변환합니다. 그래서 날짜와 시간 데이터를 입력할 때 정확한 형식을 요구하는 것입니다.

텍스트형 숫자

엑셀에는 숫자로 인식할 수 있는 데이터이지만 데이터 형식이 텍스트로 구분되는 독특한 데이터가 있습니다. 이 데이터를 **텍스트형 숫자**라고 하는데, LEFT, MID, RIGHT, SUBSTITUTE, TEXT 등의 함수를 사용해 반환받은 값이나 특정 목적에 따라 텍스트 형식으로 입력한 데이터가 여기에 해당합니다.

이런 데이터는 숫자이긴 하지만 셀 왼쪽에 표시되며 SUM 등의 함수를 사용해 계산할 수 없습니다.

텍스트 나누기 기능을 이용한 데이터 형식 변환

숫자로 입력된 날짜/시간 데이터나 텍스트형 숫자는 바꾸기 기능으로는 변환하기 어렵습니다. 이런 경우 데이터를 변환하려면 [텍스트 나누기] 기능을 이용하는 것이 좋습니다. 아래 과정을 참고합니다.

01 예제를 열면 다음과 같은 데이터가 있습니다. 리본 메뉴의 [홈] 탭-[맞춤] 그룹에서 맞춤 설정을 확인하고 [표시 형식] 그룹에서 표시 형식이 무엇으로 설정되어 있는지 확인합니다.

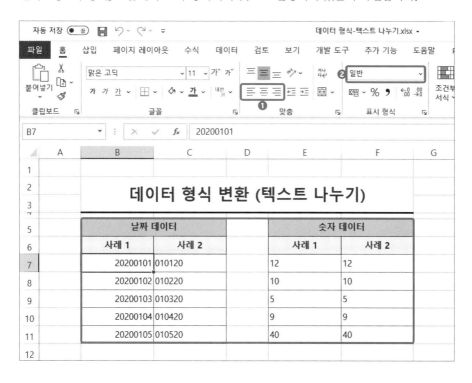

[B7:F11] 범위에 입력된 데이터는 ❶의 맞춤 설정을 확인했을 때 아무 것도 변경된 것이 없으므로 셀에 저장된 데이터 형식에 맞춰 표시됩니다. 또한 ❷와 같이 표시 형식이 모두 [일반]으로 설정되어 있으므로 셀에 저장된 데이터가 그대로 표시됩니다. 각 범위의 데이터 형식은 다음과 같습니다.

범위	데이터 형식
[B7:B11]	숫자
[C7:C11]	텍스트
[E7:E11]	텍스트
[F7:F11]	텍스트

02 이해를 돕기 위해 [B7] 셀의 표시 형식을 [날짜]로 변경합니다.

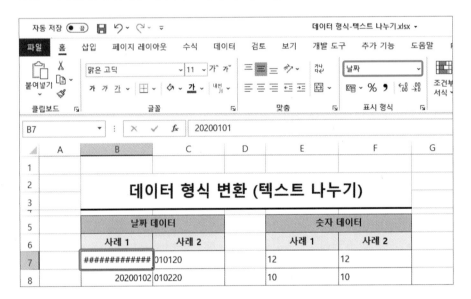

[B7] 셀의 표시 형식을 변경하면 ###########가 표시됩니다. ###########은 엑셀에서 에러로 구분되지는 않지만, 셀 값을 화면에 표시할 수 없을 때 나타납니다. 날짜 데이터의 경우 날짜 일련번호로 1 ~ 2958465 사이의 정수입니다. 20200101은 날짜로 표시할 수 있는 최댓값(2958465)보다 크므로 날짜로 표시할 수 없어서 셀에 ###########가 표시되는 것입니다. 참고로 #의 개수는 셀의 열 너비에 따라 더 많이 표시될 수도 있고 더 적게 표시될 수도 있습니다. 숫자 데이터와 날짜 데이터는 다르므로 구분 기호 없이 데이터를 입력하면 안 됩니다.

03 숫자 데이터를 날짜 데이터로 변환하겠습니다.

04 [B7:B11] 범위를 선택합니다.

05 리본 메뉴의 [데이터] 탭–[데이터 도구] 그룹–[텍스트 나누기 ▦]를 클릭합니다.

06 [텍스트 마법사–1단계] 대화상자가 표시되면 [다음]을 클릭합니다.

07 [텍스트 마법사–2단계] 대화상자에서 바로 [다음]을 클릭해 3단계로 진행합니다.

08 [열 데이터 서식] 옵션을 [날짜]로 변경하고 [년월일]을 선택한 후 [마침]을 클릭합니다.

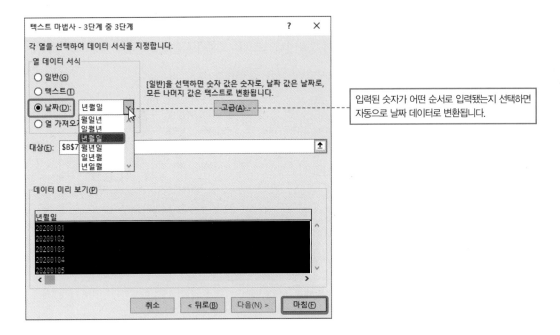

입력된 숫자가 어떤 순서로 입력됐는지 선택하면 자동으로 날짜 데이터로 변환됩니다.

09 숫자 데이터가 날짜 데이터로 변환됩니다.

날짜 데이터			숫자 데이터	
사례 1	사례 2		사례 1	사례 2
2020-01-01	010120		12	12
2020-01-02	010220		10	10
2020-01-03	010320		5	5
2020-01-04	010420		9	9
2020-01-05	010520		40	40

데이터 형식 변환 (텍스트 나누기)

10 C열의 데이터는 텍스트 데이터이고 **ddmmyy** 형식으로 입력되어 있습니다.

11 [C7] 셀을 선택하고 수식 입력줄을 확인하면 데이터 앞에 작은따옴표(')가 입력되어 있습니다.

C7	▼ : × ✓ fx	'010120

⊿	A	B	C	D	E	F	G
1							
2			**데이터 형식 변환 (텍스트 나누기)**				
3							
5			날짜 데이터		숫자 데이터		
6		사례 1	사례 2		사례 1	사례 2	
7		2020-01-01	010120		12	12	
8		2020-01-02	010220		10	10	

🔍 **더 알아보기** **작은따옴표(')의 사용**

엑셀은 사용자가 입력한 데이터를 판정해 텍스트, 숫자, 날짜/시간, 논릿값 등으로 형식을 구분하지만, 무조건 텍스트 형식으로 입력할 수 있는 방법도 지원합니다.

데이터를 입력할 때 작은따옴표(')를 먼저 입력하면 이후 입력되는 데이터는 형식을 구분하지 않고 텍스트 데이터 형식으로 인식됩니다. 이렇게 입력된 데이터는 모두 텍스트 데이터 형식이므로 계산되지 않습니다.

12 [C7:C11] 범위를 선택하고, **05-08** 과정을 참고해 날짜 데이터로 변환합니다.

⊿	A	B	C	D	E	F	G
1							
2			**데이터 형식 변환 (텍스트 나누기)**				
3							
5			날짜 데이터		숫자 데이터		
6		사례 1	사례 2		사례 1	사례 2	
7		2020-01-01	2020-01-01		12	12	
8		2020-01-02	2020-01-02		10	10	
9		2020-01-03	2020-01-03		5	5	
10		2020-01-04	2020-01-04		9	9	
11		2020-01-05	2020-01-05		40	40	
12							

TIP C열의 데이터는 **08** 과정에서 날짜가 **일월년** 순서로 입력했다고 선택해야 올바로 변환됩니다.

13 E열과 F열의 숫자 데이터도 올바른 숫자 데이터로 변환하겠습니다.

14 [E7] 셀을 선택하고 수식 입력줄을 보면 입력된 값과 동일한 것을 확인할 수 있습니다.

TIP 입력한 값 이외의 다른 문자가 없는데 왼쪽에 표시된다면 텍스트형 숫자입니다.

15 [F7] 셀을 선택하고 수식 입력줄을 확인하면 앞에 작은따옴표(')가 입력되어 있습니다.

TIP 작은따옴표(')를 맨 앞에 입력한 데이터도 숫자에 해당하는 문자만 있다면 텍스트형 숫자입니다.

16 텍스트형 숫자는 모두 [텍스트 나누기] 기능을 이용해 숫자로 변환이 가능합니다.

17 [E7:E11] 범위를 선택합니다.

18 리본 메뉴의 [데이터] 탭–[데이터 도구] 그룹–[텍스트 나누기 📠]를 클릭합니다.

19 [텍스트 마법사] 대화상자에서 [마침]을 클릭하면 숫자로 변환됩니다.

20 [F7:F11] 범위를 선택하고 **18–19** 과정을 반복합니다.

TIP [텍스트 나누기] 기능은 여러 열을 동시에 처리하지 못하므로 열을 하나씩 선택하고 작업합니다.

21 다음과 같이 모두 숫자 데이터로 변환됩니다.

	A	B	C	D	E	F	G
1							
2		데이터 형식 변환 (텍스트 나누기)					
3							
5		날짜 데이터			숫자 데이터		
6		사례 1	사례 2		사례 1	사례 2	
7		2020-01-01	2020-01-01		12	12	
8		2020-01-02	2020-01-02		10	10	
9		2020-01-03	2020-01-03		5	5	
10		2020-01-04	2020-01-04		9	9	
11		2020-01-05	2020-01-05		40	40	
12							

데이터 전처리

Raw 데이터 문제 확인하고 해결하기 3 – 열 세분화 1

예제 파일 PART 01 \ CHAPTER 01 \ 열 세분화−구분 기호.xlsx

열 세분화

표를 만들어 사용하다 보면 여러 이유로 셀 하나에 여러 데이터를 함께 기록하는 경우가 종종 있습니다. 그런데 엑셀을 포함한 대부분의 프로그램은 하나의 셀에 하나의 데이터만 입력되어 있다고 가정하고 개발되어 있습니다. 그러므로 되도록이면 열을 여러 개 사용하더라도 하나의 셀에는 하나의 데이터만 기록되도록 관리해야 합니다.

구분 기호로 데이터가 구분되어 있는 경우

구분할 데이터가 특정 문자(구분 기호)로 구분되어 있다면 매우 편리하게 열을 분리할 수 있습니다. 이런 경우 다양한 엑셀 기능을 이용해 데이터를 원하는 열로 구분하는 것이 가능합니다. [텍스트 나누기], [빠른 채우기] 등의 기능을 이용해도 되고 LEFT, MID, RIGHT, FIND, SEARCH 등의 함수를 이용해도 됩니다.

함수를 이용한 방법

함수를 이용한 방법은 뒤에 소개할 [텍스트 나누기]나 [빠른 채우기] 기능에 비하면 어렵지만 자유도가 높아 익혀 놓으면 다양한 패턴을 손쉽게 처리할 수 있습니다. 이번 예제에서 사용할 셀 데이터 구분 작업에는 LEFT, MID, RIGHT 함수 등을 사용합니다.

> **LEFT (❶ 문자열, ❷ 문자 개수)**

문자열의 왼쪽부터 오른쪽 방향으로 지정된 개수의 문자를 잘라 반환합니다.

❶ 문자열	잘라낼 전체 문자열 또는 문자열이 입력된 셀
❷ 문자 개수	문자열의 왼쪽 첫 번째 문자부터 잘라낼 전체 문자 개수

주의 사항

● [문자 개수]를 생략하면 문자열의 왼쪽 첫 번째 문자만 반환합니다.
● [문자 개수]에는 음수를 사용할 수 없습니다.
● LEFT 함수는 텍스트 형식의 값을 반환합니다.

RIGHT (❶ 문자열, ❷ 문자 개수)

문자열의 오른쪽 끝에서 왼쪽 방향으로 지정된 개수의 문자를 잘라 반환합니다. 사용 방법은 LEFT 함수와 동일합니다.

MID (❶ 문자열, ❷ 시작 위치, ❸ 문자 개수)

문자열의 왼쪽 n번째 문자부터 오른쪽 방향으로 지정된 개수의 문자를 잘라 반환합니다.

❶ 문자열	잘라낼 전체 문자열 또는 문자열이 입력된 셀
❷ 시작 위치	잘라낼 첫 번째 문자의 위치(n번째 문자 위치)
❸ 문자 개수	❷ 위치에서 오른쪽으로 잘라낼 전체 문자 개수

주의 사항

● [문자 개수]는 생략할 수 없습니다.
● [문자 개수]에 오른쪽으로 남은 문자 개수보다 더 큰 숫자를 적으면 끝까지 잘라냅니다.
● MID 함수는 텍스트 형식의 값을 반환합니다.
● MID 함수는 LEFT 함수와 RIGHT 함수를 모두 대체할 수 있습니다. 예를 들어 다음의 문자열이 [A1] 셀에 입력되어 있다고 할 때, LEFT, RIGHT 함수와 MID 함수를 각각 이용해 원하는 결과를 도출하는 수식은 다음과 같습니다.

엑셀 바이블

원하는 결과	LEFT, RIGHT 함수	MID 함수
엑셀	=LEFT(A1, 2)	=MID(A1, 1, 2)
바이블	=RIGHT(A1, 3)	=MID(A1, 4, 3)

셀에 입력된 문자열 내에서 특정 문자(열)의 위치를 찾으려면 FIND, SEARCH 함수를 사용합니다.

FIND (❶ 찾을 문자(열), ❷ 전체 문자열, ❸ 시작 위치)

특정 문자(열)가 전체 문자열 내 몇 번째에 있는지 찾아 해당 인덱스 값을 반환합니다.

❶ 찾을 문자(열)	❷에서 찾으려는 문자(열)
❷ 전체 문자열	❶이 포함된 전체 문자열
❸ 시작 위치	❶을 ❷의 몇 번째 위치부터 찾을지 지정하는 옵션으로, 생략하면 처음부터 찾습니다.

주의 사항

● FIND 함수는 영어 대/소문자를 구분할 수 있습니다. 즉, 'A'와 'a'의 위치를 구분해 찾을 수 있습니다.

SEARCH (❶ 찾을 문자(열), ❷ 전체 문자열, ❸ 시작 위치)

SEARCH 함수는 FIND 함수와 동일하게 찾고자 하는 문자열을 전체 문자열 내에서 찾아 해당 인덱스 값을 반환합니다.

주의 사항

● SEARCH 함수는 FIND 함수처럼 대/소문자는 구분할 수 없지만, 와일드카드 문자(*, ?)를 사용해 문자(열)의 위치를 찾을 수 있습니다.

와일드카드 문자	설명
?	어떤 문자열인지 모르지만 자릿수는 알 때 사용합니다. '엑셀'인지, '엑스'인지 잘 모를 때는 '엑'으로 시작하고 뒤에 하나의 문자만 나오므로, '엑?'과 같이 찾을 수 있습니다.
*	어떤 문자열인지도 모르고 자릿수도 모를 때 사용합니다. 예를 들면 '마이크로소프트'는 알지만 뒤에 '엑셀'이 나올지 '파워포인트'가 나올지 모르는 경우 '마이크로소프트*'와 같이 사용합니다.
~	[전체 문자열]에 '?'나 '*'가 포함되어 있고 해당 문자를 찾아야 할 때 '~?'나 '~*'와 같이 사용해 '?'나 '*'가 와일드카드 문자가 아니라 일반 문자로 인식될 수 있도록 합니다.

예제를 열고 다음 작업을 진행하겠습니다.

01 예제를 열고 [함수] 시트 탭을 클릭합니다.

02 B열의 데이터를 이름, 직위, 전화번호로 구분해 [C:E] 열에 각각 입력하려고 합니다.

⁄	A	B	C	D	E	F
1						
2		**열 세분화 (함수)**				
3						
5		데이터	이름	직위	전화번호	
6		정형석 과장,010-8623-5100				
7		김민주 과장,010-6002-9590				
8		황보현 대리,010-8572-6933				
9		박민 대리,010-6188-9144	B열의 데이터에서 이름과 직위는 공백 문자(" ")			
10		김연석 실장,02-334-5765	로 구분할 수 있고, 직위와 전화번호는 쉼표(,)로			
11		현주원 과장,010-5838-9619	구분할 수 있습니다.			
12		채연주 차장,010-4326-6998				
13		오서필 과장,010-5472-4620				
14		남건우 차장,010-4611-6084				
15						

함수 | 텍스트 나누기 | 빠른 채우기 | ⊕

03 구분 기호의 위치를 FIND(또는 SEARCH) 함수로 먼저 찾겠습니다.

04 공백 문자(" ")의 위치를 찾기 위해 [F6] 셀에 다음 수식을 입력합니다.

`=FIND(" ", B6)`

05 [F6] 셀의 채우기 핸들⊞을 [F14] 셀까지 드래그해 수식을 복사합니다.

	데이터	이름	직위	전화번호	공백
6	정형석 과장,010-8623-5100				4
7	김민주 과장,010-6002-9590				4
8	황보현 대리,010-8572-6933				4
9	박민 대리,010-6188-9144				3
10	김연석 실장,02-334-5765				4
11	현주원 과장,010-5838-9619				4
12	채연주 차장,010-4326-6998				4
13	오서필 과장,010-5472-4620				4
14	남건우 차장,010-4611-6084				4

F6 =FIND(" ", B6)

열 세분화 (함수)

🔍 **더 알아보기** | **수식 이해하기**

구분 기호의 위치를 알아야 데이터를 쉽게 구분할 수 있으므로, FIND 함수를 사용해 첫 번째 공백 문자의 위치를 찾습니다(참고로 FIND 함수를 SEARCH 함수로 변경해도 동일한 결과를 반환받을 수 있습니다).
FIND 함수는 찾을 문자(열)를 먼저 입력하고, 해당 문자가 포함된 전체 문자열을 순서대로 지정합니다. 그러므로 이번 수식은 공백 문자(" ")를 B열에서 찾은 결과를 반환합니다. 만약 찾는 문자(열)가 없다면 FIND 함수는 #VALUE! 에러를 반환합니다.

06 쉼표(,)의 위치를 찾기 위해 [G6] 셀에 다음 수식을 입력합니다.

=FIND(",", B6)

07 [G6] 셀의 채우기 핸들⊞을 [G14] 셀까지 드래그해 수식을 복사합니다.

	데이터	이름	직위	전화번호	공백	쉼표
6	정형석 과장,010-8623-5100				4	7
7	김민주 과장,010-6002-9590				4	7
8	황보현 대리,010-8572-6933				4	7
9	박민 대리,010-6188-9144				3	6
10	김연석 실장,02-334-5765				4	7
11	현주원 과장,010-5838-9619				4	7
12	채연주 차장,010-4326-6998				4	7
13	오서필 과장,010-5472-4620				4	7
14	남건우 차장,010-4611-6084				4	7

G6 =FIND(",", B6)

열 세분화 (함수)

TIP 이번 수식은 B열에서 "," 문자의 위치를 찾아 결과를 반환합니다.

08 데이터에서 이름을 분리하기 위해 [C6] 셀에 다음 수식을 입력합니다.

=LEFT(B6, F6-1)

09 [C6] 셀의 채우기 핸들⊞을 [C14] 셀까지 드래그해 수식을 복사합니다.

C6				fx	=LEFT(B6, F6-1)				
	A	B		C	D	E	F	G	H
1									
2			열 세분화 (함수)						
3									
5		데이터		이름	직위	전화번호	공백	쉼표	
6		정형석 과장,010-8623-5100		정형석			4	7	
7		김민주 과장,010-6002-9590		김민주			4	7	
8		황보현 대리,010-8572-6933		황보현			4	7	
9		박민 대리,010-6188-9144		박민			3	6	
10		김연석 실장,02-334-5765		김연석			4	7	
11		현주원 과장,010-5838-9619		현주원			4	7	
12		채연주 차장,010-4326-6998		채연주			4	7	
13		오서필 과장,010-5472-4620		오서필			4	7	
14		남건우 차장,010-4611-6084		남건우			4	7	
15									

🔍 **더 알아보기**　　**수식 이해하기**

B열의 데이터에서 이름을 분리하려면 처음부터 공백 문자가 입력된 바로 전까지 잘라냅니다. 처음부터 잘라내므로 LEFT 함수를 사용하고, 두 번째 인수인 잘라낼 문자 개수만 정확하게 지정하면 됩니다. 잘라낼 문자 개수는 F열에서 찾은 공백 문자 위치에서 하나 적은(-1) 수입니다.

10 데이터에서 직위를 분리하기 위해 [D6] 셀에 다음 수식을 입력합니다.

=MID(B6, F6+1, 2)

11 [D6] 셀의 채우기 핸들⊞을 [D14] 셀까지 드래그해 수식을 복사합니다.

D6				fx	=MID(B6, F6+1, 2)				
	A	B		C	D	E	F	G	H
1									
2			열 세분화 (함수)						
3									
5		데이터		이름	직위	전화번호	공백	쉼표/	
6		정형석 과장,010-8623-5100		정형석	과장		4	7	
7		김민주 과장,010-6002-9590		김민주	과장		4	7	
8		황보현 대리,010-8572-6933		황보현	대리		4	7	
9		박민 대리,010-6188-9144		박민	대리		3	6	
10		김연석 실장,02-334-5765		김연석	실장		4	7	
11		현주원 과장,010-5838-9619		현주원	과장		4	7	
12		채연주 차장,010-4326-6998		채연주	차장		4	7	
13		오서필 과장,010-5472-4620		오서필	과장		4	7	
14		남건우 차장,010-4611-6084		남건우	차장		4	7	
15									

B열의 데이터에서 직위를 분리하려면 공백 문자 다음부터 두 개의 문자를 잘라내면 됩니다. 그러므로 LEFT와 RIGHT 함수로는 어렵고, 중간 부분을 잘라낼 수 있는 MID 함수를 사용한 것입니다.

이번 수식의 **MID(B6, F6+1, 2)**는 [B6] 셀에서 공백 문자 위치(F6) 다음(+1)부터 두 개의 문자를 잘라내라는 의미입니다. 다만, 직위가 정확하게 두 개의 문자가 아니라 여러 개로 구성될 수 있다면 수식을 다음과 같이 수정해야 합니다.

    =MID(B6, F6+1, G6-F6-1)

달라진 점은 **2**가 **G6-F6-1**로 변경된 것인데, 쉼표 위치에서 공백 문자 위치를 빼고 거기에 1을 더 뺀 개수만큼의 문자를 잘라 반환하라는 의미입니다. 설명은 어렵지만 [B6] 셀의 데이터에서 확인하면 간단하게 이해할 수 있습니다.

1	2	3	4	5	6	7	8	9	10	11	12	13	14	15	16	17	18	19	20
정	형	석		과	장	,	0	1	0	-	8	6	2	3	-	5	1	0	0

위 데이터를 보면 공백 문자의 위치는 4, 쉼표 문자의 위치는 7입니다. 7에서 4를 빼면 3이므로 여기서 1을 빼면 2인데, 잘라낼 직위(과장)의 문자 개수와 동일합니다. 만약 직위가 세 자라면 공백 문자의 위치는 4, 쉼표 문자의 위치는 8이 됩니다. 8에서 4를 빼면 4, 여기서 1을 빼면 3이므로 잘라낼 직위의 문자 개수와 동일합니다. 이런 계산 방법은 처음에는 헷갈릴 수 있지만, 공식과 같은 것이어서 몇 번 사용하면 어렵지 않게 이해할 수 있습니다.

12 데이터에서 전화번호를 분리하기 위해 [E6] 셀에 다음 수식을 입력합니다.

=MID(B6, G6+1, 100)

13 [E6] 셀의 채우기 핸들⊞을 [E14] 셀까지 드래그해 수식을 복사합니다.

E6	▼ : × ✓ fx	=MID(B6, G6+1, 100)					
◢	A	B	C	D	E	F	G	H

	데이터	이름	직위	전화번호	공백	쉼표
	열 세분화 (함수)					
정형석 과장,010-8623-5100	정형석	과장	010-8623-5100	4	7
김민주 과장,010-6002-9590	김민주	과장	010-6002-9590	4	7
황보현 대리,010-8572-6933	황보현	대리	010-8572-6933	4	7
박민 대리,010-6188-9144	박민	대리	010-6188-9144	3	6
김연석 실장,02-334-5765	김연석	실장	02-334-5765	4	7
현주원 과장,010-5838-9619	현주원	과장	010-5838-9619	4	7
채연주 차장,010-4326-6998	채연주	차장	010-4326-6998	4	7
오서필 과장,010-5472-4620	오서필	과장	010-5472-4620	4	7
남건우 차장,010-4611-6084	남건우	차장	010-4611-6084	4	7

🔍 더 알아보기   수식 이해하기

이번 작업은 가장 오른쪽에 있는 전화번호를 분리하는 것이므로 RIGHT 함수를 사용해도 됩니다. 다만 잘라낼 전화번호의 자릿수가 일정하지 않으므로, RIGHT 함수를 사용하는 것보다는 MID 함수를 사용해 B열의 데이터에서 쉼표 위치 다음부터 끝까지 잘라내는 방식이 더 쉽습니다.

그런 이유로 MID 함수를 사용했고 MID 함수의 두 번째 인수는 쉼표 문자 위치(G6) 다음(+1)부터 잘라내라는 의미라는 것은 이해하기 쉽지만, 세 번째 인수인 100은 잘 이해되지 않을 수 있습니다.

100은 숫자 그대로 100개의 문자를 잘라내라는 의미로, 잘라낼 데이터가 100개까지 존재하지 않는다면 존재하는 문자만 잘라 반환합니다. 따라서 끝까지 잘라내라는 의미로 자주 사용하는 값입니다.

텍스트 나누기 기능을 이용한 방법

텍스트 나누기는 열을 구분할 때 사용하는 대표적인 기능입니다. 사용 방법은 아래 과정을 참고합니다.

01 [텍스트 나누기] 시트 탭을 클릭합니다.

02 [텍스트 나누기] 기능을 사용하려면 B열의 데이터를 C열에 복사해야 합니다.

🔍 **더 알아보기** **텍스트 나누기를 할 때 데이터를 복사하는 이유**

원본 데이터가 다음과 같을 때, 텍스트 나누기로 구분한 데이터는 어떻게 반환될까요?

원본	열1	열2	열3
데이터1/데이터2/데이터3			

텍스트 나누기를 실행하면 데이터가 다음과 같이 구분되어 입력됩니다.

원본	열1	열2	열3
데이터1	데이터2	데이터3	

따라서 잘라낸 결과를 넣어야 할 위치가 정해져 있다면 시작 열에 데이터를 복사하고 작업하는 것이 좋습니다. 그렇게 하면 잘못 분리된 경우에 원본을 다시 복사해 사용할 수 있다는 장점도 있습니다.

03 [B6:B14] 범위를 선택하고 Ctrl + C 로 복사한 후 [C6] 셀에 Ctrl + V 로 붙여 넣습니다.

	A	B	C	D	E	F
1						
2		열 세분화 (텍스트 나누기)				
3						
5		데이터	이름	직위	전화번호	
6		정형석 과장,010-8623-5100	석 과장,010-8623-5100			
7		김민주 과장,010-6002-9590	주 과장,010-6002-9590			
8		황보현 대리,010-8572-6933	현 대리,010-8572-6933			
9		박민 대리,010-6188-9144	민 대리,010-6188-9144			
10		김연석 실장,02-334-5765	연석 실장,02-334-5765			
11		현주원 과장,010-5838-9619	원 과장,010-5838-9619			
12		채연주 차장,010-4326-6998	주 차장,010-4326-6998			
13		오서필 과장,010-5472-4620	필 과장,010-5472-4620			
14		남건우 차장,010-4611-6084	우 차장,010-4611-6084			
15			⬚ (Ctrl) ▾			
16						

함수 | 텍스트 나누기 | 빠른 채우기 | ⊕

04 리본 메뉴의 [데이터] 탭–[데이터 도구] 그룹–[텍스트 나누기]를 클릭합니다.

05 [텍스트 마법사–1단계] 대화상자가 열리면 [다음]을 클릭합니다.

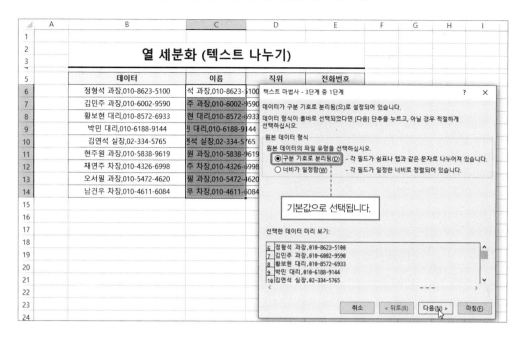

06 [텍스트 마법사–2단계] 대화상자에서는 구분 기호를 선택합니다.

07 다음과 같이 설정하고 [마침]을 클릭합니다.

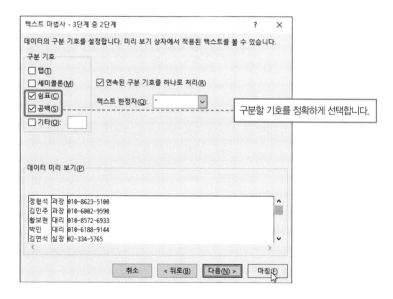

08 경고 메시지 창이 표시되면 [확인]을 클릭합니다.

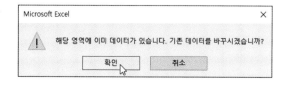

09 데이터가 각 열에 구분되어 입력됩니다.

	A	B	C	D	E	F
1						
2		열 세분화 (텍스트 나누기)				
3						
5		데이터	이름	직위	전화번호	
6		정형석 과장,010-8623-5100	정형석	과장	010-8623-5100	
7		김민주 과장,010-6002-9590	김민주	과장	010-6002-9590	
8		황보현 대리,010-8572-6933	황보현	대리	010-8572-6933	
9		박민 대리,010-6188-9144	박민	대리	010-6188-9144	
10		김연석 실장,02-334-5765	김연석	실장	02-334-5765	
11		현주원 과장,010-5838-9619	현주원	과장	010-5838-9619	
12		채연주 차장,010-4326-6998	채연주	차장	010-4326-6998	
13		오서필 과장,010-5472-4620	오서필	과장	010-5472-4620	
14		남건우 차장,010-4611-6084	남건우	차장	010-4611-6084	
15						

빠른 채우기(Ctrl + E) 기능을 이용한 방법

이번에 사용하려는 [빠른 채우기] 기능은 **엑셀 2013 이상 버전에서만 지원**되므로 하위 버전에서는 앞에서 소개한 함수를 이용하거나 [텍스트 나누기] 기능을 이용합니다. 엑셀 2013 이상 버전 사용자라면 아래 과정을 참고합니다.

01 [빠른 채우기] 시트 탭을 클릭합니다.

02 [C6] 셀에 입력되어야 할 이름인 **정형석**을 입력합니다.

03 [C7] 셀에 입력되어야 할 이름을 입력하기 위해 **김**을 입력하면 빠른 채우기 목록이 표시됩니다.

	A	B	C	D	E	F
1						
2		열 세분화 (빠른 채우기)				
3						
5		데이터	이름	직위	전화번호	
6		정형석 과장,010-8623-5100	정형석			
7		김민주 과장,010-6002-9590	김민주			
8		황보현 대리,010-8572-6933	황보현			
9		박민 대리,010-6188-9144	박민			
10		김연석 실장,02-334-5765	김연석			
11		현주원 과장,010-5838-9619	현주원			
12		채연주 차장,010-4326-6998	채연주			
13		오서필 과장,010-5472-4620	오서필			
14		남건우 차장,010-4611-6084	남건우			
15						

함수 | 텍스트 나누기 | **빠른 채우기** | ⊕

TIP 빠른 채우기 목록이 표시되지 않으면 [C7] 셀까지 입력하고 [C8] 셀에서 Ctrl + E 를 누릅니다.

04 Enter를 누르면 목록의 값이 모든 셀에 입력됩니다.

05 D열의 직위도 동일한 방법으로 입력하겠습니다.

06 [D6], [D7] 셀에 각각 **과장**을 입력하고 [D8] 셀에 **대**를 입력하면 빠른 채우기 목록이 표시됩니다.

	A	B	C	D	E	F
1						
2		열 세분화 (빠른 채우기)				
3						
4						
5		데이터	이름	직위	전화번호	
6		정형석 과장,010-8623-5100	정형석	과장		
7		김민주 과장,010-6002-9590	김민주	과장		
8		황보현 대리,010-8572-6933	황보현	대리		
9		박민 대리,010-6188-9144	박민	대리		
10		김연석 실장,02-334-5765	김연석	실장		
11		현주원 과장,010-5838-9619	현주원	과장		
12		채연주 차장,010-4326-6998	채연주	차장		
13		오서필 과장,010-5472-4620	오서필	과장		
14		남건우 차장,010-4611-6084	남건우	차장		
15						

07 Enter를 눌러 목록 내 직위를 입력합니다.

08 E열의 전화번호도 동일하게 작업하겠습니다.

09 [E6] 셀에 **010-8623-5100**을 입력하고, [E7] 셀에 **0**을 입력하면 빠른 채우기 목록이 표시됩니다.

	A	B	C	D	E	F
1						
2		열 세분화 (빠른 채우기)				
3						
4						
5		데이터	이름	직위	전화번호	
6		정형석 과장,010-8623-5100	정형석	과장	010-8623-5100	
7		김민주 과장,010-6002-9590	김민주	과장	010-6002-9590	
8		황보현 대리,010-8572-6933	황보현	대리	010-8572-6933	
9		박민 대리,010-6188-9144	박민	대리	010-6188-9144	
10		김연석 실장,02-334-5765	김연석	실장	02-334-5765	
11		현주원 과장,010-5838-9619	현주원	과장	010-5838-9619	
12		채연주 차장,010-4326-6998	채연주	차장	010-4326-6998	
13		오서필 과장,010-5472-4620	오서필	과장	010-5472-4620	
14		남건우 차장,010-4611-6084	남건우	차장	010-4611-6084	
15						

10 Enter를 눌러 목록 내 전화번호를 입력합니다.

01 07 Raw 데이터 문제 확인하고 해결하기 3 – 열 세분화 2

예제 파일 PART 01 \ CHAPTER 01 \ 열 세분화-자릿수.xlsx

구분 기호로 데이터가 구분되지 않지만 자릿수가 동일한 경우

구분 기호로 구분할 수는 없지만 입력된 문자의 개수가 동일한 경우에도 데이터를 원하는 결과로 구분할 수 있습니다. 주민등록번호나 사업자등록번호와 같은 코드가 이런 경우에 해당합니다.

주민등록번호는 다음과 같은 14자리 데이터입니다.

y	y	m	m	d	d	–	1	2	3	4	5	6	7

사업자등록번호는 다음과 같은 12자리 데이터입니다.

1	2	3	–	4	5	–	1	2	3	4	5

함수를 이용한 방법

셀에 입력된 데이터를 여러 열로 구분하려면 LEFT, MID, RIGHT 함수를 사용합니다. 또한 날짜 데이터를 변환할 때는 TEXT, DATEVALUE 함수를 추가로 사용합니다.

TEXT 함수는 특정 데이터를 원하는 데이터로 변환할 수 있으며 구문은 다음과 같습니다.

> **TEXT (❶ 값, ❷ 서식 코드)**
>
> 지정된 서식 코드를 이용해 값을 변환해 반환합니다.
>
> | ❶ 값 | 변환하려는 값 또는 값이 저장된 셀 |
> |---|---|
> | ❷ 서식 코드 | 변환할 형태를 지정한 서식 코드로, 큰따옴표(")로 묶어 사용합니다. |

사용 설명

- [서식 코드]는 [셀 서식] 대화상자의 [형식]에 사용되는 코드와 동일합니다.
- TEXT 함수에서 반환하는 값은 모두 텍스트 형식입니다.

DATEVALUE 함수는 텍스트형 날짜 데이터를 날짜 데이터로 변환할 수 있습니다.

DATEVALUE (❶ 텍스트형 날짜)

텍스트형 날짜 데이터를 날짜 데이터로 변환합니다.

❶ 텍스트형 날짜	변환하려는 날짜 형식의 텍스트 데이터

사용 설명

● [텍스트형 날짜]는 yy-mm-dd 또는 yyyy-mm-dd와 같은 형태의 텍스트 데이터여야 합니다.

01 예제를 열고 [함수] 시트 탭을 클릭합니다.

02 B열의 데이터에서 지점에 해당하는 코드와 날짜 데이터를 구분해보겠습니다.

	A	B	C	D	E	F	G	H
1								
2-3		열 세분화 (자릿수)				코드표		
5		데이터	지점	날짜		코드	지점	
6		K1-200102001				K1	고잔점	
7		S1-200102001				K2	동백점	
8		S2-200102001				K3	서수원점	
9		K1-200103002				K5	화정점	
10		S3-200103001				S1	가양점	
11		K3-200106001				S2	성수점	
12		S4-200106001				S3	용산점	
13		S3-200106002				S4	수서점	
14		K5-200107001				S5	신도림점	
15		K5-200107002				S6	자양점	
16		K2-200107001				S7	청계천점	
17		S3-200108003						
18		S6-200108001						
19								

함수 | 텍스트 나누기 | 빠른 채우기 | ⊕

🔍 **더 알아보기** **B열의 데이터 이해하기**

B열의 데이터는 다음과 같이 구성되어 있습니다.

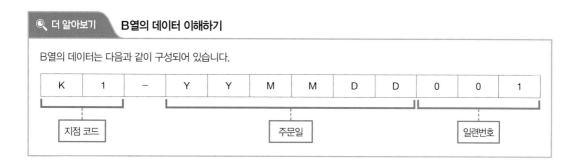

03 지점 코드를 얻기 위해 [C6] 셀에 다음 수식을 입력합니다.

`=LEFT(B6, 2)`

04 [C6] 셀의 채우기 핸들⊞을 [C18] 셀까지 드래그해 수식을 복사합니다.

C6		:	× ✓ fx	=LEFT(B6, 2)				
▲	A	B	C	D	E	F	G	H
1								
2			열 세분화 (자릿수)				코드표	
3								
5		데이터	지점	날짜		코드	지점	
6		K1-200102001	K1			K1	고잔점	
7		S1-200102001	S1			K2	동백점	
8		S2-200102001	S2			K3	서수원점	
9		K1-200103002	K1			K5	화정점	
10		S3-200103001	S3			S1	가양점	
11		K3-200106001	K3			S2	성수점	
12		S4-200106001	S4			S3	용산점	
13		S3-200106002	S3			S4	수서점	
14		K5-200107001	K5			S5	신도림점	
15		K5-200107002	K5			S6	자양점	
16		K2-200107001	K2			S7	청계천점	
17		S3-200108003	S3					
18		S6-200108001	S6					
19			⊞					

🔍 **더 알아보기**　　**수식 이해하기**

지점 코드는 맨 앞의 두 자리 문자이므로, LEFT 함수를 사용해 간단하게 잘라낼 수 있습니다. 만약 오른쪽 코드 표의 지점이 표시되길 원한다면 다음과 같이 VLOOKUP 함수를 함께 사용해야 합니다.

　=VLOOKUP(LEFT(B6, 2), $F$6:$G$16, 2, FALSE)

VLOOKUP 함수는 원하는 값을 표의 왼쪽에서 찾아 오른쪽 열의 값을 반환해주는 함수로 구문은 다음과 같습니다.

VLOOKUP (❶ 찾을 값, ❷ 표, ❸ 열 번호, ❹ 찾기 옵션)

다른 표의 왼쪽 열에서 원하는 값을 찾아, 오른쪽 열의 값을 참조할 수 있습니다.

❶ 찾을 값	[표]의 왼쪽 첫 번째 열에서 찾을 값	
❷ 표	[찾을 값]과 참조해올 값을 모두 포함하는 데이터 범위	
❸ 열 번호	[표]에서 참조할 값이 있는 열의 인덱스 번호	
❹ 찾기 옵션	[찾을 값]을 [표]의 왼쪽 첫 번째 열에서 찾는 방법을 지정합니다.	
	찾기 옵션	**설명**
	TRUE 또는 생략	표의 왼쪽 첫 번째 열이 오름차순으로 정렬되어 있다고 가정하고 값을 찾는데, 찾을 값보다 큰 값을 만날 때까지 동일한 값을 찾지 못하면 찾을 값보다 작은 값 중에서 가장 큰 값의 위치를 찾습니다.
	FALSE	표의 왼쪽 첫 번째 열에서 찾을 값과 정확하게 일치하는 첫 번째 위치를 찾습니다.

주의 사항

- [찾을 값]을 [표]의 왼쪽 첫 번째 열에서 찾지 못하면 #N/A 오류가 반환됩니다.
- [표]의 첫 번째 열에서만 값을 찾을 수 있으며, 오른쪽에 있는 열의 값만 참조할 수 있습니다.

VLOOKUP 함수는 이렇게 코드값을 원하는 값으로 대체할 때 자주 사용하므로 잘 기억해두는 것이 좋습니다.

05 주문일 날짜를 얻기 위해 [D6] 셀에 다음 수식을 입력합니다.

`=MID(B6, 4, 6)`

06 [D6] 셀의 채우기 핸들➕을 [D18] 셀까지 드래그해 수식을 복사합니다.

	D6	▼ : ✕ ✓ fx	=MID(B6, 4, 6)				

	A	B	C	D	E	F	G	H
1								
2		**열 세분화 (자릿수)**				**코드표**		
3								
5		데이터	지점	날짜		코드	지점	
6		K1-200102001	K1	200102		K1	고잔점	
7		S1-200102001	S1	200102		K2	동백점	
8		S2-200102001	S2	200102		K3	서수원점	
9		K1-200103002	K1	200103		K5	화정점	
10		S3-200103001	S3	200103		S1	가양점	
11		K3-200106001	K3	200106		S2	성수점	
12		S4-200106001	S4	200106		S3	용산점	
13		S3-200106002	S3	200106		S4	수서점	
14		K5-200107001	K5	200107		S5	신도림점	
15		K5-200107002	K5	200107		S6	자양점	
16		K2-200107001	K2	200107		S7	청계천점	
17		S3-200108003	S3	200108				
18		S6-200108001	S6	200108				
19								

🔍 **더 알아보기**   **수식 이해하기**

B열의 데이터에서 주문일은 하이픈(−) 다음부터 6자리 문자이므로 MID 함수를 사용해 네 번째 위치에서 6개 문자를 잘라내도록 한 것입니다.

07 주문일 날짜에 구분 기호를 넣기 위해 [D6] 셀 의 수식을 다음과 같이 수정합니다.

=TEXT(**MID**(B6, 4, 6), "00−00−00")

D6			fx	=TEXT(MID(B6, 4, 6), "00-00-00")				
	A	B	C	D	E	F	G	H
1								
2		\#\# 열 세분화 (자릿수)					코드표	
3								
5		데이터	지점	날짜		코드	지점	
6		K1-200102001	K1	20-01-02		K1	고잔점	
7		S1-200102001	S1	200102		K2	동백점	
8		S2-200102001	S2	200102		K3	서수원점	
9		K1-200103002	K1	200103		K5	화정점	
10		S3-200103001	S3	200103		S1	가양점	

🔍 **더 알아보기**   **수식 이해하기**

MID 함수로 잘라낸 날짜는 200102와 같이 두 자리 연도와 월, 일 값으로 이루어져 있습니다. 즉, yymmdd 형식이므로 날짜로 변환하려면 연, 월, 일 사이에 하이픈(−)을 추가해야 합니다. 이 작업은 LEFT, MID, RIGHT 함수를 사용해 다시 쪼개고 붙이는 번거로운 방법 대신 TEXT 함수를 사용해 규칙적으로 하이픈(−)이 표시되도록 변환한 것입니다.

TEXT 함수는 두 번째 인수를 이해하는 것이 중요한데, 이번 수식에서 두 번째 인수는 **"00−00−00"**입니다. 0은 숫자를 의미하 므로 6개의 숫자(200102)를 두 자리마다 하이픈을 넣어 표시하라는 의미입니다. 이 방식으로 [D6] 셀에 원하는 형식으로 값이 반환되었지만 셀 왼쪽에 표시되므로 텍스트 형식임을 알 수 있습니다. 텍스트 형식의 날짜 데이터를 날짜로 변환하려면 별도의 함수가 필요합니다.

---

08 수정된 날짜를 날짜 데이터로 변환하기 위해 [D6] 셀의 수식을 다음과 같이 수정합니다.

=**DATEVALUE**(TEXT(**MID**(B6, 4, 6), "00−00−00"))

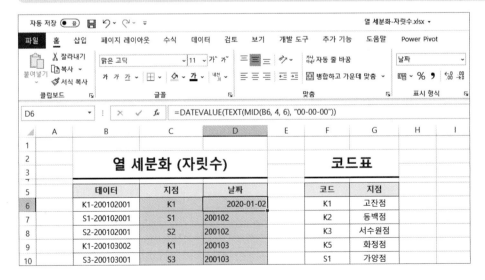

D6			fx	=DATEVALUE(TEXT(MID(B6, 4, 6), "00-00-00"))					
	A	B	C	D	E	F	G	H	I
1									
2		\#\# 열 세분화 (자릿수)					코드표		
3									
5		데이터	지점	날짜		코드	지점		
6		K1-200102001	K1	2020-01-02		K1	고잔점		
7		S1-200102001	S1	200102		K2	동백점		
8		S2-200102001	S2	200102		K3	서수원점		
9		K1-200103002	K1	200103		K5	화정점		
10		S3-200103001	S3	200103		S1	가양점		

TIP DATEVALUE 함수는 간단하게 텍스트형 날짜를 날짜 형식으로 변환합니다.

09 [D6] 셀의 채우기 핸들 🔲을 [D18] 셀까지 드래그해 수식을 복사합니다.

텍스트 나누기 기능을 이용한 방법

[텍스트 나누기]는 자릿수가 일정한 데이터를 나누는 데 최적화되어 있으며, 자체적으로 데이터 형식도 변환할 수 있기 때문에 이런 식의 데이터를 처리할 때 편리한 기능입니다.

01 [텍스트 나누기] 시트 탭을 클릭합니다.

02 [텍스트 나누기] 기능을 사용하기 위해 B열의 데이터를 C열에 복사하겠습니다.

03 [B6:B18] 범위를 선택하고 Ctrl + C 로 복사한 후 [C6] 셀에 Ctrl + V 로 붙여 넣습니다.

04 리본 메뉴의 [데이터] 탭-[데이터 도구] 그룹-[텍스트 나누기 📰]를 클릭합니다.

05 [텍스트 마법사—1단계] 대화상자에서 [너비가 일정함]을 선택하고 [다음]을 클릭합니다.

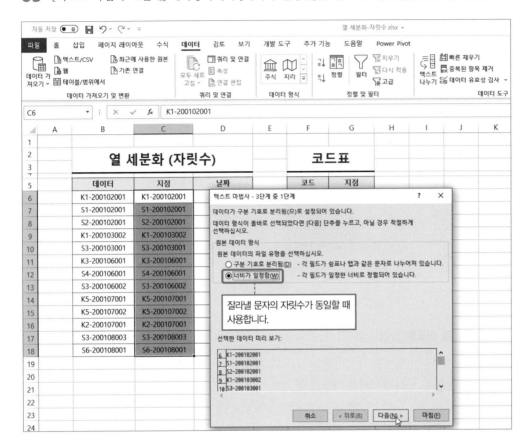

06 [텍스트 마법사—2단계] 대화상자에서는 열을 구분할 위치를 표시합니다.

07 하단의 [데이터 미리 보기] 영역에서 열을 구분할 위치를 클릭하고 [다음]을 클릭합니다.

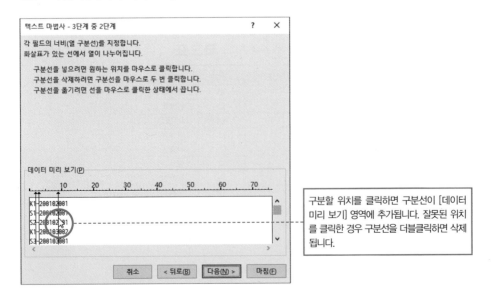

구분할 위치를 클릭하면 구분선이 [데이터 미리 보기] 영역에 추가됩니다. 잘못된 위치를 클릭한 경우 구분선을 더블클릭하면 삭제됩니다.

08 [텍스트 마법사—3단계] 대화상자에서는 사용할 열과 사용하지 않을 열을 구분합니다.

09 [데이터 미리 보기] 영역에서 하이픈(−)만 입력된 열을 선택합니다.

10 [열 데이터 서식]에서 [열 가져오지 않음(건너뜀)]을 선택합니다.

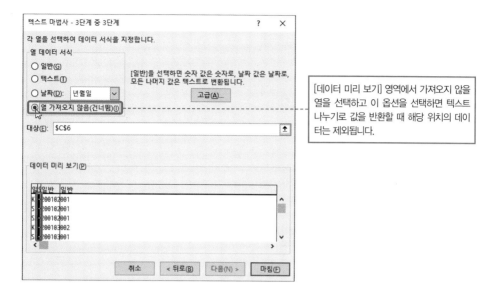

[데이터 미리 보기] 영역에서 가져오지 않을 열을 선택하고 이 옵션을 선택하면 텍스트 나누기로 값을 반환할 때 해당 위치의 데이터는 제외됩니다.

11 [데이터 미리 보기] 영역에서 날짜 열을 선택합니다.

12 [열 데이터 서식]에서 [날짜]를 선택합니다.

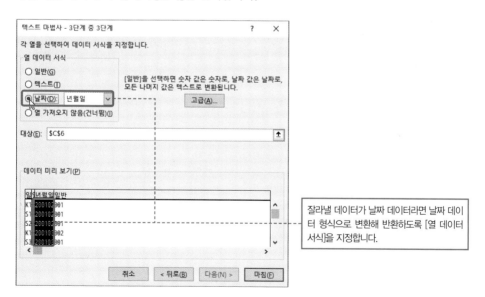

잘라낼 데이터가 날짜 데이터라면 날짜 데이터 형식으로 변환해 반환하도록 [열 데이터 서식]을 지정합니다.

13 [데이터 미리 보기] 영역에서 마지막 일련번호 열을 선택합니다.

14 [열 데이터 서식]에서 [열 가져오지 않음(건너뜀)]을 선택합니다.

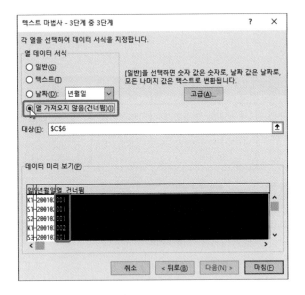

15 [마침]을 클릭해 대화상자를 닫으면 경고 메시지 창이 표시됩니다.

16 [확인]을 클릭합니다.

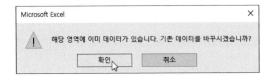

17 원하는 결과가 제대로 반환됩니다.

	A	B	C	D	E	F	G	H
1								
2			열 세분화 (자릿수)				코드표	
3								
5		데이터	지점	날짜		코드	지점	
6		K1-200102001	K1	2020-01-02		K1	고잔점	
7		S1-200102001	S1	2020-01-02		K2	동백점	
8		S2-200102001	S2	2020-01-02		K3	서수원점	
9		K1-200103002	K1	2020-01-03		K5	화정점	
10		S3-200103001	S3	2020-01-03		S1	가양점	
11		K3-200106001	K3	2020-01-06		S2	성수점	
12		S4-200106001	S4	2020-01-06		S3	용산점	
13		S3-200106002	S3	2020-01-06		S4	수서점	
14		K5-200107001	K5	2020-01-07		S5	신도림점	
15		K5-200107002	K5	2020-01-07		S6	자양점	
16		K2-200107001	K2	2020-01-07		S7	청계천점	
17		S3-200108003	S3	2020-01-08				
18		S6-200108001	S6	2020-01-08				
19								

빠른 채우기(Ctrl + E)를 이용한 방법

엑셀 2013 이상 버전에서 사용할 수 있는 [빠른 채우기] 기능은 가장 효과적인 결과를 반환합니다.

빠른 채우기를 사용하는 방법은 아래 과정을 참고합니다.

01 [빠른 채우기] 시트 탭을 클릭합니다.

02 [C6] 셀에 첫 번째 지점 코드인 **K1**을 입력합니다.

03 [C7] 셀에 두 번째 지점 코드를 입력하기 위해 **S**를 입력하면 빠른 채우기 목록이 표시됩니다.

	데이터	지점	날짜		코드	지점
		열 세분화 (자릿수)			코드표	
	데이터	지점	날짜		코드	지점
6	K1-200102001	K1			K1	고잔점
7	S1-200102001	S1			K2	동백점
8	S2-200102001	S2			K3	서수원점
9	K1-200103002	K1			K5	화정점
10	S3-200103001	S3			S1	가양점
11	K3-200106001	K3			S2	성수점
12	S4-200106001	S4			S3	용산점
13	S3-200106002	S3			S4	수서점
14	K5-200107001	K5			S5	신도림점
15	K5-200107002	K5			S6	자양점
16	K2-200107001	K2			S7	청계천점
17	S3-200108003	S3				
18	S6-200108001	S6				

함수 | 텍스트 나누기 | 빠른 채우기 | ⊕

04 Enter 를 눌러 목록 내 지점 코드를 셀에 입력합니다.

05 주문 날짜를 얻기 위해 [D6] 셀에 첫 번째 날짜인 **2020-01-02**를 입력합니다.

06 [D7] 셀에 두 번째 날짜인 **2020-01-02**를 입력합니다.

07 빠른 채우기 목록이 표시되지 않으면 [D8] 셀에서 Ctrl + E 를 누릅니다.

	데이터	지점	날짜		코드	지점
		열 세분화 (자릿수)			코드표	
	데이터	지점	날짜		코드	지점
6	K1-200102001	K1	2020-01-02		K1	고잔점
7	S1-200102001	S1	2020-01-02		K2	동백점
8	S2-200102001	S2	2020-01-02		K3	서수원점
9	K1-200103002	K1	2020-01-03		K5	화정점
10	S3-200103001	S3	2020-01-03		S1	가양점
11	K3-200106001	K3	2020-01-06		S2	성수점
12	S4-200106001	S4	2020-01-06		S3	용산점
13	S3-200106002	S3	2020-01-06		S4	수서점
14	K5-200107001	K5	2020-01-07		S5	신도림점
15	K5-200107002	K5	2020-01-07		S6	자양점
16	K2-200107001	K2	2020-01-07		S7	청계천점
17	S3-200108003	S3	2020-01-08			
18	S6-200108001	S6	2020-01-08			

01 08 Raw 데이터 문제 확인하고 해결하기 3 - 열 세분화 3

예제 파일 PART 01 \ CHAPTER 01 \ 열 세분화-불규칙.xlsx

구분 기호가 없고 자릿수도 일정하지 않은 경우

데이터를 구분해 얻기 어렵다면 구분할 위치를 어떻게 찾아야 하는지 먼저 확인해야 합니다. 다음과 같이 주소가 모두 붙어 입력된 경우를 예로 들겠습니다.

서울특별시서초구서초대로142

위 데이터를 시, 구, 도로명 주소로 나누면 다음과 같습니다.

서울특별시	서초구	서초대로142

즉, 시도명은 '시'로, 구군은 '구'로 끝나며 도로명은 '로'로 끝난 위치에서 한 칸 띄어쓰면 됩니다. 이렇게 데이터의 위치를 정확하게 어떤 패턴으로 구분해야 하는지 파악하는 것이 먼저입니다. 이런 패턴은 모든 데이터에 100% 일치하지 않을 수 있습니다. 그래서 이런 작업은 보통 데이터의 70% 이상만 맞아도 자동으로 처리하고 나머지 데이터는 수동으로 작업합니다.

1단계 - 바꾸기를 이용해 구분할 위치를 표기하는 방법

데이터를 구분할 위치의 패턴을 찾았다면 해당 위치에 구분 기호를 넣는 것이 좋습니다. 아래 과정을 참고합니다.

01 예제를 열고 B열의 주소를 시/도-구/군-도로명 순으로 정리하겠습니다.

⊿	A	B	C	D	E	F
1						
2		열 세분화 (불규칙)				
3						
5		주소	시/도	구/군	도로명	
6		경상북도상주시경상대로2560-3				
7		서울특별시서초구서초대로142				
8		부산광역시부산진구가야대로510번길24				
9		인천광역시연수구학나래로6번길62				
10		경기도광명시철산로30번길15				
11		서울특별시서대문구모래내로13길25				
12		서울특별시영등포구영등포로2길7				

02 잘못 수정되면 다시 복원해야 하므로 데이터를 복사해 작업합니다.

03 [B6:B14] 범위를 선택하고 Ctrl + C 로 복사한 후 [C6] 셀에 Ctrl + V 로 붙여 넣습니다.

⊿	A	B	C	D	E	F
1						
2		열 세분화 (불규칙)				
3						
5		주소	시/도	구/군	도로명	
6		경상북도상주시경상대로2560-3	경상북도상주시경상대로2560-3			
7		서울특별시서초구서초대로142	서울특별시서초구서초대로142			
8		부산광역시부산진구가야대로510번길24	부산광역시부산진구가야대로510번길24			
9		인천광역시연수구학나래로6번길62	인천광역시연수구학나래로6번길62			
10		경기도광명시철산로30번길15	경기도광명시철산로30번길15			
11		서울특별시서대문구모래내로13길25	서울특별시서대문구모래내로13길25			
12		서울특별시영등포구영등포로2길7	서울특별시영등포구영등포로2길7			
13		강원도원주시학성길67	강원도원주시학성길67			
14		서울특별시용산구원효로90길11	서울특별시용산구원효로90길11			
15			(Ctrl) ▾			

04 열을 구분할 위치를 [바꾸기] 기능을 이용해 하나씩 고쳐 작업하겠습니다.

05 [C6:C14] 범위가 선택된 상태에서 Ctrl + H 를 누릅니다.

06 [찾기 및 바꾸기] 대화상자를 다음과 같이 구성하고 [모두 바꾸기]를 클릭합니다.

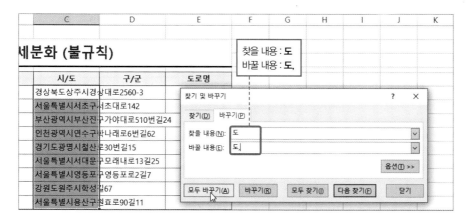

TIP 바꿀 내용의 마지막에 입력하는 쉼표(,)는 구분 기호이므로 다른 것을 사용해도 됩니다.

07 [찾을 내용]과 [바꿀 내용]을 다음과 같이 수정하고 [모두 바꾸기]를 클릭합니다.

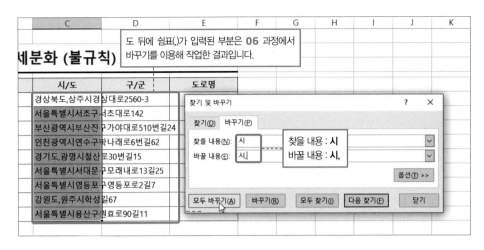

08 같은 방법으로 [찾기 및 바꾸기] 대화상자의 설정을 다음과 같이 바꿔 데이터를 수정합니다.

찾을 내용	바꿀 내용
구	구.
로	로
길	길

[바꿀 내용]의 **로**와 **길**은 뒤에서 Spacebar 를 눌러 한 칸 띄어쓰기를 합니다.

09 모든 수정 작업이 완료되면 [닫기]를 클릭해 대화상자를 닫습니다.

2단계 – 텍스트 나누기를 이용한 열 세분화

열을 구분할 위치를 모두 표기했다면 [텍스트 나누기⊞] 기능을 이용해 열을 구분합니다.

01 쉼표(,) 위치에서 열을 구분하기 위해 [C6:C14] 범위를 선택합니다.

02 리본 메뉴의 [데이터] 탭–[데이터 도구] 그룹–[텍스트 나누기]를 클릭합니다.

03 [텍스트 마법사–1단계] 대화상자가 표시되면 [다음]을 클릭합니다.

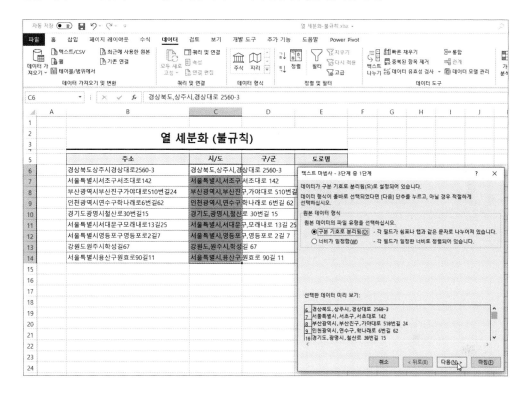

04 [텍스트 마법사–2단계] 대화상자의 [구분 기호]에서 [쉼표]에 체크하고 [마침]을 클릭합니다.

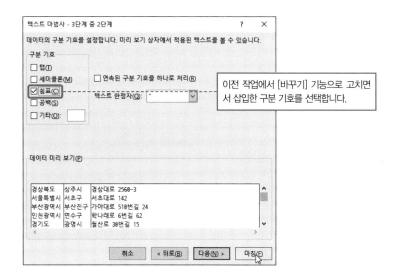

> 이전 작업에서 [바꾸기] 기능으로 고치면서 삽입한 구분 기호를 선택합니다.

05 경고 메시지 창이 표시되면 [확인]을 클릭합니다.

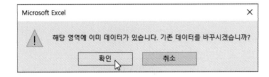

06 주소가 깔끔하게 구분됩니다.

	A	B	C	D	E	F
1						
2		열 세분화 (불규칙)				
3						
5		주소	시/도	구/군	도로명	
6		경상북도상주시경상대로2560-3	경상북도	상주시	경상대로 2560-3	
7		서울특별시서초구서초대로142	서울특별시	서초구	서초대로 142	
8		부산광역시부산진구가야대로510번길24	부산광역시	부산진구	가야대로 510번길 24	
9		인천광역시연수구학나래로6번길62	인천광역시	연수구	학나래로 6번길 62	
10		경기도광명시철산로30번길15	경기도	광명시	철산로 30번길 15	
11		서울특별시서대문구모래내로13길25	서울특별시	서대문구	모래내로 13길 25	
12		서울특별시영등포구영등포로2길7	서울특별시	영등포구	영등포로 2길 7	
13		강원도원주시학성길67	강원도	원주시	학성길 67	
14		서울특별시용산구원효로90길11	서울특별시	용산구	원효로 90길 11	
15						

데이터 전처리

테이블 표에 데이터 쉽게 입력하기

예제 파일 PART 01 \ CHAPTER 01 \ 레코드 관리.xlsx

레코드 관리 기능 추가

테이블에 데이터를 새로 입력하려면 중복 데이터 검사 및 서식 지정, 수식 복사 등 불편한 부분이 한두 가지가 아닙니다. 엑셀에는 테이블 표에 데이터를 쉽게 입력할 수 있는 [레코드 관리] 기능이 있지만 숨겨져 있기 때문에 사용자가 기능을 찾아 리본 메뉴나 빠른 실행 도구 모음에 추가해야 합니다.

레코드 관리 기능을 추가하는 방법은 아래 과정을 참고합니다.

01 리본 메뉴에서 빠른 실행 도구 모음 오른쪽의 [사용자 지정⏷]을 클릭합니다.

02 메뉴에서 [기타 명령]을 선택합니다.

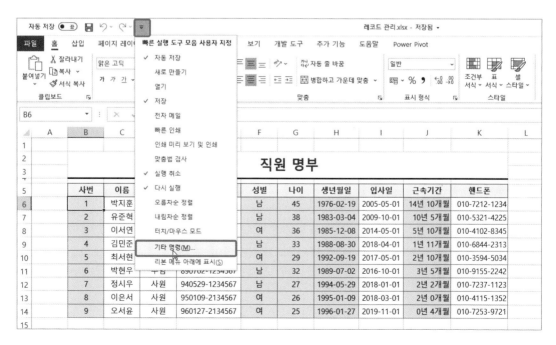

03 [명령 선택] 목록에서 [리본 메뉴에 없는 명령]을 선택합니다.

04 하단 목록에서 [레코드 관리]를 선택하고 [추가]를 클릭합니다.

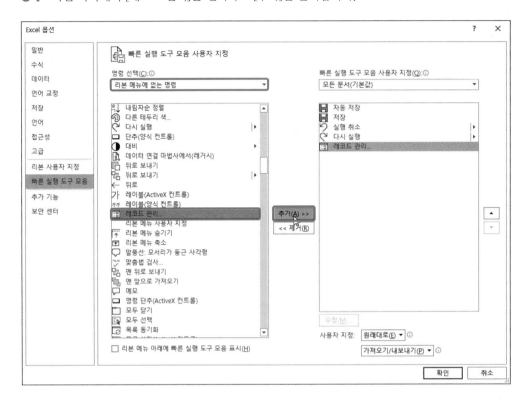

05 [확인]을 클릭하면 빠른 실행 도구 모음에 [레코드 관리 ▦] 명령이 추가됩니다.

레코드 관리를 이용한 데이터 입력

[레코드 관리]는 테이블 형식의 표에 대화상자를 이용해 새로운 데이터를 입력할 수 있도록 지원하는 기능입니다. 새 데이터 입력 외에 원하는 조건에 맞는 레코드를 쉽게 찾아 수정할 수 있는 기능도 있습니다. 다만 수식이 입력된 셀은 수정할 수 없습니다. [레코드 관리] 기능을 이용하는 방법은 다음 과정을 참고합니다.

01 표 내부의 셀을 하나 선택합니다.

02 빠른 실행 도구 모음의 [레코드 관리 ▦]를 클릭합니다.

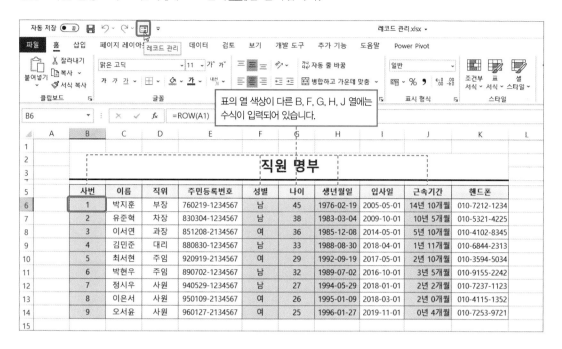

03 레코드 관리 폼이 실행됩니다.

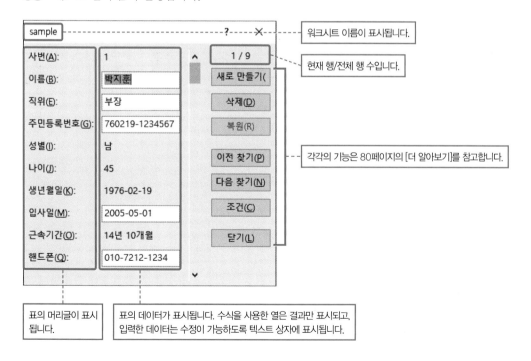

🔍 더 알아보기   [레코드 관리] 대화상자의 기능

레코드 관리 폼은 데이터를 손쉽게 입력할 때 사용하는 폼으로, 폼 오른쪽에 7개의 버튼이 있습니다. 각각의 버튼은 다음과 같은 역할을 합니다.

버튼	설명
[새로 만들기]	표에 새로운 데이터를 추가합니다.
[삭제]	현재 화면의 데이터를 표에서 삭제합니다.
[복원]	폼에서 수정한 데이터를 표의 데이터로 복원합니다. 데이터를 잘못 수정한 경우에 유용합니다.
[이전 찾기]	[조건]을 클릭해 입력한 조건에 해당하는 데이터 중 이전(현재 데이터의 위쪽) 데이터를 찾아 표시합니다.
[다음 찾기]	[이전 찾기]와 유사하지만, 다음(현재 데이터의 아래쪽) 데이터를 찾아 표시합니다.
[조건]	표에서 찾고자 하는 조건을 입력합니다.
[닫기]	폼을 닫습니다.

04 [새로 만들기]를 클릭하면 표에 새 데이터를 입력할 수 있습니다.

TIP 데이터를 입력하기 전에 [조건]을 클릭하고 [직위]에 **사원**을 입력한 후 [다음 찾기]를 클릭해봅니다.

수식이 입력된 열은 텍스트 상자가 표시되지 않고, 데이터를 직접 입력해야 하는 경우만 텍스트 상자가 표시됩니다(참고로 데이터를 입력하면 수식은 자동 계산됩니다).

05 자신의 데이터를 입력하고 [닫기]를 클릭합니다.

06 레코드 관리 폼에 입력한 데이터가 표에 입력됩니다.

직원 명부

사번	이름	직위	주민등록번호	성별	나이	생년월일	입사일	근속기간	핸드폰
1	박지훈	부장	760219-1234567	남	45	1976-02-19	2005-05-01	14년 10개월	010-7212-1234
2	유준혁	차장	830304-1234567	남	38	1983-03-04	2009-10-01	10년 5개월	010-5321-4225
3	이서연	과장	851208-2134567	여	36	1985-12-08	2014-05-01	5년 10개월	010-4102-8345
4	김민준	대리	880830-1234567	남	33	1988-08-30	2018-04-01	1년 11개월	010-6844-2313
5	최서현	주임	920919-2134567	여	29	1992-09-19	2017-05-01	2년 10개월	010-3594-5034
6	박현우	주임	890702-1234567	남	32	1989-07-02	2016-10-01	3년 5개월	010-9155-2242
7	정시우	사원	940529-1234567	남	27	1994-05-29	2018-01-01	2년 2개월	010-7237-1123
8	이은서	사원	950109-2134567	여	26	1995-01-09	2018-03-01	2년 0개월	010-4115-1352
9	오서윤	사원	960127-2134567	여	25	1996-01-27	2019-11-01	0년 4개월	010-7253-9721
10	최준선	실장	860701-1234567	남	35	1986-07-01	2020-01-01	0년 2개월	010-5678-1234

[레코드 관리] 기능을 이용해 데이터를 입력하면 표의 행 서식이 그대로 유지되고 수식도 자동 복사되므로 편리합니다.

빠른 실행 도구 모음에 추가된 명령 제거

빠른 실행 도구 모음에 리본 메뉴의 명령 또는 리본 메뉴에서 제공되지 않는 명령 중에서 빠르게 실행하려는 명령을 등록해 사용할 수 있습니다.

빠른 실행 도구 모음의 명령은 Alt와 1, 2, 3, …과 같은 일련번호를 사용하는 단축키가 할당되므로 빠르게 실행하려면 Alt+1, Alt+2와 같은 단축키를 사용합니다. 예를 들어 저장 명령은 Alt+2를 누르면 실행되고, 앞에서 등록한 [레코드 관리]는 네 번째 명령이므로 Alt+5로 빠르게 실행할 수 있습니다.

또한 빠른 실행 도구 모음에 등록된 명령을 더 이상 사용하지 않을 때는 삭제할 수 있습니다. 다음과 같은 방법을 사용합니다.

01 빠른 실행 도구 모음에서 삭제할 기능을 마우스 오른쪽 버튼으로 클릭합니다.

02 [빠른 실행 도구 모음에서 제거]를 선택합니다.

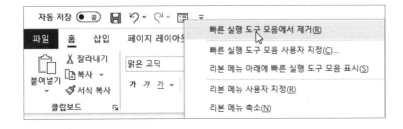

엑셀 표

엑셀에서 데이터를 기록하는 데 사용하는 테이블(Table) 형식의 표는 계속해서 데이터를 기록해야 하므로 매번 참조해야 하는 데이터 범위가 변경되며, 데이터가 많이 쌓일수록 표를 효율적으로 관리하기 어렵습니다. 엑셀에서 데이터를 효율적으로 관리하고 싶다면 테이블 형식의 표는 반드시 엑셀 표로 변환해 사용하는 것이 좋습니다.

엑셀 표

02 01 엑셀 표 사용하기

예제 파일 PART 01 \ CHAPTER 02 \ 엑셀 표.xlsx

엑셀 표로 변환

엑셀에는 테이블 표를 엑셀에서 관리할 수 있도록 해주는 [엑셀 표] 기능이 있습니다. 사용하는 표를 엑셀 표로 변환하면 다음과 같은 장점이 있습니다.

첫째, 표에 추가된 데이터를 자동 인식하여 스스로 범위를 확장합니다(**Section 02-02**).

둘째, 수식을 입력하면 자동으로 열 전체 범위로 복사합니다(**Section 02-03**).

셋째, 셀 주소 대신 머리글을 이용해 셀 또는 범위를 참조합니다(**Section 02-04**).

엑셀 표로 변환하려면 다음 과정을 참고합니다.

01 예제를 열면 테이블 형식의 표가 있습니다. 이 표를 엑셀 표로 등록하겠습니다.

사번	이름	직위	주민등록번호	성별	나이	생년월일	입사일	근속기간
				직원 명부				
1	박지훈	부장	760219-1234567	남	45	1976-02-19	2005-05-01	14년 10개월
2	유준혁	차장	830304-1234567	남	38	1983-03-04	2009-10-01	10년 5개월
3	이서연	과장	851208-2134567	여	36	1985-12-08	2014-05-01	5년 10개월
4	김민준	대리	880830-1234567	남	33	1988-08-30	2018-04-01	1년 11개월
5	최서현	주임	920919-2134567	여	29	1992-09-19	2017-05-01	2년 10개월
6	박현우	주임	890702-1234567	남	32	1989-07-02	2016-10-01	3년 5개월
7	정시우	사원	940529-1234567	남	27	1994-05-29	2018-01-01	2년 2개월
8	이은서	사원	950109-2134567	여	26	1995-01-09	2018-03-01	2년 0개월
9	오서윤	사원	960127-2134567	여	25	1996-01-27	2019-11-01	0년 4개월

첫 번째 행에만 제목이 입력되어 있어야 합니다.

02 리본 메뉴의 [삽입] 탭-[표] 그룹-[표]를 클릭합니다.

03 [표 만들기] 대화상자가 표시되면 다음 설명을 참고해 설정하고 [확인]을 클릭합니다.

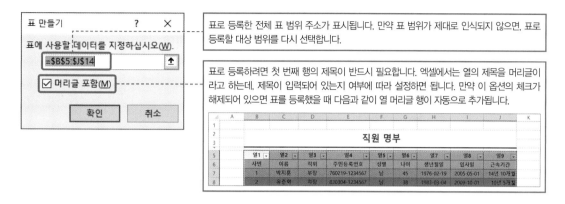

표로 등록한 전체 표 범위 주소가 표시됩니다. 만약 표 범위가 제대로 인식되지 않으면, 표로 등록할 대상 범위를 다시 선택합니다.

표로 등록하려면 첫 번째 행의 제목이 반드시 필요합니다. 엑셀에서는 열의 제목을 머리글이라고 하는데, 제목이 입력되어 있는지 여부에 따라 설정하면 됩니다. 만약 이 옵션의 체크가 해제되어 있으면 표를 등록했을 때 다음과 같이 열 머리글 행이 자동으로 추가됩니다.

04 표가 엑셀 표로 변환됩니다.

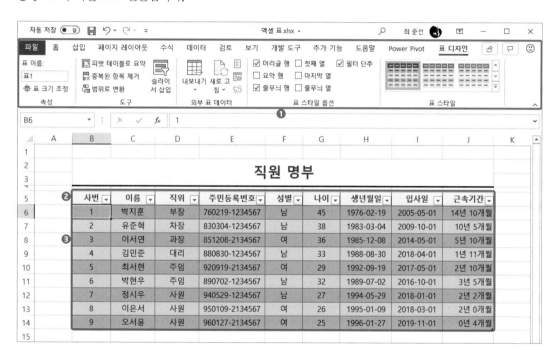

🔍 **더 알아보기**   **엑셀 표의 특징**

엑셀 표로 변환되면 다음과 같은 세 가지 특징이 나타납니다.

❶ **리본 메뉴에 [표 디자인] 탭이 표시됩니다.**
　[표 디자인] 탭은 엑셀 표 내부의 셀을 선택할 때만 표시되며, 엑셀 표에서 사용할 수 있는 명령이 표시됩니다.

❷ **머리글 행에 자동 필터가 적용됩니다.**

❸ **표 스타일이 적용됩니다.**

표 스타일 변경 및 제거

엑셀 표에 적용된 표 스타일이 마음에 들지 않는다면 원하는 스타일을 선택하거나 제거할 수 있습니다.

01 리본 메뉴의 [표 디자인] 탭-[표 스타일] 그룹의 자세히 ⬇ 를 클릭합니다.

02 [표 스타일] 갤러리에서 원하는 스타일을 선택합니다.

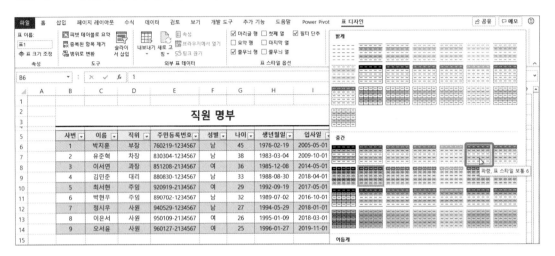

TIP 머리글 스타일을 적용하려면 [B5:J5] 범위를 선택한 후 리본 메뉴의 [홈] 탭-[글꼴] 그룹-[채우기 색 ⬇]을 클릭하고 [채우기 없음]을 선택합니다.

03 표 스타일을 제거하려면 [표 스타일] 갤러리에서 첫 번째 스타일인 [없음]을 선택합니다.

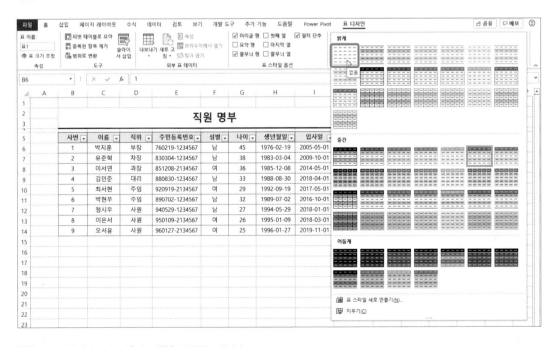

TIP 표 스타일 갤러리 하단의 [지우기 ⬇]를 선택해도 됩니다.

엑셀 표 등록 해제

엑셀 표로 변환된 표를 등록 해제하려면 다음 과정을 참고합니다.

01 엑셀 표 내부의 셀을 하나 선택합니다.

02 리본 메뉴의 [표 디자인] 탭-[도구] 그룹-[범위로 변환🔳]을 클릭합니다.

03 메시지 창이 나타나면 [예]를 클릭합니다.

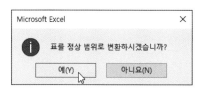

TIP 표를 정상 범위로 변경해도 표 스타일은 함께 제거되지 않으므로 수동으로 변경해야 합니다.

02 02 엑셀 표 범위 자동 확장하기

예제 파일 PART 01 \ CHAPTER 02 \ 엑셀 표−확장.xlsx

엑셀 표는 추가된 데이터를 어떻게 인식할까

엑셀 표로 등록하고 표 하단과 우측 열에 데이터를 입력하면 표에 데이터를 추가하는 것으로 인식되어 표 범위가 자동으로 확장됩니다. 추가한 데이터에는 추가 작업을 하지 않아도 되므로 엑셀에서 업무를 자동화할 때 매우 편리합니다.

> 엑셀 표의 우측과 하단에 새로운 데이터를 입력하면 표 데이터로 자동 인식됩니다.

다음 과정을 참고해 이런 엑셀 표의 특징을 정확하게 이해해보겠습니다.

01 예제를 열면 법인별 1사분기(Q1) 실적을 정리한 표와 차트로 표시한 결과를 확인할 수 있습니다.

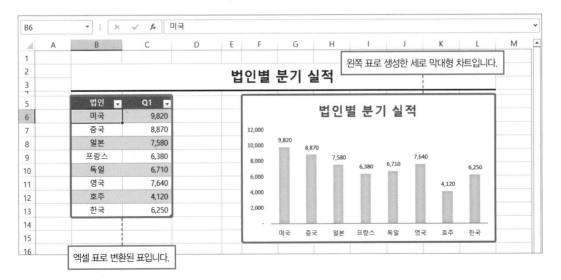

왼쪽 표로 생성한 세로 막대형 차트입니다.

법인별 분기 실적

엑셀 표로 변환된 표입니다.

02 엑셀 표에 새로운 법인 실적을 입력하면 차트에 해당 법인 실적이 바로 표시됩니다.

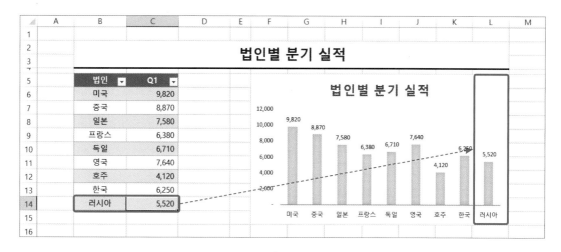

TIP 엑셀 표는 표 하단에 입력된 데이터를 표 데이터로 인식합니다. 또한 엑셀 표 범위를 참조하는 다른 데이터에 적용된 기능이 자동으로 적용됩니다.

03 D열에 2사분기(Q2) 실적을 추가하면 차트에 Q2 실적이 자동으로 표시됩니다.

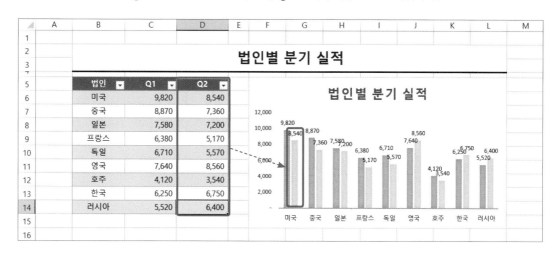

TIP 엑셀 표는 표 우측에 입력된 데이터 역시 표 데이터로 자동 인식합니다.

표 범위가 자동 확장되지 않을 때 해결 방법

엑셀 표로 변환하고 표 하단이나 우측 열에 데이터를 추가해도 표가 자동으로 확장되지 않는 경우가 있습니다. 다음 방법을 참고해 해결합니다.

01 리본 메뉴의 [파일] 탭-[옵션]을 클릭합니다.

02 [Excel 옵션] 대화상자에서 [언어 교정]을 선택하고 [자동 고침 옵션]을 클릭합니다.

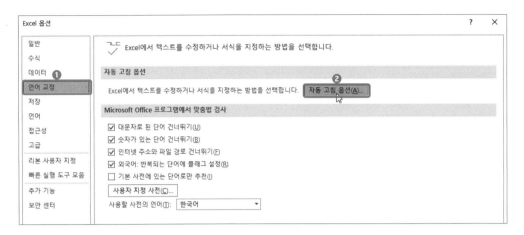

03 [자동 고침] 대화상자에서 [입력할 때 자동 서식] 탭을 선택합니다.

04 [표에 새 행 및 열 포함]에 체크하고 [확인]을 클릭합니다.

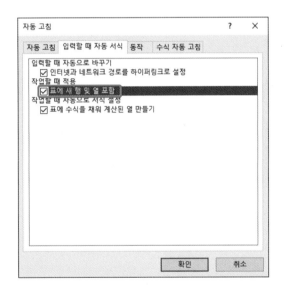

05 [Excel 옵션] 대화상자도 [확인]을 클릭해 닫습니다.

06 엑셀 표에 데이터를 입력해 표 범위가 자동으로 확장되는지 확인합니다.

02 03 계산된 열 활용하기

예제 파일 PART 01 \ CHAPTER 02 \ 계산된 열.xlsx

계산된 열이란

엑셀 표에서 수식을 사용해 계산한 열을 **계산된 열**이라고 부릅니다. 엑셀 표에서 열의 첫 번째 데이터 셀에 수식을 입력하면 열 전체에 자동으로 수식이 복사되며, 하단 행에 데이터를 추가하면 계산된 열의 수식이 자동으로 복사됩니다. 따라서 매번 수식을 복사하지 않아도 되므로 매우 편리합니다.

계산된 열 사용

다음 과정을 참고해 계산된 열을 생성하고 관리하는 방법에 대해 확인합니다.

01 예제의 엑셀 표에 수량(E열)과 단가(F열)를 곱한 판매액 열을 추가하겠습니다.

	A	B	C	D	E	F	G	H
1								
2				**판매 대장**				
3								
4								
5		지점	분류	제품	수량	단가		
6		고잔점	복사기	컬러레이저복사기 XI-3200	3	1,176,000		
7		가양점	바코드스캐너	바코드 Z-350	3	48,300		
8		성수점	팩스	잉크젯팩시밀리 FX-1050	3	47,400		
9		고잔점	복사용지	프리미엄복사지A4 2500매	9	17,800		
10		용산점	바코드스캐너	바코드 BCD-100 Plus	7	86,500		
11		서수원점	복사용지	고급복사지A4 500매	2	3,500		
12		수서점	바코드스캐너	바코드 Z-350	7	46,300		
13		용산점	바코드스캐너	바코드 BCD-100 Plus	8	104,500		
14		화정점	복합기	잉크젯복합기 AP-3300	1	79,800		
15		화정점	복합기	잉크젯복합기 AP-3200	8	89,300		
16								

02 [G5] 셀에 열 머리글로 **판매액**을 입력합니다.

03 [G6] 셀에 다음 수식을 입력하고 Enter 를 누르면 전체 열에 수식이 자동 복사됩니다.

=E6*F6

수식이 자동으로 복사됩니다.

🔍 **더 알아보기**   **엑셀 표에서 셀을 마우스로 클릭해 참조하기**

만약 **03** 과정에서 셀을 클릭해 참조하면 다음과 같은 수식이 작성됩니다.

=[@수량]*[@단가]

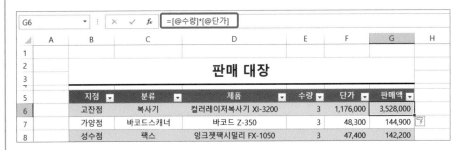

[@단가]와 같은 참조 방법은 엑셀 표에서만 사용할 수 있으며, 이렇게 머리글을 이용해 참조하는 방식을 구조적 참조 구문이라고
합니다. 구조적 참조에 대해서는 Section 02-04에서 자세하게 설명하고 있습니다.
참고로 [@단가]와 같은 참조 구문은 엑셀 2010 버전부터 지원되며 엑셀 2007 버전에서는 조금 다르게 표시됩니다.

---

04 표 하단에 새로운 데이터를 추가해 수식이 자동으로 복사되는지 확인하겠습니다.

05 [B16] 셀에 **용산점**, [E16] 셀에 **5**, [F16] 셀에 **200000**을 입력합니다.

	지점 ▼	분류 ▼	제품 ▼	수량 ▼	단가 ▼	판매액 ▼
			판매 대장			
	고잔점	복사기	컬러레이저복사기 XI-3200	3	1,176,000	3,528,000
	가양점	바코드스캐너	바코드 Z-350	3	48,300	144,900
	성수점	팩스	잉크젯팩시밀리 FX-1050	3	47,400	142,200
	고잔점	복사용지	프리미엄복사지A4 2500매	9	17,800	160,200
	용산점	바코드스캐너	바코드 BCD-100 Plus	7	86,500	605,500
	서수원점	복사용지	고급복사지A4 500매	2	3,500	7,000
	수서점	바코드스캐너	바코드 Z-350	7	46,300	324,100
	용산점	바코드스캐너	바코드 BCD-100 Plus	8	104,500	836,000
	화정점	복합기	잉크젯복합기 AP-3300	1	79,800	79,800
	화정점	복합기	잉크젯복합기 AP-3200	8	89,300	714,400
	용산점			5	200,000	1,000,000

데이터를 추가하면 G열의 [판매액]은 자동으로 계산됩니다.

02 04 엑셀 표의 구조적 참조 구문을 활용해 범위 참조하기

예제 파일 PART 01 \ CHAPTER 02 \ 구조적 참조.xlsx

구조적 참조란

엑셀 표에서 셀 주소 대신 표 이름과 열 머리글을 사용해 참조하는 방법을 **구조적 참조**라 합니다. 구조적 참조를 이용하면 표에 데이터가 추가/삭제될 때 자동으로 참조 범위가 조정되므로 자동화 작업을 할 때 편리합니다.

엑셀 표 내부에서 다른 열 참조

엑셀 표에서 다른 열을 참조할 때는 다음과 같은 구문을 사용합니다.

구문	설명
[열 머리글]	열 머리글을 사용하는 열 데이터 범위를 참조합니다.
[@열 머리글]	열 머리글을 사용하는 열 데이터 범위 내 같은 행에 위치한 셀 하나를 참조합니다. 이 구문은 엑셀 2010 버전부터 사용할 수 있습니다.

01 예제를 열고 견적서의 공급가액(F열)과 부가세(G열), 총액([D2] 셀)을 계산하겠습니다.

▲	A	B	C	D	E	F	G	H
1								
2			**총액** (공급가액+부가세)					
3								
4		번호	제품	수량	단가	공급가액	부가세	
5		1	컬러레이저복사기 XI-3200	2	1,176,000			
6		2	바코드 Z-350	1	48,300			
7		3	잉크젯팩시밀리 FX-1050	5	47,400			
8		4	링제본기 ST-100	10	161,900			
9		5	바코드 BCD-100 Plus	5	104,500			
10								

엑셀 표로 변환되어 있습니다.

02 공급가액을 계산(수량×단가)하기 위해 [F5] 셀을 선택합니다.

03 등호(=)와 여는대괄호([)를 입력하면 표의 머리글 목록이 표시됩니다.

04 같은 행의 셀을 선택할 것이므로 목록에서 [@ – 이 행]을 선택하고 Tab 을 누릅니다.

TIP 파워 쿼리 편집기 버전에 따라 [@ – 이 행] 구문이 목록에 나타나지 않을 수 있습니다. 이 경우 [@수량]을 바로 입력합니다.

05 그리고 목록 내에서 [수량]을 선택하고 Tab 을 눌러 입력합니다.

06 닫는대괄호(])를 입력해 참조합니다.

TIP [D5] 셀을 클릭해도 동일한 결과를 얻을 수 있습니다.

07 곱셈 연산자(*)를 입력하고 같은 방법으로 단가 열을 참조한 후 Enter 를 누릅니다.

08 부가세를 계산합니다. 참고로 부가세는 공급가액의 10%로 계산합니다.

09 [G5] 셀에 등호(=)를 입력하고 [F5] 셀을 클릭한 후 다음 계산식을 완성합니다.

=[@공급가액]*10%

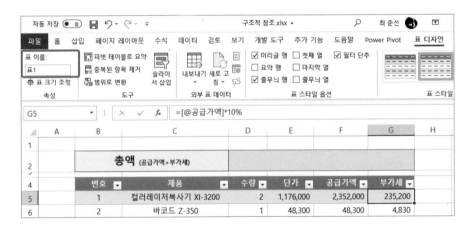

다른 표에서 엑셀 표 범위 참조

다른 표에서 엑셀 표 범위를 참조할 때는 표 이름을 추가로 사용합니다. 엑셀 표로 등록된 표에는 별도의 표 이름이 부여되는데, 이름은 [표 디자인] 탭 맨 왼쪽의 [속성] 그룹−[표 이름]에서 확인할 수 있습니다.

엑셀 표는 변환된 순서로 **표1**, **표2**, **표3**, …과 같은 이름이 부여됩니다. 표 이름을 사용하는 구조적 참조 구문은 다음과 같습니다.

구문	설명
표 이름	해당 표 이름을 사용하는 데이터 범위 전체를 참조합니다. 이번 예제에서 **표1**과 같이 참조하면 [B5:G9] 범위를 참조합니다.
표 이름[열 머리글]	해당 표의 특정 열 데이터 범위를 참조합니다. 이번 예제에서 **표1**[제품]과 같이 참조하면 [C5:C9] 범위를 참조합니다.

표 이름을 사용하는 구조적 참조 구문을 사용하는 방법은 다음과 같습니다.

01 엑셀 표 내부의 셀을 하나 선택하고 리본 메뉴의 [표 디자인] 탭을 클릭합니다.

02 [속성] 그룹-[표 이름]에서 이름을 **주문내역**으로 수정하고 Enter를 누릅니다.

🔍 더 알아보기 　 엑셀 표 이름 규칙

엑셀 표 이름을 이해하기 쉽게 변경해놓으면 구조적 참조를 활용할 때 훨씬 편리합니다. 엑셀 표 이름은 다른 엑셀 표와 중복될 수 없으며 이름 정의와 같은 규칙이 적용됩니다.

첫째, 이름은 한글 또는 영어로 시작해야 합니다. **1월주문내역, #주문내역**과 같은 표 이름은 사용할 수 없습니다.

둘째, 영어는 대/소문자를 구분하지 않습니다. **Sale**과 **SALE**은 동일한 이름으로 인식됩니다.

셋째, 이름에는 띄어쓰기를 사용할 수 없습니다. **오전 주문내역**과 같은 표 이름은 사용할 수 없습니다. 표 이름에 여러 단어를 입력하고 이를 구분하고 싶다면 **오전_주문내역**과 같이 입력합니다.

넷째, 이름은 최대 255자까지 입력할 수 있습니다. 길게 입력할 수 있지만 최대한 간략하게 정의해 사용하는 것이 좋습니다.

다섯째, 셀 주소와 동일한 이름을 사용할 수 없습니다. **A1**과 같은 셀 주소는 표 이름으로 사용할 수 없습니다. 또한 엑셀에서 사용하는 예약어로 이름을 정의할 수 없습니다.

잘못된 이름을 사용하면 다음과 같은 경고 메시지가 표시됩니다.

> Microsoft Excel ✕
>
> 이 이름의 구문이 잘못되었습니다.
> 이름이 다음 조건을 충족하는지 확인하세요.
> -문자나 밑줄(_)로 시작합니다.
> -허용되지 않는 공백 또는 문자가 포함되지 않습니다.
> -통합 문서에서 기존 이름과 충돌하지 않습니다.
>
> 확인

03 공급가액과 부가세를 더한 총액을 계산하기 위해 [D2] 병합 셀을 선택합니다.

04 등호(=)를 입력하고 다음과 같은 수식을 작성하면 참조할 구문 목록이 표시됩니다.

=SUM(주문내역[

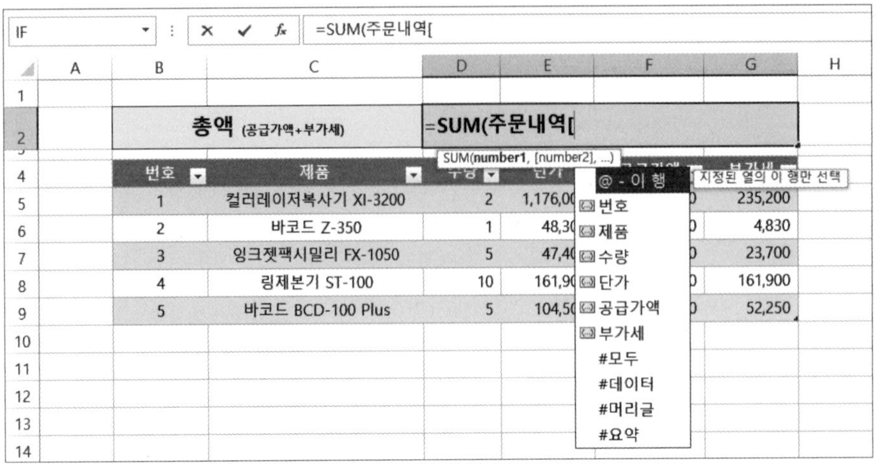

05 [공급가액] 머리글을 클릭하고 [Tab]을 눌러 입력한 후 닫는대괄호(])를 입력합니다.

06 쉼표(,)를 입력하고 [부가세] 열을 같은 방법으로 참조해 수식을 완성합니다.

=SUM(주문내역[공급가액], 주문내역[부가세])

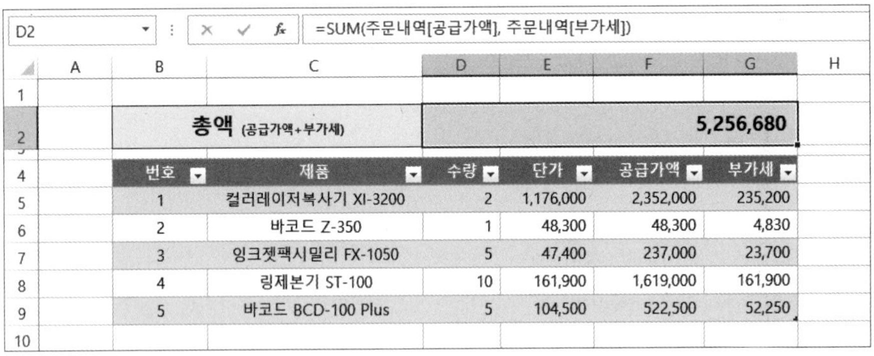

🔍 더 알아보기   수식 이해하기

주문내역 표의 [공급가액] 열과 [부가세] 열의 숫자 합계이므로, 이번 수식을 셀 주소로 표시하면 다음과 같습니다.

=SUM(F5:G9)

이번 수식에서 표 이름을 한 번만 사용해 범위를 참조하고 싶다면 다음과 같이 구성할 수 있습니다.

=SUM(주문내역[[공급가액]:[부가세]])

연속된 범위에는 **[머리글1]:[머리글2]**와 같이 시작 열부터 끝 열까지 범위를 참조하는 방법을 사용할 수 있습니다.

---

07 표의 [B10:E10] 범위에 새로운 주문 내역을 추가해 총액이 자동 합산되는지 확인해봅니다.

다양한 구조적 참조 구문

구조적 참조 구문은 엑셀 표에서 범위를 참조할 때 사용하는 문법으로, 다음과 같은 기본 구문이 가장 많이 사용됩니다.

구문	설명
[열 머리글]	표 내부에서 다른 열 데이터 범위를 참조합니다.
[@열 머리글]	**[열 머리글]** 구문과는 달리 열 머리글의 열에서 같은 행에 있는 셀 하나를 참조합니다. @를 사용하는 구문은 엑셀 2010 버전부터 제공하므로 엑셀 2007 버전에서는 **표 이름[[#이 행], [열 머리글]]** 구문을 사용합니다
표 이름[열 머리글]	표 외부에서 열 데이터 범위를 참조합니다.

그 외 다음과 같은 구문을 사용합니다.

구문	설명
표 이름	표의 데이터 범위만 참조합니다. 이번 예제에서는 [B5:G9] 범위입니다.
표 이름[#모두]	표의 제목, 데이터 범위를 모두 포함하는 전체 범위를 참조합니다. 이번 예제에서는 [B4:G9] 범위입니다.
표 이름[#머리글]	표의 제목 범위를 참조합니다. 이번 예제에서는 [B4:G4] 범위입니다.
[머리글1]:[머리글2]	**머리글1** 위치에서 다음 번 **머리글2** 위치의 데이터 범위를 참조합니다. 이번 예제에서 **[수량]:[단가]**와 같이 참조하면 [D5:E9] 범위입니다.
표 이름[[머리글1]:[머리글2]]	위와 동일하지만, 수식을 복사해도 참조 위치가 바뀌지 않는 절대 참조 방식으로 참조합니다.
[@머리글1]:[@머리글2]	**[머리글1]:[머리글2]**와 동일하지만, 같은 행에 위치한 데이터 범위만 참조합니다.

구조적 참조를 사용하는 것과 셀 주소 참조 방식의 차이

엑셀 표를 사용하지 않은 경우에는 데이터 범위를 참조할 때 다음과 같은 수식을 사용합니다.

> **=SUM(A1:A10)**

이와 같은 참조 방식은 수식에서 참조하는 대상 범위가 무엇인지 이해하기 어려우며, 데이터가 추가된 경우에도 자동으로 참조가 변경되지 않습니다. 따라서 다음과 같은 구조적 참조를 사용하는 것이 좋습니다.

> **=SUM(급여대장[급여])**

그러면 참조할 데이터가 무엇인지 이해하기 쉬우며, 데이터가 추가된 경우에도 자동으로 합산이 되어 편리합니다.

일반적인 경우에 추가된 데이터 범위를 참조하기 위해 다음과 같은 수식을 사용하는 경우도 흔합니다.

=SUM(A:A)

이렇게 하면 A열 전체 범위([A1:A1048576] 범위)를 참조하게 되어 추가된 데이터가 자동으로 계산됩니다. 하지만 데이터가 어디까지 입력되었는지 엑셀이 파악해 집계해야 하므로 계산 속도가 떨어집니다. 계산 속도를 높이고 데이터를 빠르게 이해하기 위해서라도 구조적 참조 구문을 사용하는 것이 좋습니다.

파워 쿼리를 이용한 데이터 활용

우리가 다루는 데이터는 사람이 보기 좋도록 가공되어 있어 전산을 이용해 필요한 결과를 도출하기에 적합하지 않은 경우가 많습니다. 이때는 데이터 전처리 과정을 통해 전산에서 활용하기 적합한 형태로 변환할 필요가 있습니다. 엑셀에는 데이터 전처리를 전문적으로 수행하는 기능은 없지만 액세스 등의 데이터베이스에서 사용하는 쿼리 기능이 제공됩니다. 쿼리를 이용하면 데이터 전처리는 물론 사용자가 원하는 다양한 형태로 데이터를 변환할 수 있습니다.

데이터베이스의 쿼리 기능을 모태로 엑셀에 추가된 기능이 바로 파워 쿼리입니다. 파워 쿼리를 이용하면 다양한 데이터 필터, 정렬, 수정, 요약 등의 작업뿐만 아니라 다양한 데이터의 연결(Relationship)이나 통합이 가능합니다. 이번 CHAPTER에서는 엑셀 사용자의 업무 방식을 개선할 수 있는 강력한 파워 쿼리 기능에 대해 알아보겠습니다.

03 01

파워 쿼리 설치하기
(엑셀 2010, 2013 버전 사용자)

예제 파일 없음

파워 쿼리 기능 설치

파워 쿼리는 엑셀 2016 버전부터 기본으로 제공되는 기능으로 리본 메뉴의 [데이터] 탭-[데이터 가져오기 및 변환] 그룹에서 사용할 수 있습니다.

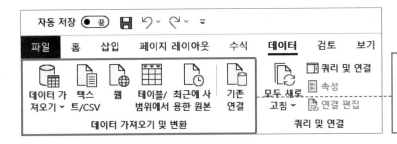

엑셀 2016, 2019, 마이크로소프트 365 등 버전에 따라 인터페이스에 약간의 차이가 있을 수 있습니다. 현재 화면은 마이크로소프트 365 버전의 [데이터] 탭입니다.

엑셀 2010, 2013 버전에서는 기본으로 제공되지 않기 때문에 마이크로소프트 홈페이지에서 [파워 쿼리]를 다운로드해 설치해야 사용할 수 있습니다. 엑셀 2007 버전은 파워 쿼리가 지원되지 않으므로 사용할 수 없습니다.

엑셀 2010, 2013 버전 사용자

엑셀 2010이나 2013 버전을 사용한다 해도 모두 설치해 사용할 수 있는 것은 아닙니다. 다음과 같은 조건을 만족해야 합니다.

첫째, 윈도우 7 이상의 운영 체제와 Internet Explorer 9 이상 버전을 사용해야 합니다.

둘째, 오피스 버전은 다음을 만족해야 합니다.

버전	제품 종류
오피스 2010	Professional Plus 이상
오피스 2013	모든 제품

엑셀 2010 버전 사용자

파워 쿼리 기능을 설치할 수 있는지 알아보려면 리본 메뉴의 [파일] 탭-[도움말]을 클릭하고 백스테이지뷰 화면의 다음 위치에서 오피스 제품군과 32bit, 64bit 중 어떤 버전인지 확인합니다.

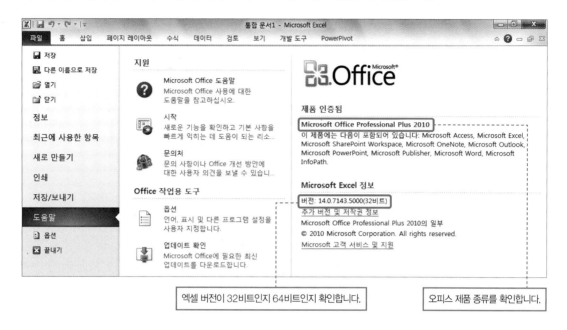

엑셀 버전이 32비트인지 64비트인지 확인합니다.　　　　오피스 제품 종류를 확인합니다.

엑셀 2013 버전 사용자

리본 메뉴의 [파일] 탭-[계정]을 클릭한 후 오른쪽의 [Excel 정보]을 클릭하고 다음 위치를 확인합니다.

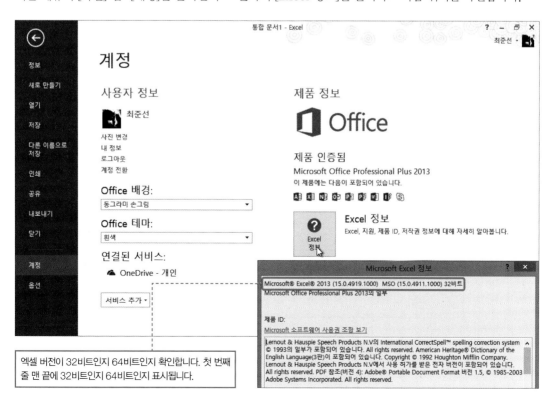

엑셀 버전이 32비트인지 64비트인지 확인합니다. 첫 번째 줄 맨 끝에 32비트인지 64비트인지 표시됩니다.

파워 쿼리 추가 기능은 정기적으로 업데이트됩니다. 업데이트 주기가 짧으므로 최신 제품을 설치하려면 다음 방법을 참고합니다.

01 웹 브라우저(크롬 또는 엣지)를 이용해 다음 사이트에 접속하고 [다운로드]를 클릭합니다.

https://www.microsoft.com/ko-kr/download/details.aspx?id=39379

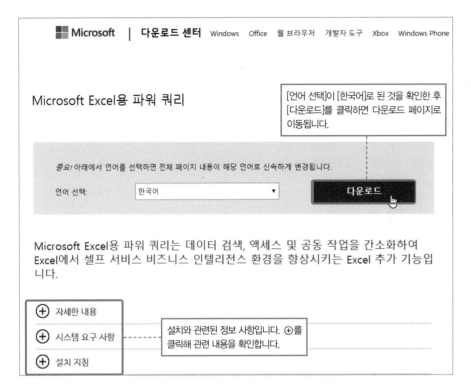

02 현재 설치된 오피스 프로그램에 맞는 32-bit 또는 64-bit 설치 파일의 확인란에 체크합니다.

03 [다음]을 클릭해 설치 파일을 다운로드합니다.

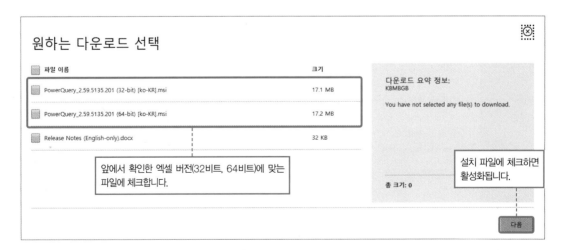

04 윈도우 탐색기에서 다운로드한 설치 파일을 더블클릭해 설치합니다.

TIP 엑셀 프로그램이 실행 중이라면 종료하고 설치할 것을 권장합니다.

05 설치가 끝난 후 엑셀 프로그램을 실행하면 리본 메뉴에 [파워 쿼리] 탭이 나타납니다.

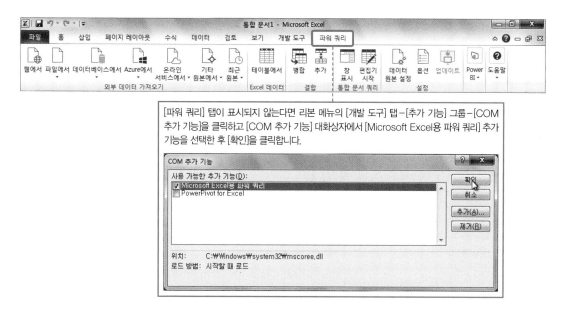

[파워 쿼리] 탭이 표시되지 않는다면 리본 메뉴의 [개발 도구] 탭-[추가 기능] 그룹-[COM 추가 기능]을 클릭하고 [COM 추가 기능] 대화상자에서 [Microsoft Excel용 파워 쿼리] 추가 기능을 선택한 후 [확인]을 클릭합니다.

파워 쿼리 설치 및 버전별 차이

03 02 버전별 파워 쿼리 기능의 명령 인터페이스 차이 알아보기

예제 파일 없음

엑셀 2010, 2013 버전의 [파워 쿼리] 탭

엑셀 2016 이후 버전에서는 파워 쿼리 명령이 리본 메뉴의 [데이터] 탭-[데이터 가져오기 및 변환] 그룹에서 제공됩니다. 공간이 줄어들어 명령의 위치가 변경되었습니다. 따라서 하위 버전에서부터 파워 쿼리를 사용하던 분들은 엑셀 2016 이후 버전에서는 자주 사용하던 명령의 위치를 찾기 어려울 수 있습니다.

엑셀 2010, 2013 버전에서는 별도의 [파워 쿼리] 탭이 제공되며, 주요한 명령의 위치는 다음과 같습니다.

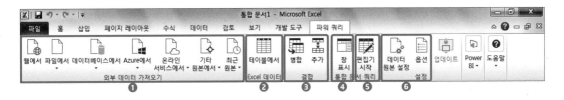

위 명령에 대한 설명은 아래 내용을 참고합니다.

❶ **[외부 데이터 가져오기] 그룹** : 외부 파일에서 편집할 데이터를 쿼리로 가져와 편집할 때 사용할 명령을 제공합니다.
❷ **[테이블에서]** : 현재 파일의 표를 쿼리로 생성할 때 사용합니다.
❸ **[결합] 그룹** : 여러 표를 하나의 표로 합칠 때 사용할 명령을 제공합니다.
❹ **[창 표시]** : 파일 내 쿼리 목록을 표시하는 [쿼리] 작업 창을 표시합니다.
❺ **[편집기 시작]** : [파워 쿼리 편집기] 창을 열고, 파일 내 쿼리를 관리할 수 있습니다.
❻ **[설정] 그룹** : 쿼리의 원본 데이터를 변경하거나 몇 가지 옵션을 변경할 때 사용합니다.

엑셀 2016, 2019, 마이크로소프트 365 버전의 파워 쿼리

엑셀 2016 버전부터는 리본 메뉴의 [데이터] 탭-[데이터 가져오기 및 변환] 그룹에 파워 쿼리 기능이 제공되어 주요 명령이 하위 메뉴에 숨겨져 있습니다. 예전 버전을 사용했던 분들은 불편함을 느낄 수 있지만 사용하다 보면 금방 적응할 수 있습니다.

다음은 마이크로소프트 365 버전의 [데이터] 탭 화면입니다. 엑셀 2010, 2013 버전의 [파워 쿼리] 탭과 일치하는 명령의 위치를 번호로 표시했으니 참고합니다.

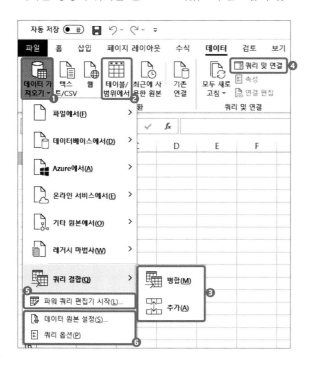

변경된 부분에 대한 설명은 아래 내용을 참고합니다.

❶ [외부 데이터 가져오기] 그룹
리본 메뉴의 [파워 쿼리] 탭 – [외부 데이터 가져오기] 그룹의 명령이, 리본 메뉴의 [데이터] 탭 – [가져오기 및 변환] 그룹 – [데이터 가져오기] 하위 메뉴에서 제공됩니다. [웹에서] 명령은 [데이터 가져오기] – [기타 원본에서] – [웹]으로 제공됩니다.

❷ [테이블에서] → [테이블/범위에서]

❸ [결합] 그룹 → [쿼리 결합]
리본 메뉴의 [파워 쿼리] 탭 – [결합] 그룹의 명령이, [데이터] 탭 – [가져오기 및 변환] 그룹 – [데이터 가져오기]의 하위 메뉴 중 [쿼리 결합] 메뉴 하위에 제공됩니다.

❹ [창 표시] → [쿼리 및 연결]

❺ [편집기 시작]
리본 메뉴의 [파워 쿼리] 탭 – [통합 문서 쿼리] 그룹 – [편집기 시작] 명령이, [데이터] 탭 – [가져오기 및 변환] 그룹 – [데이터 가져오기] 하위 메뉴 중 [파워 쿼리 편집기 시작]으로 제공됩니다.

❻ [설정] 그룹
[파워 쿼리] 탭 – [설정] 그룹의 명령이, [데이터] 탭 – [가져오기 및 변환] 그룹 – [데이터 가져오기] 하위 메뉴에 각각 제공됩니다.

엑셀 2013 이하 버전에서는 [파워 쿼리] 탭에서 제공되었으나 엑셀 2016 이상 버전에서는 전체적으로 명령들을 실행하는 단계가 늘어난 것이 단점입니다.

03 03 현재 파일의 표 중 특정 열의 중복 제거 후 반환받기

예제 파일 PART 01 \ CHAPTER 03 \ 표-중복 제거.xlsx

엑셀 표로 등록된 표를 파워 쿼리에서 편집

현재 파일 내에서 사용 중인 표를 파워 쿼리를 이용해 편집하려면 먼저 [엑셀 표]로 등록되어 있어야 합니다. [엑셀 표]로 등록된 표를 [파워 쿼리 편집기] 창으로 가져가 간단히 편집한 후 엑셀로 다시 반환하는 작업을 진행합니다. 다음 과정을 참고합니다.

01 예제를 열면 다음과 같은 표를 확인할 수 있습니다.

	A	B	C	D	E	F	G	H	I	J	K
1											
2					**판매 대장**						**고유**
3											
5		지점	주문일	분류	제품	단가	수량	할인율	판매		
6		고잔점	2020-01-02	복사기	컬러레이저복사기 XI-3200	1,176,000	3	15%	2,998,800		
7		가양점	2020-01-02	바코드스캐너	바코드 Z-350	48,300	3	0%	144,900		
8		성수점	2020-01-02	팩스	잉크젯팩시밀리 FX-1050	47,400	3	0%	142,200		
9		고잔점	2020-01-03	복사용지	프리미엄복사지A4 2500매	17,800	9	0%	160,200		
10		용산점	2020-01-03	바코드스캐너	바코드 BCD-100 Plus	86,500	7	0%	605,500		
29		신도림점	2020-01-13	복사용지	복사지A4 2500매	14,400	8	0%	115,200		
30		용산점	2020-01-14	제본기	링제본기 ST-100	161,900	9	5%	1,384,245		
31		성수점	2020-01-14	복사기	컬러레이저복사기 XI-2000	1,003,000	2	10%	1,805,400		
32		가양점	2020-01-15	바코드스캐너	바코드 BCD-200 Plus	96,900	6	0%	581,400		
33		자양점	2020-01-15	복사용지	복사지A4 1000매	5,700	8	0%	45,600		
34		화정점	2020-01-15	복사용지	복사지A4 5000매	24,500	8	0%	196,000		
35											

02 B열의 지점명에서 고유한 값만 [K5] 셀에 파워 쿼리를 이용해 반환하겠습니다.

03 먼저 Ctrl+T를 눌러 표를 엑셀 표로 등록합니다.

TIP 엑셀 표로 등록하는 방법은 Section 02-01을 참고합니다.

04 리본 메뉴의 [데이터] 탭-[데이터 가져오기 및 변환] 그룹-[테이블/범위에서]를 클릭합니다.

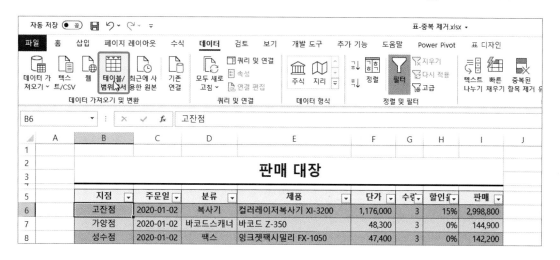

TIP 엑셀 표가 아닌 경우 [테이블/범위에서]를 클릭하면 [표 만들기] 대화상자가 표시됩니다.

05 [파워 쿼리 편집기] 창이 열리면서 엑셀 표 데이터가 화면에 표시됩니다.

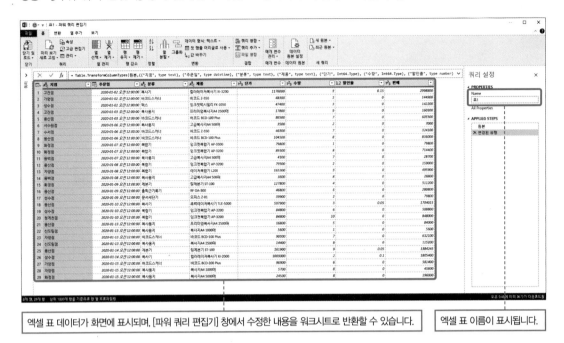

엑셀 표 데이터가 화면에 표시되며, [파워 쿼리 편집기] 창에서 수정한 내용을 워크시트로 반환할 수 있습니다.

엑셀 표 이름이 표시됩니다.

06 [지점] 열을 제외한 나머지 다른 열을 [파워 쿼리 편집기] 창에서 제거하겠습니다.

07 [지점] 열을 선택하고 [홈] 탭-[열 관리] 그룹-[열 제거 ⊠]의 아래 화살표 ⊡를 클릭합니다.

08 하위 메뉴에서 [다른 열 제거 ⊞]를 선택합니다.

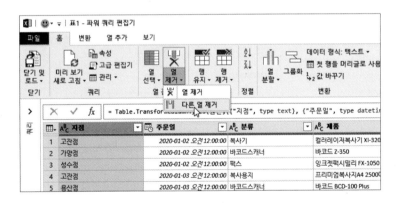

TIP [지점] 열에서 마우스 오른쪽 버튼을 클릭하고 단축 메뉴에서 [다른 열 제거]를 선택해도 됩니다.

09 [지점] 열만 남으면 이제 중복된 항목을 제거합니다.

10 리본 메뉴의 [홈] 탭-[행 감소] 그룹-[행 제거 ⊞]를 클릭합니다.

11 [중복된 항목 제거 |||]를 선택합니다.

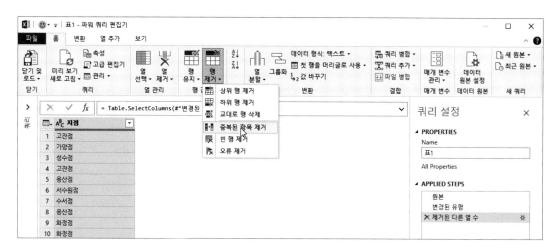

TIP 파워 쿼리 2016 이전 버전에서는 [홈] 탭 – [행 감소] 그룹 – [중복 제거]를 클릭해야 합니다.

12 [지점] 열의 중복이 모두 제거되면 지점명을 오름차순으로 정렬합니다.

13 리본 메뉴의 [홈] 탭–[정렬] 그룹–[오름차순 정렬 |||]을 클릭합니다.

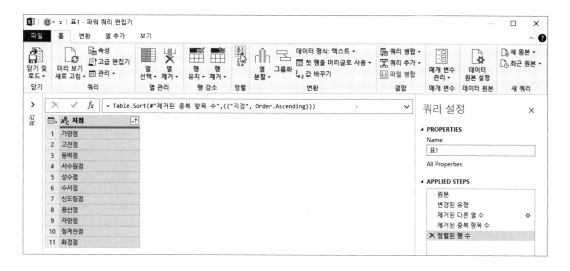

14 정렬이 완료되면 쿼리 이름을 변경합니다.

15 오른쪽 [쿼리 설정] 작업 창에서 [Name]의 **표1**을 **지점(고유)**로 변경합니다.

16 엑셀로 데이터를 반환하겠습니다.

17 [홈] 탭–[닫기] 그룹–[닫기 및 로드 |||]의 아래 화살표 |||를 클릭합니다.

TIP [닫기 및 로드]를 클릭하면 쿼리에서 편집한 데이터가 새로운 워크시트로 반환됩니다.

TIP **로드**는 파워 쿼리에서 엑셀로 편집된 데이터를 반환하는 동작을 의미하는 용어입니다.

18 하위 메뉴에서 [닫기 및 다음으로 로드]를 선택합니다.

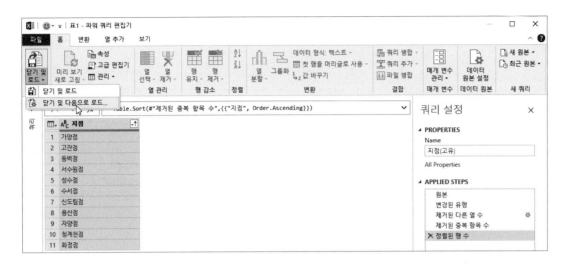

TIP [닫기 및 다음으로 로드]를 클릭하면 원하는 위치에 데이터를 반환하거나 피벗 테이블의 원본 데이터로 반환하는 것이 가능합니다.

19 [데이터 가져오기] 대화상자가 표시되면 [기존 워크시트]를 선택하고 [K5] 셀을 클릭합니다.

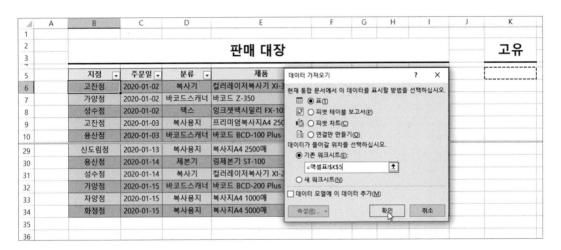

🔍 더 알아보기   쿼리 데이터 반환

[데이터 가져오기] 대화상자에는 다음과 같은 옵션이 제공됩니다.

데이터 표시 방법	설명
[표]	엑셀 표로 쿼리 데이터를 반환합니다.
[피벗 테이블 보고서]	피벗 테이블 보고서의 원본 데이터로 쿼리 데이터를 반환합니다.
[피벗 차트]	피벗 차트의 원본 데이터로 쿼리 데이터를 반환합니다.
[연결만 만들기]	쿼리 데이터를 반환하지 않고 연결 정보만 저장합니다.

[표]를 선택해 쿼리 데이터를 반환하는 것뿐만 아니라 [피벗 테이블 보고서]와 [연결만 만들기]도 자주 사용하는 옵션입니다.

20 [확인]을 클릭하면 [K5] 셀에 쿼리 결과가 반환됩니다.

지점	주문일	분류	제품	단가	수량	할인율	판매		고유
			판매 대장						
지점	주문일	분류	제품	단가	수량	할인율	판매		지점
고잔점	2020-01-02	복사기	컬러레이저복사기 XI-3200	1,176,000	3	15%	2,998,800		가양점
가양점	2020-01-02	바코드스캐너	바코드 Z-350	48,300	3	0%	144,900		고잔점
성수점	2020-01-02	팩스	잉크젯팩시밀리 FX-1050	47,400	3	0%	142,200		동백점
고잔점	2020-01-03	복사용지	프리미엄복사지A4 2500매	17,800	9	0%	160,200		서수원점
용산점	2020-01-03	바코드스캐너	바코드 BCD-100 Plus	86,500	7	0%	605,500		성수점
서수원점	2020-01-06	복사용지	고급복사지A4 500매	3,500	2	0%	7,000		수서점
수서점	2020-01-06	바코드스캐너	바코드 Z-350	46,300	7	0%	324,100		신도림점
용산점	2020-01-06	바코드스캐너	바코드 BCD-100 Plus	104,500	8	0%	836,000		용산점
화정점	2020-01-07	복합기	잉크젯복합기 AP-3300	79,800	1	0%	79,800		자양점
화정점	2020-01-07	복합기	잉크젯복합기 AP-3200	89,300	8	0%	714,400		청계천점
동백점	2020-01-07	복사용지	고급복사지A4 500매	4,100	7	0%	28,700		화정점
용산점	2020-01-08	복합기	잉크젯복합기 AP-3200	79,500	2	0%	159,000		
자양점	2020-01-08	복합기	레이저복합기 L200	165,300	3	0%	495,900		
동백점	2020-01-08	복사용지	고급복사지A4 500매	3,600	8	0%	28,800		

쿼리 및 연결

Queries | Connections

1 query

지점(고유)
11개의 행이 로드되었습니다.

03-04 쿼리에서 반환된 데이터 관리 방법 알아보기

예제 파일 PART 01 \ CHAPTER 03 \ 쿼리.xlsx

원본 데이터 수정 후 새로 고침

쿼리에서 반환된 데이터는 원본 데이터와 연결되어 있습니다. 다만 원본 데이터를 수정한 즉시 쿼리에 반영되지는 않고 [새로 고침]을 이용해 데이터를 새로 읽어들어야 수정된 사항이 반영됩니다. 쿼리를 이용하는 방법은 다음을 참고합니다.

01 예제를 열고 B열의 지점을 수정하거나 새로 추가했을 때의 쿼리 결과를 확인하겠습니다.

판매 대장

지점	주문일	분류	제품	단가	수량	할인율	판매
고잔점	2020-01-02	복사기	컬러레이저복사기 XI-3200	1,176,000	3	15%	2,998,800
가양점	2020-01-02	바코드스캐너	바코드 Z-350	48,300	3	0%	144,900
성수점	2020-01-02	팩스	잉크젯팩시밀리 FX-1050	47,400	3	0%	142,200
고잔점	2020-01-03	복사용지	프리미엄복사지A4 2500매	17,800	9	0%	160,200
용산점	2020-01-03	바코드스캐너	바코드 BCD-100 Plus	86,500	7	0%	605,500
서수원점	2020-01-06	복사용지	고급복사지A4 500매	3,500	2	0%	7,000
수서점	2020-01-06	바코드스캐너	바코드 Z-350	46,300	7	0%	324,100
용산점	2020-01-06	바코드스캐너	바코드 BCD-100 Plus	104,500	8	0%	836,000
화정점	2020-01-07	복합기	잉크젯복합기 AP-3300	79,800	1	0%	79,800
화정점	2020-01-07	복합기	잉크젯복합기 AP-3200	89,300	8	0%	714,400
동백점	2020-01-07	복사용지	고급복사지A4 500매	4,100	7	0%	28,700
용산점	2020-01-08	복합기	잉크젯복합기 AP-3200	79,500	2	0%	159,000
자양점	2020-01-08	복합기	레이저복합기 L200	165,300	3	0%	495,900
성수점	2020-01-14	복사기	컬러레이저복사기 XI-2000	1,003,000	2	10%	1,805,400
가양점	2020-01-15	바코드스캐너	바코드 BCD-200 Plus	96,900	6	0%	581,400
자양점	2020-01-15	복사용지	복사지A4 1000매	5,700	8	0%	45,600
화정점	2020-01-15	복사용지	복사지A4 5000매	24,500	8	0%	196,000

고유

지점
가양점
고잔점
동백점
서수원점
성수점
수서점
신도림점
용산점
자양점
청계천점
화정점

02 [B6] 셀의 값을 **고잔점**에서 **광화문점**으로 수정합니다.

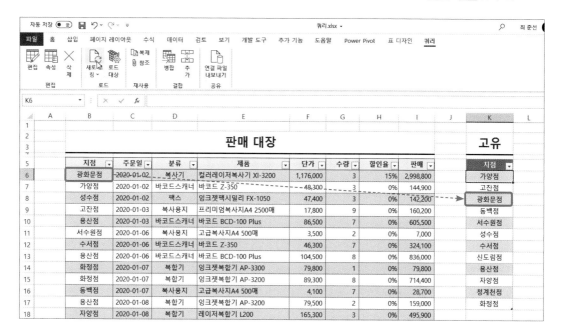

03 쿼리에서 수정된 결과를 확인하려면 쿼리를 새로 고쳐야 합니다.

04 쿼리에서 반환된 셀 중 하나를 선택합니다.

05 리본 메뉴의 [쿼리] 탭-[로드] 그룹-[새로 고침🔃]을 클릭합니다. 단축키는 Alt + F5 입니다.

TIP 새로 고침을 하면 수정된 광화문점이 쿼리에서 오름차순으로 정렬되어 반환됩니다.

06 Ctrl + Z 를 여러 번 눌러 **02–05** 과정을 취소합니다.

07 표에 데이터를 새로 추가하기 위해 [B35] 셀에 **광화문점**을 입력합니다.

08 쿼리에서 반환된 셀 중 하나를 선택합니다.

09 리본 메뉴의 [쿼리] 탭–[로드] 그룹–[새로 고침 📄]을 클릭합니다.

▲	A	B	C	D	E	F	G	H	I	J	K	L
1												
2					**판매 대장**						**고유**	
3												
5		지점 ▾	주문일 ▾	분류 ▾	제품 ▾	단가 ▾	수량 ▾	할인율 ▾	판매 ▾		지점 ▾	
6		고잔점	2020-01-02	복사기	컬러레이저복사기 XI-3200	1,176,000	3	15%	2,998,800		가양점	
7		가양점	2020-01-02	바코드스캐너	바코드 Z-350	48,300	3	0%	144,900		고잔점	
8		성수점	2020-01-02	팩스	잉크젯팩시밀리 FX-1050	47,400	3	0%	142,200		광화문점	
9		고잔점	2020-01-03	복사용지	프리미엄복사지A4 2500매	17,800	9	0%	160,200		동백점	
10		용산점	2020-01-03	바코드스캐너	바코드 BCD-100 Plus	86,500	7	0%	605,500		서수원점	
11		서수원점	2020-01-06	복사용지	고급복사지A4 500매	3,500	2	0%	7,000		성수점	
12		수서점	2020-01-06	바코드스캐너	바코드 Z-350	46,300	7	0%	324,100		수서점	
13		용산점	2020-01-06	바코드스캐너	바코드 BCD-100 Plus	104,500	8	0%	836,000		신도림점	
14		화정점	2020-01-07	복합기	잉크젯복합기 AP-3300	79,800	1	0%	79,800		용산점	
15		화정점	2020-01-07	복합기	잉크젯복합기 AP-3200	89,300	8	0%	714,400		자양점	
16		동백점	2020-01-07	복사용지	고급복사지A4 500매	4,100	7	0%	28,700		청계천점	
17		용산점	2020-01-08	복합기	잉크젯복합기 AP-3200	79,500	2	0%	159,000		화정점	
18		자양점	2020-01-08	복합기	레이저복합기 L200	165,300	3	0%	495,900			
31		성수점	2020-01-14	복사기	컬러레이저복사기 XI-2000	1,003,000	2	10%	1,805,400			
32		가양점	2020-01-15	바코드스캐너	바코드 BCD-200 Plus	96,900	6	0%	581,400			
33		자양점	2020-01-15	복사용지	복사지A4 1000매	5,700	8	0%	45,600			
34		화정점	2020-01-15	복사용지	복사지A4 5000매	24,500	8	0%	196,000			
35		광화문점										
36												

TIP 새로 추가한 광화문점이 쿼리에서 오름차순으로 정렬되어 나타납니다.

쿼리 데이터 수정

쿼리는 실제 데이터를 가지고 있지는 않고 원본 데이터를 읽어 새로 고쳐주는 역할만 하므로 쿼리에 새로운 데이터를 추가하거나 기존 데이터를 수정하는 것은 아무런 의미가 없습니다.

01 쿼리 내부의 데이터를 수정해보겠습니다.

02 [K8] 셀의 지점명을 **광화문점**에서 **분당점**으로 변경합니다.

▲	A	B	C	D	E	F	G	H	I	J	K	L
1												
2					**판매 대장**						**고유**	
3												
5		지점 ▾	주문일 ▾	분류 ▾	제품 ▾	단가 ▾	수량 ▾	할인율 ▾	판매 ▾		지점 ▾	
6		고잔점	2020-01-02	복사기	컬러레이저복사기 XI-3200	1,176,000	3	15%	2,998,800		가양점	
7		가양점	2020-01-02	바코드스캐너	바코드 Z-350	48,300	3	0%	144,900		고잔점	
8		성수점	2020-01-02	팩스	잉크젯팩시밀리 FX-1050	47,400	3	0%	142,200		분당점	
9		고잔점	2020-01-03	복사용지	프리미엄복사지A4 2500매	17,800	9	0%	160,200		동백점	
10		용산점	2020-01-03	바코드스캐너	바코드 BCD-100 Plus	86,500	7	0%	605,500		서수원점	

03 리본 메뉴의 [쿼리] 탭–[로드] 그룹–[새로 고침 📄]을 클릭합니다.

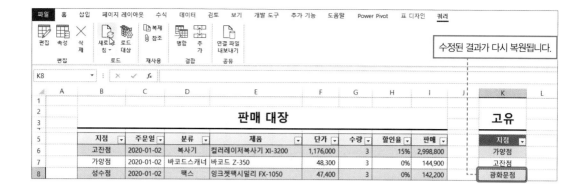

수정된 결과가 다시 복원됩니다.

04 쿼리에 새로운 데이터를 추가해보겠습니다.

05 [K18] 셀에 **분당점**을 입력합니다.

지점	주문일	분류	제품	단가	수량	할인율	판매		고유 지점
			판매 대장						
고잔점	2020-01-02	복사기	컬러레이저복사기 XI-3200	1,176,000	3	15%	2,998,800		가양점
가양점	2020-01-02	바코드스캐너	바코드 Z-350	48,300	3	0%	144,900		고잔점
성수점	2020-01-02	팩스	잉크젯팩시밀리 FX-1050	47,400	3	0%	142,200		광화문점
고잔점	2020-01-03	복사용지	프리미엄복사지A4 2500매	17,800	9	0%	160,200		동백점
용산점	2020-01-03	바코드스캐너	바코드 BCD-100 Plus	86,500	7	0%	605,500		서수원점
서수원점	2020-01-06	복사용지	고급복사지A4 500매	3,500	2	0%	7,000		성수점
수서점	2020-01-06	바코드스캐너	바코드 Z-350	46,300	7	0%	324,100		수서점
용산점	2020-01-06	바코드스캐너	바코드 BCD-100 Plus	104,500	8	0%	836,000		신도림점
화정점	2020-01-07	복합기	잉크젯복합기 AP-3300	79,800	1	0%	79,800		용산점
화정점	2020-01-07	복합기	잉크젯복합기 AP-3200	89,300	8	0%	714,400		자양점
동백점	2020-01-07	복사용지	고급복사지A4 500매	4,100	7	0%	28,700		청계천점
용산점	2020-01-08	복합기	잉크젯복합기 AP-3200	79,500	2	0%	159,000		화정점
자양점	2020-01-08	복합기	레이저복합기 L200	165,300	3	0%	495,900		분당점

06 리본 메뉴의 [쿼리] 탭-[로드] 그룹-[새로 고침 🗓]을 클릭합니다.

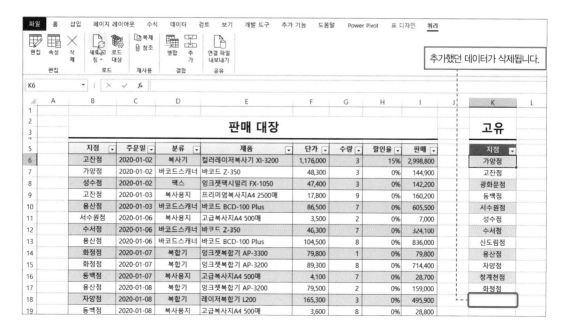

추가했던 데이터가 삭제됩니다.

03 05 외부 엑셀 파일의 표를 쿼리 편집기로 편집해 반환받기

예제 파일 PART 01 \ CHAPTER 03 \ 원본.xlsx, 쿼리-중복 제거.xlsx

원본 확인

예제 중에서 **원본.xlsx** 파일을 열면 화면과 같은 표를 확인할 수 있습니다.

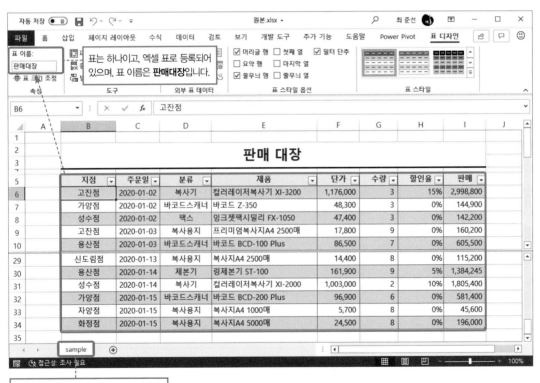

시트는 하나이고, 이름은 **sample**입니다.

표는 하나이지만 [2:3] 행에 걸쳐 표 제목이 입력되어 있습니다. 이 표에서 중복되지 않은 지점명을 다른 파일에서 사용해야 한다고 가정합니다. 이 파일은 닫고 작업합니다.

외부 엑셀 파일 데이터 편집해 반환

다른 엑셀 파일에서 **원본.xlsx** 파일의 데이터를 가져오기 위해 파워 쿼리를 이용하겠습니다. 다음 과정을 참고합니다.

01 **쿼리-중복 제거.xlsx** 파일을 엽니다

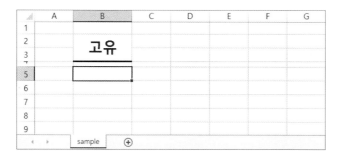

02 [B5] 셀에 **원본.xlsx** 파일의 고유한 지점명을 반환하겠습니다.

03 리본 메뉴의 [데이터] 탭-[데이터 가져오기 및 변환] 그룹-[데이터 가져오기🗒]를 클릭합니다.

04 하위 메뉴의 [파일에서]-[통합 문서에서🗒]를 선택합니다.

05 [데이터 가져오기] 대화상자가 나타나면 예제 폴더에서 **원본.xlsx** 파일을 선택하고 [가져오기]를 클릭합니다.

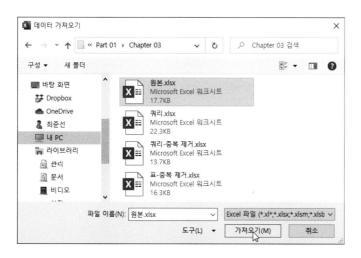

06 [탐색 창]이 열리면 원본 파일에서 가져올 대상을 선택할 수 있습니다.

07 엑셀 표인 [판매대장]을 선택하면 오른쪽 미리 보기 창에서 데이터를 확인할 수 있습니다.

TIP 여기서 바로 [데이터 변환]을 클릭하고 Section 03-03을 참고해 표로 변환해도 됩니다.

🔍 **더 알아보기**　　**외부 엑셀 파일에서 데이터 가져오기**

외부 엑셀 파일에서 데이터를 가져오려면 [엑셀 표], [이름], [시트] 중 하나를 선택할 수 있습니다.

대상	설명	추천
엑셀 표	엑셀 표로 변환된 범위를 가져오며, [새로 고침]을 클릭해 엑셀 표에 변경되거나 추가된 데이터를 가져옵니다.	1
이름	이름으로 정의된 데이터 범위를 가져올 수 있으며, [새로 고침]을 클릭해 이름으로 정의된 범위만 새로 고쳐 가져옵니다.	3
시트	시트 전체 데이터 범위를 가져오며, [새로 고침]을 클릭해 시트에 변경되거나 추가된 데이터를 가져옵니다.	2

그러므로 원본 데이터는 [엑셀 표]로 등록해놓은 것이 가장 좋으며, [엑셀 표]로 등록해놓지 않았다면 [시트] 전체를 가져오는 것이 좋습니다. 다만 [시트]를 가져온 경우에 불필요한 부분도 함께 가져와졌다면 추가 편집이 필요할 수 있습니다.

08 [sample]을 선택하면 해당 시트에서 사용 중인 데이터 범위가 미리 보기 화면에 표시됩니다.

TIP 이번에는 시트를 가져와 편집하는 과정을 알아보기 위해 시트를 대상으로 작업합니다.

09 [데이터 변환]을 클릭해 편집을 시작합니다.

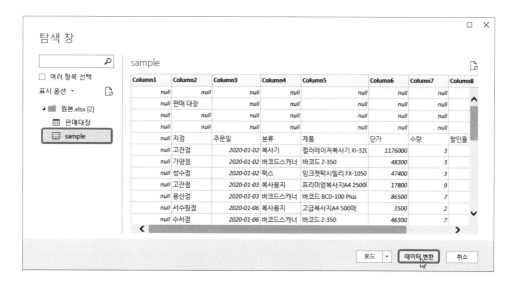

10 [파워 쿼리 편집기] 창이 열리면서 시트의 데이터가 화면에 표시됩니다.

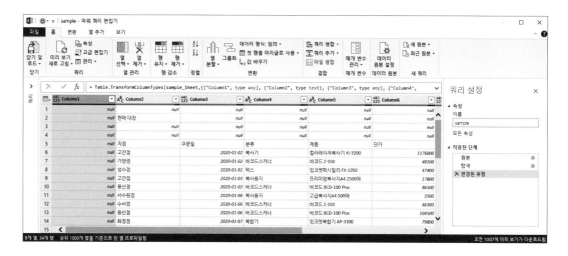

11 상단의 제목 부분을 모두 제거하겠습니다.

12 먼저 Column3 열의 null 값을 필터를 이용해 제거하겠습니다.

🔍 **더 알아보기**　　　**Column3 열을 선택해 작업하는 이유**

이번 예제에서는 미리 보기 화면의 4행까지 범위를 없애야 표 데이터 범위만 사용할 수 있습니다.
그러므로 위쪽은 모두 비워져 있고(null) 나머지 부분에는 데이터가 모두 입력되어 있는 열을 찾아 null 값만 제거합니다.
Column2 열의 경우 두 번째 위치에 [판매 대장]이라는 표 제목이 있으므로 적합하지 않습니다. 예제의 표는 모두 빈 셀 없이 데이터가 입력되어 있으므로, Column3~Column10 열 중에서 어떤 열을 선택해도 상관 없습니다.

13 Column3 열의 필터 단추 □를 클릭한 후 [(Null)] 항목의 체크를 해제하고 [확인]을 클릭합니다.

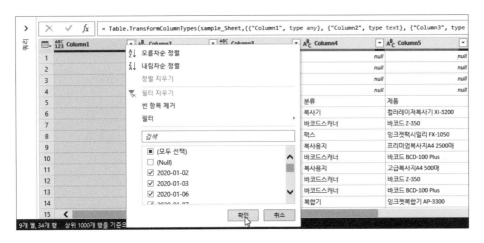

TIP Column3 열이 선택된 상태에서 리본 메뉴의 [홈] 탭－[행 감소] 그룹－[행 제거 ▦]를 클릭하고 [빈 행 제거 ▨]를 선택해도 동일한 결과를 얻을 수 있습니다.

14 위쪽의 빈 행을 모두 제거했다면 첫 번째 행을 머리글(제목)로 지정하겠습니다.

15 [홈] 탭－[변환] 그룹－[첫 행을 머리글로 사용 ▦]을 클릭합니다.

16 이제 [지점] 열을 뺀 나머지 열을 모두 제거하겠습니다.

17 [지점] 열을 선택하고 리본 메뉴의 [홈] 탭－[열 관리] 그룹－[열 제거 ▨]의 아래 화살표 □를 클릭합니다.

18 [다른 열 제거]를 선택합니다.

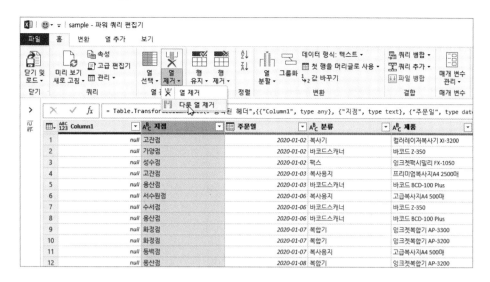

19 이후 중복을 제거하고 정렬하는 작업은 Section 03-03의 **09-11** 과정을 참고해 작업합니다.

20 모든 작업이 완료되면 쿼리 이름을 **지점(고유)**로 변경합니다.

TIP 이 작업은 반드시 필요한 과정은 아니고 반환된 쿼리가 여러 개일 때 구분하기 위한 것입니다.

21 [홈] 탭-[닫기] 그룹-[닫기 및 로드]의 아래 화살표를 클릭합니다.

22 [닫기 및 다음으로 로드]를 선택합니다.

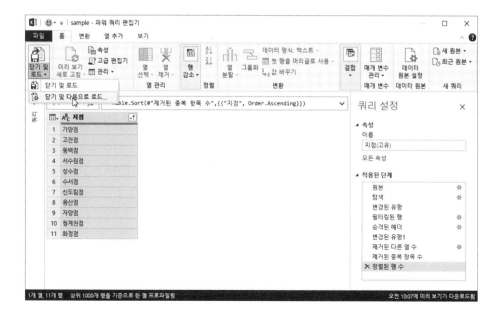

23 [데이터 가져오기] 대화상자에서 [기존 워크시트]를 선택하고 [B5] 셀을 클릭한 후 [확인]을 클릭합니다.

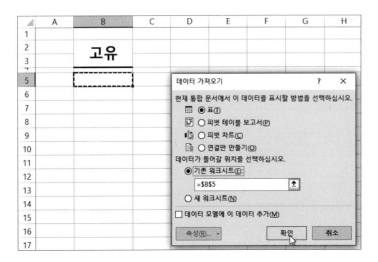

24 고유한 지점 데이터가 [B5] 셀 아래에 반환됩니다.

TIP 쿼리 데이터를 활용하는 방법은 Section 03-04에서 설명한 방법과 동일합니다.

TIP **쿼리-중복 제거.xlsx** 파일은 다른 예제에서도 사용하므로, 작업이 끝난 다음 저장하려면 F12 를 누르고 다른 이름으로 저장합니다.

03 06 웹 데이터를 쿼리 편집기로 편집해 반환받기

예제 파일 PART 01 \ CHAPTER 03 \ 쿼리−환율.xlsx

웹 데이터란

크롬이나 엣지 등의 웹 브라우저를 이용하면 수많은 웹 사이트의 페이지를 참고할 수 있습니다. 웹 데이터란 웹 페이지 상에 표시된 데이터를 의미하며, 이런 데이터를 엑셀로 가져와 사용할 경우에도 파워 쿼리를 이용할 수 있습니다.

다음은 네이버 홈 페이지 상의 환율 정보가 반환된 웹 페이지 화면입니다.

https://finance.naver.com/marketindex/exchangeList.nhn

TIP 예시 화면은 보기 좋도록 약간 수정한 결과입니다.

다만 웹 데이터를 가져오는 방법은 해당 웹 사이트에서 보안 문제로 막아 놓지 않은 경우에만 적용 가능합니다. [파워 쿼리]는 공개된 웹 페이지의 데이터 중 table 태그를 사용하는 표 데이터만 가져올 수 있습니다.

네이버 환율 데이터에서 달러 환율만 엑셀로 반환

특정 웹 페이지의 데이터를 엑셀로 가져오는 작업을 진행합니다. 다음 과정을 참고합니다.

01 예제를 열고 [B5] 셀 위치에 원-달러 환율을 네이버 환율 페이지에서 가져오겠습니다.

02 리본 메뉴의 [데이터] 탭-[데이터 가져오기 및 변환] 그룹-[웹 🔒]을 클릭합니다.

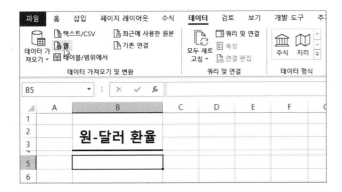

03 [웹에서] 창이 열리면 가져올 데이터가 있는 URL 주소를 입력하고 [확인]을 클릭합니다.

TIP 데이터 유형에 따라 [웹 콘텐츠 액세스] 창이 표시될 수 있습니다. 표시되면 [연결]을 클릭합니다.

04 [탐색 창]이 열리면 해당 웹 페이지 내 table 태그를 사용하는 표를 선택할 수 있습니다.

05 **[환전 고시 환율]** 표를 선택하고 [데이터 변환]을 클릭합니다.

06 [파워 쿼리 편집기] 창이 열리면 통화 중에서 USD만 선택하겠습니다.

07 [통화명] 열의 필터 단추▾를 클릭합니다. [검색]에 **USD**를 입력하고 [확인]을 클릭합니다.

08 미국 USD만 남겨졌다면 [매매기준율] 열만 남기고 나머지 열은 삭제하겠습니다.

09 [매매기준율] 열만 선택하고 마우스 오른쪽 버튼을 클릭합니다.

10 단축 메뉴에서 [다른 열 제거]를 선택합니다.

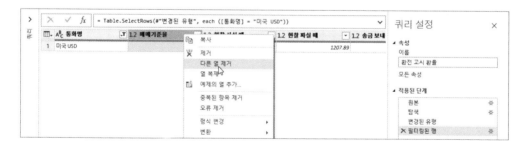

11 [매매기준율] 열의 이름과 쿼리 이름을 변경하겠습니다.

12 [매매기준율] 열 머리글을 더블클릭하고 이름을 **달러환율**로 변경합니다.

13 [쿼리 설정] 작업 창에서 쿼리 이름을 **환전 고시 환율(네이버)**로 변경합니다.

14 리본 메뉴의 [홈] 탭-[닫기] 그룹-[닫기 및 로드📊]의 아래 화살표▾를 클릭합니다.

15 하위 메뉴에서 [닫기 및 다음으로 로드📊]를 선택합니다.

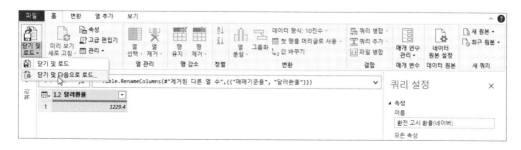

16 [데이터 가져오기] 대화상자에서 [기존 워크시트]를 선택하고 [B5] 셀을 클릭한 후 [확인]을 클릭합니다.

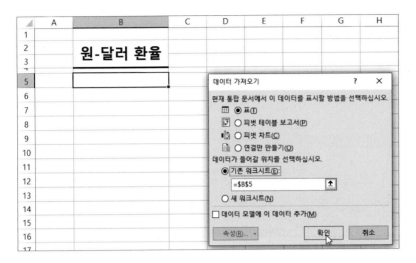

17 네이버 환율 중 USD 달러 환율이 [B5] 셀 위치에 반환됩니다.

TIP [새로 고침 🗓]을 클릭하면 업데이트된 네이버의 환율 데이터가 [B5] 셀 위치에 반환됩니다. 단축키는 Alt + F5 입니다.

텍스트 파일을 쿼리 편집기로 편집해 반환받기

예제 파일 PART 01 \ CHAPTER 03 \ 원본.txt, 쿼리-중복 제거.xlsx

텍스트 파일을 사용할 때의 장/단점

텍스트 파일은 엑셀보다 화려하지 않은 대신 대용량 데이터를 보관하기에 용이합니다. 실제 같은 양의 데이터를 엑셀 파일과 텍스트 파일로 각각 저장해보면 텍스트 파일의 사이즈가 압도적으로 작습니다.

또한 텍스트 파일은 하나의 표를 하나의 파일에 보관하기 때문에 파워 쿼리를 이용할 때 가져올 표를 따로 선택할 필요가 없습니다. 단, 텍스트 파일은 열을 쉼표(,)나 공백 등의 문자를 이용해 구분하기 때문에 구분 기호를 정확하게 선택해야 합니다.

원본 텍스트 파일 확인

예제 중에서 **원본.txt** 파일을 열면 다음과 같은 데이터를 확인할 수 있습니다.

```
📄 원본.txt - Windows 메모장                                                                    —    □    ×
파일(F)  편집(E)  서식(O)  보기(V)  도움말(H)
지점    주문일      분류      제품      단가      수량      할인율      판매
고잔점  2020-01-02  복사기    컬러레이저복사기 XI-3200  " 1,176,000 "    3      15%    " 2,998,800 "
가양점  2020-01-02  바코드스캐너      바코드 Z-350  " 48,300 " 3      0%     " 144,900 "
성수점  2020-01-02  팩스      잉크젯팩시밀리 FX-1050  " 47,400 " 3      0%     " 142,200 "
고잔점  2020-01-03  복사용지  프리미엄복사지A4 2500매  " 17,800 " 9      0%     " 160,200 "
용산점  2020-01-03  바코드스캐너      바코드 BCD-100 Plus  " 86,500 " 7      0%     " 605,500 "
서수원점 2020-01-06  복사용지  고급복사지A4 500매  " 3,500 "  2      0%     " 7,000 "
수서점  2020-01-06  바코드스캐너      바코드 Z-350  " 46,300 " 7      0%     " 324,100 "
용산점  2020-01-06  바코드스캐너      바코드 BCD-100 Plus  " 104,500 "       8      0%     " 836,000 "
화정점  2020-01-07  복합기    잉크젯복합기 AP-3300  " 79,800 " 1      0%     " 79,800 "
화정점  2020-01-07  복합기    잉크젯복합기 AP-3200  " 89,300 " 8      0%     " 714,400 "
동백점  2020-01-07  복사용지  고급복사지A4 500매  " 4,100 "  7      0%     " 28,700 "
용산점  2020-01-08  복합기    잉크젯복합기 AP-3200  " 79,500 " 2      0%     " 159,000 "
자양점  2020-01-08  복합기    레이저복합기 L200  " 165,300 "       3      0%     " 495,900 "
동백점  2020-01-08  복사용지  고급복사지A4 500매  " 3,600 "  8      0%     " 28,800 "
화정점  2020-01-09  제본기    링제본기 ST-100  " 127,800 "  4      0%     " 511,200 "
용산점  2020-01-09  출퇴근기록기      RF OA-300  " 46,800 " 6      0%     " 280,800 "
성수점  2020-01-09  문서세단기 오피스 Z-01  " 39,900 " 2      0%     " 79,800 "
                                        Ln 1, Col 1        100%   Windows (CRLF)   ANSI
```

외부 텍스트 파일 데이터 편집해 반환

텍스트 파일의 데이터 중 일부를 가져와 중복을 제거하는 작업 과정은 다음과 같습니다.

01 예제 중에서 **쿼리-중복 제거.xlsx** 파일을 엽니다.

02 텍스트 파일의 데이터를 가져오기 위해 파워 쿼리를 이용하겠습니다.

03 리본 메뉴의 [데이터] 탭-[데이터 가져오기 및 변환] 그룹-[텍스트/CSV 📄]를 클릭합니다.

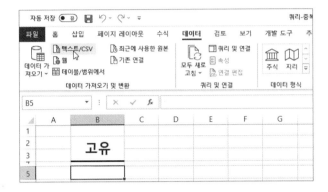

04 [데이터 가져오기] 대화상자에서 예제 폴더로 이동합니다.

05 **원본.txt** 파일을 선택하고 [가져오기]를 클릭합니다.

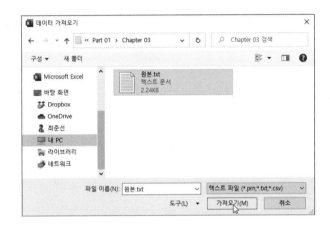

06 [탐색 창]이 열리면 [파일 원본]과 [구분 기호]를 확인하고 [데이터 변환]을 클릭합니다.

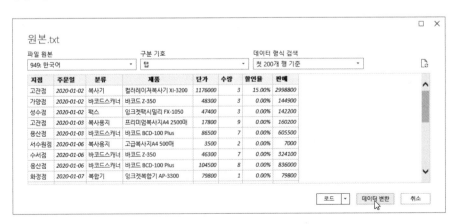

07 [파워 쿼리 편집기] 창이 열리면 Section 03–03을 참고해 고유 지점만 남깁니다.

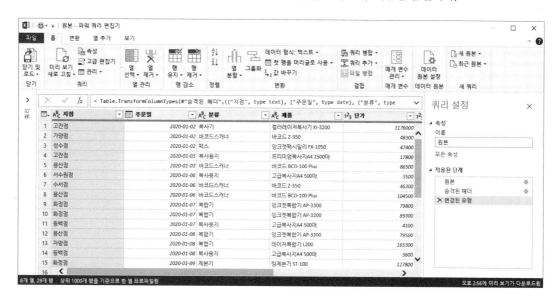

08 작업이 모두 완료되면 쿼리 이름을 **지점(고유)**로 변경하고 엑셀로 쿼리 데이터를 반환해야 합니다.

09 [홈] 탭-[닫기] 그룹-[닫기 및 로드🔓]의 아래 화살표⌄를 클릭합니다.

10 하위 메뉴에서 [닫기 및 다음으로 로드]를 선택합니다.

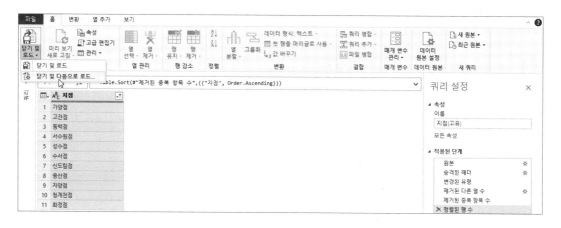

11 표 데이터로 [B5] 셀 위치에 쿼리 데이터를 반환하면 다음 결과를 얻을 수 있습니다.

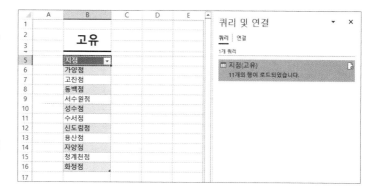

TIP **쿼리-중복 제거.xlsx** 파일은 다른 예제에서도 사용하므로, 작업이 끝나면 F12를 누르고 다른 이름으로 저장합니다.

03 08 액세스 데이터를 쿼리 편집기로 편집해 반환받기

예제 파일 PART 01 \ CHAPTER 03 \ 원본.accdb, 쿼리-중복 제거.xlsx

원본 액세스 파일 확인

예제 중에서 **원본.accdb** 파일을 열고, 왼쪽 탐색 창에서 [테이블] 그룹-[판매대장]을 더블클릭하면 오른쪽 창에 해당 테이블의 데이터가 열립니다.

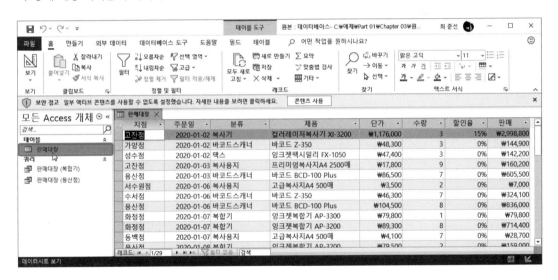

앞의 예제와 동일한 데이터입니다. 이 데이터로 엑셀에서 고유한 지점명을 파워 쿼리로 얻는 작업을 진행하겠습니다.

외부 액세스 데이터 편집해 반환

액세스 데이터베이스 내 [판매대장] 데이터에서 고유한 지점을 얻는 작업을 하려면 다음 과정을 참고합니다.

01 **쿼리-중복 제거.xlsx** 파일을 엽니다.

02 리본 메뉴의 [데이터] 탭-[데이터 가져오기 및 변환] 그룹-[데이터 가져오기 🖼️]를 클릭합니다.

03 하위 메뉴에서 [데이터베이스에서]-[Microsoft Access 데이터베이스에서 🅰️]를 선택합니다.

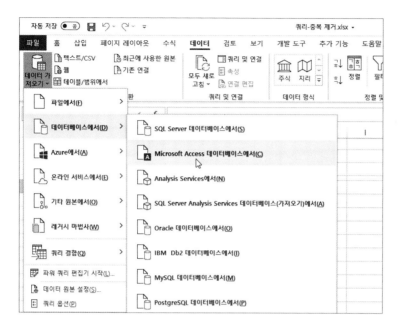

04 [탐색 창]이 열리면 [판매대장]을 선택하고 [데이터 변환]을 클릭합니다.

05 [파워 쿼리 편집기] 창이 열리면 액세스 테이블을 편집할 수 있습니다.

06 쿼리 편집 과정은 이전과 동일합니다. **Section 03-03**을 참고해 작업합니다.

07 엑셀로 쿼리 데이터를 반환하면 다음과 같은 결과를 얻을 수 있습니다.

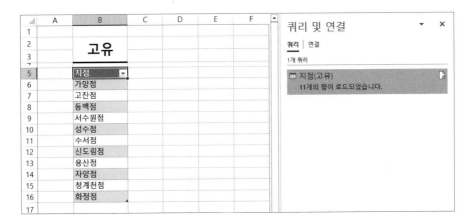

쿼리를 활용한 데이터 전처리

반환된 쿼리의 기존 작업 변경하기

예제 파일 PART 01 \ CHAPTER 03 \ 쿼리-수정.xlsx

쿼리를 반환한 이후 기존 작업을 변경하려면 다시 [파워 쿼리 편집기] 창으로 돌아가 작업합니다. 이런 경우에는 [쿼리 및 연결] 작업 창에서 변경할 쿼리를 더블클릭해 작업을 변경하고 다시 엑셀로 로드하는 방법을 사용합니다. 다음 과정을 참고합니다.

01 쿼리가 포함된 예제를 열면 [보안 경고] 메시지 줄이 표시됩니다.

02 [콘텐츠 사용]을 클릭합니다.

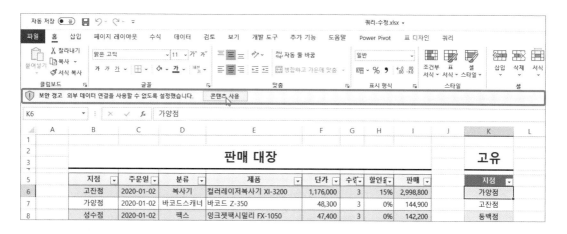

TIP [보안 경고] 메시지 줄은 처음 파일을 열 때만 표시되며, 닫고 다시 열면 표시되지 않습니다.

03 쿼리를 수정해 B열의 [지점]이 아니라 E열에 있는 [제품]의 고유 항목이 반환되도록 하겠습니다.

04 [K6] 셀을 선택하고 리본 메뉴의 [쿼리] 탭-[편집] 그룹-[편집 📝]을 클릭합니다.

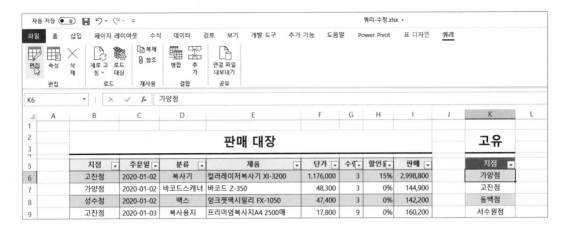

05 해당 쿼리를 수정할 수 있도록 [파워 쿼리 편집기] 창이 열립니다.

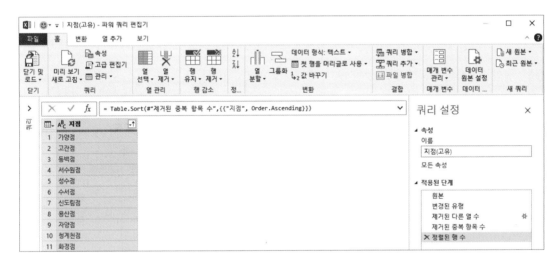

06 [쿼리 설정] 작업 창의 [적용된 단계]에서 [원본]을 선택합니다.

> [적용된 단계]를 하나씩 선택해보면 이전에 어떤 순서로 작업이 이루어 졌는지 확인할 수 있습니다.

07 [지점]을 뺀 모든 열을 제거한 단계를 찾아 그 아래의 모든 단계를 삭제하겠습니다.

08 [적용된 단계]에서 [제거된 다른 열 수]를 선택하고 마우스 오른쪽 버튼을 클릭합니다.

09 단축 메뉴에서 [끝까지 삭제]를 선택합니다.

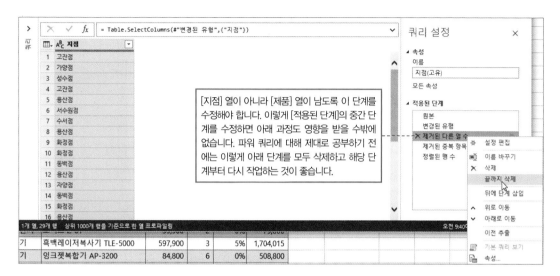

10 메시지가 표시되면 [삭제]를 클릭합니다.

단계 삭제

끝까지 삭제하시겠습니까? 그러면 쿼리의 현재 단계와 후속 단계가 삭제됩니다.

[삭제]   [취소]

11 [제품] 열을 선택하고 [홈] 탭-[열 관리] 그룹-[열 제거☒]의 아래 화살표⬇를 클릭하고 [다른 열 제거⬚]를 선택해 다른 열을 모두 제거합니다.

TIP 이 과정부터 **13** 과정까지는 [지점] 열을 대상으로 했던 작업과 동일합니다.

12 [제품] 열을 선택한 상태에서 [홈] 탭-[행 감소] 그룹-[행 제거]를 클릭하고 [중복된 항목 제거 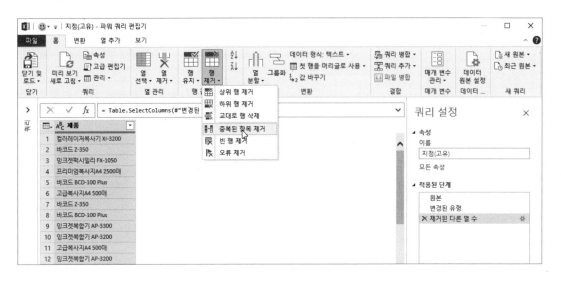]를 선택해 중복 데이터를 삭제합니다.

13 [제품] 열을 오름차순으로 정렬합니다.

14 쿼리 이름을 **제품(고유)**로 변경합니다.

15 [홈] 탭-[닫기] 그룹-[닫기 및 로드 💾]의 아래 화살표 ⏷를 클릭하고 [닫기 및 로드]를 선택해 엑셀로 쿼리 데이터를 반환합니다.

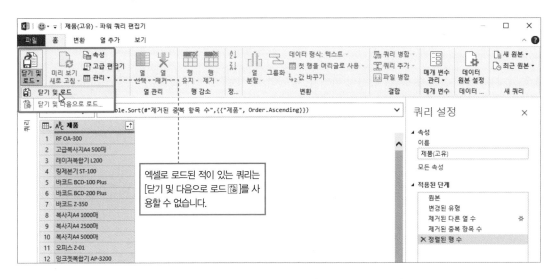

> 엑셀로 로드된 적이 있는 쿼리는 [닫기 및 다음으로 로드 🗂]를 사용할 수 없습니다.

16 쿼리의 데이터가 기존 데이터 범위에 반환됩니다.

지점	주문일	분류	제품	단가	수량	할인율	판매		제품
고잔점	2020-01-02	복사기	컬러레이저복사기 XI-3200	1,176,000	3	15%	2,998,800		RF OA-300
가양점	2020-01-02	바코드스캐너	바코드 Z-350	48,300	3	0%	144,900		고급복사지A4 500매
성수점	2020-01-02	팩스	잉크젯팩시밀리 FX-1050	47,400	3	0%	142,200		레이저복합기 L200
고잔점	2020-01-03	복사용지	프리미엄복사지A4 2500매	17,800	9	0%	160,200		링제본기 ST-100
용산점	2020-01-03	바코드스캐너	바코드 BCD-100 Plus	86,500	7	0%	605,500		바코드 BCD-100 Plus
서수원점	2020-01-06	복사용지	고급복사지A4 500매	3,500	2	0%	7,000		바코드 BCD-200 Plus
수서점	2020-01-06	바코드스캐너	바코드 Z-350	46,300	7	0%	324,100		바코드 Z-350
용산점	2020-01-06	바코드스캐너	바코드 BCD-100 Plus	104,500	8	0%	836,000		복사지A4 1000매
화정점	2020-01-07	복합기	잉크젯복합기 AP-3300	79,800	1	0%	79,800		복사지A4 2500매
화정점	2020-01-07	복합기	잉크젯복합기 AP-3200	89,300	8	0%	714,400		복사지A4 5000매
동백점	2020-01-07	복사용지	고급복사지A4 500매	4,100	7	0%	28,700		오피스 Z-01
용산점	2020-01-08	복합기	잉크젯복합기 AP-3200	79,500	2	0%	159,000		잉크젯복합기 AP-3200
자양점	2020-01-08	복합기	레이저복합기 L200	165,300	3	0%	495,900		잉크젯복합기 AP-3300
동백점	2020-01-08	복사용지	고급복사지A4 500매	3,600	8	0%	28,800		잉크젯팩시밀리 FX-1050
화정점	2020-01-09	제본기	링제본기 ST-100	127,800	4	0%	511,200		컬러레이저복사기 XI-2000
용산점	2020-01-09	출퇴근기록기	RF OA-300	46,800	6	0%	280,800		컬러레이저복사기 XI-3200
성수점	2020-01-09	문서세단기	오피스 Z-01	39,900	2	0%	79,800		프리미엄복사지A4 2500매
용산점	2020-01-10	복사기	흑백레이저복사기 TLE-5000	597,900	3	5%	1,704,015		흑백레이저복사기 TLE-5000
성수점	2020-01-10	복합기	잉크젯복합기 AP-3200	84,800	6	0%	508,800		
청계천점	2020-01-10	복합기	잉크젯복합기 AP-3200	84,800	10	0%	848,000		

판매 대장

고유

> 기존 쿼리를 삭제하고 다시 쿼리 데이터가 반환되는
> 과정에서 표 제목 위치가 변경될 수 있습니다.

쿼리를 활용한 데이터 전처리

쿼리의 로드 방법 변경하기

예제 파일 PART 01 \ CHAPTER 03 \ 쿼리−로드.xlsx

쿼리는 다양한 방법으로 엑셀로 로드할 수 있습니다. 한번 로드된 쿼리를 다른 방법으로 로드하려면 [쿼리 및 연결] 작업 창을 이용해야 합니다. 다음 과정을 참고합니다.

01 예제를 열고 [보안 경고] 메시지 줄이 표시되면 [콘텐츠 사용]을 클릭합니다.

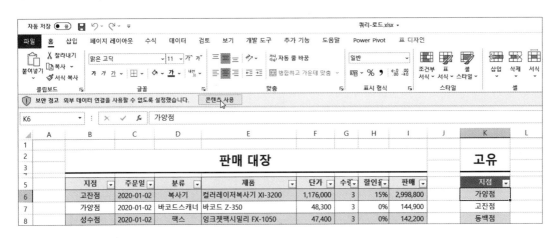

TIP [보안 경고] 메시지 줄은 파일을 처음 열 때만 표시되며, 닫고 다시 열 때부터는 표시되지 않습니다.

02 쿼리 데이터가 반환된 [K6] 셀을 선택합니다.

03 리본 메뉴의 [데이터] 탭−[쿼리 및 연결] 그룹−[쿼리 및 연결 ⊞]을 클릭합니다.

TIP 리본 메뉴의 [쿼리] 탭−[로드] 그룹−[로드 대상 ▦]을 클릭하면 바로 **07** 과정의 대화상자가 표시됩니다.

04 오른쪽에 [쿼리 및 연결] 작업 창이 표시됩니다.

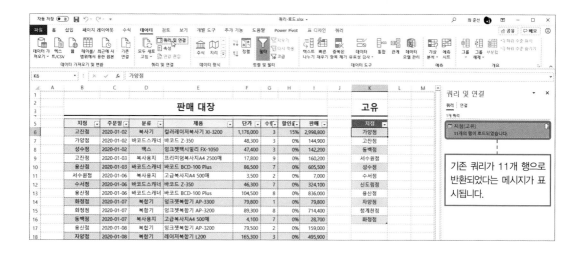

기존 쿼리가 11개 행으로
반환되었다는 메시지가 표
시됩니다.

05 **지점(고유)** 쿼리를 마우스 오른쪽 버튼으로 클릭합니다.

06 [다음으로 로드]를 선택합니다.

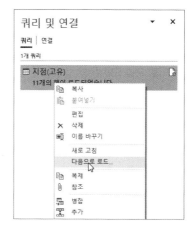

07 [데이터 가져오기] 대화상자에서 원하는 옵션을 선택하고
[확인]을 클릭합니다.

[연결만 만들기]는 쿼리 데이터 반환 없이
쿼리만 따로 저장합니다.

08 기존 쿼리 데이터의 반환된 범위가 있으므로, 다음과 같은 메시지가 표시됩니다.

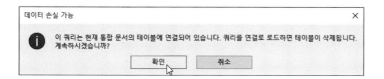

데이터 손실 가능

이 쿼리는 현재 통합 문서의 테이블에 연결되어 있습니다. 쿼리를 연결로 로드하면 테이블이 삭제됩니다.
계속하시겠습니까?

확인   취소

09 [확인]을 클릭하면 쿼리에서 반환된 표 데이터가 삭제됩니다.

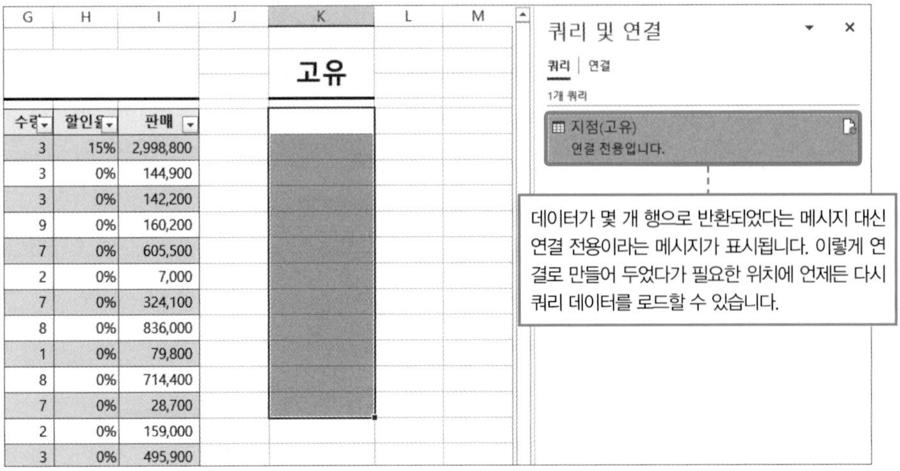

수량	할인율	판매
3	15%	2,998,800
3	0%	144,900
3	0%	142,200
9	0%	160,200
7	0%	605,500
2	0%	7,000
7	0%	324,100
8	0%	836,000
1	0%	79,800
8	0%	714,400
7	0%	28,700
2	0%	159,000
3	0%	495,900

고유

쿼리 및 연결

쿼리 | 연결

1개 쿼리

지점(고유)
연결 전용입니다.

데이터가 몇 개 행으로 반환되었다는 메시지 대신 연결 전용이라는 메시지가 표시됩니다. 이렇게 연결로 만들어 두었다가 필요한 위치에 언제든 다시 쿼리 데이터를 로드할 수 있습니다.

03 11 쿼리에서 반환된 데이터를 독립적으로 활용하기

예제 파일 PART 01 \ CHAPTER 03 \ 쿼리-연결 끊기.xlsx

쿼리에서 반환된 데이터

Section 03-04에서 설명했듯이 쿼리에서 반환된 데이터는 원본 데이터와 연결되어 있으므로 수정해도 [새로 고침] 명령을 사용하면 원본 데이터 값으로 다시 변경됩니다. 따라서 쿼리 데이터는 수정하지 않고 읽기 전용으로만 활용하는 것이 좋습니다. 그런데 만약 사용자가 쿼리에서 반환된 데이터로 새로운 표를 구성하려 한다면 쿼리와의 연결을 끊고 작업하는 것이 좋습니다.

쿼리와의 연결 끊기

쿼리는 데이터를 반환한 엑셀 표와 연결되어 있는데, 이 연결을 끊고 독립적으로 표를 관리할 수 있습니다. 연결을 끊으면 다시 원본과 연결하지는 못하지만 쿼리 자체가 삭제되는 것은 아니기 때문에 필요하다면 다른 위치에 쿼리 데이터를 반환하도록 할 수 있습니다.

01 예제를 엽니다. [보안 경고] 메시지 줄이 표시되면 [콘텐츠 사용]을 클릭합니다.

02 쿼리에서 반환된 표 범위 내의 셀을 하나([K6] 셀) 선택합니다.

03 리본 메뉴의 [표 디자인] 탭-[외부 표 데이터] 그룹-[링크 끊기🔗]를 클릭합니다.

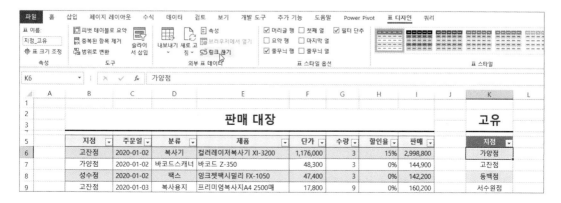

04 다음 메시지가 표시되면 [확인]을 클릭합니다.

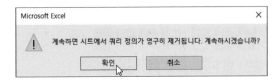

05 리본 메뉴의 [표 디자인] 탭-[외부 표 데이터] 그룹-[새로 고침 🔄] 명령이 비활성화됩니다.

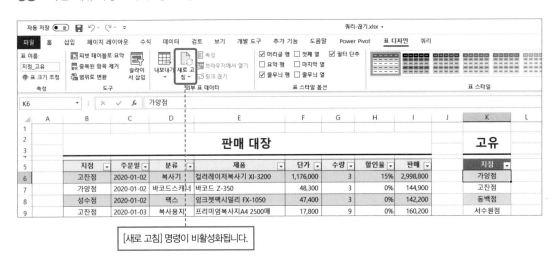

[새로 고침] 명령이 비활성화됩니다.

06 원본 표의 데이터를 수정하고 Alt + F5 를 눌러도 쿼리 데이터에는 변화가 없습니다.

	지점	주문일	분류	제품	단가	수량	할인율	판매		지점
	분당점	2020-01-02	복사기	컬러레이저복사기 XI-3200	1,176,000	3	15%	2,998,800		가양점
	가양점	2020-01-02	바코드스캐너	바코드 Z-350	48,300	3	0%	144,900		고잔점
	성수점	2020-01-02	팩스	잉크젯팩시밀리 FX-1050	47,400	3	0%	142,200		동백점
	고잔점	2020-01-03	복사용지	프리미엄복사지A4 2500매	17,800	9	0%	160,200		서수원점
	용산점	2020-01-03	바코드스캐너	바코드 BCD-100 Plus	86,500	7	0%	605,500		성수점
	서수원점	2020-01-06	복사용지	고급복사지A4 500매	3,500	2	0%	7,000		수서점
	수서점	2020-01-06	바코드스캐너	바코드 Z-350	46,300	7	0%	324,100		신도림점
	용산점	2020-01-06	바코드스캐너	바코드 BCD-100 Plus	104,500	8	0%	836,000		용산점
	화정점	2020-01-07	복합기	잉크젯복합기 AP-3300	79,800	1	0%	79,800		자양점
	화정점	2020-01-07	복합기	잉크젯복합기 AP-3200	89,300	8	0%	714,400		청계천점
	동백점	2020-01-07	복사용지	고급복사지A4 500매	4,100	7	0%	28,700		화정점
	용산점	2020-01-08	복합기	잉크젯복합기 AP-3200	79,500	2	0%	159,000		

TIP 수정된 지점이 쿼리 데이터에 반환되지 않으며, 쿼리 데이터를 고쳐도 다시 원본 데이터로 변경되지 않습니다.

07 다만 이 작업은 연결만 끊은 것이기 때문에 쿼리 자체는 그대로 존재합니다.

08 리본 메뉴의 [데이터] 탭-[쿼리 및 연결] 그룹-[쿼리 및 연결 🎞]을 클릭합니다.

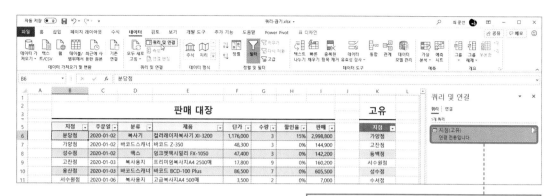

Section 03-10을 참고해 [다음으로 로드] 기능을 이용하면
원하는 위치에 쿼리 데이터를 다시 반환할 수 있습니다.

쿼리 삭제

쿼리가 원하는 데이터를 얻기 위한 중간 과정에서만 필요했다면, 쿼리를 삭제하고 반환된 데이터만 사용할
수 있습니다. 다음 과정을 참고합니다.

01 예제를 저장하지 않고 닫은 다음 다시 엽니다.

02 쿼리에서 반환된 데이터 중 하나([K6] 셀)를 선택합니다.

03 리본 메뉴의 [쿼리] 탭-[편집] 그룹-[삭제 ⊠]를 클릭해 연결된 쿼리를 삭제합니다.

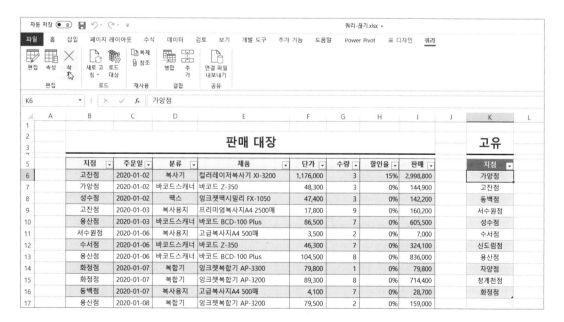

04 경고 메시지가 표시되면 [삭제]를 클릭해 쿼리를 삭제합니다.

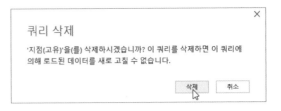

05 리본 메뉴에서 [쿼리] 탭이 사라집니다.

06 [표 디자인] 탭에서도 [새로 고침] 명령이 비활성화됩니다.

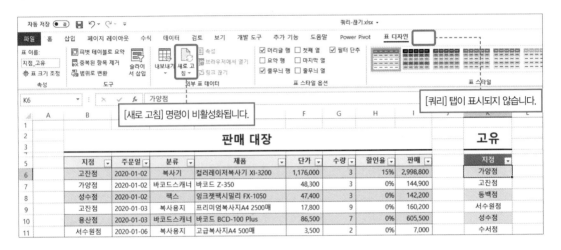

07 리본 메뉴의 [데이터] 탭-[쿼리 및 연결] 그룹-[쿼리 및 연결□]을 클릭합니다.

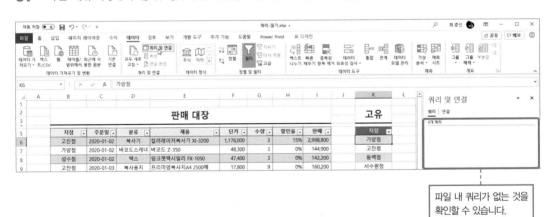

03 12 쿼리를 저장해 다른 파일에서 사용하기

예제 파일 PART 01 \ CHAPTER 03 \ 쿼리-저장.xlsx

쿼리 저장

파워 쿼리를 이용해 저장한 쿼리는 기본적으로 현재 파일에서만 사용할 수 있습니다. 하지만 쿼리를 따로 저장해 사용할 수도 있습니다. 다음 조건을 충족하면 해당 작업이 가능합니다.

원본 데이터와 쿼리가 함께 존재하는 경우

쿼리를 저장하는 것은 상관없지만, 다른 파일에는 원본 데이터가 없을 것이기 때문에 **쿼리의 원본과 동일한 이름의 표나 이름으로 정의된 범위가 존재**해야 합니다.

원본 데이터와 쿼리가 서로 다른 파일에 존재하는 경우

쿼리를 저장하고 사용하려면 **원본 데이터 파일의 위치가 고정**되어 있어야 합니다.

이런 조건을 만족하는 경우에만 쿼리를 저장해 다른 파일에서 사용할 수 있습니다. 쿼리를 저장하는 방법은 다음 과정을 참고합니다.

01 예제를 엽니다. [보안 경고] 메시지 줄이 표시되면 [콘텐츠 사용]을 클릭합니다.

02 쿼리에서 반환된 표 범위 내의 셀을 하나([B6] 셀) 선택합니다.

03 리본 메뉴의 [쿼리] 탭-[공유] 그룹-[연결 파일 내보내기🗒]를 클릭합니다.

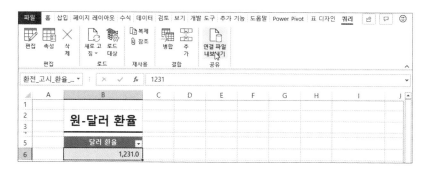

> **TIP** 이 파일은 Section 03
> -06에서 사용했던 예제로 웹
> 데이터를 가져오므로 원본의
> 위치가 항상 일정합니다.

04 [파일 저장] 대화상자가 열리고 [내 데이터 원본] 폴더에 쿼리 파일을 저장하도록 설정됩니다.

05 별도의 변경 없이 [저장]을 클릭합니다.

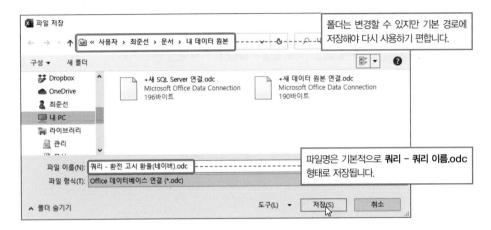

06 파일을 닫고, 윈도우 탐색기에서 다음 경로를 열면 저장된 쿼리 파일을 확인할 수 있습니다.

C:\Users\사용자명\Documents\내 데이터 원본

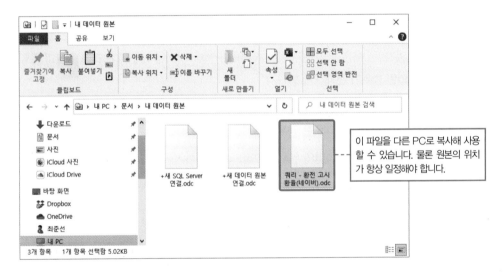

저장된 쿼리를 불러와 사용

쿼리를 저장하면 데이터 원본 파일이 문서 폴더에 저장됩니다. 쿼리를 사용하려는 파일에서 해당 쿼리를 가져오면 쿼리 내 데이터를 원하는 파일에 언제든 반환할 수 있습니다.

01 엑셀 프로그램을 실행하고 빈 통합 문서 파일을 엽니다.

02 리본 메뉴의 [데이터] 탭–[데이터 가져오기 및 변환] 그룹–[기존 연결 📄]을 클릭합니다.

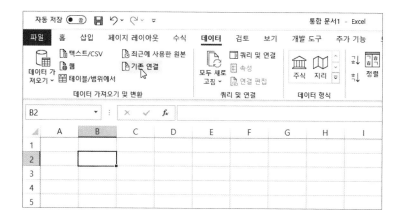

03 [기존 연결] 대화상자가 표시되면 PC에 저장된 연결 파일이 모두 표시됩니다.

04 [쿼리 – 환전 고시 환율(네이버)]를 선택하고 [열기]를 클릭합니다.

> [내 데이터 원본] 폴더에 있는 파일이 우선해서 표시됩니다. 다른 폴더에 저장했다면 좌측 하단의 [더 찾아보기]를 클릭하고 저장해 놓은 쿼리 파일을 선택해야 합니다.

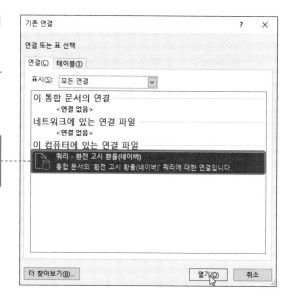

05 [데이터 가져오기] 대화상자가 표시되면 다음과 같이 설정하고 [확인]을 클릭합니다.

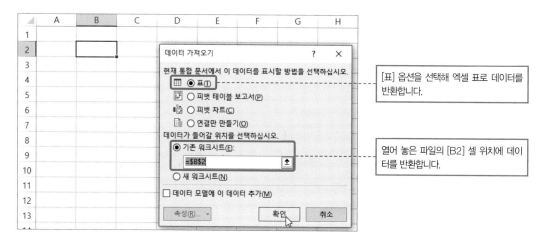

[표] 옵션을 선택해 엑셀 표로 데이터를 반환합니다.

열어 놓은 파일의 [B2] 셀 위치에 데이터를 반환합니다.

06 쿼리가 제대로 동작하면서 다음과 같은 결과를 얻을 수 있습니다.

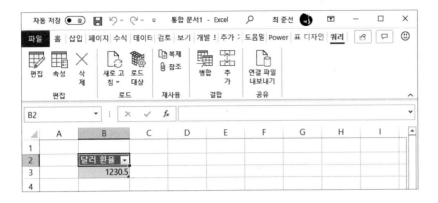

쿼리를 활용한 데이터 전처리

03_13 병합된 셀 값을 인접한 셀의 값으로 채우기

예제 파일 PART 01 \ CHAPTER 03 \ 쿼리-채우기.xlsx

실무에서 엑셀로 다양한 표를 만들면서 여러 셀을 하나로 병합해 사용하는 경우가 많습니다. 그런데 이런 경우에는 엑셀에서 제공하는 기능을 제대로 활용하기 어렵습니다. 그러므로 엑셀 기능을 활용해야 할 경우에는 먼저 셀의 병합을 해제하고 빈 셀에 값을 채우는 작업을 해야 합니다.

이미 CHAPTER 01에서 이런 식의 편집 작업을 엑셀에서 어떻게 할 수 있는지 설명한 바 있습니다만, 파워 쿼리를 이용하면 더 간단하게 작업 결과를 얻을 수 있습니다.

01 예제를 엽니다. [B:D] 열의 병합을 해제하고, 지점별 매출을 [G5] 셀 위치에 피벗을 이용해 집계하겠습니다.

	A	B	C	D	E	F	G	H	I
1									
2				판매 대장			지점 매출		
3									
4									
5		지점	분류	제품	판매				
6		가양점	바코드스캐너	바코드 Z-350	144,900				
7				바코드 BCD-200 Plus	581,400				
8		고잔점	복사기	컬러레이저복사기 XI-3200	2,998,800				
9				프리미엄복사지A4 2500매	160,200				
10		동백점	복사용지		28,700				
11				고급복사지A4 500매	28,800				
12		서수원점			7,000				
13		성수점	팩스	잉크젯팩시밀리 FX-1050	142,200				
14			문서세단기	오피스 Z-01	79,800				
15			복합기	잉크젯복합기 AP-3200	508,800				
16			복사기	컬러레이저복사기 XI-2000	1,805,400				
17									

병합을 사용하면 보기는 좋지만, 지점별 매출 등을 구하기 어렵습니다.

02 엑셀 표로 변환하기 위해 [B6] 셀을 선택하고 Ctrl + T 를 누릅니다.

TIP 리본 메뉴의 [삽입] 탭 – [표] 그룹 – [표]를 클릭해도 됩니다.

03 [표 만들기] 대화상자에서 [B5:E16] 범위를 선택하고 [머리글 포함] 옵션에 체크한 후 [확인]을 클릭합니다.

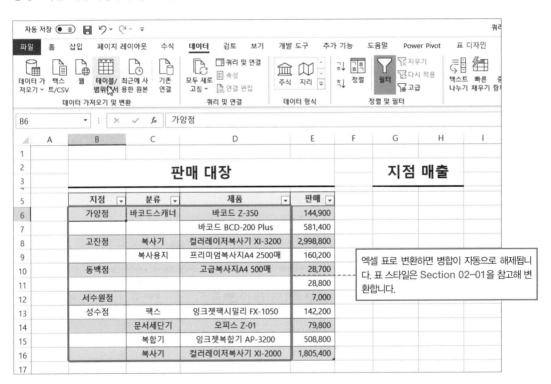

04 리본 메뉴의 [데이터] 탭-[데이터 가져오기 및 변환] 그룹-[테이블/범위에서圐]를 클릭합니다.

05 [파워 쿼리 편집기] 창이 표시되면 [지점] 열부터 [제품] 열까지 선택합니다.

TIP [지점] 열부터 [제품] 열은 병합된 셀이 포함된 열로 빈 셀에 값을 모두 채워야 합니다.

06 리본 메뉴의 [변환] 탭–[열] 그룹–[채우기 🔽]를 클릭하고 [아래로]를 선택합니다.

TIP [채우기] 명령은 빈 셀에 값을 채우는 동작을 합니다.

07 빈 셀이 모두 위쪽 셀의 값으로 채워집니다.

08 쿼리 이름을 **표1**에서 **병합 해제 값 채우기**로 변경합니다.

09 [홈] 탭–[닫기] 그룹–[닫기 및 로드🔒]의 아래 화살표▾를 클릭합니다.

10 하위 메뉴에서 [닫기 및 다음으로 로드🔳]를 선택합니다.

11 [데이터 가져오기] 대화상자에서 [피벗 테이블 보고서] 옵션을 선택합니다.

12 [기존 워크시트]를 선택하고 [G5] 셀을 클릭한 후 [확인]을 클릭합니다.

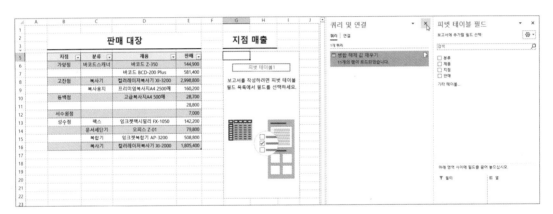

13 [쿼리 및 연결] 작업 창은 우측 상단의 [닫기]를 클릭해 닫습니다.

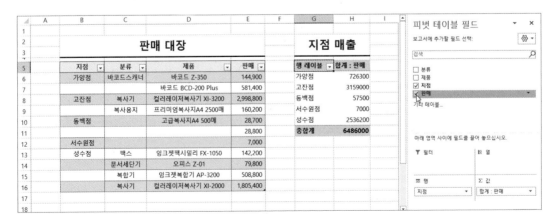

14 [피벗 테이블 필드] 작업 창에서 [지점]과 [판매] 필드에 체크하면 지점별 매출이 집계됩니다.

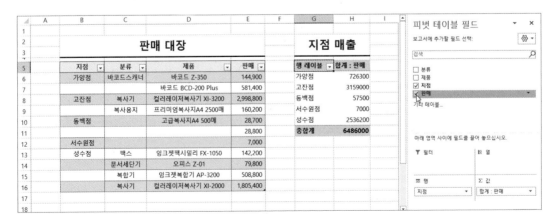

TIP 피벗 테이블을 사용하는 방법은 PART 02를 참고합니다.

03 14 잘못된 날짜 데이터 형식을 변환해 반환받기

예제 파일 PART 01 \ CHAPTER 03 \ 쿼리-날짜 변환.xlsx

파워 쿼리는 자체적인 데이터 형식으로 변환해주므로 파워 쿼리를 이용할 경우 미리 데이터 형식을 변환하지 않아도 됩니다. 다만 모든 경우를 처리할 수 있는 것은 아니므로 데이터 형식이 변환되는 경우와 되지 않는 경우를 이해하고, 되지 않는 경우에 원하는 형식으로 변환하는 방법을 알아두면 좋습니다. 날짜 데이터가 숫자로 입력된 경우에는 별도의 변환 과정이 필요합니다. 변환 과정은 다음과 같습니다.

01 예제의 표를 파워 쿼리로 올바른 날짜 형식으로 변환한 후 [F5] 셀 위치에 반환하겠습니다.

02 표 내부의 셀을 하나([B6] 셀) 선택합니다.

03 리본 메뉴의 [데이터] 탭-[데이터 가져오기 및 변환] 그룹-[테이블/범위에서▦]를 클릭합니다.

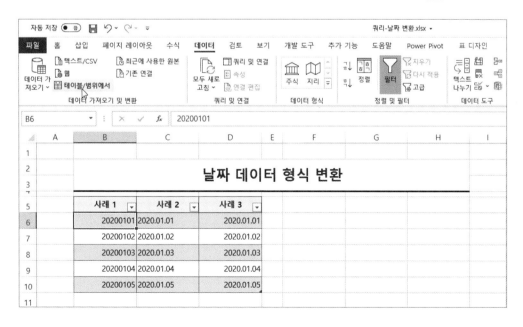

예제의 표에 입력된 데이터 형식에 대한 설명은 아래를 참고합니다.

열	머리글	설명
B열	사례 1	yyyymmdd 형식으로 입력된 데이터로, 날짜가 아닌 숫자 데이터로 인식됩니다.
C열	사례 2	yyyy.mm.dd 형식으로 입력된 데이터로, 날짜가 아닌 텍스트 데이터로 인식됩니다.
D열	사례 3	yyyy-mm-dd 형식으로 입력된 날짜 데이터이지만 yyyy.mm.dd와 같이 표시되도록 [표시 형식]이 설정된 데이터입니다.

04 [파워 쿼리 편집기] 창이 열리면 원본 데이터의 형식이 자동으로 변환됩니다.

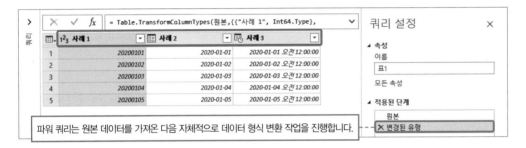

파워 쿼리는 원본 데이터를 가져온 다음 자체적으로 데이터 형식 변환 작업을 진행합니다.

🔍 더 알아보기   **파워 쿼리의 데이터 형식 변환 이해하기**

파워 쿼리는 날짜 데이터를 다음과 같은 방법으로 변환합니다.

[사례 1] 열은 구분 기호가 없는 숫자 데이터이므로, 숫자 형식 중 정수 형식(🔢)으로 변환합니다.

[사례 2] 열은 구분 기호가 있는 텍스트 데이터였는데, 날짜 형식(🗓)으로 변환합니다.

[사례 3] 열은 원래 날짜 데이터였으므로, 날짜/시간 형식(🕗)으로 변환합니다.

05 [사례 1] 열을 날짜 형식으로 변환하겠습니다.

06 [사례 1] 열 머리글 내의 데이터 형식 아이콘 🔢 을 클릭하고 [날짜]를 선택합니다.

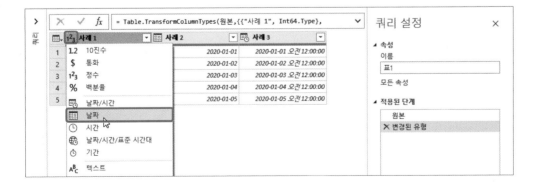

07 [열 형식 변경] 메시지가 나타나면 [새 단계 추가]를 클릭합니다.

🔍 **더 알아보기**　　**열 형식 변경 메시지가 나오는 이유**

[쿼리 설정] 작업 창 내 [적용된 단계]의 마지막이 [변경된 유형]입니다. 현재 진행하는 단계가 데이터 형식을 변경하는 것이므로 [변경된 유형]에 현재 작업을 포함할 것인지 구분해 표시할 것인지를 결정하라는 메시지입니다. [새 단계 추가]를 클릭하면 [적용된 단계] 내에 새로운 단계가 추가됩니다.

08 [사례 1] 열에 Error가 나타납니다. [사례 1] 열을 날짜로 변환할 수 없기 때문입니다.

09 [쿼리 설정] 작업 창의 [적용된 단계]에서 추가된 [변경된 유형1] 왼쪽의 삭제⊠를 클릭해 단계를 취소합니다.

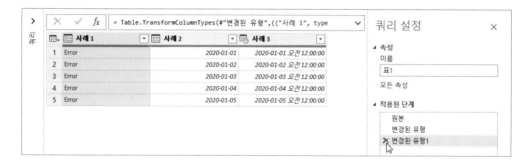

10 [사례 1] 열의 연도, 월, 일 부분을 잘라내 날짜 데이터로 변환하겠습니다.

11 [사례 1] 열이 선택된 상태에서 리본 메뉴의 [열 추가] 탭-[텍스트] 그룹-[추출ABC123]을 클릭합니다.

12 하위 메뉴에서 [처음 문자]를 선택합니다.

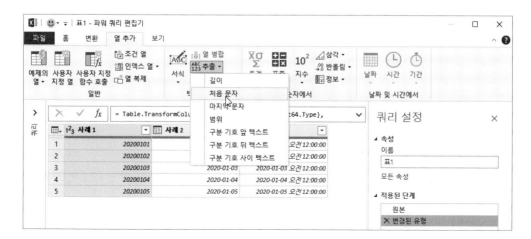

13 [처음 문자 삽입] 대화상자가 표시되면 [개수]에 **4**를 입력하고 [확인]을 클릭합니다.

14 [처음 문자] 열이 표시되고, [사례 1] 열 연도 부분의 값이 반환됩니다.

🔍 **더 알아보기**   **[처음 문자] 기능**

파워 쿼리의 [처음 문자]는 엑셀의 LEFT 함수와 같은 기능을 합니다. LEFT 함수는 문자열의 왼쪽부터 n개의 문자를 잘라 반환합니다. LEFT 함수와 같은 함수가 파워 쿼리에서도 제공됩니다. 함수명은 Text.Start입니다. 파워 쿼리의 함수는 M Code라고 하는데, M Code의 함수는 엑셀 함수와 이름이 다르고 사용 방법도 차이가 있어 파워 쿼리를 쉽게 사용할 수 있도록 대부분 파워 쿼리 편집기의 리본 메뉴에 제공됩니다. 이번에 사용한 [처음 문자]는 파워 쿼리 함수인 Text.Start의 결과를 반환합니다.

---

15 월 부분을 별도의 열로 반환하겠습니다.

16 [사례 1] 열을 다시 선택하고 리본 메뉴의 [열 추가] 탭-[텍스트] 그룹-[추출 ABC123]을 클릭합니다.

17 하위 메뉴에서 [범위]를 선택합니다.

18 [텍스트 범위 추출] 대화상자가 열리면 [시작 인덱스]에 **4**, [문자 수]에 **2**를 입력하고 [확인]을 클릭합니다.

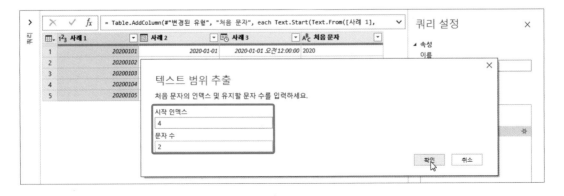

19 [사례 1] 열을 다시 선택하고 리본 메뉴의 [열 추가] 탭–[텍스트] 그룹–[추출 ABC123]을 클릭합니다.

20 하위 메뉴에서 [마지막 문자]를 선택합니다.

21 [마지막 문자 삽입] 대화상자가 열리면 [개수]에 **2**를 입력하고 [확인]을 클릭합니다.

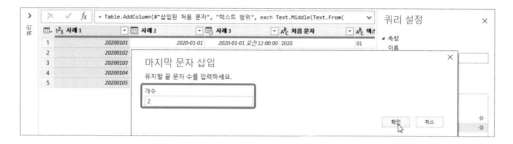

22 이 과정을 거치면 [처음 문자]부터 [마지막 문자]까지의 열에 연, 월, 일 값이 분리됩니다.

23 세 열을 합쳐 날짜를 완성하기 위해 [처음 문자]부터 [마지막 문자] 열까지 선택합니다.

24 리본 메뉴의 [열 추가] 탭–[텍스트에서] 그룹–[열 병합]을 클릭합니다.

25 [열 병합] 대화상자가 열리면 다음과 같이 설정하고 [확인]을 클릭합니다.

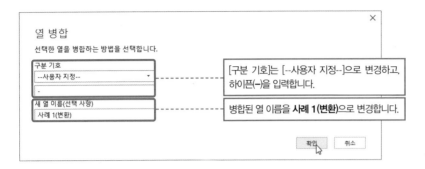

26 그러면 [사례 1(변환)] 열이 생성되면서 연, 월, 일이 하이픈으로 구분된 상태로 입력됩니다.

27 [사례 1(변환)] 열의 데이터 형식 아이콘 🔤 을 클릭하고 [날짜]를 선택합니다.

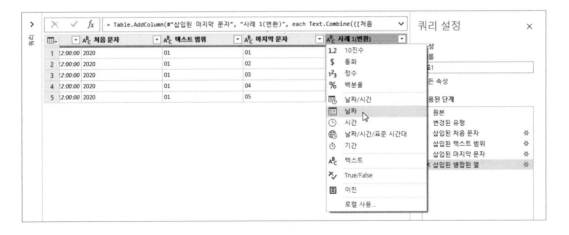

28 [사례 1(변환)] 열이 날짜 형식으로 변환됩니다.

29 [처음 문자] 열부터 [마지막 문자] 열까지 선택하고 마우스 오른쪽 버튼을 클릭합니다.

30 단축 메뉴에서 [열 제거]를 선택합니다.

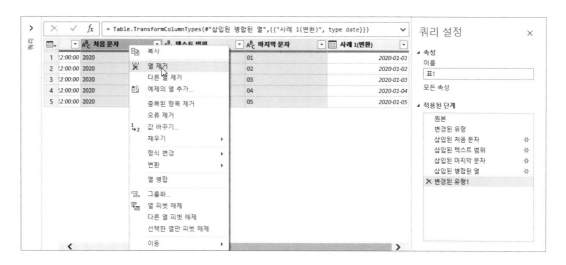

31 그러면 [사례 1] 열의 데이터 형식을 변환한 [사례 1(변환)] 열을 얻게 됩니다.

🔍 **더 알아보기**　　**파워 쿼리 M CODE를 활용한 작업 단계 축소하기**

지금까지의 작업을 통해 날짜로 변환된 결과를 얻었지만 여러 단계를 거쳐야 했습니다. 숫자의 일부를 잘라 연결해 날짜로 변환하는 이런 방법을 파워 쿼리의 M Code를 직접 사용해 진행하려면 다음 과정을 참고합니다. 참고로 이 과정은 본문의 **10~31** 과정을 대체할 수 있습니다.

01 리본 메뉴의 [열 추가] 탭 – [일반] 그룹 – [사용자 지정 열 ▦]을 클릭합니다.

02 [사용자 지정 열] 대화상자가 표시되면 [새 열 이름]에 **사례 1(변환2)**를 입력합니다.

03 [사용자 지정 열 수식]에 다음 수식을 입력하고 [확인]을 클릭합니다.

> =Date.From(Text.Start(Text.From([사례 1]), 4) & "–" &
>   Text.Range(Text.From([사례 1]), 4, 2) & "–" &
>   Text.End(Text.From([사례 1]), 2))

위 수식에서 사용된 M Code 함수는 다음과 같습니다.

함수	설명
Text.From	데이터를 텍스트 형식으로 반환합니다.
Text.Start	텍스트 데이터의 왼쪽부터 n개 문자를 잘라 반환합니다.
Text.Range	텍스트 데이터의 k번째 위치에서 n개 문자를 잘라 반환합니다.
Text.End	텍스트 데이터의 오른쪽부터 n개 문자를 잘라 반환합니다.
Date.From	데이터를 날짜 형식으로 반환합니다.

이번 수식은 ❶ Text.From 함수를 사용해 [사례 1] 열을 텍스트 형식으로 변환하고 ❷ Text.Start, Text.Range, Text.End 함수를 사용해 연, 월, 일 부분을 얻고 ❸ 하이픈(–)으로 연결한 후 ❹ Date.From 함수를 사용해 날짜로 변환합니다.

유사한 엑셀 수식은 다음과 같습니다.

> =DATE(LEFT([사례 1], 4), MID([사례 1], 5, 2), RIGHT([사례 1], 2))

수식을 입력할 때 조심해야 하는 점은 **M Code 함수는 대/소문자를 구분**하므로, 정확하게 함수명을 입력해야 한다는 것입니다.

32 [사례 1] 열을 선택하고 마우스 오른쪽 버튼을 클릭한 후 [열 제거]를 선택합니다.

33 [사례 1(변환)] 열을 드래그해 첫 번째 열 위치로 옮깁니다.

34 [사례 3] 열을 선택하고 데이터 형식 아이콘 을 클릭한 후 [날짜]를 선택합니다.

35 [쿼리 설정] 작업 창에서 [이름]을 **표1**에서 **변환 완료**로 변경합니다.

36 [홈] 탭-[닫기] 그룹-[닫기 및 로드] 의 아래 화살표 를 클릭합니다.

37 [닫기 및 다음으로 로드] 를 선택합니다.

38 [데이터 가져오기] 대화상자에서 [표]와 [기존 워크시트]를 선택하고 [F5] 셀을 클릭합니다.

39 [확인]을 클릭하면 다음과 같은 쿼리 데이터를 확인할 수 있습니다.

🔍 **더 알아보기**　　**파워 쿼리를 데이터 형식 변환에 사용하면 좋은 점**

파워 쿼리는 원본 데이터를 읽어 쿼리로 변환 과정을 거친 다음 변환된 결과를 반환하므로 추가된 데이터를 자동으로 처리할 수 있습니다. 이번 예제에서도 왼쪽 표에 11행 데이터를 위쪽 행과 동일한 형식으로 입력한 후 오른쪽의 쿼리로 반환된 표에서 [새로 고침]을 통해 원본 표를 새로 읽어들이도록 만들면 자동으로 변환된 결과를 얻을 수 있습니다.

[새로 고침]을 이용해 원본 데이터를 새로 읽어들이는 방법이 잘 이해되지 않으면 Section 03-04를 참고합니다.

03 15 잘못된 숫자 데이터 형식을 변환해 반환받기

예제 파일 PART 01 \ CHAPTER 03 \ 쿼리-숫자 변환.xlsx

날짜 데이터와 달리 숫자 데이터는 잘못된 문자가 섞여 있는 경우만 아니라면 간단하게 데이터 형식을 변환할 수 있어 편리합니다. 다음 과정을 참고합니다.

01 예제를 열고 파워 쿼리를 이용해 표의 데이터를 올바른 숫자 데이터 형식으로 변환한 후 [F5] 셀 위치에 반환하겠습니다.

02 표 내부의 셀을 하나([B6] 셀) 선택합니다.

03 리본 메뉴의 [데이터] 탭-[데이터 가져오기 및 변환] 그룹-[테이블/범위에서 ▦]를 클릭합니다.

🔍 **더 알아보기** **데이터 이해하기**

예제의 표에 입력된 데이터 형식에 대한 설명은 다음을 참고합니다.

열	머리글	설명
B열	사례 1	텍스트형 숫자로, 다른 문자가 섞여 있지 않지만 텍스트 형식 데이터입니다.

열	머리글	설명
C열	사례 2	작은따옴표(')가 먼저 입력된 데이터로, 텍스트 형식으로 인식됩니다.
D열	사례 3	숫자 뒤에 'EA' 단위가 입력되어 텍스트 형식으로 인식됩니다.

이 예제는 Section 01-05에서 사용한 데이터로, 엑셀 기능을 이용해 올바른 숫자 데이터로 변환하는 방법을 설명하기 위해 소개했습니다.

04 [파워 쿼리 편집기] 창이 열리고 [사례 1] 열과 [사례 2] 열은 숫자 형식으로 변환됩니다.

05 [사례 3] 열은 단위를 표시하는 'EA'를 삭제하기 위해 선택합니다.

06 리본 메뉴의 [홈] 탭-[변환] 그룹-[값 바꾸기 ↳₂]를 클릭합니다.

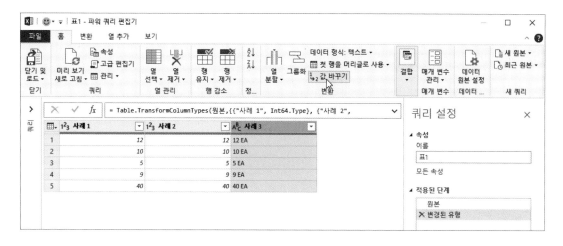

07 [값 바꾸기] 대화상자가 표시되면 [찾을 값]에 **공백 한 칸**과 **EA**를 입력하고 [확인]을 클릭합니다.

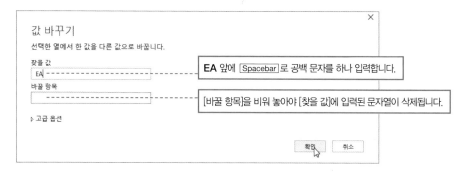

EA 앞에 Spacebar 로 공백 문자를 하나 입력합니다.

[바꿀 항목]을 비워 놓아야 [찾을 값]에 입력된 문자열이 삭제됩니다.

TIP [값 바꾸기]는 엑셀의 바꾸기(Ctrl + H) 기능과 동일합니다.

08 리본 메뉴의 [홈] 탭-[변환] 그룹-[데이터 형식]을 클릭하고 [정수]를 선택합니다.

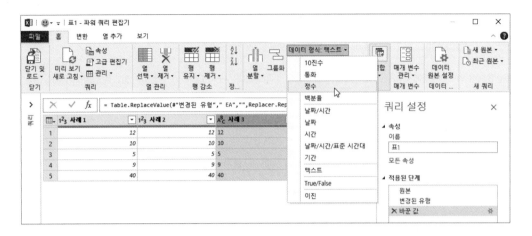

09 숫자 변환이 모두 끝났으므로, [쿼리 설정] 작업 창에서 [이름]을 **표1**에서 **변환 완료**로 변경합니다.

10 [홈] 탭-[닫기] 그룹-[닫기 및 로드 🔚]의 아래 화살표 ▾를 클릭합니다.

11 [닫기 및 다음으로 로드 🔚]를 선택합니다.

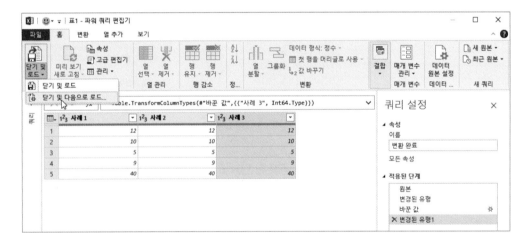

12 [데이터 가져오기] 대화상자에서 [표]와 [기존 워크시트]를 선택하고 [F5] 셀을 클릭합니다.

13 [확인]을 클릭하면 다음과 같은 쿼리 데이터를 확인할 수 있습니다.

	A	B	C	D	E	F	G	H	I
1									
2			**숫자 데이터 형식 변환**						
3									
5		사례 1	사례 2	사례 3		사례 1	사례 2	사례 3	
6		12	12	12 EA		12	12	12	
7		10	10	10 EA		10	10	10	
8		5	5	5 EA		5	5	5	
9		9	9	9 EA		9	9	9	
10		40	40	40 EA		40	40	40	
11									

쿼리를 활용한 데이터 전처리

열을 세분화해 반환받기

예제 파일 PART 01 \ CHAPTER 03 \ 쿼리-세분화.xlsx

파워 쿼리에도 원본 데이터의 열을 세분화할 수 있는 기능이 따로 제공됩니다. 엑셀의 [텍스트 나누기]보다
기능적으로 더 뛰어난 부분도 있으므로 열 데이터를 분할한 결과를 가지고 작업해야 한다면 파워 쿼리를
이용하는 것이 좋습니다. 다음 과정을 참고합니다.

01 예제를 열고 B열의 데이터를 이름, 직위, 전화번호 등으로 구분해 [C5] 셀 위치에 반환하겠습니다.

02 표 내부의 셀을 하나([B6] 셀) 선택합니다.

03 리본 메뉴의 [데이터] 탭-[데이터 가져오기 및 변환] 그룹-[테이블/범위에서 ▦]를 클릭합니다.

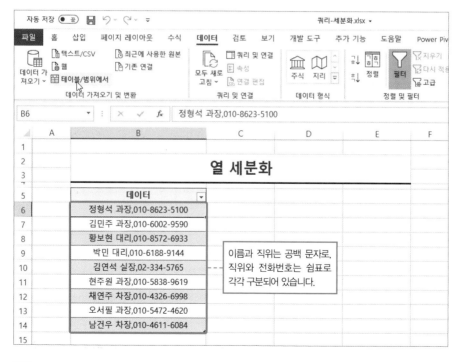

TIP 예제의 표는 엑셀 표로 변환되어 있습니다.

04 [파워 쿼리 편집기] 창이 열립니다. 구분 기호를 통일하기 위해 공백 문자를 쉼표로 바꾸겠습니다.

05 리본 메뉴의 [홈] 탭-[변환] 그룹-[값 바꾸기 📭]를 클릭합니다.

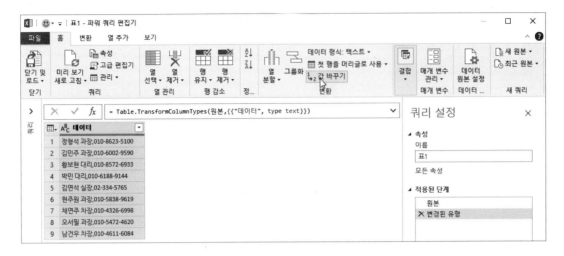

06 [값 바꾸기] 대화상자가 열리면 다음과 같이 설정하고 [확인]을 클릭합니다.

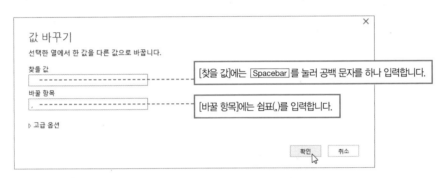

07 구분 기호를 맞췄다면 열을 분할합니다.

08 리본 메뉴의 [홈] 탭-[변환] 그룹-[열 분할 📊]을 클릭하고 [구분 기호 기준]을 선택합니다.

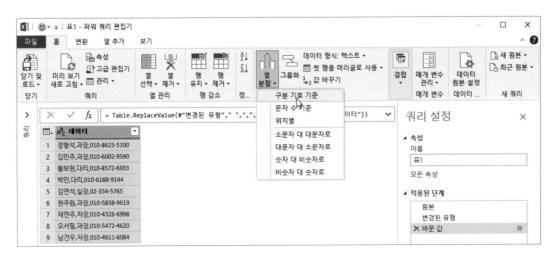

09 [구분 기호에 따라 열 분할] 대화상자의 [구분 기호 선택 또는 입력]에서 [쉼표]를 선택하고 [확인]을 클릭합니다.

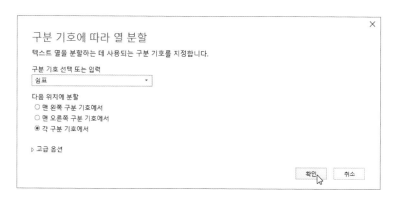

🔍 **더 알아보기** | **[열 분할] 대화상자 설정 방법**

[열 분할] 명령은 엑셀의 [텍스트 나누기] 명령과 상당히 유사하지만 더 세부적인 설정을 통해 좀 더 다양한 열 분할 결과를 돌려 받을 수 있습니다. 이번 과정에 표시된 [열 분할] 대화상자는 구분 기호를 기준으로 작업하도록 되어 있습니다. 구분 기호를 설정 하는 방법은 [텍스트 나누기]와 유사하지만 나머지 옵션에는 [텍스트 나누기]보다 편리한 옵션이 지원됩니다.

옵션	설명
[다음 위치에 분할]	다음과 같은 세 가지 옵션이 제공됩니다. | 참조 영역	설명
[맨 왼쪽 구분 기호에서]	**가, 나, 다**와 같은 데이터는 **가**와 **나, 다**로 구분됩니다.
[맨 오른쪽 구분 기호에서]	**가, 나, 다**와 같은 데이터는 **가, 나**와 **다**로 구분됩니다.
[각 구분 기호에서]	**가, 나, 다**와 같은 데이터는 **가**와 **나**와 **다**로 구분됩니다.	
[고급 옵션]	[고급 옵션]을 클릭하면 다음 옵션을 확인할 수 있습니다. 위 화면을 보면 [다음으로 분할] 옵션에 [열]과 [행]이 있다는 것을 알 수 있습니다. 기본 옵션은 [열]이므로, 분 할된 데이터는 기본적으로 새로운 열에 표시됩니다. [행] 옵션을 선택하면 분할한 데이터가 행(아래쪽)으로 분 할됩니다.

10 [데이터] 열이 쉼표 위치를 기준으로 세 열로 분할됩니다.

11 [데이터.1]부터 [데이터.3]까지 열 머리글을 각각 더블클릭해 **이름**, **직위**, **전화번호**로 수정합니다.

12 [쿼리 설정] 작업 창에서 [이름]을 **세분화**로 변경합니다.

13 [홈] 탭-[닫기] 그룹-[닫기 및 로드🔜]의 아래 화살표▾를 클릭합니다.

14 [닫기 및 다음으로 로드🔜]를 선택합니다.

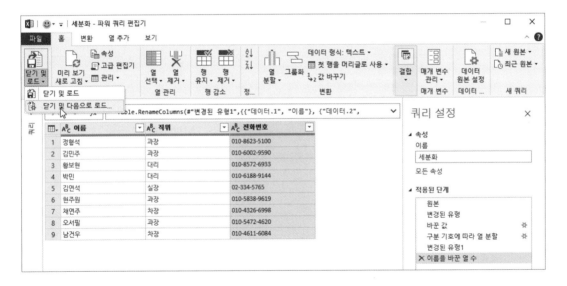

15 [데이터 가져오기] 대화상자에서 [표]와 [기존 워크시트]를 선택하고 [C5] 셀을 클릭합니다.

16 [확인]을 클릭하면 다음과 같은 쿼리 데이터를 확인할 수 있습니다.

열 세분화

데이터	이름	직위	전화번호
정형석 과장,010-8623-5100	정형석	과장	010-8623-5100
김민주 과장,010-6002-9590	김민주	과장	010-6002-9590
황보현 대리,010-8572-6933	황보현	대리	010-8572-6933
박민 대리,010-6188-9144	박민	대리	010-6188-9144
김연석 실장,02-334-5765	김연석	실장	02-334-5765
현주원 과장,010-5838-9619	현주원	과장	010-5838-9619
채연주 차장,010-4326-6998	채연주	차장	010-4326-6998
오서필 과장,010-5472-4620	오서필	과장	010-5472-4620
남건우 차장,010-4611-6084	남건우	차장	010-4611-6084

03 17 열 방향 데이터를 행 방향 데이터로 구조 변환해 반환받기

예제 파일 PART 01 \ CHAPTER 03 \ 쿼리−열 피벗 해제.xlsx

엑셀에는 제공되지 않지만 파워 쿼리에서 지원되며, 피벗 테이블 보고서와 함께 사용할 때 가장 유용한 명령이 바로 [열 피벗 해제]입니다. 열 피벗으로 오른쪽 방향으로 입력된 데이터를 아래쪽 방향으로 바꿔주는 기능으로 잘 사용하면 매우 효과적인 결과를 얻을 수 있습니다. 다음 과정을 참고합니다.

01 예제를 열고 표의 지점별 매출을 [O5] 셀 위치에 피벗 테이블을 이용해 생성하겠습니다.

02 표 내부의 셀을 하나([B6] 셀) 선택합니다.

03 리본 메뉴의 [데이터] 탭−[데이터 가져오기 및 변환] 그룹−[테이블/범위에서🔢]를 클릭합니다.

각 지점의 월별 매출

월	가양점	고잔점	동백점	서수원점	성수점	수서점	신도림점	용산점	자양점	청계천점	화정점
1월	144,900	2,998,800	954,600	892,000	142,200	363,300	742,800	794,800	151,200	789,500	446,800
2월	539,100	160,200	853,500	418,100	265,700	537,400	313,300	605,500	653,500	190,900	296,600
3월	576,500	294,300	797,900	7,000	417,100	324,100	103,500	836,000	229,300	344,600	589,600
4월	106,400	796,400	28,700	396,800	249,700	826,900	362,800	698,100	940,200	886,100	794,200
5월	741,200	671,400	28,800	120,400	519,600	310,100	182,900	159,000	495,900	310,300	958,800
6월	684,800	335,600	437,300	711,800	79,800	161,400	257,700	280,800	210,600	843,300	511,200
7월	473,700	484,600	650,800	995,100	508,800	496,000	1,704,015	909,300	129,300	848,000	589,100
8월	231,200	128,400	242,800	401,000	159,000	985,600	120,800	84,000	632,100	288,700	720,300
9월	119,600	254,800	749,300	549,200	1,805,400	110,900	333,700	1,384,245	256,400	170,300	956,400
10월	581,400	399,100	564,100	656,900	868,900	856,700	569,400	326,800	45,600	513,500	196,000
11월	125,200	991,400	318,100	379,900	861,500	448,200	258,900	740,400	270,000	733,800	566,700
12월	295,100	464,200	836,000	319,000	287,600	620,700	839,600	577,700	391,300	859,700	383,000

지점별 매출

TIP 예제의 표는 엑셀 표로 변환되어 있습니다.

[지점]이 이렇게 여러 열로 분산되어 있으면 보기에는 좋으나 피벗 테이블 보고서를 이용해 원하는 보고서를 구성하기는 어렵습니다.

04 [파워 쿼리 편집기] 창이 열립니다. [월] 열을 제외한 나머지 지점 열을 하나의 열로 모으겠습니다.

05 [변환] 탭-[열] 그룹-[열 피벗 해제📇]의 아래 화살표⏷를 클릭하고 [다른 열 피벗 해제]를 선택합니다.

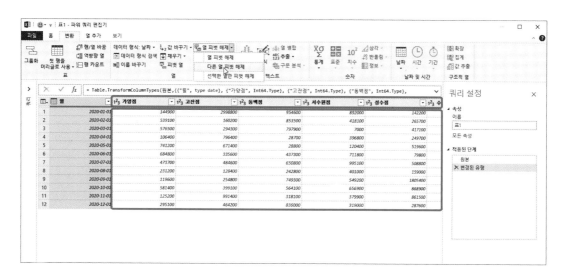

06 그러면 [월] 열 오른쪽 열의 머리글은 [특성] 열로, 데이터는 [값] 열로 정리됩니다.

07 [특성] 열의 머리글을 더블클릭해 **지점**으로 변경하고, [값] 열의 머리글도 **매출**로 변경합니다.

08 [쿼리 설정] 작업 창에서 [이름]을 **변환완료**로 변경합니다.

09 [홈] 탭-[닫기] 그룹-[닫기 및 로드📑]의 아래 화살표⏷를 클릭합니다.

10 [닫기 및 다음으로 로드🔲]를 선택합니다.

11 [데이터 가져오기] 대화상자에서 [피벗 테이블 보고서]를 선택합니다.

12 보고서를 생성할 위치로 [기존 워크시트]를 선택하고 [O5] 셀을 클릭한 후 [확인]을 클릭합니다.

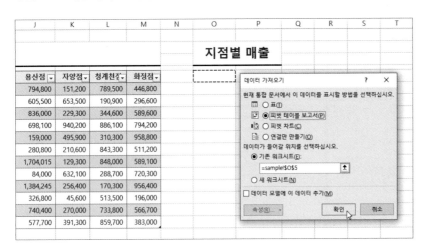

13 [피벗 테이블 필드] 작업 창에서 [매출]과 [지점] 필드를 각각 체크하면 보고서가 완성됩니다.

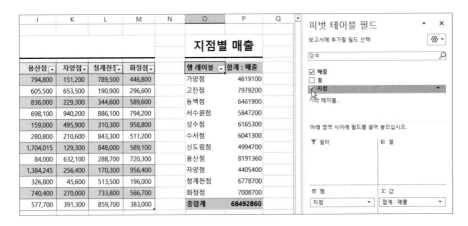

폴더나 여러 시트로 분산된 데이터 취합

03 18

폴더에 저장된 파일의 표를 하나로 취합해 반환받기

예제 파일 PART 01 \ CHAPTER 03 \ 쿼리-폴더.xlsx, \[데이터] 폴더\고잔점.xlsx, 수서점.xlsx, 용산점.xlsx, 화정점.xlsx

폴더 내 원본 데이터 확인 및 작업 결과 확인

윈도우 탐색기로 예제 폴더 내 [데이터] 폴더를 열면 다음 파일들이 있습니다.

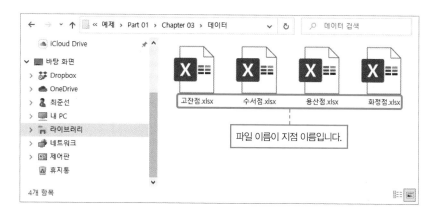

파일을 열면 다음과 같은 데이터를 확인할 수 있습니다.

	A	B	C	D	E	F	G	H
1	주문일	분류	제품	단가	수량	할인율	판매	
2	2020-01-02	복사기	컬러레이저복사기 XI-3200	1,176,000	3	15%	2,998,800	
3	2020-01-02	바코드스캐너	바코드 Z-350	48,300	3	0%	144,900	
4	2020-01-02	팩스	잉크젯팩시밀리 FX-1050	47,400	3	0%	142,200	
5	2020-01-03	복사용지	프리미엄복사지A4 2500매	17,800	9	0%	160,200	
23	2020-01-13	복사용지	복사지A4 1000매	5,600	1	0%	5,600	
24	2020-01-13	바코드스캐너	바코드 BCD-100 Plus	90,300	7	0%	632,100	
25	2020-01-13	복사용지	복사지A4 2500매	14,400	8	0%	115,200	
26	2020-01-14	제본기	링제본기 ST-100	161,900	9	5%	1,384,245	
27	2020-01-14	복사기	컬러레이저복사기 XI-2000	1,003,000	2	10%	1,805,400	
28	2020-01-15	바코드스캐너	바코드 BCD-200 Plus	96,900	6	0%	581,400	
29	2020-01-15	복사용지	복사지A4 1000매	5,700	8	0%	45,600	
30	2020-01-15	복사용지	복사지A4 5000매	24,500	8	0%	196,000	
31								
32								

판매대장

모든 파일의 데이터는 달라도 시트는 하나로 동일합니다. 시트 이름은 **판매대장**입니다.

이렇게 분산된 지점별 판매 데이터를 하나로 합쳐 다음과 같은 보고서를 완성해야 한다고 가정합니다.

지점	문서세단기	바코드스캐너	복사기	복사용지	복합기	제본기	출퇴근기록기	팩스	지점 합계
고잔점	79,800	3,124,000	6,508,215	671,100	2,805,900	1,895,445	280,800	142,200	15,507,460
수서점	308,700	898,035	2,822,530	1,287,560	2,875,650	3,055,520	492,320	281,295	12,021,610
용산점	2,069,900	589,400	10,377,000	905,400	6,088,150	1,644,600	2,077,150	339,600	24,091,200
화정점		1,421,200	13,525,625	1,097,730	5,056,270		376,545	1,054,700	22,532,070
분류 합계	2,538,200	9,156,635	39,741,585	4,632,890	19,631,870	8,491,010	3,507,615	1,959,995	89,659,800

파워 쿼리를 이용해 취합/피벗 테이블 요약

특정 폴더에 있는 모든 파일을 하나로 합쳐 분석해야 한다면 파워 쿼리의 [폴더에서] 기능을 이용할 수 있습니다. [폴더에서]는 특정 폴더 내(하위 폴더를 모두 포함해) 파일을 하나로 합쳐주는 기능으로 특정 시트나 엑셀 표, 이름 정의된 범위의 데이터를 합칠 수 있습니다. 다음 과정을 참고합니다.

01 **쿼리-폴더.xlsx** 파일을 엽니다. 리본 메뉴의 [데이터] 탭-[데이터 가져오기 및 변환] 그룹-[데이터 가져오기 [圖]]를 클릭합니다.

02 하위 메뉴에서 [파일에서]-[폴더에서]를 선택합니다.

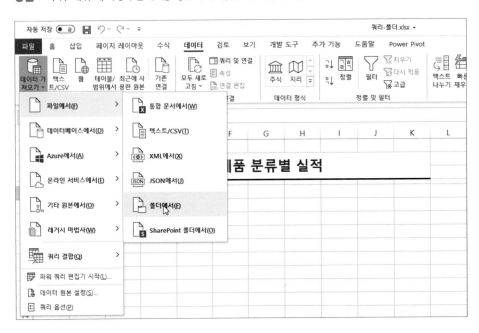

03 [폴더] 대화상자가 열리면 [찾아보기]를 클릭합니다.

04 [폴더 찾아보기] 대화상자에서 예제 폴더 내 하위 폴더인 [데이터] 폴더를 선택하고 [확인]을 클릭합니다.

05 [폴더] 대화상자의 [폴더 경로]에 선택한 경로가 표시됩니다. [확인]을 클릭합니다.

TIP 경로는 예제를 저장한 폴더에 따라 다를 수 있습니다.

06 폴더 내 파일 목록이 표시됩니다. [데이터 변환]을 클릭합니다.

07 [파워 쿼리 편집기] 창에서 [Content] 열과 [Name] 열만 남깁니다.

열	설명
Content	파일 내 테이블 데이터가 포함된 열입니다.
Name	파일의 이름으로 지점명을 사용하기 위해 남겨 놓습니다.

08 [Content] 열과 [Name] 열을 선택하고 마우스 오른쪽 버튼을 클릭한 후 [다른 열 제거]를 선택합니다.

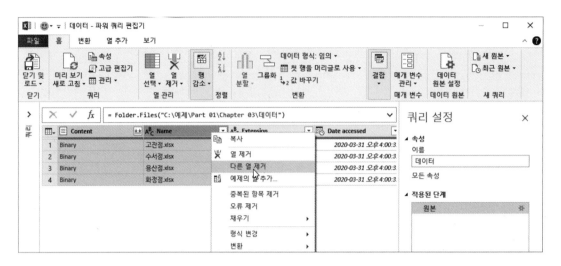

TIP 하위 폴더가 있는 경우 [Folder Path] 열의 필터 기능을 이용해 현재 폴더만 체크해놓습니다.

TIP 엑셀 파일만 대상으로 하려면 [Extension] 열의 필터 기능을 이용해 **xl**이 포함된 항목만 남깁니다.

09 [Content] 열에서 테이블 데이터를 반환하도록 합니다.

10 리본 메뉴의 [열 추가] 탭-[일반] 그룹-[사용자 지정 열]을 클릭합니다.

11 [사용자 지정 열] 대화상자가 표시되면 다음과 같이 구성하고 [확인]을 클릭합니다.

항목	입력
[새 열 이름]	테이블
[사용자 지정 열 수식]	=Excel.Workbook([Content], true)

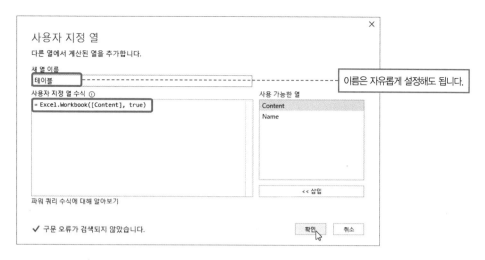

이름은 자유롭게 설정해도 됩니다.

TIP 파워 쿼리 M Code는 대/소문자를 구분하므로 정확하게 입력합니다.

🔍 **더 알아보기**　　**수식 이해하기**

Excel.Workbook 함수는 엑셀 파일 내 시트, 엑셀 표, 정의된 이름을 테이블로 반환하는 함수입니다. 구문은 다음과 같습니다.

EXCEL.WORKBOOK (❶ 파일, ❷ 머리글 사용 여부)

❶ 파일	Binary 형식의 파일
❷ 머리글 사용 여부	표의 첫 번째 행을 머리글로 처리할지 여부를 결정 － true : 머리글 자동 인식 － false : 기본값으로 머리글을 사용하지 않음

---

12 [Content] 열을 선택하고 마우스 오른쪽 버튼을 클릭한 후 [제거]를 선택합니다.

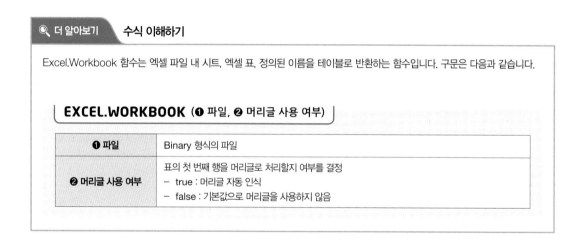

TIP [Content] 열의 필요한 정보를 [테이블] 열로 생성했으므로 [Content] 열은 더 이상 필요하지 않습니다.

13 [Name] 열에서 지점 이름만 남기도록 하겠습니다.

14 [Name] 열을 선택하고 리본 메뉴의 [변환] 탭–[텍스트] 그룹–[추출]을 클릭하고 [구분 기호 앞 텍스트]를 선택합니다.

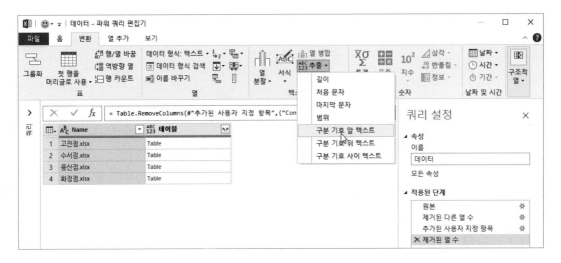

TIP 리본 메뉴의 [홈] 탭–[변환] 그룹–[값 바꾸기] 명령을 이용해 **.xlsx** 부분만 지워도 됩니다.

15 [구분 기호 앞 텍스트] 대화상자에서 [구분 기호]에 마침표(.)를 입력하고 [확인]을 클릭합니다.

16 [테이블] 열의 확장 단추 ⬍를 클릭하고 목록에서 [원래 열 이름을 접두사로 사용]의 체크를 해제한후 [확인]을 클릭합니다.

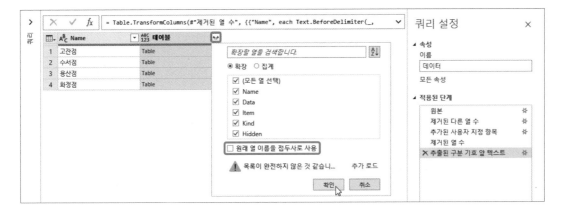

TIP [테이블] 열은 엑셀 파일 내 시트, 엑셀 표, 이름 정의된 범위를 반환합니다.

17 반환된 열에서 [Name] 열과 [Data] 열을 제외한 나머지 열은 모두 삭제하겠습니다.

18 [Name] 열과 [Data] 열만 선택합니다.

19 [홈] 탭-[열 관리] 그룹-[열 제거]의 아래 화살표 를 클릭하고 [다른 열 제거]를 선택합니다.

20 [Data] 열의 확장 단추 를 클릭하고 [원래 열 이름을 접두사로 사용]의 체크를 해제한 후 [확인]을 클릭합니다.

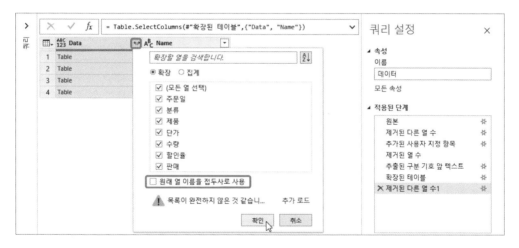

TIP 그림에 표시된 열 순서는 독자의 이해를 돕기 위해 열 위치를 임의로 변경한 것입니다. 작업 과정을 따라 하면 Name 열이 먼저 나오는 것이 정상이며 화면과 같이 열 순서를 변경하지 않아도 됩니다.

21 여러 파일의 데이터가 표 하나에 취합됩니다.

22 [주문일] 열부터 [판매] 열까지의 데이터 형식을 다음과 같이 수정합니다.

열	현재 형식	수정 형식
주문일		날짜(📅)
분류		텍스트(🔤)
제품		텍스트(🔤)
단가	임의(🔤)	정수(1²₃)
수량		정수(1²₃)
할인율		백분율(%)
판매		정수(1²₃)

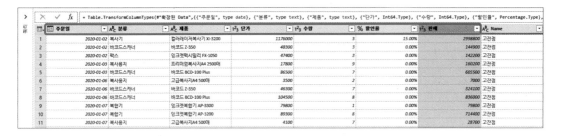

TIP 데이터 형식을 변경하려면 머리글 왼쪽의 데이터 형식 아이콘을 클릭합니다.

🔍 **더 알아보기**   **임의(🔤) 형식 이해하기**

파워 쿼리가 데이터 원본에서 읽어온 데이터의 형식을 정확하게 처리하기 어려울 때는 여러 데이터가 혼합될 수 있다는 의미로 임의 형식으로 구분합니다. 이런 데이터는 나중에 엑셀로 반환된 후 피벗 테이블 보고서 등을 활용할 때 정확한 집계 결과를 돌려주지 못할 수 있으므로, 가급적 정확한 형식으로 변경하는 것이 필요합니다.

---

23 [Name] 열의 머리글을 더블클릭하고 **지점**으로 변경합니다.

24 [쿼리 설정] 작업 창의 [이름]을 **판매내역(통합)**으로 변경합니다.

25 엑셀로 쿼리 데이터를 반환하겠습니다.

26 리본 메뉴의 [홈] 탭-[닫기] 그룹-[닫기 및 로드📁]의 아래 화살표🔽를 클릭하고 [닫기 및 다음으로 로드📁]를 선택합니다.

27 [데이터 가져오기] 대화상자에서 [피벗 테이블 보고서]와 [기존 워크시트] 옵션을 선택하고 [B5] 셀을 클릭한 후 [확인]을 클릭합니다.

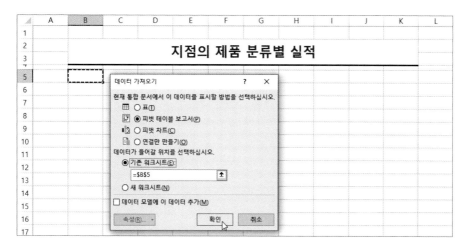

28 [피벗 테이블 필드] 작업 창에서 다음과 같이 구성합니다.

필드	삽입 영역
[분류]	열
[지점]	행
[판매]	값

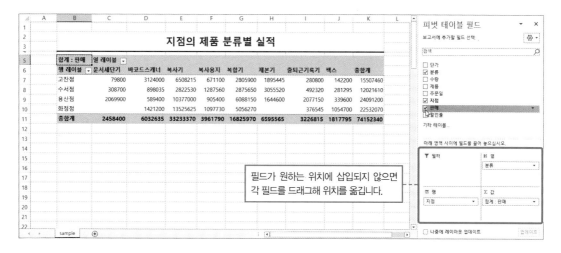

> 필드가 원하는 위치에 삽입되지 않으면 각 필드를 드래그해 위치를 옮깁니다.

TIP 피벗 테이블 사용과 관련한 상세 설명은 PART 02를 참고합니다.

29 새로운 파일을 추가한 경우를 가정해 작업해보겠습니다.

30 윈도우 탐색기에서 예제 폴더 내 **고잔점.xlsx** 파일의 복사본을 생성합니다.

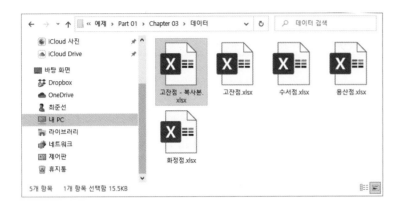

31 피벗 테이블 보고서를 갱신합니다. 예제 파일에서 [새로 고침]([Alt] + [F5])을 사용합니다.

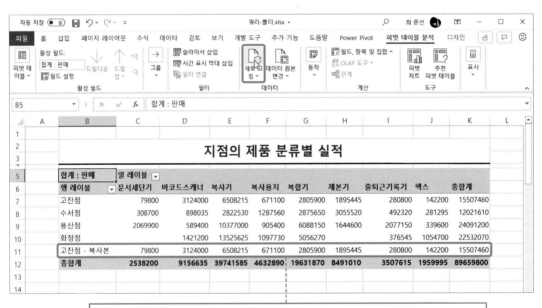

복사해놓은 파일의 지점 데이터가 바로 피벗 테이블 보고서에 표시됩니다. 이렇게 쿼리를 생성한 다음 파일만 원본 폴더에 추가하거나 삭제하면 바로 피벗 테이블 보고서에 추가하거나 삭제할 수 있습니다.

한 파일 내 여러 시트를
하나로 취합해 반환받기

예제 파일 PART 01 \ CHAPTER 03 \ 쿼리−시트.xlsx, 시트 원본.xlsx

폴더 내 원본 데이터 확인 및 작업 결과 확인

시트 원본.xlsx 파일을 열면 다음과 같은 표를 확인할 수 있습니다.

	A	B	C	D	E	F	G
1	주문일	분류	제품	단가	수량	할인율	판매
2	2020-01-02	복사기	컬러레이저복사기 XI-3200	1,176,000	3	15%	2,998,800
3	2020-01-02	바코드스캐너	바코드 Z-350	48,300	3	0%	144,900
4	2020-01-02	팩스	잉크젯팩시밀리 FX-1050	47,400	3	0%	142,200
5	2020-01-03	복사용지	프리미엄복사지A4 2500매	17,800	9	0%	160,200
6	2020-01-03	바코드스캐너	바코드 BCD-100 Plus	86,500	7	0%	605,500
7	2020-01-06	복사용지	고급복사지A4 500매	3,500	2	0%	7,000
8	2020-01-06	바코드스캐너	바코드 Z-350	46,300	7	0%	324,100
9	2020-01-06	바코드스캐너	바코드 BCD-100 Plus	104,500	8	0%	836,000
10	2020-01-07	복합기	잉크젯복합기 AP-3300	79,800	1	0%	79,800
11	2020-01-07	복합기	잉크젯복합기 AP-3200	89,300	8	0%	714,400
12	2020-01-07	복사용지	고급복사지A4 500매	4,100	7	0%	28,700
13	2020-01-08	복합기	잉크젯복합기 AP-3200	79,500	2	0%	159,000

고산점 | 수서점 | 용산점 | 화정점

여러 지점의 데이터가 시트별로 기록되어 있으며,
지점명은 시트 탭에만 존재합니다.

각 시트의 표 머리글은 모두 동일하며,
행 개수만 다릅니다.

파워 쿼리를 이용해 취합/피벗 테이블 요약

한 파일의 여러 시트를 하나로 합쳐 작업하고 싶은 경우에도 [폴더에서] 기능을 이용할 수 있습니다. 기본적인 과정은 **Section 03-18**과 동일하며, 폴더 내 파일을 특정해 작업하는 부분에서 차이가 있습니다. 다음 과정을 참고합니다.

01 **쿼리-시트.xlsx** 파일을 열고 리본 메뉴의 [데이터] 탭-[외부 데이터 가져오기 및 변환] 그룹-[데이터 가져오기 📇]를 클릭합니다.

02 하위 메뉴에서 [파일에서]-[폴더에서]를 선택합니다.

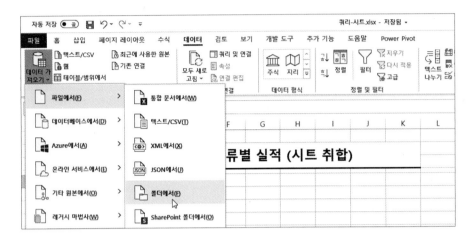

03 [폴더] 대화상자가 열리면 [찾아보기]를 클릭합니다.

04 [폴더 찾아보기] 대화상자에서 예제 폴더를 선택하고 [확인]을 클릭합니다.

05 [폴더] 대화상자의 [폴더 경로]에 선택한 경로가 표시됩니다. [확인]을 클릭합니다.

TIP 경로는 예제를 저장한 폴더에 따라 다를 수 있습니다.

06 탐색 창에 폴더 내 파일 목록이 표시됩니다. [데이터 변환]을 클릭합니다.

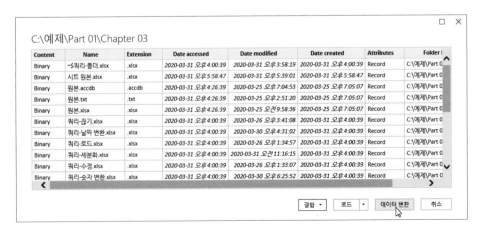

07 [파워 쿼리 편집기] 창이 열리면 [Name] 열의 필터 단추⏷를 클릭합니다.

08 필터 목록에서 [(모두 선택)]의 체크를 해제하고 **시트 원본.xlsx** 파일만 체크한 후 [확인]을 클릭합니다.

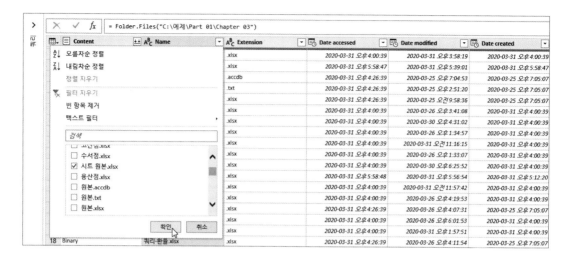

09 [Content] 열을 제외한 나머지 열은 모두 제거하겠습니다.

10 [Content] 열을 선택하고 [홈] 탭-[열 관리] 그룹-[열 제거⏓]의 아래 화살표⏷를 클릭한 후 [다른 열 제거⏓]를 선택합니다.

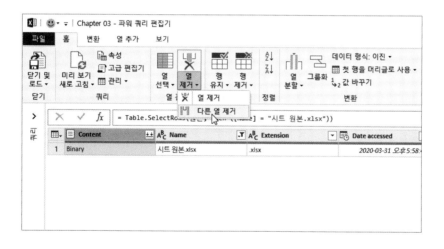

11 [Content] 열에서 표 데이터 정보를 반환하도록 하겠습니다.

12 리본 메뉴의 [열 추가] 탭–[일반] 그룹–[사용자 지정 열🖼]을 클릭합니다.

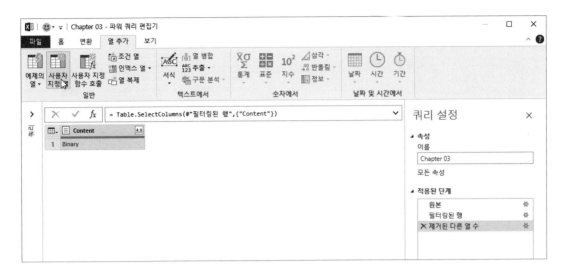

13 [사용자 지정 열] 대화상자가 표시되면 다음과 같이 구성하고 [확인]을 클릭합니다.

항목	입력
[새 열 이름]	테이블
[사용자 지정 열 수식]	=Excel.Workbook([Content], true)

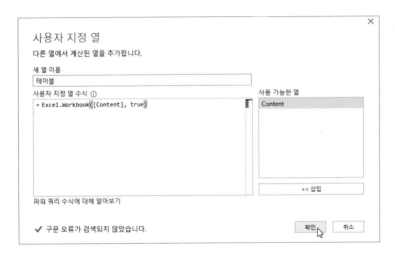

TIP 파워 쿼리 M Code는 대/소문자를 구분하므로 정확하게 입력해야 합니다.

14 [Content] 열을 선택하고 마우스 오른쪽 버튼을 클릭한 후 [제거]를 선택합니다.

15 [테이블] 열의 확장 단추🖼를 클릭하고 목록에서 [원래 열 이름을 접두사로 사용]의 체크를 해제한 후 [확인]을 클릭합니다.

16 반환된 열에서 [Name] 열과 [Data] 열을 제외한 나머지 열은 모두 삭제하겠습니다.

TIP [Name] 열에는 시트의 이름이 표시되며 이 이름은 지점명이므로 사용합니다.

17 [Name] 열과 [Data] 열만 선택합니다.

18 [홈] 탭-[열 관리] 그룹-[열 제거 ❌]의 아래 화살표 ⌄를 클릭하고 [다른 열 제거 ⬛]를 선택합니다.

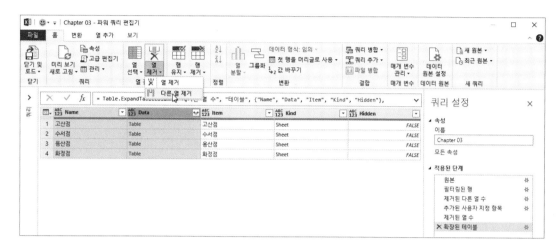

19 [Data] 열의 확장 단추 ⬌를 클릭하고 [원래 열 이름을 접두사로 사용]의 체크를 해제한 후 [확인]을 클릭합니다.

20 여러 파일의 데이터가 하나의 표로 취합됩니다.

21 [주문일] 열부터 [판매] 열까지의 데이터 형식을 다음과 같이 수정합니다.

열	현재 형식	수정 형식
주문일		날짜(🗓)
분류		텍스트(🔤)
제품		텍스트(🔤)
단가	임의(🔢)	정수(🔢)
수량		정수(🔢)
할인율		백분율(%)
판매		정수(🔢)

22 [Name] 열의 머리글을 더블클릭하고 **지점**으로 변경합니다.

23 [쿼리 설정] 작업 창에서 [이름]을 **판매내역(통합)**으로 변경합니다.

24 엑셀로 쿼리 데이터를 반환합니다.

25 [홈] 탭-[닫기] 그룹-[닫기 및 로드🔳]의 아래 화살표🔽를 클릭하고 [닫기 및 다음으로 로드🔳]를 선택합니다.

26 [데이터 가져오기] 대화상자에서 [피벗 테이블 보고서]와 [기존 워크시트] 옵션을 선택하고 [B5] 셀을 클릭한 후 [확인]을 클릭합니다.

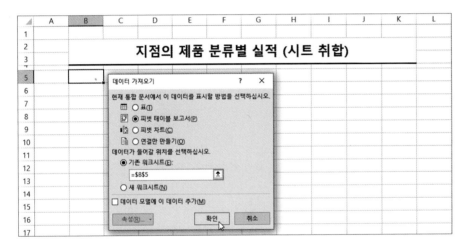

27 [피벗 테이블 필드] 작업 창에서 다음과 같이 구성합니다.

필드	삽입 영역
[분류]	열
[지점]	행
[판매]	값

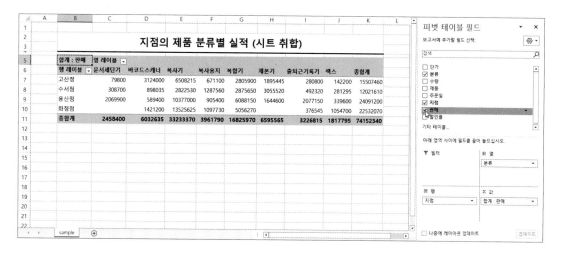

TIP 피벗 테이블 보고서를 구성하는 방법은 PART 02를 참고합니다.

PART

02

피벗을 활용한 데이터 요약/분석

엑셀 작업의 대부분은 데이터를 요약하거나 요약된 데이터의 의미를 분석하는 것입니다. 이런 작업을 빠르게 진행하려면 먼저 엑셀에서 제공하는 기능을 적절히 활용할 수 있어야 합니다. 엑셀의 도구 중에서 요약/분석 작업에 가장 뛰어난 능력을 발휘하는 것이 피벗 테이블입니다. 피벗 테이블은 대량의 데이터에서 필요한 정보를 빠르게 얻을 수 있도록 도와주기 때문에 반드시 익혀야 합니다. 또한 요약된 데이터의 의미를 분석하려면 몇 가지 기술 통계 방법을 알아야 하며, 집계 또는 분석된 데이터를 효과적으로 표시할 수 있는 차트 생성 기술도 배워야 합니다.

이번 PART에서는 피벗 테이블을 활용한 데이터 요약/분석 방법과 차트를 사용해 그래프로 표시하는 방법, 그리고 사용자가 반드시 익혀야 할 기술 통계 기법에 대해 설명합니다.

피벗 테이블의
이해와 활용

피벗 테이블 보고서를 이용하면 대량의 데이터를 효율적으로 집계하거나 분석할 수 있습니다. 단, 피벗 테이블 보고서를 제대로 활용하려면 갖고 있는 데이터를 올바로 이해하고, 피벗 테이블 보고서에서 제공되는 기능을 효율적으로 사용할 수 있어야 합니다. 전자는 책에서 설명할 수 없으므로 후자의 방법을 이용해 피벗 테이블 보고서를 빠르게 익힐 수 있도록 설명합니다.

피벗 테이블 보고서 만들기

예제 파일 PART 02 \ CHAPTER 04 \ 피벗테이블.xlsx

피벗 테이블 보고서의 원본 데이터

피벗 테이블 보고서를 사용하려면 피벗으로 요약할 Raw 데이터(가공하지 않은 원본 데이터)와 예제의 표가 함께 준비되어 있어야 합니다.

	A	B	C	D	E	F	G	H	I	J	K
1	지역	판매처	영업사원	판매일	분류	제품	단가	수량	할인율	판매액	
2	경기	고잔점	박서연	2020-01-02	복사기	컬러레이저복사기 XI-3200	1,176,000	3	15%	2,998,800	
3	서울	가양점	최준혁	2020-01-02	바코드스캐너	바코드 Z-350	48,300	3	0%	144,900	
4	서울	성수점	박시우	2020-01-02	팩스	잉크젯팩시밀리 FX-1050	47,400	3	0%	142,200	
5	경기	고잔점	박서연	2020-01-03	복사용지	프리미엄복사지A4 2500매	17,800	9	0%	160,200	
6	서울	용산점	김수빈	2020-01-03	바코드스캐너	바코드 BCD-100 Plus	86,500	7	0%	605,500	
192	서울	가양점	최민서	2020-04-10	바코드스캐너	바코드 Z-350	53,300	3	0%	159,900	
193	서울	용산점	김수빈	2020-04-13	복사용지	고급복사지A4 500매	3,400	5	0%	17,000	
194	서울	신도림점	박윤서	2020-04-13	문서세단기	오피스 Z-01	39,100	7	0%	273,700	
195	서울	성수점	김서현	2020-04-14	팩스	잉크젯팩시밀리 FX-1000	44,200	9	0%	397,800	
196	서울	자양점	김수민	2020-04-15	복사용지	복사지A4 1000매	5,800	2	0%	11,600	
197	서울	신도림점	박서연	2020-04-15	복합기	잉크젯복합기 AP-3300	75,600	3	0%	226,800	
198	경기	고잔점	박서연	2020-04-16	복사용지	복사지A4 500매	2,900	1	0%	2,900	
199	경기	고잔점	이우진	2020-04-16	복합기	레이저복합기 L650	358,900	3	5%	1,022,865	
200	서울	가양점	최준혁	2020-04-16	문서세단기	오피스 Z-03	83,600	5	0%	418,000	
201											

예제의 표는 엑셀 표로 등록되어 있으며, 표 이름은 리본 메뉴의 [디자인] 탭-[속성] 그룹-[표 이름]에서 확인할 수 있습니다. 엑셀 표에 대해 잘 모르겠다면 CHAPTER 02를 참고합니다.

피벗 테이블 보고서를 생성하려는 경우 원본 데이터는 예제와 같이 엑셀 표로 등록하는 것을 권합니다. 그래야 원본 표에 새로 추가된 데이터를 피벗 테이블 보고서에서 바로 확인할 수 있기 때문입니다.

추가된 데이터란 표의 행과 열에 새로 추가되는 모든 데이터에 적용됩니다. 예제의 표에서는 201행 아래로 추가되는 데이터와 J열 오른쪽(K, L, M열, …)에 추가되는 데이터를 의미합니다. 물론 추가된 데이터를 확인하려면 피벗 테이블 보고서를 새로 고쳐야 하는데, 여기에 대해서는 **Section 04-12**에 자세하게 설명되어 있습니다.

피벗 테이블 보고서 만드는 방법

피벗 테이블 보고서를 생성하려면 다음 과정을 참고합니다.

01 엑셀 표 내부의 셀을 하나 선택합니다.

02 리본 메뉴의 [삽입] 탭–[표] 그룹–[피벗 테이블📷]을 클릭합니다.

03 [피벗 테이블 만들기] 대화상자가 표시되면 [표/범위]에 엑셀 표 이름이 자동으로 표시됩니다.

04 피벗 테이블 보고서가 [새 워크시트]에 생성되도록 설정하고 [확인]을 클릭합니다.

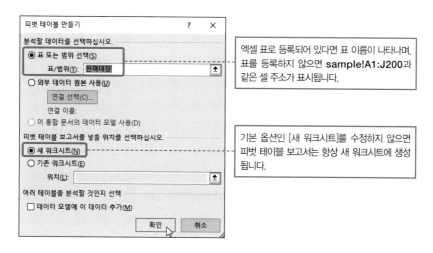

> 엑셀 표로 등록되어 있다면 표 이름이 나타나며,
> 표를 등록하지 않으면 **sample!A1:J200**과
> 같은 셀 주소가 표시됩니다.

> 기본 옵션인 [새 워크시트]를 수정하지 않으면
> 피벗 테이블 보고서는 항상 새 워크시트에 생성
> 됩니다.

05 새 워크시트가 추가되고 피벗 테이블 보고서를 구성할 수 있는 인터페이스가 제공됩니다.

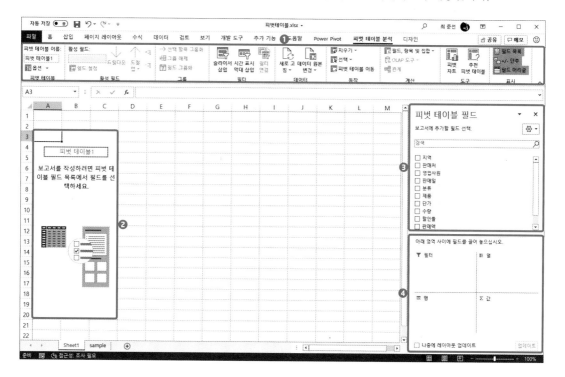

피벗 테이블 보고서는 다음과 같은 네 개의 인터페이스 영역으로 구분됩니다. 각 영역은 아래 설명을 참고합니다.

❶ 확장 탭

피벗 테이블 보고서에서 사용할 수 있는 [피벗 테이블 분석] 탭과 [디자인] 탭이 제공됩니다. 참고로 [피벗 테이블 분석] 탭은 엑셀 2019, 2016, 2013 버전에서는 [분석] 탭으로 표시되며, 엑셀 2010 이하 버전에서는 [옵션] 탭으로 표시됩니다.

❷ 피벗 테이블 레이아웃

실제 피벗 테이블 보고서가 표시되는 영역입니다. 컴퓨터로 보면 모니터 영역에 해당합니다.

❸ 필드 선택

원본 표의 열 머리글이 표시되는데, 피벗 테이블에서는 표의 열을 필드라고 부릅니다. 목록에 있는 필드 확인란에 체크하거나 아래의 [필터], [열], [행], [값] 영역 중 하나로 드래그하면 피벗 테이블 보고서가 구성됩니다.

❹ 피벗 테이블 영역

피벗 테이블 보고서의 표 영역을 의미합니다. 피벗 테이블을 제대로 구성하려면 이 영역의 의미와 구성 방법을 잘 이해해야 합니다.

피벗 테이블 보고서 영역 이해하기

피벗 테이블 보고서는 네 개의 작업 영역으로 구성되며, 각 영역은 크로스-탭 형식의 표에서 다음과 같은 위치에 해당합니다.

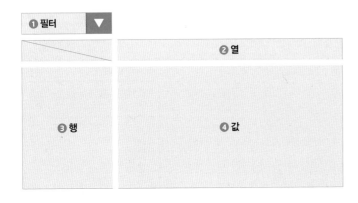

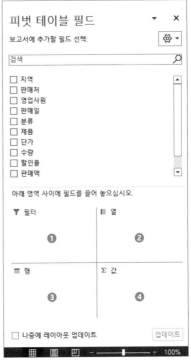

피벗 테이블 보고서의 작업 영역에 대한 설명은 아래를 참고합니다.

영역	설명
필터	원본 테이블의 데이터를 제한할 필드를 추가합니다. 예를 들어 특정 연도의 월별 사업 보고서를 피벗 테이블 보고서로 만들려면 해당 연도의 데이터만 필요하므로 [연도] 필드를 [필터] 영역에 추가한 후 피벗 테이블 보고서에 집계될 연도를 선택합니다. 참고로 [필터] 영역은 슬라이서 기능으로 대체할 수 있습니다. 슬라이서 기능에 대해서는 이 책의 Section 05-01을 참고합니다.

영역	설명
열	피벗 테이블 보고서의 열 머리글에 표시할 항목을 갖는 필드를 추가합니다. 예를 들어 [분류] 필드를 추가하면 피벗 테이블 보고서의 상단에 분류명이 나타납니다.
행	피벗 테이블 보고서의 행 머리글에 표시할 항목을 갖는 필드를 추가합니다. 예를 들어 [영업사원] 필드를 추가하면 피벗 테이블 보고서의 첫 번째 열에 영업 담당자 이름이 나타납니다. 워크시트는 대략 열이 1.6만 개, 행은 100만 개 제공되므로 세로로 더 깁니다. 그러므로 항목이 많은 필드를 행 영역에 추가하는 것이 좋습니다.
값	행 머리글과 열 머리글이 교차하는 위치에 집계할 값을 갖는 필드를 추가합니다. 예를 들어 [판매액] 필드를 추가하면 [행] 영역과 [열] 영역에 추가한 필드에 대한 판매액의 합계가 집계됩니다. 이 영역에 추가되는 필드에 숫자 데이터가 있다면 [합계]가, 그 외에는 [개수]가 자동으로 집계됩니다. 이것은 기본 설정이고 [필드 설정]에서 집계 방법을 변경할 수 있습니다.

피벗 테이블 보고서 구성

[피벗 테이블 필드] 작업 창의 [필드 선택] 목록에서 피벗 테이블 보고서에 구성될 필드 확인란에 체크하거나 필드를 아래의 작업 영역으로 드래그하면 보고서가 구성됩니다. 예를 들어 다음과 같은 판매처 월별 제품 분류 매출을 피벗 테이블 보고서로 확인하고자 합니다.

	A	B	C	D	E	F	G	H	I	J
1	판매처	(모두)								
2										
3	합계 : 판매액	열 레이블								
4	행 레이블	문서세단기	바코드스캐너	복사기	복사용지	복합기	제본기	출퇴근기록기	팩스	총합계
5	⊞1월	2157050	5484800	9253115	1474700	5445650	3584545	1291800	142200	28833860
6	⊞2월	4105190	2399250	24481245	1585100	4680100	2677320	2146475	1103500	43178180
7	⊞3월	2664955	3029800	10402095	1112200	7194745	2535500	4753370	943200	32635865
8	⊞4월	2036710	208700	4896000	160100	3753675	1650300	1804750	634800	15145035
9	총합계	10963905	11122550	49032455	4332100	21074170	10447665	9996395	2823700	119792940
10										

[피벗 테이블 필드] 작업 창 내 [필드 선택] 목록에서 다음 필드를 아래 지정된 영역에 각각 삽입하면 화면과 같은 보고서를 얻을 수 있습니다.

- [필터] 영역 : [판매처] 필드 (드래그)
- [열] 영역 : [분류] 필드 (드래그)
- [행] 영역 : [판매일] 필드 (체크)
- [값] 영역 : [판매액] 필드 (체크)

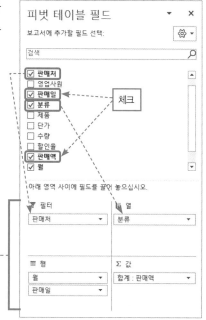

영역 내 삽입된 필드는 필드 버튼이라고 부르며, 드래그해 다른 영역으로 옮기거나 상단의 [필드 목록]으로 다시 드래그해 해당 영역에서 제거할 수 있습니다.

참고로 [필드 선택] 목록 내 필드 확인란에 체크하면 [행] 영역이나 [값] 영역에만 필드가 추가됩니다. 필드가 어떤 영역으로 추가될지는 선택된 필드의 데이터 형식에 따라 결정됩니다. 예를 들어 텍스트, 날짜, 시간, 논리 데이터가 있는 필드는 [행] 영역에 삽입되고, 숫자 데이터가 있는 필드는 [값] 영역에 삽입됩니다.

[판매일] 필드에는 날짜 데이터가 있는데, 엑셀 2016 이상 버전이라면 예제 화면과 같이 [월]이나 [분기], [연] 필드가 자동으로 생성됩니다. 예제의 경우는 1~ 4월까지의 날짜 데이터여서 [월] 필드밖에 생성되지 않았지만, 날짜 데이터의 기간이 길면 [분기]나 [연] 필드도 자동으로 생성됩니다. 엑셀 2013 버전을 포함한 하위 버전에서는 [그룹 필드] 기능을 이용해 수동으로 추가해야 합니다. [그룹 필드] 기능에 대한 자세한 설명은 Section 04-13을 참고합니다.

피벗 보고서 활용 팁

04 02

보고서 레이아웃 변경하기

예제 파일 PART 02 \ CHAPTER 04 \ 보고서 레이아웃.xlsx

보고서 레이아웃

피벗 테이블 보고서는 사용자의 의도에 맞게 요약된 데이터를 확인할 수 있도록 여러 가지 형식으로 설정할 수 있습니다. 보고서를 원하는 형식으로 볼 수 있도록 설정하는 기능이 [보고서 레이아웃]이며 압축, 테이블, 개요 형식의 세 가지 옵션이 제공됩니다.

압축 형식

피벗 테이블 보고서의 [행] 영역에는 여러 필드를 동시에 삽입하는 것이 가능하며, 기본적으로 하나의 열에 여러 필드를 트리 구조로 표시합니다. 이 방식을 **압축 형식**이라고 하며 엑셀 2007 이상 버전에서의 피벗 테이블 보고서 기본 설정입니다.

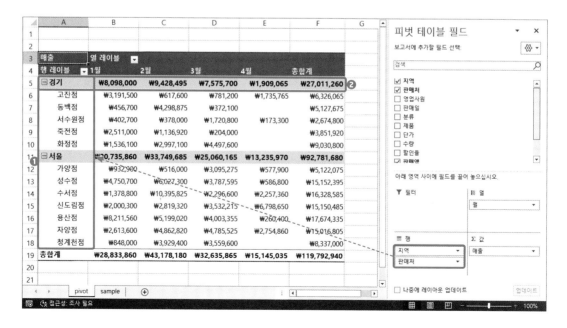

① [행] 영역 내 필드가 A열에 표시됩니다.
② [행] 영역 상위 필드 항목의 부분합이 항목 처음에 표시됩니다.

다른 형식에서 압축 형식으로 돌아가려면 리본 메뉴의 [디자인] 탭-[레이아웃] 그룹-[보고서 레이아웃📄]을 클릭하고 [압축 형식으로 표시]를 선택합니다.

테이블 형식

테이블 형식은 엑셀 2003 이하 버전에서 피벗 테이블 보고서를 표시하는 방법으로, 하나의 열에는 하나의 필드만 표시되며 상위 필드의 부분합이 항목별 하단에 표시됩니다.

	A	B	C	D	E	F	G	H
1								
2								
3	매출		월 ▾					
4	지역 ▾	판매처 ▾	1월	2월	3월	4월	총합계	
5	⊟경기	고잔점	₩3,191,500	₩617,600	₩781,200	₩1,735,765	₩6,326,065	
6		동백점	₩456,700	₩4,298,875	₩372,100		₩5,127,675	
7		서수원점	₩402,700	₩378,000	₩1,720,800	₩173,300	₩2,674,800	
8		죽전점	₩2,511,000	₩1,136,920	₩204,000		₩3,851,920	
9		화정점	₩1,536,100	₩2,997,100	₩4,497,600		₩9,030,800	
10	경기 요약		₩8,098,000	₩9,428,495	₩7,575,700	₩1,909,065	₩27,011,260	
11	⊟서울	가양점	₩932,900	₩516,000	₩3,095,275	₩577,900	₩5,122,075	
12		성수점	₩4,750,700	₩6,027,300	₩3,787,595	₩586,800	₩15,152,395	
13		수서점	₩1,378,800	₩10,395,825	₩2,296,600	₩2,257,360	₩16,328,585	
14		신도림점	₩2,000,300	₩2,819,320	₩3,532,215	₩6,798,650	₩15,150,485	
15		용산점	₩8,211,560	₩5,199,020	₩4,003,355	₩260,400	₩17,674,335	
16		자양점	₩2,613,600	₩4,862,820	₩4,785,525	₩2,754,860	₩15,016,805	
17		청계천점	₩848,000	₩3,929,400	₩3,559,600		₩8,337,000	
18	서울 요약		₩20,735,860	₩33,749,685	₩25,060,165	₩13,235,970	₩92,781,680	
19	총합계		₩28,833,860	₩43,178,180	₩32,635,865	₩15,145,035	₩119,792,940	
20								
21								

① [행] 영역 내 필드가 두 개 삽입되어 있으므로 [A:B] 열에 표시됩니다.
② [행] 영역 상위 필드 항목의 부분합이 항목 끝에 표시됩니다.

위 방식으로 변경하려면 피벗 테이블 보고서를 생성한 후 리본 메뉴의 [디자인] 탭-[레이아웃] 그룹-[보고서 레이아웃📄]을 클릭하고 [테이블 형식으로 표시]를 선택합니다.

개요 형식

개요 형식은 압축 형식과 테이블 형식이 혼합된 형식입니다. 개요 형식으로 변경하려면 [디자인] 탭-[레이아웃] 그룹-[보고서 레이아웃📄]을 클릭하고 [개요 형식으로 표시]를 선택합니다.

	A	B	C	D	E	F	G	H
1								
2								
3	매출		월	▼				
4	지역 ▼	판매처 ▼	1월	2월	3월	4월	총합계	
5	⊟경기		₩8,098,000	₩9,428,495	₩7,575,700	₩1,909,065	₩27,011,260	❷
6		고잔점	₩3,191,500	₩617,600	₩781,200	₩1,735,765	₩6,326,065	
7		동백점	₩456,700	₩4,298,875	₩372,100		₩5,127,675	
8		서수원점	₩402,700	₩378,000	₩1,720,800	₩173,300	₩2,674,800	
9		죽전점	₩2,511,000	₩1,136,920	₩204,000		₩3,851,920	
10		화정점	₩1,536,100	₩2,997,100	₩4,497,600		₩9,030,800	
11	⊟서울		₩20,735,860	₩33,749,685	₩25,060,165	₩13,235,970	₩92,781,680	
12		가양점	₩932,900	₩516,000	₩3,095,275	₩577,900	₩5,122,075	
13		성수점	₩4,750,700	₩6,027,300	₩3,787,595	₩586,800	₩15,152,395	
14		수서점	₩1,378,800	₩10,395,825	₩2,296,600	₩2,257,360	₩16,328,585	
15		신도림점	₩2,000,300	₩2,819,320	₩3,532,215	₩6,798,650	₩15,150,485	
16		용산점	₩8,211,560	₩5,199,020	₩4,003,355	₩260,400	₩17,674,335	
17		자양점	₩2,613,600	₩4,862,820	₩4,785,525	₩2,754,860	₩15,016,805	
18		청계천점	₩848,000	₩3,929,400	₩3,559,600		₩8,337,000	
19	총합계		₩28,833,860	₩43,178,180	₩32,635,865	₩15,145,035	₩119,792,940	
20								
21								

❶ [행] 영역 내 필드는 테이블 형식처럼 서로 다른 열(A:B)에 표시됩니다.

❷ [행] 영역 상위 필드 항목의 부분합은 압축 형식처럼 항목 처음에 표시됩니다.

04 03 행/열 영역 내 삽입된 필드 항목 모두 표시하기

예제 파일 PART 02 \ CHAPTER 04 \ 모든 항목.xlsx

필드와 항목

필드는 원본 표의 열(세로 방향) 데이터 집합으로 쉽게 설명하면 열 전체를 의미하며, 항목은 해당 열에 입력된 데이터를 의미합니다. 피벗 테이블 보고서에서 [행] 영역과 [열] 영역에 추가한 필드의 항목은 모두 표시되지 않고, [값] 영역에 추가한 필드의 집계 데이터가 있을 때만 표시됩니다. 예를 들어 A필드에 가, 나, 다, 라 항목이 있을 때 '라' 항목의 집계 데이터가 따로 없으면 피벗 테이블 보고서에는 가, 나, 다 항목만 표시됩니다.

필드 항목 모두 표시

피벗 테이블 보고서의 [행]이나 [열] 영역에 삽입된 필드 내 항목을 모두 표시하려면 다음 과정을 참고합니다.

01 예제의 [pivot] 시트에는 서울 지역의 판매처별 판매 실적이 요약되어 있습니다.

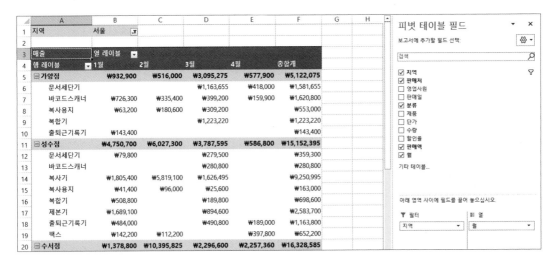

예제의 피벗 테이블 보고서에서 [행] 영역의 분류 필드는 판매처별로 표시되는 항목에 차이가 있습니다. 예를 들어 [가양점]은 5개 분류만 표시되는데, [성수점]의 경우 8개의 분류가 표시됩니다.

02 [분류] 필드의 항목이 모두 표시되도록 설정을 변경하겠습니다.

03 피벗 테이블 보고서 내에서 분류 항목을 하나([A6] 셀) 선택합니다.

04 리본 메뉴의 [피벗 테이블 분석] 탭-[활성 필드] 그룹-[필드 설정📇]을 클릭합니다.

TIP 분류 항목을 마우스 오른쪽 버튼으로 클릭하고 [필드 설정]을 선택해도 됩니다.

05 [필드 설정] 대화상자의 [레이아웃 및 인쇄] 탭을 선택합니다.

06 [데이터가 없는 항목 표시]에 체크하고 [확인]을 클릭합니다.

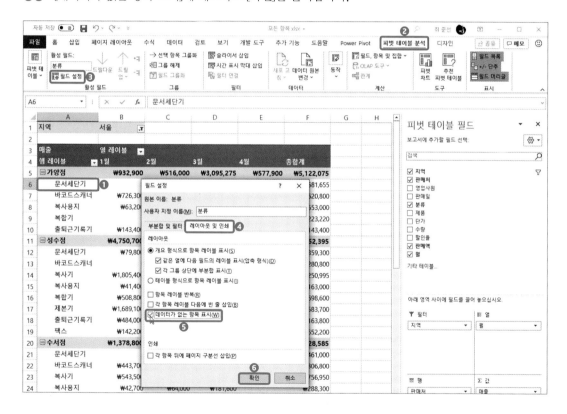

07 옵션을 변경하면 분류 필드 내 모든 항목이 표시됩니다.

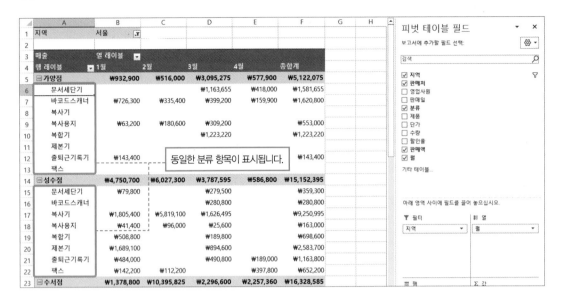

피벗 보고서 활용 팁

(비어 있음) 항목 제거하기

예제 파일 PART 02 \ CHAPTER 04 \ (비어 있음).xlsx

(비어 있음) 항목은 왜 생기는 걸까

필드 항목에 **(비어 있음)** 항목이 나타나는 이유는 원본 표에 빈 셀이 포함되어 있기 때문입니다. (비어 있음) 항목이 표시되지 않게 하려면 피벗 테이블 보고서에서 직접 고쳐도 되지만 원본 표의 빈 셀을 찾아 정확한 데이터를 입력한 후 피벗 테이블 보고서를 새로 고치는 방법이 가장 좋습니다.

숫자 필드의 경우 정확한 숫자를 모른다면 **0**을 입력하면 됩니다. 또 **텍스트**나 **날짜/시간**의 경우 정확한 값을 모른다면 텍스트 필드에는 **미정**이나 **확인 필요** 등의 데이터를, 날짜/시간 필드에는 추정되는 날짜/시간 데이터를 입력하는 것이 좋습니다.

(비어 있음) 항목 처리

(비어 있음) 항목을 확인하고 다른 데이터로 표시하는 방법을 확인합니다.

01 예제 파일을 엽니다. [pivot] 시트의 [A13] 셀에 (비어 있음) 항목이 있는 것을 확인할 수 있습니다.

TIP 예제의 피벗 테이블 보고서의 [행] 영역에는 [분류] 필드가 삽입되어 있습니다.

02 **(비어 있음)**을 원하는 다른 값으로 직접 수정하겠습니다.

03 [A13] 셀을 선택하고 **(비어 있음)**을 **확인 필요**로 수정합니다.

	A	B	C	D	E	F	G	H
1								
2								
3	매출	열 레이블						
4	행 레이블	1월	2월	3월	4월	총합계		
5	문서세단기	₩2,157,050	₩4,105,190	₩2,664,955	₩1,763,010	₩10,690,205		
6	바코드스캐너	₩5,484,800	₩2,399,250	₩3,029,800	₩208,700	₩11,122,550		
7	복사기	₩9,253,115	₩24,481,245	₩10,402,095	₩4,896,000	₩49,032,455		
8	복사용지	₩1,474,700	₩1,585,100	₩1,112,200	₩160,100	₩4,332,100		
9	복합기	₩5,445,650	₩4,680,100	₩7,194,745	₩3,753,675	₩21,074,170		
10	제본기	₩3,584,545	₩2,677,320	₩2,535,500	₩1,650,300	₩10,447,665		
11	출퇴근기록기	₩1,291,800	₩2,146,475	₩4,753,370	₩1,804,750	₩9,996,395		
12	팩스	₩142,200	₩1,103,500	₩943,200	₩634,800	₩2,823,700		
13	확인 필요				₩273,700	₩273,700		
14	총합계	₩28,833,860	₩43,178,180	₩32,635,865	₩15,145,035	₩119,792,940		
15								
16								

TIP 피벗 테이블 보고서 내의 항목을 원하는 값으로 수정할 수는 있지만, 새로 고침을 하면 수정 전 데이터로 복원됩니다.

04 Ctrl + Z 를 눌러 수정 전 상태로 돌아갑니다.

TIP 빠른 실행 도구 모음에서 [실행 취소 ↻]를 클릭해도 됩니다.

05 **(비어 있음)**을 기존 다른 항목과 동일하게 수정할 수 있는지 확인하겠습니다.

06 [A13] 셀을 **팩스**로 변경하면 [A12] 셀의 항목이 [A13] 셀에 표시되고 **(비어 있음)**은 [A12] 셀 위치로 이동합니다.

	A	B	C	D	E	F	G	H
1								
2								
3	매출	열 레이블						
4	행 레이블	1월	2월	3월	4월	총합계		
5	문서세단기	₩2,157,050	₩4,105,190	₩2,664,955	₩1,763,010	₩10,690,205		
6	바코드스캐너	₩5,484,800	₩2,399,250	₩3,029,800	₩208,700	₩11,122,550		
7	복사기	₩9,253,115	₩24,481,245	₩10,402,095	₩4,896,000	₩49,032,455		
8	복사용지	₩1,474,700	₩1,585,100	₩1,112,200	₩160,100	₩4,332,100		
9	복합기	₩5,445,650	₩4,680,100	₩7,194,745	₩3,753,675	₩21,074,170		
10	제본기	₩3,584,545	₩2,677,320	₩2,535,500	₩1,650,300	₩10,447,665		
11	출퇴근기록기	₩1,291,800	₩2,146,475	₩4,753,370	₩1,804,750	₩9,996,395		
12	(비어 있음)				₩273,700	₩273,700		
13	팩스	₩142,200	₩1,103,500	₩943,200	₩634,800	₩2,823,700		
14	총합계	₩28,833,860	₩43,178,180	₩32,635,865	₩15,145,035	₩119,792,940		
15								
16								

TIP 필드 내 항목을 수정할 때 필드 내 다른 항목과 동일한 이름은 사용할 수 없습니다.

07 Ctrl+Z를 눌러 수정 전 상태로 돌아갑니다.

08 원본 표의 데이터를 직접 수정하기 위해 [sample] 시트로 이동합니다.

09 [분류] 열의 자동 필터에서 빈 셀을 확인하겠습니다.

10 [E1] 셀의 필터 단추▼를 클릭하고 [검색]에 **(**를 입력한 후 Enter를 누릅니다.

TIP 빈 셀은 '필드 값 없음' 조건이므로 [검색]에 (만 입력해도 빈 셀을 확인할 수 있습니다.

11 그러면 [분류] 열에 데이터가 입력되지 않은 빈 셀을 확인할 수 있습니다.

	A	B	C	D	E	F	G	H	I	J	K
1	지역	판매처	영업사원	판매일	분류	제품	단가	수량	할인율	판매액	
194	서울	신도림점	박윤서	2020-04-13		오피스 Z-01	39,100	7	0%	273,700	
201											
202											
203											
204											
205											

pivot sample ⊕

12 분류가 입력되지 않은 제품(F열)은 오피스 Z-01입니다.

13 Ctrl+Z를 눌러 필터를 해제한 후 F열에서 해당 제품을 필터링하면 제품 분류를 확인할 수 있습니다.

14 [F1] 셀의 필터 단추▼를 클릭하고 [검색]에 **오피스 Z-01**를 입력한 후 Enter를 누릅니다.

	A	B	C	D	E	F	G	H	I	J	K
1	지역	판매처	영업사원	판매일	분류	제품	단가	수량	할인율	판매액	
18	서울	성수점	김서현	2020-01-09	문서세단기	오피스 Z-01	39,900	2	0%	79,800	
41	경기	서수원점	김유진	2020-01-21	문서세단기	오피스 Z-01	49,100	7	0%	343,700	
95	경기	서수원점	김도현	2020-02-20	문서세단기	오피스 Z-01	42,000	5	0%	210,000	
126	서울	성수점	박시우	2020-03-06	문서세단기	오피스 Z-01	45,800	1	0%	45,800	
177	서울	자양점	이동현	2020-04-01	문서세단기	오피스 Z-01	43,700	1	0%	43,700	
194	서울	신도림점	박윤서	2020-04-13		오피스 Z-01	39,100	7	0%	273,700	
201											
202											

15 오피스 Z-01 제품의 분류는 문서세단기입니다.

16 [E194] 셀에 **문서세단기**를 입력합니다.

17 [pivot] 시트로 이동해 피벗 테이블 보고서를 새로 고침하겠습니다.

18 리본 메뉴의 [피벗 테이블 분석] 탭-[데이터] 그룹-[새로 고침 🔄]을 클릭합니다.

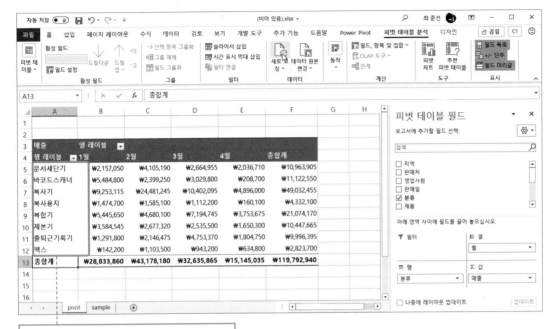

(비어있음) 항목이 제거되고 올바른 분류명이 표시됩니다.

🔍 **더 알아보기**　　**피벗 테이블 보고서의 [새로 고침] 기능 이해하기**

피벗 테이블 보고서는 생성되면 원본 데이터와의 링크가 끊어집니다. 따라서 원본 데이터가 수정되어도 바로 피벗 테이블 보고서에 반영되지 않습니다. 피벗 테이블 보고서에 수정된 내용이 반영되도록 하려면 [새로 고침] 명령을 매번 데이터가 추가되거나 수정될 때마다 실행해야 합니다.

이런 점이 불편하다면 매크로를 사용해 자동으로 원본 데이터를 읽어오도록 만들 수 있습니다. Section 04-12에서 해당 내용을 자세하게 설명합니다.

04 05 행/열 영역 내 삽입된 필드 항목을 원하는 순서로 정렬하기

예제 파일 PART 02 \ CHAPTER 04 \ 정렬.xlsx

필드 내 항목을 오름차순, 내림차순으로 정렬

필드 내 항목을 엑셀의 기본 정렬 방법인 오름차순과 내림차순으로 정렬할 수 있습니다. 다만 피벗 테이블 정렬 방법은 일반 표 데이터 정렬 방법과 동작 방식에 차이가 있습니다. 따라서 해당 방법을 정확하게 이해해야 정렬 작업에 문제가 발생하지 않습니다.

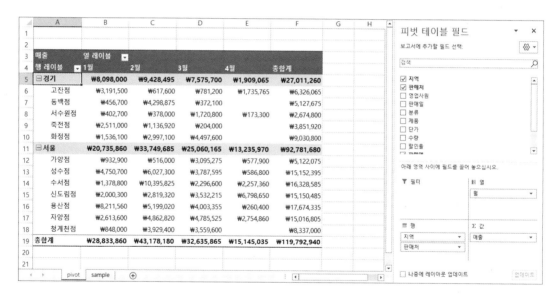

[지역] 필드에서 서울을 먼저 표시하도록 정렬

[지역] 필드에서 서울 항목이 먼저 표시되도록 하려면 우선 내림차순으로 정렬합니다.

01 [지역] 필드 내 첫 번째 항목 위치인 [A5] 셀을 선택합니다.

02 리본 메뉴의 [데이터] 탭-[정렬 및 필터] 그룹-[내림차순 정렬📉]을 클릭합니다.

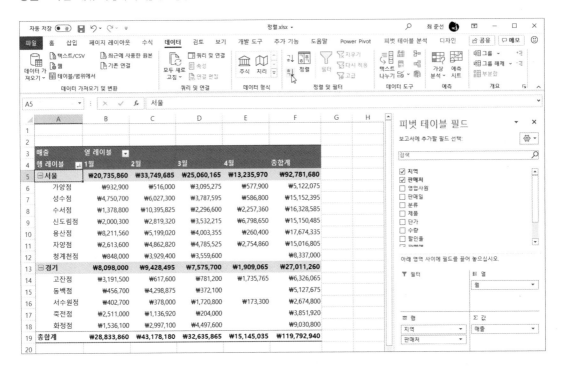

🔍 **더 알아보기** | **피벗 테이블 보고서의 정렬 이해하기**

[A5] 셀을 선택하고 정렬하면 A열의 데이터가 모두 정렬된다고 생각하기 쉽습니다. 하지만 정렬된 결과를 보면 [판매처] 필드는 그대로이고 [A5] 셀이 포함된 필드인 [지역] 필드의 항목만 내림차순으로 정렬됩니다. 이를 통해 피벗 테이블의 정렬 방법이 일반 표와 다르다는 점을 이해할 수 있을 것입니다.

[판매처] 필드를 매출 실적별로 정렬

[판매처] 필드를 매출 실적이 높은 순으로 정렬하려면 [값] 영역의 [매출] 필드에서 정렬해야 합니다. 1~4월까지 전체 매출이 높은 순으로 정렬하려면 다음과 같이 작업합니다.

01 [판매처] 필드의 매출이 집계된 첫 번째 셀인 [F6] 셀을 선택합니다.

02 리본 메뉴의 [데이터] 탭–[정렬 및 필터] 그룹–[내림차순 정렬▓]을 클릭합니다.

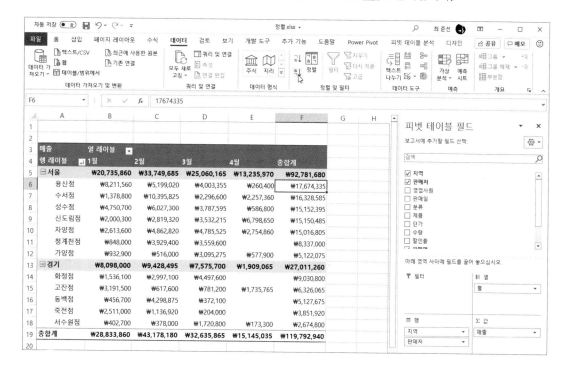

필드 내 항목을 수동으로 정렬

특별히 원하는 항목을 먼저 확인하고 싶은 경우에는 수동으로 항목 위치를 조정할 수 있습니다. 다만 순서를 수동으로 정렬하고자 하는 필드가 다른 필드를 기준으로 정렬된 경우(예를 들면 앞에서와 같이 [판매처] 필드를 매출순으로 정렬한 경우)에는 해당 정렬 방법을 먼저 해제해야 합니다.

서울 지역의 [판매처] 필드에 적용된 정렬 방식 해제

앞에서 [판매처] 필드를 매출 실적순으로 정렬했으므로 필드 내 항목을 수동으로 조정할 수 없습니다. 수동으로 정렬하기 전에 먼저 기존 정렬 방식에 맞게 오름차순으로 정렬해야 합니다.

01 정렬된 [판매처] 필드 내 항목을 하나([A6] 셀) 선택합니다.

02 리본 메뉴의 [데이터] 탭–[정렬 및 필터] 그룹–[정렬▓]을 클릭합니다.

03 [정렬(판매처)] 대화상자가 표시되면 [오름차순 기준] 옵션을 선택합니다.

04 [오름차순 기준]을 [판매처]로 선택하고 [확인]을 클릭합니다.

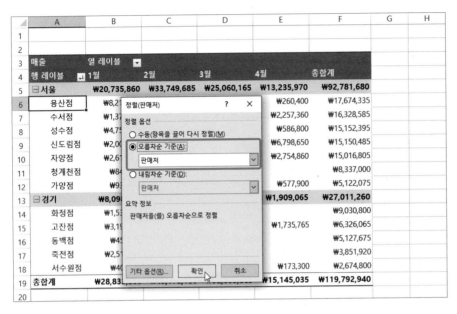

TIP 피벗 테이블 보고서는 항목을 가나다 순으로 정렬하므로, 오름차순으로 정렬하면 원래 순서를 확인할 수 있습니다.

서울 지역의 [판매처] 필드에서 용산점이 먼저 표시되도록 정렬

서울 지역 판매처가 가나다 순으로 정렬되어 있을 때 [용산점]을 가장 상단에 표시되도록 하려면 [용산점]의 위치를 드래그해 옮기면 됩니다. 다음 과정을 참고합니다.

01 위치를 조정할 항목이 표시된 셀([A10] 셀)을 선택합니다.

02 선택한 셀의 테두리로 마우스 포인터를 위치시켜 양방향 화살표 모양으로 바뀌면 드래그해 [가양점] 위로 옮깁니다.

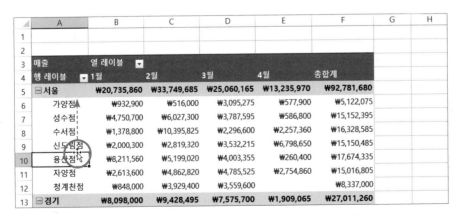

03 원하는 순서로 판매처가 표시됩니다.

	1월	2월	3월	4월	총합계
매출 열 레이블 ▼					
행 레이블 ▼	1월	2월	3월	4월	총합계
⊟ 서울	₩20,735,860	₩33,749,685	₩25,060,165	₩13,235,970	₩92,781,680
용산점	₩8,211,560	₩5,199,020	₩4,003,355	₩260,400	₩17,674,335
가양점	₩932,900	₩516,000	₩3,095,275	₩577,900	₩5,122,075
성수점	₩4,750,700	₩6,027,300	₩3,787,595	₩586,800	₩15,152,395
수서점	₩1,378,800	₩10,395,825	₩2,296,600	₩2,257,360	₩16,328,585
신도림점	₩2,000,300	₩2,819,320	₩3,532,215	₩6,798,650	₩15,150,485
자양점	₩2,613,600	₩4,862,820	₩4,785,525	₩2,754,860	₩15,016,805
청계천점	₩848,000	₩3,929,400	₩3,559,600		₩8,337,000
⊟ 경기	₩8,098,000	₩9,428,495	₩7,575,700	₩1,909,065	₩27,011,260

필드 내 항목을 원하는 순서로 자동 정렬

하나씩 수동으로 항목을 옮기는 것이 불편하다면 원하는 순서를 먼저 등록해놓고 해당 순서에 맞게 정렬할 수도 있습니다. 이 방법은 [사용자 지정 목록]을 사용합니다.

01 리본 메뉴의 [파일] 탭–[옵션]을 클릭합니다.

02 [Excel 옵션] 대화상자가 표시되면 [고급]을 선택하고 [사용자 지정 목록 편집]을 클릭합니다.

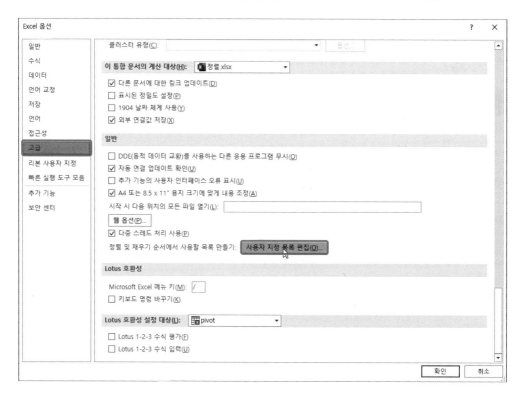

03 [사용자 지정 목록] 대화상자가 표시되면 [목록 항목]에 원하는 정렬 순서로 판매처를 입력하고 [추가]를 클릭합니다.

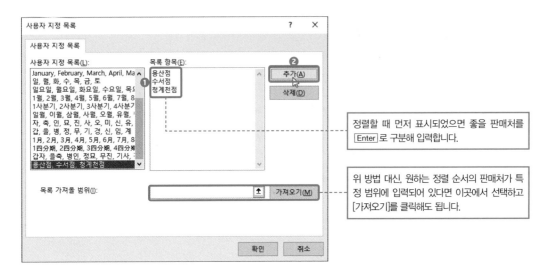

04 [확인]을 클릭해 대화상자를 닫습니다.

05 [Excel 옵션] 대화상자도 [확인]을 클릭해 닫습니다.

06 피벗 테이블 보고서의 [판매처] 필드 내 항목을 하나 선택합니다.

07 리본 메뉴의 [데이터] 탭-[필터 및 정렬] 그룹-[정렬▣]을 클릭합니다.

08 [정렬(판매처)] 대화상자가 표시되면 [오름차순 기준] 옵션을 선택하고 [기타 옵션]을 클릭합니다.

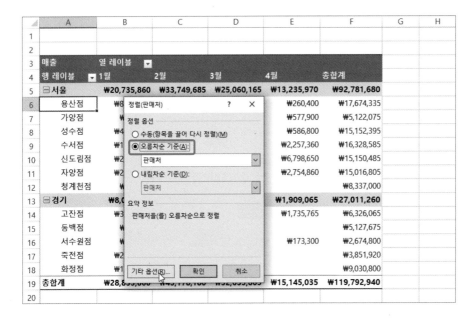

09 [기타 정렬 옵션(판매처)] 대화상자가 표시되면 [보고서가 업데이트될 때마다 자동으로 정렬]의 체크를 해제합니다.

10 [기준 정렬 순서]에서 사용자 지정 목록에 등록해놓은 판매처를 선택하고 [확인]을 클릭합니다.

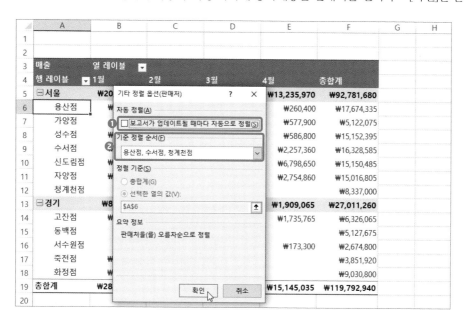

11 [정렬(판매처)] 대화상자도 [확인]을 클릭해 닫습니다. 그러면 다음 결과를 확인할 수 있습니다.

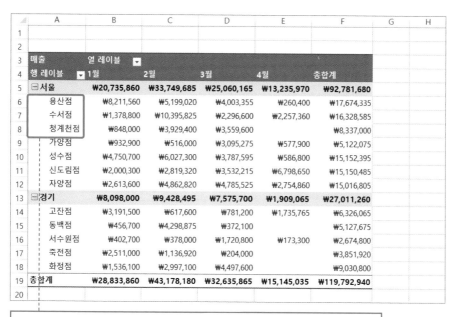

사용자 지정 목록에 등록된 판매처가 우선해서 표시되며, 나머지 판매처는 가나다 순으로 정렬됩니다.

04 06 피벗 테이블 보고서 작성 후 상위 n개 항목만 표시하기

예제 파일 PART 02 \ CHAPTER 04 \ 상위 10.xlsx

[상위 10] 조건

피벗 테이블에는 자동 필터가 내장되어 있어서 집계된 데이터 중에서 원하는 조건에 맞는 데이터만 표시할 수 있습니다. 피벗 테이블 보고서에서 특히 유용한 필터 조건은 [상위 10]으로 집계된 데이터 중 높거나 낮은 실적에 해당하는 항목의 원하는 개수만 보고서에 표시할 수 있습니다.

다만, 필터는 데이터를 추출만 할 뿐 순서대로 표시하지는 않으므로 작업 후 반드시 필드를 정렬해 표시하는 것이 좋습니다.

상위 10 조건을 사용해 원하는 조건의 항목만 표시

피벗 테이블 보고서가 너무 긴 경우에는 상위 또는 하위에 해당하는 항목만 표시하는 것이 좋습니다.

01 예제의 [pivot] 시트에서 각 지역별 판매 제품 중 매출이 높은 상위 5개 제품만 표시하겠습니다.

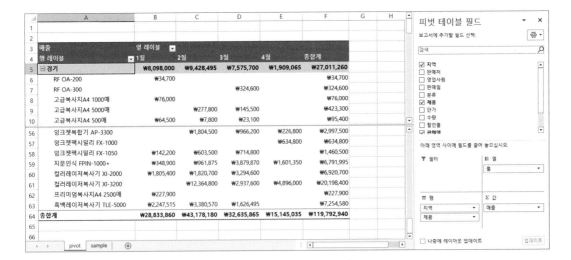

02 [A4] 셀의 필터 단추 ▼를 클릭하고 [필드 선택]에서 [제품]를 선택합니다.

03 [값 필터]의 하위 메뉴에서 [상위 10]을 선택합니다.

04 [상위 10 필터(제품)] 대화상자의 두 번째 기준을 **5**로 조정하고 [확인]을 클릭합니다.

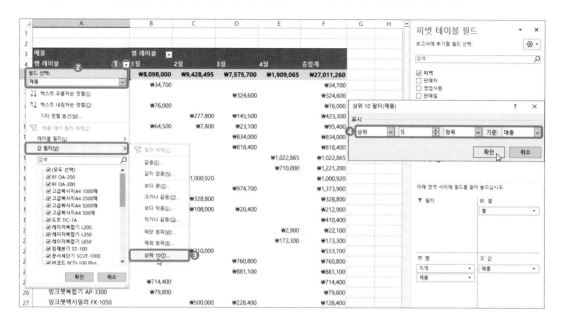

🔍 **더 알아보기** [상위 10 필터] 대화상자 설정 방법

[상위 10 필터] 대화상자에서는 다음과 같은 설정을 할 수 있습니다.

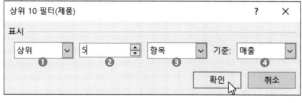

❶ [상위]와 [하위] 옵션 중 하나를 선택할 수 있습니다.
❷ 추출할 n개의 수를 입력합니다.
❸ [항목], [%], [합계] 중 하나를 선택할 수 있습니다.

옵션	설명
항목	상위/하위 n개의 항목을 추출합니다.
%	상위/하위 n%의 항목을 추출합니다.
합계	❹ 기준 필드의 합계가 ❷에서 입력한 n개 이상/이하인 항목을 추출합니다.

❹ [기준] 필드는 상위/하위 데이터를 추출할 때 기준이 되는 [값] 영역 내 필드 중 하나를 선택합니다.

05 지역별로 가장 많이 판매된 상위 5개 제품만 피벗 테이블 보고서에 표시됩니다.

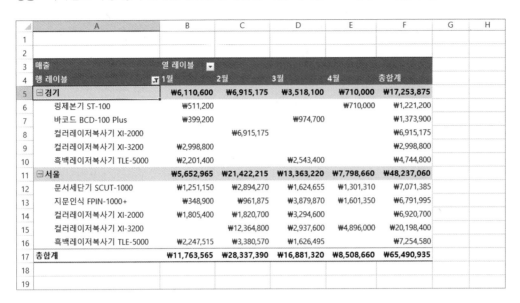

	A	B	C	D	E	F
3	매출	열 레이블				
4	행 레이블	1월	2월	3월	4월	총합계
5	경기	₩6,110,600	₩6,915,175	₩3,518,100	₩710,000	₩17,253,875
6	링제본기 ST-100	₩511,200			₩710,000	₩1,221,200
7	바코드 BCD-100 Plus	₩399,200		₩974,700		₩1,373,900
8	컬러레이저복사기 XI-2000		₩6,915,175			₩6,915,175
9	컬러레이저복사기 XI-3200	₩2,998,800				₩2,998,800
10	흑백레이저복사기 TLE-5000	₩2,201,400		₩2,543,400		₩4,744,800
11	서울	₩5,652,965	₩21,422,215	₩13,363,220	₩7,798,660	₩48,237,060
12	문서세단기 SCUT-1000	₩1,251,150	₩2,894,270	₩1,624,655	₩1,301,310	₩7,071,385
13	지문인식 FPIN-1000+	₩348,900	₩961,875	₩3,879,870	₩1,601,350	₩6,791,995
14	컬러레이저복사기 XI-2000	₩1,805,400	₩1,820,700	₩3,294,600		₩6,920,700
15	컬러레이저복사기 XI-3200		₩12,364,800	₩2,937,600	₩4,896,000	₩20,198,400
16	흑백레이저복사기 TLE-5000	₩2,247,515	₩3,380,570	₩1,626,495		₩7,254,580
17	총합계	₩11,763,565	₩28,337,390	₩16,881,320	₩8,508,660	₩65,490,935

🔍 **더 알아보기**   **필터 해제**

이번과 같이 필터 조건을 적용하면 다른 필드를 변경해도 [제품] 필드는 늘 상위 5개 제품만 표시됩니다. 그러므로 전체 제품을 다시 표시하려면 리본 메뉴의 [데이터] 탭 – [정렬 및 필터] 그룹 – [지우기 🗑]를 클릭합니다.

06 매출을 내림차순으로 정렬하기 위해 제품별 매출 합계가 표시된 첫 번째 셀([F6] 셀)을 선택합니다.

07 리본 메뉴의 [데이터] 탭 – [정렬 및 필터] 그룹 – [내림차순 정렬 🖳]을 클릭합니다.

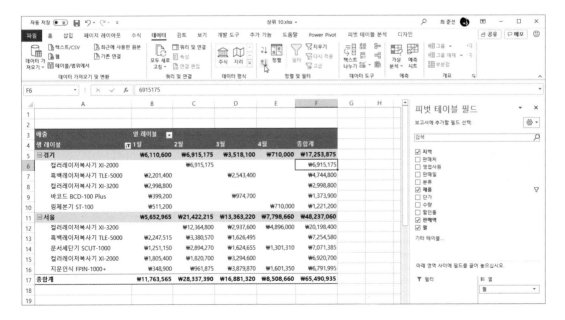

08 이번에는 지역별이 아니라 판매처별 실적이 높은 제품을 확인하겠습니다.

09 [피벗 테이블 필드] 작업 창에서 [지역] 필드 확인란의 체크를 해제합니다.

10 [판매처] 필드를 드래그해 [행] 영역의 [제품] 필드 위에 삽입합니다.

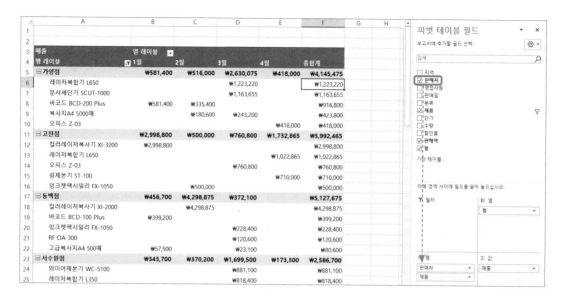

04 07 원본 표에서 삭제한 항목이 피벗 테이블 보고서에 계속 표시되는 문제 해결하기

예제 파일 PART 02 \ CHAPTER 04 \ 삭제된 항목 제거 (매크로).txt

피벗 캐시(PivotCache)

원본 표에서 삭제하거나 수정한 항목이 피벗 테이블 보고서에 계속 나타나는 경우가 있습니다. 이는 피벗 테이블이 원본 표에서 바로 생성되는 것이 아니라 피벗 캐시 영역에 원본 표가 저장된 다음 피벗 캐시 영역을 참고해 생성되기 때문입니다.

피벗 캐시는 원본 표와 연결되지 않기 때문에 원본 표에 수정된 사항이 바로 반영되지 않습니다. 피벗 테이블 보고서에서 [새로 고침]을 클릭해야 원본 표의 데이터를 다시 읽어 피벗 캐시에 반영하므로 삭제한 항목이 더 이상 나타나지 않게 됩니다.

그런데 [새로 고침]으로 피벗 캐시 영역의 데이터를 변경해도 원본 표에서 삭제한 항목이 피벗 테이블 보고서에 계속 나타나는 경우가 있습니다. 이때는 아래 방법 중 하나를 사용해야 합니다.

원본 데이터 범위를 재설정하는 방법

아래 과정을 참고해 피벗 테이블의 원본 데이터 범위를 새로 설정합니다. 이렇게 하면 피벗 캐시 영역이 새로 생성되므로 문제를 해결할 수 있습니다.

01 피벗 테이블 보고서 내의 셀을 하나 선택합니다.

02 리본 메뉴의 [피벗 테이블 분석] 탭–[데이터] 그룹–[데이터 원본 변경 📄]을 클릭합니다.

03 [피벗 테이블 데이터 원본 변경] 대화상자의 [표 또는 범위 선택] 항목에서 원본 데이터 범위를 다시 지정하고 [확인]을 클릭합니다.

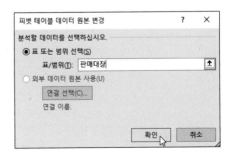

매크로를 이용하는 방법

만약 원본 데이터 범위를 다시 설정하는 방법으로 문제가 해결되지 않는다면 매크로를 이용합니다. 다음 과정을 참고합니다.

01 피벗 테이블 보고서가 있는 시트로 이동합니다.

02 시트 탭을 마우스 오른쪽 버튼으로 클릭한 후 [코드 보기]를 선택합니다.

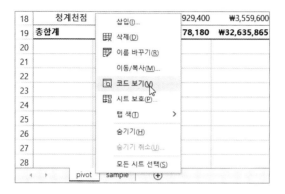

03 [VB 편집기] 창이 새 창으로 열립니다. [삽입] 탭-[모듈] 메뉴를 선택합니다.

04 새로 추가된 [Module1]의 오른쪽 코드 창에 **삭제된 항목 제거(매크로).txt** 파일의 코드를 복사해 붙여 넣습니다.

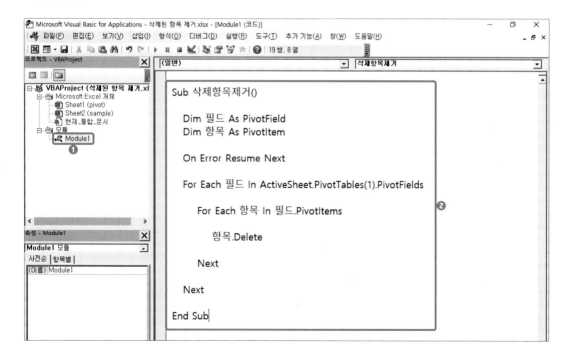

파일 : 삭제된 항목 제거 (매크로).txt

```
Sub 삭제항목제거()

    Dim 필드 As PivotField
    Dim 항목 As PivotItem

    On Error Resume Next

    For Each 필드 In ActiveSheet.PivotTables(1).PivotFields

        For Each 항목 In 필드.PivotItems

            항목.Delete

        Next

    Next

End Sub
```

05 [VB 편집기] 창을 닫고 엑셀 창에서 `Alt` + `F8` 을 누르면 [매크로] 대화상자가 열립니다.

06 [삭제항목제거] 매크로를 선택하고 [실행]을 클릭합니다.

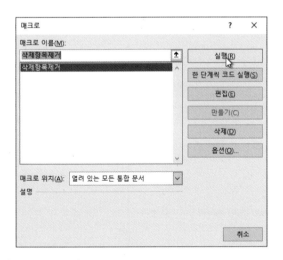

07 한 번만 실행하면 되는 작업이므로 이 매크로는 저장하지 않아도 됩니다.

08 빠른 실행 도구 모음의 [저장 🖫]을 클릭한 후 메시지가 나타나면 [예]를 클릭해 파일을 저장합니다.

09 04 과정에서 복사한 매크로 코드는 자동으로 삭제됩니다.

04_08 피벗 테이블 보고서의 필드 이름 수정하기

예제 파일 PART 02 \ CHAPTER 04 \ 영역, 필드 이름.xlsx

피벗 테이블 보고서 내 표시되는 이름 수정

피벗 테이블 보고서에 삽입된 필드 이름에는 보고서에 표시되는 것도 있고 표시되지 않는 것도 있습니다. [필터] 영역과 [값] 영역에 삽입된 필드는 필드 이름이 보고서에 표시됩니다. 예제에서는 [A1] 셀의 [지역]이 [필터] 영역에 삽입된 필드 이름이며, [A3] 셀의 [합계 : 판매]가 [값] 영역에 삽입된 필드 이름입니다.

▲	A	B	C	D	E	F	G	H
1	지역	(모두) ▼						
2								
3	합계 : 판매	열 레이블 ▼						
4	행 레이블 ▼	1월	2월	3월	4월	총합계		
5	가양점	₩932,900	₩516,000	₩3,095,275	₩577,900	₩5,122,075		
6	고잔점	₩3,191,500	₩617,600	₩781,200	₩1,735,765	₩6,326,065		
7	동백점	₩456,700	₩4,298,875	₩372,100		₩5,127,675		
8	서수원점	₩402,700	₩378,000	₩1,720,800	₩173,300	₩2,674,800		
9	성수점	₩4,750,700	₩6,027,300	₩3,787,595	₩586,800	₩15,152,395		
10	수서점	₩1,378,800	₩10,395,825	₩2,296,600	₩2,257,360	₩16,328,585		

TIP 필드 이름은 아니지만, [A4] 셀과 [B3] 셀에는 [행] 영역과 [열] 영역의 머리글이 표시됩니다.

이렇게 보고서에 표시되는 경우는 셀을 고쳐 필드 이름을 직접 수정할 수 있습니다. 다만 [값] 영역 내 필드 이름을 수정할 때는 지켜야 할 규칙이 있습니다. 기존 필드 이름과 동일한 이름은 사용하지 못한다는 것입니다. 즉, [합계 : 판매]와 같은 필드 이름을 [판매]로 수정할 수는 없습니다. 만약 동일한 이름을 사용하려면 원하는 필드 이름 앞이나 뒤에 공백 문자를 하나 입력해 사용합니다.

예제의 필드 이름을 다음과 같이 수정합니다.

셀 주소	영역	필드 이름 수정	
		기존	새 이름
[A1]	필터	지역	지역 선택
[A3]	값	합계 : 판매	매출
[B3]	열	열 레이블	월
[A4]	행	행 레이블	판매처

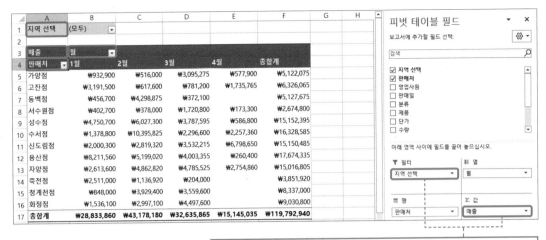

필드 이름을 수정하면 [피벗 테이블 필드] 작업 창의 목록에도 수정된 이름이 표시됩니다.

행/열 영역에 삽입된 필드 이름 수정

[행]이나 [열] 영역에 삽입된 필드는 피벗 테이블 보고서에 필드 이름이 표시되지 않습니다. 그러므로 필드 이름을 수정하려면 다음과 같이 작업합니다.

01 필드 내 항목을 하나([A5] 셀) 선택합니다.

02 리본 메뉴의 [피벗 테이블 분석] 탭-[활성 필드] 그룹-[활성 필드:]에서 원하는 필드 이름으로 수정합니다.

03 예제의 경우는 **판매처**를 **지점**으로 수정했습니다.

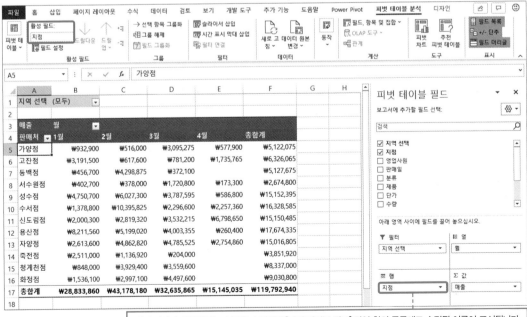

행/열 영역에 삽입된 필드 이름을 수정하면 [피벗 테이블 필드] 작업 창의 목록에도 수정된 이름이 표시됩니다.

04 09 피벗의 집계 방법과 표시 형식 변경하기

예제 파일 PART 02 \ CHAPTER 04 \ 집계 함수.xlsx

[값] 영역에 삽입된 필드의 집계 방법

피벗 테이블 보고서의 [값] 영역에 삽입된 필드는 합계나 개수로 집계됩니다. 이때 필드의 데이터 형식이 숫자라면 **합계**로, 그 외의 형식(날짜/시간, 텍스트, 논릿값)이라면 **개수**로 집계됩니다. 이것은 기본 설정이므로 변경할 수 없으며, 집계 함수를 변경하려면 집계가 된 다음에 수정하는 방법밖에 없습니다.

예제의 경우 [값] 영역에 [수량], [할인율], [판매] 필드가 추가되어 있으며, 세 필드 모두 원본 표에 숫자로 입력되어 있어 합계로 값이 요약되어 있습니다.

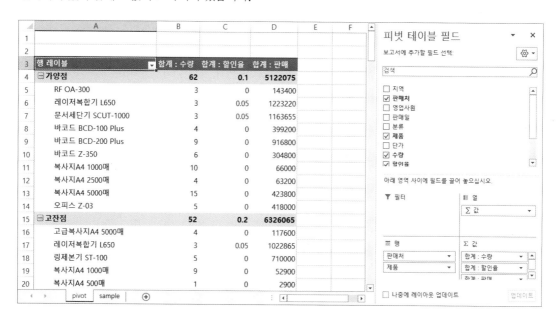

[값] 영역에서 집계된 필드는 **평균, 최댓값, 최솟값, 곱(곱셈), 분산, 표준편차** 등으로 집계 함수를 변경할 수 있습니다. 예제의 [할인율] 필드의 집계 함수를 **합계**에서 **평균**으로 변경하겠습니다.

단축 메뉴 이용

집계 함수를 변경하는 가장 쉬운 방법은 단축 메뉴를 이용하는 것입니다. ❶ [값] 영역의 필드 이름 위치 ([C3] 셀)에서 마우스 오른쪽 버튼을 클릭하고, ❷ [값 요약 기준] 메뉴에서 ❸ [합계], [개수], [평균], [최대값], [최소값], [곱] 중 하나를 선택해 변경할 수 있습니다.

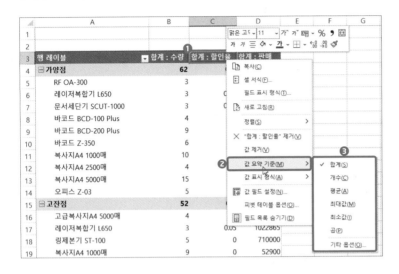

TIP [기타 옵션]을 선택하면 추가 집계 함수를 선택할 수 있습니다.

다만 이 방법은 **집계 함수**만 변경할 수 있으며 **표시 형식**을 변경하는 등의 작업은 따로 진행해야 하므로 집계 함수만 빠르게 변경하고 싶을 때 사용하면 좋습니다.

필드 설정 변경

[값] 영역 내 집계 필드의 설정을 변경하면 모든 집계 함수와 표시 형식을 변경하는 작업을 한번에 진행할 수 있어 편리합니다. 다음 과정을 참고합니다.

01 집계 함수를 변경할 필드의 머리글([C3] 셀)을 선택합니다.

02 리본 메뉴의 [피벗 테이블 분석] 탭–[활성 필드] 그룹–[필드 설정📑]을 클릭합니다.

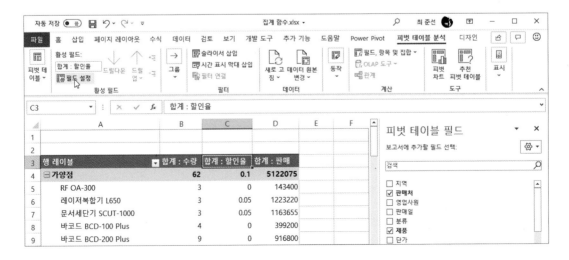

03 [값 필드 설정] 대화상자가 열리면 [값 요약 기준] 탭에서 [평균]을 선택합니다.

04 **표시 형식**을 **백분율**로 변경하기 위해 [표시 형식]을 클릭합니다.

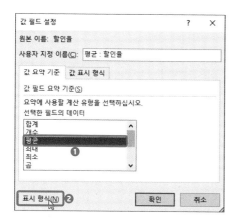

05 [셀 서식] 대화상자의 [범주]에서 [백분율]을 선택하고 [소수 자릿수]를 **1**로 변경한 후 [확인]을 클릭합니다.

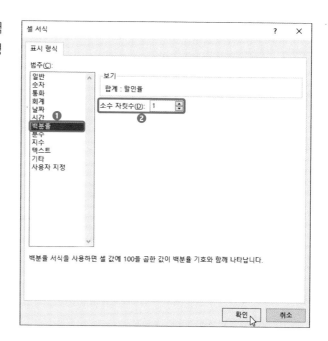

🔍 **더 알아보기**　　**표시 형식 설정 방법**

[값 필드 설정] 대화상자에서 표시 형식을 변경하는 것과 셀 범위([C4:C100])를 선택하고 리본 메뉴의 [홈] 탭−[표시 형식] 그룹−[백분율 스타일 %]을 클릭하는 것은 어떤 차이가 있을까요?

[값 필드 설정]을 이용하면 [할인율] 필드 전체에 적용되므로 이후에 새로운 항목이 추가되어도 백분율 형식으로 제대로 표시됩니다. 하지만 리본 메뉴의 [홈] 탭에 있는 [백분율 스타일]은 셀에 적용되므로 항목이 추가되면 해당 셀에 백분율 스타일을 따로 설정해야 합니다.

그러므로 [값] 영역 내 필드의 표시 형식을 변경하려면 한번에 모든 필드의 표시 형식을 설정할 수 있는 [값 필드 설정]을 이용하는 것이 좋습니다.

06 [값 필드 설정] 대화상자도 [확인]을 클릭해 닫습니다.

07 [합계 : 할인율] 필드가 [평균 : 할인율] 필드로 변경됩니다.

◢	A	B	C	D	E	F
1						
2						
3	행 레이블 ▾	합계 : 수량	평균 : 할인율	합계 : 판매		
4	⊟ 가양점	62	0.8%	5122075		
5	RF OA-300	3	0.0%	143400		
6	레이저복합기 L650	3	5.0%	1223220		
7	문서세단기 SCUT-1000	3	5.0%	1163655		
8	바코드 BCD-100 Plus	4	0.0%	399200		
9	바코드 BCD-200 Plus	9	0.0%	916800		
10	바코드 Z-350	6	0.0%	304800		
11	복사지A4 1000매	10	0.0%	66000		
12	복사지A4 2500매	4	0.0%	63200		
13	복사지A4 5000매	15	0.0%	423800		
14	오피스 Z-03	5	0.0%	418000		
15	⊟ 고잔점	52	2.0%	6326065		
16	고급복사지A4 5000매	4	0.0%	117600		
17	레이저복합기 L650	3	5.0%	1022865		

> 합계가 **평균**으로 변경되며, 표시 형식은 **백분율**로 소수점 첫째 자리까지 표시됩니다.

필드 부분합 함수

[행] 또는 [열] 영역에 여러 필드를 추가하면 상위 필드의 요약 행에는 하위 필드의 **합계**가 표시됩니다. 이와 같은 요약 행의 집계 방법을 부분합이라고 합니다. 부분합 행의 기본 함수는 **합계**이며, 그 외에 **평균**, **개수**, **최대**, **최소**, **분산**, **표준 편차** 등을 사용할 수 있습니다.

부분합 행은 [값] 영역에 집계 함수로 요약된 결과를 표시하며, [값] 영역에 삽입된 필드의 계산 방법을 따르지 않습니다. 또한 집계 함수 여러 개를 다중 적용할 수도 있습니다.

필드 부분합 함수 변경

[행] 영역에 삽입된 상위 필드의 부분합 집계 함수를 변경하는 방법을 알아보겠습니다.

01 예제의 [판매처] 필드의 부분합 행을 합계와 평균 두 가지 기준으로 집계하도록 변경하겠습니다.

02 [판매처] 필드의 항목 중 하나([A4] 셀)를 선택합니다.

03 리본 메뉴의 [피벗 테이블 분석] 탭-[활성 필드] 그룹-[필드 설정⬚]을 클릭합니다.

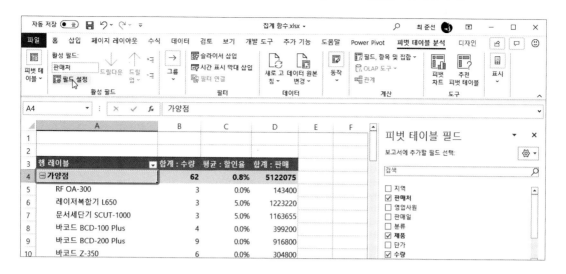

04 [필드 설정] 대화상자에서 [소계] 옵션을 [사용자 지정]으로 변경합니다.

05 함수 목록에서 [합계], [최대]를 선택하고 [확인]을 클릭합니다.

06 항목 끝부분에 합계, 최대 함수를 사용해 집계된 결과를 나타내는 부분합 행이 표시됩니다.

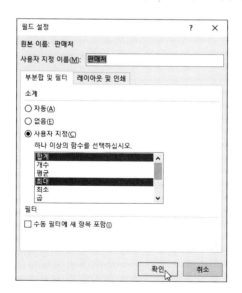

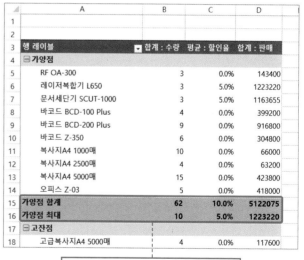

부분합 집계 함수를 두 개 이상 선택하면 부분합 행이 해당 항목의 하단에 표시됩니다.

피벗 테이블로 근태 관리하기

예제 파일 PART 02 \ CHAPTER 04 \ 근태 관리.xlsx

[값] 영역의 데이터 형식

[값] 영역에 삽입하는 필드의 경우 데이터 형식은 상관 없지만 집계된 결과는 숫자로만 표시됩니다. 그래서 날짜/시간 데이터는 [값] 영역에 사용할 수 없다고 생각하는 사용자가 많습니다.

그런데 엑셀에서 날짜/시간 데이터는 숫자이므로 [값] 영역에 사용할 수 있으며 가장 크거나 작은 날짜/시간을 피벗 테이블 보고서로 집계할 수 있습니다. 다만, 집계된 결과는 무조건 숫자로 표시되기 때문에 표시 형식을 반드시 날짜 또는 시간 형식으로 변경해야 합니다.

출입 시간 데이터로 일별 출퇴근 시간 요약

대부분의 회사에서는 출입 카드를 이용하므로 하루에도 여러 번 출입 기록이 쌓입니다. 이런 데이터에서 출근시간과 퇴근시간을 뽑아내야 한다면 일자별로 가장 빠른 시간과 가장 늦은 시간을 집계합니다. 이런 작업은 피벗 테이블 보고서로 처리하는 것이 가장 적합합니다.

01 예제의 [sample] 시트에는 사무실 입출입 기록이 정리되어 있습니다.

02 [pivot] 시트에는 피벗 테이블 보고서를 구성할 수 있도록 준비되어 있습니다.

> 🔍 **더 알아보기**　　**사무실 입출입 기록 이해하기**
>
> [sample] 시트의 표는 이름, 날짜, 입출입시간 이렇게 세 열로 구성되어 있습니다. 이 중 제일 중요한 열이 C열의 입출입시간 열로, 사용자가 카드 단말기에 접속한 순간의 시간 데이터가 기록되어 있습니다. 해당 일의 가장 빠른 시간이 출근시간, 가장 늦은 시간이 퇴근시간입니다. 이를 이용해 일별 근태를 정리할 수 있습니다.

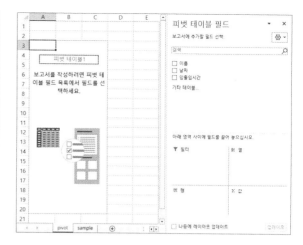

03 [피벗 테이블 필드] 작업 창의 필드를 다음 영역에 추가합니다.

필드	삽입 영역	설명
이름	행	[이름] 필드의 고유한 항목이 [행] 영역에 표시됩니다.
날짜	열	[날짜] 필드를 [열] 영역에 추가하면 엑셀 2013 이상 버전에서는 [월] 필드가 자동으로 생성됩니다. [월] 필드는 체크를 해제해 일별 날짜가 표시되도록 합니다.
입출입시간	값	[입출입시간] 필드를 [값] 영역에 두 번 드래그해 추가합니다. 출근시간과 퇴근시간을 각각 구하기 위해 두 번 삽입합니다.

04 [값] 영역에 삽입한 [개수 : 입출입시간] 필드로 출근시간을 집계하도록 변경하겠습니다.

05 [개수 : 입출입시간] 필드의 머리글 셀([B5] 셀)을 선택합니다.

06 리본 메뉴의 [피벗 테이블 분석] 탭-[활성 필드] 그룹-[필드 설정 ▥]을 클릭합니다.

07 [값 필드 설정] 대화상자가 표시되면 집계 함수를 [개수]에서 [최소]로 변경합니다.

08 [사용자 지정 이름]을 **출근시간**으로 변경합니다.

09 집계된 숫자를 시간으로 표시하기 위해 [표시 형식]을 클릭합니다.

10 [셀 서식] 대화상자의 [범주]에서 [시간]을, [형식]에서 [1:30 PM]을 선택하고 [확인]을 클릭합니다.

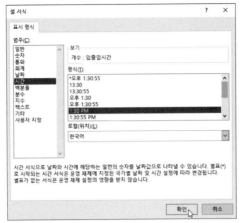

11 [값 필드 설정] 대화상자도 [확인]을 클릭해 닫습니다.

12 피벗 테이블 보고서에서 출근시간을 확인할 수 있습니다.

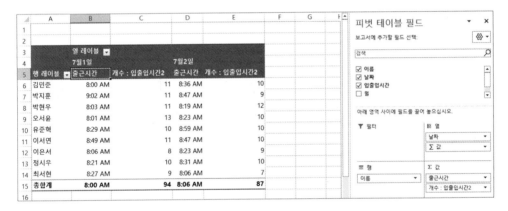

13 04-11 과정을 참고해 [개수 : 입출입시간2] 필드를 **퇴근시간**으로 변경합니다.

> **TIP** 07 과정에서 집계 함수는 [최대]로 선택해야 하며, 08 과정의 이름은 **퇴근시간**으로 변경합니다.

14 완성된 피벗 테이블 보고서는 다음과 같습니다.

행 레이블	7월1일 출근시간	7월1일 퇴근시간	7월2일 출근시간	7월2일 퇴근시간
김민준	8:00 AM	6:40 PM	8:36 AM	6:33 PM
박지훈	9:02 AM	6:15 PM	8:47 AM	6:23 PM
박현우	8:03 AM	7:05 PM	8:19 AM	6:00 PM
오서윤	8:01 AM	7:13 PM	8:23 AM	6:20 PM
유준혁	8:29 AM	7:05 PM	8:59 AM	6:09 PM
이서연	8:49 AM	5:45 PM	8:47 AM	6:14 PM
이은서	8:06 AM	6:41 PM	8:23 AM	6:26 PM
정시우	8:21 AM	6:49 PM	8:31 AM	6:12 PM
최서현	8:27 AM	6:46 PM	8:06 AM	6:21 PM
총합계	8:00 AM	7:13 PM	8:06 AM	6:33 PM

피벗 보고서 활용 팁

피벗에서 GETPIVOTDATA 함수 사용하기

예제 파일 PART 02 \ CHAPTER 04 \ GETPIVOTDATA 함수.xlsx

GETPIVOTDATA 함수

피벗 테이블 보고서의 [값] 영역 내 셀을 참조하면 GETPIVOTDATA 함수가 사용된 수식이 반환됩니다. GETPIVOTDATA 함수에 대한 설명은 아래를 참고합니다.

> **GETPIVOTDATA (❶ 참조 필드, ❷ 시작 셀, ❸ 필드1, ❹ 항목1, ❺ 필드2, ❻ 항목2, ⋯)**

피벗 테이블 보고서 내에서 조건에 맞는 [값] 영역의 집계한 값을 참조해 반환합니다.

❶ 참조 필드	참조할 [값] 영역 내 필드	❸ 필드	참조할 값이 속한 [행] 또는 [열] 영역 내 필드
❷ 시작 셀	피벗 테이블 보고서의 좌측 상단 첫 번째 셀	❹ 항목	참조할 값이 속한 필드의 항목

주의 사항

- 피벗 테이블 보고서 내의 [값] 영역 내 필드 항목을 참조할 때 자동으로 사용됩니다.
- [행], [열], [필터] 영역 내 필드 항목을 참조할 때는 GETPIVOTDATA 함수를 사용할 수 없습니다.

만약 피벗 테이블 보고서의 [값] 영역 내 셀을 참조할 때 GETPIVOTDATA 함수를 사용한 수식이 반환되지 않는다면 다음 과정을 참고해 문제를 해결합니다.

01 피벗 테이블 보고서에서 임의의 셀을 하나 클릭합니다.

02 [피벗 테이블 분석] 탭–[피벗 테이블] 그룹–[옵션]의 아래 화살표⌄를 클릭합니다.

03 하위 메뉴에서 [GetPivotData 생성]을 선택합니다.

피벗 테이블 보고서의 [값] 영역에 집계된 데이터를 참조

피벗 테이블 보고서는 유용하지만 보고서 양식으로 사용하기에 적합하지 않은 경우가 많습니다. 따라서 별도의 집계 보고서를 사용한다면 피벗 테이블 보고서로 집계된 데이터를 참조하는 것이 편리합니다. 다음 과정을 참고합니다.

01 예제의 피벗 테이블 보고서에 집계된 결과를 오른쪽 표에 참조하겠습니다.

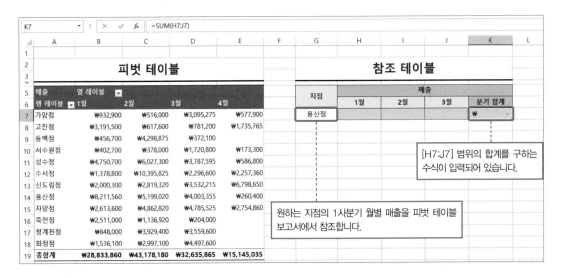

02 [H7] 셀에 용산점의 1월 매출을 참조하겠습니다.

03 [H7] 셀에 등호(=)를 입력하고 [B14] 셀을 클릭한 후 Enter 를 눌러 참조하면 다음과 같은 수식이 반환됩니다.

=GETPIVOTDATA("판매액", $A$5, "판매처", "용산점", "월", 1)

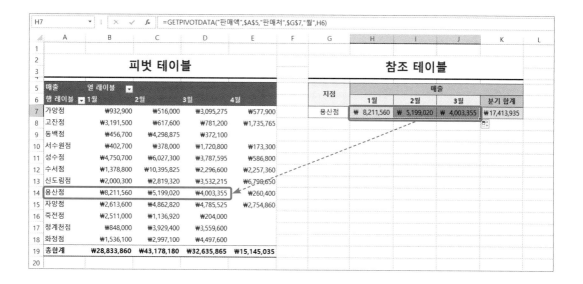

더 알아보기 수식 이해하기

피벗 테이블 보고서 내 [값] 영역에 집계된 셀을 참조하면 **=B14**와 같이 입력되는 것이 아니라 **GETPIVOTDATA** 함수를 사용한 수식이 반환됩니다. 이번 참조 작업 후 수식 입력줄의 수식을 보면 다음과 같습니다.

=GETPIVOTDATA("판매액", $A$5, "판매처", "용산점", "월", 1)

이 수식은 [A5] 셀부터 시작되는 피벗 테이블 보고서에서 [판매액] 필드의 집계한 값을 참조하는데, [판매처] 필드의 항목이 **"용산점"**이고, **"월"** 필드의 항목이 **1(월)**인 경우를 의미합니다. 주의할 점은 [월] 필드의 항목을 매칭할 때 **1**만 표시되는 것입니다. [월] 필드는 그룹 필드여서 참조할 때 숫자만 GETPIVOTDATA 함수 내에 표시되지만, **"1월"**과 같은 조건으로 변경해도 동일한 결과를 얻을 수 있습니다.

04 [H7] 셀의 수식을 다음과 같이 수정하고 채우기 핸들➕을 [J7] 셀까지 드래그합니다.

=GETPIVOTDATA("판매액", $A$5, "판매처", $G$7, "월", H6)

더 알아보기 수식 이해하기

GETPIVOTDATA 함수 내 조건 부분인 네 번째, 여섯 번째 인수만 수정합니다. 네 번째 인수는 [판매처] 필드의 조건으로, 이 값은 [G7] 셀에 입력되어 있고 수식을 오른쪽으로 복사할 것이므로 참조 위치가 변경되지 않도록 **$G$7**과 같이 절대 참조 방식으로 참조합니다. 여섯 번째 인수는 [월] 필드의 조건으로 [H6] 셀부터 [J6] 셀까지의 범위를 참조하므로 위치가 변경되도록 **H6**과 같이 상대 참조 방식으로 참조합니다.

05 [G7] 셀의 값을 **수서점**으로 변경해 정확한 값이 참조되는지 확인합니다.

| G7 | ▼ | : | × | ✓ | fx | 수서점 |

	A	B	C	D	E	F	G	H	I	J	K	L
1												
2			**피벗 테이블**						**참조 테이블**			
3												
5	매출	열 레이블 ▼					지점			매출		
6	행 레이블 ▼	1월	2월	3월	4월			1월	2월	3월	분기 합계	
7	가양점	₩932,900	₩516,000	₩3,095,275	₩577,900		수서점	₩ 1,378,800	₩10,395,825	₩ 2,296,600	₩14,071,225	
8	고잔점	₩3,191,500	₩617,600	₩781,200	₩1,735,765							
9	동백점	₩456,700	₩4,298,875	₩372,100								
10	서수원점	₩402,700	₩378,000	₩1,720,800	₩173,300							
11	성수점	₩4,750,700	₩6,027,300	₩3,787,595	₩586,800							
12	수서점	₩1,378,800	₩10,395,825	₩2,296,600	₩2,257,360							
13	신도림점	₩2,000,300	₩2,819,320	₩3,532,215	₩6,798,650							
14	용산점	₩8,211,560	₩5,199,020	₩4,003,355	₩260,400							
15	자양점	₩2,613,600	₩4,862,820	₩4,785,525	₩2,754,860							
16	죽전점	₩2,511,000	₩1,136,920	₩204,000								
17	청계천점	₩848,000	₩3,929,400	₩3,559,600								
18	화정점	₩1,536,100	₩2,997,100	₩4,497,600								
19	총합계	₩28,833,860	₩43,178,180	₩32,635,865	₩15,145,035							
20												

피벗 보고서 활용 팁

04.12 피벗 테이블 보고서 자동 갱신하기

예제 파일 PART 02 \ CHAPTER 04 \ 새로 고침.xlsx, 새로 고침 (매크로).txt

피벗 테이블, 피벗 캐시, 새로 고침

피벗 테이블 보고서는 수식과 달리 원본과 바로 연결되어 있지 않고 중간에 캐시 영역을 생성해 캐시 영역 내 데이터를 가지고 생성합니다.

이 과정에서 피벗 캐시 영역 내 데이터는 원본과 연결이 끊겨 있기 때문에 원본 데이터를 수정해도 피벗 테이블 보고서에 바로 반영되지 않습니다. 확인을 위해 다음 과정을 참고합니다.

01 예제의 [pivot] 시트에는 다음과 같은 판매처 월별 매출 보고서가 있습니다.

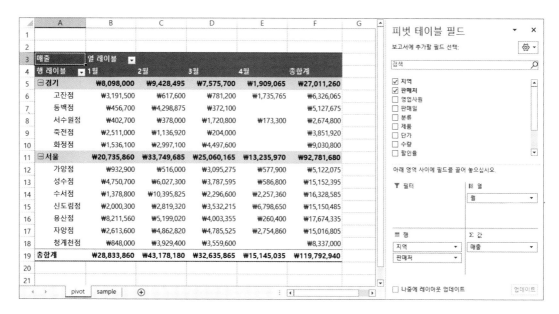

02 원본 시트의 판매처 데이터 중 하나를 수정하고 피벗에서 확인 가능한지 알아보겠습니다.

03 [sample] 시트 탭을 클릭해 원본 데이터 시트로 이동합니다.

04 [B200] 셀의 판매처를 **가양점**에서 **은평점**으로 변경합니다.

	A	B	C	D	E	F	G	H	I	J	K
1	지역	판매처	영업사원	판매일	분류	제품	단가	수량	할인율	판매액	
2	경기	고잔점	박서연	2020-01-02	복사기	컬러레이저복사기 XI-3200	1,176,000	3	15%	2,998,800	
3	서울	가양점	최준혁	2020-01-02	바코드스캐너	바코드 Z-350	48,300	3	0%	144,900	
4	서울	성수점	박시우	2020-01-02	팩스	잉크젯팩시밀리 FX-1050	47,400	3	0%	142,200	
5	경기	고잔점	박서연	2020-01-03	복사용지	프리미엄복사지A4 2500매	17,800	9	0%	160,200	
6	서울	용산점	김수빈	2020-01-03	바코드스캐너	바코드 BCD-100 Plus	86,500	7	0%	605,500	
192	서울	가양점	최민서	2020-04-10	바코드스캐너	바코드 Z-350	53,300	3	0%	159,900	
193	서울	용산점	김수빈	2020-04-13	복사용지	고급복사지A4 500매	3,400	5	0%	17,000	
194	서울	신도림점	박윤서	2020-04-13	문서세단기	오피스 Z-01	39,100	7	0%	273,700	
195	서울	성수점	김서현	2020-04-14	팩스	잉크젯팩시밀리 FX-1000	44,200	9	0%	397,800	
196	서울	자양점	김수민	2020-04-15	복사용지	복사A4 1000매	5,800	2	0%	11,600	
197	서울	신도림점	박윤서	2020-04-15	복합기	잉크젯복합기 AP-3300	75,600	3	0%	226,800	
198	경기	고잔점	박서연	2020-04-16	복사용지	복사A4 500매	2,900	1	0%	2,900	
199	경기	고잔점	이우진	2020-04-16	복합기	레이저복합기 L650	358,900	3	5%	1,022,865	
200	서울	은평점	최준혁	2020-04-16	문서세단기	오피스 Z-03	83,600	5	0%	418,000	
201											
202											

01 과정 화면의 지점이 아니면 어디로 고쳐도 상관 없습니다.

pivot sample

05 [pivot] 시트 탭을 클릭해 피벗 테이블 보고서를 확인하면 **01** 화면과 변화가 없습니다.

06 리본 메뉴의 [피벗 테이블 분석] 탭–[데이터] 그룹–[새로 고침 🔄]을 클릭합니다.

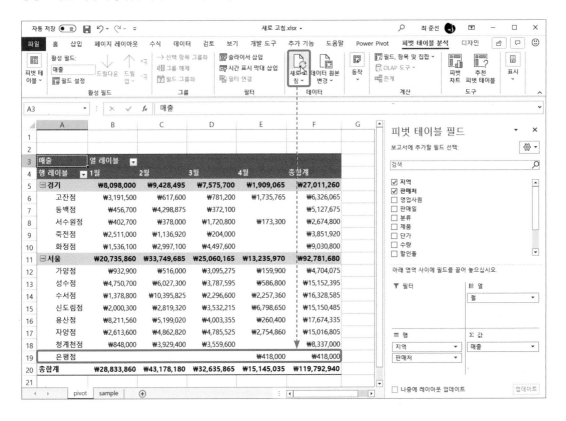

이렇게 피벗 테이블 보고서는 [새로 고침]을 클릭하지 않고는 원본 데이터의 수정된 내역을 반영하지 못하며, 원본에 추가된 데이터 역시 표시하지 못합니다.

피벗 테이블 옵션을 변경해 보고서 자동 갱신

피벗 테이블 보고서에는 자체 설정을 변경할 수 있는 [피벗 테이블 옵션] 대화상자가 제공됩니다. 이 대화상자에는 피벗 테이블 보고서를 자동으로 새로 고쳐주는 옵션이 있습니다. 아래 과정을 참고해 확인합니다.

01 피벗 테이블 보고서 내 임의의 셀을 하나 선택합니다.

02 리본 메뉴의 [피벗 테이블 분석] 탭-[피벗 테이블] 그룹-[옵션📊]을 클릭합니다.

TIP 또는 피벗 테이블 영역에서 마우스 오른쪽 버튼을 클릭하고 [피벗 테이블 옵션]을 선택해도 됩니다.

03 [피벗 테이블 옵션] 대화상자가 열리면 [데이터] 탭을 선택합니다.

04 [파일을 열 때 데이터 새로 고침]에 체크한 후 [확인]을 클릭합니다.

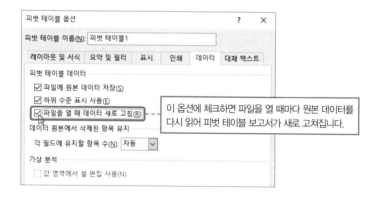

매크로를 이용해 자동 갱신

피벗 테이블 옵션을 변경하는 방법은 편리하지만 즉시 수정되는 것이 아니라 파일을 열 때만 새로 고쳐집니다. 원본 데이터의 변경 사항이 바로 피벗 테이블 보고서에 적용되도록 하려면 매크로를 이용해야 합니다.

01 피벗 테이블 보고서가 삽입된 시트 탭을 마우스 오른쪽 버튼으로 클릭한 후 [코드 보기]를 선택합니다.

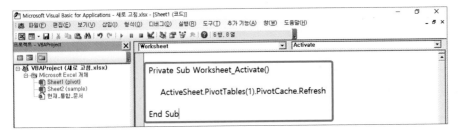

12	가양점	516,000	₩3,095,275	₩159,900	₩4,704,075	
13	성수점	027,300	₩3,787,595	₩586,800	₩15,152,395	
14	수서점	395,825	₩2,296,600	₩2,257,360	₩16,328,585	
15	신도림점	819,320	₩3,532,215	₩6,798,650	₩15,150,485	
16	용산점	199,020	₩4,003,355	₩260,400	₩17,674,335	
17	자양점	862,820	₩4,785,525	₩2,754,860	₩15,016,805	
18	청계천점	929,400	₩3,559,600		₩8,337,000	
19	은평점			₩418,000	₩418,000	
20	**총합계**	78,180	₩32,635,865	₩15,145,035	₩119,792,940	
21						
22						

TIP 매크로를 사용하면 [피벗 테이블 옵션] 대화상자의 설정 작업을 하지 않아도 됩니다.

02 [VB 편집기] 창이 열리면 다음 코드를 입력합니다.

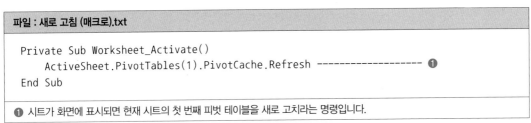

파일 : 새로 고침 (매크로).txt

```
Private Sub Worksheet_Activate()
    ActiveSheet.PivotTables(1).PivotCache.Refresh ------------------- ❶
End Sub
```

❶ 시트가 화면에 표시되면 현재 시트의 첫 번째 피벗 테이블을 새로 고치라는 명령입니다.

---

03 [VB 편집기] 창을 닫고, 등록한 코드가 정상적으로 동작하는지 확인하겠습니다.

04 [sample] 시트로 이동해 [B200] 셀의 **은평점**을 **가양점**으로 수정합니다.

▲	A	B	C	D	E	F	G	H	I	J	K
1	지역	판매처	영업사원	판매일	분류	제품	단가	수량	할인율	판매액	
2	경기	고잔점	박서연	2020-01-02	복사기	컬러레이저복사기 XI-3200	1,176,000	3	15%	2,998,800	
3	서울	가양점	최준혁	2020-01-02	바코드스캐너	바코드 Z-350	48,300	3	0%	144,900	
4	서울	성수점	박시우	2020-01-02	팩스	잉크젯팩시밀리 FX-1050	47,400	3	0%	142,200	
5	경기	고잔점	박서연	2020-01-03	복사용지	프리미엄복사지A4 2500매	17,800	9	0%	160,200	
6	서울	용산점	김수빈	2020-01-03	바코드스캐너	바코드 BCD-100 Plus	86,500	7	0%	605,500	
192	서울	가양점	최민서	2020-04-10	바코드스캐너	바코드 Z-350	53,300	3	0%	159,900	
193	서울	용산점	김수빈	2020-04-13	복사용지	고급복사지A4 500매	3,400	5	0%	17,000	
194	서울	신도림점	박윤서	2020-04-13	문서세단기	오피스 Z-01	39,100	7	0%	273,700	
195	서울	성수점	김서현	2020-04-14	팩스	잉크젯팩시밀리 FX-1000	44,200	9	0%	397,800	
196	서울	자양점	김수민	2020-04-15	복사용지	복사지A4 1000매	5,800	2	0%	11,600	
197	서울	신도림점	박윤서	2020-04-15	복합기	잉크젯복합기 AP-3300	75,600	3	0%	226,800	
198	경기	고잔점	박서연	2020-04-16	복사용지	복사지A4 500매	2,900	1	0%	2,900	
199	경기	고잔점	이우진	2020-04-16	복합기	레이저복합기 L650	358,900	3	5%	1,022,865	
200	서울	가양점	최준혁	2020-04-16	문서세단기	오피스 Z-03	83,600	5	0%	418,000	
201											

05 [pivot] 시트로 이동해 피벗 테이블 보고서를 확인합니다.

06 [새로 고침 📄]을 클릭하지 않아도 **04** 과정에서 **가양점**으로 수정한 **은평점**은 더 이상 표시되지 않습니다.

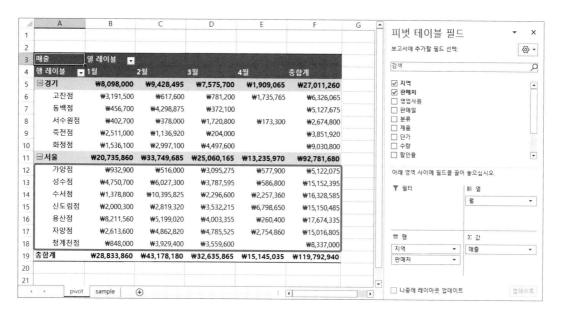

07 **02** 과정에서 매크로 기능을 추가했으므로 매크로 사용 통합 문서로 저장합니다.

08 F12 를 눌러 [다른 이름으로 저장] 대화상자를 엽니다.

09 [파일 형식]에서 [Excel 매크로 사용 통합 문서]를 선택하고 [저장]을 클릭합니다.

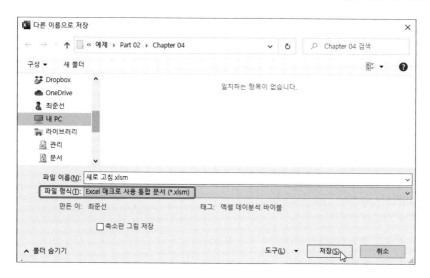

10 저장된 매크로 사용 통합 문서를 열면 [보안 경고] 메시지 줄이 표시됩니다.

11 [콘텐츠 사용]을 클릭해 매크로를 사용할 수 있도록 허가합니다.

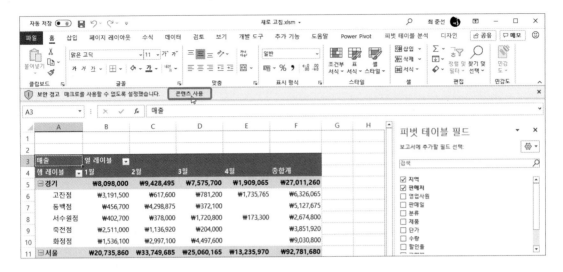

> **TIP** 엑셀 2010 이상 버전에서는 [보안 경고] 메시지 줄은 파일을 처음 열 때 한 번만 표시되고, [콘텐츠 사용]을 클릭하면 다음부터는 더 이상 표시되지 않습니다.

그룹 필드

04 13 날짜 필드로 연, 분기, 월 그룹 필드 만들기

예제 파일 PART 02 \ CHAPTER 04 \ 그룹화—날짜.xlsx

날짜 그룹 필드 생성

날짜 데이터가 있는 필드를 그룹 필드로 생성하면 연, 분기, 월, 일 등의 다양한 날짜 단위를 갖는 그룹 필드를 자동으로 생성할 수 있습니다. 엑셀 2016 버전부터는 사용자가 따로 설정하지 않아도 날짜 필드를 피벗 테이블 보고서에 추가하면 그룹 필드가 생성되지만, 원하는 날짜 단위만 사용하려면 정확하게 날짜 그룹 필드를 생성하는 방법을 알고 있어야 합니다. 다음 과정을 참고합니다.

01 예제를 열면 지역별 매출이 집계된 피벗 테이블 보고서를 확인할 수 있습니다.

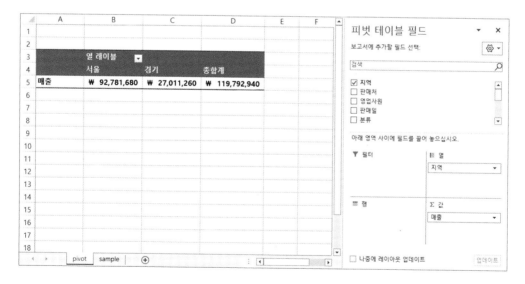

02 [피벗 테이블 필드] 작업 창에서 [판매일] 필드를 체크합니다.

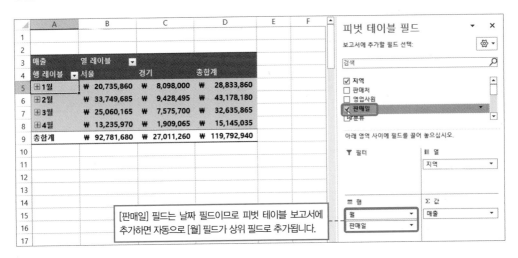

[판매일] 필드는 날짜 필드이므로 피벗 테이블 보고서에 추가하면 자동으로 [월] 필드가 상위 필드로 추가됩니다.

🔍 **더 알아보기** | **날짜/시간 필드의 자동 그룹화 기능 이해하기**

엑셀 2016 이상 버전에서는 날짜/시간 필드를 피벗 테이블 보고서에 삽입하면 자동으로 상위 날짜 단위를 갖는 그룹 필드가 생성됩니다. 이를 자동 그룹화라고 합니다. 예제 데이터의 경우 원본 데이터에 2020년 1월부터 4월까지의 데이터만 있으므로 [분기]와 [연] 필드는 생성되지 않고 [월] 필드만 생성되었습니다. 원본에 1년 이상의 날짜 데이터가 있다면 [분기]와 [연] 필드도 자동으로 생성됩니다. 자동 그룹화 기능이 불편하다면 Excel 옵션을 변경해 해제할 수 있습니다. 다음 과정을 참고합니다.

01 리본 메뉴의 [파일] 탭 – [옵션]을 클릭합니다.

02 [Excel 옵션] 대화상자에서 [데이터]를 선택합니다.

TIP 엑셀 2016 버전에서는 [고급]을 클릭합니다.

03 [피벗 테이블에서 날짜/시간 열의 자동 그룹화 사용 안 함] 옵션에 체크합니다.

TIP 엑셀 2016 버전에서는 [데이터] 그룹 내에 옵션이 제공됩니다.

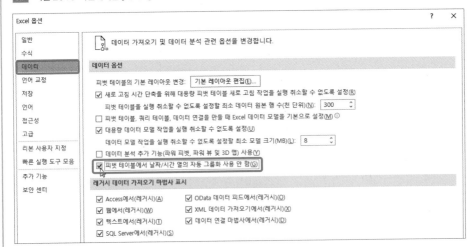

04 [확인]을 클릭합니다.

이렇게 설정하면 이후에 날짜/시간 필드를 피벗 테이블 보고서에 추가해도 그룹 필드가 자동으로 생성되지 않습니다.

03 생성된 [판매일] 필드의 그룹 필드 설정을 변경해 원하는 그룹 필드를 직접 생성하겠습니다.

04 [판매일] 필드 내 항목을 하나([A5] 셀) 선택합니다.

05 리본 메뉴의 [피벗 테이블 분석] 탭−[그룹] 그룹−[필드 그룹화⁷]를 클릭합니다.

TIP 엑셀 2013 버전에서는 [그룹 필드]를 클릭합니다.

06 [그룹화] 대화상자의 [단위] 목록에서, [연], [분기]를 추가로 선택하고 [확인]을 클릭합니다.

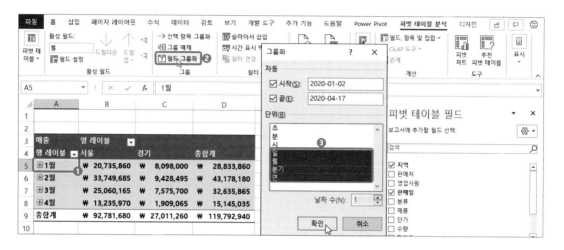

🔍 **더 알아보기**　　**날짜 필드의 그룹 필드 생성 규칙**

[그룹화] 대화상자에서 날짜 단위를 선택하면 지정한 단위의 그룹 필드가 생성됩니다. 이때 [단위]에서 선택한 제일 작은 날짜 단위(예제에서는 '일')는 기존 필드(판매일)에 표시되고 상위 날짜 단위(연, 분기, 월)는 새로운 필드로 생성됩니다. 그러므로 일별 분석 작업을 하지 않는다고 해도 [일] 필드를 선택해야 [월] 그룹 필드가 생성됩니다.

---

07 [행] 영역에 연, 분기, 월, 일 순으로 날짜가 표시됩니다.

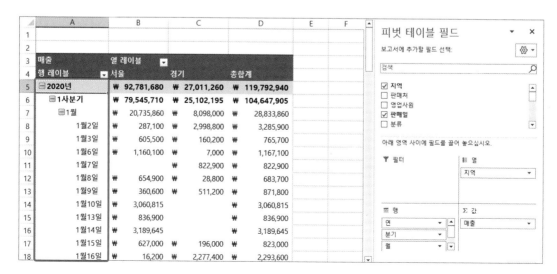

08 [월] 단위까지 매출을 표시하려면 [일] 단위를 피벗 테이블 보고서에서 제거해야 합니다.

09 [피벗 테이블 필드] 작업 창에서 [판매일] 필드의 체크를 해제합니다.

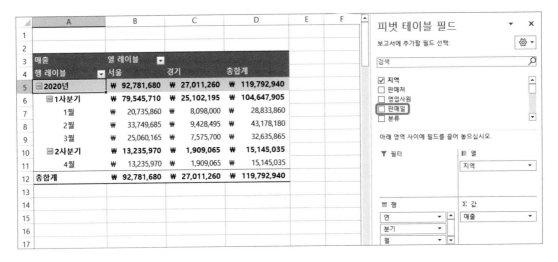

엑셀 2013 버전까지의 그룹 필드 단점

엑셀 2013 이전 버전까지는 날짜 그룹 필드를 사용할 때 상위 단위에 해당하는 필드의 부분합이 자동으로 표시되지 않습니다. 예제에서는 2020년과 1사분기, 2사분기 부분합이 5행, 6행, 10행에 모두 표시되지만, 엑셀 2013 이전 버전에서는 표시되지 않는 것이 정상입니다.

엑셀 2013을 포함한 하위 버전을 사용한다면 다음 방법을 참고합니다.

01 [연] 필드의 항목을 하나([A5] 셀) 선택합니다.

02 마우스 오른쪽 버튼을 클릭하고 ["연" 부분합]을 선택합니다.

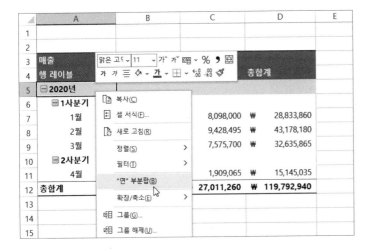

03 [분기] 필드도 동일한 방법으로 작업합니다.

TIP [분기] 필드의 항목을 하나 선택하고 마우스 오른쪽 버튼으로 클릭한 후 ["분기" 부분합]을 선택합니다.

그룹 필드 해제

그룹 필드로 생성된 필드를 더 이상 사용하지 않고 삭제하려면 다음과 같은 방법을 사용합니다.

01 그룹 필드로 생성된 필드의 셀을 하나 선택합니다.

02 리본 메뉴의 [피벗 테이블 분석] 탭-[그룹] 그룹-[그룹 해제 🔲]를 클릭합니다.

그룹 필드를 사용할 때 주의할 점

그룹 필드는 다음과 같은 사항에 주의해 사용해야 합니다.

첫째, 그룹으로 묶은 월, 분기, 연 등의 필드를 다른 기준으로 다시 그룹 필드로 설정할 수 없습니다.

둘째, 데이터 모델을 이용해 생성한 피벗 테이블에서는 그룹 필드 명령을 사용할 수 없습니다.

TIP 자동 그룹화 기능을 이용해 묶인 날짜 필드는 예외입니다.

04 14 숫자 필드를 일정 간격으로 묶은 그룹 필드 생성하기

예제 파일 PART 02 \ CHAPTER 04 \ 그룹화—숫자.xlsx

[그룹화] 기능을 이용한 숫자 필드의 그룹 필드 생성

숫자 필드도 날짜 필드처럼 [그룹화] 대화상자를 이용해 그룹 필드를 생성할 수 있습니다. 다만 숫자 필드의 경우는 단위를 선택하는 것이 아니라 입력하도록 되어 있습니다. 단위는 보통 숫자를 묶으려는 간격을 의미하며, 사용자 데이터에 맞춰 10의 제곱에 해당하는 값이 기본으로 제공됩니다.

숫자 필드에서 호출한 [그룹화] 대화상자는 다음과 같습니다.

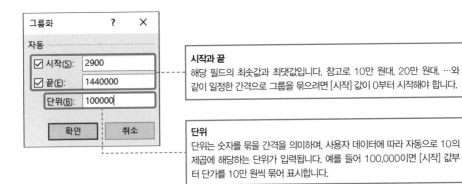

시작과 끝
해당 필드의 최솟값과 최댓값입니다. 참고로 10만 원대, 20만 원대, …와 같이 일정한 간격으로 그룹을 묶으려면 [시작] 값이 0부터 시작해야 합니다.

단위
단위는 숫자를 묶을 간격을 의미하며, 사용자 데이터에 따라 자동으로 10의 제곱에 해당하는 단위가 입력됩니다. 예를 들어 100,000이면 [시작] 값부터 단가를 10만 원씩 묶어 표시합니다.

단가 분석

단가를 의미하는 금액을 원하는 간격으로 묶어 분석하는 그룹 필드를 생성해보겠습니다.

01 예제의 [pivot] 시트를 열면 다음과 같은 단가별 매출 실적 보고서를 확인할 수 있습니다.

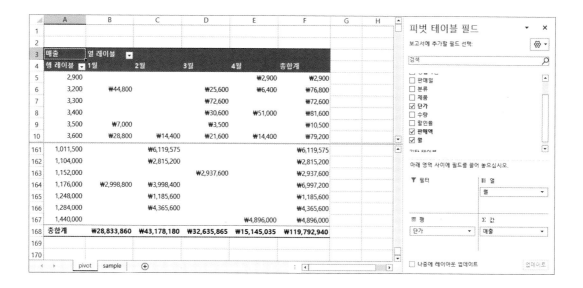

02 [단가] 필드의 셀을 하나([A5] 셀) 선택합니다.

TIP [그룹화] 대화상자를 이용하려면 반드시 항목을 하나만 선택해야 합니다.

03 리본 메뉴의 [피벗 테이블 분석] 탭-[그룹] 그룹-[필드 그룹화 ⏏]를 클릭합니다.

04 [그룹화] 대화상자가 표시되면 [시작] 값을 **0**으로 변경하고 [확인]을 클릭합니다.

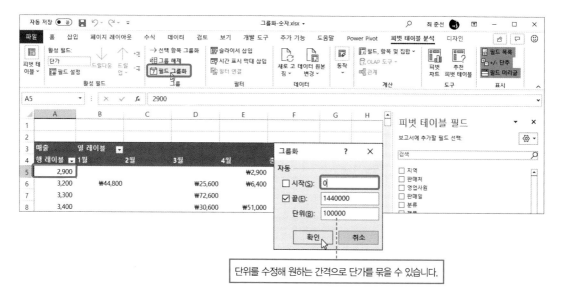

단위를 수정해 원하는 간격으로 단가를 묶을 수 있습니다.

05 단가를 십만 원 간격으로 묶은 결과가 [단가] 필드에 표시됩니다.

	A	B	C	D	E	F	G
1							
2							
3	매출	열 레이블 ▼					
4	행 레이블 ▼	1월	2월	3월	4월	총합계	
5	0-99999	₩9,055,300	₩6,495,800	₩8,361,200	₩2,169,200	₩26,081,500	
6	100000-199999	₩8,051,645	₩7,546,945	₩8,565,095	₩3,251,650	₩27,415,335	
7	200000-299999	₩1,222,650	₩759,000	₩2,459,600	₩1,013,650	₩5,454,900	
8	300000-399999				₩2,513,225	₩2,513,225	
9	400000-499999	₩3,452,550	₩2,894,270	₩2,847,875	₩1,301,310	₩10,496,005	
10	500000-599999	₩2,247,515	₩2,033,570	₩4,169,895		₩8,450,980	
11	600000-699999		₩2,347,920			₩2,347,920	
12	900000-999999		₩2,616,300	₩3,294,600		₩5,910,900	
13	1000000-1099999	₩1,805,400	₩6,119,575			₩7,924,975	
14	1100000-1199999	₩2,998,800	₩6,813,600	₩2,937,600		₩12,750,000	
15	1200000-1299999		₩5,551,200			₩5,551,200	
16	1400000-1499999				₩4,896,000	₩4,896,000	
17	총합계	₩28,833,860	₩43,178,180	₩32,635,865	₩15,145,035	₩119,792,940	
18							

06 묶인 항목을 이해하기 쉽게 표시하려면 [A5:A16] 범위 내 항목을 수정합니다.

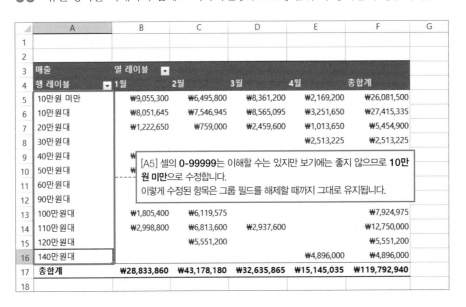

	A	B	C	D	E	F	G
1							
2							
3	매출	열 레이블 ▼					
4	행 레이블 ▼	1월	2월	3월	4월	총합계	
5	10만 원 미만	₩9,055,300	₩6,495,800	₩8,361,200	₩2,169,200	₩26,081,500	
6	10만원대	₩8,051,645	₩7,546,945	₩8,565,095	₩3,251,650	₩27,415,335	
7	20만원대	₩1,222,650	₩759,000	₩2,459,600	₩1,013,650	₩5,454,900	
8	30만원대				₩2,513,225	₩2,513,225	
9	40만원대						
10	50만원대						
11	60만원대						
12	90만원대						
13	100만원대	₩1,805,400	₩6,119,575			₩7,924,975	
14	110만원대	₩2,998,800	₩6,813,600	₩2,937,600		₩12,750,000	
15	120만원대		₩5,551,200			₩5,551,200	
16	140만원대				₩4,896,000	₩4,896,000	
17	총합계	₩28,833,860	₩43,178,180	₩32,635,865	₩15,145,035	₩119,792,940	
18							

> [A5] 셀의 **0-99999**는 이해할 수는 있지만 보기에는 좋지 않으므로 **10만 원 미만**으로 수정합니다.
> 이렇게 수정된 항목은 그룹 필드를 해제할 때까지 그대로 유지됩니다.

07 100만 원 이상을 하나의 항목으로 묶어 표시하겠습니다.

TIP [그룹화]는 일정한 간격으로만 숫자를 묶을 수 있으므로, 이 경우에는 이용하지 못합니다.

08 원본 데이터에 새로운 분류 열을 추가하겠습니다.

09 [sample] 시트로 이동합니다.

10 [단가분류] 열을 새로 만들기 위해 [K1] 셀에 **단가분류**를 입력합니다.

11 [K2] 셀에 다음 수식을 입력하고 [Enter]를 누릅니다.

=IF([@단가]>=1000000, "100만원 이상",
IF([@단가]<100000, "10만원 미만",
INT([@단가]/100000) & "0만원대"))

	A	B	C	D	E	F	G	H	I	J	K	L
K2				fx	=IF([@단가]>=1000000, "100만원 이상", IF([@단가]<100000, "10만원 미만", INT([@단가]/100000) & "0만원대"))						
1	지역	판매처	영업사원	판매일	분류	제품	단가	수량	할인율	판매액	단가분류	
2	경기	고잔점	박서연	2020-01-02	복사기	컬러레이저복사기 XI-3200	1,176,000	3	15%	2,998,800	100만원 이상	
3	서울	가양점	최준혁	2020-01-02	바코드스캐너	바코드 Z-350	48,300	3	0%	144,900	10만원 미만	
4	서울	성수점	박시우	2020-01-02	팩스	잉크젯팩시밀리 FX-1050	47,400	3	0%	142,200	10만원 미만	
5	경기	고잔점	박서연	2020-01-03	복사용지	프리미엄복사지A4 2500매	17,800	9	0%	160,200	10만원 미만	
6	서울	용산점	김수빈	2020-01-03	바코드스캐너	바코드 BCD-100 Plus	86,500	7	0%	605,500	10만원 미만	
190	서울	용산점	김수빈	2020-04-09	복사용지	복사지A4 500매	3,200	2	0%	6,400	10만원 미만	
191	서울	자양점	김수민	2020-04-10	출퇴근기록기	지문인식 FPIN-1000+	123,800	2	0%	247,600	10만원대	
192	서울	가양점	최민서	2020-04-10	바코드스캐너	바코드 Z-350	53,300	3	0%	159,900	10만원 미만	
193	서울	용산점	김수빈	2020-04-13	복사용지	고급복사지A4 500매	3,400	5	0%	17,000	10만원 미만	
194	서울	신도림점	박윤서	2020-04-13	문서세단기	오피스 Z-01	39,100	7	0%	273,700	10만원 미만	
195	서울	성수점	김서현	2020-04-14	팩스	잉크젯팩시밀리 FX-1000	44,200	9	0%	397,800	10만원 미만	
196	서울	자양점	김수민	2020-04-15	복사용지	복사지A4 1000매	5,800	2	0%	11,600	10만원 미만	
197	서울	신도림점	박윤서	2020-04-15	복합기	잉크젯복합기 AP-3300	75,600	3	0%	226,800	10만원 미만	
198	경기	고잔점	박서연	2020-04-16	복사용지	복사지A4 500매	2,900	1	0%	2,900	10만원 미만	
199	경기	고잔점	이우진	2020-04-16	복합기	레이저복합기 L650	358,900	3	5%	1,022,865	30만원대	
200	서울	가양점	최준혁	2020-04-16	문서세단기	오피스 Z-03	83,600	5	0%	418,000	10만원 미만	
201												
202												

pivot / sample

🔍 **더 알아보기**   **수식 이해하기**

이번 수식은 [단가] 필드의 금액을 원하는 조건으로 묶기 위한 것입니다. 사용된 조건은 다음과 같습니다.

첫째, [@단가]>=1000000으로 100만 원 이상인 경우를 분류합니다.

둘째, [@단가]<100000으로 10만 원 미만인 경우를 분류합니다.

셋째. 위에 속하지 않은 단가는 10만 원으로 나눈 몫에 "0만원대" 문자열을 붙여 표시합니다.

단가가 15만 원이라면 10만 원으로 나눈 몫은 1로, "0만원대" 문자열을 붙이면 "10만원대"로 표시합니다.

12 [pivot] 시트로 이동합니다.

13 리본 메뉴의 [피벗 테이블 분석] 탭-[데이터] 그룹-[새로 고침 🔃]을 클릭합니다.

TIP 원본 표에 추가된 열을 피벗에서 사용하려면 보고서를 새로 고쳐야 합니다.

14 [피벗 테이블 필드] 작업 창에서 [단가]의 체크를 해제하고 [단가분류]에 체크합니다.

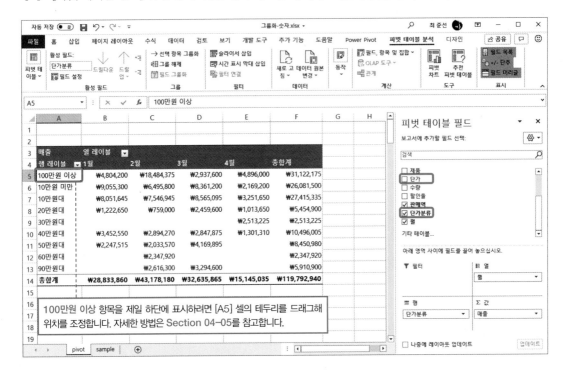

100만원 이상 항목을 제일 하단에 표시하려면 [A5] 셀의 테두리를 드래그해 위치를 조정합니다. 자세한 방법은 Section 04-05를 참고합니다.

원하는 항목끼리 묶은 그룹 필드 생성하기

예제 파일 PART 02 \ CHAPTER 04 \ 그룹화-텍스트.xlsx

원하는 항목을 선택해 그룹 설정

[그룹화]를 이용해 그룹 필드를 생성하는 방법은 정해진 옵션에 해당하는 것들끼리 묶기 때문에 원하는 항목을 직접 선택할 수는 없습니다. 따라서 별도로 항목을 선택해 그룹 필드를 생성할 수 있는 방법인 [선택 항목 그룹화→]와 [그룹 해제⬚] 명령이 제공됩니다.

이 방법을 사용하려면 직접 그룹으로 묶을 항목을 선택하고 [선택 항목 그룹화]를 클릭해 하나씩 그룹을 생성해야 합니다. 잘못 묶인 그룹은 [그룹 해제]를 클릭해 그룹을 해제하고 다시 작업할 수 있습니다. 이 방법은 [그룹화]처럼 특정 데이터 형식(날짜/시간, 숫자)에서만 사용할 수 있는 것이 아니라 엑셀의 모든 데이터 형식에 적용할 수 있습니다. 참고로 [선택 항목 그룹화]는 엑셀 2016 버전부터 명칭이 변경되었습니다. 엑셀 2013 버전까지는 [그룹 선택]입니다.

제품을 원하는 분류로 구분하는 그룹 필드 생성

제품별 매출을 분석하기 위해 별도의 분류를 추가하는 작업을 진행합니다.

01 예제의 [pivot] 시트를 열고, 표시된 제품을 **레이저복합기**와 **잉크젯복합기**로 분류하겠습니다.

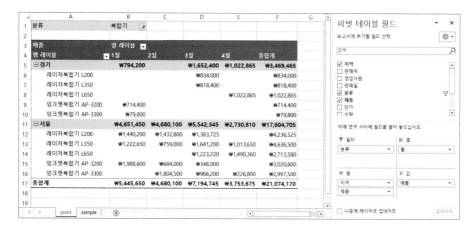

02 먼저 레이저복합기 제품이 있는 [A6:A8] 범위를 드래그해 선택합니다.

03 리본 메뉴의 [피벗 테이블 분석] 탭-[그룹] 그룹-[선택 항목 그룹화 →]를 클릭합니다.

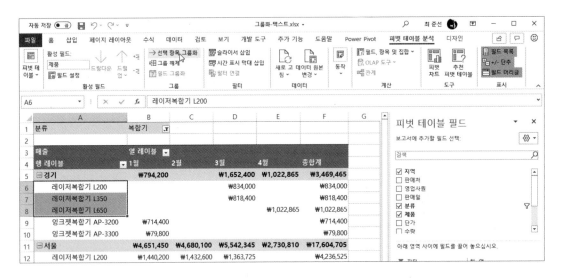

TIP 선택하려는 항목이 떨어져 있다면 Ctrl 을 누르고 각 항목을 클릭합니다.

04 선택한 항목이 [그룹1]로 묶입니다. [그룹1]은 새로 생성된 [제품2] 필드의 항목이 됩니다.

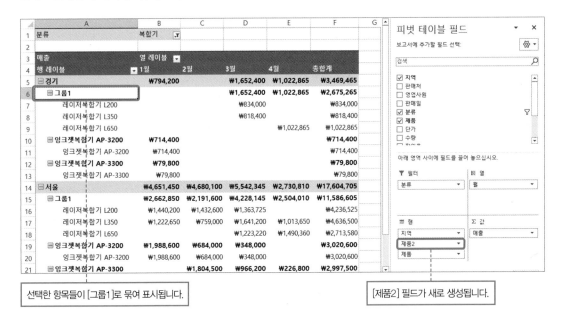

선택한 항목들이 [그룹1]로 묶여 표시됩니다.

[제품2] 필드가 새로 생성됩니다.

05 잉크젯복합기 제품도 묶기 위해 [A10:A13] 범위를 선택합니다.

06 리본 메뉴의 [피벗 테이블 분석] 탭-[그룹] 그룹-[선택 항목 그룹화 →]를 클릭합니다.

07 생성된 [그룹1], [그룹2] 항목의 이름을 다음과 같이 변경합니다.

[A6] 셀 : 그룹1 → 레이저복합기

[A10] 셀 : 그룹2 → 잉크젯복합기

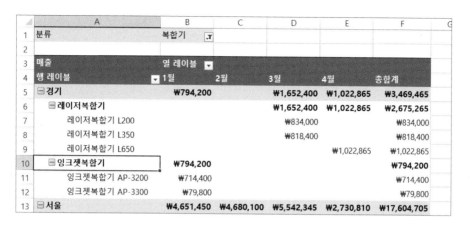

08 [피벗 테이블 필드] 작업 창에서 [제품]의 체크를 해제합니다.

계산 필드

04 16 계산 필드로 부가세 계산하기

예제 파일 PART 02 \ CHAPTER 04 \ 계산 필드.xlsx

계산 필드란

피벗 테이블 보고서는 원본 표에 있는 열만 가지고 만들 수 있습니다. 하지만, 없는 열(필드)도 계산식만 안다면 별도의 [계산 필드] 기능을 이용해 필드를 생성할 수 있습니다. 이렇게 생성된 필드를 **계산 필드**라고합니다.

계산 필드를 생성하려면 리본 메뉴의 [피벗 테이블 분석] 탭-[계산] 그룹-[필드, 항목 및 집합 📠]을 클릭한 후 [계산 필드] 선택합니다. [계산 필드 삽입] 대화상자가 열리면 아래 내용을 참고해 설정합니다.

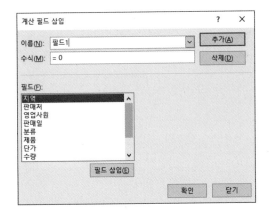

TIP 엑셀 2007 버전에서는 리본 메뉴의 [옵션] 탭-[수식] 그룹-[계산 필드]를 클릭합니다.

설정 항목	설명
[이름]	계산 필드의 이름으로, 기존 필드 이름과 같지 않아야 합니다. 띄어쓰기 등을 사용할 수 없습니다.
[수식]	수식은 다음과 같은 규칙으로 작성합니다. • 셀을 직접 참조할 수 없으며 필드 이름을 사용해 계산할 범위를 참조합니다. • 필드 이름이 띄어쓰기가 되어 있거나 숫자로 시작하면 작은따옴표(')로 묶어 사용합니다. • 필드 이름은 원본 표의 열 머리글을 정확하게 기재해야 합니다. 대화상자의 [필드]에서 사용할 필드를 더블클릭하거나 선택하고 [필드 삽입]을 클릭하면 [수식]에 해당 필드 이름이 자동으로 삽입됩니다.

이렇게 생성된 계산 필드를 삭제하려면 [계산 필드 삽입] 대화상자에서 [이름]의 아래 화살표▼를 클릭해 삭제할 계산 필드를 선택한 후 [삭제]를 클릭합니다.

계산 필드를 생성할 때 주의할 점

계산 필드를 사용하려면 다음 사항에 주의해야 합니다.

● 계산 필드의 수식에는 필드 이름과 숫자만 사용할 수 있습니다.

● 셀 또는 범위를 직접 참조하거나 정의된 이름을 사용할 수 없습니다.

● 피벗 테이블의 [부분합]이나 [총합계] 행/열을 참조해 계산할 수 없습니다.

● 계산 필드의 [총합계] 행/열은 계산된 결과의 합계로 구해지지 않고, 계산 필드의 계산식으로 구해집니다.

● 기존 필드 이름과 동일한 이름은 계산 필드 이름으로 사용할 수 없습니다.

● 데이터 모델을 이용해 생성한 피벗 테이블에서는 계산 필드를 생성할 수 없습니다.

계산 필드 생성

원본 표에 계산되어 있지 않은 필드를 피벗 테이블 보고서에서 계산 필드로 생성해보겠습니다.

01 예제의 [pivot] 시트에는 제품별 판매 실적이 요약되어 있습니다.

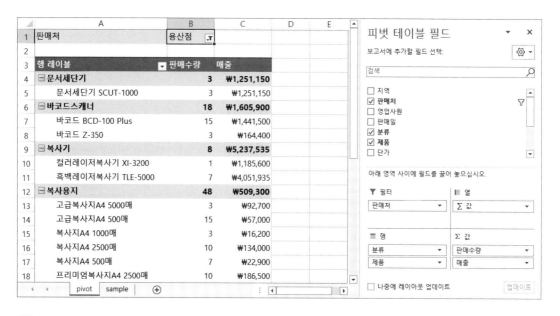

TIP [판매수량] 필드는 [수량] 필드의 합계이고, [매출] 필드는 [판매액] 필드의 합계입니다.

02 C열에 집계된 매출액의 10%에 해당하는 [부가세] 필드를 생성하겠습니다.

TIP [sample] 시트에는 [부가세] 필드가 따로 존재하지 않습니다.

03 리본 메뉴의 [피벗 테이블 분석] 탭–[계산] 그룹–[필드, 항목 및 집합 📷]을 클릭합니다.

04 하위 메뉴에서 [계산 필드]를 선택합니다.

05 [계산 필드 삽입] 대화상자가 열리면 다음과 같이 설정하고 [추가]를 클릭합니다.

[이름] : 부가세

[수식] : =판매액 * 10%

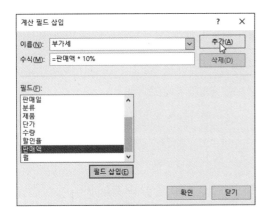

06 [확인]을 클릭해 대화상자를 닫으면 [값] 영역에 [부가세] 필드가 자동으로 삽입됩니다.

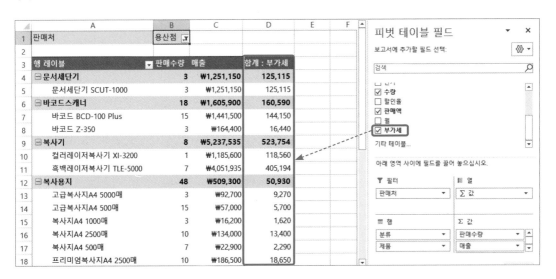

TIP [부가세] 필드는 [피벗 테이블 필드] 작업 창의 필드 목록에서도 확인할 수 있습니다.

계산 필드

계산 필드에서 함수 사용하기

예제 파일 PART 02 \ CHAPTER 04 \ 계산 필드−함수.xlsx

계산 필드에서 함수 사용

계산 필드를 만들 때 엑셀의 함수를 이용할 수 있습니다. 단, 피벗은 필드 단위로 계산되므로 모든 함수를 사용할 수 있는 것은 아닙니다. 계산 필드는 [값] 영역에만 삽입할 수 있기 때문에 계산 결과는 반드시 숫자 데이터가 반환되어야 합니다. 함수에서 사용할 수 있는 데이터도 [값] 영역에 삽입된 필드로 제한됩니다. 따라서 여러모로 아쉬운 부분이 있는 것은 사실입니다.

아무런 제약 없이 필요한 모든 계산식을 만들어 사용하려면 파워 피벗의 DAX 함수를 사용해야 합니다. 이 부분에 대해서는 CHAPTER 05에서 자세히 설명합니다.

함수를 사용하는 계산 필드 생성

원본 표에 존재하지 않는 필드를 계산 필드로 생성하려면 함수를 사용해야 합니다.

01 예제의 [pivot] 시트에는 판매처별 영업사원의 매출이 집계되어 있습니다.

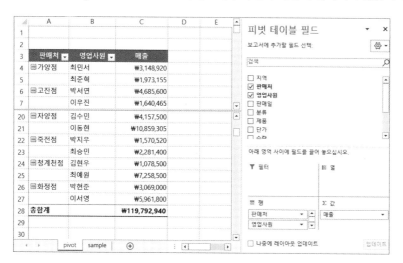

02 매출에 따라 영업사원의 성과급을 계산해보겠습니다. 기준은 다음과 같습니다.

매출 기준	성과급
2,000만 원 이상	매출의 20%
1,000만 원 이상 2,000만 원 미만	매출의 10%
500만 원 이상 1,000만 원 미만	매출의 5%
500만 원 미만	0

TIP 성과급은 천 단위 아래 숫자는 버려 계산합니다.

03 리본 메뉴의 [피벗테이블 분석] 탭-[계산] 그룹-[필드, 항목 및 집합 📖]을 클릭합니다.

04 하위 메뉴에서 [계산 필드]를 선택하고, [계산 필드 삽입] 대화상자에서 다음과 같이 설정한 후 [추가]를 클릭합니다.

[이름] : 성과급

[수식] : =ROUNDDOWN(IF(판매액>=20000000, 판매액 * 20%,
IF(판매액>=10000000, 판매액 * 10%,
IF(판매액>=5000000, 판매액 * 5%, 0))), −3)

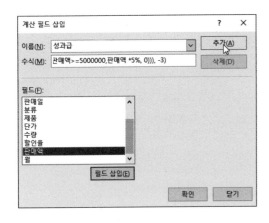

🔍 **더 알아보기**　　**수식 이해하기**

이번에 작성한 수식은 매출([판매액] 필드)에 따라 성과급을 계산합니다. 먼저 IF 함수로 [판매액] 필드의 집계값이 2,000만 원 이상인지, 1,000만 원 이상인지, 500만 원 이상인지 구분한 후 원하는 조건일 때 순서대로 20%, 10%, 5%에 해당하는 금액을 각각 계산해 반환합니다.

그런 다음 계산된 성과급에서 천 단위 아래 금액은 버리도록 ROUNDDOWN 함수를 사용한 것입니다.

　=ROUNDDOWN(성과급, −3)

ROUNDDOWN 함수의 두 번째 인수인 −3은 소수점 왼쪽 세 번째 위치에서 내림하라는 의미입니다.

---

05 [확인]을 클릭해 대화상자를 닫습니다.

06 [값] 영역에 [합계 : 성과급] 필드가 추가됩니다.

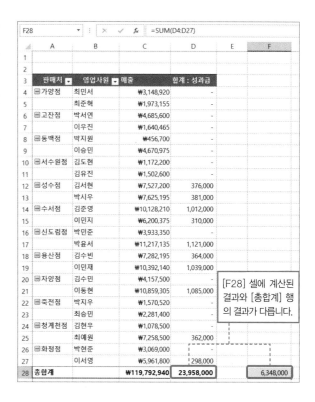

계산 필드와 총합계 행

계산 필드를 사용하는 경우 [총합계] 행은 **합계**가 아니라 계산 필드에서 사용한 **수식**으로 계산됩니다. 그러므로 [D28] 셀은 [성과급] 계산 필드의 수식에 의해 계산된 값입니다. 이것을 확인하기 위해 [F28] 셀에 **=SUM(D4:D27)** 수식을 입력해 합계를 구합니다.

	A	B	C	D	E	F
	판매처	영업사원	매출	합계 : 성과급		
4	가양점	최민서	₩3,148,920	-		
5		최준혁	₩1,973,155	-		
6	고잔점	박서연	₩4,685,600	-		
7		이우진	₩1,640,465	-		
8	동백점	박지원	₩456,700	-		
9		이승민	₩4,670,975	-		
10	서수원점	김도현	₩1,172,200	-		
11		김유진	₩1,502,600	-		
12	성수점	김서현	₩7,527,200	376,000		
13		박시우	₩7,625,195	381,000		
14	수서점	김준영	₩10,128,210	1,012,000		
15		이민지	₩6,200,375	310,000		
16	신도림점	박민준	₩3,933,350	-		
17		박윤서	₩11,217,135	1,121,000		
18	용산점	김수빈	₩7,282,195	364,000		
19		이민재	₩10,392,140	1,039,000		
20	자양점	김수민	₩4,157,500	-		
21		이동현	₩10,859,305	1,085,000		
22	죽전점	박지우	₩1,570,520	-		
23		최승민	₩2,281,400	-		
24	청계천점	김현우	₩1,078,500	-		
25		최예원	₩7,258,500	362,000		
26	화정점	박현준	₩3,069,000	-		
27		이서영	₩5,961,800	298,000		
28	총합계		₩119,792,940	23,958,000		6,348,000

[F28] 셀에 계산된 결과와 [총합계] 행의 결과가 다릅니다.

[F28] 셀의 수식을 **성과급** 계산 필드의 수식으로 수정합니다.

> =ROUNDDOWN(IF(C28>=20000000, C28*20%, IF(C28>=10000000, C28*10%, IF(C28>=5000000, C28*5%))), -3)

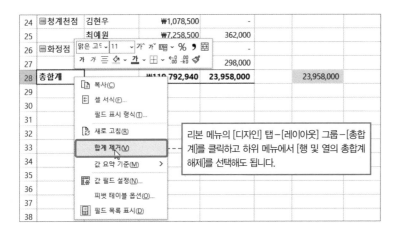

이렇게 계산된 결과는 [D28] 셀의 총합계 결과와 동일합니다. 그러므로 계산 필드를 사용하는 경우에는 [총합계] 행을 확인하고 사용자가 원하는 값이 표시되지 않는다면 [총합계] 행을 표시하지 않는 것이 좋습니다.

[총합계] 행을 표시하지 않으려면 [A28] 셀을 선택하고 마우스 오른쪽 버튼을 클릭한 후 단축 메뉴에서 [합계 제거]를 선택합니다.

참고로 계산 필드를 사용하면서 총합계 행이 올바른 결과를 반환하도록 하려면 파워 피벗을 이용해야 합니다. 이 방법은 CHAPTER 05에서 자세하게 설명하겠습니다.

04 18 피벗 테이블의 평균과 계산 필드를 이용한 가중 평균 구하기

예제 파일 PART 02 \ CHAPTER 04 \ 계산 필드-가중 평균.xlsx

평균과 가중 평균

[값] 영역 집계에 사용할 수 있는 함수 중에서 평균은 산술 평균을 구한 값을 반환합니다. 산술 평균은 기본 적으로 [합계]를 [개수]로 나눈 값으로, 단순하게 해당 범위 내 중앙값을 확인하는 용도로는 유용합니다.

산술 평균도 일반적인 평균값을 구하는 경우만 있는 것이 아니라 가중치를 적용해 구하는 가중 산술 평균 이라는 개념이 있습니다. 가중 산술 평균은 같은 숫자라고 하더라도 어떤 것을 더 중요하게 생각하는지를 평균에 녹여 계산하는 방법입니다.

예를 들어 다음과 같이 이동 거리와 이동 횟수를 정리한 표가 있다고 가정합니다.

거리	이동 횟수
100km	5
120km	4
140km	2

이동 거리의 평균을 구하려면 **=(100+120+140)/3**으로 계산하면 됩니다. 즉 평균 거리는 120km입니다. 하지만 이동 횟수를 가중치로 적용해 계산하면 **=(100*5+120*4+140*2)/(5+4+2)**로 계산한 114.5km가 평균 거리입니다. 즉 114.5km는 이동 횟수를 적용한 가중 산술 평균입니다.

피벗 테이블 보고서를 이용한 가중 산술 평균 계산

피벗 테이블 보고서는 기본적으로 산술 평균으로 구한 값을 반환하므로, 가중 산술 평균을 구하려면 별도 의 계산 필드를 생성해야 합니다. 다음 과정을 참고합니다.

01 예제의 [pivot] 시트에는 다음과 같은 피벗 테이블 보고서가 제공됩니다.

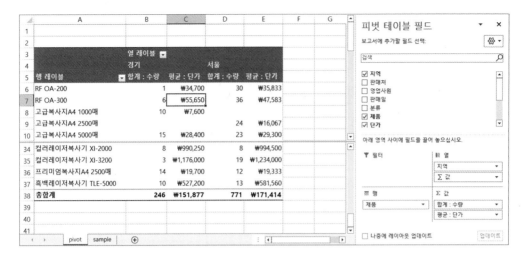

TIP [**평균 : 단가**] 필드는 [단가] 필드를 [값] 영역에 추가하고, 함수를 [합계]에서 [평균]으로 변경한 것입니다.

02 [**평균 : 단가**]가 어떻게 계산되는지 확인하기 위해 [C7] 셀을 더블클릭합니다.

TIP [C7] 셀의 평균 단가는 55,650원입니다.

03 그러면 새 시트에 해당 데이터 집계에 사용된 원본 데이터만 반환됩니다.

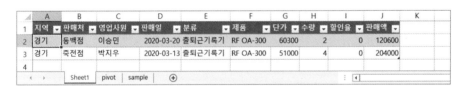

04 [단가] 열의 평균을 구하기 위해 [G5] 셀에 다음 수식을 입력합니다.

=AVERAGE(표1[단가])

🔍 **더 알아보기** **수식 입력 주의**

수식을 입력할 때 원본 범위인 [G2:G3] 범위를 드래그해 범위를 참조해야 합니다. 셀을 더블클릭할 때마다 이런 시트가 생성되며, 그때마다 표 이름이 표1, 표2, 표3, …과 같이 변경되므로, 수식을 **=AVERAGE(표1[단가])**와 같이 입력하면 제대로 된 결과가 반환되지 않을 수 있습니다.

05 반환된 평균은 **02** 과정에서 확인한 평균과 동일합니다.

TIP 수량이 더 많이 판매된 경우의 단가에 가중치를 적용하려면 가중 산술 평균을 구해야 합니다.

06 H열의 수량을 가중치로 적용한 가중 산술 평균을 계산하기 위해 [H5] 셀에 다음 수식을 입력합니다.

=SUMPRODUCT(표1[단가],표1[수량])/SUM(표1[수량])

H5		▼	:	×	✓	fx	=SUMPRODUCT(표1[단가],표1[수량])/SUM(표1[수량])				
⊿	A	B	C	D	E	F	G	H	I	J	K
1	지역	판매처	영업사원	판매일	분류	제품	단가	수량	할인율	판매액	
2	경기	동백점	이승민	2020-03-20	출퇴근기록기	RF OA-300	60300	2	0	120600	
3	경기	죽전점	박지우	2020-03-13	출퇴근기록기	RF OA-300	51000	4	0	204000	
4											
5							55,650	54,100			
6											

🔍 **더 알아보기** **수식 이해하기**

가중 산술 평균을 구하려면 [단가]*[수량]을 [수량]의 합계로 나눠 계산해야 합니다. 먼저 계산에 사용할 [G2:G3] 범위와 [H2:H3] 범위는 드래그해 참조합니다.
SUMPRODUCT 함수는 같은 행에 위치한 셀들끼리 곱한 후 그 값을 더해 반환하므로 가중 산술 평균을 구할 때 유용합니다.

07 피벗 테이블에 가중치를 적용한 평균 단가를 구하겠습니다.

08 먼저 원본 데이터에 [단가]와 [수량]을 곱한 열을 하나 추가해야 합니다.

09 [sample] 시트로 이동해 다음 열을 추가합니다.

[K1] 셀 : 판매액(할인미적용)

[K2] 셀 : =[@단가]*[@수량]

K2		▼	:	×	✓	fx	=[@단가]*[@수량]					
⊿	A	B	C	D	E	F	G	H	I	J	K	L
1	지역	판매처	영업사원	판매일	분류	제품	단가	수량	할인율	판매액	판매액(할인미적용)	
2	경기	고잔점	박서연	2020-01-02	복사기	컬러레이저복사기 XI-3200	1,176,000	3	15%	2,998,800	3,528,000	
3	서울	가양점	최준혁	2020-01-02	바코드스캐너	바코드 Z-350	48,300	3	0%	144,900	144,900	
4	서울	성수점	박시우	2020-01-02	팩스	잉크젯팩시밀리 FX-1050	47,400	3	0%	142,200	142,200	
5	경기	고잔점	박서연	2020-01-03	복사용지	프리미엄복사지A4 2500매	17,800	9	0%	160,200	160,200	
6	서울	용산점	김수빈	2020-01-03	바코드스캐너	바코드 BCD-100 Plus	86,500	7	0%	605,500	605,500	
192	서울	가양점	최민서	2020-04-10	바코드스캐너	바코드 Z-350	53,300	3	0%	159,900	159,900	
193	서울	용산점	김수빈	2020-04-13	복사용지	고급복사지A4 500매	3,400	5	0%	17,000	17,000	
194	서울	신도림점	박윤서	2020-04-13	문서세단기	오피스 Z-01	39,100	7	0%	273,700	273,700	
195	서울	성수점	김서현	2020-04-14	팩스	잉크젯팩시밀리 FX-1000	44,200	9	0%	397,800	397,800	
196	서울	자양점	김수민	2020-04-15	복사용지	복사지A4 1000매	5,800	2	0%	11,600	11,600	
197	서울	신도림점	박윤서	2020-04-15	복합기	잉크젯복합기 AP-3300	75,600	3	0%	226,800	226,800	
198	경기	고잔점	박서연	2020-04-16	복사용지	복사지A4 500매	2,900	1	0%	2,900	2,900	
199	경기	고잔점	이우진	2020-04-16	복합기	레이저복합기 L650	358,900	3	5%	1,022,865	1,076,700	
200	서울	가양점	최준혁	2020-04-16	문서세단기	오피스 Z-03	83,600	5	0%	418,000	418,000	
201												
202												

Sheet1 | pivot | sample | ⊕

평균 단가를 구할 때 수량을 가중치로 적용하려면 [단가] 열과 [수량] 열을 곱한 값을 계산할 필드가 필요합니다. 예제의 J열, 즉 [판매액] 열은 =[단가]*[수량]*(1-[할인율])로 계산하므로 수량만 가중치로 적용한 가중 산술 평균을 구할 때는 사용할 수 없습니다.

10　[pivot] 시트로 이동하고 원본 데이터를 다시 읽어들입니다.

11　리본 메뉴의 [피벗 테이블 분석] 탭-[데이터] 그룹-[새로 고침 🔄]을 클릭합니다.

TIP 이 작업을 해야 **09** 과정에서 추가한 [판매액(할인미적용)] 필드를 사용할 수 있습니다.

12　리본 메뉴의 [피벗 테이블 분석] 탭-[계산] 그룹-[필드, 항목 및 집합 🔢]을 클릭하고 [계산 필드]를 선택합니다.

13　[계산 필드 삽입] 대화상자가 표시되면 다음과 같이 설정하고 [추가]를 클릭합니다.

[이름] : 가중평균단가

[수식] : =‘판매액(할인미적용)’/수량

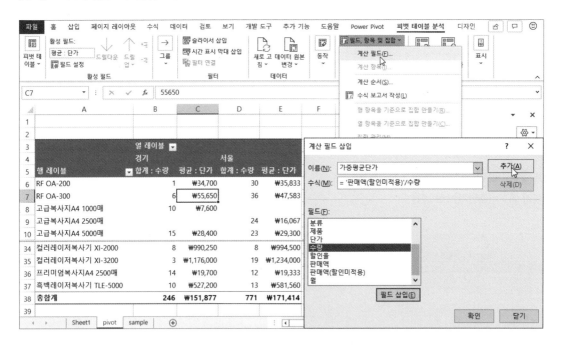

이번 계산식에서 ‘판매액(할인미적용)’ 필드를 사용하지 않고 **=(단가*수량)**과 같은 계산식을 사용하면 편리할 것 같지만 그렇게 할 수는 없습니다. 계산 필드는 값 영역에 집계된 숫자를 대상으로 작업하므로 **=(단가*수량)**과 같이 설정하면 **=SUM(단가)*SUM(수량)**과 같은 방법으로 계산되어 원하는 결과를 얻지 못합니다.

14 [가중평균단가] 계산 필드가 새로 생성됩니다.

▲	A	B	C	D	E	F	G	H
1								
2								
3			열 레이블 🔽					
4			경기			서울		
5	행 레이블 🔽	합계 : 수량	평균 : 단가	합계 : 가중평균단가	합계 : 수량	평균 : 단가	합계 : 가중평균단가	
6	RF OA-200	1	₩34,700	34,700	30	₩35,833	34,727	
7	RF OA-300	6	₩55,650	54,100	36	₩47,583	47,678	
8	고급복사지A4 1000매	10	₩7,600	7,600			#DIV/0!	
9	고급복사지A4 2500매			#DIV/0!	24	₩16,067	16,075	
10	고급복사지A4 5000매	15	₩28,400	28,220	23	₩29,300	28,813	
34	컬러레이저복사기 XI-2000	8	₩990,250	995,563	8	₩994,500	988,125	
35	컬러레이저복사기 XI-3200	3	₩1,176,000	1,176,000	19	₩1,234,000	1,242,947	
36	프리미엄복사지A4 2500매	14	₩19,700	18,679	12	₩19,333	18,992	
37	흑백레이저복사기 TLE-5000	10	₩527,200	527,200	13	₩581,560	595,777	
38	총합계	246	₩151,877	118,795	771	₩171,414	128,553	
39								
40								

🔍 **더 알아보기**   **결과 이해하기**

[D7] 셀에 반환된 [가중평균단가]는 **08** 과정에서 구한 54,100원과 정확하게 일치합니다. 계산된 결과는 신뢰할 수 있지만, 판매
내역이 없는 데이터는 [D9] 셀과 같이 #DIV/0! 에러가 반환됩니다.

---

15 [가중평균단가] 계산 필드에서 반환되는 **#DIV/0!** 에러를 **0**으로 변경하겠습니다.

16 리본 메뉴의 [피벗 테이블 분석] 탭-[계산] 그룹-[필드, 항목 및 집합📝]을 클릭하고 [계산 필드]를
선택합니다.

17 [계산 필드 삽입] 대화상자가 표시되면 [이름]에서 [가중평균단가]를 선택합니다.

18 [수식]을 다음과 같이 수정하고 [수정]을 클릭합니다.

[수식] : =IFERROR('판매액(할인미적용)'/수량, 0)

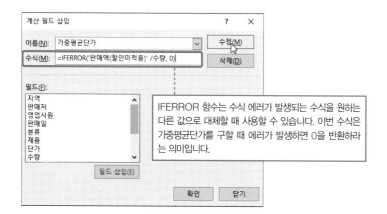

IFERROR 함수는 수식 에러가 발생되는 수식을 원하는
다른 값으로 대체할 때 사용할 수 있습니다. 이번 수식은
가중평균단가를 구할 때 에러가 발생하면 0을 반환하라
는 의미입니다.

19 [확인]을 클릭해 [계산 필드 삽입] 대화상자를 닫으면 다음 결과를 확인할 수 있습니다.

	A	B	C	D	E	F	G	H
3			열 레이블 ▼					
4			경기		서울			
5	행 레이블 ▼	합계 : 수량	평균 : 단가	합계 : 가중평균단가	합계 : 수량	평균 : 단가	합계 : 가중평균단가	
6	RF OA-200	1	₩34,700	34,700	30	₩35,833	34,727	
7	RF OA-300	6	₩55,650	54,100	36	₩47,583	47,678	
8	고급복사지A4 1000매	10	₩7,600	7,600			-	
9	고급복사지A4 2500매			-	24	₩16,067	16,075	
10	고급복사지A4 5000매	15	₩28,400	28,220	23	₩29,300	28,813	
34	컬러레이저복사기 XI-2000	8	₩990,250	995,563	8	₩994,500	988,125	
35	컬러레이저복사기 XI-3200	3	₩1,176,000	1,176,000	19	₩1,234,000	1,242,947	
36	프리미엄복사지A4 2500매	14	₩19,700	18,679	12	₩19,333	18,992	
37	흑백레이저복사기 TLE-5000	10	₩527,200	527,200	13	₩581,560	595,777	
38	총합계	246	₩151,877	118,795	771	₩171,414	128,553	

에러 대신 0이 반환됩니다.

04 19 계산 필드로는 계산하지 못하는 유형 알아보기

예제 파일 PART 02 \ CHAPTER 04 \ 계산 필드-오류.xlsx

계산 필드의 계산 방법

계산 필드는 피벗 테이블 보고서의 [값] 영역에서 사용되므로 계산 필드에서 참조한 필드는 원본 데이터의 [합계]로 구한 결과를 가지고 계산합니다. 그런데 이 방법은 데이터 건별로 하나씩 계산된 결과를 얻은 다음에 [합계]를 구해야 하는 경우에는 적합하지 않습니다.

간단한 개념으로 보이지만 막상 업무에 필요한 계산 작업을 계산 필드로 생성하려는 경우 원하는 결과를 얻을 수 있을지 확신이 서지 않을 수 있습니다. 그럴 경우에는 원본 테이블에 계산된 열을 삽입하고 피벗 테이블에는 [계산 필드]를 생성해 값을 서로 비교해본 후 동일한 결과가 나올 때만 사용하는 것이 좋습니다.

이런 제약 없이 계산된 필드를 사용하려면 **파워 피벗**의 **측정값**을 이용해야 합니다.

매출 필드를 계산 필드로 생성

계산 필드는 계산식을 알고 있다고 해서 무조건 생성할 수 있는 것은 아닙니다. 다음 과정을 통해 계산 필드를 만들 수 있는 경우와 없는 경우를 구분해보기 바랍니다.

01 예제의 [pivot] 시트에는 판매처의 월별 매출이 집계되어 있습니다.

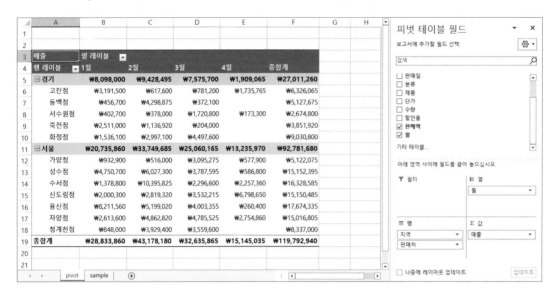

TIP [값] 영역의 [매출] 필드는 [판매액] 필드의 합계를 구한 것입니다.

02 원본 데이터를 확인하기 위해 [sample] 시트로 이동해 [J2] 셀의 수식을 확인합니다.

	A	B	C	D	E	F	G	H	I	J	K
1	지역	판매처	영업사원	판매일	분류	제품	단가	수량	할인율	판매액	
2	경기	고잔점	박서연	2020-01-02	복사기	컬러레이저복사기 XI-3200	1,176,000	3	15%	2,998,800	
3	서울	가양점	최준혁	2020-01-02	바코드스캐너	바코드 Z-350	48,300	3	0%	144,900	
4	서울	성수점	박시우	2020-01-02	팩스	잉크젯팩시밀리 FX-1050	47,400	3	0%	142,200	
5	경기	고잔점	박서연	2020-01-03	복사용지	프리미엄복사지A4 2500매	17,800	9	0%	160,200	
6	서울	용산점	김수빈	2020-01-03	바코드스캐너	바코드 BCD-100 Plus	86,500	7	0%	605,500	
192	서울	가양점	최민서	2020-04-10	바코드스캐너	바코드 Z-350	53,300	3	0%	159,900	
193	서울	용산점	김수빈	2020-04-13	복사용지	고급복사지A4 500매	3,400	5	0%	17,000	
194	서울	신도림점	박윤서	2020-04-13	문서세단기	오피스 Z-01	39,100	7	0%	273,700	
195	서울	성수점	김서현	2020-04-14	팩스	잉크젯팩시밀리 FX-1000	44,200	9	0%	397,800	
196	서울	자양점	김수민	2020-04-15	복사용지	복사지A4 1000매	5,800	2	0%	11,600	
197	서울	신도림점	박윤서	2020-04-15	복합기	잉크젯복합기 AP-3300	75,600	3	0%	226,800	
198	경기	고잔점	박서연	2020-04-16	복사용지	복사지A4 500매	2,900	1	0%	2,900	
199	경기	고잔점	이우진	2020-04-16	복합기	레이저복합기 L650	358,900	3	5%	1,022,865	
200	서울	가양점	최준혁	2020-04-16	문서세단기	오피스 Z-03	83,600	5	0%	418,000	
201											
202											

셀 수식: J2 = =[@단가]*[@수량]*(1-[@할인율])

🔍 **더 알아보기**　　**판매액 열의 계산식 확인**

원본 테이블의 [판매액] 필드는 =[@단가]*[@수량]*(1-[@할인율]) 수식으로 계산되고 있습니다. 만약 계산 필드로 [판매액] 필드를 생성할 수 있다면 원본 표에서 [판매액] 열을 제거할 수 있습니다.

03 피벗 테이블 보고서에서 계산 필드로 [판매액] 필드를 생성해보겠습니다.

04 [pivot] 시트 탭을 클릭합니다.

05 리본 메뉴에서 [피벗 테이블 분석] 탭–[계산] 그룹–[필드, 항목 및 집합🔢]을 클릭합니다.

06 하위 메뉴에서 [계산 필드]를 선택하고 [계산 필드 삽입] 대화상자에서 다음과 같이 설정합니다.

[이름] : 매출(계산)

[수식] : =단가*수량*(1-할인율)

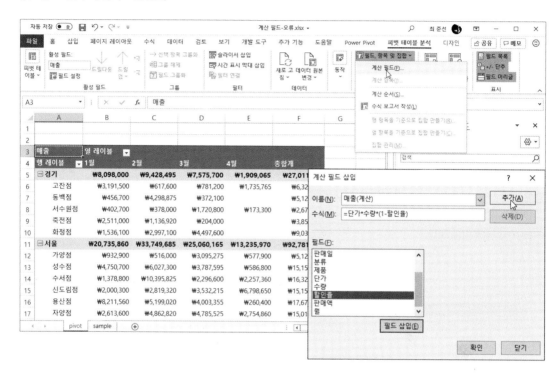

07 [확인]을 클릭해 대화상자를 닫으면 다음과 같은 결과를 얻을 수 있습니다.

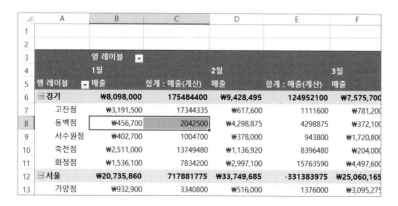

계산 필드의 수식은 원본 필드를 이용해 계산합니다. **06** 과정에서 사용된 수식은 다음과 같습니다.

> =단가*수량*(1−할인율)

위 수식은 다음과 같이 계산됩니다.

> =SUM(단가)*SUM(수량)*(1−SUM(할인율))

[B8:C8] 범위의 숫자만 봐도 차이가 발생하는 것을 확인할 수 있습니다.

---

08   계산 차이를 이해하기 위해 [B8] 셀을 더블클릭해 원본 데이터를 확인합니다.

TIP   피벗 테이블 보고서에서 값 영역 셀을 더블클릭하면 해당 셀을 집계할 때 사용하는 원본 데이터를 엑셀 표로 반환해 줍니다. 버전에 따라 표 이름이 아래 나오는 수식과 다를 수 있기 때문에 표 이름을 먼저 확인해야 합니다. 리본 메뉴의 [테이블 디자인] 탭 – [속성] 그룹 – [표 이름]에서 표 이름을 확인한 뒤 **09** 과정과 **10** 과정에서 수식을 입력할 때 앞의 표 이름을 수정할 수 있어야 합니다.

---

09   새 시트에 데이터가 반환되면 [J6] 셀에 다음 수식을 입력해 결과를 확인합니다.

> **=SUM(표1[판매액])**

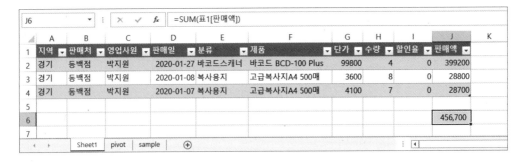

TIP   계산 결과는 피벗 테이블 보고서의 [B8] 셀과 동일합니다.

합계를 구할 때 참조할 [J2:J4] 범위는 드래그해 선택해야 구조적 참조 구문이 정확하게 입력됩니다.

10 계산 필드의 결과도 함께 확인하기 위해 [I6] 셀에 다음 수식을 입력합니다.

> **=SUM(표1[단가])*SUM(표1[수량])*(1−SUM(표1[할인율]))**

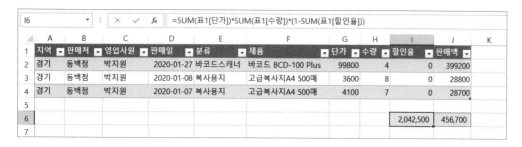

TIP [I6] 셀의 결과는 피벗 테이블 보고서의 [C8] 셀과 동일합니다.

11 [매출(계산)] 필드는 [판매액] 필드를 대체할 수 없으므로 삭제하겠습니다.

TIP 사용하지 못하는 계산 필드는 바로 삭제해야 데이터를 관리하기 좋습니다.

12 리본 메뉴에서 [피벗 테이블 분석] 탭─[계산] 그룹─[필드, 항목 및 집합🔢]을 클릭합니다.

13 하위 메뉴에서 [계산 필드]를 선택합니다.

14 [이름]에서 [매출(계산)]을 선택하고 [삭제]를 클릭합니다.

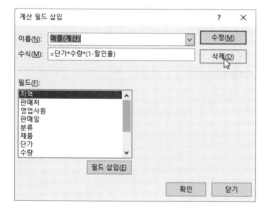

04 20 계산 항목을 이용해 재고 계산하기

예제 파일 PART 02 \ CHAPTER 04 \ 계산 항목.xlsx

계산 항목이란?

필드가 원본 표의 열 전체를 의미하는 것과 달리 항목은 해당 열에 기록된 값 하나를 의미합니다. 계산 항목은 계산 필드와 달리 새로운 필드를 계산해 얻는 것이 아니라 필드 내 새로운 항목을 계산해 추가할 수 있습니다. 계산 항목을 생성하는 방법은 계산 필드와 유사하며 다음 사항에 주의해 사용해야 합니다.

- 계산 항목의 수식에는 해당 필드 내 항목과 숫자만 사용할 수 있습니다. 다른 필드의 항목은 사용할 수 없습니다.
- 계산 필드와 계산 항목을 함께 생성하면 계산 필드가 먼저 계산됩니다.
- 그룹 필드를 사용하는 경우 계산 항목은 생성할 수 없습니다.
- 계산 항목을 생성한 필드는 행과 열 영역에만 추가할 수 있으며 [필터] 영역에는 추가할 수 없습니다.
- 부분합 함수나 [값] 영역에 집계된 필드의 함수로 평균, 표준편차, 분산 등을 사용한 경우에는 계산 항목을 추가할 수 없습니다.

입출고 현황을 이용해 재고 계산

원본 표의 입출고 현황을 이용해 재고를 계산 항목으로 구해보겠습니다.

01 예제의 [sample] 시트에는 다음과 같은 입출고 현황이 기록되어 있습니다.

	A	B	C	D
1	제품 ▼	수량 ▼	구분 ▼	
2	레이저복합기 L350	50	이월	
3	레이저복합기 L500	20	이월	
4	레이저복합기 L650	22	이월	
5	레이저복합기 L950	12	이월	
6	무한레이저복합기 L800C	41	이월	
7	무한잉크젯복합기 AP-3300W	100	이월	
8	무한잉크젯복합기 AP-5500W	27	이월	
9	잉크젯복합기 AP-3200	40	이월	
10	잉크젯복합기 AP-4900	16	이월	
56	컬러레이저복사기 XI-2000	27	입고	
57	컬러레이저복사기 XI-2000	23	입고	
58	레이저복합기 L500	17	출고	
59	컬러레이저복사기 XI-2000	18	입고	
60	컬러레이저복사기 XI-4400	28	입고	
61	레이저복합기 L350	5	출고	
62	컬러레이저복사기 XI-4400	27	입고	
63	흑백레이저복사기 TLE-9000	37	입고	
64				
65				

‹ › pivot sample ⊕

02 [pivot] 시트에서는 원본 데이터를 이용해 만든 입출고 현황 집계를 확인할 수 있습니다.

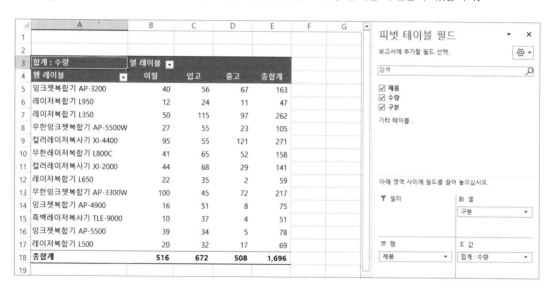

	A	B	C	D	E
3	합계 : 수량	열 레이블 ▼			
4	행 레이블 ▼	이월	입고	출고	총합계
5	잉크젯복합기 AP-3200	40	56	67	163
6	레이저복합기 L950	12	24	11	47
7	레이저복합기 L350	50	115	97	262
8	무한잉크젯복합기 AP-5500W	27	55	23	105
9	컬러레이저복사기 XI-4400	95	55	121	271
10	무한레이저복합기 L800C	41	65	52	158
11	컬러레이저복사기 XI-2000	44	68	29	141
12	레이저복합기 L650	22	35	2	59
13	무한잉크젯복합기 AP-3300W	100	45	72	217
14	잉크젯복합기 AP-4900	16	51	8	75
15	흑백레이저복사기 TLE-9000	10	37	4	51
16	잉크젯복합기 AP-5500	39	34	5	78
17	레이저복합기 L500	20	32	17	69
18	총합계	516	672	508	1,696

피벗 테이블 필드

보고서에 추가할 필드 선택:

검색

☑ 제품
☑ 수량
☑ 구분

기타 테이블...

아래 영역 사이에 필드를 끌어 놓으십시오.

▼ 필터

⊞ 열
구분 ▼

☰ 행
제품 ▼

Σ 값
합계 : 수량 ▼

03 [구분] 필드에 [이월], [입고], [출고] 항목 이외에 [재고] 항목을 계산 항목으로 추가하겠습니다.

🔍 **더 알아보기** **왜 계산 항목일까?**

재고는 [이월], [입고], [출고] 항목을 계산(이월＋입고－출고)해 얻을 수 있습니다. [구분] 열은 필드이고 [구분] 필드 내에 [이월], [입고], [출고]와 같은 항목이 입력되어 있는 것이므로, 재고를 구하려면 계산 필드가 아닌 계산 항목을 사용해야 합니다.

04 계산 항목을 만들 때는 반드시 계산 항목을 추가할 필드 내 항목을 먼저 선택해야 합니다.

05 [B4] 셀(또는 [C5] 셀이나 [D5] 셀)을 선택합니다.

06 리본 메뉴의 [피벗 테이블 분석] 탭-[계산] 그룹-[필드, 항목 및 집합📊]을 클릭합니다.

07 하위 메뉴에서 [계산 항목]을 선택합니다.

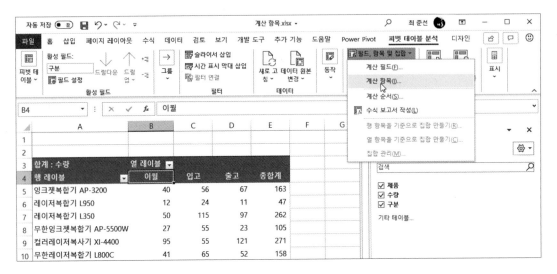

> **TIP** 피벗 테이블 보고서 내의 선택 위치가 잘못되면 [필드, 항목 및 집합]을 클릭했을 때 [계산 항목]이 비활성화될 수 있습니다.

08 ["구분"에 계산 항목 삽입] 대화상자를 다음과 같이 설정하고 [추가]를 클릭합니다.

[이름] : 재고

[수식] : =이월+입고-출고

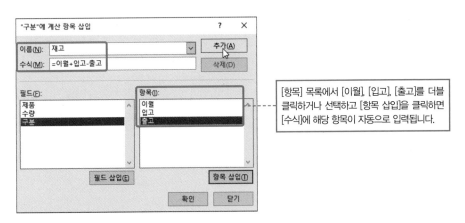

[항목] 목록에서 [이월], [입고], [출고]를 더블 클릭하거나 선택하고 [항목 삽입]을 클릭하면 [수식]에 해당 항목이 자동으로 입력됩니다.

09 E열에 [재고] 계산 항목이 추가됩니다.

10 [총합계] 열은 삭제하겠습니다.

11 [F4] 셀에서 마우스 오른쪽 버튼을 클릭하고 [합계 제거]를 선택합니다.

	A	B	C	D	E	F	G
1							
2							
3	합계 : 수량		열 레이블				
4	행 레이블		이월	입고	출고	재고	총합계
5	잉크젯복합기 AP-3200	40	56	67	29	19	
6	레이저복합기 L950	12	24	11	25		
7	레이저복합기 L350	50	115	97	68	33	
8	무한잉크젯복합기 AP-5500W	27	55	23	59	16	
9	컬러레이저복사기 XI-4400	95	55	121	29	30	
10	무한레이저복합기 L800C	41	65	52	54	2	
11	컬러레이저복사기 XI-2000	44	68	29	83	2	
12	레이저복합기 L650	22	35	2	55		
13	무한잉크젯복합기 AP-3300W	100	45	72	73	29	
14	잉크젯복합기 AP-4900	16	51	8	59	13	
15	흑백레이저복사기 TLE-9000	10	37	4	43	94	
16	잉크젯복합기 AP-5500	39	34	5	68	146	
17	레이저복합기 L500	20	32	17	35	104	
18	총합계	516	672	508	680	2,376	
19							

피벗 테이블 필드

복사(C)
셀 서식(F)...
필드 표시 형식(T)...
새로 고침(R)
합계 제거(V)
값 요약 기준(M)
값 필드 설정(N)...
피벗 테이블 옵션(O)...
필드 목록 숨기기(D)

사이에 필드를 끌어 놓으십시오.

▦ 열
구분 ▼

▦ 행
제품 ▼

Σ 값
합계 : 수량 ▼

🔍 **더 알아보기** | **[총합계] 열을 삭제하는 이유**

이번 피벗 테이블 보고서에서 [총합계] 열은 [구분] 필드 내 숫자를 모두 더한 결과입니다. 즉, 이월＋입고＋출고＋재고의 결과를 반환하는데, 이런 값에는 특별한 이유가 없습니다. 이번 보고서는 재고를 계산하는 것이 목적이므로 [총합계] 열은 필요 없습니다.

값 표시 형식

04 21 피벗 테이블 보고서에 전체 대비 비율 표시하기

예제 파일 PART 02 \ CHAPTER 04 \ 값 표시 형식-비율.xlsx

값 표시 형식이란

값 표시 형식에서 **값**은 [값] 영역을 지칭하고, **표시 형식**은 셀에 적용하는 기능인 [표시 형식]과 동일한 의미입니다. 즉 값 표시 형식은 [값] 영역에 집계된 데이터를 다른 모양으로 바꿔 표시할 수 있다는 의미입니다.

값 표시 형식에는 다양한 표시 형식이 제공됩니다. 구체적으로 설명하면 [값] 영역에 집계된 숫자 데이터를 비율, 증감률, 누계, 순위 등으로 바꿔 표시할 수 있습니다.

자주 사용되는 값 표시 형식은 다음과 같습니다.

값 표시 형식	엑셀 2007 이하 버전	엑셀 2010 이상 버전
전체 대비 비율	전체에 대한 비율	총 합계 비율
	행 방향의 비율	열 합계 비율
	열 방향의 비율	행 합계 비율
		상위 합계 비율
		상위 행 합계 비율
		상위 열 합계 비율
증감률	[기준값]에 대한 비율의 차이	
누계	누계	
		누계 비율
순위		오름차순 순위
		내림차순 순위

위 표에서 같은 행에 있는 것은 동일한 값 표시 형식이며, 엑셀 2010 버전에서 명칭이 변경된 것입니다. 그리고 [상위 합계 비율]과 같이 엑셀 2010 이상 버전에서만 제공되는 값 표시 형식은 새로 추가된 것으로, 엑셀 2007 버전을 포함한 하위 버전에서는 사용할 수 없습니다.

전체 대비 비율을 값 영역에 표시

[값] 영역에 집계된 숫자를 다양한 비율로 바꿔 원하는 결과가 피벗 테이블 보고서에 표시되도록 합니다.

01 예제의 [pivot] 시트에 있는 피벗 테이블에 각 판매처별 매출 비율을 표시하겠습니다.

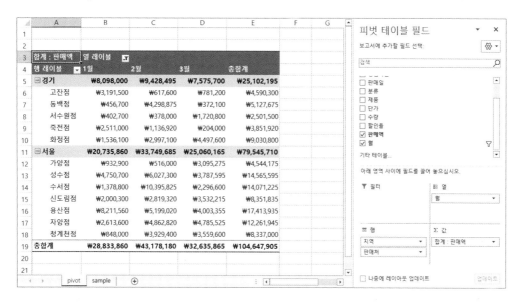

02 매출과 비율을 함께 표시하려면 [판매액] 필드를 한 번 더 추가해야 합니다.

03 [피벗 테이블 필드] 작업 창에서 [판매액] 필드를 드래그해 [값] 영역에 추가합니다.

TIP 추가된 필드는 [합계 : 판매액2] 필드가 됩니다.

04 [값] 영역에 추가된 머리글을 필드의 성격에 맞게 수정합니다.

[B5] 셀 : 매출

[C5] 셀 : 비율

05 [C5] 셀에서 마우스 오른쪽 버튼을 클릭하고 [값 표시 형식]−[총 합계 비율]을 선택합니다.

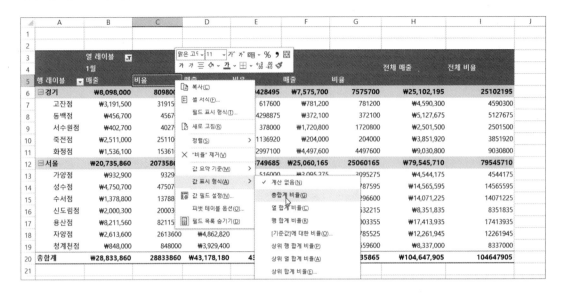

🔍 **더 알아보기** | **엑셀 2007 버전에서 [값 표시 형식] 메뉴 사용 방법**

엑셀 2007 버전은 다른 버전과 달리 마우스 오른쪽 버튼을 클릭할 때 표시되는 단축 메뉴에 [값 표시 형식] 메뉴가 제공되지 않습니다. 그러므로 다음과 같은 방법을 이용해야 합니다.

01 [C5] 셀에서 마우스 오른쪽 버튼을 클릭하고 [값 필드 설정]을 선택합니다.
02 [값 필드 설정] 대화상자에서 [값 표시 형식] 탭을 클릭합니다.
03 [값 표시 형식]에서 [전체에 대한 비율]을 선택합니다.

---

06 [비율] 필드에 1사분기 전체 매출 대비 지역/판매처별 매출 비율이 표시됩니다.

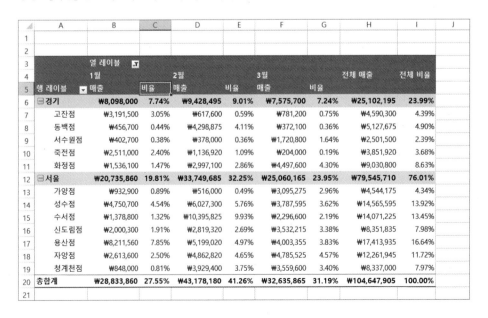

[총 합계 비율]은 엑셀 2007 버전까지는 [전체에 대한 비율]로 표기되었다가 엑셀 2010 버전부터 명칭이 변경되었습니다. [총 합계]란 피벗 테이블 우측 하단 맨 끝 셀의 숫자를 의미하며, 이 보고서에서는 [H20] 셀의 ₩104,647,905입니다. 이 숫자는 1 월부터 3월까지의 전체 매출이므로 1사분기 매출이라고 할 수 있습니다.

이렇게 총 매출(1사분기 매출)을 기준으로 개별 매출의 비율을 표시하려면 [총 합계 비율]을 사용합니다. [총 합계 비율]을 사용하면 피벗 테이블의 맨 끝 셀인 [I20] 셀만 100%가 될 수 있습니다.

07 **05** 과정을 참고해 [비율] 필드의 값 표시 형식을 [열 합계 비율]로 변경합니다.

	A	B	C	D	E	F	G	H	I
3		열 레이블							
4		1월		2월		3월		전체 매출	전체 비율
5	행 레이블	매출	비율	매출	비율	매출	비율		
6	경기	₩8,098,000	28.09%	₩9,428,495	21.84%	₩7,575,700	23.21%	₩25,102,195	23.99%
7	고잔점	₩3,191,500	11.07%	₩617,600	1.43%	₩781,200	2.39%	₩4,590,300	4.39%
8	동백점	₩456,700	1.58%	₩4,298,875	9.96%	₩372,100	1.14%	₩5,127,675	4.90%
9	서수원점	₩402,700	1.40%	₩378,000	0.88%	₩1,720,800	5.27%	₩2,501,500	2.39%
10	죽전점	₩2,511,000	8.71%	₩1,136,920	2.63%	₩204,000	0.63%	₩3,851,920	3.68%
11	화정점	₩1,536,100	5.33%	₩2,997,100	6.94%	₩4,497,600	13.78%	₩9,030,800	8.63%
12	서울	₩20,735,860	71.91%	₩33,749,685	78.16%	₩25,060,165	76.79%	₩79,545,710	76.01%
13	가양점	₩932,900	3.24%	₩516,000	1.20%	₩3,095,275	9.48%	₩4,544,175	4.34%
14	성수점	₩4,750,700	16.48%	₩6,027,300	13.96%	₩3,787,595	11.61%	₩14,565,595	13.92%
15	수서점	₩1,378,800	4.78%	₩10,395,825	24.08%	₩2,296,600	7.04%	₩14,071,225	13.45%
16	신도림점	₩2,000,300	6.94%	₩2,819,320	6.53%	₩3,532,215	10.82%	₩8,351,835	7.98%
17	용산점	₩8,211,560	28.48%	₩5,199,020	12.04%	₩4,003,355	12.27%	₩17,413,935	16.64%
18	자양점	₩2,613,600	9.06%	₩4,862,820	11.26%	₩4,785,525	14.66%	₩12,261,945	11.72%
19	청계천점	₩848,000	2.94%	₩3,929,400	9.10%	₩3,559,600	10.91%	₩8,337,000	7.97%
20	총합계	₩28,833,860	100.00%	₩43,178,180	100.00%	₩32,635,865	100.00%	₩104,647,905	100.00%

[열 합계 비율]은 엑셀 2007 버전까지는 [행 방향 비율]로 표기되었다가 엑셀 2010 버전부터 명칭이 변경되었습니다. [열 합계] 에서 [열]은 세로 방향 데이터 집합을 의미하므로 이 보고서에서는 월 합계입니다. 그러므로 [열 합계 비율]이란 개별 매출을 월의 총합계로 나눈 비율로 표시하라는 의미입니다. [열 합계 비율]을 사용하면 20행의 비율이 모두 100%가 됩니다.

08 **05** 과정을 참고해 [비율] 필드의 값 표시 형식을 [행 합계 비율]로 변경합니다.

	A	B	C	D	E	F	G	H	I	J
3		열 레이블 🔽								
4		1월		2월		3월		전체 매출	전체 비율	
5	행 레이블 🔽	매출	비율	매출	비율	매출	비율			
6	⊟ 경기	₩8,098,000	32.26%	₩9,428,495	37.56%	₩7,575,700	30.18%	₩25,102,195	100.00%	
7	고잔점	₩3,191,500	69.53%	₩617,600	13.45%	₩781,200	17.02%	₩4,590,300	100.00%	
8	동백점	₩456,700	8.91%	₩4,298,875	83.84%	₩372,100	7.26%	₩5,127,675	100.00%	
9	서수원점	₩402,700	16.10%	₩378,000	15.11%	₩1,720,800	68.79%	₩2,501,500	100.00%	
10	죽전점	₩2,511,000	65.19%	₩1,136,920	29.52%	₩204,000	5.30%	₩3,851,920	100.00%	
11	화정점	₩1,536,100	17.01%	₩2,997,100	33.19%	₩4,497,600	49.80%	₩9,030,800	100.00%	
12	⊟ 서울	₩20,735,860	26.07%	₩33,749,685	42.43%	₩25,060,165	31.50%	₩79,545,710	100.00%	
13	가양점	₩932,900	20.53%	₩516,000	11.36%	₩3,095,275	68.12%	₩4,544,175	100.00%	
14	성수점	₩4,750,700	32.62%	₩6,027,300	41.38%	₩3,787,595	26.00%	₩14,565,595	100.00%	
15	수서점	₩1,378,800	9.80%	₩10,395,825	73.88%	₩2,296,600	16.32%	₩14,071,225	100.00%	
16	신도림점	₩2,000,300	23.95%	₩2,819,320	33.76%	₩3,532,215	42.29%	₩8,351,835	100.00%	
17	용산점	₩8,211,560	47.16%	₩5,199,020	29.86%	₩4,003,355	22.99%	₩17,413,935	100.00%	
18	자양점	₩2,613,600	21.31%	₩4,862,820	39.66%	₩4,785,525	39.03%	₩12,261,945	100.00%	
19	청계천점	₩848,000	10.17%	₩3,929,400	47.13%	₩3,559,600	42.70%	₩8,337,000	100.00%	
20	총합계	₩28,833,860	27.55%	₩43,178,180	41.26%	₩32,635,865	31.19%	₩104,647,905	100.00%	

🔍 **더 알아보기**   **[행 합계 비율] 이해하기**

[행 합계 비율]은 엑셀 2007 버전까지는 [열 방향 비율]로 표기되었다가 엑셀 2010 버전부터 명칭이 변경되었습니다. 여기서 행은 가로 방향 데이터 집합을 의미하며, 이 보고서에서는 지역/판매처별 매출입니다. 그러므로 [행 합계 비율]은 개별 매출을 지역/판매처별 총합계로 나눈 비율로 표시하라는 의미가 되며, I열의 비율은 모두 100%가 됩니다.

04-22

상위 필드의 부분합을 기준으로 비율 표시하기

예제 파일 PART 02 \ CHAPTER 04 \ 값 표시 형식—상위 비율.xlsx

총합계가 아닌 상위 필드의 부분합을 사용하는 값 표시 형식

[총합계 비율], [열 합계 비율], [행 합계 비율]은 모두 총합계 행이나 열을 기준으로 비율을 구하는 방식입니다. 하지만 행 또는 열 영역에 여러 개의 필드가 삽입되어 있다면 부분합 행이 표시되는데, 부분합 행을 기준으로 비율을 표시해야 하는 경우도 있습니다.

부분합 행을 대상으로 비율을 계산할 때는 다음 세 가지 값 표시 형식 중 하나를 고를 수 있습니다.

값 표시 형식	설명
상위 행 합계 비율	[행] 영역 필드 내 상위 필드의 부분합 대비 비율을 반환합니다.
상위 열 합계 비율	[열] 영역 필드 내 상위 필드의 부분합 대비 비율을 반환합니다.
상위 합계 비율	선택한 상위 필드의 부분합 대비 비율을 반환하며, 부분합 행 비율은 모두 100%로 표시합니다.

참고로 위에서 설명한 값 표시 형식은 엑셀 2010 이상 버전에서만 사용할 수 있습니다.

다양한 비율 계산 결과를 피벗 테이블 보고서에 표시

[값] 영역에 집계된 계산 결과를 비율로 표시할 때 부분합을 기준으로 비율을 표시하는 작업을 진행합니다.

01 예제의 [pivot] 시트에는 판매처별 매출 실적이 월별로 정리되어 있습니다.

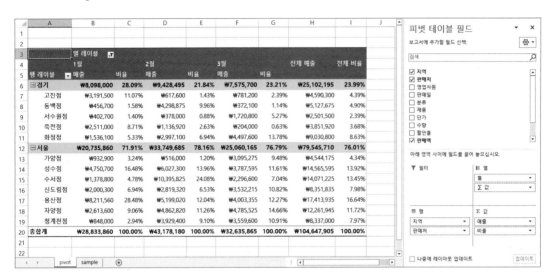

🔍 **더 알아보기**　　**피벗 테이블 보고서 이해하기**

예제의 피벗 테이블 보고서에는 C, E, G열에 이미 [비율] 필드가 삽입되어 있습니다. [비율]은 [판매액] 필드의 합계를 구한 후 [값 표시 형식]의 [열 합계 비율]을 적용한 것입니다. 이 부분이 잘 이해되지 않으면 Section 04-21 내용을 먼저 학습할 것을 권합니다. 피벗 테이블 보고서에는 20행과 H열에 총합계가 계산되어 있습니다. 또한 [행] 영역에는 [지역]과 [판매처] 필드가 삽입되어 있으며, [지역] 필드의 부분합이 6행과 12행에 계산되어 있습니다.

02 [비율] 필드의 비율을 [총합계] 행이 아니라 [지역]의 부분합 행을 기준으로 구하도록 변경하겠습니다.

03 [C5] 셀에서 마우스 오른쪽 버튼을 클릭해 [값 표시 형식]-[상위 행 합계 비율]을 선택합니다.

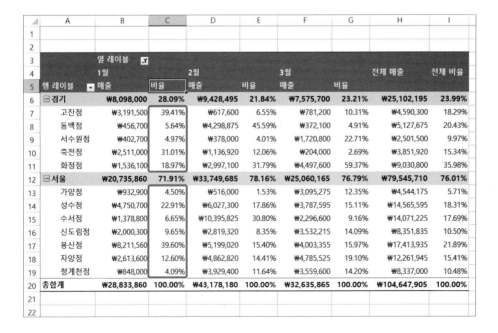

[상위 행 합계 비율]은 기본적으로 [열 합계 비율]과 유사합니다. 둘의 유사성은 20행의 비율이 모두 100%로 표시가 된다는 점과 부분합인 6행과 12행의 합계가 100%가 된다는 점으로 확인할 수 있습니다.

다만 차이가 나는 부분은 판매처별 매출 비율을 계산하는 방법인데, [C7:C11] 범위와 [C13:C19] 범위의 비율 합계는 모두 100%입니다. **01** 과정의 화면과 비교하면 확연하게 차이가 납니다.

이것은 [상위 행 합계 비율]이 [열 합계 비율]과 기본적으로는 동일한 방식으로 계산되지만, 필드가 여러 개 삽입되면 상위 필드의 부분합을 기준으로 하위 필드의 매출을 나눠 표시하기 때문입니다. 즉 [C7] 셀의 고잔점 매출 비율은 **=고잔점 매출/경기 매출**로 계산한 것입니다.

04 예제에서 피벗 테이블 보고서의 [열] 영역에는 [월] 필드밖에 없기 때문에 [값 표시 형식]에서 [상위 열 합계 비율]을 선택하면 [행 합계 비율]을 선택하는 것과 동일합니다.

05 [C5] 셀에서 마우스 오른쪽 버튼을 클릭해 [값 표시 형식]-[상위 열 합계 비율]을 선택합니다.

	A	B	C	D	E	F	G	H	I	J
1										
2										
3		열 레이블 ▼								
4			1월		2월		3월		전체 매출	전체 비율
5	행 레이블 ▼	매출	비율	매출	비율	매출	비율		
6	⊟경기	₩8,098,000	32.26%	₩9,428,495	37.56%	₩7,575,700	30.18%	₩25,102,195	100.00%
7	고잔점	₩3,191,500	69.53%	₩617,600	13.45%	₩781,200	17.02%	₩4,590,300	100.00%
8	동백점	₩456,700	8.91%	₩4,298,875	83.84%	₩372,100	7.26%	₩5,127,675	100.00%
9	서수원점	₩402,700	16.10%	₩378,000	15.11%	₩1,720,800	68.79%	₩2,501,500	100.00%
10	죽전점	₩2,511,000	65.19%	₩1,136,920	29.52%	₩204,000	5.30%	₩3,851,920	100.00%
11	화정점	₩1,536,100	17.01%	₩2,997,100	33.19%	₩4,497,600	49.80%	₩9,030,800	100.00%
12	⊟서울	₩20,735,860	26.07%	₩33,749,685	42.43%	₩25,060,165	31.50%	₩79,545,710	100.00%
13	가양점	₩932,900	20.53%	₩516,000	11.36%	₩3,095,275	68.12%	₩4,544,175	100.00%
14	성수점	₩4,750,700	32.62%	₩6,027,300	41.38%	₩3,787,595	26.00%	₩14,565,595	100.00%
15	수서점	₩1,378,800	9.80%	₩10,395,825	73.88%	₩2,296,600	16.32%	₩14,071,225	100.00%
16	신도림점	₩2,000,300	23.95%	₩2,819,320	33.76%	₩3,532,215	42.29%	₩8,351,835	100.00%
17	용산점	₩8,211,560	47.16%	₩5,199,020	29.86%	₩4,003,355	22.99%	₩17,413,935	100.00%
18	자양점	₩2,613,600	21.31%	₩4,862,820	39.66%	₩4,785,525	39.03%	₩12,261,945	100.00%
19	청계천점	₩848,000	10.17%	₩3,929,400	47.13%	₩3,559,600	42.70%	₩8,337,000	100.00%
20	총합계	₩28,833,860	27.55%	₩43,178,180	41.26%	₩32,635,865	31.19%	₩104,647,905	100.00%
21										

[상위 행 합계 비율]이 [열 합계 비율]과 유사하듯 [상위 열 합계 비율]은 [행 합계 비율]과 유사합니다. 일단, I열의 비율이 100%로 반환되는 것을 보면 [상위 열 합계 비율]과 [행 합계 비율]이 유사하다는 것을 확인할 수 있습니다.

두 표시 형식의 차이를 확인하려면 [상위 열 합계 비율]은 [열] 영역에 여러 개의 필드가 삽입되어 있어야 합니다. 이번 보고서는 [열] 영역에 [월] 필드밖에 없으므로, 이번 결과는 [행 합계 비율]과 동일할 수밖에 없습니다. **05** 과정을 참고해 값 표시 형식을 [행 합계 비율]로 변경해 결과가 동일한지 확인합니다.

06 [상위 행 합계 비율]이나 [상위 열 합계 비율]은 부분합 행의 비율을 100%로 표시하지는 않습니다. 부분합 행의 비율을 100%로 표시하려면 [상위 합계 비율]을 사용합니다.

07 [C5] 셀에서 마우스 오른쪽 버튼을 클릭해 [값 표시 형식]-[상위 합계 비율]을 클릭합니다.

08 [값 표시 형식 (비율)] 대화상자가 나타납니다. [기준 필드]에서 [지역]을 선택하고 [확인]을 클릭합니다.

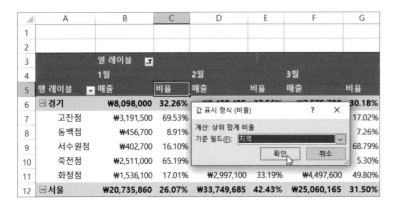

TIP 이번 보고서는 [행] 영역만 두 개의 필드가 추가되어 있고, [행] 영역의 상위 필드는 [지역] 필드입니다.

09 [상위 행 합계 비율] 방식으로 비율이 표시됩니다. 부서별 매출 비율이 100%로 표시된 것을 확인합니다.

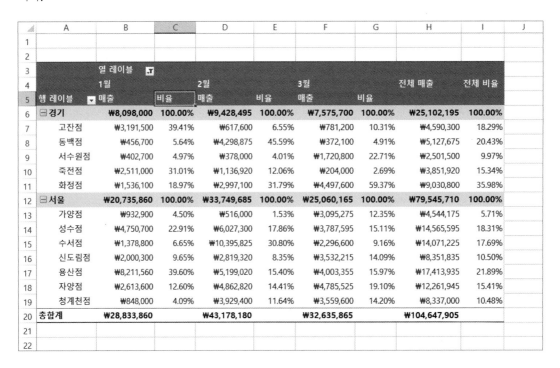

피벗 테이블 보고서로
증감률 표시하기

예제 파일 PART 02 \ CHAPTER 04 \ 값 표시 형식—증감률.xlsx

[값] 영역에서 증감률 구하기

[값 표시 형식]에는 **[기준값]**이라는 용어를 사용하는 표시 형식이 세 개 있습니다. [기준값]은 계산에 기준이 되는 값을 의미합니다. 설명은 아래를 참고합니다.

값 표시 형식	설명
[기준값]과의 차이	필드의 항목 중 하나를 [기준값]으로 정하면 나머지 값을 [기준값]에서 뺀 차이를 표시합니다.
[기준값]에 대한 비율	필드의 항목 중 하나를 [기준값]으로 정하면 나머지 값을 [기준값]으로 나눈 비율을 표시합니다.
[기준값]에 대한 비율의 차이	필드의 항목 중 하나를 [기준값]으로 정하면 [기준값]을 100으로 설정하고 [기준값]에 대한 비율을 먼저 계산한 후 두 비율을 뺀 차이를 표시합니다.

[기준값]에 대한 비율의 차이라는 용어가 어렵게 느껴질 수 있습니다. 원하는 항목을 기준으로 비율을 구하고 그 차이를 구한 것이라고 생각하면 증감률을 구하는 방식인 것을 이해할 수 있을 것입니다.

판매처의 월별 증감률 구하기

피벗 테이블 보고서에서 값 표시 형식을 이용해 증감률을 구하는 작업을 진행합니다.

01 예제를 열고 [pivot] 시트의 [증감률] 필드에 전월 대비 증감률을 표시하겠습니다.

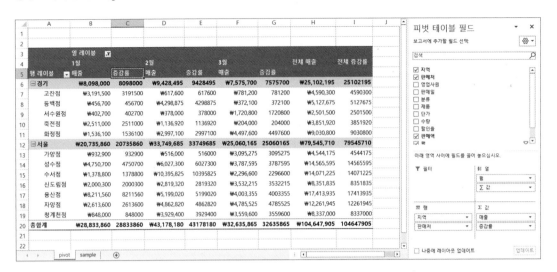

TIP 매출([B5] 셀은 [합계 : 판매] 필드의 이름을, **증감률**([C5] 셀은 [합계 : 판매2] 필드의 이름을 변경해놓은 것입니다.

02 [C5] 셀에서 마우스 오른쪽 버튼을 클릭하고 [값 표시 형식]-[[기준값]에 대한 비율의 차이]를 선택합니다.

03 [값 표시 형식(증감률)] 대화상자가 열리면 [기준 필드]는 [월], [기준 항목]은 [(이전)]을 선택하고 [확인]을 클릭합니다.

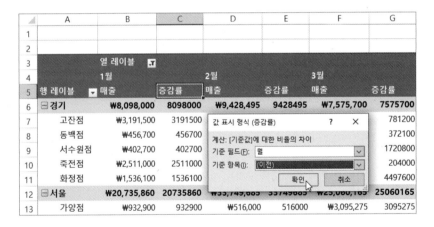

🔍 **더 알아보기**　　**[[기준값]에 대한 비율의 차이] 설정**

[[기준값]에 대한 비율의 차이]로 증감률을 표시하려면 [기준 필드]와 [기준 항목]을 정확히 설정해야 합니다. 이 예제는 월별 판매 실적을 집계한 보고서이므로 증감률은 항상 전월과 비교해 계산해야 합니다. 그러므로 [기준 필드]는 [월] 필드가 되어야 하며 [기준 항목]은 항상 이전 월과 비교한 결과를 표시해야 하므로 [(이전)]을 선택합니다.

04 2월 매출부터 증감률이 표시됩니다.

행 레이블 ▼	1월 매출	증감률	2월 매출	증감률	3월 매출	증감률	전체 매출	전체 증감률
⊟ 경기	₩8,098,000		₩9,428,495	16.43%	₩7,575,700	-19.65%	₩25,102,195	
고잔점	₩3,191,500		₩617,600	-80.65%	₩781,200	26.49%	₩4,590,300	
동백점	₩456,700		₩4,298,875	841.29%	₩372,100	-91.34%	₩5,127,675	
서수원점	₩402,700		₩378,000	-6.13%	₩1,720,800	355.24%	₩2,501,500	
죽전점	₩2,511,000		₩1,136,920	-54.72%	₩204,000	-82.06%	₩3,851,920	
화정점	₩1,536,100		₩2,997,100	95.11%	₩4,497,600	50.07%	₩9,030,800	
⊟ 서울	₩20,735,860		₩33,749,685	62.76%	₩25,060,165	-25.75%	₩79,545,710	
가양점	₩932,900		₩516,000	-44.69%	₩3,095,275	499.86%	₩4,544,175	
성수점	₩4,750,700		₩6,027,300	26.87%	₩3,787,595	-37.16%	₩14,565,595	
수서점	₩1,378,800		₩10,395,825	653.98%	₩2,296,600	-77.91%	₩14,071,225	
신도림점	₩2,000,300		₩2,819,320	40.94%	₩3,532,215	25.29%	₩8,351,835	
용산점	₩8,211,560		₩5,199,020	-36.69%	₩4,003,355	-23.00%	₩17,413,935	
자양점	₩2,613,600		₩4,862,820	86.06%	₩4,785,525	-1.59%	₩12,261,945	
청계천점	₩848,000		₩3,929,400	363.37%	₩3,559,600	-9.41%	₩8,337,000	
총합계	₩28,833,860		₩43,178,180	49.75%	₩32,635,865	-24.42%	₩104,647,905	

TIP 1월은 이전 매출이 없으므로 증감률이 표시되지 않습니다.

04 24 피벗 테이블 보고서에 누계와 누계 비율 구하기

예제 파일 PART 02 \ CHAPTER 04 \ 값 표시 형식-누계.xlsx

누계와 누계 비율

합계는 지정된 범위의 숫자를 모두 더한 값을, 누계는 데이터를 계속해서 합산한 값을 의미합니다. 예를 들어 아래 데이터의 합계와 누계는 다음과 같습니다.

데이터	누계
100	100
200	300
300	600

합계
600

즉, 누계는 데이터가 합산되는 과정을 살펴보는 데 유용한 값입니다. 그리고 누계 비율은 누계의 비율을 구해 계산한 값입니다.

데이터	누계	누계 비율
100	100	17%
200	300	50%
300	600	100%

값 표시 형식으로 제공되는 [누계]와 [누계 비율]을 이용하면 이 결과를 보다 쉽게 얻을 수 있습니다. 참고로 [누계 비율] 표시 형식은 엑셀 2010 이상 버전에서만 사용할 수 있습니다.

지역의 월별 매출 실적 누계 및 누계 비율 확인

지역별 매출 실적을 누계와 누계 비율로 확인해보겠습니다.

01 예제의 [pivot] 시트에는 지역의 월별 매출 실적이 집계되어 있습니다.

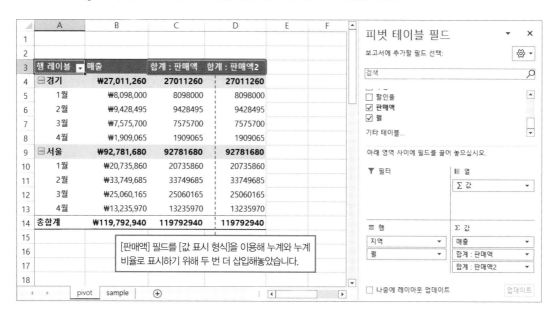

TIP [매출] 필드는 [판매액] 필드를 삽입하고 이름을 변경한 것입니다.

02 먼저 [합계 : 판매액] 필드를 누계로 변경하겠습니다.

03 [C3] 셀에서 마우스 오른쪽 버튼을 클릭한 후 [값 표시 형식]-[누계]를 선택합니다.

04 대화상자가 열리면 [기준 필드]를 [행] 영역의 [월] 필드로 선택하고 [확인]을 클릭합니다.

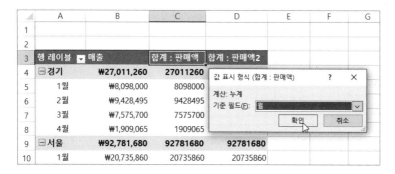

TIP [기준 필드]는 누계를 구할 기준이 되는 필드로, [월]을 선택하면 월별 누계를 구하겠다는 의미입니다.

05 [합계 : 판매액] 필드의 값이 누계로 집계됩니다.

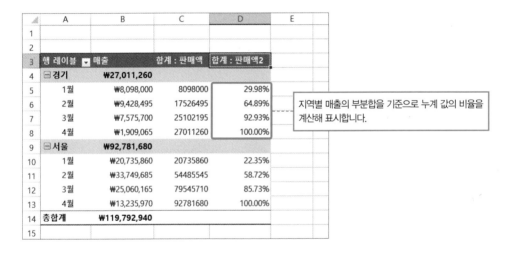

	A	B	C	D	E
1					
2					
3	행 레이블 ▼	매출	합계 : 판매액	합계 : 판매액2	
4	⊟ 경기	₩27,011,260		27011260	
5	1월	₩8,098,000	8098000	8098000	
6	2월	₩9,428,495	17526495	9428495	
7	3월	₩7,575,700	25102195	7575700	
8	4월	₩1,909,065	27011260	1909065	
9	⊟ 서울	₩92,781,680		92781680	
10	1월	₩20,735,860	20735860	20735860	
11	2월	₩33,749,685	54485545	33749685	
12	3월	₩25,060,165	79545710	25060165	
13	4월	₩13,235,970	92781680	13235970	
14	총합계	₩119,792,940		119792940	
15					

> 누계는 매출이 월별로 계속 합산되는 것이기 때문에 누계의 마지막 값[C8]셀은 [경기] 지역 매출의 부분합([B4]셀)과 동일해야 합니다.

06 집계된 누계는 한눈에 들어오지 않으므로, 누계 비율을 구해 표시하겠습니다.

07 [D3] 셀을 선택하고, **03-04** 과정을 참고해 값 표시 형식을 [누계 비율]로 변경합니다.

	A	B	C	D	E
1					
2					
3	행 레이블 ▼	매출	합계 : 판매액	합계 : 판매액2	
4	⊟ 경기	₩27,011,260			
5	1월	₩8,098,000	8098000	29.98%	
6	2월	₩9,428,495	17526495	64.89%	
7	3월	₩7,575,700	25102195	92.93%	
8	4월	₩1,909,065	27011260	100.00%	
9	⊟ 서울	₩92,781,680			
10	1월	₩20,735,860	20735860	22.35%	
11	2월	₩33,749,685	54485545	58.72%	
12	3월	₩25,060,165	79545710	85.73%	
13	4월	₩13,235,970	92781680	100.00%	
14	총합계	₩119,792,940			
15					

> 지역별 매출의 부분합을 기준으로 누계 값의 비율을 계산해 표시합니다.

피벗 테이블을 활용한 데이터 분석

피벗 테이블 보고서에는 잘 알려지지 않은 기능도 많고 업그레이드되거나 새로 추가된 기능도 많습니다. 이런 기능들을 제대로 활용할 수 있다면 피벗 테이블을 이용해 더 많은 분석 작업을 할 수 있습니다. 이번 CHAPTER에서는 CHAPTER 04의 피벗 테이블 보고서를 더욱 돋보이게 사용할 수 있는 다양한 활용 기술에 초점을 맞춰 설명합니다.

슬라이서/시간 표시 막대 활용

05 01 슬라이서를 이용해 피벗 보고서 컨트롤하기

예제 파일 PART 02 \ CHAPTER 05 \ 슬라이서.xlsx

슬라이서

엑셀 2010 버전부터 피벗 테이블에 슬라이서(Slicer)라는 필터 기능을 사용할 수 있습니다. [필터] 영역에 필드를 추가하면 항목을 하나만 선택한 경우에는 선택된 항목이 표시되지만, 둘 이상의 항목을 선택하면 (다중 항목)으로만 표시되어 필터 조건이 무엇인지 확인하기가 어렵습니다.

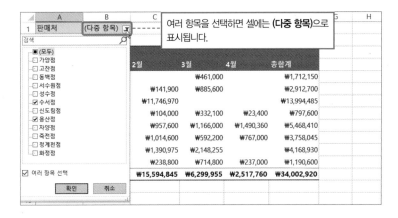

그에 비해 슬라이서 기능은 선택한 항목을 슬라이서 창에서 바로 확인할 수 있습니다. 그러므로 엑셀 2010 이상 버전에서는 [필터] 영역보다 슬라이서 기능을 이용하는 것이 좋습니다.

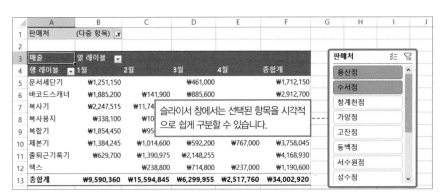

슬라이서 창 삽입

리본 메뉴의 [피벗 테이블 분석] 탭-[필터] 그룹-[슬라이서 삽입🔲]을 클릭하면 슬라이서 창에 표시할 필드를 선택할 수 있습니다.

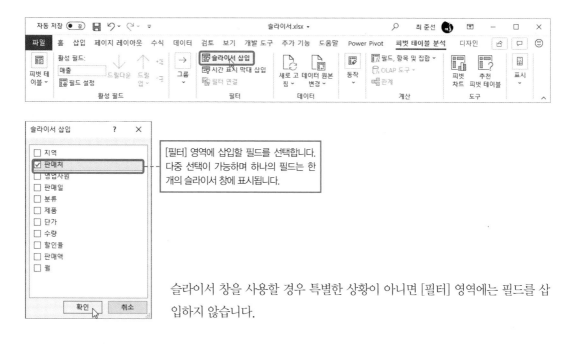

[필터] 영역에 삽입할 필드를 선택합니다. 다중 선택이 가능하며 하나의 필드는 한 개의 슬라이서 창에 표시됩니다.

슬라이서 창을 사용할 경우 특별한 상황이 아니면 [필터] 영역에는 필드를 삽입하지 않습니다.

슬라이서 창에서 원하는 항목 선택

Shift, Ctrl과 드래그 정도만 사용할 줄 알면 슬라이서 창을 쉽게 조작할 수 있습니다. 슬라이서 창을 삽입하고 [필터] 영역에서 데이터를 제한한 경우가 아니라면 오른쪽 화면과 같이 모든 항목이 선택된 상태로 표시됩니다.

슬라이서 창 상단의 명령 아이콘 두 개는 다음과 같은 역할을 합니다.

명령	아이콘	설명
[다중 선택]	⅀≡	슬라이서 창에서 두 개 이상의 항목을 선택할 수 있습니다. 한 번 클릭하면 다시 클릭해 해제할 때까지 계속해서 [다중 선택] 명령이 적용됩니다. 엑셀 2013 버전부터 제공됩니다.
[필터 지우기]	▽x	슬라이서 창에 표시된 필터 항목을 모두 해제해 전체 항목이 선택되도록 합니다.

슬라이서 창에서 원하는 항목을 하나씩 클릭해 선택할 수 있습니다. 연속된 항목을 선택할 때는 드래그하거나 첫 번째 항목을 클릭한 후 Shift를 누른 상태로 마지막 항목을 클릭합니다.

떨어진 위치의 항목을 동시에 선택할 때는 첫 번째 항목을 클릭한 후 Ctrl을 누른 상태에서 다음 항목을 순서대로 클릭합니다. 이 모든 작업을 슬라이서 창 우측 상단의 [다중 선택 ⊞]을 클릭한 상태에서 실행하면 항목이 해제됩니다.

슬라이서 창의 열(단) 설정

슬라이서 창은 기본적으로 필드 내 항목을 한 개의 열로 표시합니다. 따라서 항목이 많은 경우에는 슬라이서 창에 전체 항목이 모두 표시되지 않습니다.

슬라이서 창의 옵션을 변경하면 항목을 여러 열로 표시할 수 있습니다. 슬라이서 창이 선택된 상태에서 리본 메뉴의 [슬라이서] 탭-[단추] 그룹-[열 ⦀] 옵션을 원하는 열 개수로 변경하면 됩니다.

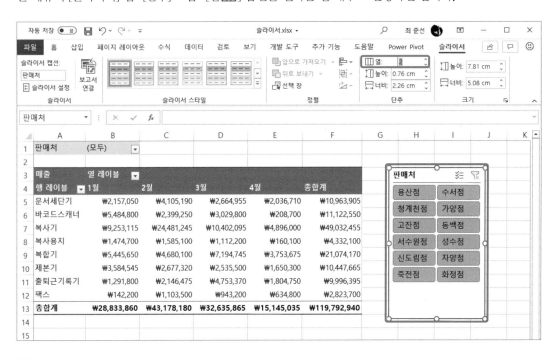

> **TIP** 엑셀 2016 이하 버전에서는 [슬라이서] 탭이 아니라 [옵션] 탭입니다.

슬라이서 창을 여러 열로 구성하면 슬라이서 창의 크기가 작게 느껴질 수 있습니다. 그런 경우에는 슬라이서 창의 테두리 영역에 있는 동그란 모양의 크기 조절 핸들 ◎을 드래그해 창을 크게 조절합니다.

슬라이서 창 닫기

표시된 슬라이서 창을 더 이상 사용하지 않으려면 슬라이서 창을 선택하고 Delete를 누릅니다.

05 02 여러 개의 슬라이서 창 연동하기

예제 파일 PART 02 \ CHAPTER 05 \ 다중 슬라이서.xlsx

슬라이서 창을 여러 개 삽입하면 모든 슬라이서 창이 연동됩니다. 이런 특징을 잘 이용하면 원하는 데이터 만 피벗 테이블 보고서에서 집계하는 데 도움이 됩니다.

01 예제의 [pivot] 시트에는 제품의 월별 매출 실적이 집계되어 있습니다.

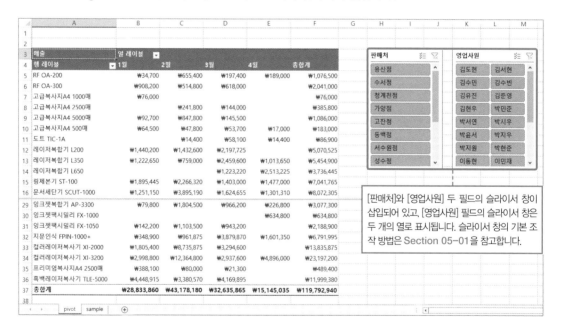

[판매처]와 [영업사원] 두 필드의 슬라이서 창이 삽입되어 있고, [영업사원] 필드의 슬라이서 창은 두 개의 열로 표시됩니다. 슬라이서 창의 기본 조 작 방법은 Section 05-01을 참고합니다.

02 [판매처] 슬라이서 창에서 [용산점]을 선택합니다.

03 [영업사원] 슬라이서 창에 [용산점]의 영업사원이 상단에 표시되고, 나머지 영업사원은 선택되지 않게 비활성화됩니다.

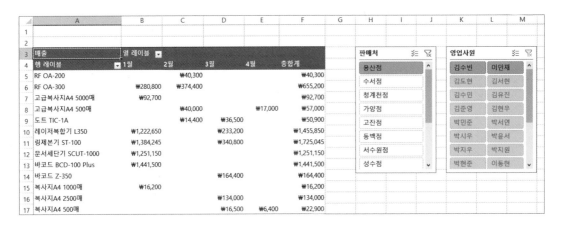

TIP [용산점]에서 근무하는 영업사원은 [김수빈]과 [이민재]입니다.

04 [판매처] 슬라이서 창의 [필터 지우기]를 클릭해 모든 판매처가 선택되도록 합니다.

05 [영업사원] 슬라이서 창에서 [박민준]을 선택합니다.

06 [판매처] 슬라이서 창에 [신도림점] 항목만 선택 가능하도록 표시되고, 나머지 판매처는 비활성화됩니다.

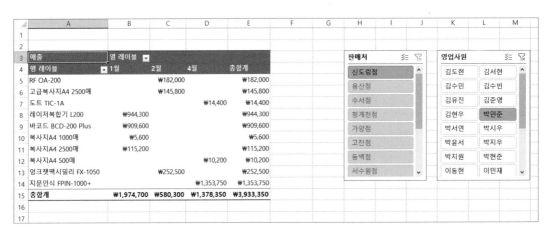

TIP 영업사원 [박민준]은 [신도림점]에서 근무합니다.

05 03 슬라이서 창 하나로 여러 피벗 테이블을 동시에 컨트롤하기

예제 파일 PART 02 \ CHAPTER 05 \ 슬라이서-다중 피벗 컨트롤.xlsx

슬라이서 창은 기본적으로 하나의 피벗 테이블 보고서만 컨트롤할 수 있습니다. 하지만 피벗 테이블 보고서를 여러 개 생성해 사용하는 경우가 많으므로, 하나의 슬라이서 창으로 동시에 여러 개의 피벗 테이블 보고서를 컨트롤하고 싶다면 다음 과정을 참고합니다.

01 예제의 [pivot] 시트에는 동일한 원본으로 작성한 두 개의 피벗 테이블 보고서가 있습니다.

02 [B3:C7] 범위에 삽입된 슬라이서 창은 [E:F] 열에 있는 피벗 테이블 보고서에서 생성한 것입니다.

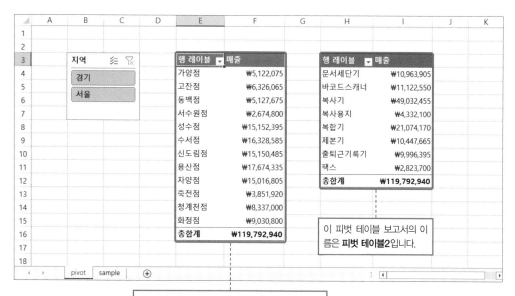

이 피벗 테이블 보고서의 이름은 **피벗 테이블1**입니다. 이름은 [E3] 셀을 선택하고 리본 메뉴의 [피벗 테이블 분석] 탭-[피벗 테이블] 그룹-[피벗 테이블 이름]에서 확인할 수 있습니다.

이 피벗 테이블 보고서의 이름은 **피벗 테이블2**입니다.

03 슬라이서 창에서 [서울] 항목을 선택하면 [E:F] 열의 피벗 테이블 보고서는 변경되지만, [H:I] 열의 피벗 테이블 보고서는 변경되지 않습니다.

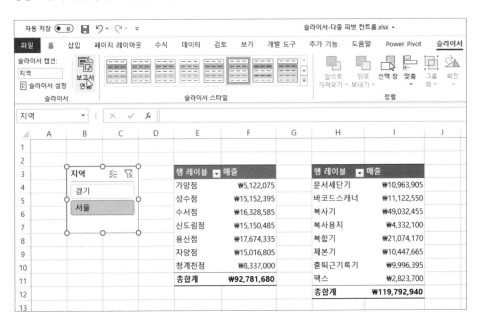

04 [지역] 슬라이서 창으로 두 개의 피벗 테이블 보고서를 모두 변경할 수 있도록 설정하겠습니다.

05 슬라이서 창을 선택하고 리본 메뉴의 [슬라이서] 탭-[슬라이서] 그룹-[보고서 연결 📇]을 클릭합니다.

06 [보고서 연결] 대화상자에서 **[피벗 테이블2]**를 추가로 체크하고 [확인]을 클릭합니다.

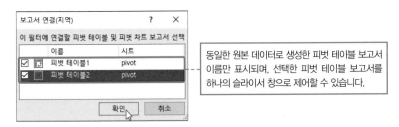

동일한 원본 데이터로 생성한 피벗 테이블 보고서 이름만 표시되며, 선택한 피벗 테이블 보고서를 하나의 슬라이서 창으로 제어할 수 있습니다.

07 슬라이서 창에서 [경기]를 선택하면 두 개의 피벗 테이블이 모두 변경됩니다.

	지역			행 레이블	매출		행 레이블	매출
	경기			고잔점	₩6,326,065		문서세단기	₩2,315,420
	서울			동백점	₩5,127,675		바코드스캐너	₩1,702,700
				서수원점	₩2,674,800		복사기	₩14,658,775
				죽전점	₩3,851,920		복사용지	₩1,501,600
				화정점	₩9,030,800		복합기	₩3,469,465
				총합계	₩27,011,260		제본기	₩2,275,600
							출퇴근기록기	₩359,300
							팩스	₩728,400
							총합계	₩27,011,260

05 04

슬라이서 창의 단점 해결하기

예제 파일 PART 02 \ CHAPTER 05 \ 슬라이서-단점.xlsx

슬라이서 창의 단점

슬라이서 창은 분명히 좋은 기능이지만 다음과 같은 불편한 점도 있습니다.

첫째, 슬라이서 창은 공간을 많이 차지합니다.

슬라이서 창은 [필터] 영역을 사용하는 것보다 차지하는 면적이 넓습니다. 그러므로 슬라이서 창을 주로 사용한다면 해상도가 높은 모니터를 이용하는 것이 좋습니다.

둘째, 슬라이서 창은 위치가 고정되지 않습니다.

슬라이서 기능이 처음 제공된 엑셀 2010 버전에서는 슬라이서 창의 위치를 고정할 수 없었습니다. 따라서 슬라이서 창의 위치를 고정하려면 파워 피벗 기능을 사용해야만 했습니다. 하지만 엑셀 2013 버전부터는 슬라이서 창을 고정할 수 있는 방법이 제공됩니다.

셋째, 그룹 필드를 슬라이서 창에 표시하면 사용하지 않는 항목도 표시됩니다.

그룹 필드로 생성한 **연, 분기, 월** 등의 필드의 경우 원본에 있는 데이터 외의 모든 날짜 단위가 표시됩니다. 이 문제는 슬라이서의 옵션 설정을 변경해 원본에 있는 데이터 항목만 표시되도록 하면 해결할 수 있습니다.

첫 번째로 언급한 문제는 엑셀의 차트를 포함한 대부분의 시각화 기능이 갖고 있는 문제이므로 물리적인 해결 방법밖에 없지만, 두세 번째 문제는 엑셀에서 제공하는 기능으로 일부 해결이 가능합니다.

슬라이서 창의 단점 해결 방법

피벗 테이블 보고서에 삽입된 슬라이서 창의 문제를 확인하고 이를 해결할 방법을 알아보겠습니다.

01 예제의 [pivot] 시트를 보면 판매처의 월별 매출 실적과 [월] 슬라이서 창이 삽입되어 있습니다.

TIP [월] 필드는 [판매일] 필드로 생성한 그룹 필드로, 슬라이서 창을 스크롤해 내리면 [2020-01-02]나 [2020-04-17]과 같은 항목이 표시되어 있는 것을 볼 수 있습니다.

02 슬라이서 창의 위치를 [A1:F2] 범위로 옮겨 가로 방향으로 배치하겠습니다.

03 슬라이서 창의 왼쪽 상단을 [A1] 셀 위치에 맞춰 옮기고, 우측 하단 모서리의 크기 조절 핸들을 드래그해 [F2] 셀 위치에 맞춥니다.

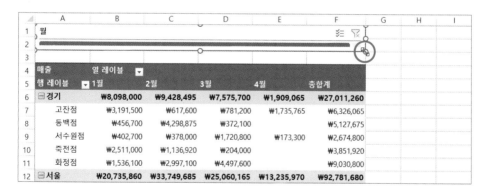

TIP 슬라이서 창을 옮길 때 Alt 를 누르면 셀 위치에 맞게 옮기거나 크기를 조정할 수 있습니다.

04 슬라이서 창의 머리글을 제거하겠습니다.

05 리본 메뉴의 [슬라이서] 탭-[슬라이서] 그룹-[슬라이서 설정圖]을 클릭합니다.

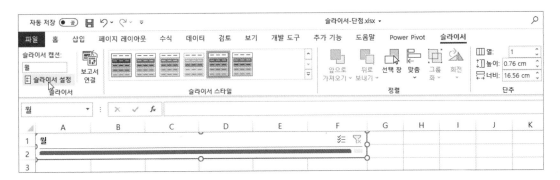

06 [슬라이서 설정] 대화상자에서 [머리글 표시] 옵션의 체크를 해제하고 [확인]을 클릭합니다.

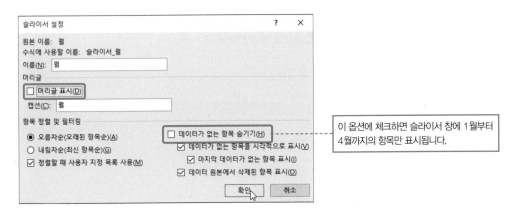

이 옵션에 체크하면 슬라이서 창에 1월부터 4월까지의 항목만 표시됩니다.

07 슬라이서 창의 항목을 한 줄로 표시하겠습니다.

08 리본 메뉴의 [슬라이서] 탭-[단추] 그룹-[열圖]의 값을 **12**로 변경합니다.

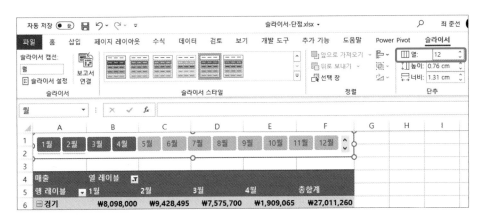

09 슬라이서 창의 위치가 고정되도록 설정을 변경하겠습니다.

10 슬라이서 창을 마우스 오른쪽 버튼으로 클릭하고 [크기 및 속성]을 선택합니다.

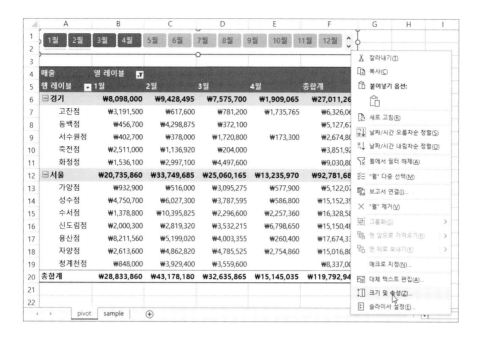

11 [서식 슬라이서] 작업 창에서 [위치 및 레이아웃]의 [크기 조정 및 이동 불가능] 옵션에 체크합니다.

12 슬라이서 창의 위치가 고정됩니다. 원하는 월만 선택하면 피벗 테이블 보고서에 해당 월의 데이터만 집계되어 표시됩니다.

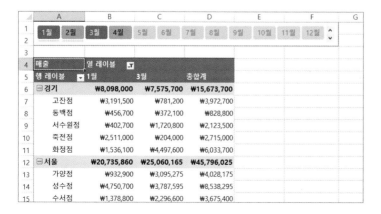

05 05 시간 표시 막대를 이용해 날짜/시간 필터링하기

예제 파일 PART 02 \ CHAPTER 05 \ 시간 표시 막대.xlsx

시간 표시 막대

슬라이서 창은 필드 내 항목을 모두 나열하므로, 날짜 필드와 같이 항목이 많을 수밖에 없는 필드에는 적용하기가 쉽지 않습니다. 이런 단점을 보완하고자 엑셀 2013 버전에서 추가된 기능이 **시간 표시 막대**입니다. 시간 표시 막대는 날짜 필드의 전용 슬라이서 기능으로 이해하는 것이 쉬우며, 날짜 필드를 연-분기-월-일과 같은 그룹 조건을 사용해 선택할 수 있도록 지원합니다.

날짜 필드의 시간 표시 막대

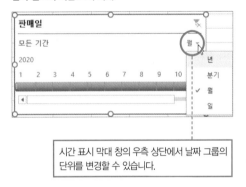

시간 표시 막대 창의 우측 상단에서 날짜 그룹의 단위를 변경할 수 있습니다.

날짜 필드의 슬라이서 창

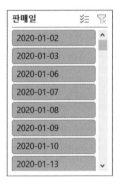

참고로 기능의 명칭은 시간 표시 막대이지만, 날짜 필드에서만 사용할 수 있고 시간 필드에는 적용이 불가능합니다.

시간 표시 막대를 이용해 원하는 보고서 구성

별도의 그룹 필드를 생성하지 않고, 시간 표시 막대 기능만으로 월별, 분기별 보고서를 피벗 테이블 보고서로 생성할 수 있습니다.

01 예제의 [pivot] 시트에 있는 피벗 테이블 보고서에 시간 표시 막대를 사용해 월별, 분기별 데이터를 확인해보겠습니다.

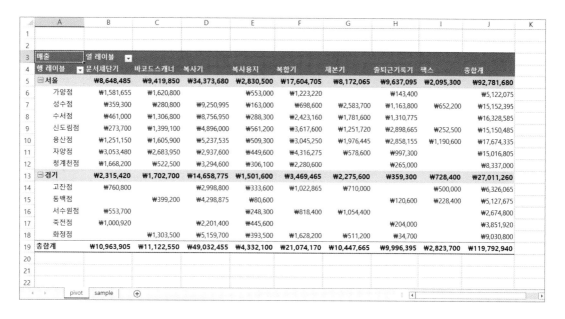

02 리본 메뉴의 [피벗 테이블 분석] 탭-[필터] 그룹-[시간 표시 막대 삽입]을 클릭합니다.

03 [시간 표시 막대 삽입] 대화상자에서 [판매일] 필드에 체크하고 [확인]을 클릭합니다.

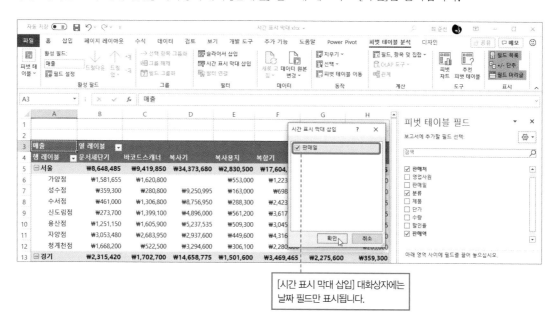

[시간 표시 막대 삽입] 대화상자에는
날짜 필드만 표시됩니다.

04 [판매일] 시간 표시 막대 창이 생성됩니다. 기본 단위는 '월'입니다.

05 1월 데이터만 확인하기 위해 [1]을 선택합니다.

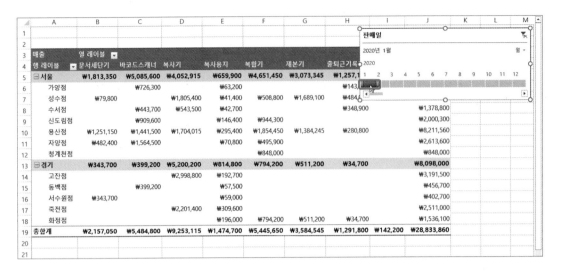

🔍 **더 알아보기**   **슬라이서 창과 시간 표시 막대 창의 조작 방법**

슬라이서 창과 시간 표시 막대 창을 조작하는 방법은 거의 유사한데, 차이점도 있습니다.

동일한 점은 다음과 같습니다.

- 드래그하거나 [Shift]를 사용해 연속된 날짜 단위를 범위로 선택할 수 있습니다.
- 필터를 해제하려면 [필터 지우기 🖳]를 클릭합니다.

차이점은 다음과 같습니다.

- 떨어진 위치의 날짜 단위는 선택할 수 없습니다.

06 1사분기 데이터만 확인하려면 시간 표시 막대 창의 날짜 단위를 [분기]로 변경합니다.

07 [1분기]를 선택하면 보고서가 1사분기 실적 보고서로 변경됩니다.

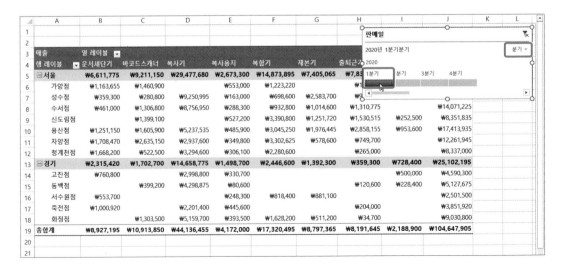

05 06 관계를 이용해 피벗 테이블 보고서 만들기

예제 파일 PART 02 \ CHAPTER 05 \ 관계.xlsx

관계와 데이터 모델

엑셀 2013 버전부터는 여러 개의 표를 연결해 사용할 수 있는 **관계** 기능이 제공됩니다. 관계로 표를 연결하면 연결된 표는 **데이터 모델**이라는 영역에서 관리되며, 피벗 테이블은 데이터 모델 영역 내 표를 가지고 보고서 생성 작업을 할 수 있습니다.

관계로 표를 연결하려면 표를 반드시 **엑셀 표**로 등록해야 합니다. 엑셀 표로 등록하는 방법은 CHAPTER 02를 참고합니다.

관계와 VLOOKUP 함수

관계는 표를 연결하는 기술인데, 엑셀 사용자에게는 낯선 개념입니다. VLOOKUP 함수로 다른 표의 값을 참조해오는 방법을 떠올리면 쉽게 이해할 수 있을 것입니다. 관계로 표를 연결하면 VLOOKUP 함수로 값을 참조하지 않아도 다른 표의 값을 마치 내 표에 있는 것처럼 사용할 수 있습니다.

두 표를 관계로 연결하면 다음과 같이 가상의 표가 하나 생성된다고 생각하면 됩니다.

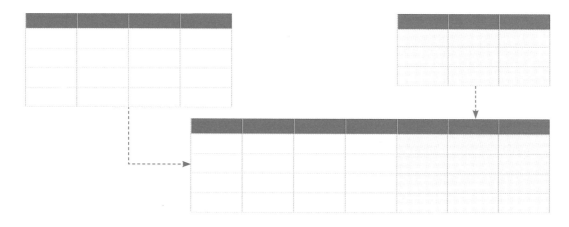

그러므로 관계는 수평적인 결합 개념으로 이해해야 합니다.

관계와 추가

관계와 추가는 다른 개념입니다. 다음과 같이 데이터가 유사한 두 개의 표가 있고 이 표를 합쳐 하나의 표를 만들려고 하는 경우는 **관계**가 아니라 **추가**입니다. 이런 작업은 파워 쿼리로만 처리할 수 있습니다.

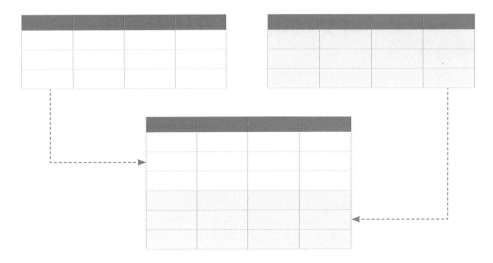

추가는 수직적인 결합 개념으로 관계와는 다른 방법입니다. 파워 쿼리를 이용하는 방법은 이 책의 CHAPTER 03을 참고합니다.

관계로 표 연결해 데이터 모델에 추가

VLOOKUP 함수를 사용할 수 있는 표는 관계로 연결할 수 있습니다. 다음 과정을 참고합니다.

01 예제의 [판매대장] 시트와 [품목카테고리] 시트에는 엑셀 표가 하나씩 있습니다.

	A	B	C	D	E	F	G	H	I	J	K
1	지역	판매처	영업사원	판매일	분류	제품	단가	수량	할인율	판매액	
2	경기	고잔점	박서연	2020-01-02	복사기	컬러레이저복사기 XI-3200	1,176,000	3	15%	2,998,800	
3	서울	가양점	최준혁	2020-01-02	바코드스캐너	바코드 Z-350	48,300	3	0%	144,900	
4	서울	성수점	박시우	2020-01-02	팩스	잉크젯팩시밀리 FX-1050	47,400	3	0%	142,200	
5	경기	고잔점	박서연	2020-01-03	복사용지	프리미엄복사지A4 2500매	17,800	9	0%	160,200	
6	서울	용산점	김수빈	2020-01-03	바코드스캐너	바코드 BCD-100 Plus	86,500	7	0%	605,500	
192	서울	가양점	최민서	2020-04-10	바코드스캐너	바코드 Z-350	53,300	3	0%	159,900	
193	서울	용산점	김수빈	2020-04-13	복사용지	고급복사지A4 500매	3,400	5	0%	17,000	
194	서울	신도림점	박윤서	2020-04-13	문서세단기	오피스 Z-01					
195	서울	성수점	김서현	2020-04-14	팩스	잉크젯팩시밀리 FX-1000					
196	서울	자양점	김수민	2020-04-15	복사용지	복사지A4 1000매					
197	서울	신도림점	박윤서	2020-04-15	복합기	잉크젯복합기 AP-3300					
198	경기	고잔점	박서연	2020-04-16	복사용지	복사지A4 500매					
199	경기	고잔점	이우진	2020-04-16	복합기	레이저복합기 L650					
200	서울	가양점	최준혁	2020-04-16	문서세단기	오피스 Z-03					
201											
202											

	A	B	C	D
1	대분류	소분류		
2	일반	문서세단기		
3	일반	바코드스캐너		
4	주력	복사기		
5	소모품	복사용지		
6	주력	복합기		
7	일반	제본기		
8	일반	출퇴근기록기		
9	일반	팩스		
10				
11				

두 시트의 표는 모두 엑셀 표로 등록되어 있으며, 표 이름은 각각 시트 이름과 동일합니다. [판매대장] 시트의 [판매대장] 표에는 판매처별 제품 판매 현황이 기록되어 있고, [품목카테고리] 시트의 [분류] 표에는 주력 제품의 매출을 분석하기 위한 [대분류]와 [소분류] 열이 추가되어 있습니다. 참고로 [판매대장] 표의 [분류] 열과 [품목카테고리] 표의 [소분류] 열이 가지는 값은 동일합니다.

02 두 표를 관계로 연결하겠습니다.

03 리본 메뉴의 [데이터] 탭-[데이터 도구] 그룹-[관계▦]를 클릭합니다.

04 [관계 관리] 대화상자가 나타나면 [새로 만들기]를 클릭합니다.

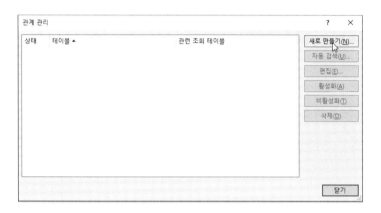

05 [관계 만들기] 대화상자가 나타나면 다음과 같이 설정하고 [확인]을 클릭합니다.

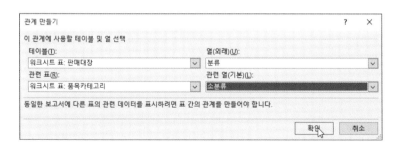

테이블 / 관련 표	열(외래) / 관련 열(기본)
판매대장	분류
품목카테고리	소분류

피벗 테이블 보고서를 사용한다고 가정했을 때 [판매대장] 표는 원본 데이터를 갖고 있는 원본 표이고, [분류] 표는 추가적인 분석 지표를 갖고 있는 보조 표라고 할 수 있습니다.
보통 [판매대장]과 같은 원본 표에 없는 열을 다른 표(예를 들면 [분류] 표)에서 가져오려면 VLOOKUP과 같은 참조 함수를 사용합니다. [판매대장] 표에 [분류] 표의 [대분류] 항목을 가져오려면 [판매대장] 표의 [분류] 열이 가지는 값과 동일한 데이터를 [분류] 표의 [분류] 열에서 찾아야 합니다. 이런 값을 찾는 부분이 바로 [관계]를 설정하는 핵심입니다.

[관계 만들기] 대화상자에서 표를 연결할 때는 VLOOKUP 함수를 입력하는 표를 [테이블]로 상위에 선택해야 하고, 해당 표에서 참조할 데이터가 있는 표를 [관련 표]로 하위에 선택해야 합니다. 또한 열은 VLOOKUP 함수의 첫 번째 인수에 해당하는 부분이 [열(외래)]가 되며, 두 번째 인수의 표 범위 내 첫 번째 열이 [관련 열(기본)]이 됩니다.

그러므로 이번 [관계 만들기] 대화상자의 설정은 [판매대장] 표의 [분류] 열과 [분류] 표의 [분류] 열을 연결해 두 표를 하나처럼 사용하겠다는 의미입니다.

관계를 설정할 때 주의할 점은 VLOOKUP 함수를 사용할 때 주의할 점과 동일한데, [관련 표]의 [관련 열(기본)]에 반드시 중복되지 않은 고유 항목이 입력되어 있어야 한다는 것입니다. VLOOKUP 함수도 찾는 값이 여러 개라면 첫 번째 값만 참조할 수 있는 것처럼, 관계도 [관련 표]에 중복된 값이 있으면 설정되지 않습니다.

그러므로 [테이블]의 [열(외래)]에는 중복된 데이터가 있어도 되지만 [관련 표]의 [관련 열(기본)]에는 고유한 데이터만 있어야 합니다. 이런 관계를 **다:1**이라고 합니다. 다(多)는 여러 개의 동일한 데이터가 존재할 수 있다는 의미이고, 1은 표현 그대로 고유한 데이터만 존재해야 한다는 의미입니다.

06 [관계 관리] 대화상자도 [닫기]를 클릭해 닫습니다.

관계로 연결된 표로 피벗 테이블 보고서 만들기

관계로 연결된 표는 데이터 모델 영역에서 관리됩니다. 데이터 모델 영역에 있는 표로 피벗 테이블 보고서를 만들려면 다음 과정을 참고합니다.

01 리본 메뉴의 [삽입] 탭-[표] 그룹-[피벗 테이블 📊]을 클릭합니다.

02 [피벗 테이블 만들기] 대화상자에서 [이 통합 문서의 데이터 모델 사용]을 선택하고 [확인]을 클릭합니다.

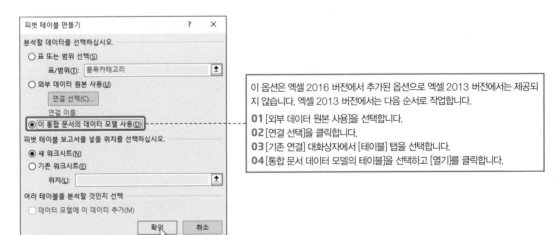

이 옵션은 엑셀 2016 버전에서 추가된 옵션으로 엑셀 2013 버전에서는 제공되지 않습니다. 엑셀 2013 버전에서는 다음 순서로 작업합니다.
01 [외부 데이터 원본 사용]을 선택합니다.
02 [연결 선택]을 클릭합니다.
03 [기존 연결] 대화상자에서 [테이블] 탭을 선택합니다.
04 [통합 문서 데이터 모델의 테이블]을 선택하고 [열기]를 클릭합니다.

03 [피벗 테이블 필드] 작업 창에 관계로 연결된 **[판매대장]** 표와 **[품목카테고리]** 표가 모두 표시됩니다.

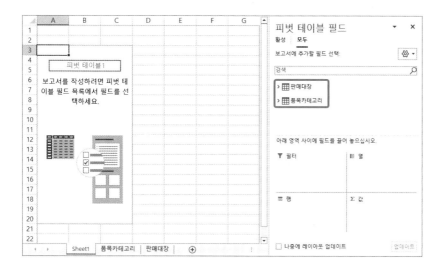

04 [피벗 테이블 필드] 작업 창의 필드를 각각 다음 영역에 삽입합니다.

[행] 영역 : [판매대장] 표의 [지역] 필드, [판매대장] 표의 [판매처] 필드

[열] 영역 : [품목카테고리] 표의 [대분류] 필드

[값] 영역 : [판매대장] 표의 [판매액] 필드를 두 번 삽입

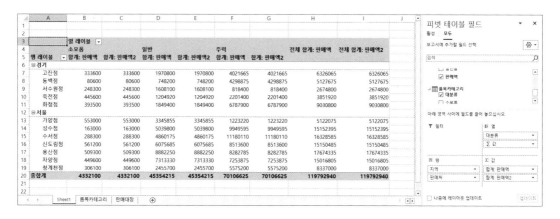

🔍 **더 알아보기**　　**피벗 테이블 보고서 구성 이해하기**

각 판매처의 제품별 매출을 주력, 일반, 소모품으로 구분하고자 만든 피벗 테이블 보고서로, [행] 영역에는 [지역]과 [판매처] 필드를 추가하고, [열] 영역에는 [분류] 표의 [대분류] 필드를 삽입했습니다. [값] 영역에는 [판매대장] 표의 [판매액] 필드를 두 번 추가했는데, 하나는 매출을 집계하고 다른 하나는 비율을 표시하기 위한 것입니다.

---

05 [값] 영역의 필드 이름을 이해하기 쉽게 다음과 같이 수정합니다.

[B5] 셀 : 매출

[C5] 셀 : 비율

06 [비율] 필드의 값 표시 형식을 [행 합계 비율]로 변경합니다.

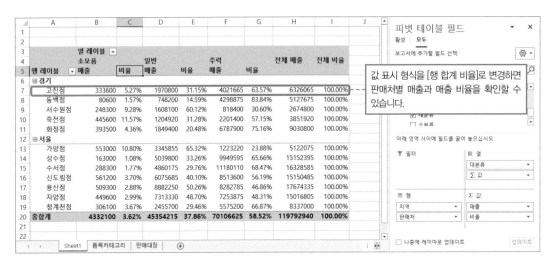

TIP 값 표시 형식을 설정하는 방법은 Section 04-21을 참고합니다.

07 [열] 영역에 삽입된 필드 항목을 [주력]-[일반]-[소모품] 순으로 정렬합니다.

TIP 필드 내 항목을 수동으로 정렬하는 방법은 Section 04-05의 '필드 내 항목을 수동으로 정렬'을 참고합니다.

08 [행] 영역에 [지역] 필드의 부분합을 표시하고, 레이아웃을 [압축 형식]으로 변경합니다.

TIP 상위 필드의 부분합을 표시하는 방법은 Section 04-22를 참고합니다.

TIP 피벗 테이블 보고서의 레이아웃을 변경하는 방법은 Section 04-02를 참고합니다.

09 리본 메뉴의 [디자인] 탭에서 피벗 테이블 보고서를 원하는 스타일로 변경해 다음과 같이 완성합니다.

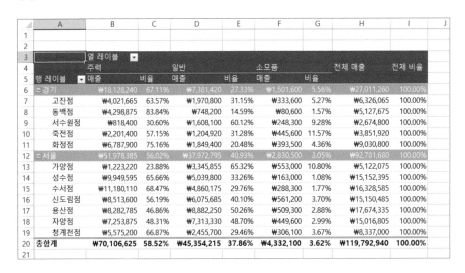

관계를 이용한 보고서 구성

2013 이상 버전

05 07 피벗 테이블에서 고유 항목 개수 세기

예제 파일 PART 02 \ CHAPTER 05 \ 고유 개수.xlsx

데이터 모델

엑셀에서 데이터를 더 효율적으로 관리할 수 있도록 관계형 데이터베이스와 같은 방식으로 데이터를 관리할 수 있게 설계된 영역을 **데이터 모델**이라고 합니다. 데이터 모델은 엑셀 2013 버전부터 지원되며 피벗이나 파워 피벗 등에서 사용할 수 있습니다.

데이터 모델을 사용할 때의 장점

피벗 테이블 보고서에서 데이터 모델을 사용하면 다음과 같은 장점이 있습니다.

첫째, 여러 표를 관계로 연결해 하나의 표처럼 사용할 수 있습니다.

둘째, [값] 영역 내 집계 함수에 DAX 함수 중 하나인 [고유 개수] 함수를 사용할 수 있습니다. [고유 개수] 함수는 DISTINCTCOUNT 함수로 데이터 모델에서 사용 가능한 DAX 함수 중 하나입니다. 이름 그대로 중복된 데이터에서 고유 항목 개수를 셀 수 있습니다.

데이터 모델을 사용할 때의 단점

데이터 모델을 사용하면 피벗 테이블의 일부 기능을 사용하는 데 제약이 있습니다.

첫째, [계산 필드], [계산 항목]을 사용할 수 없습니다. 참고로 데이터 모델 영역 내의 데이터를 계산하려면 DAX를 이용해야 합니다.

둘째, 엑셀 2016 이상 버전에서는 자동으로 그룹이 설정되는 날짜 그룹 필드를 제외한 다른 [그룹 필드] 기능을 사용할 수 없습니다.

피벗 테이블에서 고유 개수 집계

피벗 테이블 보고서에서 [개수]를 집계하면 원본 표의 행 개수가 반환됩니다. 그러므로 중복 데이터가 있을 수밖에 없고, 고유한 개수를 세려면 피벗 테이블 보고서만으로는 해결하기 어려웠습니다. 하지만 데이터 모델 영역에 표를 추가하고 피벗 테이블 보고서를 사용하면 [고유 개수] 함수를 사용해 집계할 수 있어 편리합니다. 다음 과정을 참고합니다.

01 예제의 [sample] 시트에는 판매처별 월별 실적이 집계되어 있습니다. 월별 고유 판매 제품 수를 추가로 집계해보겠습니다.

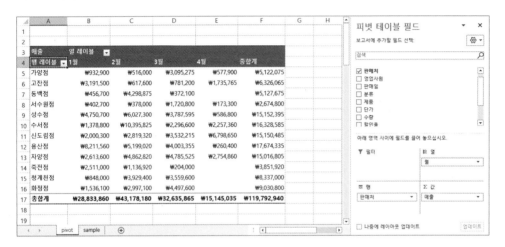

02 [pivot] 시트의 [피벗 테이블 필드] 작업 창에서 [제품] 필드를 [값] 영역에 드래그해 개수를 집계합니다.

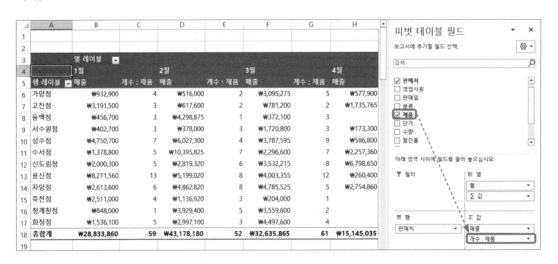

TIP [값] 영역에 숫자 이외의 데이터를 갖는 필드를 삽입하면 개수로 집계됩니다.

03 개수가 어떻게 집계되는지 확인하겠습니다.

04 [용산점]의 1월 [개수 : 제품]의 원본 데이터를 확인하기 위해 [C13] 셀을 더블클릭합니다.

TIP [C13] 셀의 개수는 **13**으로 집계되어 있습니다.

05 시트가 하나 생성되고, [용산점]의 1월 판매 데이터가 반환됩니다.

	A	B	C	D	E	F	G	H	I	J
1	지역	판매처	영업사원	판매일	분류	제품	단가	수량	할인율	판매액
2	서울	용산점	김수빈	2020-01-29	복사용지	고급복사지A4 5000매	30900	3	0	92700
3	서울	용산점	이민재	2020-01-28	복합기	잉크젯복합기 AP-3200	78800	6	0	472800
4	서울	용산점	이민재	2020-01-23	복합기	레이저복합기 L350	257400	5	0.05	1222650
5	서울	용산점	이민재	2020-01-23	복사용지	프리미엄복사지A4 2500매	20500	5	0	102500
6	서울	용산점	김수빈	2020-01-03	바코드스	바코드 BCD-100 Plus	86500	7	0	605500
7	서울	용산점	김수빈	2020-01-20	문서세단기	문서세단기 SCUT-1000	439000	3	0.05	1251150
8	서울	용산점	김수빈	2020-01-16	복사용지	복사지A4 1000매	5400	3	0	16200
9	서울	용산점	이민재	2020-01-06	바코드스	바코드 BCD-100 Plus	104500	8	0	836000
10	서울	용산점	김수빈	2020-01-14	제본기	링제본기 ST-100	161900	9	0.05	1384245
11	서울	용산점	이민재	2020-01-13	복사용지	프리미엄복사지A4 2500매	16800	5	0	84000
12	서울	용산점	이민재	2020-01-10	복사기	흑백레이저복사기 TLE-5000	597900	3	0.05	1704015
13	서울	용산점	김수빈	2020-01-08	복합기	잉크젯복합기 AP-3200	79500	2	0	159000
14	서울	용산점	김수빈	2020-01-09	출퇴근기록	RF OA-300	46800	6	0	280800
15										
16										

Sheet1 pivot sample +

🔍 **더 알아보기**   **반환된 원본 데이터 이해하기**

[용산점]의 1월 데이터는 총 13건(2행~14행)입니다. 피벗 테이블 보고서에서 개수를 집계할 때 사용한 [제품] 열(F열)에는 중복된 데이터가 있습니다. F열에 강조 표시된 부분이 중복 데이터 부분이며, 시각적으로 중복 데이터가 빠르게 구분되도록 표시해놓은 것입니다. 중복 데이터를 뺀 제품 수는 8개입니다.

06 고유 개수를 집계하려면 데이터 모델에 원본을 추가하고 피벗 테이블 보고서를 만들어야 합니다. 기존 피벗 테이블 보고서의 원본을 수정하는 것보다는 새로 만드는 것이 쉽습니다.

07 [Sheet1] 시트 탭을 마우스 오른쪽 버튼으로 클릭한 후 [삭제]를 선택합니다.

08 [pivot] 시트도 동일한 방법으로 삭제합니다.

09 [sample] 시트에서 피벗 테이블 보고서를 새로 생성하겠습니다.

10 표 내부 임의의 셀을 하나 선택하고 리본 메뉴의 [삽입] 탭-[표] 그룹-[피벗 테이블🔢]을 클릭합니다.

11 [피벗 테이블 만들기] 대화상자에서 [데이터 모델에 이 데이터 추가]에 체크하고 [확인]을 클릭합니다.

표 하나를 데이터 모델 영역에 추가할 때 사용합니다. 관계로 연결해놓은 표의 경우에는 상단의 [이 통합 문서의 데이터 모델 사용] 옵션을 사용합니다. 관계로 표를 연결하는 방법은 Section 05-06을 참고합니다.

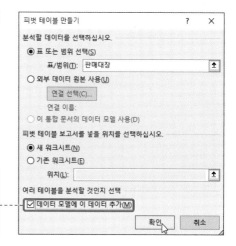

12 피벗 테이블 보고서를 구성하기 위해 [피벗 테이블 필드] 작업 창에서 다음과 같이 필드를 삽입합니다.

삽입 영역	필드
[행]	[판매처] [판매일]
[값]	[판매액] [제품]

TIP 데이터 모델 영역의 피벗 테이블 보고서를 사용하면 날짜 데이터를 갖고 있는 [판매일] 필드를 [행] 영역에 삽입할 때 [월] 등의 날짜 단위가 자동으로 생성되지 않습니다.

13 [판매일] 필드에서 그룹 필드를 사용해 [월] 필드를 새로 생성합니다.

14 [A5] 셀을 선택하고 리본 메뉴의 [피벗 테이블 분석] 탭-[그룹] 그룹-[필드 그룹화 7]를 클릭합니다.

15 [그룹화] 대화상자가 표시되면 [월] 단위만 선택하고 [확인]을 클릭합니다.

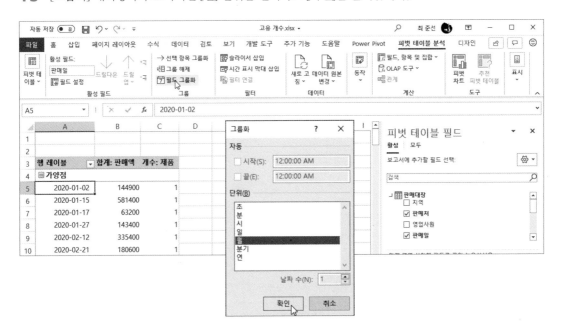

16 [피벗 테이블 필드] 작업 창에서 [판매일] 필드의 체크를 해제합니다.

17 [판매일(월)] 필드는 [행] 영역에서 [열] 영역으로 드래그해 위치를 옮깁니다.

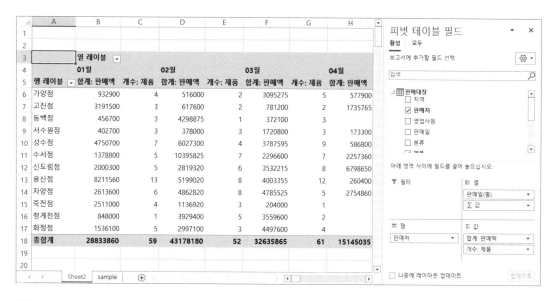

TIP 데이터 모델에 추가된 표로 [월] 필드를 그룹 필드로 생성하면 [월]이라는 이름 대신 [원본필드명(월)]과 같은 이름을 사용합니다.

18 [값] 영역에 집계된 [개수 : 제품]은 고유 개수를 집계하도록 변경하겠습니다.

19 [C5] 셀에서 마우스 오른쪽 버튼을 클릭하고 [값 요약 기준]-[기타 옵션]을 선택합니다.

20 [값 필드 설정] 대화상자가 나타나면 [선택한 필드의 데이터]에서 [고유 개수]를 선택하고 [확인]을 클릭합니다.

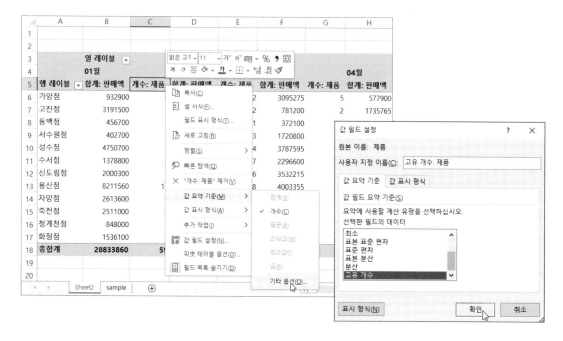

21 피벗 테이블 보고서의 스타일과 필드 이름, 필드 표시 형식을 변경해 다음과 같이 완성합니다.

행 레이블	01월 매출	판매 제품수	02월 매출	판매 제품수	03월 매출	판매 제품수	04월 매출	판매 제품수	전체 매출	전체 판매 제품수
가양점	₩932,900	4	₩516,000	2	₩3,095,275	5	₩577,900	2	₩5,122,075	10
고잔점	₩3,191,500	3	₩617,600	2	₩781,200	2	₩1,735,765	3	₩6,326,065	9
동백점	₩456,700	2	₩4,298,875	1	₩372,100	3			₩5,127,675	5
서수원점	₩402,700	3	₩378,000	3	₩1,720,800	3	₩173,300	1	₩2,674,800	8
성수점	₩4,750,700	7	₩6,027,300	4	₩3,787,595	9	₩586,800	2	₩15,152,395	17
수서점	₩1,378,800	4	₩10,395,825	6	₩2,296,600	7	₩2,257,360	2	₩16,328,585	14
신도림점	₩2,000,300	5	₩2,819,320	6	₩3,532,215	7	₩6,798,650	6	₩15,150,485	18
용산점	₩8,211,560	10	₩5,199,020	8	₩4,003,355	9	₩260,400	3	₩17,674,335	22
자양점	₩2,613,600	4	₩4,862,820	7	₩4,785,525	5	₩2,754,860	7	₩15,016,805	18
죽전점	₩2,511,000	4	₩1,136,920	3	₩204,000	1			₩3,851,920	8
청계천점	₩848,000	1	₩3,929,400	5	₩3,559,600	2			₩8,337,000	8
화정점	₩1,536,100	5	₩2,997,100	3	₩4,497,600	4			₩9,030,800	12
총합계	₩28,833,860	27	₩43,178,180	26	₩32,635,865	29	₩15,145,035	18	₩119,792,940	32

파워 피벗을 활용한 피벗 테이블 구성

05 08 파워 피벗 설치 및 추가하기

예제 파일 없음

엑셀 2010 버전 사용자의 파워 피벗 기능 설치

엑셀 2010 버전을 사용하고 있다면 파워 피벗 추가 기능을 다운로드해 설치해야 합니다. 다운로드할 경로
는 다음과 같습니다.

https://www.microsoft.com/ko-KR/download/details.aspx?id=29074

자신이 사용하는 오피스 제품이 32bit 버전인지 64bit 버전인지 확인한 후 버전에 맞는 제품을 설치해야
합니다. 제품의 버전을 확인하는 방법은 다음과 같습니다.

01 엑셀을 실행하고 리본 메뉴의 [파일] 탭-[도움말]을 클릭합니다.

02 백스테이지 화면에서 [Microsoft Excel] 정보 하단의 버전 정보를 확인합니다.

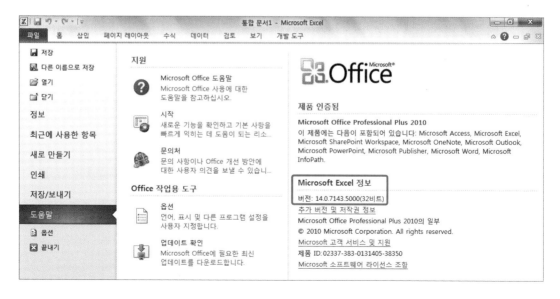

03 엑셀 프로그램을 종료하고 제공된 설치 파일 중 버전에 맞는 프로그램을 설치합니다.

구분	설치 파일
32bit	PowerPivot_for_Excel_x86.msi
64bit	PowerPivot_for_Excel_amd64.msi

04 엑셀을 다시 실행하면 리본 메뉴에 [Power Pivot] 탭이 표시됩니다.

엑셀 2013 이상 버전 사용자(Professional Plus 제품군)의 파워 피벗 기능 활성화

엑셀 2013 이상 버전에서 Professional Plus나 Pro Plus 제품군을 사용한다면 바로 [Com 추가 기능]에서 파워 피벗 기능을 활성화할 수 있습니다. 다음 과정을 참고합니다.

01 리본 메뉴의 [파일] 탭-[옵션]을 클릭합니다.

02 [Excel 옵션] 대화상자에서 [추가 기능]을 선택합니다.

03 [관리]에서 [COM 추가 기능]을 선택하고 [이동]을 클릭합니다.

04 [COM 추가 기능] 대화상자에서 [Microsoft Power Pivot for Excel]에 체크하고 [확인]을 클릭합니다.

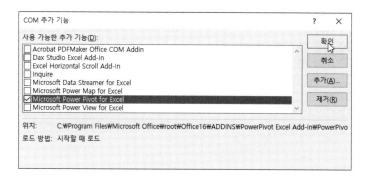

05 리본 메뉴에 [Power Pivot] 탭이 표시됩니다.

05 09 버전별 파워 피벗 명령 구성과 명칭 알아보기

예제 파일 없음

엑셀 2010 버전의 [PowerPivot] 탭

파워 피벗은 Section 05-08에서도 확인할 수 있는 것처럼, 버전별로 리본 메뉴에 표시되는 [Power Pivot] 탭의 명령 구성이 다릅니다. 이 책은 기본적으로 마이크로소프트 365 버전에 맞춰 설명하므로 하위 버전 사용자는 그 차이가 무엇인지 정확하게 알아두어야 합니다.

다음은 엑셀 2010 버전에서의 [PowerPivot] 탭 화면입니다.

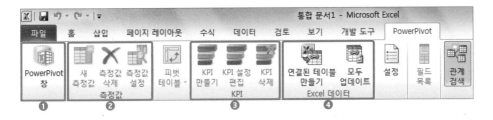

❶ [PowerPivot 창] 명령

[파워 피벗 편집기] 창을 호출합니다. 이후 버전에서는 [관리]로 명칭이 변경됩니다.

❷ [측정값] 그룹

피벗 테이블에서 계산이 필요한 열 또는 집계값을 계산할 수 있습니다. 엑셀 2013 버전에서는 [계산 필드]로 용어가 변경되었다가 엑셀 2016 버전에서 다시 [측정값]으로 변경됩니다.

❸ [KPI] 그룹

핵심성과지표(Key Performance Indicator)의 약어로, 집계된 숫자가 목표에 도달했는지를 시각적으로 표현할 수 있는 기능입니다.

❹ [Excel 데이터] 그룹

• [연결된 테이블 만들기] : 현재 표를 데이터 모델 영역에 추가할 수 있는 기능으로, 엑셀 2013 버전부터는 [데이터 모델에 추가]로 용어가 변경됩니다.

• [모두 업데이트] : 데이터 모델 영역 내의 데이터를 새로 고쳐주는 명령으로, 엑셀 2016 버전부터 더 이상 제공되지 않습니다.

엑셀 2013 버전의 [POWERPIVOT] 탭

각 기능 설명과 위치는 엑셀 2010 버전의 용어 설명을 참고합니다.

엑셀 2016 이상 버전의 [Power Pivot] 탭

각 기능 설명과 위치는 엑셀 2010 버전의 용어 설명을 참고합니다.

파워 피벗을 활용한 피벗 테이블 구성

05 10
데이터 모델 영역에
분석할 데이터 추가하기

예제 파일 PART 02 \ CHAPTER 05 \ RAW 데이터.xlsx

엑셀 자체 기능 이용(엑셀 2013 이상 버전)

파워 피벗을 이용하려면 표 데이터가 데이터 모델 영역에 있어야 합니다. 엑셀 자체적으로 관계를 이용하거나 피벗 테이블 보고서를 사용할 때 원본 데이터를 데이터 모델 영역에 추가한 후 해당 데이터를 파워 피벗에 이용할 수 있습니다.

● 관계를 이용하는 방법 : 332페이지

● 피벗 테이블 보고서를 만들 때 데이터 모델 영역에 추가하는 방법 : 327페이지

파워 쿼리 이용

파워 쿼리를 이용해 데이터를 로드할 때 데이터 모델 영역에 바로 추가할 수 있습니다. 이렇게 하면 외부 데이터를 현재 파일로 가져올 때 시트에 데이터를 따로 쓰지 않고도 데이터 모델 영역 안에 넣고 피벗 테이블 보고서 등을 만들 때 사용할 수 있습니다.

파워 쿼리에서 [다음으로 로드] 명령을 이용하면 다음과 같은 대화상자가 표시됩니다. [데이터 모델에 이 데이터 추가] 옵션에 체크합니다.

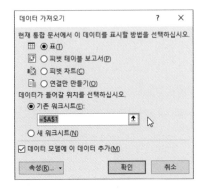

파워 피벗 명령 이용

파워 피벗에서도 [데이터 모델에 추가]를 이용해 개별 표를 하나씩 데이터 모델에 추가하거나 [파워 피벗] 창에서 외부 엑셀 파일의 데이터를 데이터 모델 영역으로 불러올 수 있습니다. 다음 과정을 참고합니다.

현재 파일의 표를 데이터 모델 영역에 추가

현재 파일의 표를 데이터 모델 영역에 추가하려면 반드시 엑셀 표로 등록되어 있어야 합니다. 다음 과정을 참고합니다.

01 예제를 열고 [sample] 시트의 엑셀 표를 데이터 모델 영역에 추가하겠습니다.

02 리본 메뉴의 [Power Pivot] 탭-[테이블] 그룹-[데이터 모델에 추가📊]를 클릭합니다.

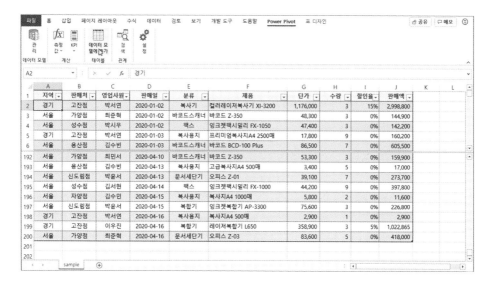

03 [파워 피벗] 창이 열리고, 데이터 모델에 추가된 데이터를 확인할 수 있습니다.

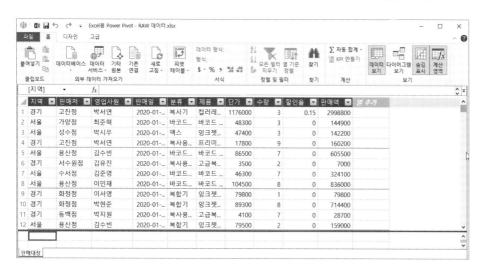

04 [파워 피벗] 창을 닫습니다.

05 예제 파일을 저장하지 않고 닫습니다.

TIP 다음 작업을 위해 파일을 저장하지 않고 진행합니다.

외부 파일의 표를 데이터 모델 영역에 추가

외부 파일의 표를 데이터 모델에 추가하려면 워크시트이거나 이름으로 정의된 데이터 범위여야 합니다. 다음 과정을 참고합니다.

01 빈 엑셀 파일을 하나 엽니다.

02 리본 메뉴의 [Power Pivot] 탭-[데이터 모델] 그룹-[관리📖]를 클릭합니다.

03 [파워 피벗] 창에서 리본 메뉴의 [홈] 탭-[외부 데이터 가져오기] 그룹-[기타 원본📣]을 클릭합니다.

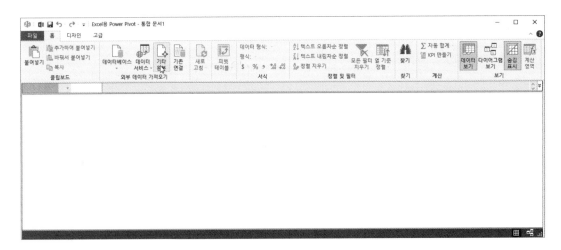

04 [테이블 가져오기 마법사] 대화상자가 표시되면 목록에서 [Excel 파일]을 선택하고 [다음]을 클릭합니다.

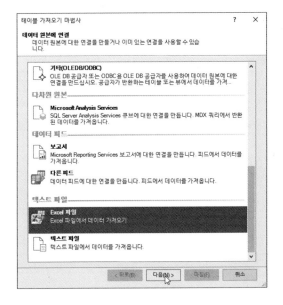

05 [찾아보기]를 클릭하고 예제 폴더의 **RAW 데이터.xlsx** 파일을 선택합니다.

06 [첫 행을 열 머리글로 사용합니다]에 체크하고 [다음]을 클릭합니다.

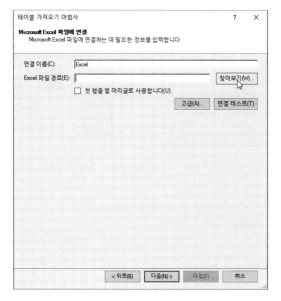 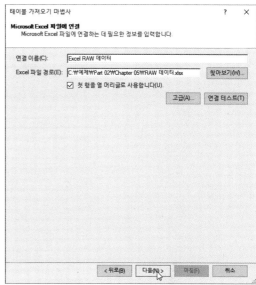

07 파일 내 시트와 정의된 이름이 목록에 표시됩니다.

08 예제에는 가져올 시트가 하나밖에 없습니다. [sample$]을 선택하고 [마침]을 클릭합니다.

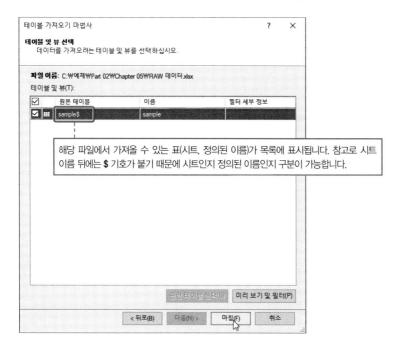

다른 파일에서 가져올 데이터를 제한하는 방법

현재 대화상자의 [미리 보기 및 필터]를 클릭하면 [테이블 가져오기 마법사] 대화상자가 표시됩니다. 아래 설명을 참고해 원하는
데이터 부분을 선택할 수 있습니다.

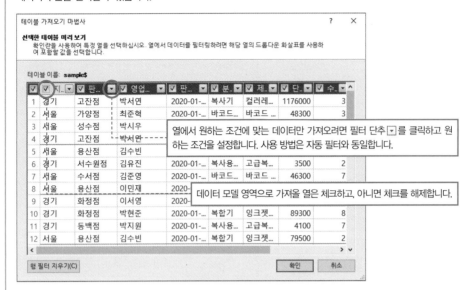

다만, 이렇게 데이터를 제한한 경우에는 나중에 제한한 부분만 다시 추가할 수 없으므로 이런 작업은 파워 쿼리를 이용하는 것이
좋습니다.

09 데이터를 데이터 모델 영역으로 제대로 전송했다면 [성공] 메시지가 표시됩니다.

10 [닫기]를 클릭하면 **RAW 데이터.xlsx** 파일의 데이터가 데이터 모델 영역에 표시됩니다.

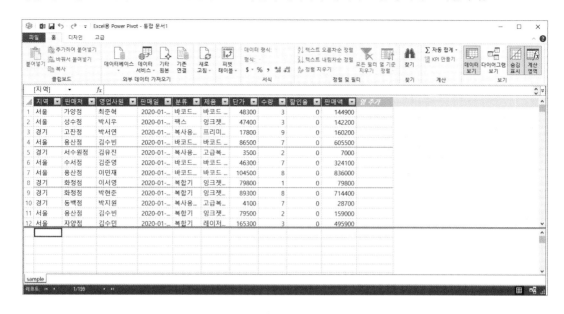

05_11 데이터 모델 영역에서 관계 설정하기

예제 파일 PART 02 \ CHAPTER 05 \ 데이터 모델.xlsx

데이터 모델 영역에서 관계 설정

관계는 엑셀에서 설정하는 것도 가능(**Section 05-06** 참고)하지만, [파워 피벗] 창에서 데이터 모델 영역에 추가된 표를 대상으로 설정할 수도 있습니다. 데이터 모델 영역에서 관계를 설정할 때는 다음과 같은 다이어그램을 통해 여러 표의 머리글을 확인하면서 직접 드래그해 설정할 수 있습니다.

관계를 만들 때 사용할 열을 관계의 **키**라고 합니다. 관계를 맺을 표 중 하나는 키 열에 고유한 값만 있어야 합니다. 다른 표에는 중복된 값이 있어도 상관 없습니다. 오른쪽 화면에서 [품목카테고리] 표와 [판매대장] 표를 관계로 연결한다면 [품목카테고리] 표의 [소분류] 열이 고유한 값을 가지며 [판매대장] 표의 [분류] 열에는 중복된 값이 존재합니다. 이런 관계를 **1:다** 관계라고 합니다.

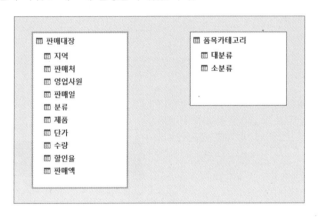

이 예제는 **Section 05-06**에서 사용한 파일로 해당 예제를 학습하지 않았다면 먼저 학습할 것을 권합니다.

데이터 모델에 표 추가하고 관계로 연결

데이터 모델에 여러 표를 추가한 후 [파워 피벗] 창에서 데이터 모델에 추가된 표를 확인하고 관계로 연결해 피벗 테이블로 분석하는 작업을 진행합니다.

01 예제 파일의 표를 모두 데이터 모델 영역에 추가하고 관계를 설정하겠습니다.

02 [판매대장] 시트에서 표 내부 임의의 셀을 클릭합니다.

03 리본 메뉴의 [Power Pivot] 탭-[테이블] 그룹-[데이터 모델에 추가📊]를 클릭합니다.

04 [품목카테고리] 시트로 이동해 표 내부 임의의 셀을 선택합니다.

05 리본 메뉴의 [Power Pivot] 탭-[테이블] 그룹-[데이터 모델에 추가📊]를 클릭합니다.

06 [파워 피벗] 창이 열리고, 데이터 모델에 추가된 표를 모두 확인할 수 있습니다.

07 [파워 피벗] 창의 리본 메뉴에서 [홈] 탭-[보기] 그룹-[다이어그램 보기 🖳]를 클릭합니다.

08 [품목카테고리] 표의 [소분류] 열을 드래그해 [판매대장] 표의 [분류] 열에 연결합니다.

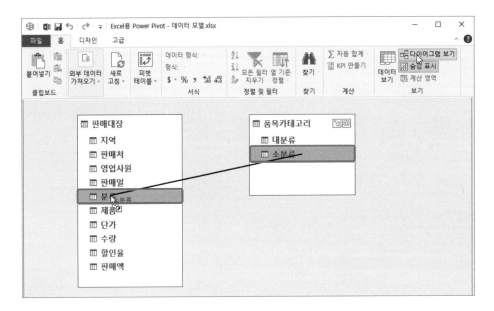

> **TIP** 다이어그램에서 표의 위치는 데이터 모델에 추가된 순서로 표시되며, 각 표의 너비는 테두리 영역을 드래그해 조절할 수 있습니다.

> **TIP** 두 표를 연결할 때 사용할 열의 관계를 드래그&드롭 방식으로 설정할 수 있습니다. 화면과 반대로 [판매대장] 표의 [분류] 열을 [품목카테고리] 표의 [소분류] 열로 드래그해도 됩니다.

09 화면과 같이 [분류] 표와 [판매대장] 표가 관계로 연결됩니다.

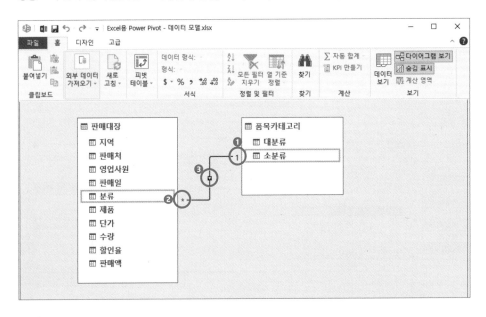

10 관계를 설정한 후 바로 피벗 테이블 보고서를 생성하겠습니다.

11 리본 메뉴의 [홈] 탭-[피벗 테이블📠]을 클릭합니다.

12 [피벗 테이블 만들기] 대화상자가 표시되면 [확인]을 클릭합니다.

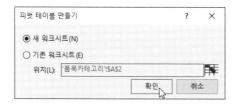

13 새 시트가 하나 생성되며, 해당 시트에서 피벗 테이블 보고서를 구성할 수 있습니다.

TIP 피벗 테이블 보고서를 구성하는 방법은 Section 05-06을 참고해 작업합니다.

05 12 계산 열 만들기

예제 파일 PART 02 \ CHAPTER 05 \ 계산 열.xlsx

DAX 함수와 계산 열

데이터 모델 영역에서 수식을 이용해 만든 새로운 열을 **계산 열**이라고 합니다. 피벗 테이블에서 지원하는 계산 필드와 유사한 개념으로, DAX 함수를 사용할 수 있습니다. 계산 열은 피벗 테이블 보고서의 머리글 항목을 갖는 필드를 생성할 때 주로 사용합니다.

DAX 함수는 워크시트 함수와 상당히 유사하지만 차이점도 있습니다. 이 책의 특성상 DAX 함수를 모두 설명할 수는 없지만 엑셀 함수와 다른 부분은 구체적인 예제를 통해 설명하겠습니다.

계산 열을 이용해 [단가분석] 필드 생성

01 예제 파일의 표에 G열의 단가를 가격대별로 분석하기 위한 [단가분석] 필드를 생성하겠습니다.

	A	B	C	D	E	F	G	H	I	J	K
1	지역	판매처	영업사원	판매일	분류	제품	단가	수량	할인율	판매액	
2	경기	고잔점	박서연	2020-01-02	복사기	컬러레이저복사기 XI-3200	1,176,000	3	15%	2,998,800	
3	서울	가양점	최준혁	2020-01-02	바코드스캐너	바코드 Z-350	48,300	3	0%	144,900	
4	서울	성수점	박시우	2020-01-02	팩스	잉크젯팩시밀리 FX-1050	47,400	3	0%	142,200	
5	경기	고잔점	박서연	2020-01-03	복사용지	프리미엄복사지A4 2500매	17,800	9	0%	160,200	
6	서울	용산점	김수빈	2020-01-03	바코드스캐너	바코드 BCD-100 Plus	86,500	7	0%	605,500	
192	서울	가양점	최민서	2020-04-10	바코드스캐너	바코드 Z-350	53,300	3	0%	159,900	
193	서울	용산점	김수빈	2020-04-13	복사용지	고급복사지A4 500매	3,400	5	0%	17,000	
194	서울	신도림점	박윤서	2020-04-13	문서세단기	오피스 Z-01	39,100	7	0%	273,700	
195	서울	성수점	김서현	2020-04-14	팩스	잉크젯팩시밀리 FX-1000	44,200	9	0%	397,800	
196	서울	자양점	김수민	2020-04-15	복사용지	복사지A4 1000매	5,800	2	0%	11,600	
197	서울	신도림점	박윤서	2020-04-15	복합기	잉크젯복합기 AP-3300	75,600	3	0%	226,800	
198	경기	고잔점	박서연	2020-04-16	복사용지	복사지A4 500매	2,900	1	0%	2,900	
199	경기	고잔점	이우진	2020-04-16	복합기	레이저복합기 L650	358,900	3	5%	1,022,865	
200	서울	가양점	최준혁	2020-04-16	문서세단기	오피스 Z-03	83,600	5	0%	418,000	
201											
202											

판매대장

02 리본 메뉴의 [Power Pivot] 탭-[테이블] 그룹-[데이터 모델에 추가🔡]를 클릭합니다.

03 [파워 피벗] 창에서 [열 추가] 열의 머리글을 더블클릭하고, 열 머리글 이름을 **단가분석**으로 수정합니다.

04 [단가분석] 열의 셀을 하나 선택하고 수식 입력줄에 다음 수식을 입력합니다.

=IF([단가]<100000, "10만원 미만",
IF([단가]>=1000000, "100만원 이상",
INT([단가]/100000) & "0만원대"))

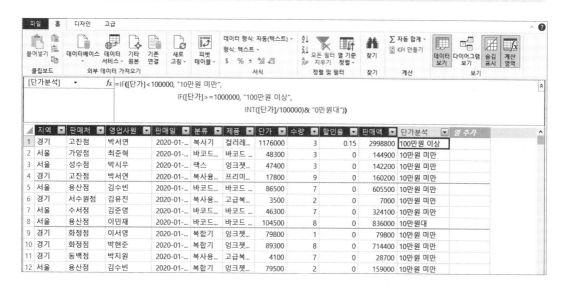

> **🔍 더 알아보기**   **수식 이해하기**
>
> 데이터 모델 영역에서 보이는 표에 열을 추가하면 데이터 모델 영역에서만 표시되고 원본 표에서는 확인되지 않습니다. 이렇게 수식을 이용해 계산한 열을 계산 열이라고 합니다. 원본 표의 데이터가 추가되면 계산 열에는 자동으로 해당 데이터의 값이 계산됩니다.
> 데이터 모델에서의 계산은 워크시트에 수식을 입력하는 것보다 빠르고 메모리 사용이 효율적입니다. 그러므로 원본 표에 열을 추가하는 것보다는 데이터 모델 영역에서 계산 열을 만들 것을 권합니다.
> 이번 수식은 IF 함수로 [단가] 열의 숫자를 구분해 원하는 값이 반환되도록 한 것입니다. 10만 원 미만인 경우와 100만 원 이상인 경우를 먼저 구분하고, [단가] 열을 10만 원으로 나눈 몫(정수 부분)을 "0만원대" 문자열과 연결한 값을 반환합니다.

05 [월] 필드를 하나 추가하겠습니다.

06 [열 추가] 열의 머리글을 더블클릭하고, 열 머리글 이름을 **월**로 수정합니다.

07 [월] 열의 셀을 하나 선택하고 수식 입력줄에 다음 수식을 입력합니다.

=MONTH([판매일]) & "월"

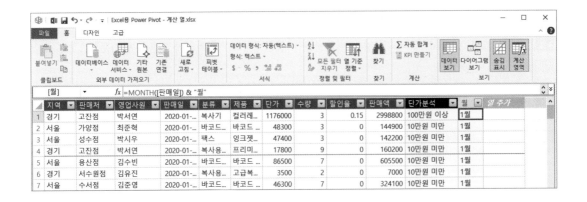

월별 분석 작업을 위해 [월] 필드를 생성합니다. 수식은 MONTH 함수를 사용해 [판매일] 필드의 날짜에서 월을 반환받은 후 "월" 문자열과 연결한 것입니다. 만약 10월 이후의 월이 있으면 [월] 필드 항목이 10월, 11월, 12월, 1월, 2월, … 순으로 표시될 수 있습니다. 이런 점이 불편하다면 다음과 같이 월 필드의 앞 숫자를 두 자리로 통일하는 것이 좋습니다.

    =FORMAT([판매일], "00월")

FORMAT 함수는 워크시트 함수인 TEXT 함수와 동일한 역할을 하는 DAX 함수로, 서식 코드를 이용해 값을 변환할 때 사용합니다. 사용 방법은 TEXT 함수와 동일합니다.

08 리본 메뉴의 [홈] 탭-[피벗 테이블🔠]을 클릭합니다.

09 [피벗 테이블 만들기] 대화상자가 표시되면 [확인]을 클릭합니다.

10 새로운 시트에 피벗 테이블 레이아웃이 표시되면 다음과 같이 구성합니다.

[행] 영역 : [단가 분석] 필드

[열] 영역 : [월] 필드

[값] 영역 : [판매액] 필드

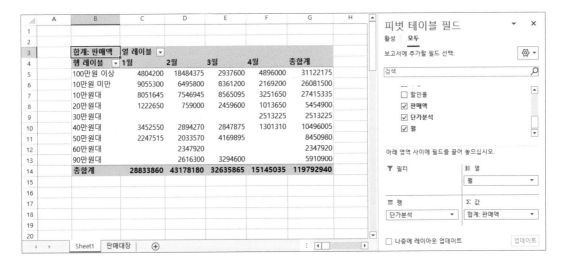

05_13 측정값 만들기

예제 파일 PART 02 \ CHAPTER 05 \ 측정값.xlsx

계산 영역을 이용

파워 피벗에서는 [값] 영역에 집계될 값을 측정값으로 만들어 피벗 테이블 보고서에 표시되도록 할 수 있습니다. 측정값은 별도의 메뉴를 이용해 생성하거나 데이터 모델 영역 내 [계산 영역]에서 생성할 수 있습니다. [값] 영역에 필드를 삽입해 계산하는 방법보다, 측정값으로 계산한 것을 [값] 영역에 삽입해 사용하는 것이 계산 속도나 효율성 측면에서 앞섭니다.

01 예제를 열고, J열의 판매액 합계와 I열의 할인율 평균을 측정값으로 계산하겠습니다.

	A	B	C	D	E	F	G	H	I	J	K
1	지역	판매처	영업사원	판매일	분류	제품	단가	수량	할인율	판매액	
2	경기	고잔점	박서연	2020-01-02	복사기	컬러레이저복사기 XI-3200	1,176,000	3	15%	2,998,800	
3	서울	가양점	최준혁	2020-01-02	바코드스캐너	바코드 Z-350	48,300	3	0%	144,900	
4	서울	성수점	박시우	2020-01-02	팩스	잉크젯팩시밀리 FX-1050	47,400	3	0%	142,200	
5	경기	고잔점	박서연	2020-01-03	복사용지	프리미엄복사지A4 2500매	17,800	9	0%	160,200	
6	서울	용산점	김수빈	2020-01-03	바코드스캐너	바코드 BCD-100 Plus	86,500	7	0%	605,500	
192	서울	가양점	최민서	2020-04-10	바코드스캐너	바코드 Z-350	53,300	3	0%	159,900	
193	서울	용산점	김수빈	2020-04-13	복사용지	고급복사지A4 500매	3,400	5	0%	17,000	
194	서울	신도림점	박윤서	2020-04-13	문서세단기	오피스 Z-01	39,100	7	0%	273,700	
195	서울	성수점	김서현	2020-04-14	팩스	잉크젯팩시밀리 FX-1000	44,200	9	0%	397,800	
196	서울	자양점	김수민	2020-04-15	복사용지	복사지A4 1000매	5,800	2	0%	11,600	
197	서울	신도림점	박윤서	2020-04-15	복합기	잉크젯복합기 AP-3300	75,600	3	0%	226,800	
198	경기	고잔점	박서연	2020-04-16	복사용지	복사지A4 500매	2,900	1	0%	2,900	
199	경기	고잔점	이우진	2020-04-16	복합기	레이저복합기 L650	358,900	3	5%	1,022,865	
200	서울	가양점	최준혁	2020-04-16	문서세단기	오피스 Z-03	83,600	5	0%	418,000	
201											
202											

판매대장

02 리본 메뉴의 [Power Pivot] 탭-[테이블] 그룹-[데이터 모델에 추가▦]를 클릭합니다.

03 [파워 피벗] 창의 표 하단에 표시되는 계산 영역에서 셀을 하나 선택합니다.

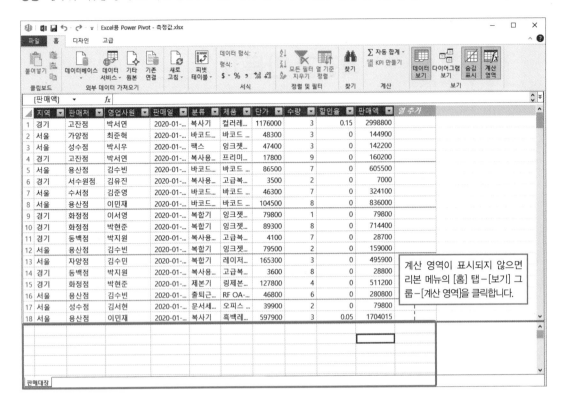

계산 영역이 표시되지 않으면 리본 메뉴의 [홈] 탭-[보기] 그룹-[계산 영역]을 클릭합니다.

TIP 계산 영역의 아무 셀이나 선택해도 됩니다.

04 수식 입력줄에 다음 수식을 입력하고 Enter를 누릅니다.

> 매출:=SUM([판매액])

	지역	판매처	영업사원	판매일	분류	제품	단가	수량	할인율	판매액	열 추가
1	경기	고잔점	박서연	2020-01-...	복사기	컬러레	1176000	3	0.15	2998800	
2	서울	가양점	최준혁	2020-01-...	바코드...	바코드...	48300	3	0	144900	
3	서울	성수점	박시우	2020-01-...	팩스	잉크젯...	47400	3	0	142200	
4	경기	고잔점	박서연	2020-01-...	복사용...	프리미...	17800	9	0	160200	
5	서울	용산점	김수빈	2020-01-...	바코드...	바코드...	86500	7	0	605500	
6	경기	서수원점	김유진	2020-01-...	복사용...	고급복...	3500	2	0	7000	
7	서울	수서점	김준영	2020-01-...	바코드...	바코드...	46300	7	0	324100	
8	서울	용산점	이민재	2020-01-...	바코드...	바코드...	104500	8	0	836000	
9	경기	화정점	이서영	2020-01-...	복합기	잉크젯...	79800	1	0	79800	
10	경기	화정점	박현준	2020-01-...	복합기	잉크젯...	89300	8	0	714400	
11	경기	동백점	박지원	2020-01-...	복사용...	고급복...	4100	7	0	28700	
12	서울	용산점	김수빈	2020-01-...	복합기	잉크젯...	79500	2	0	159000	
13	서울	자양점	김수민	2020-01-...	복합기	레이저...	165300	3	0	495900	
14	경기	동백점	박지원	2020-01-...	복사용...	고급복...	3600	8	0	28800	
15	경기	화정점	박현준	2020-01-...	제본기	링제본...	127800	4	0	511200	
16	서울	용산점	김수빈	2020-01-...	출퇴근...	RF OA-...	46800	6	0	280800	
17	서울	성수점	김서현	2020-01-...	문서세...	오피스...	39900	2	0	79800	
18	서울	용산점	이민재	2020-01-...	복사기	흑백레...	597900	3	0.05	1704015	

매출: 119792940

05 측정값의 서식은 따로 설정할 수 있습니다.

06 리본 메뉴의 [홈] 탭-[서식] 그룹-[통화$]를 클릭하고, [₩ 한국어 (대한민국)]을 선택합니다.

> **TIP** 측정값 서식을 적용하고 피벗 테이블 보고서에 삽입하면 해당 서식이 표시됩니다.

07 리본 메뉴의 [홈] 탭-[피벗 테이블]을 클릭합니다.

08 [피벗 테이블 만들기] 대화상자가 표시되면 [확인]을 클릭합니다.

09 새로운 시트에 피벗 테이블 레이아웃이 표시되면 다음과 같이 구성합니다.

[행] 영역 : [지역], [판매처] 필드

[값] 영역 : [판매액], [*fx* 매출] 필드

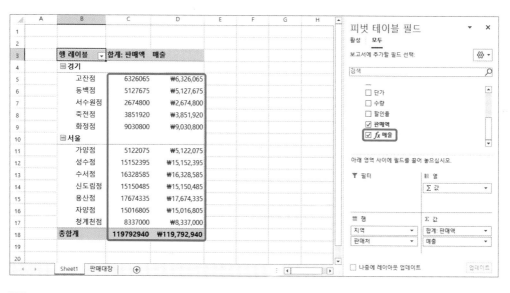

> **TIP** [판매액] 필드를 [값] 영역에 삽입한 결과와 [매출] 측정값을 사용한 결과가 동일합니다.

리본 메뉴의 [파워 피벗] 탭 이용

01 평균 할인율을 측정값으로 생성하겠습니다.

02 리본 메뉴의 [Power Pivot] 탭-[계산] 그룹-[측정값 fx]을 클릭하고 [새 측정값]을 선택합니다.

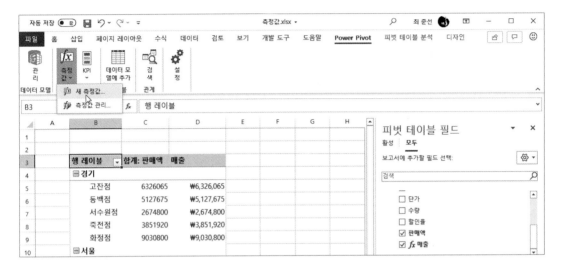

03 [측정값] 대화상자가 표시되면 [측정값 이름]을 **평균할인율**로 수정합니다.

04 [수식]에 다음과 같이 입력합니다.

> **=AVERAGE([할인율])**

05 [서식 옵션]의 [범주]에서 [숫자]를 선택하고 [형식]을 [백분율]로 변경한 후 [확인]을 클릭합니다.

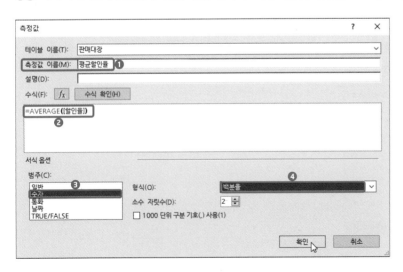

06 다음과 같이 [평균할인율] 측정값이 [값] 영역에 바로 추가됩니다.

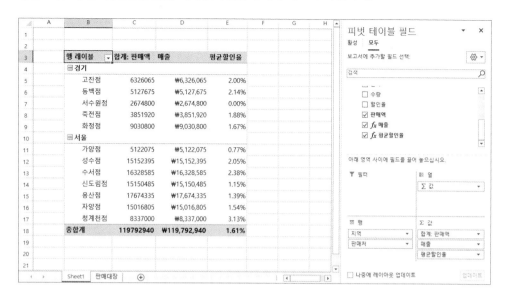

필드 목록에 표시되지 않도록 필드 숨기기

측정값을 생성했다면 기존 필드를 표시할 필요가 없으므로 숨겨도 됩니다. 다음 과정을 참고합니다.

01 리본 메뉴의 [Power Pivot] 탭-[데이터 모델] 그룹-[관리圓]를 클릭합니다. [파워 피벗] 창이 열립니다.

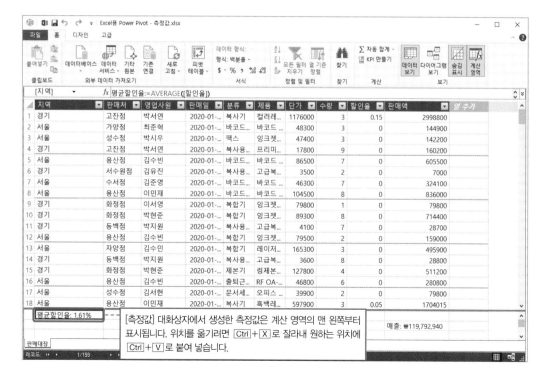

02 [판매액] 열에서 마우스 오른쪽 버튼을 클릭하고 [클라이언트 도구에서 숨기기]를 선택합니다.

TIP 매출 측정값을 만들었으므로 해당 측정값을 이용하도록 [판매액] 열을 숨깁니다.

03 동일한 방법으로 [할인율] 열을 숨깁니다.

04 모든 작업이 끝났으면 [창 닫기]를 클릭합니다.

TIP [클라이언트 도구에서 숨기기]를 적용한 열은 회색으로 표시됩니다.

05 피벗 테이블 보고서의 필드 목록에서 숨긴 필드가 더 이상 표시되지 않습니다.

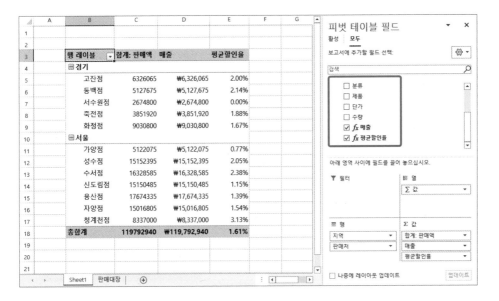

05 14 CALCULATE 함수를 사용해 조건 설정하기

예제 파일 PART 02 \ CHAPTER 05 \ CALCULATE 함수.xlsx

CALCULATE 함수

DAX 함수에는 SUM 함수와 COUNT 함수는 있지만 SUMIF 함수와 COUNTIF 함수는 제공되지 않습니다. DAX 함수에서는 IF 조건을 CALCULATE 함수를 사용해 추가할 수 있으며 조건의 개수는 하나 이상 설정할 수 있습니다. CALCULATE 함수의 구문은 다음과 같습니다.

CALCULATE (계산식, 필터 조건1, 필터 조건2, …)

계산식	원하는 결과를 반환하는 모든 계산식
필터 조건	해당 계산식에 적용할 필터 조건 예를 들어 [지역] 필드가 '서울'인 경우의 합계만 구하려면 [지역]="서울"과 같은 조건을 추가할 수 있습니다.

CALCULATE 함수를 사용한 재고 계산

01 예제 파일의 입출고 데이터를 가지고 재고를 계산하겠습니다.

	A	B	C	D
1	제품	수량	구분	
2	RF OA-200	21	이월	
3	RF OA-400	31	이월	
4	고급복사지A4 1000매	17	이월	
5	고급복사지A4 2500매	104	이월	
6	고급복사지A4 5000매	14	이월	
7	도트 TIC-10A	25	이월	
8	도트 TIC-1A	40	이월	
163	오피스 Z-05C	14	출고	
164	프리미엄복사지A4 2500매	30	입고	
165	바코드 Z-350	42	출고	
166	복사지A4 1000매	4	출고	
167	프리미엄복사지A4 5000매	40	입고	
168	고급복사지A4 2500매	4	출고	
169	복사지A4 2500매	50	출고	
170	흑백레이저복사기 TLE-9000	40	입고	

TIP 표는 엑셀 표로 등록되어 있으며, 표 이름은 **입출고**입니다.

02 리본 메뉴의 [Power Pivot] 탭-[테이블] 그룹-[데이터 모델에 추가 ▦]를 클릭합니다.

03 측정값을 생성하기 위해 [파워 피벗] 창 하단의 계산 영역 내 셀을 하나 선택합니다.

04 수식 입력줄에 다음 수식을 입력하고 Enter 를 누릅니다.

> **이월:=CALCULATE(SUM([수량]), '입출고'[구분]="이월")**

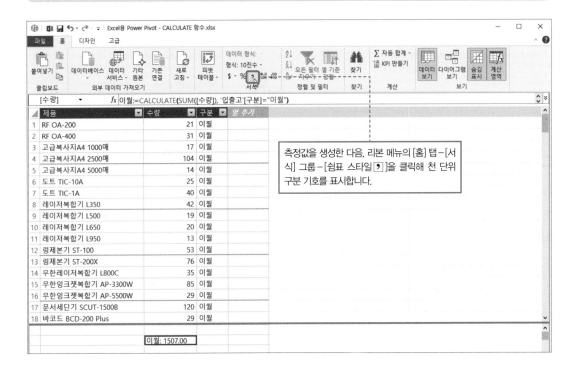

측정값을 생성한 다음, 리본 메뉴의 [홈] 탭-[서식] 그룹-[쉼표 스타일 ⑨]을 클릭해 천 단위 구분 기호를 표시합니다.

🔍 **더 알아보기**   **수식 이해하기**

CALCULATE 함수의 첫 번째 인수는 **SUM([수량])**으로 [수량] 열의 합계를 구하는데, 두 번째 인수에서 지정한 데이터만 대상이 됩니다. 즉, **'입출고'[구분]="이월"**의 조건을 만족하는 [수량] 열의 합계를 구하는 수식입니다.

참고로 CALCULATE 함수의 두 번째 인수에서 열을 설정할 때 표 이름('입출고') 없이 [구분] 열만 사용하면 에러가 발생합니다. SUM 함수의 경우는 같은 표 내부에서는 표 이름을 사용하지 않아도 되지만 다음과 같이 동일한 방식으로 참조해도 됩니다.

   =CALCULATE(SUM('입출고'[수량]), '입출고'[구분]="이월")

표 이름은 반드시 작은따옴표(')로 묶어야 합니다.

05 계산 영역 내 다른 셀을 선택하고, 순서대로 다음 측정값을 생성합니다.

입고:=CALCULATE(SUM([수량]), '입출고'[구분]="입고")

출고:=CALCULATE(SUM([수량]), '입출고'[구분]="출고")

재고:=[이월]+[입고]-[출고]

[수량] ▼	*fx* 재고:=[이월]+[입고]-[출고]		
제품 ▼	수량 ▼	구분 ▼	열 추가
1 RF OA-200	21	이월	
2 RF OA-400	31	이월	
3 고급복사지A4 1000매	17	이월	
4 고급복사지A4 2500매	104	이월	
5 고급복사지A4 5000매	14	이월	
6 도트 TIC-10A	25	이월	
7 도트 TIC-1A	40	이월	
8 레이저복합기 L350	42	이월	
9 레이저복합기 L500	19	이월	
10 레이저복합기 L650	20	이월	
11 레이저복합기 L950	13	이월	
12 링제본기 ST-100	53	이월	
13 링제본기 ST-200X	76	이월	
14 무한레이저복합기 L800C	35	이월	
15 무한잉크젯복합기 AP-3300W	85	이월	
16 무한잉크젯복합기 AP-5500W	29	이월	
17 문서세단기 SCUT-1500B	120	이월	
18 바코드 BCD-200 Plus	29	이월	

이월: 1507.00
입고: 1,990.00
출고: 1,550.00
재고: 1,947.00

리본 메뉴의 [홈] 탭-[서식] 그룹-[쉼표 스타일 ⁹]을 클릭해 천 단위 구분 기호를 표시합니다.

🔍 **더 알아보기**   **수식 이해하기**

이번에 생성한 **입고**, **출고** 측정값은 **이월** 측정값과 동일하므로, **04** 과정의 [수식 이해하기]를 참고합니다. 이 세 측정값은 **SUM([수량])** 부분을 공유하므로, 이 측정값을 먼저 다음과 같이 생성했다면 생성된 측정값을 이용할 수 있습니다. 다음 수식을 참고합니다.

    수량합계:=SUM([수량])

      이월:=CALCULATE([수량합계], '입출고'[구분]="이월")

      입고:=CALCULATE([수량합계], '입출고'[구분]="입고")

      출고:=CALCULATE([수량합계], '입출고'[구분]="출고")

마지막 **재고** 측정값은 계산된 **이월**, **입고**, **출고** 측정값으로 계산한 것이니, 이해하기 어렵지는 않을 것입니다.

---

06 리본 메뉴의 [홈] 탭-[피벗 테이블🔳]을 클릭합니다.

07 [피벗 테이블 만들기] 대화상자가 표시되면 [확인]을 클릭합니다.

08 새로운 시트에 피벗 테이블 레이아웃이 표시되면 다음과 같이 구성합니다.

[행] 영역 : [제품] 필드

[값] 영역 : [이월], [입고], [출고], [재고] 필드

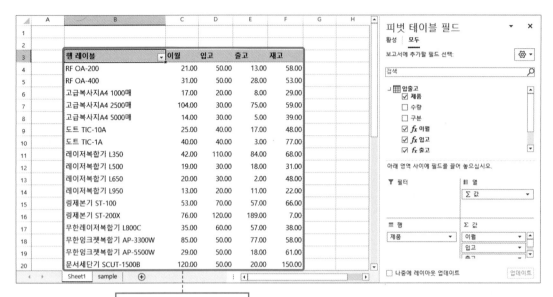

제품별 입출고 현황과 재고를 모두
확인할 수 있습니다.

CALCULATE, ALL 함수를 사용해 필터 해제하기

예제 파일 PART 02 \ CHAPTER 05 \ ALL 함수.xlsx

ALL 함수

ALL 함수는 CALCULATE 함수와 중첩해서 사용할 수 있으며, 피벗 테이블 등에 적용된 필터 조건을 해제할 수 있어 편리합니다. ALL 함수의 구문은 다음과 같습니다.

> **ALL** (테이블 OR 필드)

테이블 or 필드	필터가 적용된 표 또는 필드(열)를 해제하고 전체 데이터를 반환합니다.

ALL 함수를 사용한 비율 계산

피벗 테이블 보고서의 [값] 영역에서 집계되는 측정값은 행 또는 열 영역 내 필드에 종속되므로, 마치 머리글이 필터 조건인 것처럼 동작합니다. 부분합 값으로 비율을 계산하려면 하위 필드의 종속을 해제해야 합니다. 다음 과정을 참고합니다.

01 예제를 열고 지역별 판매처의 매출 집계와 지역별 매출 비율을 계산하겠습니다.

	A	B	C	D	E	F	G	H	I	J	K
1	지역	판매처	영업사원	판매일	분류	제품	단가	수량	할인율	판매액	
2	경기	고잔점	박서연	2020-01-02	복사기	컬러레이저복사기 XI-3200	1,176,000	3	15%	2,998,800	
3	서울	가양점	최준혁	2020-01-02	바코드스캐너	바코드 Z-350	48,300	3	0%	144,900	
4	서울	성수점	박시우	2020-01-02	팩스	잉크젯팩시밀리 FX-1050	47,400	3	0%	142,200	
5	경기	고잔점	박서연	2020-01-03	복사용지	프리미엄복사지A4 2500매	17,800	9	0%	160,200	
6	서울	용산점	김수빈	2020-01-03	바코드스캐너	바코드 BCD-100 Plus	86,500	7	0%	605,500	
192	서울	가양점	최민서	2020-04-10	바코드스캐너	바코드 Z-350	53,300	3	0%	159,900	
193	서울	용산점	김수빈	2020-04-13	복사용지	고급복사지A4 500매	3,400	5	0%	17,000	
194	서울	신도림점	박윤서	2020-04-13	문서세단기	오피스 Z-01	39,100	7	0%	273,700	
195	서울	성수점	김서현	2020-04-14	팩스	잉크젯팩시밀리 FX-1000	44,200	9	0%	397,800	
196	서울	자양점	김수민	2020-04-15	복사용지	복사지A4 1000매	5,800	2	0%	11,600	
197	서울	신도림점	박윤서	2020-04-15	복합기	잉크젯복합기 AP-3300	75,600	3	0%	226,800	
198	경기	고잔점	박서연	2020-04-16	복사용지	복사지A4 500매	2,900	1	0%	2,900	
199	경기	고잔점	이우진	2020-04-16	복합기	레이저복합기 L650	358,900	3	5%	1,022,865	
200	서울	가양점	최준혁	2020-04-16	문서세단기	오피스 Z-03	83,600	5	0%	418,000	

TIP 예제는 엑셀 표로 등록되어 있으며 표 이름은 **판매대장**입니다.

02 리본 메뉴의 [Power Pivot] 탭-[테이블] 그룹-[데이터 모델에 추가▦]를 클릭합니다.

03 비율을 계산하는 측정값을 생성하겠습니다.

04 [파워 피벗] 창 하단의 계산 영역 내 셀을 하나 선택하고 다음 측정값을 순서대로 생성합니다.

매출:=SUM([판매액])

비율:=[매출]/CALCULATE([매출], ALL('판매대장'[판매처]))

	지역	판매처	영업사원	판매일	분류	제품	단가	수량	할인율	판매액	열 추가
1	경기	고잔점	박서연	2020-01-	복사기	컬러레	1176000	3	0.15	2998800	
2	서울	가양점	최준혁	2020-01-	바코드	바코드	48300	3	0	144900	
3	서울	성수점	박시우	2020-01-	팩스	잉크젯	47400	3	0	142200	
4	경기	고잔점	박서연	2020-01-	복사용	프리미	17800	9	0	160200	
5	서울	용산점	김수빈	2020-01-	바코드	바코드	86500	7	0	605500	
6	경기	서수원점	김유진	2020-01-	복사용	고급복	3500	2	0	7000	
7	서울	수서점	김준영	2020-01-	바코드	바코드	46300	7	0	324100	
8	서울	용산점	이민재	2020-01-	바코드	바코드	104500	8	0	836000	
9	경기	화정점	이서영	2020-01-	복합기	잉크젯	79800	1	0	79800	
10	경기	화정점	박현준	2020-01-	복합기	잉크젯	89300	8	0	714400	
11	경기	동백점	박지원	2020-01-	복사용	고급복	4100	7	0	28700	
12	서울	용산점	김수빈	2020-01-	복합기	잉크젯	79500	2	0	159000	
13	서울	자양점	김수민	2020-01-	복합기	레이저	165300	3	0	495900	
14	경기	동백점	박지원	2020-01-	복사용	고급복	3600	8	0	28800	
15	경기	화정점	박현준	2020-01-	제본기	링제본	127800	4	0	511200	
16	서울	용산점	김수빈	2020-01-	출퇴근	RF OA-	46800	6	0	280800	
17	서울	성수점	김서현	2020-01-	문서세	오피스	39900	2	0	79800	
18	서울	용산점	이민재	2020-01-	복사기	흑백레	597900	3	0.05	1704015	
19	서울	성수점	박시우	2020-01-	복합기	잉크젯	84800	6	0	508800	
20	서울	청계천점	최예원	2020-01-	복합기	잉크젯	84800	10	0	848000	

매출: ₩119,792,940
비율: 100.00%

🔍 **더 알아보기** **수식 이해하기**

이번에는 다음과 같은 수식을 사용하는 비율 측정값만 생성해도 됩니다.

=SUM([판매액])/CALCULATE(SUM([판매액]), ALL('판매대장'[판매처]))

이렇게 **SUM([판매액])** 수식을 두 번 사용하면 **매출** 측정값을 먼저 만들고 **비율** 측정값에서는 생성된 **매출** 측정값을 이용해 계산합니다.
매출 측정값을 생성한 후 리본 메뉴의 [홈] 탭-[서식] 그룹-[통화⑤]를 클릭하고 [₩ 한국어 (대한민국)]을 선택한 것이며, 비율 측정값은 리본 메뉴의 [홈] 탭-[서식] 그룹-[백분율%]을 클릭해 표시 형식을 지정해놓았습니다.

---

05 리본 메뉴의 [홈] 탭-[피벗 테이블🔃]을 클릭합니다.

06 [피벗 테이블 만들기] 대화상자가 표시되면 [확인]을 클릭합니다.

07 새로운 시트에 피벗 테이블 레이아웃이 표시되면 다음과 같이 구성합니다.

[행] 영역 : [지역], [판매처] 필드
[값] 영역 : [매출], [비율] 필드

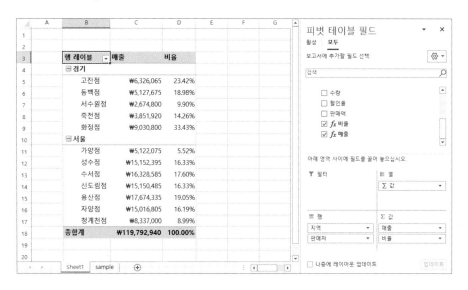

🔍 **더 알아보기** 　　　**비율 측정값의 결과 이해하기**

비율 측정값은 C열의 매출에서 [판매처] 필드의 필터 설정을 해제하므로 현재 보고서에서는 [지역] 필드의 매출과 동일합니다. 그러므로 지역 매출액을 100으로 하고 구한 각 판매처별 매출 비율을 피벗 테이블 보고서에 반환합니다.

08 피벗 테이블 보고서에 [지역] 필드의 부분합을 표시하기 위해 몇 가지 설정을 변경하겠습니다.

09 리본 메뉴의 [디자인] 탭-[레이아웃] 그룹-[보고서 레이아웃]을 클릭하고 [압축 형식으로 표시]를 선택합니다.

10 [B4] 셀을 선택하고 마우스 오른쪽 버튼을 클릭해 ["지역" 부분합]을 선택합니다.

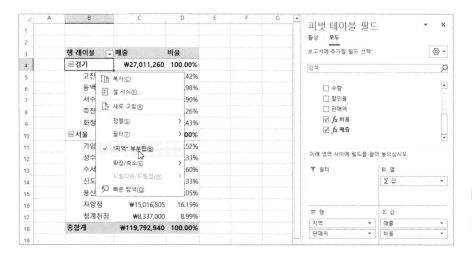

TIP 단축 메뉴는 필요한 명령만 나오도록 편집해놓은 것입니다.

11 **비율** 측정값은 피벗 테이블의 값 표시 형식과는 약간 다른 결과를 반환합니다.

12 확인을 위해 [피벗 테이블 필드] 작업 창에서 매출 측정값을 [값] 영역에 두 번 더 드래그해 삽입합니다.

13 E열의 [매출2] 필드에는 [값 표시 형식]−[열 합계 비율]을 선택해 비율을 표시합니다.

TIP [E3] 셀의 머리글을 **열 합계 비율**로 변경합니다. [열 합계 비율]에 대한 설명은 Section 04−21을 참고합니다.

14 F열의 [매출3] 필드에는 [값 표시 형식]−[상위 행 합계 비율]을 선택해 비율을 표시합니다.

TIP [F3] 셀의 머리글을 **상위 행 합계 비율**로 변경합니다. [상위 행 합계 비율]에 대한 설명은 Section 04−22를 참고합니다.

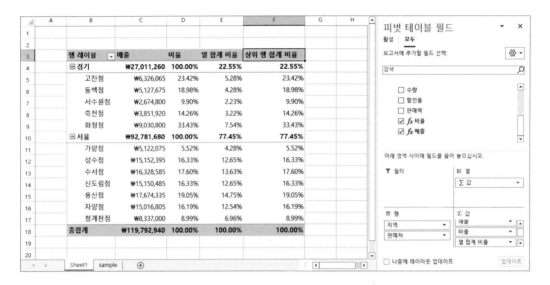

🔍 **더 알아보기**　　**값 표시 형식을 이용한 비율**

E열의 **열 합계 비율**은 총합계 대비 비율이므로, [E18] 셀의 매출 대비 전체 지역이나 판매처별 매출을 나눠 표시합니다. 그에 반해 F열의 **상위 행 합계 비율**은 [지역] 필드는 총합계 대비 비율을 표시하지만, 각 판매처의 매출은 지역별 매출액 비율을 의미합니다. 이 부분은 **비율** 측정값과 동일하지만 지역별 부분합 행은 다릅니다.

05 16 X가 붙는 집계 함수 알아보기 – SUMX 함수

예제 파일 PART 02 \ CHAPTER 05 \ SUMX 함수.xlsx

X 함수

DAX 함수의 집계 함수에는 SUM, COUNT, MAX, MIN 등의 함수명 뒤에 X가 붙는 함수가 제공됩니다.
X가 붙는 함수 중 자주 사용되는 함수는 다음과 같습니다.

함수	설명
SUMX	표의 특정 열이나 지정된 계산식의 합계를 반환합니다.
COUNTX	표의 특정 열이나 지정된 계산식의 숫자 개수를 반환합니다.
COUNTAX	표의 특정 열이나 지정된 계산식의 데이터 개수를 반환합니다.
AVERAGEX	표의 특정 열이나 지정된 계산식에서 평균을 반환합니다.
MAXX	표의 특정 열이나 지정된 계산식에서 최댓값을 반환합니다.
MINX	표의 특정 열이나 지정된 계산식에서 최솟값을 반환합니다.

X가 붙는 함수의 구문은 대부분 유사합니다. 대표적으로 SUMX 구문은 다음과 같습니다.

SUMX (테이블, 계산식 OR 필드)

테이블	집계할 대상 표 이름
계산식 or 필드	집계할 열 또는 원하는 계산식

X가 붙는 함수(예를 들면 SUMX)와 X가 붙지 않는 함수(예를 들면 SUM)는 이름이 다르고 구문에 차이가
있습니다. SUMX 함수는 필요한 열을 연산한 결과로 더할 수 있기 때문에 SUM 함수에 비해 활용도가 높
습니다.

SUMX 함수로 판매액 필드 대체

01 예제를 열고 판매처별 매출액을 집계하겠습니다.

	A	B	C	D	E	F	G	H	I	J
1	지역	판매처	영업사원	판매일	분류	제품	단가	수량	할인율	판매액
2	경기	고잔점	박서연	2020-01-02	복사기	컬러레이저복사기 XI-3200	1,176,000	3	15%	2,998,800
3	서울	가양점	최준혁	2020-01-02	바코드스캐너	바코드 Z-350	48,300	3	0%	144,900
4	서울	성수점	박시우	2020-01-02	팩스	잉크젯팩시밀리 FX-1050	47,400	3	0%	142,200
5	경기	고잔점	박서연	2020-01-03	복사용지	프리미엄복사지A4 2500매	17,800	9	0%	160,200
6	서울	용산점	김수빈	2020-01-03	바코드스캐너	바코드 BCD-100 Plus	86,500	7	0%	605,500
192	서울	가양점	최민서	2020-04-10	바코드스캐너	바코드 Z-350	53,300	3	0%	159,900
193	서울	용산점	김수빈	2020-04-13	복사용지	고급복사지A4 500매	3,400	5	0%	17,000
194	서울	신도림점	박윤서	2020-04-13	문서세단기	오피스 Z-01	39,100	7	0%	273,700
195	서울	성수점	김서현	2020-04-14	팩스	잉크젯팩시밀리 FX-1000	44,200	9	0%	397,800
196	서울	자양점	김수민	2020-04-15	복사용지	복사지A4 1000매	5,800	2	0%	11,600
197	서울	신도림점	박윤서	2020-04-15	복합기	잉크젯복합기 AP-3300	75,600	3	0%	226,800
198	경기	고잔점	박서연	2020-04-16	복사용지	복사지A4 500매	2,900	1	0%	2,900
199	경기	고잔점	이우진	2020-04-16	복합기	레이저복합기 L650	358,900	3	5%	1,022,865
200	서울	가양점	최준혁	2020-04-16	문서세단기	오피스 Z-03	83,600	5	0%	418,000
201										

> **TIP** J열의 판매액은 **=단가(G열)*수량(H열)*(1−할인율(I열))**로 계산할 수 있습니다.

02 리본 메뉴의 [Power Pivot] 탭-[테이블] 그룹-[데이터 모델에 추가▦]를 클릭합니다.

03 비율을 계산하는 측정값을 생성하겠습니다.

04 [파워 피벗] 창 하단의 계산 영역 내 셀을 하나 선택하고, 다음 측정값을 생성합니다.

> **매출:=SUMX('판매대장', '판매대장'[단가]*'판매대장'[수량]*(1−'판매대장'[할인율]))**

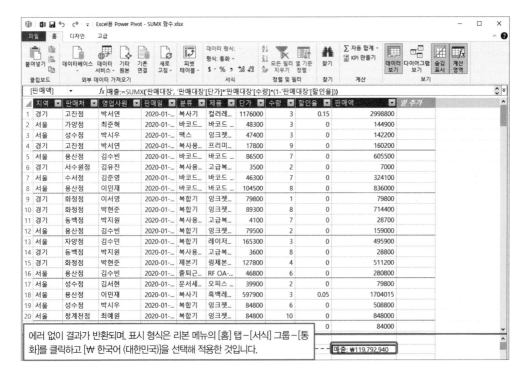

에러 없이 결과가 반환되며, 표시 형식은 리본 메뉴의 [홈] 탭-[서식] 그룹-[통화]를 클릭하고 [₩ 한국어 (대한민국)]을 선택해 적용한 것입니다.

05 SUM 함수로 동일한 결과를 얻을 수 있는지 확인하겠습니다.

06 계산 영역 내 셀을 선택하고, 다음 측정값을 생성합니다.

매출2:=SUM('판매대장'[단가]*'판매대장'[수량]*(1-'판매대장'[할인율]))

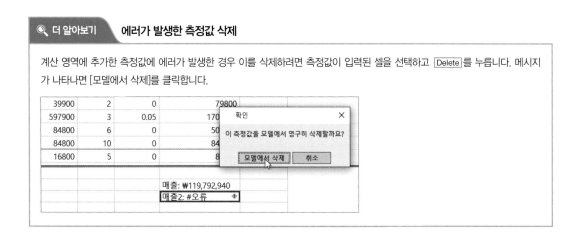

🔍 **더 알아보기**   **에러가 발생한 측정값 삭제**

계산 영역에 추가한 측정값에 에러가 발생한 경우 이를 삭제하려면 측정값이 입력된 셀을 선택하고 Delete 를 누릅니다. 메시지
가 나타나면 [모델에서 삭제]를 클릭합니다.

39900	2	0	79800
597900	3	0.05	170
84800	6	0	50
84800	10	0	84
16800	5	0	8

확인 ✕
이 측정값을 모델에서 영구히 삭제할까요?
[모델에서 삭제] [취소]

매출: ₩119,792,940
매출2: #오류

---

07 리본 메뉴의 [홈] 탭–[피벗 테이블]을 클릭합니다.

08 [피벗 테이블 만들기] 대화상자가 표시되면 [확인]을 클릭합니다.

09 새로운 시트에 피벗 테이블 레이아웃이 표시되면 다음과 같이 구성합니다.

[행] 영역 : [판매처] 필드

[값] 영역 : [판매액], [매출] 필드

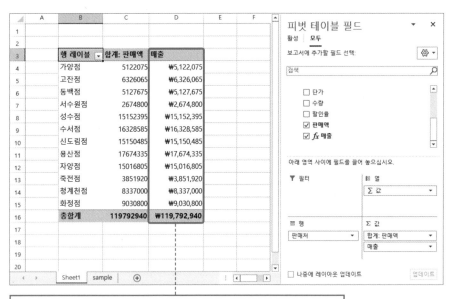

집계된 결과가 왼쪽 [판매액] 필드의 합계와 동일합니다. 원본 표의 수식을 사용해 계산할 수 있는 열을 따로 만들지 않아도 SUMX와 같이 X가 붙는 함수를 이용하면 동일한 결과를 얻을 수 있습니다. 이렇게 하는 것이 원본 표의 수식을 덜 사용하므로 더 효과적입니다.

X가 붙는 집계 함수에 조건 추가하기

예제 파일 PART 02 \ CHAPTER 05 \ FILTER 함수.xlsx

FILTER 함수

표에서 원하는 조건에 맞는 레코드만 반환하는 함수가 FILTER 함수입니다. FILTER 함수는 테이블 인수를 사용하는 함수에서 사용할 수 있습니다. 특히 X가 붙는 집계 함수에서 사용할 경우 집계할 데이터가 제한되므로, IF와 같은 조건을 추가하는 역할을 합니다. FILTER 함수의 구문은 다음과 같습니다.

FILTER (테이블, 필터 조건)

테이블	집계할 대상 표의 이름
필터 조건	테이블에서 추출할 데이터를 의미하는 조건으로, 예를 들어 [지역] 필드가 '서울'인 데이터만 제한하려면 **[지역]="서울"**과 같은 조건을 사용할 수 있습니다.

CALCULATE 함수와 FILTER 함수는 조건을 추가한다는 점에서는 동일하지만, FILTER 함수는 하나의 조건만 추가할 수 있고 CALCULATE 함수는 여러 개의 조건을 추가할 수 있습니다.

FILTER 함수를 사용한 재고 계산

이번 예제는 **Section 05-14**에서 작업한 CALCULATE 함수와 동일합니다. 이전 작업에서 사용한 측정값과 이번에 생성하는 측정값의 차이를 잘 구분하면서 파악해봅니다.

01 예제를 열고 제품별 재고를 집계하겠습니다.

	A	B	C	D
1	제품 ▼	수량 ▼	구분 ▼	
2	RF OA-200	21	이월	
3	RF OA-400	31	이월	
4	고급복사지A4 1000매	17	이월	
5	고급복사지A4 2500매	104	이월	
6	고급복사지A4 5000매	14	이월	
7	도트 TIC-10A	25	이월	
8	도트 TIC-1A	40	이월	
163	오피스 Z-05C	14	출고	
164	프리미엄복사지A4 2500매	30	입고	
165	바코드 Z-350	42	출고	
166	복사지A4 1000매	4	출고	
167	프리미엄복사지A4 5000매	40	입고	
168	고급복사지A4 2500매	4	출고	
169	복사지A4 2500매	50	출고	
170	흑백레이저복사기 TLE-9000	40	입고	
171				

02 리본 메뉴의 [Power Pivot] 탭-[테이블] 그룹-[데이터 모델에 추가🔲]를 클릭합니다.

03 이월, 입고, 출고 측정값을 생성하겠습니다.

04 [파워 피벗] 창 하단의 계산 영역 내 셀을 하나 선택하고, 다음 측정값을 순서대로 생성합니다.

이월:=SUMX(FILTER('입출고', '입출고'[구분]="이월"), '입출고'[수량])

입고:=SUMX(FILTER('입출고', '입출고'[구분]="입고"), '입출고'[수량])

출고:=SUMX(FILTER('입출고', '입출고'[구분]="출고"), '입출고'[수량])

[수량] ▼	*fx* 출고:=SUMX(FILTER('입출고', '입출고'[구분]="출고"), '입출고'[수량])

	제품 ▼	수량 ▼	구분 ▼	열 추가
1	RF OA-200	21	이월	
2	RF OA-400	31	이월	
3	고급복사지A4 1000매	17	이월	
4	고급복사지A4 2500매	104	이월	
5	고급복사지A4 5000매	14	이월	
6	도트 TIC-10A	25	이월	
7	도트 TIC-1A	40	이월	
8	레이저복합기 L350	42	이월	
9	레이저복합기 L500	19	이월	
10	레이저복합기 L650	20	이월	
11	레이저복합기 L950	13	이월	
12	링제본기 ST-100	53	이월	
13	링제본기 ST-200X	76	이월	
14	무한레이저복합기 L800C	35	이월	
15	무한잉크젯복합기 AP-3300W	85	이월	
16	무한잉크젯복합기 AP-5500W	29	이월	
17	문서세단기 SCUT-1500B	120	이월	
18	바코드 BCD-200 Plus	29	이월	

이월: 1,507.00
입고: 1,990.00
출고: 1,550.00

리본 메뉴의 [홈] 탭-[서식] 그룹-[쉼표 스타일]을 클릭
해 천 단위 구분 기호를 표시합니다.

이번에 생성한 측정값과 CALCULATE 함수를 사용해 생성한 측정값은 기본적으로 동일하게 동작합니다.
다음은 CALCULATE 함수와 SUM 함수를 중첩해 만든 측정값입니다.

　　이월: =CALCULATE(SUM([수량]), '입출고'[구분]="이월")

다음은 이번에 생성한 FILTER 함수와 SUMX 함수를 중첩해 만든 측정값입니다.

　　이월: =SUMX(FILTER('입출고', '입출고'[구분]="이월"), '입출고'[수량])

두 함수는 하나의 테이블에서 특정 열을 집계할 때는 서로 구분 없이 사용할 수 있습니다. 계산식을 사용하려면 SUMX 함수를
사용하고 조건이 더 많은 경우에는 CALCULATE 함수와 SUM 함수를 중첩해 사용합니다.

05　재고 측정값을 계산 영역에 추가합니다.

재고:=[이월]+[입고]-[출고]

06　리본 메뉴의 [홈] 탭-[피벗 테이블]을 클릭합니다.

07　[피벗 테이블 만들기] 대화상자가 표시되면 [확인]을 클릭합니다.

08　새로운 시트에 피벗 테이블 레이아웃이 표시되면 다음과 같이 구성합니다.

[행] 영역 : [제품] 필드

[값] 영역 : [이월], [입고], [출고], [재고] 필드

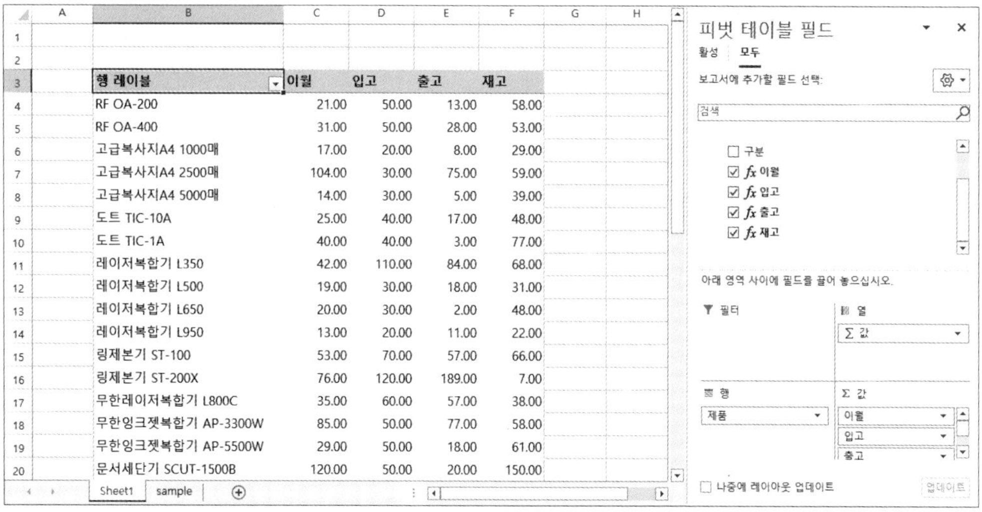

의사 결정을
지원하는
데이터 시각화

데이터 분석은 다양한 숫자 데이터를 양산합니다. 하지만 너무 많거나 복잡한 숫자는 한눈에 확인하기 힘들고 분명한 메시지를 전달하기도 어렵습니다. 이때 엑셀의 시각화 도구를 사용해 숫자 데이터에 다양한 서식 효과를 적용하거나 차트를 사용해 메시지를 분명하게 하는 시각화 작업이 필요합니다. 엑셀에서 제공하는 조건부 서식, 차트, 스파크라인 등 다양한 시각화 기술을 잘 활용한다면 분석한 데이터를 더욱 명확하게 확인할 수 있고, 여러 기능을 피벗과 결합하여 다양한 형태의 대시보드를 설계할 수 있습니다.

CHAPTER

06

조건부 서식을 활용한 데이터 시각화

서식은 배경색, 테두리, 글꼴 스타일 등 셀에 적용할 수 있는 다양한 효과를 지칭하는 용어입니다. 그러므로 조건부 서식은 사용자가 지정한 조건에 맞는 데이터에만 서식을 적용하는 기능이라고 이해할 수 있습니다.

이 기능을 이용하면 전체 데이터 중에서 조건에 맞는 데이터에 원하는 서식을 적용할 수 있기 때문에 강조해야 하거나 확인해야 하는 데이터에 서식을 지정할 수 있어 데이터를 관리하는 데 효과적입니다. 유효성 검사는 셀에 값을 입력하는 순간에만 동작하므로 미리 입력된 데이터 중에서 잘못된 데이터를 찾기가 쉽지가 않은데, 조건부 서식은 입력된 데이터에 조건에 따라 지정한 서식이 나타나므로 서식이 나타난 셀만 확인하면 잘못 입력된 데이터를 빠르게 확인할 수 있어 편리합니다.

조건부 서식은 데이터 막대, 색조, 아이콘 집합 등 집계 보고서를 시각화해주는 별도의 서식 기능이 엑셀 2007 버전부터 제공되어 사용자가 강조하고 싶은 데이터를 효율적으로 표시할 수 있습니다.

원하는 조건에 맞는 데이터 시각화

06 01 조건부 서식을 활용하는 방법 알아보기

예제 파일 없음

조건부 서식의 이해

조건부 서식은 셀에 적용되는 엑셀 기능으로 셀에 조건을 설정하고 해당 조건이 만족될 때 표시할 서식을 미리 정의해놓을 수 있습니다. 따라서 집계/분석 작업 시 숫자가 수식이나 피벗 등에서 자동으로 변하도록 할 때 사용하면 편리합니다.

단, 조건부 서식은 셀에 적용되는 기능이어서 다른 위치의 셀을 복사해 조건부 서식이 적용된 셀로 붙여 넣은 경우에는 적용되지 않습니다.

조건부 서식의 메뉴 이해

조건부 서식은 셀 또는 범위를 선택하고 리본 메뉴의 [홈] 탭-[스타일] 그룹-[조건부 서식 ▦]을 클릭한 후 [셀 강조 규칙]이나 [상위/하위 규칙]에서 원하는 메뉴를 선택해 적용합니다.

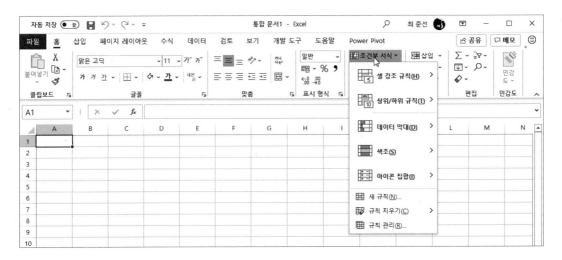

TIP 데이터 막대/색조/아이콘 집합 서식은 Section 06-05에서 설명합니다.

[셀 강조 규칙]과 [상위/하위 규칙]의 하위 메뉴는 다음과 같습니다.

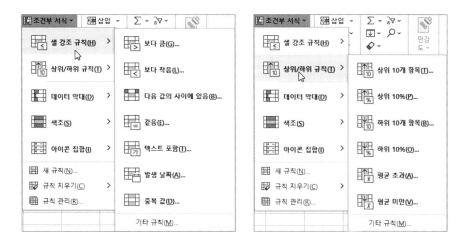

[셀 강조 규칙]과 [상위/하위 규칙]의 하위 메뉴에 대한 설명은 다음을 참고합니다.

상위 메뉴	하위 메뉴	설명
셀 강조 규칙	보다 큼	지정한 숫자보다 클 때 서식을 표시합니다.
	보다 작음	지정한 숫자보다 작을 때 서식을 표시합니다.
	다음 값의 사이에 있음	지정한 숫자 사이에 포함될 때 서식을 표시합니다.
	같음	지정한 값과 같을 때 서식을 표시합니다.
	텍스트 포함	지정한 문자열이 포함될 때 서식을 표시합니다.
	발생 날짜	지정한 날짜와 동일할 때 서식을 표시합니다.
	중복 값	데이터가 중복될 때 서식을 표시합니다.
상위/하위 규칙	상위 10개 항목	지정한 상위 n개 숫자에 서식을 표시합니다.
	상위 10%	지정한 상위 n% 숫자에 서식을 표시합니다.
	하위 10개 항목	지정한 하위 n개 숫자에 서식을 표시합니다.
	하위 10%	지정한 하위 n% 숫자에 서식을 표시합니다.
	평균 초과	범위 내 평균을 초과하는 숫자에 서식을 표시합니다.
	평균 미만	범위 내 평균에 미달하는 숫자에 서식을 표시합니다.

TIP [셀 강조 규칙]과 [상위/하위 규칙]을 사용하는 방법은 Section 06-04를 참고합니다.

조건식 서식 초기화

조건부 서식은 동일한 셀 또는 범위에 여러 규칙을 적용할 수 있으므로 나중에 원하는 서식이 제대로 표시되지 않는다면 기존 조건부 서식을 지우고 다시 설정하는 것이 좋습니다. 조건부 서식을 지워 초기화하려면 리본 메뉴의 [홈] 탭-[스타일] 그룹-[조건부 서식 ▦]을 클릭하고 [규칙 지우기]에서 원하는 메뉴를 선택합니다.

[규칙 지우기]의 하위 메뉴에 대한 설명은 다음을 참고합니다.

상위 메뉴	하위 메뉴	설명
규칙 지우기	선택한 셀의 규칙 지우기	선택한 셀 또는 범위의 조건부 서식을 지웁니다.
	시트 전체에서 규칙 지우기	현재 시트에 적용된 조건부 서식을 모두 지웁니다.
	이 표에서 규칙 지우기	엑셀 표를 선택했을 때 활성화되며 엑셀 표에 등록된 조건부 서식을 모두 지웁니다.
	이 피벗 테이블에서 규칙 지우기	피벗 테이블 보고서를 선택했을 때 활성화되며 피벗 테이블에 등록된 조건부 서식을 모두 지웁니다.

조건부 서식이 적용된 셀 또는 범위 확인

조건부 서식은 셀에 적용되며 조건에 해당하는 데이터가 입력되거나 수정될 때 해당 서식이 나타납니다. 그러므로 사용자가 현재 시트의 어느 범위에 조건부 서식이 적용되어 있는지 알기 어렵습니다. 조건부 서식이 적용된 범위를 찾는 방법은 다음과 같습니다.

[조건부 서식 규칙 관리자] 대화상자를 이용하는 방법

01 리본 메뉴의 [홈] 탭-[스타일] 그룹-[조건부 서식 ▦]을 클릭하고 [규칙 관리]를 선택합니다.

02 [조건부 서식 규칙 관리자] 대화상자가 표시되면 [서식 규칙 표시]를 [현재 워크시트]로 선택합니다.

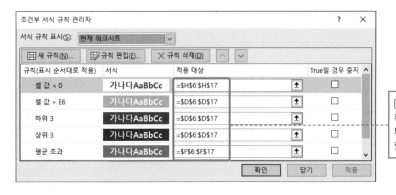

[적용 대상] 범위를 선택하거나 확인하면 현재 워크시트에 조건부 서식이 적용된 범위를 확인할 수 있습니다.

[이동] 기능을 이용하는 방법

01 리본 메뉴의 [홈] 탭-[편집] 그룹-[찾기 및 선택 🔎▾]을 클릭합니다.

02 하위 메뉴에서 [조건부 서식]을 선택하면 현재 워크시트 내 조건부 서식이 적용된 범위가 모두 선택됩니다.

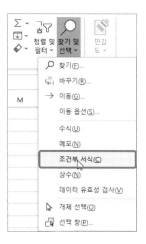

원하는 조건에 맞는 데이터 시각화

06 02 [셀 강조 규칙]을 이용해 데이터 시각화하기

예제 파일 PART 03 \ CHAPTER 06 \ 셀 강조 규칙.xlsx

크거나 작은 데이터에 원하는 서식 설정

[셀 강조 규칙]은 조건부 서식의 가장 기본적인 조건이 제공되는 메뉴로 크거나 작거나 같은 데이터를 대상으로 원하는 서식을 설정할 수 있습니다. 다음 과정을 참고합니다.

01 예제에는 각 판매처의 분기별 매출 실적과 목표 대비 달성률이 요약된 표가 있습니다.

판매처 분기 매출 분석

지역	판매처	20Q3	목표액	달성률	20Q2	증감률
서울	가양점	5,122,080	6,660,000	76.9%	5,890,390	-13.0%
	성수점	15,152,400	16,290,000	93.0%	14,546,300	4.2%
	수서점	16,328,590	16,490,000	99.0%	14,859,010	9.9%
	신도림점	15,150,490	15,000,000	101.0%	13,544,470	11.9%
	용산점	17,674,340	20,400,000	86.6%	18,381,310	-3.8%
	자양점	15,016,810	20,190,000	74.4%	17,870,000	-16.0%
	청계천점	8,337,000	10,930,000	76.3%	9,504,180	-12.3%
경기	고잔점	6,326,070	8,010,000	79.0%	7,021,930	-9.9%
	동백점	5,127,680	4,880,000	105.1%	4,358,520	17.6%
	서수원점	2,674,800	2,770,000	96.6%	2,514,310	6.4%
	죽전점	3,851,920	4,440,000	86.8%	3,890,440	-1.0%
	화정점	9,030,800	10,190,000	88.6%	8,940,490	1.0%

02 증감률(H열)이 마이너스이거나 3분기(D열) 매출이 목표를 달성한 경우를 조건부 서식으로 구분하려고 합니다. 먼저 증감률(H열)이 마이너스인 데이터를 시각적으로 구분해보겠습니다.

03 [H6:H17] 범위를 선택하고 리본 메뉴의 [홈] 탭-[스타일] 그룹-[조건부 서식 ▦]을 클릭합니다.

04 하위 메뉴에서 [셀 강조 규칙]-[보다 작음]을 선택합니다.

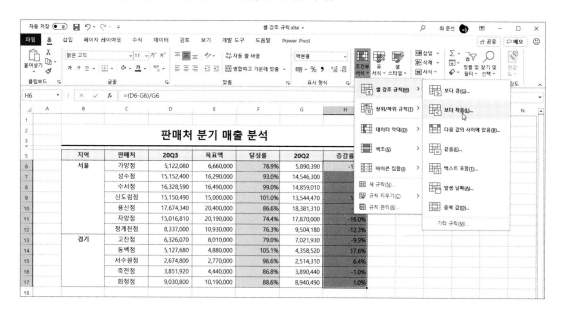

05 [보다 작음] 대화상자가 표시되면 조건을 **0**으로 변경합니다.

06 [적용할 서식]에서 [사용자 지정 서식]을 선택합니다.

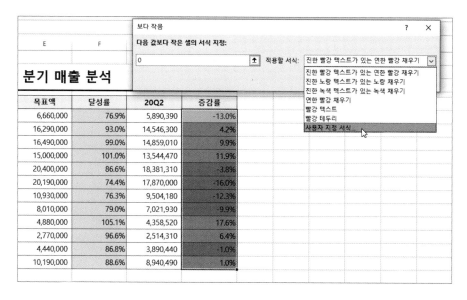

07 [셀 서식] 대화상자에서 [글꼴] 탭을 선택하고 [글꼴 스타일]은 [굵게], [색]은 빨강으로 설정한 후 [확인]을 클릭합니다.

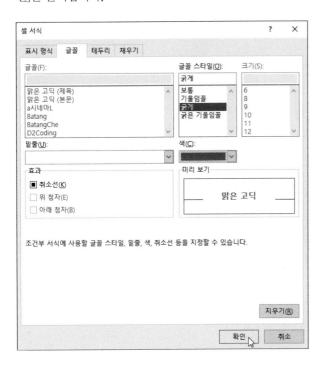

08 [보다 작음] 대화상자도 [확인]을 클릭해 닫습니다. 증감률이 마이너스인 데이터의 글꼴이 변경됩니다.

지역	판매처	20Q3	목표액	달성률	20Q2	증감률
서울	가양점	5,122,080	6,660,000	76.9%	5,890,390	-13.0%
	성수점	15,152,400	16,290,000	93.0%	14,546,300	4.2%
	수서점	16,328,590	16,490,000	99.0%	14,859,010	9.9%
	신도림점	15,150,490	15,000,000	101.0%	13,544,470	11.9%
	용산점	17,674,340	20,400,000	86.6%	18,381,310	-3.8%
	자양점	15,016,810	20,190,000	74.4%	17,870,000	-16.0%
	청계천점	8,337,000	10,930,000	76.3%	9,504,180	-12.3%
경기	고잔점	6,326,070	8,010,000	79.0%	7,021,930	-9.9%
	동백점	5,127,680	4,880,000	105.1%	4,358,520	17.6%
	서수원점	2,674,800	2,770,000	96.6%	2,514,310	6.4%
	죽전점	3,851,920	4,440,000	86.8%	3,890,440	-1.0%
	화정점	9,030,800	10,190,000	88.6%	8,940,490	1.0%

판매처 분기 매출 분석

09 3분기 매출이 목표를 초과 달성한 경우를 조건부 서식으로 표시하겠습니다.

10 [D6:D17] 범위를 선택하고 리본 메뉴의 [홈] 탭-[스타일] 그룹-[조건부 서식 ▦]을 클릭합니다.

11 하위 메뉴에서 [셀 강조 규칙]-[보다 큼]을 선택합니다.

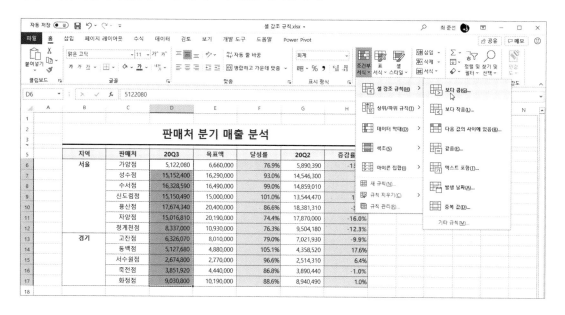

12 [보다 큼] 대화상자의 조건에 **=E6**을 입력해 [E6] 셀을 상대 참조 방식으로 참조합니다.

🔍 **더 알아보기**　　**[보다 큼], [보다 작음] 대화상자에서 다른 셀의 값과 비교하는 방법**

3분기 매출(D열)이 목표액(E열)을 초과했는지 확인하려면 D열의 값이 E열의 값보다 커야 합니다. 비교할 값이 E열에 있으므로 E열을 참조해야 하는데, 비교할 값은 한 번에 하나밖에 설정하지 못합니다.

그러므로 선택된 범위([D6:D17] 범위) 내의 활성 셀(흰색 셀인 [D6] 셀)과 비교할 셀인 [E6] 셀을 선택합니다. 이때 참조 위치는 계속 변경되어야 하므로 상대 참조 방식으로 참조합니다.

---

13 [적용할 서식]에서 [사용자 지정 서식]을 선택합니다.

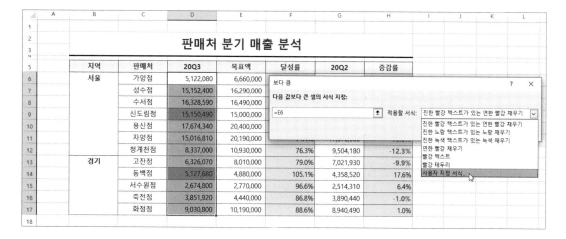

14 [셀 서식] 대화상자가 열리면 원하는 서식을 설정합니다.

TIP 예제에서는 [글꼴] 탭에서 [글꼴 스타일]은 [굵게]를 선택하고, [채우기] 탭에서 [배경색]을 설정했습니다.

15 [확인]을 클릭해 [셀 서식]과 [보다 큼] 대화상자를 모두 닫습니다. 조건에 부합하는 셀에 서식이 적용됩니다.

지역	판매처	20Q3	목표액	달성률	20Q2	증감률
서울	가양점	5,122,080	6,660,000	76.9%	5,890,390	-13.0%
	성수점	15,152,400	16,290,000	93.0%	14,546,300	4.2%
	수서점	16,328,590	16,490,000	99.0%	14,859,010	9.9%
	신도림점	**15,150,490**	15,000,000	101.0%	13,544,470	11.9%
	용산점	17,674,340	20,400,000	86.6%	18,381,310	-3.8%
	자양점	15,016,810	20,190,000	74.4%	17,870,000	-16.0%
	청계천점	8,337,000	10,930,000	76.3%	9,504,180	-12.3%
경기	고잔점	6,326,070	8,010,000	79.0%	7,021,930	-9.9%
	동백점	**5,127,680**	4,880,000	105.1%	4,358,520	17.6%
	서수원점	2,674,800	2,770,000	96.6%	2,514,310	6.4%
	죽전점	3,851,920	4,440,000	86.8%	3,890,440	-1.0%
	화정점	9,030,800	10,190,000	88.6%	8,940,490	1.0%

판매처 분기 매출 분석

원하는 조건에 맞는 데이터 시각화

06 03 중복 조건을 이용해 두 표 비교하기

예제 파일 PART 03 \ CHAPTER 06 \ 중복.xlsx

중복이거나 고유한 데이터에 원하는 서식 설정

[셀 강조 규칙] 메뉴에는 [중복] 조건이 제공되며, 중복 조건을 설정할 때 [고유] 조건으로 변경할 수도 있습니다. 조건부 서식에서 [중복] 조건을 사용하면 중복된 데이터뿐 아니라 고유한 데이터만 표시할 수도 있다는 의미입니다. 이런 점을 이용하면 두 표를 비교하는 작업에 유용하게 활용할 수 있습니다. 다음 과정을 참고합니다.

01 예제를 열고 1사분기, 2사분기의 매출 상위 10개 판매처를 정리해놓은 표를 확인합니다.

	분기별 상위 10 판매처 매출						
	Q1				**Q2**		
순위	판매처	매출			순위	판매처	매출
1	용산점	14,780,675			1	수서점	52,499,030
2	성수점	14,463,100			2	성수점	28,341,095
3	역삼점	14,029,540			3	용산점	27,398,835
4	신도림점	13,569,305			4	역삼점	20,767,200
5	수색점	10,285,250			5	가양점	20,734,970
6	가양점	9,867,560			6	수색점	19,958,345
7	청계천점	9,474,320			7	청계천점	19,616,095
8	자양점	9,391,565			8	신도림점	19,231,420
9	산본점	8,868,245			9	이수점	18,444,580
10	수서점	8,553,990			10	창동점	17,675,905

02 1사분기와 2사분기에 새롭게 올라온 판매처와 순위 변동이 없는 판매처를 조건부 서식으로 구분하려고 합니다. 먼저 두 표에서 해당 분기에만 있는 판매처를 강조하겠습니다.

03 [C6:C15] 범위를 선택한 후 Ctrl 을 누른 상태에서 [G6:G15] 범위를 선택합니다.

04 리본 메뉴의 [홈] 탭-[스타일] 그룹-[조건부 서식▦]을 클릭합니다.

05 하위 메뉴에서 [셀 강조 규칙]-[중복 값]을 선택합니다.

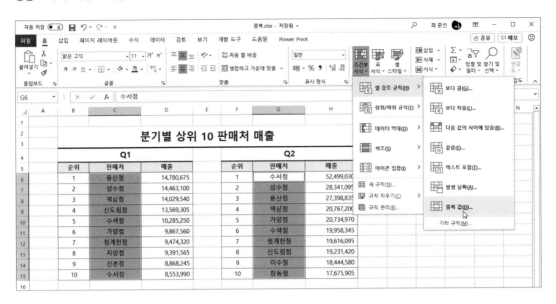

06 [중복 값] 대화상자에서 조건을 [고유]로 변경합니다.

TIP 조건을 그대로 [중복]으로 두면 1사분기와 2사분기에 모두 [상위 10] 조건에 오른 판매처를 확인할 수 있습니다.

07 [적용할 서식]에서 [사용자 지정 서식]을 선택합니다.

G6		×	✓	fx	수서점					

중복 값 ? ×

다음 값을 포함하는 셀의 서식 지정:

고유 ▼ 적용할 서식: 진한 빨강 텍스트가 있는 연한 빨강 채우기 ▼

진한 빨강 텍스트가 있는 연한 빨강 채우기
진한 노랑 텍스트가 있는 노랑 채우기
진한 녹색 텍스트가 있는 녹색 채우기
연한 빨강 채우기
빨강 텍스트
빨강 테두리
사용자 지정 서식

분기별 상위 10 판매처							
Q1							
순위	판매처	매출		순위	판매처		
1	용산점	14,780,675		1	수서점		
2	성수점	14,463,100		2	성수점		28,341,095
3	역삼점	14,029,540		3	용산점		27,398,835
4	신도림점	13,569,305		4	역삼점		20,767,200
5	수색점	10,285,250		5	가양점		20,734,970
6	가양점	9,867,560		6	수색점		19,958,345
7	청계천점	9,474,320		7	청계천점		19,616,095
8	자양점	9,391,565		8	신도림점		19,231,420
9	산본점	8,868,245		9	이수점		18,444,580
10	수서점	8,553,990		10	창동점		17,675,905

08 [셀 서식] 대화상자에서 원하는 서식을 설정합니다.

TIP 예제에서는 [글꼴] 탭에서 [글꼴 스타일]은 [굵게], [색]은 흰색으로 선택하고 [채우기] 탭에서 [배경색]을 설정했습니다.

09 [확인]을 클릭해 [셀 서식]과 [중복 값] 대화상자를 모두 닫으면 설정한 서식이 적용됩니다.

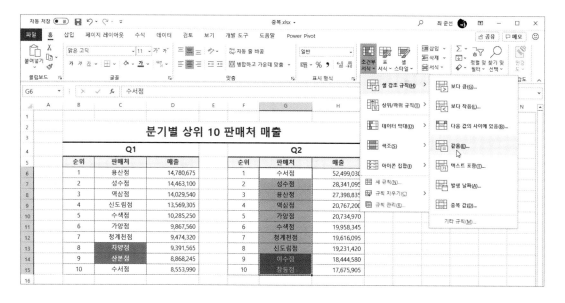

	순위	판매처	매출		순위	판매처	매출
Q1				**Q2**			
	1	용산점	14,780,675		1	수서점	52,499,030
	2	성수점	14,463,100		2	성수점	28,341,095
	3	역삼점	14,029,540		3	용산점	27,398,835
	4	신도림점	13,569,305		4	역삼점	20,767,200
	5	수색점	10,285,250		5	가양점	20,734,970
	6	가양점	9,867,560		6	수색점	19,958,345
	7	청계천점	9,474,320		7	청계천점	19,616,095
	8	자양점	9,391,565		8	신도림점	19,231,420
	9	산본점	8,868,245		9	이수점	18,444,580
	10	수서점	8,553,990		10	창동점	17,675,905

분기별 상위 10 판매처 매출

1사분기에만 [상위10]에 올랐던 판매처를 확인할 수 있습니다.

2사분기에 새롭게 올라온 판매처에 서식이 적용됩니다.

10 2사분기 순위에서 순위 변동이 없는 판매처를 강조해 표시하겠습니다.

11 [G6:G15] 범위를 선택하고 리본 메뉴의 [홈] 탭-[스타일] 그룹-[조건부 서식▦]을 클릭합니다.

12 하위 메뉴에서 [셀 강조 규칙]-[같음]을 선택합니다.

13 [같음] 대화상자가 열리면 **=C6**을 입력해 [C6] 셀을 상대 참조 방식으로 참조합니다.

14 [적용할 서식]에서 [사용자 지정 서식]을 선택합니다.

15 [셀 서식] 대화상자가 열리면 원하는 서식을 설정합니다.

TIP 예제에서는 [글꼴] 탭에서 [글꼴 스타일]은 [굵게]로 선택하고, [채우기] 탭에서 [배경색]을 설정했습니다.

16 [확인]을 클릭해 [셀 서식]과 [같음] 대화상자를 모두 닫습니다.

순위 변동이 없는 판매처에 서식이 적용됩니다.

원하는 조건에 맞는 데이터 시각화

06 04 [상위/하위 규칙]을 이용해 데이터 시각화하기

예제 파일 PART 03 \ CHAPTER 06 \ 상위.하위 규칙.xlsx

[상위/하위 규칙]에는 숫자의 상위/하위 데이터 또는 범위 내 평균을 초과하거나 미만인 데이터를 시각적으로 구분할 수 있는 조건이 포함되어 있습니다. 다음 과정을 참고합니다.

01 예제를 열고 판매처별로 2사분기 대비 3사분기 매출을 정리해놓은 표를 확인합니다.

판매처 분기 매출 분석

지역	판매처	20Q3	목표액	달성률	20Q2	증감률
서울	가양점	5,122,080	6,660,000	76.9%	5,890,390	-13.0%
	성수점	15,152,400	16,290,000	93.0%	14,546,300	4.2%
	수서점	16,328,590	16,490,000	99.0%	14,859,010	9.9%
	신도림점	15,150,490	15,000,000	101.0%	13,544,470	11.9%
	용산점	17,674,340	20,400,000	86.6%	18,381,310	-3.8%
	자양점	15,016,810	20,190,000	74.4%	17,870,000	-16.0%
	청계천점	8,337,000	10,930,000	76.3%	9,504,180	-12.3%
경기	고잔점	6,326,070	8,010,000	79.0%	7,021,930	-9.9%
	동백점	5,127,680	4,880,000	105.1%	4,358,520	17.6%
	서수원점	2,674,800	2,770,000	96.6%	2,514,310	6.4%
	죽전점	3,851,920	4,440,000	86.8%	3,890,440	-1.0%
	화정점	9,030,800	10,190,000	88.6%	8,940,490	1.0%

02 3사분기 실적이 높거나 낮은 판매처와 목표 달성율이 평균을 초과하는 경우를 표시하려고 합니다. 먼저 3사분기 실적이 높은 판매처 세 개를 구분해 표시하겠습니다.

03 [D6:D17] 범위를 선택하고 리본 메뉴의 [홈] 탭-[스타일] 그룹-[조건부 서식▦]을 클릭합니다.

04 하위 메뉴에서 [상위/하위 규칙]-[상위 10개 항목]을 선택합니다.

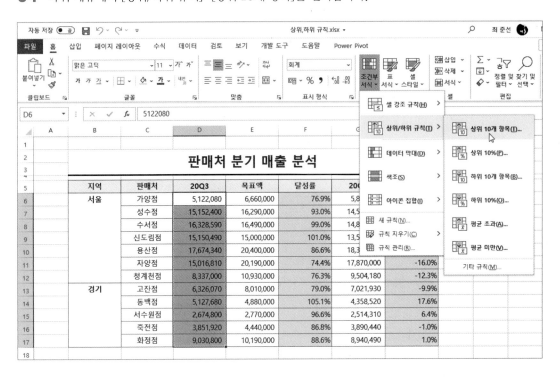

05 [상위 10개 항목] 대화상자에서 조건을 **10**에서 **3**으로 수정합니다.

06 [적용할 서식]에서 [사용자 지정 서식]을 선택합니다.

07 [셀 서식] 대화상자에서 원하는 서식을 설정합니다.

TIP 예제에서는 [글꼴] 탭에서 [글꼴 스타일]은 [굵게], [색]은 흰색으로 선택하고, [채우기] 탭에서 [배경색]을 설정했습니다.

08 [확인]을 클릭해 [셀 서식]과 [상위 10개 항목] 대화상자를 모두 닫습니다.

09 3사분기 실적이 낮은 판매처 세 개를 구분해 표시하겠습니다.

10 리본 메뉴의 [홈] 탭-[스타일] 그룹-[조건부 서식 ⊞]을 클릭합니다.

11 하위 메뉴에서 [상위/하위 규칙]-[하위 10개 항목]을 선택합니다.

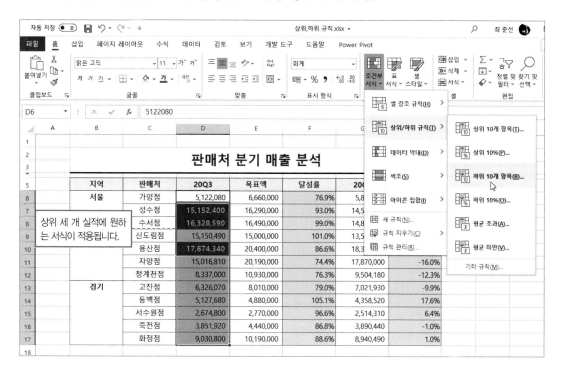

12 **05-08** 과정을 참고해 원하는 서식을 적용하면 화면과 같은 결과를 얻을 수 있습니다.

지역	판매처	20Q3	목표액	달성률	20Q2	증감률
서울	가양점	5,122,080	6,660,000	76.9%	5,890,390	-13.0%
	성수점	15,152,400	16,290,000	93.0%	14,546,300	4.2%
	수서점	16,328,590	16,490,000	99.0%	14,859,010	9.9%
	신도림점	15,150,490	15,000,000	101.0%	13,544,470	11.9%
	용산점	17,674,340	20,400,000	86.6%	18,381,310	-3.8%
	자양점	15,016,810	20,190,000			-16.0%
	청계천점	8,337,000	10,930,000			-12.3%
경기	고잔점	6,326,070	8,010,000			-9.9%
	동백점	5,127,680	4,880,000	105.1%	4,358,520	17.6%
	서수원점	2,674,800	2,770,000	96.6%	2,514,310	6.4%
	죽전점	3,851,920	4,440,000	86.8%	3,890,440	-1.0%
	화정점	9,030,800	10,190,000	88.6%	8,940,490	1.0%

상/하위 세 개 실적에 설정한 서식이 각각 적용됩니다.

13 목표 달성률이 평균을 초과하는 경우를 표시하겠습니다.

14 [F6:F17] 범위를 선택하고 리본 메뉴의 [홈] 탭–[스타일] 그룹–[조건부 서식 ▦]을 클릭합니다.

15 하위 메뉴에서 [상위/하위 규칙]–[평균 초과]를 선택합니다.

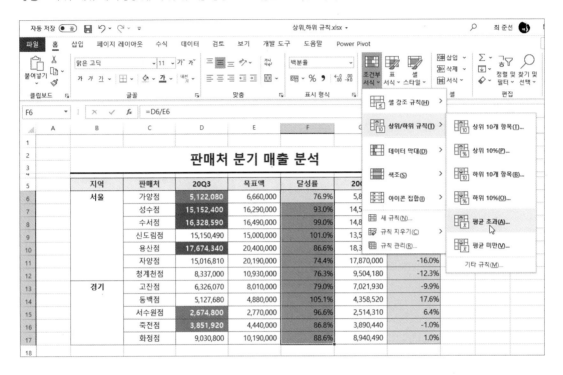

16 [평균 초과] 대화상자의 [적용할 서식]에서 [사용자 지정 서식]을 선택합니다.

17 [셀 서식] 대화상자에서 원하는 서식을 설정합니다.

> **TIP** 예제에서는 [글꼴] 탭에서 [글꼴 스타일]은 [굵게], [색]은 흰색으로 선택하고, [채우기] 탭에서 [배경색]을 설정했습니다.

18 [확인]을 클릭해 [셀 서식]과 [평균 초과] 대화상자를 모두 닫습니다.

	A	B	C	D	E	F	G	H	I
1									
2					판매처 분기 매출 분석				
3									
5		지역	판매처	20Q3	목표액	달성률	20Q2	증감률	
6		서울	가양점	5,122,080	6,660,000	76.9%	5,890,390	-13.0%	
7			성수점	15,152,400	16,290,000	93.0%	14,546,300	4.2%	
8			수서점	16,328,590	16,490,000	99.0%	14,859,010	9.9%	
9			신도림점	15,150,490	15,000,000	101.0%	13,544,470	11.9%	
10			용산점	17,674,340	20,400,000	86.6%	18,381,310	-3.8%	
11			자양점	15,016,810	20,190,000	74.4%	17,870,000	-16.0%	
12			청계천점	8,337,000	10,930,000	76.3%	9,504,180	-12.3%	
13		경기	고잔점	6,326,070	8,010,000	79.0%	7,021,930	-9.9%	
14			동백점	5,127,680	4,880,000	105.1%	4,358,520	17.6%	
15			서수원점	2,674,800	2,770,000	96.6%	2,514,310	6.4%	
16			죽전점	3,851,920	4,440,000	86.8%	3,890,440	-1.0%	
17			화정점	9,030,800	10,190,000	88.6%	8,940,490	1.0%	
18									

평균을 초과하는 달성률에
설정한 서식이 적용됩니다.

데이터 막대, 색조, 아이콘 집합

06 05 데이터 막대를 이용해 데이터 시각화하기

예제 파일 PART 03 \ CHAPTER 06 \ 데이터 막대.xlsx

데이터 막대의 크기 결정

조건부 서식의 [데이터 막대]는 선택된 범위 내 숫자로 데이터 막대의 크기를 표시합니다. 이때 Y축의 최 솟값은 0이고, 최댓값은 범위 내 가장 큰 숫자로 결정됩니다. 다만 엑셀 2007 버전에서는 Y축의 최솟값으 로 범위 내 가장 작은 숫자를 사용하므로 엑셀 2010 이상 버전과 막대그래프 크기가 다르게 표시될 수 있 습니다.

데이터 막대를 사용해 숫자 크기 비교

01 예제를 열고 판매처별 2사분기, 3사분기 매출 실적과 증감률을 확인합니다.

	A	B	C	D	E	F	G
1							
2			**판매처 분기 매출 분석**				
3							
4							
5		지역	판매처	20Q3	20Q2	증감률	
6		서울	가양점	5,122,080	5,890,390	-13.0%	
7			성수점	15,152,400	14,546,300	4.2%	
8			수서점	16,328,590	14,859,010	9.9%	
9			신도림점	15,150,490	13,544,470	11.9%	
10			용산점	17,674,340	18,381,310	-3.8%	
11			자양점	15,016,810	17,870,000	-16.0%	
12			청계천점	8,337,000	9,504,180	-12.3%	
13							

02 3사분기 실적과 증감률이 시각적으로 잘 구분되도록 데이터 막대 효과를 적용하려고 합니다. 먼저 3 사분기 실적에 데이터 막대 효과를 적용하겠습니다.

03 [D6:D12] 범위를 선택하고 리본 메뉴의 [홈] 탭-[스타일] 그룹-[조건부 서식▦]을 클릭합니다.

04 하위 메뉴에서 [데이터 막대]-[빨강 데이터 막대]를 선택합니다.

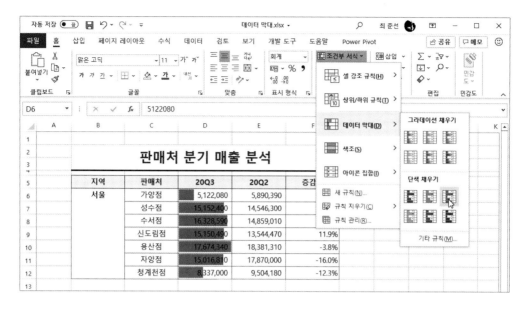

05 데이터 막대 서식을 원하는 것으로 변경하겠습니다.

06 [D6:D12] 범위가 선택된 상태에서 리본 메뉴의 [홈] 탭-[스타일] 그룹-[조건부 서식▦]을 클릭합니다.

07 하위 메뉴에서 [규칙 관리]를 선택합니다.

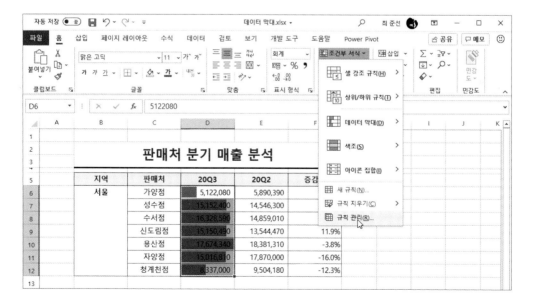

08 [조건부 서식 규칙 관리자] 대화상자에서 [데이터 막대]를 선택하고 [규칙 편집]을 클릭합니다.

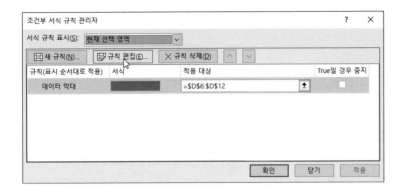

09 [서식 규칙 편집] 대화상자에서 [막대 모양] 그룹의 옵션을 다음과 같이 변경하고 [확인]을 클릭합니다.

화면을 참고해 원하는 서식을 설정합니다.

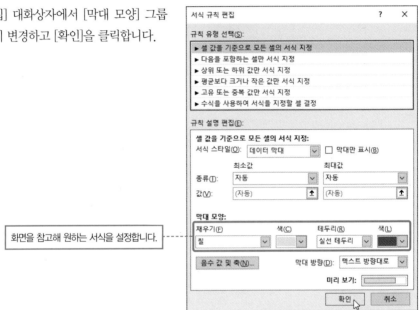

10 [조건부 서식 규칙 관리자] 대화상자도 [확인]을 클릭해 닫습니다. 3사분기 실적에 데이터 막대 효과가 적용됩니다.

	A	B	C	D	E	F	G
1							
2			**판매처 분기 매출 분석**				
3							
4							
5		지역	판매처	20Q3	20Q2	증감률	
6		서울	가양점	5,122,080	5,890,390	-13.0%	
7			성수점	15,152,400	14,546,300	4.2%	
8			수서점	16,328,590	14,859,010	9.9%	
9			신도림점	15,150,490	13,544,470	11.9%	
10			용산점	17,674,340	18,381,310	-3.8%	
11			자양점	15,016,810	17,870,000	-16.0%	
12			청계천점	8,337,000	9,504,180	-12.3%	
13							

11 마이너스 값이 포함된 범위를 대상으로 데이터 막대를 적용하겠습니다.

12 [F6:F12] 범위를 선택하고, 리본 메뉴의 [홈] 탭–[스타일] 그룹–[조건부 서식 ▦]을 클릭합니다.

13 하위 메뉴에서 [데이터 막대]–[파랑 데이터 막대]를 선택합니다.

	A	B	C	D	E	F	G
1							
2			**판매처 분기 매출 분석**				
3							
5		지역	판매처	20Q3	20Q2	증감률	
6		서울	가양점	5,122,080	5,890,390	-13.0%	
7			성수점	15,152,400	14,546,300	4.2%	
8			수서점	16,328,590	14,859,010	9.9%	
9			신도림점	15,150,490	13,544,470	11.9%	
10			용산점	17,674,340	18,381,310	-3.8%	
11			자양점	15,016,810	17,870,000	-16.0%	
12			청계천점	8,337,000	9,504,180	-12.3%	
13							

14 적용된 데이터 막대 서식을 변경하겠습니다.

15 [F6:F12] 범위가 선택된 상태에서 리본 메뉴의 [홈] 탭–[스타일] 그룹–[조건부 서식 ▦]을 클릭합니다.

16 하위 메뉴에서 [규칙 관리]를 선택합니다.

17 [조건부 서식 규칙 관리자] 대화상자에서 [규칙 편집]을 클릭합니다.

18 [서식 규칙 편집] 대화상자에서 [막대 모양] 그룹의 옵션을 변경하고 [음수 값 및 축]을 클릭합니다.

19 [음수 값 및 축 설정] 대화상자에서 [채우기 색]과 [축 색]을 변경하고 [확인]을 클릭합니다.

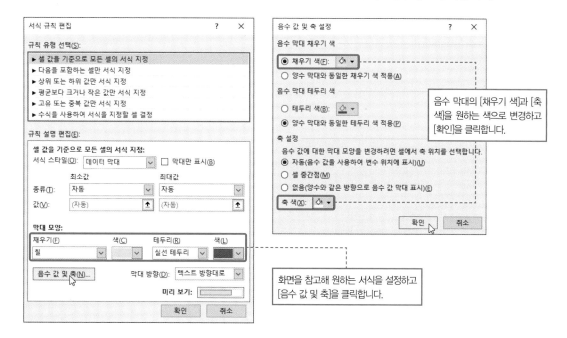

20 [확인]을 클릭해 [서식 규칙 편집]과 [조건부 서식 규칙 관리자] 대화상자를 닫습니다.

	A	B	C	D	E	F	G
1							
2			**판매처 분기 매출 분석**				
3							
5		지역	판매처	20Q3	20Q2	증감률	
6		서울	가양점	5,122,080	5,890,390	-13.0%	
7			성수점	15,152,400	14,546,300	4.2%	
8			수서점	16,328,590	14,859,010	9.9%	
9			신도림점	15,150,490	13,544,470	11.9%	
10			용산점	17,674,340	18,381,310	-3.8%	
11			자양점	15,016,810	17,870,000	-16.0%	
12			청계천점	8,337,000	9,504,180	-12.3%	
13							

21 F열에 표시된 데이터 막대를 셀 왼쪽의 빈 영역에 맞춰 표시하겠습니다.

22 15-17 과정을 참고해 [서식 규칙 편집] 대화상자를 엽니다.

23 [최대값] 옵션을 [숫자]와 **0.5**로 변경하고 [확인]을 클릭합니다.

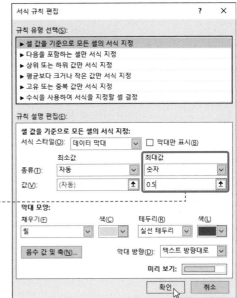

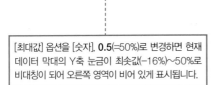

[최대값] 옵션을 [숫자], **0.5**(=50%)로 변경하면 현재 데이터 막대의 Y축 눈금이 최솟값(-16%)~50%로 비대칭이 되어 오른쪽 영역이 비어 있게 표시됩니다.

24 [확인]을 클릭해 [조건부 서식 규칙 관리자] 대화상자를 닫습니다.

	A	B	C	D	E	F	G
1							
2			**판매처 분기 매출 분석**				
3							
5		지역	판매처	20Q3	20Q2	증감률	
6		서울	가양점	5,122,080	5,890,390	-13.0%	
7			성수점	15,152,400	14,546,300	4.2%	
8			수서점	16,328,590	14,859,010	9.9%	
9			신도림점	15,150,490	13,544,470	11.9%	
10			용산점	17,674,340	18,381,310	-3.8%	
11			자양점	15,016,810	17,870,000	-16.0%	
12			청계천점	8,337,000	9,504,180	-12.3%	
13							

데이터 막대가 셀 왼쪽에 표시됩니다.

데이터 막대, 색조, 아이콘 집합

색조를 이용해 데이터 시각화하기

예제 파일 PART 03 \ CHAPTER 06 \ 색조.xlsx

[색조]는 숫자의 크기를 색상의 농도로 구분해 표시해주는 효과입니다. 기본 두 가지, 최대 세 가지 색상을 조합해 사용할 수 있으므로 더욱 깔끔하고 보기 좋은 방식으로 숫자를 구분해 파악할 수 있습니다. 다음 과정을 참고합니다.

01 예제를 열고 각 판매처의 시간대별 판매수량이 집계된 표를 확인합니다.

		10시	11시	12시	13시	14시	15시	16시	17시	18시	19시	20시	21시
	가양점	3	1	3	10	9	9	-	-	1	2	1	-
	성수점	2	4	5	7	3	7	2	7	3	5	2	5
	수서점	3	-	-	-	3	8	10	2	-	-	2	5
	신도림점	2	3	5	2	1	1	4	2	2	4	5	1
	용산점	1	1	4	1	4	10	5	7	5	4	2	4
	자양점	3	5	-	10	7	8	2	3	5	3	2	-
	청계천점	4	3	3	3	2	7	3	1	4	2	2	5

제품 시간대별 판매 추이

02 제품이 가장 많이 팔린 판매처와 시간대가 잘 구분되도록 색조 효과를 적용하려고 합니다. 먼저 데이터 막대 효과를 적용하면 어떻게 표현되는지 확인하겠습니다.

03 [C6:N12] 범위를 선택하고 리본 메뉴의 [홈] 탭-[스타일] 그룹-[조건부 서식▦]을 클릭합니다.

04 하위 메뉴에서 [데이터 막대]를 선택하고 원하는 데이터 막대 효과를 선택합니다.

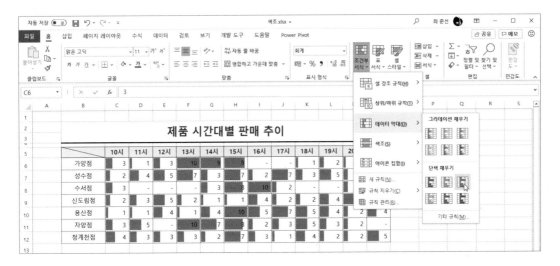

TIP 데이터 막대 효과는 시각적으로 잘 구분되지만 깔끔하지는 않습니다.

05 Ctrl + Z를 눌러 데이터 막대 효과를 취소합니다.

06 이번에는 색조 효과를 적용해보겠습니다.

07 [C6:N12] 범위를 선택하고 리본 메뉴의 [홈] 탭-[스타일] 그룹-[조건부 서식▦]을 클릭합니다.

08 하위 메뉴에서 [색조]-[녹색-흰색] 색조를 선택합니다.

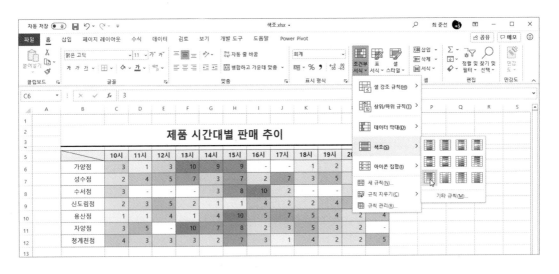

09 [녹색-흰색] 색조 효과가 적용됩니다.

	10시	11시	12시	13시	14시	15시	16시	17시	18시	19시	20시	21시
가양점	3	1	3	10	9	9	-	-	1	2	1	-
성수점	2	4	5	7	3	7	2	7	3	5	2	5
수서점	3	-	-	-	3	8	10	2	-	-	2	5
신도림점	2	3	5	2	1	1	4	2	2	4	5	1
용산점	1	1	4	1	4	10	5	7	5	4	2	4
자양점	3	5		10	7	8	2	3	5	3	2	
청계천점	4	3	3	3	2	7	3	1	4	2	2	5

표 위 제목: **제품 시간대별 판매 추이**

TIP 배경색이 흰색에 가까울수록 적게 판매된 시간대를, 녹색이 진하게 표시될수록 많이 판매된 시간대를 의미합니다.

10 색조를 원하는 색으로 조합하겠습니다.

11 [C6:N12] 범위가 선택된 상태에서 리본 메뉴의 [홈] 탭-[스타일] 그룹-[조건부 서식▦]을 클릭합니다.

12 하위 메뉴에서 [규칙 관리]를 선택합니다.

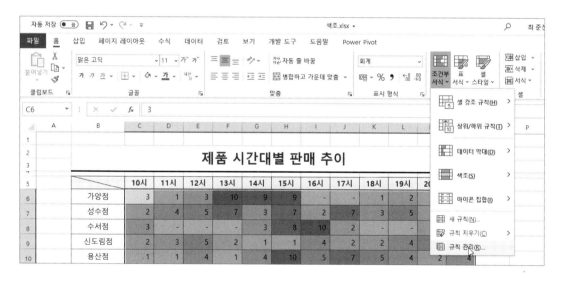

13 [조건부 서식 규칙 관리자] 대화상자에서 [규칙 편집]을 클릭합니다.

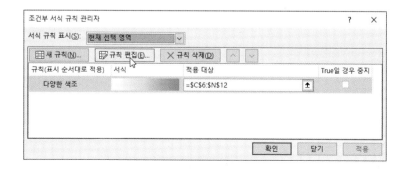

14 [서식 규칙 편집] 대화상자가 열리면 [색] 옵션을 원하는 색으로 변경합니다.

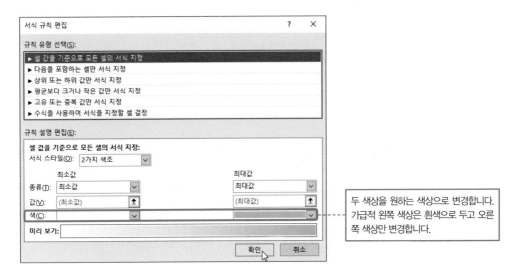

두 색상을 원하는 색상으로 변경합니다.
가급적 왼쪽 색상은 흰색으로 두고 오른
쪽 색상만 변경합니다.

15 [확인]을 클릭해 [서식 규칙 편집]과 [조건부 서식 규칙 관리자] 대화상자를 모두 닫습니다.

16 설정한 색조 효과로 변경됩니다.

	10시	11시	12시	13시	14시	15시	16시	17시	18시	19시	20시	21시
가양점	3	1	3	10	9	9	-	-	1	2	1	-
성수점	2	4	5	7	3	7	2	7	3	5	2	5
수서점	3	-	-	-	3	8	10	2	-	-	2	5
신도림점	2	3	5	2	1	1	4	2	2	4	5	1
용산점	1	1	4	1	4	10	5	7	5	4	2	4
자양점	3	5	-	10	7	8	2	3	5	3	2	-
청계천점	4	3	3	3	2	7	3	1	4	2	2	5

제품 시간대별 판매 추이

17 판매량이 높은 시간대를 좀 더 강조하기 위해 [상위 10] 조건을 추가하겠습니다.

18 [C6:N12] 범위를 선택하고 리본 메뉴의 [홈] 탭-[스타일] 그룹-[조건부 서식 ▦]을 클릭합니다.

19 하위 메뉴에서 [상위/하위 규칙]-[상위 10%]를 선택합니다.

20 사용자 지정 서식을 이용해 [글꼴 스타일]만 [굵게]로 설정합니다.

TIP [상위 10] 조건을 적용하는 방법은 Section 06-04를 참고합니다.

21 상위 10%에 해당하는 판매량의 글꼴에 서식이 적용됩니다.

	10시	11시	12시	13시	14시	15시	16시	17시	18시	19시	20시	21시
가양점	3	1	3	10	9	9	-	-	1	2	1	-
성수점	2	4	5	7	3	7	2	7	3	5	2	5
수서점	3	-	-	-	3	8	10	2	-	-	2	5
신도림점	2	3	5	2	1	1	4	2	2	4	5	1
용산점	1	1	4	1	4	10	5	7	5	4	2	4
자양점	3	5	-	10	7	8	2	3	5	3	2	-
청계천점	4	3	3	3	2	7	3	1	4	2	2	5

데이터 막대, 색조, 아이콘 집합

06 07 아이콘 집합을 이용해 데이터 시각화하기

예제 파일 PART 03 \ CHAPTER 06 \ 아이콘 집합.xlsx

[아이콘 집합]은 숫자 데이터의 크기에 따라 아이콘을 다르게 표시할 수 있는 효과로, 데이터를 빠르게 구분하는 데 효과적입니다. 다음 과정을 참고합니다.

01 예제를 열고 두 개 연도의 손익을 분석해놓은 표를 확인합니다.

손익 계산

월	전년					금년				
	매출	매출이익	매출이익률	영업이익	영업이익률	매출	매출이익	매출이익률	영업이익	영업이익률
01월	30,739	5,373	17.5%	-7,619	-24.8%	51,789	18,351	35.4%	703	1.4%
02월	22,543	4,454	19.8%	-9,263	-41.1%	44,950	15,344	34.1%	-3,594	-8.0%
03월	27,738	5,551	20.0%	-7,917	-28.5%	56,934	20,562	36.1%	-620	-1.1%
04월	36,104	5,650	15.6%	-7,462	-20.7%	64,129	24,318	37.9%	4,742	7.4%
05월	49,166	9,533	19.4%	-3,615	-7.4%	54,269	19,403	35.8%	-1,185	-2.2%
06월	48,516	7,497	15.5%	-4,366	-9.0%	60,896	20,952	34.4%	229	0.4%
07월	54,271	10,022	18.5%	-2,658	-4.9%	111,466	40,169	36.0%	19,942	17.9%
08월	43,501	7,763	17.8%	-7,926	-18.2%	92,114	33,965	36.9%	14,103	15.3%
09월	35,920	8,048	22.4%	-4,546	-12.7%	119,474	42,695	35.7%	21,188	17.7%
10월	59,874	21,519	35.9%	9,013	15.1%	124,846	30,153	24.2%	11,000	8.8%
11월	51,893	18,637	35.9%	4,911	9.5%					
12월	33,508	11,587	34.6%	-1,351	-4.0%					
요약	493,774	115,633	23.4%	-42,799	-8.7%	780,866	265,912	34.1%	66,507	8.5%

02 매출이익률(E열, J열)과 영업이익률(G열, L열)에 아이콘 집합을 표시해 구분하겠습니다.

03 먼저 매출이익률이 입력되어 있는 [E7:E19] 범위를 선택하고, 리본 메뉴의 [홈] 탭-[스타일] 그룹-[조건부 서식 ▦]을 클릭합니다.

04 하위 메뉴에서 [아이콘 집합]–[상자 5개]를 선택합니다.

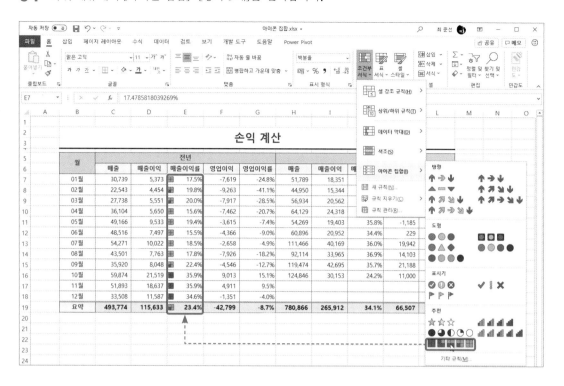

🔍 **더 알아보기**　　**아이콘 집합의 아이콘 표시 방법**

아이콘 집합은 3~5개의 아이콘이 하나로 묶여 제공됩니다. 선택 범위의 최솟값을 0%로 하고 최댓값을 100%로 설정하면 표시하는 아이콘 개수로 비율을 나누게 됩니다. 이 비율에서 데이터가 포함된 영역에 해당하는 아이콘이 표시됩니다.

05 표시된 아이콘 집합을 원하는 조건에 맞게 표시되도록 변경하겠습니다.

🔍 **더 알아보기**　　**아이콘 집합 변경 기준**

매출이익률은 최대 40%를 넘지 않으므로, 다음과 같은 조건을 적용합니다.

규칙	아이콘
40% 이상	❶
30% 이상, 40% 미만	❷
20% 이상, 30% 미만	❸
10% 이상, 20% 미만	❹
10% 미만	❺

06 [E7:E19] 범위가 선택된 상태에서 리본 메뉴의 [홈] 탭-[스타일] 그룹-[조건부 서식 ▦]을 클릭하고 [규칙 관리]를 선택합니다.

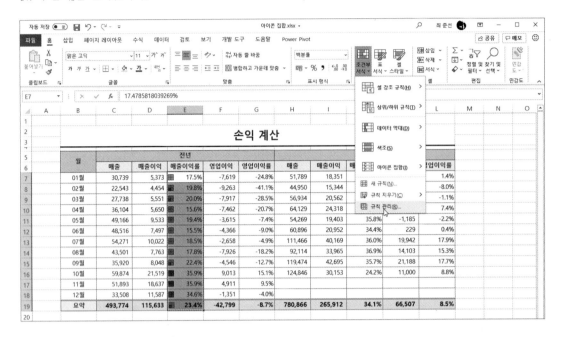

07 [조건부 서식 규칙 관리자] 대화상자가 표시되면 [규칙 편집]을 클릭합니다.

08 [서식 규칙 편집] 대화상자에서 각 아이콘이 표시될 규칙을 수정합니다.

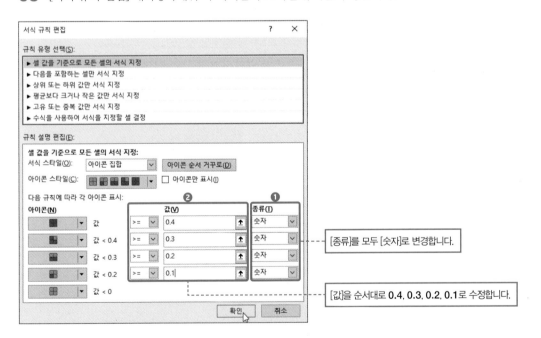

09 [확인]을 클릭해 [서식 규칙 편집]과 [조건부 서식 규칙 관리자] 대화상자를 닫습니다.

10 [E7:E19] 범위에 적용된 아이콘 집합을 [J7:J19] 범위에도 적용하겠습니다.

11 [E7:E19] 범위를 선택하고 리본 메뉴의 [홈] 탭-[클립보드] 그룹-[서식 복사 🖌]를 클릭합니다.

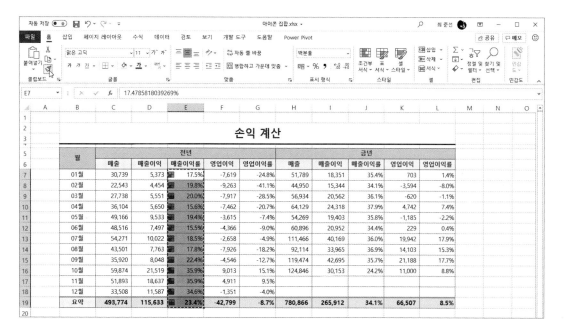

12 [J7:J19] 범위를 드래그해 선택하면 아이콘 집합 규칙이 동일하게 적용됩니다.

월	전년					금년				
	매출	매출이익	매출이익률	영업이익	영업이익률	매출	매출이익	매출이익률	영업이익	영업이익률
01월	30,739	5,373	17.5%	-7,619	-24.8%	51,789	18,351	35.4%	703	1.4%
02월	22,543	4,454	19.8%	-9,263	-41.1%	44,950	15,344	34.1%	-3,594	-8.0%
03월	27,738	5,551	20.0%	-7,917	-28.5%	56,934	20,562	36.1%	-620	-1.1%
04월	36,104	5,650	15.6%	-7,462	-20.7%	64,129	24,318	37.9%	4,742	7.4%
05월	49,166	9,533	19.4%	-3,615	-7.4%	54,269	19,403	35.8%	-1,185	-2.2%
06월	48,516	7,497	15.5%	-4,366	-9.0%	60,896	20,952	34.4%	229	0.4%
07월	54,271	10,022	18.5%	-2,658	-4.9%	111,466	40,169	36.0%	19,942	17.9%
08월	43,501	7,763	17.8%	-7,926	-18.2%	92,114	33,965	36.9%	14,103	15.3%
09월	35,920	8,048	22.4%	-4,546	-12.7%	119,474	42,695	35.7%	21,188	17.7%
10월	59,874	21,519	35.9%	9,013	15.1%	124,846	30,153	24.2%	11,000	8.8%
11월	51,893	18,637	35.9%	4,911	9.5%					
12월	33,508	11,587	34.6%	-1,351	-4.0%					
요약	493,774	115,633	23.4%	-42,799	-8.7%	780,866	265,912	34.1%	66,507	8.5%

TIP 조건부 서식도 서식이므로 [서식 복사]를 이용해 동일한 규칙을 다른 범위에 적용할 수 있습니다.

13 영업이익률은 이익이 발생한 경우를 확인할 수 있도록 아이콘 집합으로 구분하겠습니다.

14 [G7:G19] 범위를 선택하고 리본 메뉴의 [홈] 탭-[스타일] 그룹-[조건부 서식 🎨]을 클릭합니다.

15 하위 메뉴에서 [아이콘 집합]–[3가지 기호(원)]을 선택합니다.

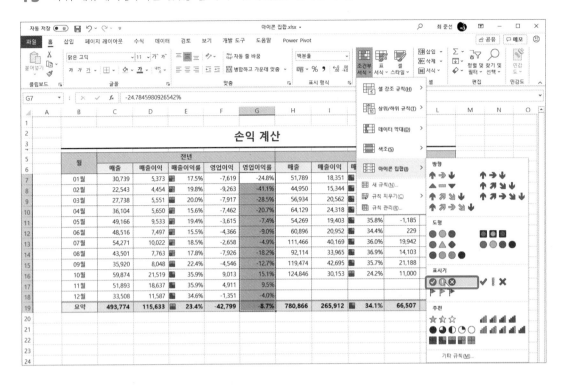

16 표시된 아이콘 집합을 원하는 조건에 맞게 표시되도록 변경하겠습니다.

🔍 **더 알아보기**   **아이콘 집합 변경 기준**

영업이익률은 이익이 발생한 경우와 아닌 경우에만 해당 아이콘을 표시하면 되므로 다음과 같은 조건을 적용합니다.

규칙	아이콘
양수	❶
0	❷ 표시하지 않음
음수	❸

17 [G7:G19] 범위가 선택된 상태에서 리본 메뉴의 [홈] 탭–[스타일] 그룹–[조건부 서식🔳]을 클릭합니다.

18 하위 메뉴에서 [규칙 관리]를 선택합니다.

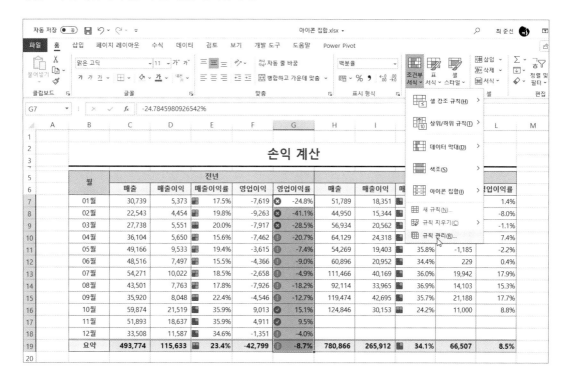

19 [조건부 서식 규칙 관리자] 대화상자가 열리면 [규칙 편집]을 클릭합니다.

20 [서식 규칙 편집] 대화상자에서 각 아이콘이 표시될 규칙을 수정합니다.

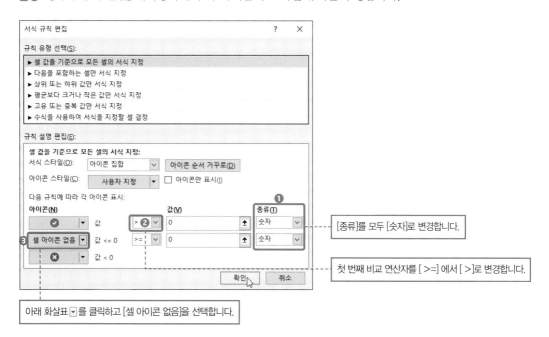

21 [확인]을 클릭해 [서식 규칙 편집]과 [조건부 서식 규칙 관리자] 대화상자를 닫습니다.

22 [서식 복사]를 이용해 [G7:G19] 범위에 적용된 아이콘 집합을 [L7:L19] 범위에 적용합니다.

월	전년						금년				
	매출	매출이익	매출이익률	영업이익	영업이익률		매출	매출이익	매출이익률	영업이익	영업이익률
01월	30,739	5,373	17.5%	-7,619	❌ -24.8%		51,789	18,351	35.4%	703	✅ 1.4%
02월	22,543	4,454	19.8%	-9,263	❌ -41.1%		44,950	15,344	34.1%	-3,594	❌ -8.0%
03월	27,738	5,551	20.0%	-7,917	❌ -28.5%		56,934	20,562	36.1%	-620	❌ -1.1%
04월	36,104	5,650	15.6%	-7,462	❌ -20.7%		64,129	24,318	37.9%	4,742	✅ 7.4%
05월	49,166	9,533	19.4%	-3,615	❌ -7.4%		54,269	19,403	35.8%	-1,185	❌ -2.2%
06월	48,516	7,497	15.5%	-4,366	❌ -9.0%		60,896	20,952	34.4%	229	✅ 0.4%
07월	54,271	10,022	18.5%	-2,658	❌ -4.9%		111,466	40,169	36.0%	19,942	✅ 17.9%
08월	43,501	7,763	17.8%	-7,926	❌ -18.2%		92,114	33,965	36.9%	14,103	✅ 15.3%
09월	35,920	8,048	22.4%	-4,546	❌ -12.7%		119,474	42,695	35.7%	21,188	✅ 17.7%
10월	59,874	21,519	35.9%	9,013	✅ 15.1%		124,846	30,153	24.2%	11,000	✅ 8.8%
11월	51,893	18,637	35.9%	4,911	9.5%						
12월	33,508	11,587	34.6%	-1,351	❌ -4.0%						
요약	493,774	115,633	23.4%	-42,799	❌ -8.7%		780,866	265,912	34.1%	66,507	✅ 8.5%

TIP [서식 복사]를 이용하는 방법은 **11 – 12** 과정을 참고합니다.

수식 조건을 활용한 시각화

06 08 선택한 항목에 해당하는 행 강조 표시하기

예제 파일 PART 03 \ CHAPTER 06 \ 수식 규칙–동일 조건 행.xlsx

조건부 서식을 적용할 규칙을 수식으로 설정할 수 있다면 표의 원하는 부분에 서식이 자동 적용되도록 할 수 있습니다. 수식을 사용하는 규칙 적용 방법은 다음을 참고합니다.

01 예제의 표에서 [H3] 셀과 동일한 판매처의 데이터 행을 서식으로 강조하도록 설정해보겠습니다.

	A	B	C	D	E	F	G	H	I
1									
2								판매처	
3			**판매처 분기 매출 분석**					가양점	
4									
5		지역	판매처	**20Q3**	목표액	달성률	**20Q2**	증감률	
6		서울	가양점	5,122,080	6,660,000	76.9%	5,890,390	-13.0%	
7			성수점	15,152,400	16,290,000	93.0%	14,546,300	4.2%	
8			수서점	16,328,590	16,490,000	99.0%	14,859,010	9.9%	
9			신도림점	15,150,490	15,000,000	101.0%	13,544,470	11.9%	
10			용산점	17,674,340	20,400,000	86.6%	18,381,310	-3.8%	
11			자양점	15,016,810	20,190,000	74.4%	17,870,000	-16.0%	
12			청계천점	8,337,000	10,930,000	76.3%	9,504,180	-12.3%	
13		경기	고잔점	6,326,070	8,010,000	79.0%	7,021,930	-9.9%	
14			동백점	5,127,680	4,880,000	105.1%	4,358,520	17.6%	
15			서수원점	2,674,800	2,770,000	96.6%	2,514,310	6.4%	
16			죽전점	3,851,920	4,440,000	86.8%	3,890,440	-1.0%	
17			화정점	9,030,800	10,190,000	88.6%	8,940,490	1.0%	
18									

02 조건부 서식을 적용할 [C6:H17] 범위를 선택합니다.

03 리본 메뉴의 [홈] 탭-[스타일] 그룹-[조건부 서식 ▦]을 클릭하고 [새 규칙]을 선택합니다.

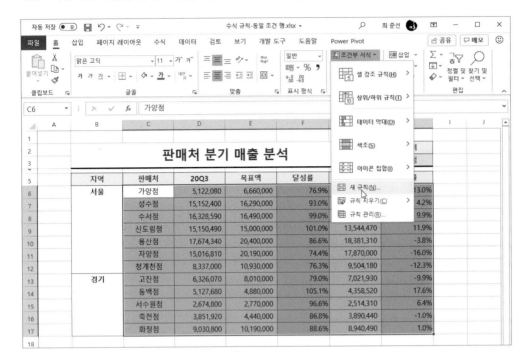

04 [새 서식 규칙] 대화상자의 [규칙 유형 선택]에서 [수식을 사용하여 서식을 지정할 셀 결정]을 선택합니다.

05 수식 조건을 다음과 같이 입력하고 [서식]을 클릭합니다.

=$C6=$H$3

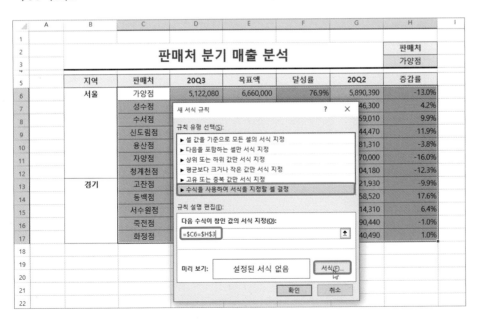

조건부 서식의 수식 조건은 선택 범위 내 활성 셀(흰색 셀)에 적용됩니다. 그러므로 이번에 작성한 수식은 [C6] 셀에 적용되는 규칙입니다. 나머지 셀은 수식이 복사되면서 적용됩니다.

따라서 조건부 서식에서 수식 규칙을 사용할 경우에는 참조 방식을 정확하게 설정하는 것이 무엇보다 중요합니다. 이번 수식에서 [C6] 셀은 서식을 표시할 셀을 의미하기도 하지만 [H3] 셀과 비교할 셀이기도 합니다. 같은 6행에서는 [C6] 셀의 값을 [H3] 셀과 비교해야 하므로 C열의 열 주소는 절대 참조로 참조하고, 행 주소는 7행부터 변경되어야 하므로 혼합 참조($C6)로 참조해야 합니다.

또한 비교 대상인 [H3] 셀은 [C6:H17] 범위와 비교되어야 하므로 절대 참조($H$3)로 참조한 것입니다. 이런 참조 방식만 이해하면 수식 조건 자체는 간단합니다. [C6] 셀의 판매처 이름과 [H6] 셀의 판매처 이름이 동일하면 원하는 서식을 적용하라는 의미입니다.

06 [셀 서식] 대화상자의 [채우기] 탭을 클릭하고 [배경색]을 원하는 색으로 선택한 후 [확인]을 클릭합니다.

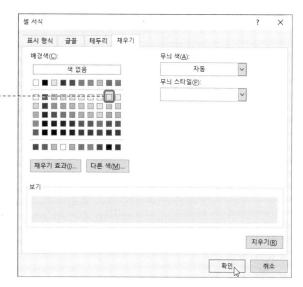

[채우기] 탭에서는 셀 배경색을 변경합니다. 원하는 어떤 색이든 선택해도 됩니다.

07 [새 서식 규칙] 대화상자도 [확인]을 클릭해 닫습니다.

08 [H3] 셀과 동일한 판매처의 행 범위가 **06** 과정에서 선택한 배경색으로 표시됩니다.

판매처 분기 매출 분석

	지역	판매처	20Q3	목표액	달성률	20Q2	증감률
	서울	가양점	5,122,080	6,660,000	76.9%	5,890,390	-13.0%
		성수점	15,152,400	16,290,000	93.0%	14,546,300	4.2%
		수서점	16,328,590	16,490,000	99.0%	14,859,010	9.9%
		신도림점	15,150,490	15,000,000	101.0%	13,544,470	9.9%
		용산점	17,674,340	20,400,000	86.6%	18,381,310	
		자양점	15,016,810	20,190,000	74.4%	17,870,000	
		청계천점	8,337,000	10,930,000	76.3%	9,504,180	-12.3%
	경기	고잔점	6,326,070	8,010,000	79.0%	7,021,930	-9.9%
		동백점	5,127,680	4,880,000	105.1%	4,358,520	17.6%
		서수원점	2,674,800	2,770,000	96.6%	2,514,310	6.4%
		죽전점	3,851,920	4,440,000	86.8%	3,890,440	-1.0%
		화정점	9,030,800	10,190,000	88.6%	8,940,490	1.0%

판매처 / 가양점

선택한 범위 내 [H3] 셀과 동일한 판매처에 지정한 배경색이 적용됩니다.

09 [H3] 셀의 판매처를 변경해 동일한 판매처 데이터 행에 서식이 적용되는지 확인합니다.

	지역	판매처	20Q3	목표액	달성률	20Q2	증감률
						판매처	
						용산점	
	서울	가양점	5,122,080	6,660,000	76.9%	5,890,390	-13.0%
		성수점	15,152,400	16,290,000	93.0%	14,546,300	4.2%
		수서점	16,328,590	16,490,000	99.0%	14,859,010	9.9%
		신도림점	15,150,490	15,000,000	101.0%	13,544,470	11.9%
		용산점	17,674,340	20,400,000	86.6%	18,381,310	-3.8%
		자양점	15,016,810	20,190,000	74.4%	17,870,000	-16.0%
		청계천점	8,337,000	10,930,000	76.3%	9,504,180	-12.3%
	경기	고잔점	6,326,070	8,010,000	79.0%	7,021,930	-9.9%
		동백점	5,127,680	4,880,000	105.1%	4,358,520	17.6%
		서수원점	2,674,800	2,770,000	96.6%	2,514,310	6.4%
		죽전점	3,851,920	4,440,000	86.8%	3,890,440	-1.0%
		화정점	9,030,800	10,190,000	88.6%	8,940,490	1.0%

판매처 분기 매출 분석

수식 조건을 활용한 시각화

06 09 수식 조건을 활용해 중복 데이터 처리하기

예제 파일 PART 03 \ CHAPTER 06 \ 수식 규칙-중복.xlsx

수식 조건을 사용하면 조건부 서식의 기존 조건에 있는 단점을 보완할 수 있습니다. 중복 조건은 활용도가 매우 높은 조건으로, 수식 조건을 활용해 동일한 행 또는 열에 원하는 서식을 적용할 수 있습니다. 다음 과정을 참고합니다.

01 예제의 주문 데이터에서 E열의 제품 중 중복 데이터를 시각적으로 구분해 표시해보겠습니다.

	A	B	C	D	E	F	G	H	I	J
1										
2					주문 처리					
3										
4										
5		거래번호	고객코드	직원코드	제품코드	단가	수량	할인율	판매	
6		10589	CT-0032	SP-0008	PD-0035	18,000	4	0%	72,000	
7		10590	CT-0051	SP-0005	PD-0001	18,000	20	0%	360,000	
8		10591	CT-0083	SP-0003	PD-0003	10,000	14	0%	140,000	
9		10591	CT-0083	SP-0003	PD-0007	30,000	10	0%	300,000	
10		10592	CT-0044	SP-0004	PD-0015	16,000	25	5%	380,000	
11		10592	CT-0044	SP-0004	PD-0026	31,000	5	5%	147,250	
12		10593	CT-0044	SP-0007	PD-0020	81,000	21	20%	1,360,800	
13		10593	CT-0044	SP-0007	PD-0069	36,000	20	20%	576,000	
14		10594	CT-0055	SP-0004	PD-0052	7,000	24	0%	168,000	
15		10594	CT-0055	SP-0004	PD-0058	13,000	30	0%	390,000	
16		10595	CT-0020	SP-0001	PD-0035	18,000	30	25%	405,000	
17		10595	CT-0020	SP-0001	PD-0061	29,000	120	25%	2,610,000	
18										

TIP 주문을 발주 처리할 때 동일한 제품은 한번에 처리하는 것이 편리합니다.

02 먼저 기존의 중복 조건을 이용해 동일한 제품이 있는지 확인해보겠습니다.

03 [E6:E17] 범위를 선택하고 리본 메뉴의 [홈] 탭-[스타일] 그룹-[조건부 서식▦]을 클릭합니다.

04 하위 메뉴에서 [셀 강조 규칙]-[중복 값]을 선택합니다.

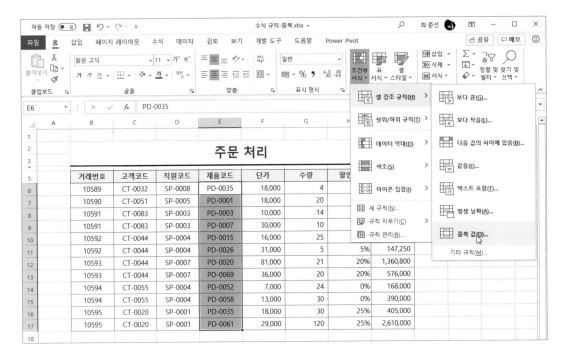

05 [중복 값] 대화상자가 표시되면 중복 데이터의 위치가 구분됩니다. [취소]를 클릭합니다.

TIP 중복 값 조건은 중복 데이터가 입력된 범위 내에서만 사용이 가능합니다.

06 수식 조건을 사용해 중복 제품이 존재하는 행 데이터 범위 전체에 원하는 서식을 적용하겠습니다.

07 [B6:I17] 범위를 선택하고 리본 메뉴의 [홈] 탭-[스타일] 그룹-[조건부 서식]을 클릭합니다.

08 하위 메뉴에서 [새 규칙]을 선택합니다.

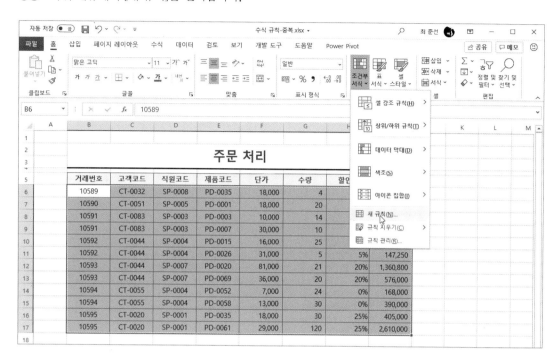

09 [새 서식 규칙] 대화상자의 [규칙 유형 선택]에서 [수식을 사용하여 서식을 지정할 셀 결정]을 선택합니다.

10 수식 조건을 다음과 같이 입력하고 [서식]을 클릭합니다.

=COUNTIF($E$6:$E$17, $E6)>1

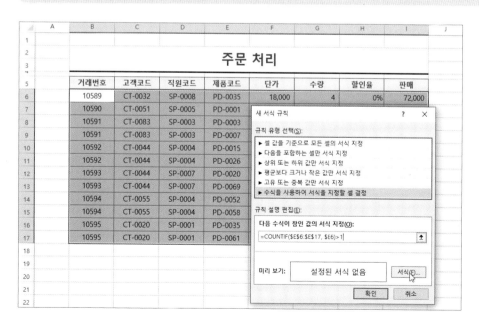

이번 수식은 COUNTIF 함수를 사용해 E열의 제품코드를 [E6:E17] 범위에서 세어 한 개를 초과하는 데이터 행 즉, 중복된 데이터 행에 서식을 표시하라는 의미입니다. 작성한 수식은 [B6] 셀에 적용되고 나머지 셀에는 해당 수식이 복사되므로 참조 방식에 주의해 수식을 입력해야 합니다.

이번 수식은 하나의 열 조건만 확인해 처리했지만, 제품코드와 단가도 모두 일치하는 경우라면 수식 조건을 다음과 같이 변경해야 합니다.

```
=COUNTIFS($E$6:$E$17, $E6, $F$6:$F$17, $F6)>1
```

이렇게 수식 조건을 사용하면 다양한 조건에 맞는 범위에만 원하는 서식을 적용하는 것이 가능합니다.

11   [셀 서식] 대화상자가 표시되면 원하는 서식을 구성하고 [확인]을 클릭합니다.

12   [확인]을 클릭해 [새 서식 규칙] 대화상자를 닫으면 원하는 서식이 표에 적용됩니다.

주문 처리

거래번호	고객코드	직원코드	제품코드	단가	수량	할인율	판매
10589	**CT-0032**	**SP-0008**	**PD-0035**	**18,000**	**4**	**0%**	**72,000**
10590	CT-0051	SP-0005	PD-0001	18,000	20	0%	360,000
10591	CT-0083	SP-0003	PD-0003	10,000	14	0%	140,000
10591	CT-0083	SP-0003	PD-0007	30,000	10	0%	300,000
10592	CT-0044	SP-0004	PD-0015	16,000	25	5%	380,000
10592	CT-0044	SP-0004	PD-0026	31,000	5	5%	147,250
10593	CT-0044	SP-0007	PD-0020	81,000	21	20%	1,360,800
10593	CT-0044	SP-0007	PD-0069	36,000	20	20%	576,000
10594	CT-0055	SP-0004	PD-0052	7,000	24	0%	168,000
10594	CT-0055	SP-0004	PD-0058	13,000	30	0%	390,000
10595	**CT-0020**	**SP-0001**	**PD-0035**	**18,000**	**30**	**25%**	**405,000**
10595	CT-0020	SP-0001	PD-0061	29,000	120	25%	2,610,000

제품코드가 동일한 행 데이터 범위의 서식이 다르게 표시되어 시각적으로 잘 구분됩니다.

수식 조건을 활용한 시각화

계산 결과에 부합하는 데이터 표시하기

예제 파일 PART 03 \ CHAPTER 06 \ 수식 규칙–달성 여부.xlsx

조건부 서식의 수식 조건은 기존 규칙을 대체하는 용도뿐 아니라 새로운 규칙을 생성하는 데에도 사용할 수 있습니다. 사용자마다 원하는 것이 다르므로 직접 규칙을 정하는 방법을 알아두면 활용도가 높습니다. 간단한 규칙을 생성해 원하는 데이터에 지정한 서식이 나타나도록 해보겠습니다. 다음 과정을 참고합니다.

01 예제의 표에는 3사분기까지의 매출 실적과 연간 전체 목표가 입력되어 있습니다.

판매처	Q1	Q2	Q3	Q4(미정)	20 전체 목표	매출예상
가양점	4,889,020	5,890,390	6,660,000		26,640,000	
성수점	11,782,500	14,546,300	16,290,000		65,160,000	
수서점	16,344,910	14,859,010	16,490,000		65,960,000	
신도림점	14,492,580	13,544,470	15,000,000		60,000,000	
용산점	24,646,060	18,381,310	20,400,000		81,600,000	
자양점	17,691,300	17,870,000	20,190,000		80,760,000	
청계천점	10,929,810	9,504,180	10,930,000		43,720,000	

판매처별 매출 점검

02 3사분기까지의 매출을 바탕으로 연간 목표 달성이 가능한 판매처를 구분해 표시하려고 합니다. 먼저 연간 매출 실적의 예상치를 계산하겠습니다.

03 [H6] 셀에 다음 수식을 입력하고 채우기 핸들 ╬ 을 [H12] 셀까지 드래그합니다.

=AVERAGE(C6:E6)*4

H6 ▾ : × ✓ fx =AVERAGE(C6:E6)*4

판매처	Q1	Q2	Q3	Q4(미정)	20 전체 목표	매출예상
가양점	4,889,020	5,890,390	6,660,000		26,640,000	23,252,547
성수점	11,782,500	14,546,300	16,290,000		65,160,000	56,825,067
수서점	16,344,910	14,859,010	16,490,000		65,960,000	63,591,893
신도림점	14,492,580	13,544,470	15,000,000		60,000,000	57,382,733
용산점	24,646,060	18,381,310	20,400,000		81,600,000	84,569,827
자양점	17,691,300	17,870,000	20,190,000		80,760,000	74,335,067
청계천점	10,929,810	9,504,180	10,930,000		43,720,000	41,818,653

판매처별 매출 점검

연간 매출 예상치를 구하려면 4사분기 실적을 예상할 수 있어야 합니다. 매출 실적을 예상할 때 다양한 통계 기법을 사용할 수 있으며, 이런 부분은 PART 04에서 자세하게 설명할 예정입니다. 여기서는 4사분기에 1사분기~3사분기의 평균 정도 매출을 한다고 가정하고, 1사분기~3사분기 실적의 평균을 구한 후 이 값에 4를 곱하는 간단한 방법을 사용했습니다.

04　조건부 서식을 이용해 목표를 달성할 수 있는 판매처를 구분해 표시하겠습니다.

05　[B6:G12] 범위를 선택하고 리본 메뉴의 [홈] 탭-[스타일] 그룹-[조건부 서식▦]을 클릭합니다.

06　하위 메뉴에서 [새 규칙]을 선택합니다.

07　[새 서식 규칙] 대화상자의 [규칙 유형 선택]에서 [수식을 사용하여 서식을 지정할 셀 결정]을 선택합니다.

08　수식 조건을 다음과 같이 입력하고 [서식]을 클릭합니다.

=AVERAGE($C6:$E6)*4>=$G6

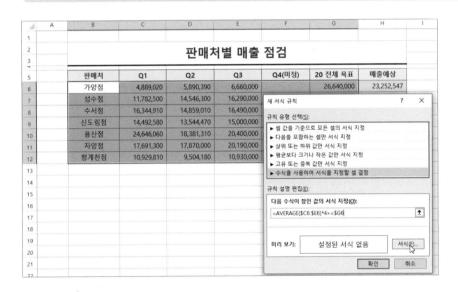

09　[셀 서식] 대화상자가 표시되면 원하는 서식을 구성하고 [확인]을 클릭합니다.

10　[확인]을 클릭해 [새 서식 규칙] 대화상자를 닫으면 설정한 서식이 표에 적용됩니다.

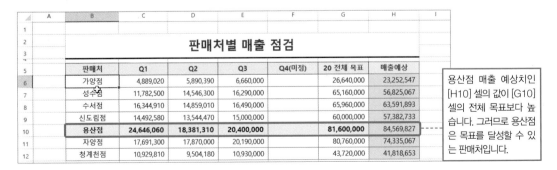

용산점 매출 예상치인 [H10] 셀의 값이 [G10] 셀의 전체 목표보다 높습니다. 그러므로 용산점은 목표를 달성할 수 있는 판매처입니다.

차트/스파크라인을 활용한 데이터 시각화

엑셀에는 조건부 서식 외에도 차트, 스파크라인과 같은 시각화 도구가 제공됩니다. 차트는 대부분의 엑셀 사용자가 많이 사용하는 익숙한 개체이며, 스파크라인은 셀 내부에 삽입되는 차트로 엑셀 2010 버전부터 사용할 수 있습니다. 이런 시각화 도구를 잘 활용한다면 보고서에서 전달하고자 하는 내용을 의사 결정권자들에게 빠르게 이해시킬 수 있습니다.

07 01 차트 용어 이해하기

예제 파일 PART 03 \ CHAPTER 07 \ 차트 용어.xlsx

차트는 한번 생성한다고 완성되는 것이 아니므로 개별 요소를 원하는 형태로 수정해야 합니다. 차트의 개별 요소는 각각 명칭이 있고 요소마다 다른 옵션이 제공되므로 차트 용어에 익숙해져야 차트를 자유자재로 다룰 수 있습니다.

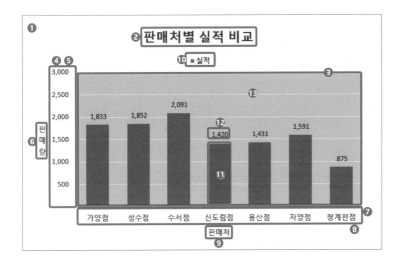

❶ **차트 영역** : 차트의 전체 영역을 의미합니다.

❷ **차트 제목** : 차트의 제목을 표시하는 영역입니다.

❸ **그림 영역** : 실제 차트의 그래프가 표시된 영역으로, 가로 축과 세로 축, 그래프로 구성됩니다.

❹ **세로(값) 축** : 차트의 값을 표시하는 축으로, Y축입니다.

❺ **세로(값) 축 레이블** : Y축의 값을 표시합니다.

❻ **세로(값) 축 제목** : Y축의 값에 대한 제목을 표시합니다.

❼ **가로(항목) 축** : 차트의 항목을 표시하는 축으로, X축입니다.

❽ **가로(항목) 축 레이블** : X축의 항목을 표시합니다.

❾ **가로(항목) 축 제목** : X축의 항목에 대한 제목을 표시합니다.

❿ **범례** : 그림 영역에 표시된 데이터 계열의 이름을 표시합니다.

⓫ **(데이터) 계열** : 동일한 색상의 그래프를 갖는 개별 데이터 집합을 의미합니다.

⓬ **데이터 레이블** : 데이터 계열의 값, 항목, 계열 이름 등을 표시합니다.

⓭ **눈금선** : 그림 영역에서 X축과 Y축의 눈금을 연결한 선입니다.

올바른 차트 선택하기

예제 파일 없음

차트의 종류

리본 메뉴의 [삽입] 탭에서 다양한 차트를 제공합니다.

차트를 다루는 리본 메뉴는 크게 [차트] 그룹과 [스파크라인] 그룹으로 구분할 수 있습니다. 스파크라인은 셀에 삽입할 수 있는 차트로, Section 07-04에서 자세하게 설명합니다.

차트의 올바른 선택

엑셀에서는 표의 데이터를 시각화할 수 있는 다양한 차트를 제공합니다. 가장 많이 사용되는 차트는 다음과 같으며, 각 차트는 목적에 부합하게 사용할 때 가장 좋은 효과를 얻을 수 있습니다.

종류 \ 목적	비교	추이	비율	관계
세로 막대형	○	○		
가로 막대형	○			
꺾은선형		○		
원형			○	
분산형				○

하지만 위 기본 차트만으로는 여러 가지로 부족한 부분이 있으므로 이를 대체하거나 보완할 수 있도록 다음 차트를 적절하게 선택해 사용합니다.

기본 차트	대체 및 보완 차트	
	엑셀 2013 이하 버전	엑셀 2016 이상 버전
세로 막대형		폭포
가로 막대형	방사형	
꺾은선형	영역형, 분산형	
원형	도넛형	트리맵, 썬버스트, 깔때기
분산형	거품형	

세로 막대형 차트

세로 막대형 차트는 항목이나 계열 간의 비교 또는 길지 않은 항목별 추이를 살펴볼 수 있습니다. 오른쪽 차트는 1월부터 12월 사이의 실적을 세로 막대형으로 표현한 차트입니다.

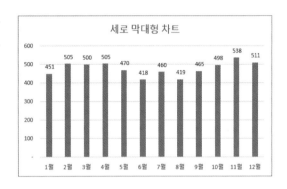

그런데 위와 같은 세로 막대형 차트는 각 월별 실적을 표시만 할 뿐 증감을 파악하는 데 효과적이지 않습니다. 그런 단점을 보완해주는 차트가 엑셀 2016 버전부터 제공되는 폭포 차트입니다.

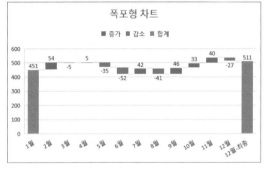

TIP 폭포 차트에 대한 자세한 설명은 Section 07-12를 참고합니다.

세로 막대형 차트는 여러 계열 간의 항목별 비교 작업을 할 때도 유용합니다. 오른쪽 차트는 각 판매처의 1사분기 월별 매출을 비교할 수 있는 차트입니다.

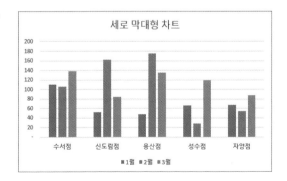

앞에서 비교를 위해 사용한 세로 막대형 차트는 계열이 세 개일 때 가장 보기 좋습니다. 그 이상은 비교 작업을 진행하기 쉽지 않고 항목(판매처)별 실적을 확인하기도 쉽지 않습니다. 이런 단점을 해결하려면 세로 막대형 차트의 누적형 차트를 생성해 표시하는 것이 좋습니다.

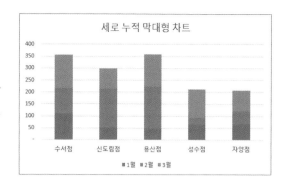

가로 막대형 차트

가로 막대형 차트는 세로 막대형 차트와 유사하며 막대그래프가 가로 방향으로 표시된다는 점이 다릅니다. 오른쪽 차트는 판매처 두 곳의 1사분기 월별 매출을 비교하기 위해 생성한 가로 막대형 차트입니다.

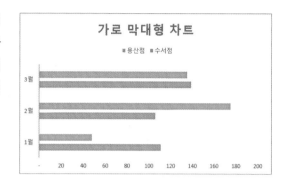

위 차트는 보기에는 나쁘지 않지만 항목(월)이 추가되면 비교 작업 자체가 한눈에 들어오지 않습니다. 이런 경우 방사형 차트를 생성해 각 판매처의 월별 실적이 시각적으로 잘 비교되도록 표시할 수 있습니다.

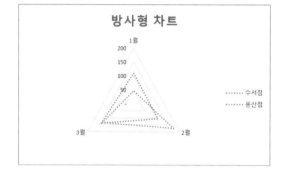

꺾은선형 차트

꺾은선형 차트는 긴 기간의 추이를 표시할 때 유용합니다. 오른쪽 차트는 두 개 연도의 월별 실적 추이를 꺾은선형 차트로 생성한 것입니다. 표식 아래 실선은 꺾은선형 차트의 하강선을 표시해놓은 것입니다.

꺾은선형 차트의 선 밑에 색상을 넣고 싶다면 영역형 차트로 표현하면 됩니다. 영역형 차트는 그래프가 Y축에 붙어 표시되며 월별 위치에 표식을 넣어 구분할 수 없습니다.

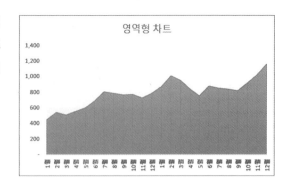

꺾은선형 차트를 분산형 차트로 바꿀 수 있는데, X축의 값이 숫자(또는 날짜/시간)인 경우에 유용하게 쓰입니다. 꺾은선형 차트는 X축 항목을 텍스트로 표시해서 항상 항목 간 간격이 일정하지만 분산형 차트는 숫자를 사용해 그래프를 표시하므로 숫자의 간격이 넓거나 좁은 것을 정확하게 표시할 수 있습니다.

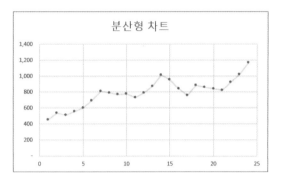

원형 차트

엑셀 차트 중 전체 항목별 비율을 표시할 수 있는 차트는 원형 차트와 도넛형 차트뿐입니다. 오른쪽 원형 차트는 판매처별 매출을 비율로 표시한 차트입니다. 원형 차트가 다른 차트와 다른 점은 색상이 다른 원그래프의 조각이 계열이 아니라 항목이라는 점입니다. 따라서 원형 차트는 한 번에 하나의 계열만 표시할 수 있습니다.

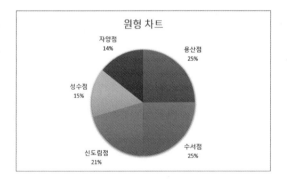

도넛형 차트는 원형 차트와 유사하지만 원그래프 가운데에 구멍이 있습니다. 원형 차트는 하나의 계열만 표시할 수 있고 도넛형 차트는 여러 계열을 표시할 수 있습니다.

원형 차트와 도넛형 차트의 공통점은 데이터 레이블에 백분율을 표시할 수 있다는 점입니다. 엑셀 2016 이상 버전을 사용 중이라면 원형 차트 대신 트리맵 차트를 사용할 수 있습니다. 트리맵 차트는 직사각형 도형을 이용해 값의 크기를 구분해 표시합니다. 트리맵 차트에 대한 자세한 내용은 **Section 07-13**을 참고합니다.

썬버스트 차트는 트리맵 차트와 유사하지만 도넛형 차트와 같은 그래프로 표현하는 차트입니다. 외관은 도넛형 차트와 다르지 않지만 X축 항목에 상위 분류가 있는 경우에는 도넛형 차트가 표현하지 못하는 부분을 표현할 수 있어 유용합니다. 썬버스트 차트도 엑셀 2016 이상 버전에 새롭게 추가된 차트입니다. 자세한 내용은 **Section 07-13**을 참고합니다.

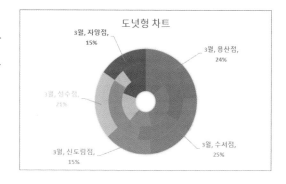

원형 차트의 단점 중 하나는 데이터 계열을 여러 개 표시할 수 없다는 것입니다. 1월부터 3월까지의 판매처별 월별 실적을 비율로 표시하려면 원형 차트로는 불가능하므로 도넛형 차트를 사용해야 합니다.

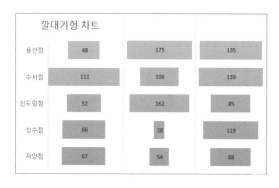

도넛형 차트는 한눈에 현황을 파악하기가 쉽지 않습니다. 이런 경우 오른쪽과 같이 깔때기형 차트를 여러 개 생성해 비교하거나 트리맵 차트, 썬버스트 차트를 활용하는 것이 좋습니다.

깔때기형 차트, 트리맵 차트, 썬버스트 차트는 모두 엑셀 2016 이상 버전에서만 사용할 수 있습니다. 깔때기형 차트에 대한 자세한 내용은 **Section 07-14**를 참고합니다.

TIP 엑셀 2016 버전에서 깔때기형 차트가 나타나지 않으면 오피스 프로그램을 업데이트(리본 메뉴의 [파일] 탭 – [계정] 그룹 – [오피스 업데이트]를 클릭)해야 합니다.

분산형 차트

분산형 차트는 계열 간의 관계(연관성)를 설명하는 데 최적화되어 있는 차트입니다. 실적과 행사의 관련성을 분석하려면 다음과 같은 분산형 차트를 생성합니다.

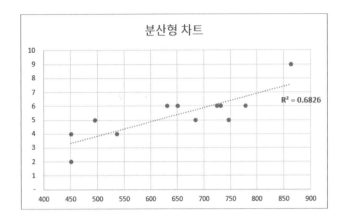

위 차트의 점선과 R-제곱값은 추세선을 사용해 표시한 것으로, **Section 10-03**에 자세하게 설명되어 있습니다.

분산형 차트는 관계를 설명할 수 없다는 단점이 있습니다. 따라서 그로 인한 손익의 크기는 알 수 없습니다. 이런 단점을 보완해주는 차트가 거품형 차트입니다. 거품형 차트를 사용하면 분산형 차트의 표식 크기를 설정할 수 있습니다.

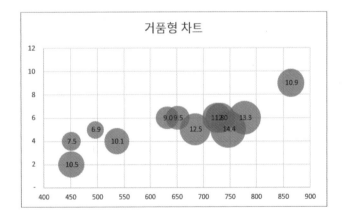

07 03 깔끔한 차트 구성을 위한 세 가지 방법 알아보기

예제 파일 PART 03 \ CHAPTER 07 \ 차트 구성.xlsx

차트를 생성하는 것은 쉽습니다. 하지만 생성된 차트를 보기 좋게 표현하려면 품이 많이 듭니다. 엑셀은 사용자가 차트를 깔끔하게 구성할 수 있는 세 가지 방법을 제공합니다. 다음 과정을 참고합니다.

차트 스타일

차트를 처음 생성하면 기본 스타일이 적용됩니다. 버전에 따라 차이는 있지만 기본적으로 여러 스타일이 제공되므로 차트 스타일을 하나씩 적용해보고 원하는 스타일을 선택하는 것이 좋습니다.

다음은 세로 막대형 차트를 생성했을 때 마이크로소프트 365 버전에서 표시되는 기본 차트입니다.

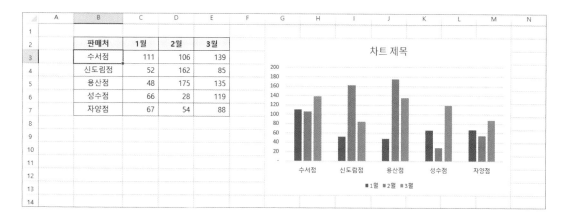

차트가 선택된 상태에서 리본 메뉴의 [차트 디자인] 탭-[차트 스타일] 그룹을 보면 다양한 차트 스타일이 제공되는 것을 확인할 수 있습니다.

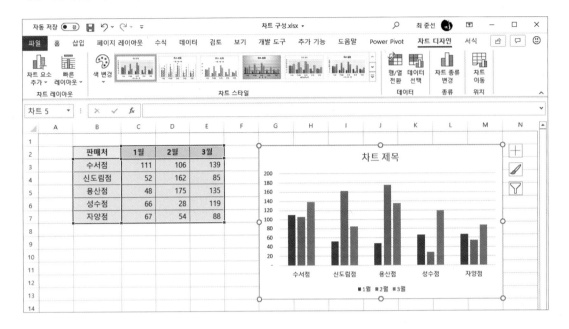

[차트 스타일] 그룹에서 원하는 스타일을 선택해 동일한 차트에 다른 모양을 적용할 수 있습니다. 다음은 몇 가지 예시입니다.

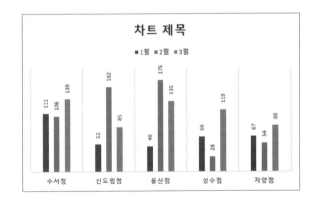

[차트 스타일 2]

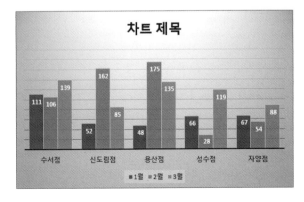

[차트 스타일 4]

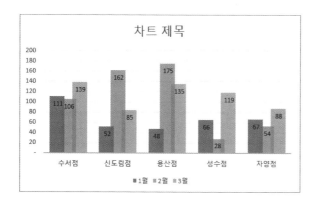

[차트 스타일 13]

차트 레이아웃

차트 스타일을 이용해 빠르게 차트의 모양을 변경했다면 차트의 여러 구성 요소를 차트 레이아웃에서 선택해 적용할 수 있습니다. 차트가 선택된 상태에서 리본 메뉴의 [차트 디자인] 탭-[차트 레이아웃] 그룹-[빠른 레이아웃]을 클릭하고 다양한 차트 레이아웃 구성 중 필요한 것을 선택합니다.

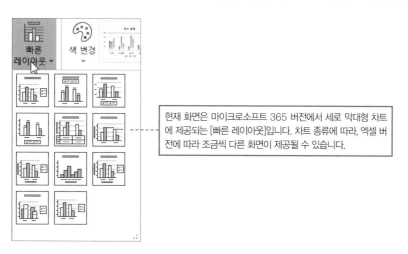

현재 화면은 마이크로소프트 365 버전에서 세로 막대형 차트에 제공되는 [빠른 레이아웃]입니다. 차트 종류에 따라, 엑셀 버전에 따라 조금씩 다른 화면이 제공될 수 있습니다.

[차트 스타일 13]이 적용된 차트에 [차트 레이아웃 2]를 적용하면 다음 차트와 같은 모양이 됩니다.

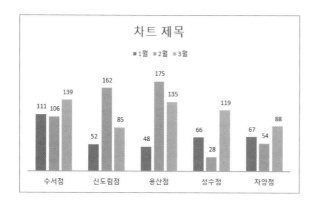

색상

마지막으로 차트에 적용된 색상을 원하는 색 조합으로 변경할 수 있습니다. 차트가 선택된 상태에서 리본 메뉴의 [차트 디자인] 탭-[차트 스타일] 그룹-[색 변경]을 클릭하고 다양한 색상 조합 중 하나를 선택할 수 있습니다.

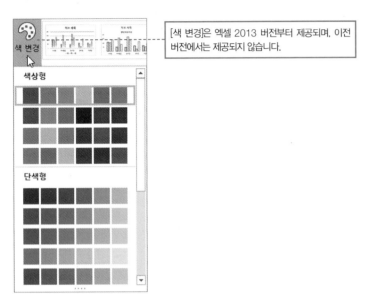

[색 변경]은 엑셀 2013 버전부터 제공되며, 이전 버전에서는 제공되지 않습니다.

여러 색상 조합 중 마음에 드는 색 조합을 선택해 다음 차트와 같이 적용된 색상을 다르게 표현할 수 있습니다.

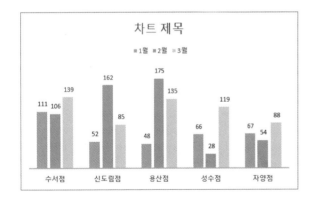

차트의 단점을 보완해주는 스파크라인 차트 만들기

예제 파일 PART 03 \ CHAPTER 07 \ 스파크라인.xlsx

스파크라인의 종류

엑셀 2010 버전부터 셀에 삽입할 수 있는 스파크라인 차트 기능이 지원됩니다. 기존의 차트 개체는 보기에는 깔끔하고 좋지만, 워크시트에서 차지하는 면적이 넓어 간단한 정보만 빠르게 확인할 경우에는 좋은 선택이 아닐 수 있습니다. 차트의 이런 단점을 보완해주는 것이 스파크라인입니다. 스파크라인은 다음과 같은 세 종류가 제공됩니다.

꺾은선형과 열

꺾은선형 스파크라인은 꺾은선형 차트와 동일하게 선그래프를 셀에 삽입해주며 전체 흐름을 파악하는 용도로 적합합니다. 그와 달리 열 스파크라인은 세로 막대형 차트와 동일한 막대그래프를 셀에 삽입해주며 간단한 항목 간의 비교 작업에 유용합니다. 다음 과정을 참고합니다.

01 예제의 [꺾은선형, 열] 시트를 열고 각 영원사원의 월별 실적을 스파크라인을 이용해 C열에 표시하겠습니다.

사원	스파크라인	1월	2월	3월	4월	5월	6월	7월	8월	9월	10월	11월	12월
박지훈		118	280	291	291	182	292	145	207	168	265	146	120
유준혁		141	289	291	148	149	285	187	194	199	166	256	380
이서연		120	170	115	236	277	283	155	122	257	208	146	142
김민준		176	151	300	161	121	261	177	296	267	275	281	297
최서현		222	172	196	261	270	239	293	127	250	113	131	207

영업사원 월별 실적

꺾은선형,열 / 승패

02 먼저 월별 실적 추이를 확인할 수 있도록 [C6] 셀에 꺾은선형 스파크라인을 삽입하겠습니다.

03 [C6] 셀을 선택하고 리본 메뉴의 [삽입] 탭-[스파크라인] 그룹-[꺾은선형 ☒]을 클릭합니다.

04 [스파크라인 만들기] 대화상자의 [데이터 범위]에 [D6:O6] 범위를 참조하고 [확인]을 클릭합니다.

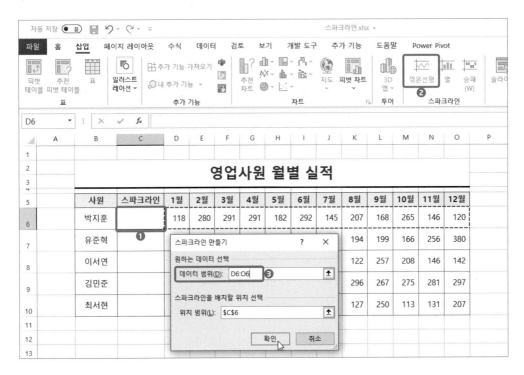

05 스파크라인은 셀에 삽입되므로 수식처럼 다른 셀에 복사할 수 있습니다.

06 [C6] 셀의 채우기 핸들 🔳 을 [C10] 셀까지 드래그해 스파크라인을 복사합니다.

영업사원 월별 실적

사원	스파크라인	1월	2월	3월	4월	5월	6월	7월	8월	9월	10월	11월	12월
박지훈		118	280	291	291	182	292	145	207	168	265	146	120
유준혁		141	289	291	148	149	285	187	194	199	166	256	380
이서연		120	170	115	236	277	283	155	122	257	208	146	142
김민준		176	151	300	161	121	261	177	296	267	275	281	297
최서현		222	172	196	261	270	239	293	127	250	113	131	207

07 스파크라인 Y축의 시작값을 최솟값에서 **0**으로 변경하겠습니다.

TIP 스파크라인도 조건부 서식처럼 범위 내 최솟값과 최댓값을 이용해 그래프를 표현합니다.

08 [C6:C10] 범위가 선택된 상태에서 리본 메뉴의 [스파크라인] 탭-[그룹] 그룹-[축 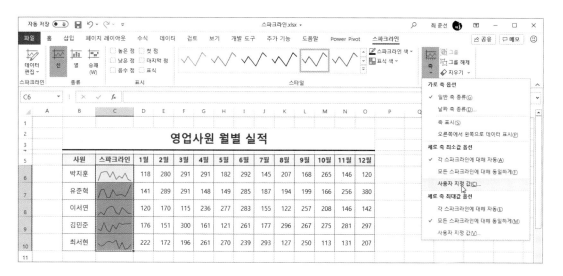]을 클릭합니다.

09 하위 메뉴에서 [세로 축 최소값 옵션] 그룹의 [사용자 지정 값]을 선택합니다.

10 [스파크라인 세로 축 설정] 대화상자가 열리면 [확인]을 클릭합니다.

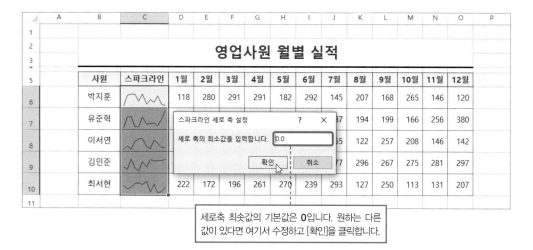

세로축 최솟값의 기본값은 **0**입니다. 원하는 다른 값이 있다면 여기서 수정하고 [확인]을 클릭합니다.

11 스파크라인의 꺾은선형 그래프가 좀 더 셀 위쪽에 표시됩니다.

12 스파크라인은 그래프의 최솟값과 최댓값 위치를 시각적으로 구분할 수 있습니다.

13 [C6:C10] 범위를 선택하고 리본 메뉴의 [스파크라인] 탭-[표시] 그룹에서 [높은 점], [낮은 점] 옵션에 체크합니다.

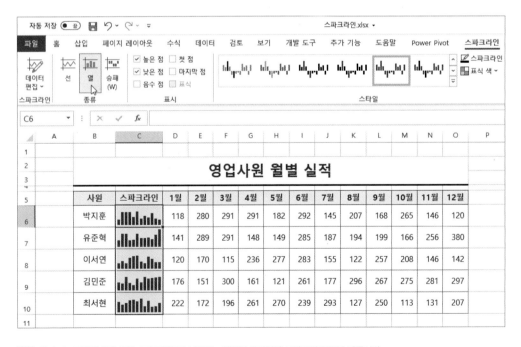

14 꺾은선형 그래프를 세로 막대형 열 그래프로 변경합니다.

15 리본 메뉴의 [스파크라인] 탭-[종류] 그룹-[열]을 클릭합니다.

TIP 열 스파크라인은 꺾은선형 스파크라인과 설정하는 방법이 동일하며 그래프의 종류만 다릅니다.

승패

승패 스파크라인은 기본적으로 열 스파크라인처럼 세로 막대형 그래프를 셀에 삽입하지만 숫자의 크기를 막대그래프로 표시하는 것이 아니라 승과 패로 구분해 표시한다는 점이 다릅니다. 손익처럼 양수와 음수가 함께 존재할 때 상승/하락을 빠르게 구분할 목적으로 사용하면 좋습니다.

01 [승패] 시트를 열고 영업사원이 분기별 목표를 달성했는지 여부를 승패 스파크라인을 이용해 표시해 보겠습니다.

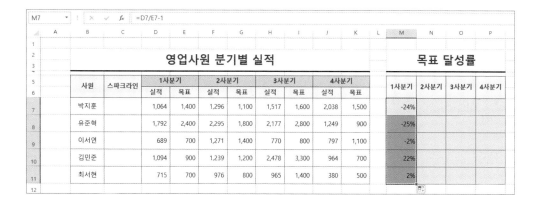

02 먼저 M열에 1사분기 목표 달성 여부를 계산하기 위해 [M7] 셀에 다음 수식을 입력한 후 채우기 핸들을 [M11] 셀까지 드래그합니다.

=D7/E7-1

🔍 **더 알아보기**　　**수식 이해하기**

달성률은 '=실적/목표'로 계산합니다. 그러면 [M7] 셀의 경우는 '86%'라는 결과가 반환됩니다. '86%'는 목표 대비 86% 실적을 달성했다는 의미지만, 승패 스파크라인은 양수와 음수를 구분해 표시해야 합니다. 그러므로 목표를 달성하지 못했을 때 음수가 반환되도록 달성률 계산에서 '1(100%)'을 빼서 계산한 것입니다.

즉, [M7] 셀에 반환된 '-24%'는 목표 대비 실적이 -24% 미달이라는 의미입니다. 승패 스파크라인을 이용하려면 이렇게 달성한 경우에는 양수가, 달성하지 못한 경우에는 음수가 반환되도록 수식을 작성해야 합니다.

03 2사분기~4사분기도 동일한 방법으로 수식을 입력하고 11행까지 복사합니다.

[N7] 셀 : =F7/G7-1

[O7] 셀 : =H7/I7-1

[P7] 셀 : =J7/K7-1

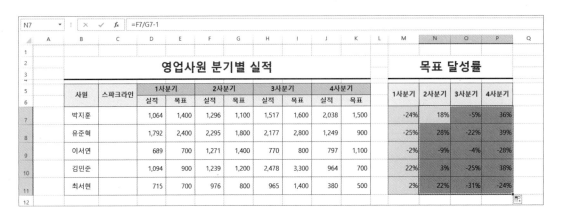

04 [C7] 셀을 선택하고 리본 메뉴의 [삽입] 탭-[스파크라인] 그룹-[승패]를 클릭합니다.

05 [스파크라인 만들기] 대화상자가 열리면 [M7:P7] 범위를 참조하고 [확인]을 클릭합니다.

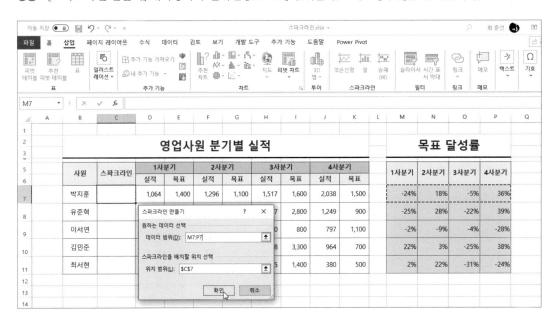

06 표시된 스파크라인에 가로축을 표시하겠습니다.

07 리본 메뉴의 [스파크라인] 탭-[그룹] 그룹-[축]을 클릭하고 [가로 축 옵션] 그룹의 [축 표시]를 선택합니다.

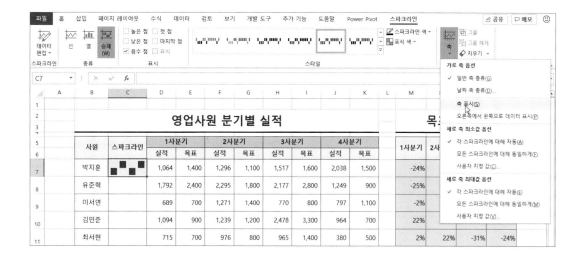

08 [C7] 셀의 채우기 핸들➕을 [C11] 셀까지 드래그합니다.

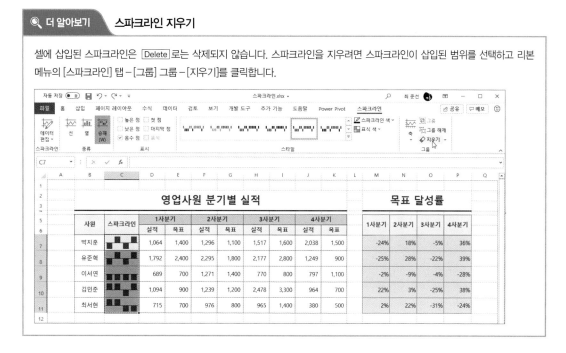

🔍 **더 알아보기**　　**스파크라인 지우기**

셀에 삽입된 스파크라인은 Delete로는 삭제되지 않습니다. 스파크라인을 지우려면 스파크라인이 삽입된 범위를 선택하고 리본
메뉴의 [스파크라인] 탭-[그룹] 그룹-[지우기]를 클릭합니다.

07 05 막대그래프의 차이 강조하기

예제 파일 PART 03 \ CHAPTER 07 \ Y축.xlsx

항목별 막대그래프의 차이를 더욱 극적으로 또는 완만하게 표시하려면 Y축 눈금의 최솟값이나 최댓값을 조정합니다. 다음 과정을 참고합니다.

01 예제를 열면 연도별 매출 실적에 대한 세로 막대형 차트가 생성되어 있습니다.

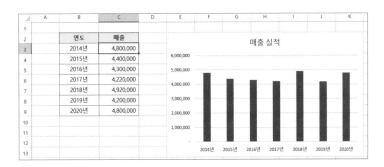

02 막대그래프 간의 차이를 더 크게 변화시켜 보겠습니다.

03 차트의 Y축을 더블클릭하면 [축 서식] 작업 창이 표시됩니다.

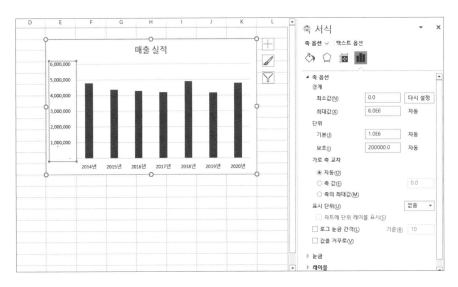

TIP 엑셀 2007 버전이라면 Y축을 선택하고 Ctrl + 1 을 누릅니다.

04 [축 서식] 작업 창의 [축 옵션] 그룹에서 [경계]의 [최소값]을 **0**에서 **1000000**으로 변경하고 Enter를 누릅니다.

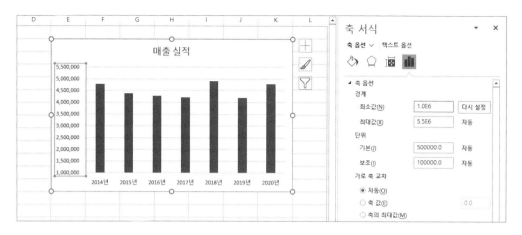

TIP [최소값]에 **1.0E6** 또는 **1000000**과 같이 입력합니다.

🔍 **더 알아보기**   **Y축의 최솟값을 1000000으로 수정하는 이유**

03 과정의 화면을 보면 Y축 레이블이 100만, 200만, 300만, …으로 표시되어 있습니다. 여기서 100만은 모든 막대그래프가 통과한 가장 작은 단위입니다. 그래서 막대그래프 간의 차이를 보다 강조하기 위해 축의 최솟값을 100만으로 변경한 것입니다. 그리고 100만은 **1000000** 또는 **1.0E6**으로 입력해야 하는데, **1000000**으로 입력해도 [축 서식] 작업 창의 [최소값]에는 **1.0E6**으로 표시됩니다. 1.0E6은 엑셀의 지수 표시 방법으로, 1.0 x 10^6과 동일합니다.

---

05 좀 더 극적인 변화를 원한다면 Y축의 [최소값]을 **3000000**으로 변경합니다.

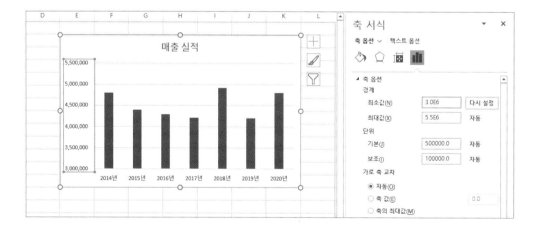

06 Y축 레이블의 최솟값을 변경했다면 Y축 레이블은 표시하지 않는 것이 좋습니다.

07 [축 서식] 작업 창에서 [레이블] 그룹의 [레이블 위치]를 [없음]으로 변경합니다.

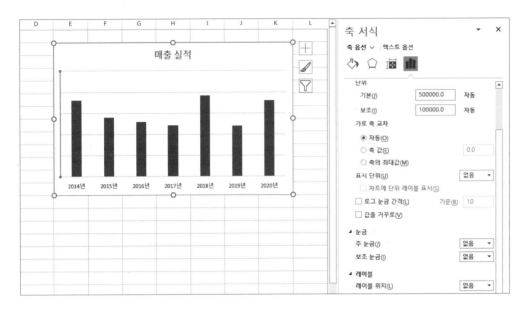

08 Y축 레이블을 표시하지 않은 대신 데이터 레이블을 표시하겠습니다.

09 차트의 우측 상단에 표시되는 단추 중 차트 요소 ⊞를 클릭하고 [데이터 레이블]에 체크합니다.

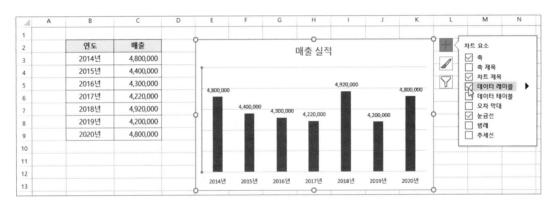

🔍 **더 알아보기**　　**차트 요소 ⊞가 표시되지 않는다면?**

차트를 선택하면 우측 상단에 표시되는 단추는 엑셀 2013 버전부터 지원되는 것으로, 엑셀 2010 이전 버전에서는 표시되지 않습니다. 엑셀 2010 이하 버전을 사용하고 있다면 차트를 선택하고 리본 메뉴의 [레이아웃] 탭-[레이블] 그룹-[데이터 레이블]을 클릭해 설정합니다.

07 06 차트의 금액 단위 변경 방법 알아보기

예제 파일 PART 03 \ CHAPTER 07 \ 금액 단위.xlsx

차트에는 Y축 레이블과 데이터 레이블에 원본 표의 숫자(금액)가 그대로 표시됩니다. 금액의 단위를 변경하려면 Y축 서식에서 [표시 단위]를 변경합니다. 데이터 레이블은 Y축에 종속되므로 Y축 서식을 변경하면 데이터 레이블에도 그대로 적용됩니다. 다음 과정을 참고합니다.

01 예제를 열면 연도별 매출 실적에 대한 세로 막대형 차트가 생성되어 있습니다.

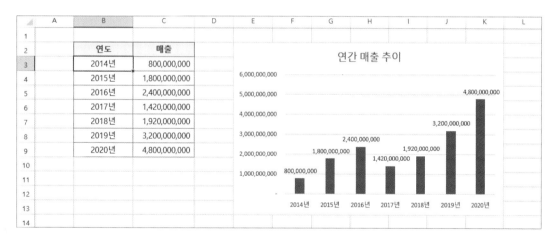

02 차트에 표시되는 매출의 단위가 너무 커 이해하기 어렵습니다. 단위를 억으로 변경하겠습니다.

03 Y축을 더블클릭해 [축 서식] 작업 창을 엽니다.

04 [축 서식] 작업 창의 [축 옵션] 그룹에서 [표시 단위]를 [100000000]으로 변경합니다.

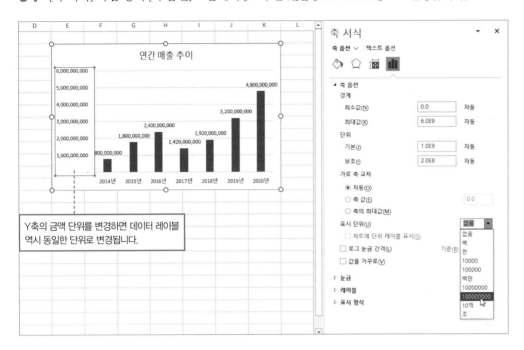

Y축의 금액 단위를 변경하면 데이터 레이블 역시 동일한 단위로 변경됩니다.

05 표시 단위를 쉽게 이해할 수 있도록 차트의 단위를 함께 표시하겠습니다.

06 [표시 형식] 그룹에서 [서식 코드]를 **#"억"**으로 변경하고 [추가]를 클릭합니다.

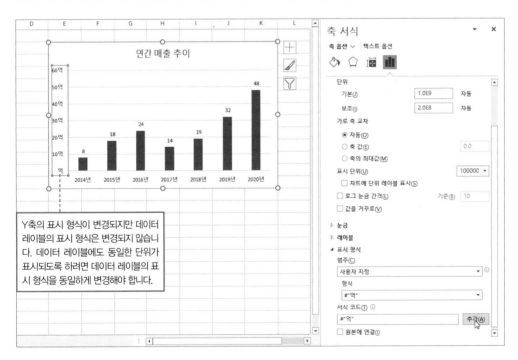

Y축의 표시 형식이 변경되지만 데이터 레이블의 표시 형식은 변경되지 않습니다. 데이터 레이블에도 동일한 단위가 표시되도록 하려면 데이터 레이블의 표시 형식을 동일하게 변경해야 합니다.

07 표시 형식을 변경하면 Y축의 0 위치에 '억'이 표시되는데, 이를 표시되지 않도록 변경하겠습니다.

08 표시 형식의 단위를 **#"억";;** 으로 변경하고 [추가]를 클릭합니다.

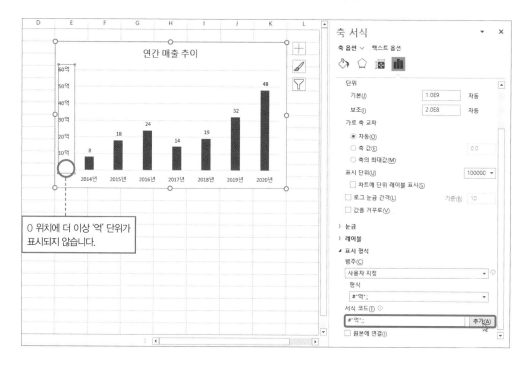

🔍 **더 알아보기**　　　**서식 코드 이해하기**

이번에 사용된 서식 코드에는 이전과 달리 세미콜론(;)이 두 개 추가되었습니다. 세미콜론(;)은 서식 코드에서 다음과 같은 사용자 지정 서식을 설정할 때 사용합니다.

　　양수 ; 음수 ; 0 ; 텍스트

세미콜론(;)을 사용하면 양수와 음수, 0과 텍스트 데이터를 구분해 서식을 적용할 수 있습니다. 그러므로 이번에 입력한 서식은 양수인 경우 **#"억"** 서식 코드를 적용하고, 서식 코드를 입력하지 않은 음수와 0은 축 레이블에 아무것도 표시하지 말라는 의미입니다.

07 07 데이터 레이블의 표시 방법 알아보기

예제 파일 PART 03 \ CHAPTER 07 \ 데이터 레이블.xlsx

데이터 레이블의 종류

차트의 데이터 레이블은 차트의 종류에 따라 다르게 나타납니다. 모든 차트에 공통적으로 사용할 수 있는 데이터 레이블은 다음과 같습니다.

옵션	설명
값	데이터 계열을 그릴 때 사용한 Y축 값을 표시합니다.
항목 이름	X축 항목을 표시합니다.
계열 이름	범례에 표시되는 데이터 계열의 이름을 표시합니다.

엑셀 2013 버전에 새롭게 추가된 데이터 레이블 옵션은 다음과 같습니다.

옵션	설명
셀 값	원하는 범위의 값을 표시합니다.

원형과 도넛형 차트에서만 사용할 수 있는 데이터 레이블은 다음과 같습니다.

옵션	설명
백분율	Y축 값의 전체 대비 비율을 표시합니다.

데이터 레이블 옵션 선택과 팁

데이터 레이블을 원하는 것으로 표시하는 방법은 다음 과정을 참고합니다.

01 예제를 열면 연간 매출 및 계약건수로 생성한 콤보형 차트를 확인할 수 있습니다.

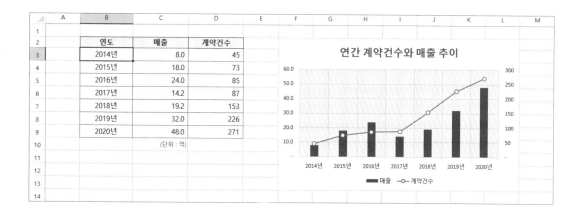

02 차트에 데이터 레이블을 추가하겠습니다.

03 차트 우측 상단의 차트 요소⊞를 클릭하고 [데이터 레이블]에 체크합니다.

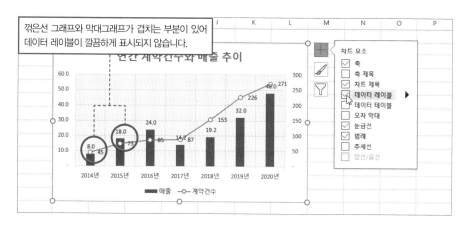

꺾은선 그래프와 막대그래프가 겹치는 부분이 있어 데이터 레이블이 깔끔하게 표시되지 않습니다.

TIP 막대그래프는 위쪽에, 꺾은선 그래프는 오른쪽에 데이터 레이블이 표시됩니다.

04 꺾은선 그래프가 막대그래프 위쪽에 표시되도록 설정을 변경하겠습니다.

05 Y 보조 축을 더블클릭해 [축 서식] 작업 창을 열고 [축 옵션] 그룹에서 [경계]의 [최소값]을 **-200**으로 변경한 후 Enter 를 누릅니다.

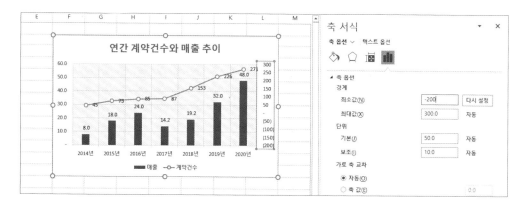

TIP 축의 [최소값]을 더 낮추면 꺾은선 그래프가 더 위쪽에 표시됩니다.

06 Y 보조 축의 축 레이블이 표시되지 않게 하겠습니다.

07 [축 서식] 작업 창의 [레이블] 그룹의 [레이블 위치]를 [없음]으로 변경합니다.

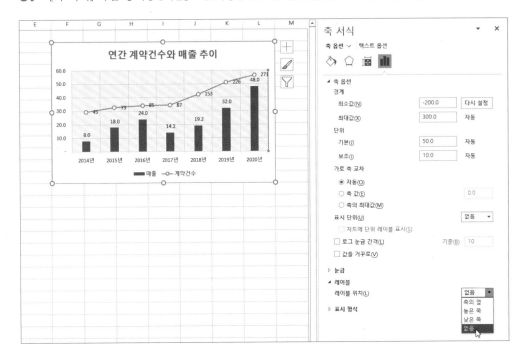

08 꺾은선 그래프의 데이터 레이블이 위쪽에 표시되도록 하겠습니다.

09 차트가 선택된 상태에서 차트 요소⊞를 클릭한 후 [데이터 레이블]의 오른쪽 화살표▶를 클릭하고 [위쪽]을 선택합니다.

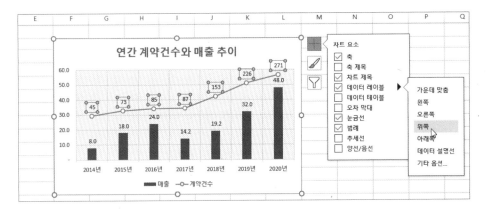

10 그래프의 위치를 변경하지 않고도 데이터 레이블이 깔끔하게 표시되었습니다.

11 이번에는 꺾은선 그래프와 막대그래프의 데이터 레이블을 함께 표시해보겠습니다.

12 실행 취소([Ctrl]+[Z])를 여러 번 눌러 **02–09** 과정의 작업을 모두 취소합니다.

13 데이터 레이블에 표시될 값을 미리 수식으로 계산하겠습니다.

14 [E2] 셀에 머리글로 **데이터레이블**을 입력하고, [E3] 셀에 다음 수식을 입력한 후 채우기 핸들➕을 [E9] 셀까지 드래그합니다.

> =C3 & "억" & CHAR(10) & "(" & D3 & "건)"

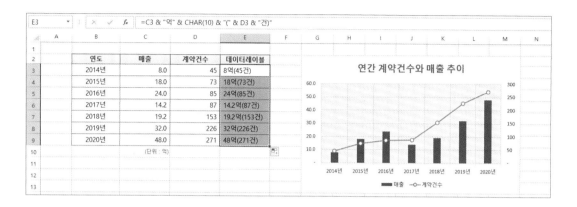

🔍 **더 알아보기**   **수식 이해하기**

이번 수식에 사용한 CHAR 함수는 ASCII 코드값을 가지고 문자를 반환하는 함수입니다. CHAR(10)은 줄 바꿈 문자를 하나 반환하므로, 셀에서 Alt + Enter 를 눌러 줄을 바꾸는 것과 동일한 효과를 얻을 수 있습니다. 그러므로 이번 수식은 다음과 같은 결과를 반환합니다.

8억

(45건)

하지만 **14** 과정의 화면에서 확인할 수 있듯이 줄이 바뀌어 표시되지는 않습니다. [자동 줄 바꿈] 기능이 설정되어 있지 않기 때문입니다. 설명대로의 결과를 확인하려면 [E3:E9] 범위가 선택된 상태에서 리본 메뉴의 [홈] 탭-[맞춤] 그룹-[자동 줄 바꿈 🔁]을 클릭합니다. 다만, 자동 줄 바꿈을 하지 않아도 데이터 레이블이 표시되는 부분에는 문제가 없으므로 하지 않아도 상관 없습니다.

---

15 꺾은선 그래프에만 데이터 레이블을 표시하기 위해 차트에서 꺾은선 그래프만 선택합니다.

16 차트 요소➕를 클릭하고 [데이터 레이블]에 체크합니다.

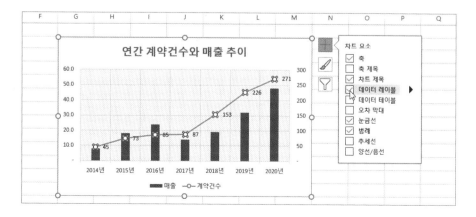

17 표시된 데이터 레이블을 더블클릭해 [데이터 레이블 서식] 작업 창을 엽니다.

18 [레이블 옵션] 그룹의 [셀 값]에 체크합니다.

19 [데이터 레이블 범위] 대화상자가 열리면 [E3:E9] 범위를 드래그해 참조하고 [확인]을 클릭합니다.

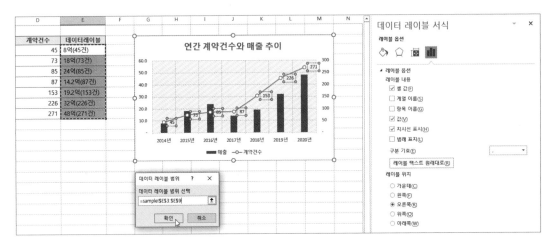

20 [레이블 옵션] 그룹의 [값]에 체크를 해제합니다.

21 [레이블 위치]를 [위쪽]으로 변경합니다.

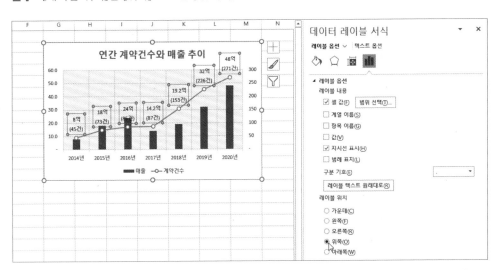

22 완성된 차트는 다음과 같습니다.

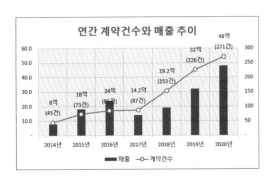

07 08 그림을 이용한 차트 표현 방법 알아보기

예제 파일 PART 03 \ CHAPTER 07 \ 그림 차트.xlsx

차트 영역에 그림 넣기

차트 영역에 그림을 넣어 전체 차트의 메시지를 이미지로 전달할 수 있습니다. 다음 과정을 참고합니다.

01 예제를 열고 [차트영역] 시트에 삽입된 차트 영역에 그림을 넣어 표시하겠습니다.

02 차트 제목 옆의 빈 영역을 더블클릭해 [차트 영역 서식] 작업 창을 엽니다.

03 [채우기] 그룹에서 [그림 또는 질감 채우기]를 선택하고 [그림 원본]의 [삽입]을 클릭합니다.

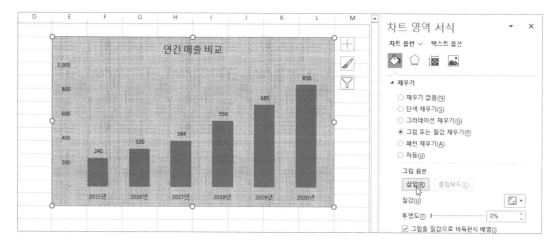

TIP 엑셀 2016 버전까지는 [온라인]을 클릭해 이미지를 불러옵니다.

04 [그림 삽입] 대화상자가 열리면 [온라인 그림]을 클릭합니다.

차트 영역에 추가할 그림 파일을 갖고 있다면 [파일에서]를 클릭해 작업합니다.

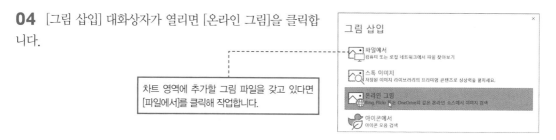

05 [온라인 그림] 창에서 원하는 키워드(예제에서는 **성장**)를 입력해 그림을 검색합니다.

06 검색된 그림 중에서 하나를 선택하고 [삽입]을 클릭합니다.

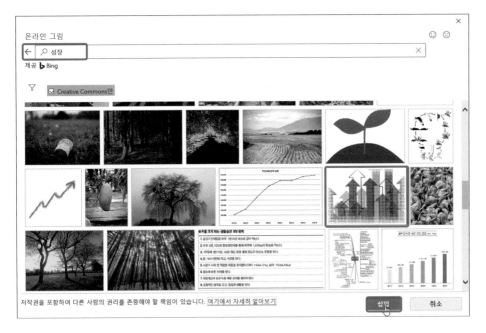

> **TIP** 검색 시기에 따라 결과가 다르게 보일 수 있습니다. 마음에 드는 다른 그림을 선택해도 됩니다.

07 배경이 너무 진하면 차트가 제대로 보이지 않으므로 배경을 흐리게 설정하겠습니다.

08 [차트 영역 서식] 작업 창의 [채우기] 그룹에서 [투명도]를 **90%**로 조정합니다.

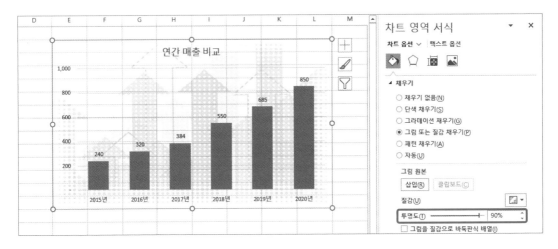

> **TIP** [투명도]는 선택한 이미지에 알맞게 설정합니다.

그림 영역에 그림 넣기

데이터 계열이 많지 않고 제품 그림 등을 이용해 내용을 더 잘 표현할 수 있다면 그림 영역의 빈 곳에 그림을 삽입하는 것도 좋습니다. 다음 과정을 참고합니다.

01 [그림영역] 시트로 이동합니다.

02 차트 눈금선 사이의 빈 영역을 더블클릭해 [그림 영역 서식] 작업 창을 엽니다.

03 [채우기] 그룹에서 [그림 또는 질감 채우기]를 선택하고 [그림 원본]의 [삽입]을 클릭합니다.

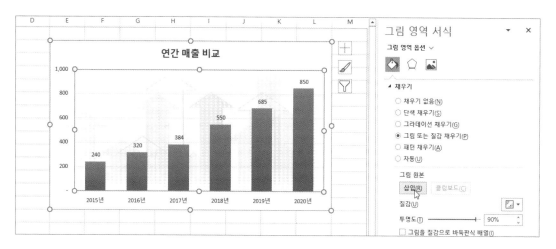

TIP 채우기를 이용해 기존에 삽입한 그림이 있다면 해당 그림이 바로 표시됩니다.

04 [그림 삽입] 대화상자에서 [온라인 그림]을 클릭합니다.

05 [온라인 그림] 창에서 **자동차** 그림을 검색해 삽입합니다.

06 [그림 영역 서식] 작업 창의 [채우기] 그룹에서 다음 네 가지 옵션을 각각 조정합니다. 옵션에 대한 설명은 다음을 참고합니다.

옵션	값	설명
오프셋 왼쪽	0%	그림 영역 좌측과 삽입된 그림 사이의 간격을 의미하며, 비율(%) 값만큼 그림 영역 좌측에서 멀어지게 됩니다.
오프셋 오른쪽	60%	그림 영역 우측과 삽입된 그림 사이의 간격을 의미하며, 비율(%) 값만큼 그림 영역의 우측에서 멀어지게 됩니다.
오프셋 위쪽	0%	그림 영역 상단과 삽입된 그림 사이의 간격을 의미하며, 비율(%) 값만큼 그림 영역의 상단에서 멀어지게 됩니다.
오프셋 아래쪽	40%	그림 영역 하단과 삽입된 그림 사이의 간격을 의미하며, 비율(%) 값만큼 그림 영역의 하단에서 멀어지게 됩니다.

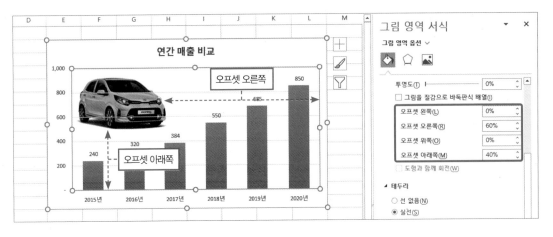

TIP 오프셋 값은 그림을 그림 영역의 어느 부분에 표시하고 싶은지에 따라 다르게 설정합니다.

데이터 계열에 그림 넣기

막대형 차트를 사용할 경우 막대그래프에 직접 그림을 넣어 차트를 구성할 수 있습니다. 막대그래프를 그림을 쌓아 올리는 방식으로 표현해 숫자를 보다 직접적으로 이해할 수 있도록 하는 것입니다.

01 [계열] 시트로 이동합니다.

02 차트의 막대그래프를 더블클릭해 [데이터 계열 서식] 작업 창을 엽니다.

03 [채우기] 그룹에서 [그림 또는 질감 채우기]를 선택합니다.

04 하단의 옵션 중에서 [늘이기]가 기본값으로 선택됩니다.

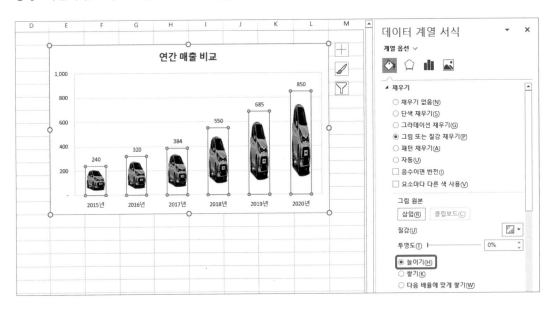

TIP 그림 영역에 그림을 넣고 오프셋 값을 변경했다면 이 작업을 하기 전에 오프셋 값을 **0%**로 변경합니다.

05 옵션을 [쌓기]로 변경합니다.

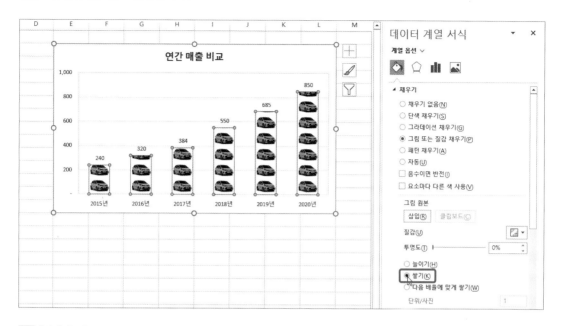

TIP [쌓기] 옵션은 삽입한 그림의 가로×세로 비율을 유지하면서 막대그래프 길이에 맞게 쌓아 올려 표시합니다. 보기에는 좋지만 그림으로 계열 값을 이해하기는 쉽지 않습니다.

06 옵션을 [다음 배율에 맞게 쌓기]로 변경합니다.

07 [단위/사진]을 눈금선에 맞게 **100**으로 변경합니다.

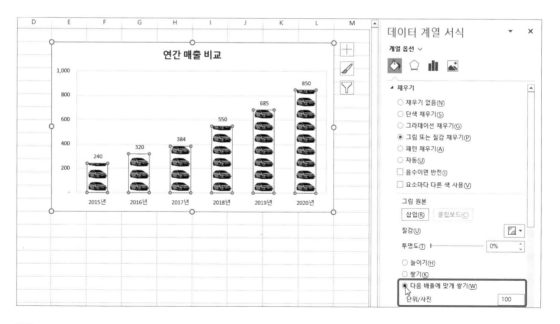

TIP [다음 배율에 맞게 쌓기] 옵션은 [쌓기] 옵션을 보완한 것으로 그림을 계열 값과 매칭할 수 있습니다. 이번과 같이 [단위/사진] 값을 **100**으로 설정하면 Y축 단위가 100이 될 때마다 그림을 하나씩 표시하라는 의미입니다. 이렇게 하면 막대그래프에 표시된 그림만으로 계열 값을 파악할 수 있습니다.

실무 차트

07 09

가장 큰 막대그래프를 잘라 표현하는 물결 차트 만들기

예제 파일 PART 03 \ CHAPTER 07 \ 물결 차트.xlsx

물결 차트

세로 막대형 차트를 사용하다 보면 특정 항목의 그래프가 돌출되는 경우가 종종 있습니다.

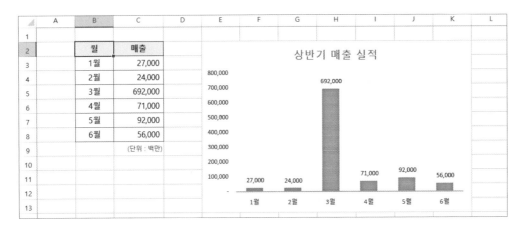

해당 항목의 숫자가 크기 때문에 이렇게 표시되는 것은 어쩔 수 없지만, 가장 큰 항목의 막대그래프를 잘라 표시할 수 있다면 정보 전달 측면에서 효과적일 것입니다. 이렇게 가장 큰 막대그래프만 잘라 표시하는 차트를 물결 차트라고 부릅니다. 엑셀에서는 물결 차트를 직접 지원하지 않으므로 차트 옵션을 변경하는 방법으로 표현합니다.

물결 차트 생성 방법

01 예제의 세로 막대형 차트를 물결 차트로 변경하겠습니다.

02 Y축 눈금의 단위를 변경하기 위해 Y축을 더블클릭해서 [축 서식] 작업 창을 엽니다.

03 [축 옵션] 그룹의 [로그 눈금 간격]에 체크합니다.

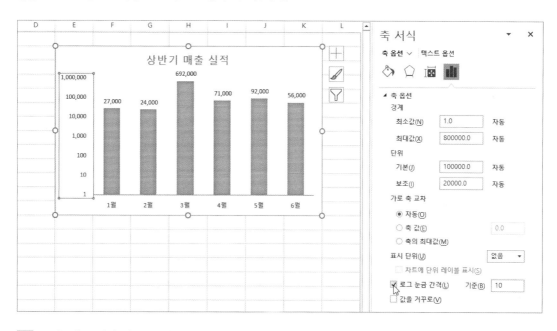

TIP 로그 눈금은 10의 제곱값으로 눈금을 표시하며 음수 값에는 사용할 수 없습니다.

04 Y축 눈금에서 모든 막대그래프가 통과한 마지막 눈금선 단위를 Y축 최솟값으로 설정하겠습니다.

05 [축 서식] 작업 창의 [축 옵션] 그룹에서 [경계]의 [최소값]을 **10000**으로 변경하고 Enter 를 눌러 적용합니다.

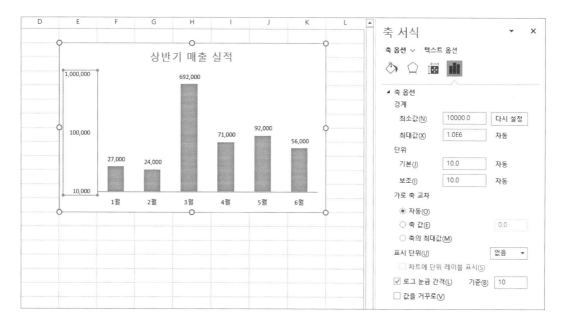

06 로그 눈금을 사용하는 경우 Y축 레이블은 의미가 없으므로 표시되지 않도록 설정하겠습니다.

07 [축 서식] 작업 창의 [레이블] 그룹에서 [레이블 위치]를 [없음]으로 변경합니다.

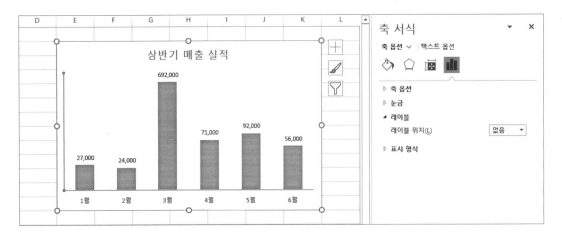

08 3월 항목의 막대그래프가 잘려 표시된 것처럼 시각 효과를 적용하겠습니다.

09 차트가 선택된 상태에서 리본 메뉴의 [서식] 탭-[도형 삽입] 그룹-[도형▼]을 클릭합니다.

TIP 리본 메뉴의 [삽입] 탭-[일러스트레이션] 그룹-[도형]을 클릭해도 됩니다.

10 도형 갤러리에서 [별 및 현수막] 그룹의 [이중 물결 ▨]을 선택합니다.

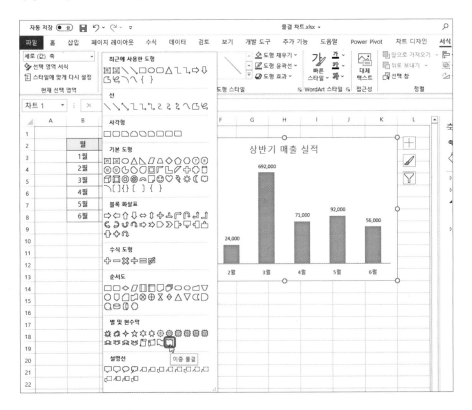

11 선택한 도형을 3월 막대그래프의 적절한 위치에 삽입하면 물결 차트를 완성할 수 있습니다.

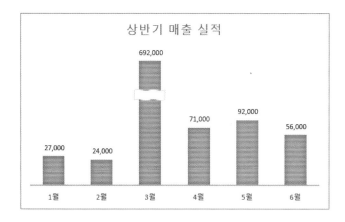

TIP 이중 물결 도형의 배경색을 차트 그림 영역의 배경과 동일하게 적용합니다.

실무 차트

07 10 꺾은선 그래프에 그라데이션 효과 넣기

예제 파일 PART 03 \ CHAPTER 07 \ 그라데이션.xlsx

그라데이션 효과가 적용된 꺾은선형 차트

꺾은선형 차트를 생성할 때 오른쪽 차트처럼 그래프 하단에 그라데이션 효과를 적용하면 시각적으로 보기 좋게 만들 수 있습니다.

다만 엑셀의 꺾은선형 차트에는 그라데이션 효과를 적용하는 옵션이 제공되지 않으므로, 꺾은선형 차트와 영역형 차트를 혼합해 동일한 효과를 얻는 방법을 사용합니다.

차트 구성 방법

01 예제의 꺾은선형 차트의 그래프 하단에 색상이 적용된 그라데이션 효과를 적용해보겠습니다.

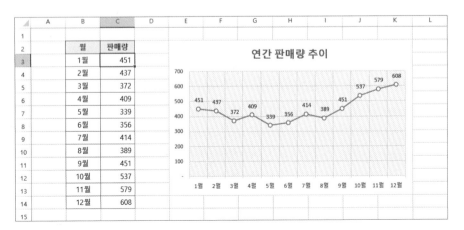

02 혼합형 차트를 구성하려면 [판매량] 열 데이터를 차트에 한 번 더 추가해야 합니다.

03 [C2:C14] 범위를 선택하고 Ctrl + C 로 복사한 후 차트를 선택하고 Ctrl + V 로 붙여 넣습니다.

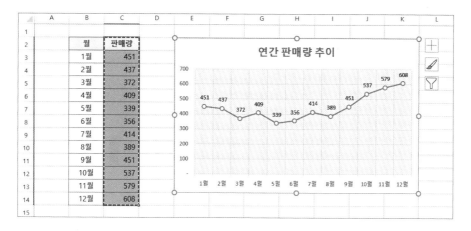

> **TIP** 꺾은선 그래프의 색상을 변경하는 것이 아니고 동일한 계열을 하나 더 추가하는 것입니다.

04 새로 추가된 계열을 영역 그래프로 변경하겠습니다.

05 추가된 꺾은선 그래프(주황색)를 선택하고, 리본 메뉴의 [삽입] 탭-[차트] 그룹-[꺾은선형 또는 영역형 차트 추가]를 클릭한 후 [2차원 영역형] 그룹의 [영역형]을 선택합니다.

06 영역 그래프를 더블클릭해 [데이터 계열 서식] 작업 창을 엽니다.

07 [채우기] 그룹에서 [단색 채우기]를 선택하고 [색]에서 원하는 색상을 선택합니다.

08 [투명도]를 **80%**로 설정합니다.

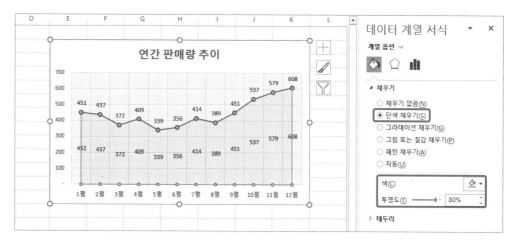

> **TIP** 영역 그래프의 데이터 레이블은 선택 후 Delete 를 눌러 삭제합니다.

07 11 계열 간의 차이가 큰 경우에 좋은 콤보형 차트 만들기

예제 파일 PART 03 \ CHAPTER 07 \ 콤보 차트.xlsx

콤보 차트와 이중 축 혼합형 차트

엑셀 차트는 기본적으로 X축과 Y축을 사용해 그래프를 표현합니다. 차트에 표시되는 모든 그래프(계열)는 이 축에 종속되는 구조입니다. 엑셀 차트에서는 이렇게 기본으로 제공되는 X축과 Y축을 기본 축이라고 하며 기본 축의 반대쪽에 보조 축을 추가로 설정할 수 있습니다.

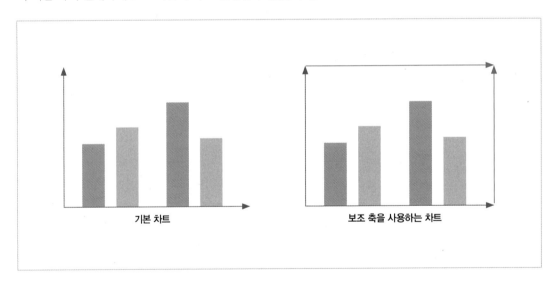

기본 차트　　　　　　　　　보조 축을 사용하는 차트

보조 축을 사용하는 차트를 **이중 축 차트**라고 하며, 하나의 차트에 두 종류 이상의 차트를 혼합한 차트를 **혼합형 차트**라고 합니다. 그리고 보조 축을 사용하며 두 종류 이상의 차트를 혼합한 차트는 이중 축 혼합형 차트라고 부릅니다. 엑셀 2013 버전부터 이중 축 혼합형 차트를 쉽게 구성할 수 있도록 지원되는 차트가 콤보형 차트입니다.

콤보형 차트 구성 방법

01 예제의 차트를 매출과 계약건수가 제대로 표현될 수 있도록 콤보형 차트로 구성해보겠습니다.

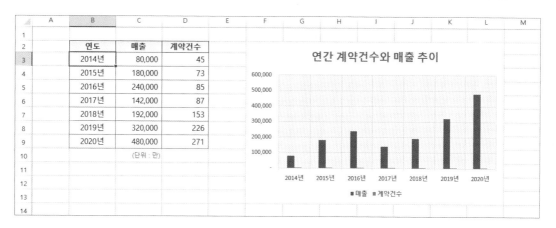

02 차트를 선택하고 리본 메뉴의 [삽입] 탭-[차트] 그룹-[콤보 차트 삽입]을 클릭합니다.

03 하위 메뉴에서 [사용자 지정 콤보 차트 만들기]를 선택합니다.

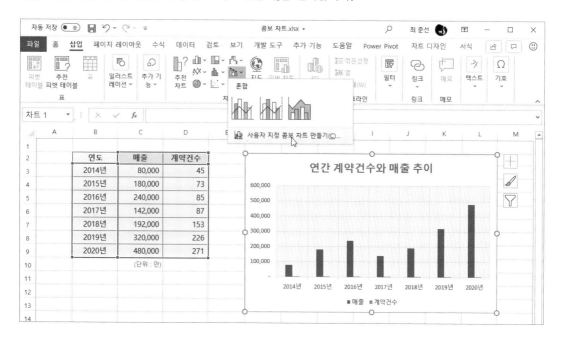

04 [차트 종류 변경] 대화상자가 열리면 다음과 같이 설정하고 [확인]을 클릭합니다.

계열 이름	차트 종류	보조 축
매출	묶은 세로 막대형	
계약건수	표식이 있는 꺾은선형	체크

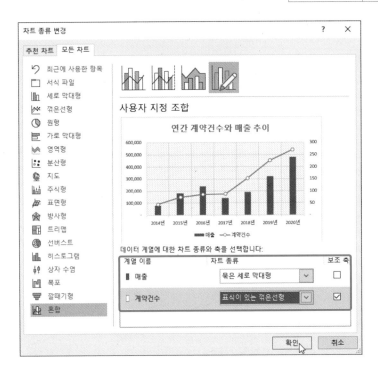

🔍 **더 알아보기** **엑셀 2010 이하 버전에서 적용하는 방법**

콤보형 차트는 엑셀 2013 버전부터 지원되므로 엑셀 2010 이하 버전에서는 다음과 같은 방법을 사용합니다.

01 [B2:D9] 범위를 선택하고 꺾은선형 차트를 생성합니다.
02 차트에서 [계약건수] 계열을 더블클릭하고 [계열 서식] 대화상자에서 [보조 축] 옵션을 선택합니다.
03 [매출] 계열만 선택하고 [묶은 세로 막대형] 차트로 변경합니다.

05 판매수량과 계약건수가 모두 잘 표현되는 차트로 변경됩니다.

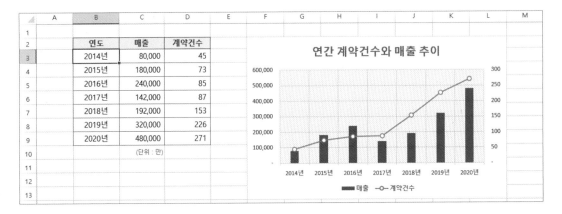

07 12 시작과 끝 지점의 변화를 표시하는 폭포 차트 만들기

예제 파일 PART 03 \ CHAPTER 07 \ 폭포 차트.xlsx

폭포(Waterfall) 차트란

폭포 차트는 기본적으로 세로 막대형 차트를 베이스로 하고 있습니다. 첫 번째와 마지막 막대 그래프를 고정하고, 중간의 막대그래프는 이전에 비해 얼마나 증가/감소했는지 표현합니다. 기본 형태는 오른쪽 차트와 같습니다. 이런 차트는 시작부터 마지막까지의 수치의 증감 변화를 확인하고 싶을 때 유용합니다.

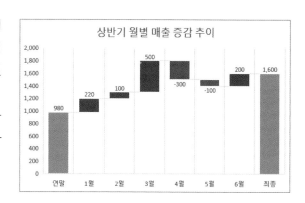

폭포 차트 구성 방법

01 예제의 [sample] 시트에는 상반기 월별 실적이 정리되어 있습니다.

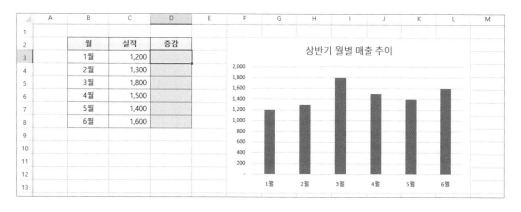

TIP 세로 막대형 차트는 확인 후 Delete 를 이용해 삭제합니다.

02 1월부터 6월까지의 실적 변화를 폭포 차트로 표시하겠습니다.

03 3행에 빈 행을 삽입하고, 3행과 10행에 각각 작년 12월 실적과 6월 실적을 입력합니다.

TIP 1월, 6월을 기준 월로 삼고 2월부터 5월까지의 변화만 표시하려면 3행과 10행은 추가하지 않아도 됩니다.

04 다음 각 셀에 수식을 입력하고, [D4] 셀의 채우기 핸들🖸을 [D9] 셀까지 드래그합니다.

[D3] 셀 : =C3

[D10] 셀 : =C10

[D4] 셀 : =C4-C3

	A	B	C	D	E
1					
2		월	실적	증감	
3		연말	980		
4		1월	1,200		
5		2월	1,300		
6		3월	1,800		
7		4월	1,500		
8		5월	1,400		
9		6월	1,600		
10		최종	1,600		
11					

	A	B	C	D	E
1					
2		월	실적	증감	
3		연말	980	980	
4		1월	1,200	220	
5		2월	1,300	100	
6		3월	1,800	500	
7		4월	1,500	-300	
8		5월	1,400	-100	
9		6월	1,600	200	
10		최종	1,600	1,600	
11					

05 [B2:B10] 범위를 선택하고 Ctrl 을 누른 상태에서 [D2:D10] 범위를 선택합니다.

06 리본 메뉴의 [삽입] 탭-[차트] 그룹-[폭포 차트 또는 주식형 차트 삽입🖾]을 클릭하고 [폭포]를 선택합니다.

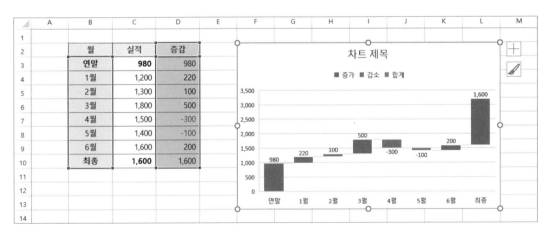

07 폭포 차트의 첫 번째와 마지막 세로 막대를 기준 막대로 표시하겠습니다.

08 세로 막대그래프 중에서 [연말] 항목 막대만 두 번 클릭해 선택합니다.

09 마우스 오른쪽 버튼을 클릭한 후 [합계로 설정]을 선택합니다.

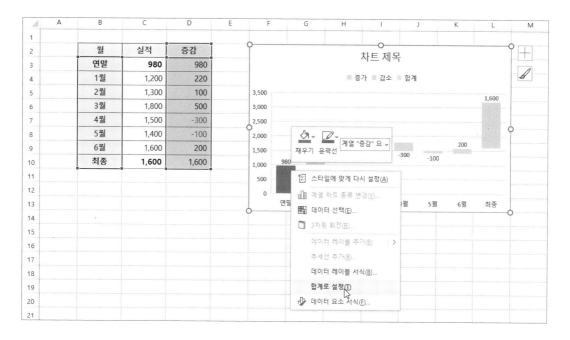

10 마지막 [최종] 항목 막대도 **08-09** 과정을 참고해 [합계로 설정]을 적용합니다.

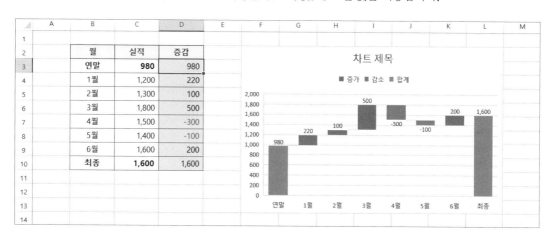

TIP 1월부터 6월까지의 실적 변화(증감)가 막대그래프로 구분됩니다.

엑셀 2013 이하 버전에서 폭포 차트 구성 방법

폭포 차트는 엑셀 2016 이상 버전에서만 사용할 수 있으므로 엑셀 2013 버전에서 동일한 차트를 표현하려면 세로 막대형 차트를 사용합니다. 다만 추가적인 작업이 필요하므로 다음 과정을 참고합니다.

01 예제의 [2013] 시트로 이동하면 다음과 같은 표를 확인할 수 있습니다.

	월	실적	합계	받침	증가	감소
	연말	980				
	1월	1,200				
	2월	1,300				
	3월	1,800				
	4월	1,500				
	5월	1,400				
	6월	1,600				
	최종	1,600				

sample 2013

TIP 엑셀 2013 이하 버전에서 폭포 차트를 생성하려면 화면과 같은 구성의 표를 먼저 만들어야 합니다.

02 각 셀에 다음 수식을 순서대로 입력하고 [E:G] 열은 9행까지 수식을 복사합니다.

[D3] 셀 : =C3

[D10] 셀 : =C10

[F4] 셀 : =IF(C4>C3, C4–C3, 0)

[G4] 셀 : =IF(C4<C3, C3–C4, 0)

[E4] 셀 : =C3–G4

E4 · : × ✓ fx =C3-G4

	월	실적	합계	받침	증가	감소
	연말	980	980			
	1월	1,200		980	220	0
	2월	1,300		1,200	100	0
	3월	1,800		1,300	500	0
	4월	1,500		1,500	0	300
	5월	1,400		1,400	0	100
	6월	1,600		1,400	200	0
	최종	1,600	1,600			

03 [B2:B10] 범위를 선택하고 Ctrl을 누른 상태로 [D2:G10] 범위를 선택합니다.

04 리본 메뉴의 [삽입] 탭–[차트] 그룹–[세로 또는 가로 막대형 차트 삽입📊]을 클릭합니다.

05 하위 메뉴에서 [누적 세로 막대형]을 선택하면 다음과 같은 차트가 생성됩니다.

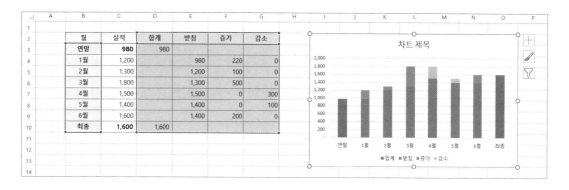

06 차트에서 [받침] 계열을 선택합니다.

07 리본 메뉴의 [서식] 탭-[도형 스타일] 그룹-[도형 채우기 🖌]를 클릭하고 [채우기 없음]을 선택합니다.

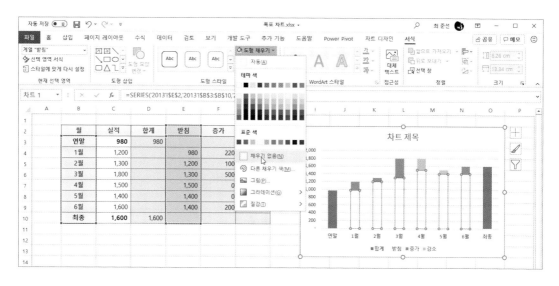

07 13 상위 분류에 속한 하위 항목 비율을 표시하는 트리맵, 썬버스트 차트 만들기

예제 파일 PART 03 \ CHAPTER 07 \ 트리맵,썬버스트 차트.xlsx

트리맵 차트와 썬버스트 차트의 장/단점

엑셀 2016 버전부터 새로 추가된 차트 중 트리맵 차트와 썬버스트 차트가 있습니다. 이 두 차트는 원형 차트의 단점을 보완하기 위한 차트로 장점과 단점이 명확합니다.

원형 차트는 각 항목을 하나의 원그래프로 정리해 표시하므로 전체 구성을 한눈에 파악할 수 있다는 장점이 있습니다. 하지만 항목이 적어야 차트를 읽기 편하고, 하나의 그룹으로 이루어진 항목만 표시할 수 있습니다. 그와 달리 트리맵 차트와 썬버스트 차트는 항목이 많아도 상관없으며, 상위 분류를 효과적으로 표시할 수 있어 편리합니다.

다만 트리맵 차트와 썬버스트 차트는 원형 차트나 도넛형 차트와 달리 백분율을 데이터 레이블에 표시할 수는 없습니다. 하지만 이런 부분도 약간의 트릭을 이용하면 해결할 수 있습니다.

트리맵/썬버스트 차트 구성 방법

01 예제의 원형 차트를 트리맵이나 썬버스트 차트로 변경하겠습니다.

TIP 예제의 원형 차트에는 분류별 모델 판매량이 집계되어 있습니다. 하지만 너무 복잡하고 이해하기 어렵습니다.

02 차트를 선택하고 Delete 를 눌러 삭제합니다.

03 [B2:D17] 범위를 선택하고 리본 메뉴의 [삽입] 탭–[차트] 그룹–[계층 구조 차트 삽입▣]을 클릭합니다.

04 하위 메뉴에서 [트리맵]을 선택합니다.

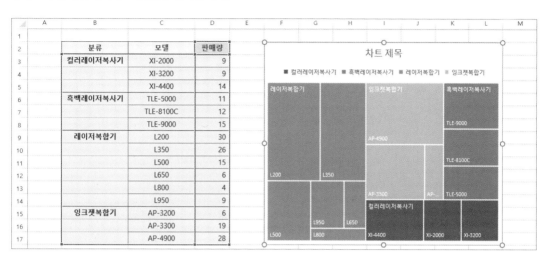

05 각 도형의 값을 표시하기 위해 데이터 레이블을 변경하겠습니다.

06 차트에서 데이터 레이블을 더블클릭해 [데이터 레이블 서식] 작업 창을 열고 [레이블 옵션] 그룹의 [값]에 체크합니다.

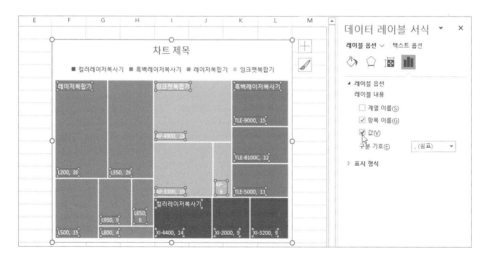

🔍 **더 알아보기**   **트리맵 차트의 특징**

트리맵 차트는 상위 분류와 하위 분류라는 두 가지 관계를 통해 차트를 표시합니다. 특히 사각형 도형을 사용해 값이 큰 항목부터 차례로 배치합니다. 계열마다 다른 색상을 사용하므로 각 분류의 판매량에 어느 정도 차이가 있는지 잘 이해할 수 있습니다. 다만 [셀 값]이나 [백분율] 등의 데이터 레이블 옵션은 제공되지 않으므로 차트를 생성할 때 사용한 숫자를 비율로 표시할 수는 없습니다.

07 원본 표에 판매량의 비율을 추가하겠습니다.

08 [E2] 셀에 **비율**을 입력하고 [E3] 셀에 다음 수식을 입력한 후 [E17] 셀까지 복사합니다.

=D3/SUM($D$3:$D$17)

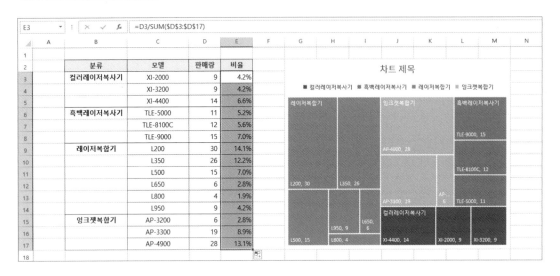

TIP 수식 복사 후 리본 메뉴의 [홈] 탭–[스타일] 그룹–[백분율 스타일 %]과 [자릿수 늘림]을 클릭합니다.

09 차트를 선택하고 [D3:D17] 범위의 우측 하단 모서리를 [E17] 셀까지 드래그합니다.

10 연속해서 [D3:D17] 범위의 좌측 하단 모서리를 [E17] 셀까지 드래그합니다.

TIP 차트를 삭제한 후 [B2:C17] 범위와 [E2:E17] 범위를 선택해 트리맵 차트를 다시 생성해도 됩니다.

11 차트를 선택하고 차트 요소 田를 클릭한 후 [데이터 레이블]에 체크합니다.

12 06 과정을 참고해 [값] 데이터 레이블을 추가합니다.

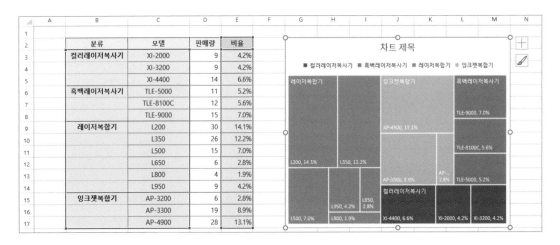

TIP 범위 조정 작업이 완료되면 트리맵 차트에 비율이 표시됩니다.

13 트리맵 차트를 썬버스트 차트로 변경하면 다음과 같은 차트가 생성됩니다.

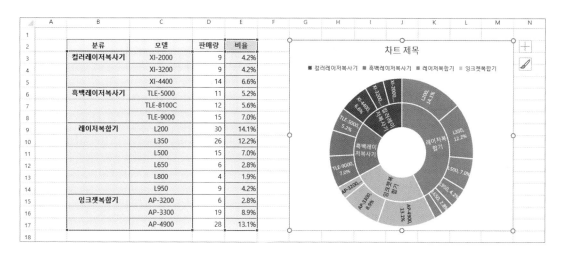

07 14 깔때기 차트 만들기

예제 파일 PART 03 \ CHAPTER 07 \ 깔때기 차트.xlsx

깔때기 차트

깔때기 차트는 프로세스 및 그룹 내 개별 항목의 비율이나 구성을 확인할 수 있는 분석용 차트입니다. 예를 들면 오른쪽 차트는 각 연령대의 성별 비율을 깔때기 차트로 표현한 것입니다.

물론 깔때기 차트를 생성하지 않고 가로 막대형 차트 또는 도넛형 차트를 이용해 생성

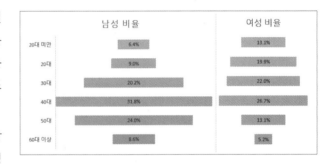

할 수도 있지만, 깔때기 차트를 사용하면 전체 볼륨을 한눈에 파악할 수 있어 효과적입니다. 위와 같이 여러 깔때기 차트를 함께 생성해 비교하면 좀 더 명확하게 표현할 수 있습니다.

깔때기 차트 구성 방법

01 예제의 연령대별 성별 비율을 깔때기 차트로 표현해보겠습니다.

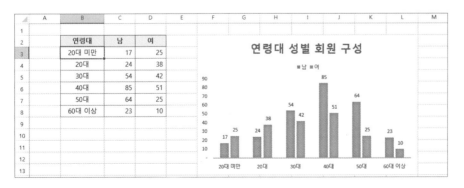

TIP 세로 막대형 차트는 확인 후 Delete 를 이용해 삭제합니다.

02 [B2:C8] 범위를 선택하고 리본 메뉴의 [삽입] 탭-[차트] 그룹-[폭포, 깔때기형 차트 삽입]을 클릭합니다.

03 하위 메뉴에서 [깔때기형]을 선택하면 다음과 같은 차트가 생성됩니다.

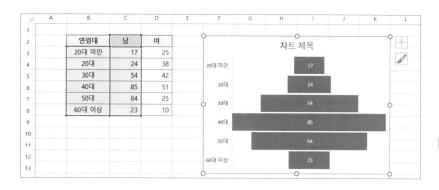

TIP 차트를 보기 좋게 구성하려면 [차트 스타일]을 이용합니다.

04 차트의 데이터 레이블을 백분율로 변경하겠습니다.

05 깔때기 차트의 데이터 레이블을 더블클릭해 [데이터 레이블 서식] 작업 창을 엽니다.

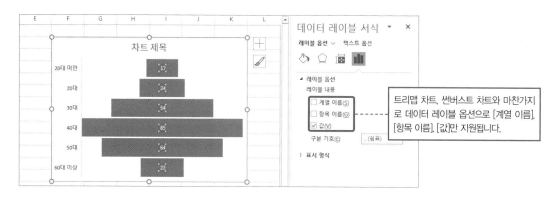

트리맵 차트, 썬버스트 차트와 마찬가지로 데이터 레이블 옵션으로 [계열 이름], [항목 이름], [값]만 지원됩니다.

06 D열을 선택하고 리본 메뉴의 [홈] 탭-[셀] 그룹-[삽입] 명령을 클릭해 빈 열을 하나 추가합니다.

07 [D2] 셀에 **비율**을 입력하고 [D3] 셀에는 **=C3/SUM($C$3:$C$8)** 수식을 입력한 후 채우기 핸들을 [D8] 셀까지 드래그합니다.

	A	B	C	D	E	F
		연령대	남	비율	여	
3		20대 미만	17	6.4%	25	
4		20대	24	9.0%	38	
5		30대	54	20.2%	42	
6		40대	85	31.8%	51	
7		50대	64	24.0%	25	
8		60대 이상	23	8.6%	10	

D3 = =C3/SUM($C$3:$C$8)

TIP 수식 복사 후 리본 메뉴의 [홈] 탭-[스타일] 그룹-[백분율 스타일]과 [자릿수 늘림]을 각각 클릭합니다.

08 차트를 선택하고 원본 범위를 [C3:C8] 범위에서 [D3:D8] 범위로 변경합니다.

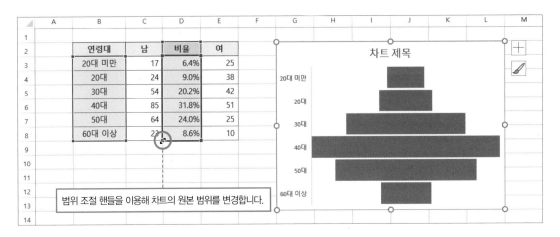

09 차트 요소 ⊞를 클릭하고 [데이터 레이블]에 체크합니다.

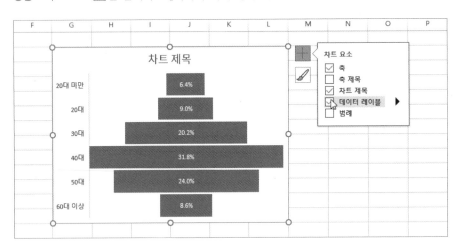

10 E열의 여성 데이터도 동일한 방법을 이용해 깔때기 차트로 생성합니다.

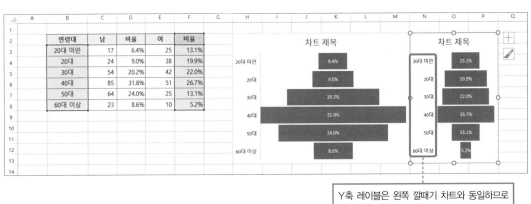

CHAPTER

08

대시보드를 활용한 데이터 시각화

대시보드는 파워포인트의 슬라이드를 이용해 생성한 보고서와 같이 한 화면에 설명하고 싶은 내용을 깔끔하게 정리해놓은 것을 의미합니다. 슬라이드는 자체적인 변화가 없는 정적인 보고서라서 여러 장의 슬라이드를 작성해야 하지만, 대시보드는 한 화면에서 사용자가 원하는 항목을 선택하면 모든 보고 항목이 그에 맞게 자동으로 변동되는 동적인 보고서입니다.

08 01 다양한 대시보드 확인하기

예제 파일 없음

웹상에서 다양한 대시보드의 확인

대시보드의 구성에는 정답이 없으므로, 다양한 예시를 참고하는 것이 좋습니다. Google과 같은 사이트에서 **dashboard** 키워드로 검색한 후 이미지를 확인하면 다음과 같이 다양한 대시보드를 볼 수 있습니다.

다양한 예시 화면을 토대로 내 데이터를 어떻게 표시해야 좋을지 생각해보면 대시보드 구성에 많은 도움이 됩니다.

엑셀 내부에서 이미지 검색을 통한 대시보드의 확인

엑셀에는 인터넷상의 이미지를 검색할 수 있는 기능이 제공되므로 이를 이용해 다양한 대시보드를 찾아볼 수 있습니다. 리본 메뉴의 [삽입] 탭–[일러스트레이션] 그룹–[그림]을 클릭하고 [온라인 그림]을 선택합니다. [온라인 그림] 창에서 **dashboard**로 검색하면 다양한 대시보드 화면을 참고할 수 있습니다.

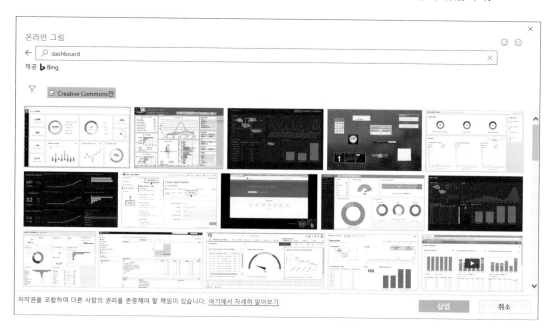

내 구상과 유사한 이미지를 선택하고 [삽입]을 클릭해 워크시트에 넣어 확인합니다. 해당 이미지의 요소를 내 데이터에 적용해보는 것만으로도 대시보드 구성의 기본 단계는 마쳤다고 할 수 있습니다.

대시보드의 구성 요소 이해하기

예제 파일 PART 03 \ CHAPTER 08 \ 대시보드.xlsx

대시보드에는 주로 차트가 표시되지만 꼭 차트만 표시되는 것은 아닙니다. 집계된 표나 카드와 같은 값이 하나씩 보기 좋게 표시되기도 합니다. 다음 과정을 참고해 엑셀 대시보드 구성에 필요한 요소를 확인해봅니다.

전체 대시보드 화면

예제의 [dashboard] 시트를 열면 다음과 같은 화면을 확인할 수 있습니다.

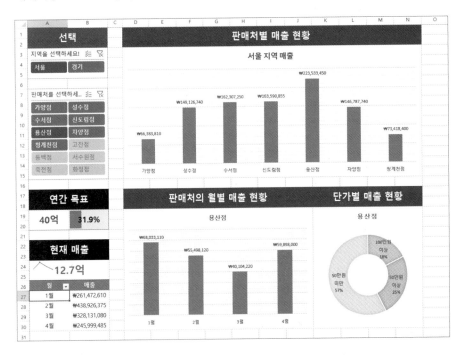

이런 구성은 수많은 대시보드 형태 중의 하나로 사용자가 원하는 결과를 표현하는 하나의 예시로 이해할 것을 권합니다.

슬라이서

대시보드의 [A1:B15] 범위에는 다음과 같은 두 개의 슬라이서 창이 표시되어 있습니다.

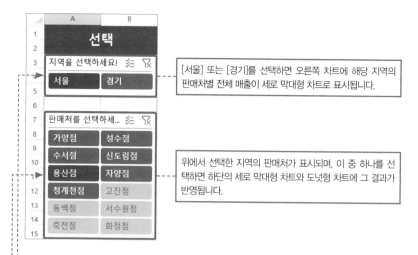

[서울] 또는 [경기]를 선택하면 오른쪽 차트에 해당 지역의 판매처별 전체 매출이 세로 막대형 차트로 표시됩니다.

위에서 선택한 지역의 판매처가 표시되며, 이 중 하나를 선택하면 하단의 세로 막대형 차트와 도넛형 차트에 그 결과가 반영됩니다.

차트

[D:N] 열의 차트는 피벗 테이블에서 집계된 부분을 피벗 차트로 표현한 것으로 [A1:B15] 범위의 슬라이서 창과 연동됩니다.

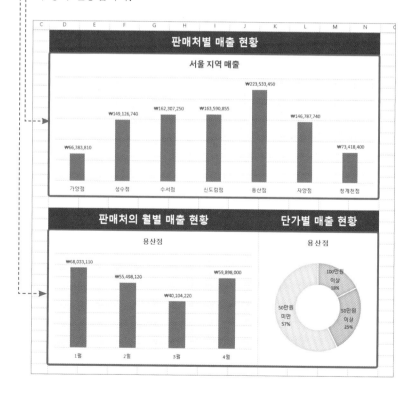

표

[A26:B30] 범위에 있는 월별 매출 실적 표는 피벗 테이블을 이용해 집계한 것입니다. 슬라이서 창과 무관하게 월별 전체 매출을 집계하도록 구성되어 있습니다.

월	매출
1월	₩261,472,610
2월	₩438,926,375
3월	₩328,131,080
4월	₩245,999,485

이런 표는 피벗 테이블로 집계해야 원본 데이터 범위에 5월 이후로 데이터가 추가되면 자동으로 집계된 결과가 반영되도록 작업합니다.

카드

간단한 현재 상황을 확인할 수 있도록 설계된 부분을 보통 카드라고 합니다. 아래 부분을 보면 연간 매출 목표와 현재 월까지의 매출, 목표 달성률을 확인할 수 있습니다.

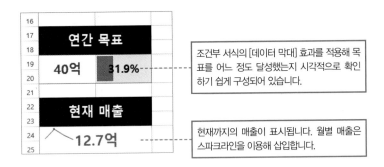

조건부 서식의 [데이터 막대] 효과를 적용해 목표를 어느 정도 달성했는지 시각적으로 확인하기 쉽게 구성되어 있습니다.

현재까지의 매출이 표시됩니다. 월별 매출은 스파크라인을 이용해 삽입합니다.

08 03 대시보드 구성하기 1 – 피벗과 슬라이서

예제 파일 PART 03 \ CHAPTER 08 \ 대시보드-구성 I.xlsx

1단계 – 피벗 구성

대시보드를 구성하는 방법에 정답은 없지만 슬라이서와의 연동을 위해 피벗 테이블 보고서를 이용하는 것이 가장 좋습니다. 물론 간단한 데이터는 슬라이서를 사용하지 않고 매크로 또는 유효성 검사의 목록 등과 수식을 연동하도록 구성하는 경우도 많습니다. 여기서는 가장 일반적인 형태인 피벗 테이블 보고서를 활용해 대시보드를 구성하는 방법에 대해 안내합니다. 다음 과정을 참고합니다.

01 예제의 [sample] 시트를 열면 작업할 데이터를 확인할 수 있습니다.

	A	B	C	D	E	F	G	H	I	J	K
1	지역	판매처	영업사원	판매일	분류	제품	단가	수량	할인율	판매액	
2	경기	고잔점	박서연	2020-01-02	복사기	컬러레이저복사기 XI-3200	1,176,000	24	15%	23,990,400	
3	서울	가양점	최준혁	2020-01-02	바코드스캐너	바코드 Z-350	48,300	24	0%	1,159,200	
4	서울	성수점	박시우	2020-01-02	팩스	잉크젯팩시밀리 FX-1050	47,400	33	0%	1,564,200	
5	경기	고잔점	박서연	2020-01-03	복사용지	프리미엄복사지A4 2500매	17,800	90	0%	1,602,000	
6	서울	용산점	김수빈	2020-01-03	바코드스캐너	바코드 BCD-100 Plus	86,500	70	0%	6,055,000	
7	경기	서수원점	김유진	2020-01-06	복사용지	고급복사지A4 500매	3,500	22	0%	77,000	
8	서울	수서점	김준영	2020-01-06	바코드스캐너	바코드 Z-350	46,300	77	0%	3,565,100	
9	서울	용산점	이민재	2020-01-06	바코드스캐너	바코드 BCD-100 Plus	104,500	96	0%	10,032,000	
10	경기	화정점	이서영	2020-01-07	복합기	잉크젯복합기 AP-3300	79,800	12	0%	957,600	
197	서울	신도림점	박윤서	2020-04-15	복합기	잉크젯복합기 AP-3300	75,600	24	0%	1,814,400	
198	경기	고잔점	박서연	2020-04-16	복사용지	복사지A4 500매	2,900	12	0%	34,800	
199	경기	고잔점	이우진	2020-04-16	복합기	레이저복합기 L650	358,900	36	5%	12,274,380	
200	서울	가양점	최준혁	2020-04-16	문서세단기	오피스 Z-03	83,600	60	0%	5,016,000	
201	경기	죽전점	박지우	2020-04-17	문서세단기	문서세단기 SCUT-1000	526,800	25	5%	12,511,500	
202	경기	죽전점	박지우	2020-04-20	복사용지	복사지A4 5000매	26,800	120	10%	2,894,400	
203	경기	서수원점	김도현	2020-04-22	복사기	흑백레이저복사기 TLE-5000	652,200	22	5%	13,630,980	
204	서울	가양점	최준혁	2020-04-26	복사기	흑백레이저복사기 TLE-5000	597,900	25	5%	14,200,125	
205											
206											

pivot | sample | +

02 [pivot] 시트에는 화면과 같은 두 개의 피벗 테이블 보고서가 미리 구성되어 있습니다.

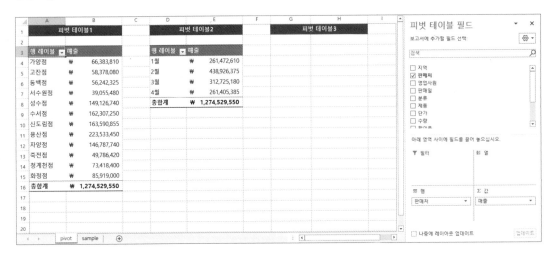

🔍 **더 알아보기**　　**피벗 테이블 보고서 이해하기**

대시보드를 만들려면 작업할 데이터에서 대시보드에 표시할 값을 추출한 피벗 테이블 보고서를 먼저 생성해야 합니다. 피벗 테이블 보고서를 활용하는 방법은 CHAPTER 06에 자세하게 설명되어 있습니다.

[pivot] 시트에 있는 보고서는 쉽게 구성이 가능한 피벗 테이블 보고서로, [A3] 셀의 피벗 테이블 보고서를 먼저 만든 후 [A3:B16] 범위를 복사하고 [D3] 셀에 붙여 넣어 구성만 변경한 것입니다.

이미 만들어져 있는 피벗 테이블 보고서 외에 단가를 50만 원 미만, 50만 원 이상 100만 원 미만, 100만 원 이상으로 분류한 후 매출을 분석하는 피벗 테이블 보고서를 [G3] 셀 위치에 추가할 것입니다.

03 단가를 원하는 단위로 묶는 [단가분류] 필드를 원본 테이블에 추가하겠습니다.

🔍 **더 알아보기**　　**그룹 필드를 만드는 방법과 계산 열을 추가하는 방법**

피벗 테이블 보고서에는 그룹 필드 기능이 있으므로 50만 원 간격으로 단가를 묶어 분석하는 것은 어렵지 않습니다. 다만 그룹 필드 기능을 이용하면 50만 원 간격으로 묶이기 때문에 [단가] 필드는 오른쪽 표와 같은 기준으로 묶이게 됩니다.

그런데 이 경우 단가가 높을수록 판매량이나 매출이 낮을 수 있기 때문에 너무 많은 분석 항목이 발생합니다. 또한 그룹 필드를 생성한 후 화면에 표시된 0-499999와 같은 레이블 이름도 일일이 고쳐야 합니다. 그에 비해 원본 표에 계산 열을 추가하면 원하는 간격을 수식으로 조정할 수 있고 머리글도 직접 결정할 수 있어 편리합니다.

최솟값	최댓값
0	499,999
500,000	999,999
1,000,000	1,499,999
1,500,000	1,999,999

04 [sample] 시트의 [K1] 셀에 **단가분류**를 입력합니다.

05 [K2] 셀에 다음 수식을 입력하고 Enter 를 누릅니다.

=IF([@단가]>=1000000, "100만원 이상", IF([@단가]>=500000, "50만원 이상", "50만원 미만"))

	A	B	C	D	E	F	G	H	I	J	K	L
K3			fx		=IF([@단가]>=1000000, "100만원 이상", IF([@단가]>=500000, "50만원 이상", "50만원 미만"))							
1	지역	판매처	영업사원	판매일	분류	제품	단가	수량	할인율	판매액	단가분류	
2	경기	고잔점	박서연	2020-01-02	복사기	컬러레이저복사기 XI-3200	1,176,000	24	15%	23,990,400	100만원 이상	
3	서울	가양점	최준혁	2020-01-02	바코드스캐너	바코드 Z-350	48,300	24	0%	1,159,200	50만원 미만	
4	서울	성수점	박시우	2020-01-02	팩스	잉크젯팩시밀리 FX-1050	47,400	33	0%	1,564,200	50만원 미만	
5	경기	고잔점	박서연	2020-01-03	복사용지	프리미엄복사지A4 2500매	17,800	90	0%	1,602,000	50만원 미만	
6	서울	용산점	김수빈	2020-01-03	바코드스캐너	바코드 BCD-100 Plus	86,500	70	0%	6,055,000	50만원 미만	
7	경기	서수원점	김유진	2020-01-06	복사용지	고급복사지A4 500매	3,500	22	0%	77,000	50만원 미만	
8	서울	수서점	김준영	2020-01-06	바코드스캐너	바코드 Z-350	46,300	77	0%	3,565,100	50만원 미만	
9	서울	용산점	이민재	2020-01-06	바코드스캐너	바코드 BCD-100 Plus	104,500	96	0%	10,032,000	50만원 미만	
10	경기	화정점	이서영	2020-01-07	복합기	잉크젯복합기 AP-3300	79,800	12	0%	957,600	50만원 미만	
197	서울	신도림점	박윤서	2020-04-15	복합기	잉크젯복합기 AP-3300	75,600	24	0%	1,814,400	50만원 미만	
198	경기	고잔점	박서연	2020-04-16	복사용지	복사지A4 500매	2,900	12	0%	34,800	50만원 미만	
199	경기	고잔점	이우진	2020-04-16	복합기	레이저복합기 L650	358,900	36	5%	12,274,380	50만원 미만	
200	서울	가양점	최준혁	2020-04-16	문서세단기	오피스 Z-03	83,600	60	0%	5,016,000	50만원 미만	
201	경기	죽전점	박지우	2020-04-17	문서세단기	문서세단기 SCUT-1000	526,800	25	5%	12,511,500	50만원 이상	
202	경기	죽전점	박지우	2020-04-20	복사용지	복사지A4 5000매	26,800	120	10%	2,894,400	50만원 미만	
203	경기	서수원점	김도현	2020-04-22	복사기	흑백레이저복사기 TLE-5000	652,200	22	5%	13,630,980	50만원 이상	
204	서울	가양점	최준혁	2020-04-26	복사기	흑백레이저복사기 TLE-5000	597,900	25	5%	14,200,125	50만원 이상	
205												
206												

pivot | sample | +

🔍 **더 알아보기** **수식 이해하기**

[단가] 열의 값이 100만 원 이상이면 **100만원 이상** 문자열을 반환하고, 50만 원 이상이면(100만 원 이상은 첫 번째 조건에서 처리되므로 이번 조건은 100만 원 미만의 값을 대상으로 합니다. 그러므로 정확하게는 50만 원 이상이면서 100만 원 미만의 단가가 이번 조건의 대상입니다.) **50만원 이상** 문자열을 반환하고, 그렇지 않으면 **50만원 미만** 문자열을 반환하라는 의미입니다.

---

06 추가된 [단가분류] 열을 이용해 피벗 테이블 보고서를 새로 구성하겠습니다.

07 [pivot] 시트로 이동한 후 [D3:E8] 범위의 피벗 테이블을 복사해 [G3] 셀에 붙여 넣습니다.

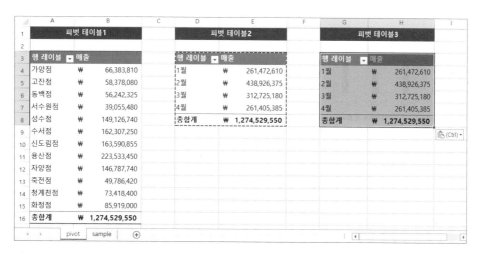

TIP 기존 피벗 테이블 보고서를 복사해 새롭게 구성할 수 있습니다.

08 추가된 [단가분류] 열을 피벗 테이블 보고서에서 사용하려면 보고서를 새로 고침해야 합니다.

09 리본 메뉴의 [피벗 테이블 분석] 탭–[데이터] 그룹–[새로 고침 🔄]을 클릭합니다.

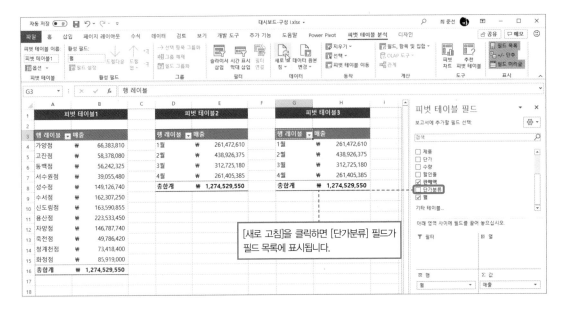

[새로 고침]을 클릭하면 [단가분류] 필드가 필드 목록에 표시됩니다.

10 보고서 내의 [행] 영역에 삽입된 [월] 필드의 체크를 해제하고, [단가분류] 필드에 체크합니다.

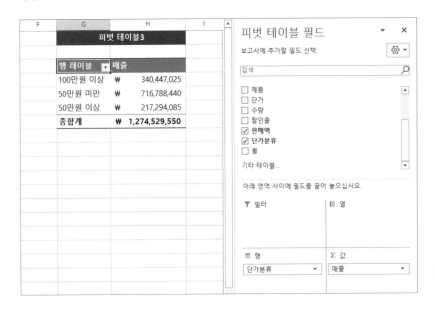

TIP [단가분류] 필드에 맞는 매출을 확인할 수 있습니다.

11 [단가분류] 필드는 텍스트 데이터 형식이므로 숫자처럼 정렬되지 않습니다.

12 필드 내 항목을 수동으로 정렬하기 위해 [G4] 셀의 [100만원 이상] 항목을 선택합니다.

13 테두리 영역에 마우스 포인터를 위치시키고 [G6] 셀 위치로 드래그합니다.

	A	B	C	D	E	F	G	H	I
1	피벗 테이블1			피벗 테이블2			피벗 테이블3		
2									
3	행 레이블 ▼	매출		행 레이블 ▼	매출		행 레이블 ▼	매출	
4	가양점	₩ 66,383,810		1월	₩ 261,472,610		50만원 미만	₩ 716,788,440	
5	고잔점	₩ 58,378,080		2월	₩ 438,926,375		50만원 이상	₩ 217,294,085	
6	동백점	₩ 56,242,325		3월	₩ 312,725,180		100만원 이상	₩ 340,447,025	
7	서수원점	₩ 39,055,480		4월	₩ 261,405,385		총합계	₩ 1,274,529,550	
8	성수점	₩ 149,126,740		총합계	₩ 1,274,529,550				
9	수서점	₩ 162,307,250							
10	신도림점	₩ 163,590,855							
11	용산점	₩ 223,533,450							
12	자양점	₩ 146,787,740							
13	죽전점	₩ 49,786,420							
14	청계천점	₩ 73,418,400							
15	화정점	₩ 85,919,000							
16	총합계	₩ 1,274,529,550							
17									

> 필드 내 항목을 선택하고 테두리 위치에 마우스 포인터를
> 위치시키면 화면과 같이 마우스 포인터 모양이 변경됩니다.
> 이 상태로 드래그하여 원하는 위치로 옮길 수 있습니다.

2단계 – 슬라이서 창 추가

피벗 테이블 보고서 구성이 끝났다면 모든 피벗 테이블을 제어할 슬라이서 창을 추가하고 원하는 피벗 테이블 보고서에 연결하는 작업을 진행합니다. 이때 피벗 테이블 보고서가 많으면 어떤 피벗 테이블 보고서와 연결해야 하는지 이해하기 어려우므로 피벗 테이블 보고서의 이름을 수정하고 작업하는 것이 좋습니다.

01 [G3] 셀을 선택하고 리본 메뉴의 [피벗 테이블 분석] 탭–[필터] 그룹–[슬라이서 삽입 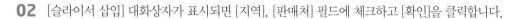]을 클릭합니다.

02 [슬라이서 삽입] 대화상자가 표시되면 [지역], [판매처] 필드에 체크하고 [확인]을 클릭합니다.

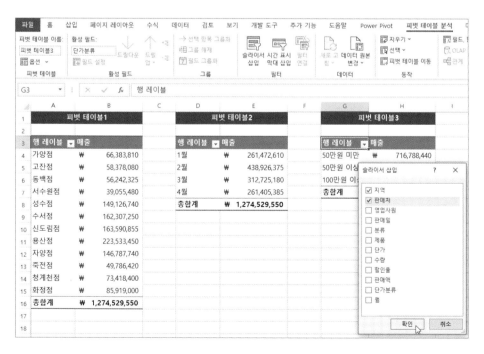

03 슬라이서로 컨트롤할 피벗 테이블 보고서를 [지역]과 [판매처] 슬라이서 창에 각각 연결하겠습니다.

04 [판매처] 슬라이서 창을 선택하고 리본 메뉴의 [슬라이서] 탭–[슬라이서]–그룹–[보고서 연결 📑]을 클릭합니다.

05 [보고서 연결] 대화상자에서 [피벗 테이블2]와 [피벗 테이블3]에 체크하고 [확인]을 클릭합니다.

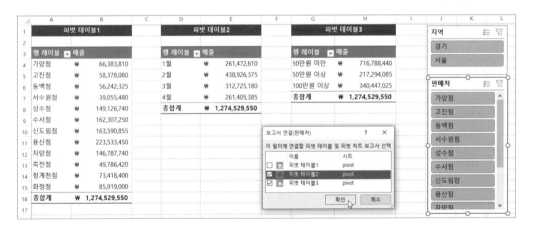

🔍 **더 알아보기**   **판매처 슬라이서와 연결될 피벗 테이블 보고서**

[판매처] 슬라이서 창의 항목을 선택할 때 [D3] 셀 위치의 월별 매출 보고서와 [G3] 셀 위치의 단가 분류별 매출 보고서가 같이 변경되도록 설정하려고 가정합니다. 하지만 피벗 테이블 보고서의 이름은 피벗 테이블 보고서가 생성된 순서로 [피벗 테이블1], [피벗 테이블2], …와 같이 되어 있어서 구분이 쉽지 않습니다. 피벗 테이블 보고서가 더 많다면 **11-14** 과정에서 설명할 피벗 테이블 보고서 이름 변경 작업을 먼저 하고 이번 작업을 진행하는 것이 좋습니다.

06 [지역] 슬라이서 창을 선택하고 리본 메뉴의 [슬라이서] 탭-[슬라이서] 그룹-[보고서 연결 🔣]을 클릭합니다.

07 [보고서 연결] 대화상자에서 [피벗 테이블1]에 체크하고 [확인]을 클릭합니다.

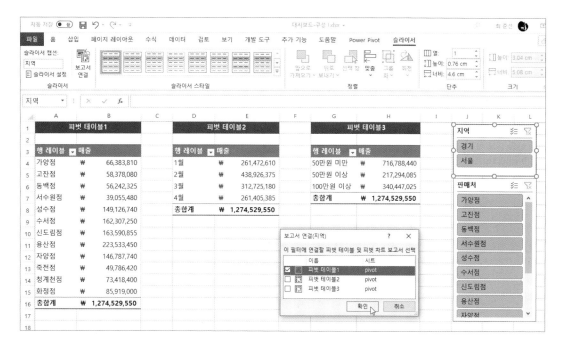

TIP [지역] 슬라이서는 [A3] 셀 위치의 피벗 테이블 보고서만 컨트롤할 수 있게 설정합니다.

08 [지역] 슬라이서 창에서 [서울] 항목을 선택하면 [A3] 셀 위치의 피벗 테이블 보고서만 변경됩니다.

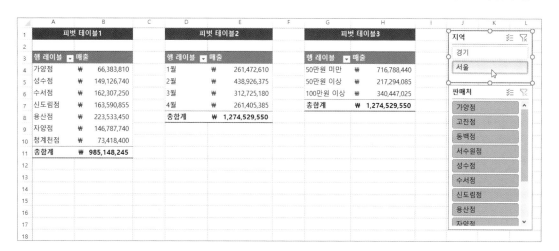

09 [판매처] 슬라이서 창에서 [가양점] 항목을 선택하면 [D3] 셀 위치와 [G3] 셀 위치의 피벗 테이블 보고서가 변경됩니다.

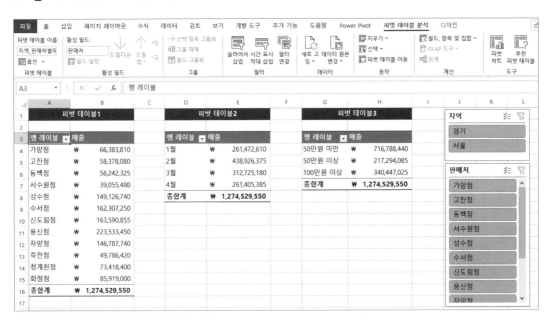

10 [지역]과 [판매처] 슬라이서 창의 [필터 지우기 ⧖]를 클릭해 필터를 모두 해제합니다.

11 피벗 테이블 보고서의 이름을 변경하겠습니다.

12 [A3] 셀을 선택하고 리본 메뉴의 [피벗 테이블 분석] 탭-[피벗 테이블] 그룹-[피벗 테이블 이름]을 **지역_판매처별매출**로 수정합니다.

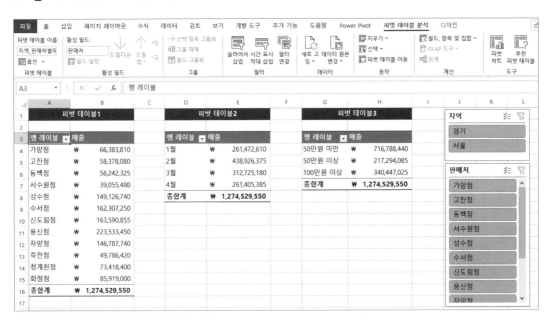

13 [D3] 셀을 선택하고 리본 메뉴의 [피벗 테이블 분석] 탭-[피벗 테이블] 그룹-[피벗 테이블 이름]을 **판매처_월별매출**로 수정합니다.

14 [G3] 셀을 선택하고 리본 메뉴의 [피벗 테이블 분석] 탭-[피벗 테이블] 그룹-[피벗 테이블 이름]을 **판매처_단가분류별매출**로 수정합니다.

08 04 대시보드 구성하기 2 - 차트

예제 파일 PART 03 \ CHAPTER 08 \ 대시보드-구성 II.xlsx

1-1단계 - 판매처별 매출을 막대형 차트로 생성

피벗 테이블 보고서와 슬라이서를 연동했다면 피벗 테이블 보고서로 표시될 피벗 차트를 생성합니다. 먼저 [A3] 셀 위치의 피벗 테이블 보고서를 피벗 차트로 생성합니다. 다음 과정을 참고합니다.

01 [A3] 셀을 선택한 후 리본 메뉴의 [삽입] 탭-[차트] 그룹-[세로 또는 가로 막대형 차트 삽입 📊]을 클릭하고 [묶은 세로 막대형]을 선택합니다.

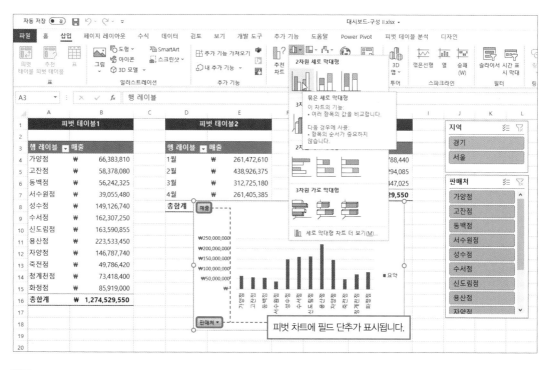

TIP 피벗 테이블 보고서에서 차트를 생성하면 피벗 차트로 생성됩니다.

02 차트를 깔끔하게 구성하기 위해 피벗 차트의 필드 단추를 제거하겠습니다.

03 차트가 선택된 상태에서 리본 메뉴의 [피벗 차트 분석] 탭-[표시/숨기기] 그룹-[필드 단추📷]를 클릭합니다.

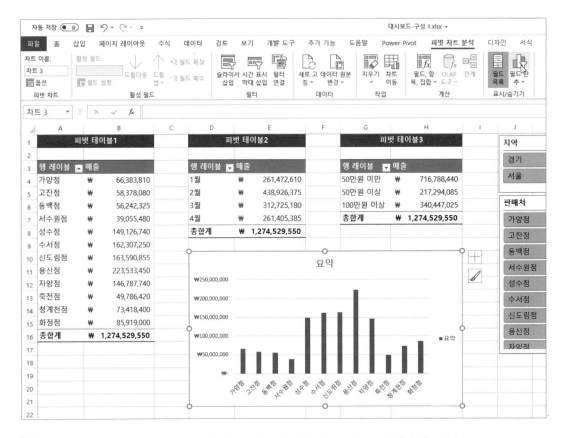

TIP 차트 위치를 [D10:H21] 범위에 맞게 옮겨 놓은 것은 깔끔한 화면을 위한 작업으로, 반드시 필요한 과정은 아닙니다.

04 리본 메뉴의 [디자인] 탭-[차트 스타일] 그룹에서 원하는 스타일을 선택해 적용합니다.

TIP 예제에서는 마이크로소프트 365 버전의 [스타일 12]를 적용했습니다.

05 깔끔한 구성을 위해 Y축 레이블이 표시되지 않게 합니다. Y축을 선택하고 Delete 를 누릅니다.

06 범례를 선택하고 Delete 를 눌러 삭제합니다.

07 차트 요소 ⊞를 클릭하고 [데이터 레이블]에 체크합니다.

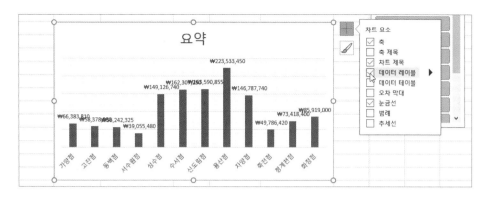

08 [지역] 슬라이서 창에서 [서울] 항목을 선택해 차트가 제대로 연동되는지 확인합니다.

🔍 **더 알아보기**　　**결과 이해하기**

[지역] 슬라이서 창에서 항목을 선택하면 [A3] 셀 위치의 피벗 테이블 보고서가 해당 지역의 판매처 매출만 표시해야 하며, 피벗 차트 역시 해당 판매처 매출만 표시해야 합니다.

1-2단계 – 슬라이서 선택 항목을 차트 제목과 연동

생성된 차트 제목으로 [지역] 슬라이서 창에서 선택한 항목에 해당하는 지역 명칭이 나타나도록 할 수 있습니다. 그렇게 하려면 [지역] 슬라이서와 동일한 필드만 행 머리글에 표시되는 피벗 테이블 보고서를 하나 더 사용해야 합니다. 다음 과정을 참고합니다.

01 [A3:B11] 범위의 피벗 테이블 보고서를 Ctrl + C 로 복사해 [A20] 셀에 Ctrl + V 로 붙여 넣습니다.

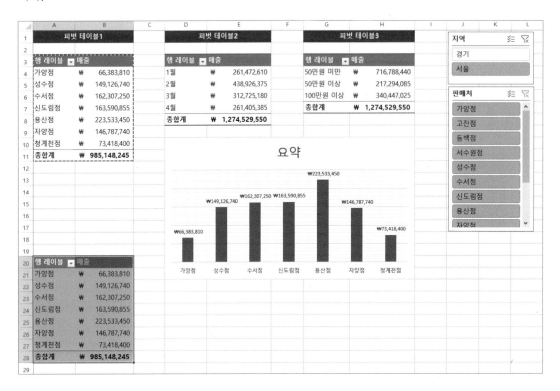

TIP [지역] 슬라이서 창은 [A3] 셀 위치의 피벗 테이블과 연동되므로 반드시 해당 피벗 테이블 보고서를 복사해야 합니다.

02 [A20] 셀 위치에 있는 피벗 테이블 보고서의 [피벗 테이블 필드] 작업 창에서 [판매처] 필드와 [판매액] 필드의 체크를 모두 해제합니다.

03 [지역] 필드에 체크하면 [행] 영역에 삽입되어 다음과 같은 결과를 확인할 수 있습니다.

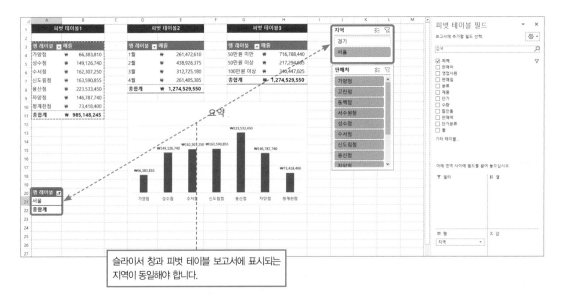

슬라이서 창과 피벗 테이블 보고서에 표시되는 지역이 동일해야 합니다.

04 [A20] 셀 위치에 있는 피벗 테이블 보고서에 [총합계] 행이 표시되지 않도록 하겠습니다.

05 리본 메뉴의 [디자인] 탭-[레이아웃] 그룹-[총합계]를 클릭하고 [행 및 열의 총합계 해제]를 선택합니다.

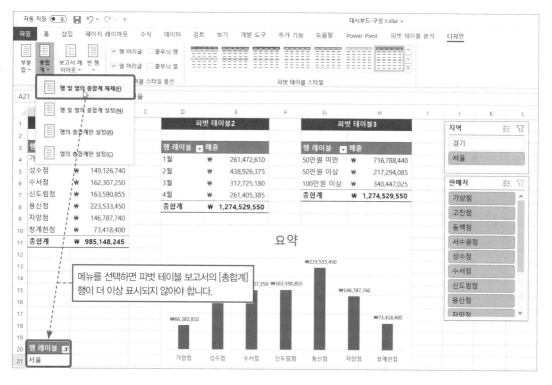

TIP [지역] 슬라이서 창과 연동된 항목만 표시되도록 [총합계] 행은 표시하지 않습니다.

06 [지역] 슬라이서 창의 [필터 지우기 🗑]를 클릭하고 [A20] 셀 위치에 있는 피벗 테이블 보고서의 항목이 동일하게 표시되는지 확인합니다.

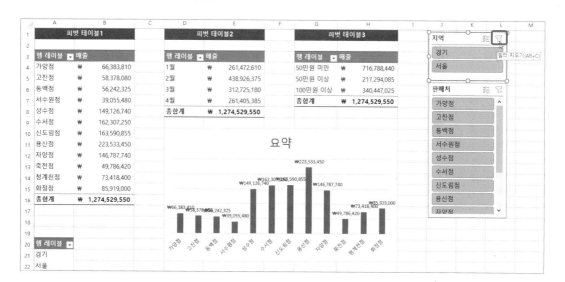

07 차트 제목에 표시될 내용은 수식을 이용해 완성하겠습니다.

08 [B20] 셀에 다음 수식을 입력합니다.

=IF(COUNTA(A21:A22)=2, "모든", A21) & " 지역 매출"

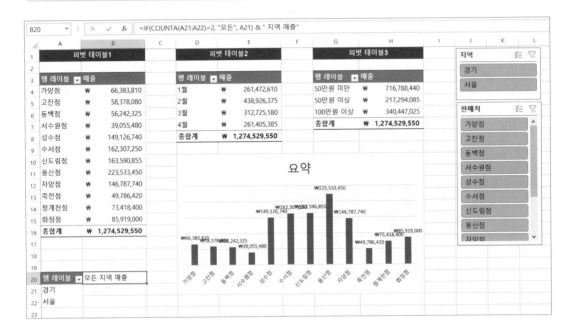

🔍 **더 알아보기**　　**수식 이해하기**

이번 수식은 [A20] 셀 위치에 있는 피벗 테이블 보고서의 항목이 몇 개 반환되는지 COUNTA 함수로 세어 두 개인 경우에는 **모든**을, 아니면 [A21] 셀에 반환되는 항목을 반환한 후 **지역 매출** 문자열과 연결되도록 구성한 것입니다. 그러므로 [지역] 슬라이서 창에서 항목을 하나만 선택하면 해당 지역(서울 또는 경기)이 포함된 문자열 또는 **모든 지역 매출**이라는 문자열이 반환됩니다. 현재는 [지역] 슬라이서 창에 모든 항목이 표시되고 있으므로 [B20] 셀의 수식은 **모든 지역 매출**로 반환되는 것이 정상입니다.

09 차트 제목에서 [B20] 셀을 참조하도록 하겠습니다.

TIP 차트 제목과 같은 도형에서는 참조 수식만 사용할 수 있습니다.

10 차트 제목을 선택하고 수식 입력줄에 등호(=)를 입력한 후 [B20] 셀을 클릭하고 Enter 를 눌러 참조합니다.

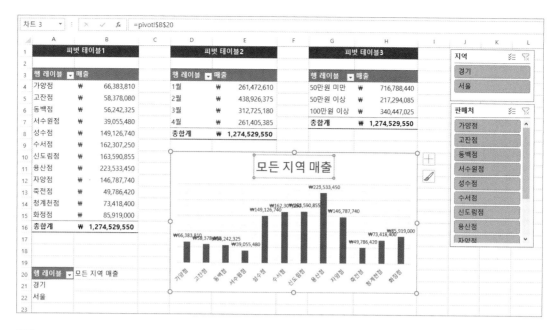

TIP [B20] 셀의 내용이 그대로 차트 제목으로 표시되면 정상적으로 참조된 것입니다.

11 [지역] 슬라이서 창에서 [서울] 항목을 선택해 차트 제목이 맞게 변경되는지 확인합니다.

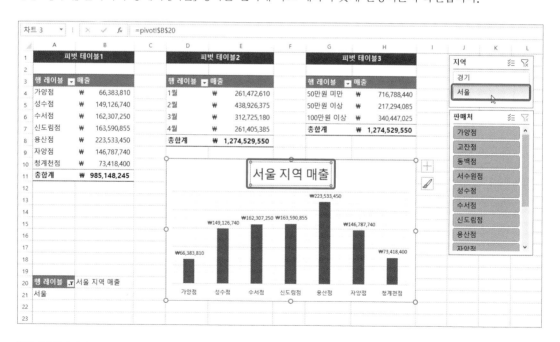

TIP [지역] 슬라이서 창에서 항목을 선택하면 [A20] 셀 위치의 피벗 테이블 보고서가 변경되면서 그에 맞는 제목이 차트 제목에 참조됩니다.

12 피벗 테이블을 쉽게 조작하려면 [A20] 셀 위치의 피벗 테이블 제목을 변경하면 좋습니다.

13 [A20] 셀을 선택하고 리본 메뉴의 [피벗 테이블 분석] 탭–[피벗 테이블] 그룹–[피벗 테이블 이름]을 **지역슬라이서**로 수정합니다.

2-1단계 – 월별 매출 막대형 차트 생성

[D3] 셀 위치의 피벗 테이블 보고서를 이용한 세로 막대형 차트를 생성합니다.

01 [D10] 셀 위치에 있는 기존의 피벗 차트는 크기를 작게 줄여 [J19] 셀 위치에 옮겨 놓습니다.

TIP 반드시 [J19] 셀 위치로 옮길 필요는 없고 작업하기 편한 위치에 두면 됩니다.

02 두 번째 피벗 테이블 보고서가 있는 [D3] 셀을 선택합니다.

03 리본 메뉴의 [삽입] 탭-[차트] 그룹-[세로 또는 가로 막대형 차트 삽입🔲]을 클릭하고 [묶은 세로 막대형]을 선택합니다.

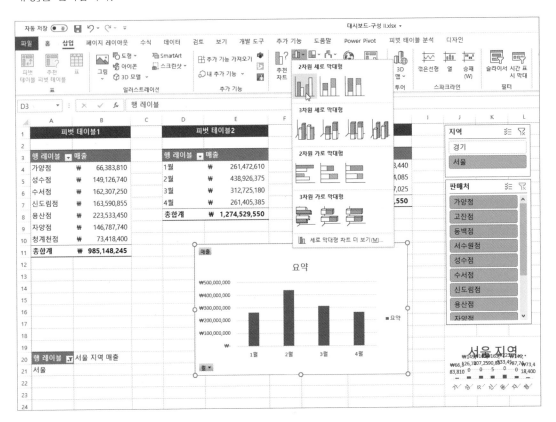

04 차트 스타일을 적용한 후 피벗 차트의 필드 단추를 삭제하고 Y축 레이블과 범례도 삭제합니다.

TIP 이 부분은 **1-1단계**의 **04-07** 과정을 참고합니다.

05 [판매처] 슬라이서 창에서 [가양점] 항목을 선택하면 [D3] 셀과 [G3] 셀 위치의 피벗 테이블 보고서와 피벗 차트가 변경됩니다.

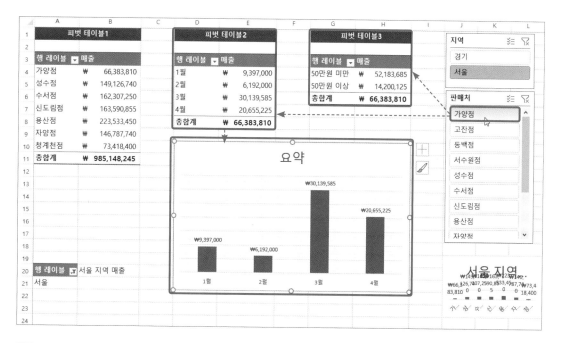

TIP [판매처] 슬라이서 창에서 특정 판매처 항목을 선택하면 [D3] 셀과 [G3] 셀 위치의 피벗 테이블 보고서가 변경되며, [D3] 셀 위치의 피벗 테이블 보고서로 생성한 피벗 차트 역시 함께 변경되어야 합니다.

2-2단계 – 슬라이서 창의 선택 항목을 차트 제목과 연동

차트 제목에 선택된 판매처 이름이 표시되도록 합니다. 이 작업은 기본적으로 **1-2**단계에서 수행한 작업과 동일하므로 해당 방법을 참고하면서 작업합니다.

01 [D3:E8] 범위의 피벗 테이블을 Ctrl + C 로 복사해 [A24] 셀에 Ctrl + V 로 붙여 넣습니다.

02 [A24] 셀 위치에 붙여 넣은 피벗 테이블 보고서는 [피벗 테이블 필드] 작업 창에서 [월] 필드와 [판매액] 필드의 체크를 해제합니다.

03 [판매처] 필드에 체크합니다.

04 [총합계] 행이 표시되지 않도록 피벗 테이블 보고서를 변경합니다.

TIP 이 부분은 **1-2**단계의 **05** 과정을 참고해 작업합니다.

05 [판매처] 슬라이서 창의 [필터 지우기 ▽ᵪ]를 클릭합니다.

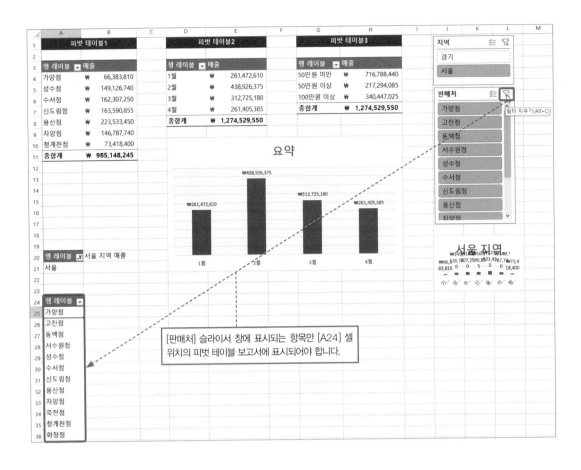

[판매처] 슬라이서 창에 표시되는 항목만 [A24] 셀 위치의 피벗 테이블 보고서에 표시되어야 합니다.

06 차트 제목에 판매처 이름이 모두 표시되도록 [A24] 셀 위치의 피벗 테이블 항목을 연결하겠습니다.

07 [B24] 셀에 다음 수식을 입력합니다. **=TEXTJOIN(",", TRUE, A25:A40)**

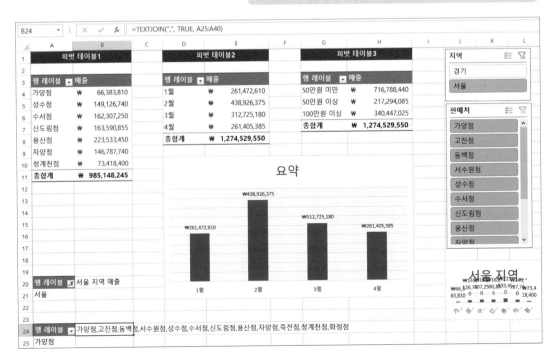

이번 수식은 [A24] 셀 위치의 피벗 테이블 항목(판매처)을 쉼표(,)로 구분해 모두 연결한 값을 반환합니다. TEXTJOIN 함수는 엑셀 2019 버전부터 사용할 수 있으므로 엑셀 2019 버전이나 마이크로소프트 365 버전 사용자만 현재 화면과 동일한 결과를 얻을 수 있습니다.

엑셀 2016 이하 버전 사용자는 사용자 정의 함수를 추가한 후 수식을 입력합니다.

파일 : 대시보드-구성 II (TEXTJOIN 사용자 정의 함수 코드).txt

```
Function TEXTJOIN(delimiter As String, ignore_empty As Boolean, ParamArray str()
As Variant) As String

    Dim element As Variant
    Dim cell As Range
    Dim JoinStr As String

    For Each element In str

        If TypeName(element) = "Range" Then

            For Each cell In element.Cells

                If Len(cell.Value) > 0 Or ignore_empty = False Then

                    JoinStr = JoinStr & delimiter & cell.Value

                End If

            Next

        Else

            If Len(element) > 0 Or ignore_empty = False Then

                JoinStr = JoinStr & delimiter & element

            End If

        End If

    Next

    TEXTJOIN = Mid(JoinStr, Len(delimiter) + 1)

End Function
```

이 코드를 다음 과정을 참고해 [VB 편집기]에서 추가하고 수식을 사용합니다.

01 Alt + F11 를 눌러 [VB 편집기] 창을 엽니다.

02 [삽입] 탭-[모듈] 메뉴를 클릭하고, 이 코드를 복사해 오른쪽 [코드] 창에 붙여 넣습니다.

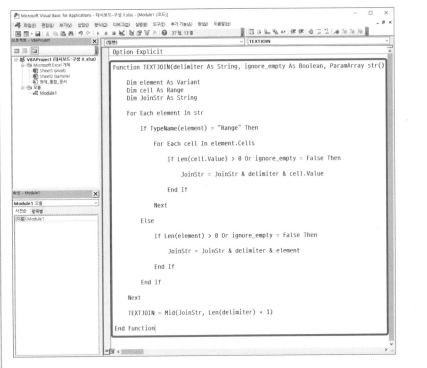

```
Option Explicit

Function TEXTJOIN(delimiter As String, ignore_empty As Boolean, ParamArray str())

        Dim element As Variant
        Dim cell As Range
        Dim JoinStr As String

        For Each element In str

            If TypeName(element) = "Range" Then

                For Each cell In element.Cells

                    If Len(cell.Value) > 0 Or ignore_empty = False Then

                        JoinStr = JoinStr & delimiter & cell.Value

                    End If

                Next

            Else

                If Len(element) > 0 Or ignore_empty = False Then

                    JoinStr = JoinStr & delimiter & element

                End If

            End If

        Next

        TEXTJOIN = Mid(JoinStr, Len(delimiter) + 1)

End Function
```

03 [VB 편집기] 창을 닫고 F12 를 눌러 [파일 형식]을 [매크로 사용 통합 문서]로 저장합니다.

참고로 이 작업은 엑셀 2016 이전 버전에서만 진행해야 합니다.

08 차트 제목을 선택하고 등호(=)를 입력한 후 [B24] 셀을 클릭하고 Enter 를 눌러 참조합니다.

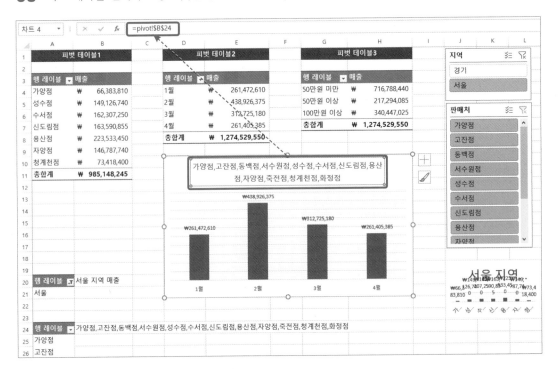

09 피벗 테이블을 쉽게 조작하려면 [A24] 셀 위치의 피벗 테이블 제목을 변경하는 것이 좋습니다.

10 [A24] 셀을 선택하고 리본 메뉴의 [피벗 테이블 분석] 탭–[피벗 테이블] 그룹–[피벗 테이블 이름]을 **판매처슬라이서**로 수정합니다.

3단계 – 단가별 매출 도넛형 차트 생성

마지막으로 [G3] 셀 위치의 피벗 테이블 보고서를 도넛형 차트로 생성하는 작업을 진행합니다.

01 [D10] 셀 위치에 있는 기존 피벗 차트는 크기를 작게 줄여 [J25] 셀 위치에 옮겨 놓습니다.

TIP 반드시 [J25] 셀 위치로 옮길 필요는 없고 작업하기 편한 위치에 두면 됩니다.

02 세 번째 피벗 테이블 보고서가 있는 [G3] 셀을 선택합니다.

03 리본 메뉴의 [삽입] 탭–[차트] 그룹–[원형 또는 도넛형 차트 삽입 🍩]을 클릭하고 [도넛형]을 선택합니다.

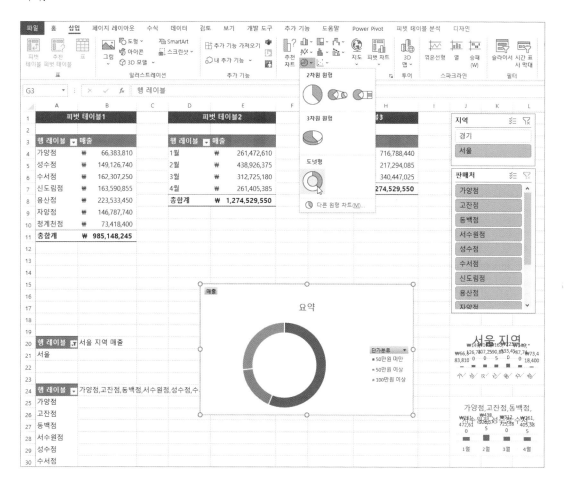

04 차트 스타일 적용 후 피벗 차트의 필드 단추를 삭제하고 Y축 레이블과 범례도 삭제합니다.

05 차트 제목을 선택하고 등호(**=**)를 입력한 후 [B24] 셀을 클릭하고 Enter 를 눌러 참조합니다.

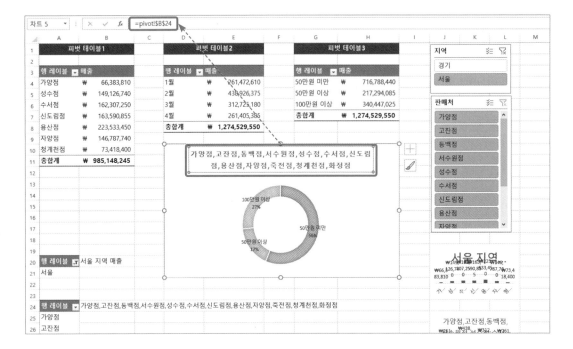

06 [판매처] 슬라이서 창에서 [가양점] 항목을 선택해 피벗 테이블 보고서와 피벗 차트가 함께 변경되는 것을 확인합니다.

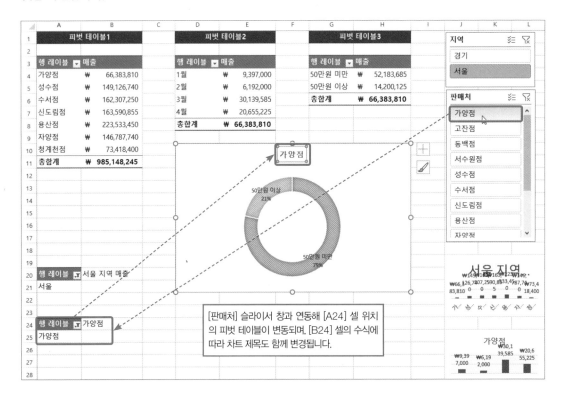

[판매처] 슬라이서 창과 연동해 [A24] 셀 위치의 피벗 테이블이 변동되며, [B24] 셀의 수식에 따라 차트 제목도 함께 변경됩니다.

08 05 대시보드 구성하기 3 - 대시보드 완성

예제 파일 PART 03 \ CHAPTER 08 \ 대시보드-구성 III.xlsx, 대시보드-구성 III (2016 이하 버전 사용자).xlsm

---

🔍 **더 알아보기** | **작업 시작 전 예제 파일 참고**

이번 작업의 예제 파일은 두 개입니다. 사용하는 엑 셀 버전에 맞는 예제 파일을 선택해 작업합니다. 엑

> ⚠ **보안 경고** 매크로를 사용할 수 없도록 설정했습니다. | 콘텐츠 사용

셀 2016 이하 버전 사용자는 **대시보드 구성 III (2016 이하 버전 사용자).xlsm** 파일을 열어 작업합니다. 참고로 이 파일에는 487페이지에서 소개한 TEXTJOIN 사용자 정의 함수 코드가 포함되어 있습니다. 이 파일을 열면 보안 경고 메시지 줄이 표시됩니다. [콘텐츠 사용]을 클릭하고 아래 과정을 진행합니다.

1단계 - 대시보드 화면으로 슬라이서 창과 차트 옮기기

대시보드는 슬라이서 창과 피벗 차트를 한 화면에 보기 좋게 구성하는 것이 좋습니다.

01 예제의 [pivot] 시트에는 앞에서 작업한 슬라이서 창과 피벗 차트가 정리되어 있습니다.

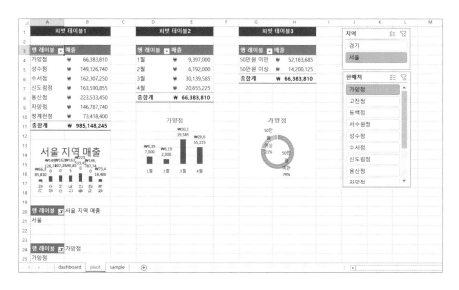

02 [dashboard] 시트를 확인하면 다음과 같은 레이아웃을 확인할 수 있습니다.

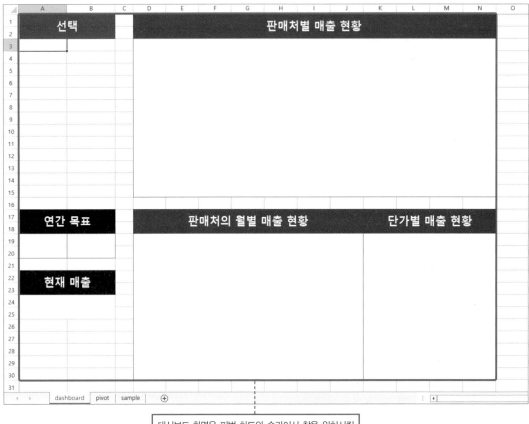

대시보드 화면은 피벗 차트와 슬라이서 창을 위치시킬 영역을 구분한 후 적당한 제목을 표시했습니다.

03 다음 표를 참고해 슬라이서 창과 피벗 차트를 [dashboard] 시트로 이동합니다.

구분	원본 위치		이동 위치		크기 조절
	시트	셀	시트	셀	
슬라이서 창	[pivot]	[J1] 셀	[dashboard]	[A3] 셀	
		[J6] 셀		[A8] 셀	
피벗 차트		[A13] 셀		[D3] 셀	[D3:N15]
		[D10] 셀		[D19] 셀	[D19:I30]
		[G10] 셀		[K19] 셀	[K19:N30]

TIP 원본 위치의 피벗과 차트를 Ctrl + X 로 잘라낸 다음 이동할 위치에 Ctrl + V 로 붙여 넣습니다. 차트 크기는 범위에 맞게 조절합니다.

04 제대로 이동하면 다음과 같은 구성의 대시보드가 만들어집니다.

Alt 를 누른 상태에서 크기 조절 핸들 ◎ 을 드래그하면 셀 크기에 맞춰 조절할 수 있습니다.

2단계 − 슬라이서 설정 및 연동

슬라이서 창을 더 보기 좋게 구성하고 피벗 차트와 연동되도록 설정을 변경합니다.

01 [지역] 슬라이서 창을 선택하고 리본 메뉴의 [슬라이서] 탭−[단추] 그룹에서 [열▯] 옵션을 **2**로 변경합니다.

TIP [지역] 슬라이서 창의 항목을 두 개의 열로 표시하기 위한 작업입니다.

02 [지역] 슬라이서 창의 크기를 [A3:B5] 범위에 맞게 조절합니다.

03 [판매처] 슬라이서 창을 선택하고 리본 메뉴의 [슬라이서] 탭−[단추] 그룹에서 [열] 옵션을 **2**로 변경합니다.

TIP [지역] 슬라이서 창과 동일하게 두 개의 열을 이용해 판매처를 표시하기 위한 작업입니다.

04 이어서 [지역] 슬라이서 창의 크기를 [A6:B15] 범위에 맞게 조절합니다.

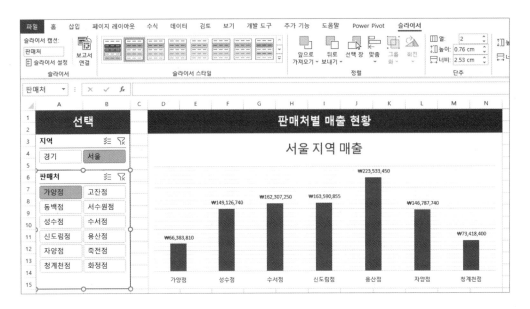

05 [지역] 슬라이서 창의 항목 중 [서울] 항목이 먼저 표시되도록 설정을 변경하겠습니다.

06 [지역] 슬라이서 창을 선택하고 리본 메뉴의 [슬라이서] 탭–[슬라이서] 그룹–[슬라이서 설정▦]을 클릭합니다.

07 [슬라이서 설정] 대화상자의 [캡션]에 **지역을 선택하세요!**를 입력합니다.

TIP [캡션]에는 슬라이서 창의 제목에 표시되는 내용을 설정합니다.

08 [내림차순(사전 역순)]을 선택하고 [확인]을 클릭합니다.

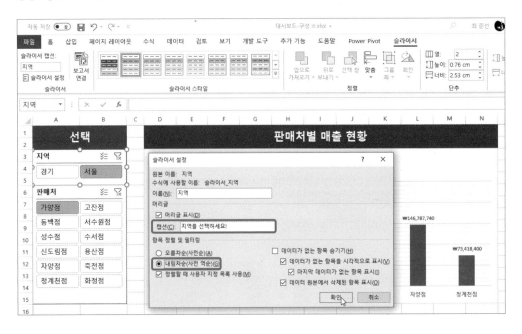

09 [판매처] 슬라이서 창을 선택하고 **06-07** 과정을 참고해 [캡션]을 **판매처를 선택하세요!**로 변경합니다.

10 [지역] 슬라이서 창과 [판매처] 슬라이서 창이 서로 연동되도록 해보겠습니다.

11 [지역] 슬라이서 창을 선택하고 리본 메뉴의 [슬라이서] 탭-[슬라이서] 그룹-[보고서 연결▣]을 클릭합니다.

12 [보고서 연결▣] 대화상자가 표시되면 [판매처슬라이서]를 선택하고 [확인]을 클릭합니다.

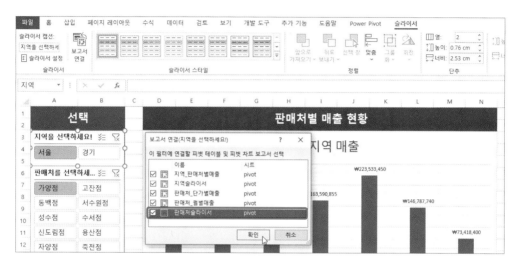

TIP [판매처슬라이서] 피벗 테이블 보고서 이름이 표시되지 않는다면 **1**단계의 **02-03** 과정을 참고해 다시 작업합니다.

13 [지역] 슬라이서 창과 제대로 연동되는지 확인하기 위해 [판매처] 슬라이서 창의 [필터 지우기▣]를 클릭합니다.

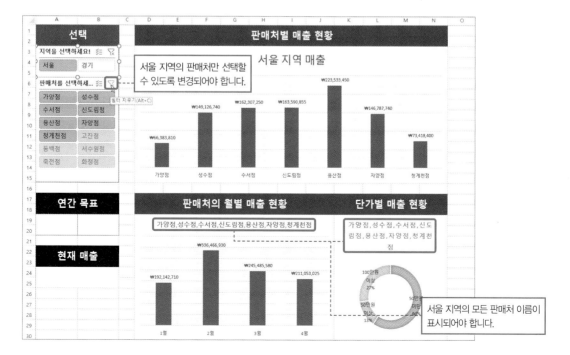

3단계 – 매출 카드 구성

슬라이서 창과 피벗 차트가 제대로 연동된다면 대시보드의 카드 부분을 구성합니다. 다음 과정을 참고합니다.

01 카드 부분을 구성하는 데 사용할 월별 매출 데이터를 [dashboard] 시트로 가져오겠습니다.

02 [pivot] 시트의 [D3:E8] 범위를 선택하고 Ctrl + C를 눌러 복사합니다.

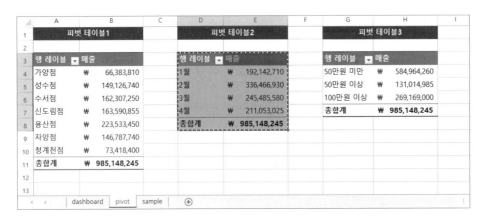

03 [dashboard] 시트의 [A26] 셀을 선택하고 Ctrl + V를 눌러 붙여 넣습니다.

04 복사된 피벗 테이블 보고서의 [총합계] 행은 제거하겠습니다.

05 피벗 테이블 보고서가 선택된 상태에서 리본 메뉴의 [디자인] 탭-[레이아웃] 그룹-[총합계]를 클릭하고 [행 및 열의 총합계 해제]를 선택합니다.

06 복사된 월별 매출 집계 보고서는 슬라이서 창과 연동되지 않도록 연결을 해제하겠습니다.

07 [지역] 슬라이서 창을 선택하고 리본 메뉴의 [슬라이서] 탭-[슬라이서] 그룹-[보고서 연결 📇]을 클릭합니다.

TIP [지역] 슬라이서 창을 마우스 오른쪽 버튼으로 클릭하고 [보고서 연결]을 선택해도 됩니다.

08 [보고서 연결] 대화상자가 표시되면 [피벗 테이블2]의 체크를 해제하고 [확인]을 클릭합니다.

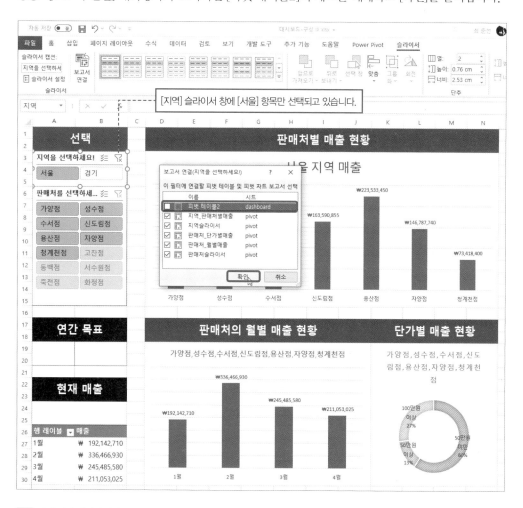

TIP 따라 하기 과정에 따라 피벗 테이블 보고서의 이름은 다르게 표시될 수 있습니다. [시트] 항목이 [dashboard]인 피벗 테이블 보고서를 찾아 연결을 해제합니다.

09 [판매처] 슬라이서 창을 선택하고 리본 메뉴의 [슬라이서] 탭-[슬라이서] 그룹-[보고서 연결 📇]을 클릭합니다.

10 [보고서 연결] 대화상자가 표시되면 [피벗 테이블2]의 체크를 해제하고 [확인]을 클릭합니다.

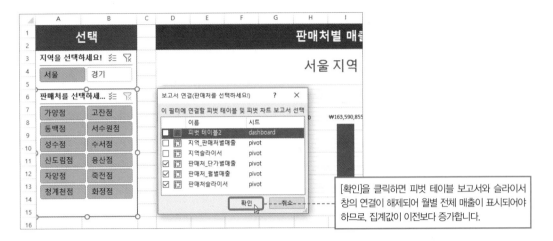

[확인]을 클릭하면 피벗 테이블 보고서와 슬라이서 창의 연결이 해제되어 월별 전체 매출이 표시되어야 하므로, 집계값이 이전보다 증가합니다.

11 [A24] 병합 셀에 올해 매출을 집계하고 스파크라인을 이용해 월별 매출 흐름을 표시하겠습니다.

12 먼저 스파크라인을 이용해 꺾은선 그래프를 추가합니다.

13 [A24] 병합 셀을 선택하고 리본 메뉴의 [삽입] 탭-[스파크라인] 그룹-[꺾은선형] 을 클릭합니다.

14 [스파크라인 만들기] 대화상자의 [데이터 범위]에 [B27:B38] 범위를 참조하고 [확인]을 클릭합니다.

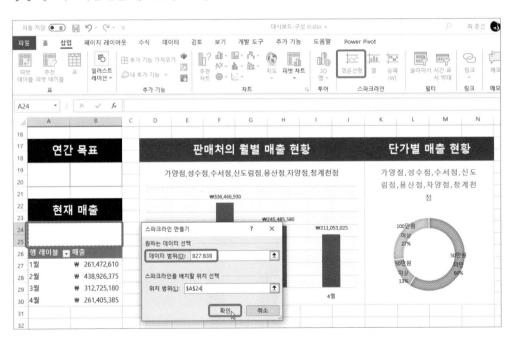

🔍 **더 알아보기**   **[B27:B38] 범위를 데이터 범위로 하는 이유**

피벗 테이블 보고서는 월별로 매출이 집계되도록 되어 있으므로 최대 12개월로 월 매출이 표시될 수 있습니다. [B27] 셀부터 12개의 매출이 표시될 범위를 참조한 것입니다.

15 다음과 같은 스파크라인이 [A24] 셀에 추가됩니다.

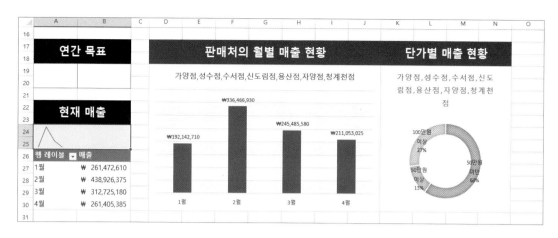

16 스파크라인의 Y축이 0부터 시작되도록 변경하겠습니다.

17 리본 메뉴의 [스파크라인] 탭-[그룹] 그룹-[축 ⊞]을 클릭하고 [세로 축 최소값 옵션] 그룹 내 [사용자 지정 값]을 선택합니다.

18 [사용자 지정 값] 대화상자가 표시되면 [최소값] 옵션을 **0**으로 두고 [확인]을 클릭합니다.

TIP 꼭 0이어야 하는 것은 아니므로 100,000,000 등으로 변경해 보기 좋은 그래프 모양을 선택합니다.

19 리본 메뉴의 [스파크라인] 탭-[표시] 그룹에서 [높은 점]에 체크합니다.

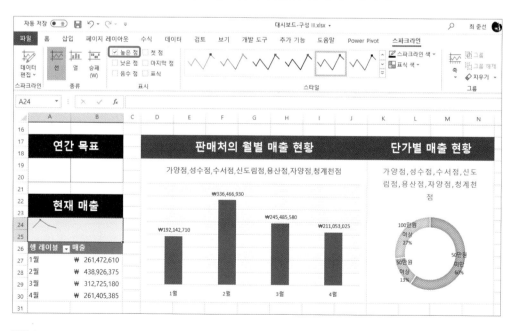

TIP [높은 점] 옵션을 이용하면 매출이 높은 월을 비교적 쉽게 유추할 수 있습니다.

20 전체 매출을 표시하기 위해 [A24] 병합 셀에 다음 수식을 입력합니다.

> =TEXT(SUM(B27:B38)/(10^8), "0.0억")

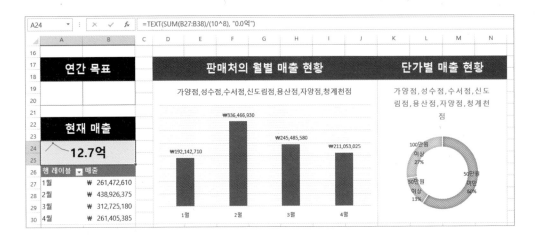

🔍 **더 알아보기** **수식 이해하기**

[B27:B38] 범위의 매출 합계를 10^8(1억)으로 나눈 다음 TEXT 함수를 사용해 **0.0억**으로 표시되도록 변경한 수식입니다.

4단계 – 목표 카드 구성

마지막으로 연간 목표 대비 매출 달성율을 표시하는 카드를 구성합니다. 다음 과정을 참고합니다.

01 [A19] 병합 셀에 목표액을 **40억**으로 입력합니다.

02 [B19] 병합 셀에 달성율을 계산하기 위해 다음 수식을 입력
합니다.

> =SUM(B27:B38)/(40*(10^8))

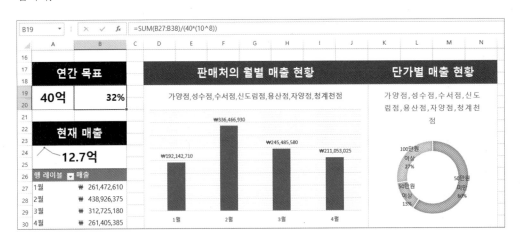

이번 수식에서 비교할 [A19] 병합 셀과 [A24] 병합 셀은 모두 텍스트 형식으로 데이터가 입력되어 있으므로 직접 참조하지 않고, [B27:B38] 범위의 매출 합계를 40*(10^8)으로 나눈 값을 백분율 표시 방법으로 표시한 것입니다. 40*(10^8)은 목표액인 40억 원을 의미합니다.

03 달성율을 시각화하기 위해 조건부 서식의 데이터 막대 효과를 적용하겠습니다.

04 [B19] 병합 셀이 선택된 상태에서 리본 메뉴의 [홈] 탭-[스타일] 그룹-[조건부 서식囲]을 클릭합니다.

05 하위 메뉴에서 [데이터 막대]-[기타 규칙]을 선택합니다.

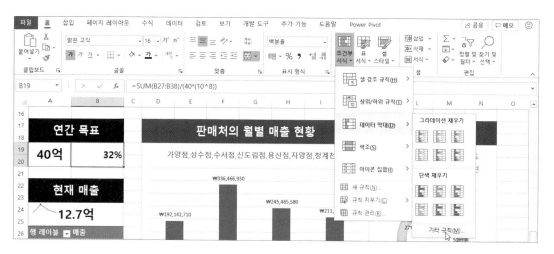

06 [새 서식 규칙] 대화상자가 표시되면 [색]에서 원하는 색상을 선택합니다.

07 [최대값] 옵션을 [숫자]로 변경하고 [값]을 **1**로 수정한 후 [확인]을 클릭합니다.

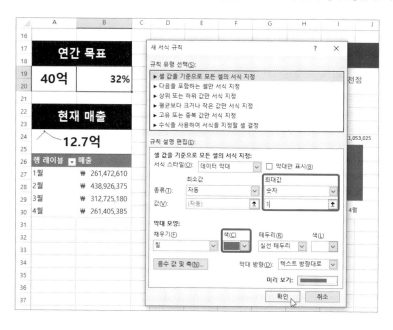

TIP 숫자 1은 100%를 의미합니다.

5단계 – 대시보드 동작 확인 및 자동 갱신

구성한 대시보드가 제대로 동작하는지 확인하고 원본 데이터가 추가될 때 대시보드가 연동될 수 있도록 새로 고침 기능을 추가합니다.

01 모든 설정을 완료한 대시보드 화면은 다음과 같습니다.

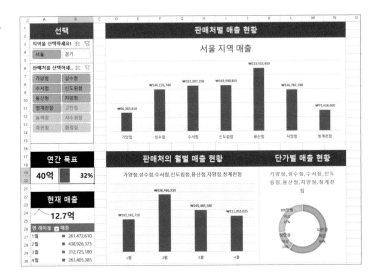

02 [지역] 또는 [판매처] 슬라이서 창에서 원하는 지역이나 판매처를 선택해 대시보드가 정보를 제대로 표시하는지 확인합니다.

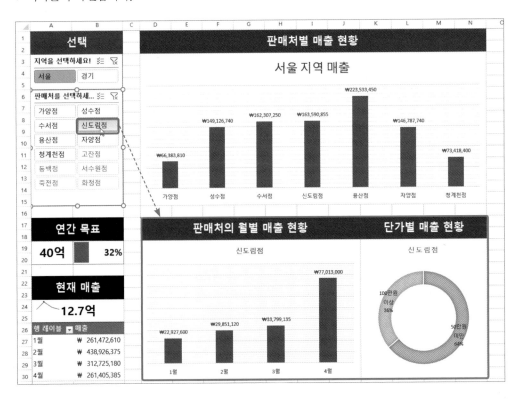

TIP [판매처] 슬라이서 창에서 [신도림점]을 선택하면 하단의 두 차트에 해당 판매처의 매출이 표시됩니다.

03 [sample] 시트에 원본 데이터가 추가되면 자동으로 대시보드에 반영되도록 하겠습니다.

04 슬라이서 창과 피벗 차트는 모두 원본 데이터를 새로 고쳐야 변경됩니다.

TIP 새로 고치는 작업은 매크로를 이용합니다.

05 [dashboard] 시트 탭을 마우스 오른쪽 버튼으로 클릭하고 [코드 보기]를 선택합니다.

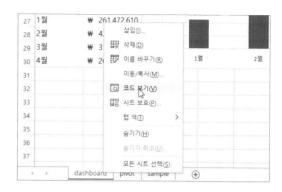

06 [VB 편집기] 창이 표시되면 다음 코드를 입력하고 창을 닫습니다.

```
Private Sub Worksheet_Activate()

    Sheets("pivot").PivotTables(1).PivotCache.Refresh

End Sub
```

🔍 **더 알아보기**   **여러 원본 데이터로 만든 대시보드 새로 고침**

이번 매크로는 [dashboard] 시트가 화면에 표시될 때 자동으로 실행되어 [pivot] 시트의 첫 번째 피벗 테이블 보고서를 새로 고침합니다. 현재 대시보드에 표시되는 모든 피벗 차트는 하나의 원본 데이터([sample] 시트)를 사용하므로, 피벗 테이블 하나만 새로 고쳐도 나머지 모든 피벗 테이블 보고서가 갱신됩니다.

다만 여러 원본 데이터로 만든 대시보드라면 해당 피벗 테이블 보고서를 모두 새로 고쳐야 합니다. 그런 경우에는 이번 코드를 다음과 같이 수정해 사용합니다.

```
Private Sub Worksheet_Activate()

    Dim 피벗 As PivotTable

    For Each 피벗 In Sheets("pivot").PivotTables

        피벗.PivotCache.Refresh

    Next

End Sub
```

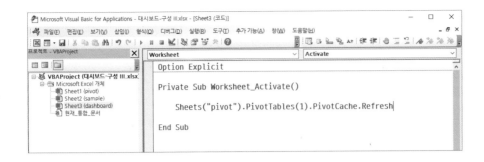

07 [sample] 시트로 이동해 4월 데이터인 [A175:K204] 범위를 `Ctrl`+`C`로 복사한 후 `Ctrl`+`V`로 [A205] 셀에 붙여 넣습니다.

	지역	판매처	영업사원	판매일	분류	제품	단가	수량	할인율	판매액	단가분류
1	지역	판매처	영업사원	판매일	분류	제품	단가	수량	할인율	판매액	단가분류
2	경기	고잔점	박서연	2020-01-02	복사기	컬러레이저복사기 XI-3200	1,176,000	24	15%	23,990,400	100만원 이상
3	서울	가양점	최준혁	2020-01-02	바코드스캐너	바코드 Z-350	48,300	24	0%	1,159,200	50만원 미만
4	서울	성수점	박시우	2020-01-02	팩스	잉크젯팩시밀리 FX-1050	47,400	33	0%	1,564,200	50만원 미만
5	경기	고잔점	박서연	2020-01-03	복사용지	프리미엄복사지A4 2500매	17,800	90	0%	1,602,000	50만원 미만
6	서울	용산점	김수빈	2020-01-03	바코드스캐너	바코드 BCD-100 Plus	86,500	70	0%	6,055,000	50만원 미만
7	경기	서수원점	김유진	2020-01-06	복사용지	고급복사지A4 500매	3,500	22	0%	77,000	50만원 미만
8	서울	수서점	김준영	2020-01-06	바코드스캐너	바코드 Z-350	46,300	77	0%	3,565,100	50만원 미만
9	서울	용산점	이민재	2020-01-06	바코드스캐너	바코드 BCD-100 Plus	104,500	96	0%	10,032,000	50만원 미만
10	경기	화정점	이서영	2020-01-07	복합기	잉크젯복합기 AP-3300	79,800	12	0%	957,600	50만원 미만
204	서울	가양점	최준혁	2020-04-26	복사기	흑백레이저복사기 TLE-5000	597,900	25	5%	14,200,125	50만원 이상
205	서울	수서점	김준영	2020-04-01	제본기	링제본기 ST-100	153,400	40	0%	6,136,000	50만원 미만
206	서울	수서점	김준영	2020-04-01	복합기	레이저복합기 L650	392,200	40	5%	14,903,600	50만원 미만
207	서울	자양점	이동현	2020-04-01	바코드스캐너	바코드 Z-350	48,800	9	0%	439,200	50만원 미만
208	서울	자양점	이동현	2020-04-02	문서세단기	오피스 Z-01	43,700	9	0%	393,300	50만원 미만
209	서울	신도림점	박윤서	2020-04-02	복사기	컬러레이저복사기 XI-3200	1,440,000	48	15%	58,752,000	100만원 이상
210	서울	신도림점	박민준	2020-04-02	출퇴근기록기	도트 TIC-1A	3,600	36	0%	129,600	50만원 미만
211	경기	고잔점	박서연	2020-04-03	제본기	링제본기 ST-100	142,000	50	0%	7,100,000	50만원 미만
212	서울	신도림점	박민준	2020-04-03	출퇴근기록기	지문인식 FPIN-1000+	142,500	100	5%	13,537,500	50만원 미만
213	서울	용산점	김수빈	2020-04-06	복사기	흑백레이저복사기 TLE-5000	597,900	50	0%	29,895,000	50만원 이상
214	서울	신도림점	박민준	2020-04-06	복사용지	복사지A4 500매	3,400	30	0%	102,000	50만원 미만
215	서울	자양점	이동현	2020-04-07	문서세단기	문서세단기 SCUT-1000	456,600	30	5%	13,013,100	50만원 미만
216	서울	자양점	이동현	2020-04-07	복사용지	복사지A4 2500매	14,700	60	0%	882,000	50만원 미만
217	서울	성수점	박시우	2020-04-08	출퇴근기록기	RF OA-200	37,800	60	0%	2,268,000	50만원 미만
218	서울	신도림점	박윤서	2020-04-09	복사용지	복사지A4 500매	3,400	63	0%	214,200	50만원 미만
219	경기	서수원점	김유진	2020-04-09	제본기	열제본기 TB-8200	178,300	11	0%	1,906,800	50만원 미만
220	서울	자양점	이동현	2020-04-09	복합기	레이저복합기 L350	213,400	40	5%	8,109,200	50만원 미만
221	서울	용산점	김수빈	2020-04-09	복사기	컬러레이저복사기 XI-3200	1,248,000	22	0%	27,456,000	100만원 이상
222	서울	자양점	이동현	2020-04-10	출퇴근기록기	지문인식 FPIN-1000+	123,800	20	0%	2,476,000	50만원 미만
223	서울	가양점	최민서	2020-04-10	바코드스캐너	바코드 Z-350	53,300	27	0%	1,439,100	50만원 미만
224	서울	용산점	김수빈	2020-04-13	팩스	잉크젯팩시밀리 FX-1050	56,600	45	0%	2,547,000	50만원 미만
225	서울	신도림점	박윤서	2020-04-13	문서세단기	오피스 Z-01	39,110	63	0%	2,463,300	50만원 미만
226	서울	성수점	김서현	2020-04-14	팩스	잉크젯팩시밀리 FX-1000	44,200	108	0%	4,773,600	50만원 미만
227	서울	자양점	김수민	2020-04-15	복사용지	복사지A4 1000매	5,800	16	0%	92,800	50만원 미만
228	서울	신도림점	박윤서	2020-04-15	복합기	잉크젯복합기 AP-3300	75,600	24	0%	1,814,400	50만원 미만
229	경기	고잔점	박서연	2020-04-16	복사용지	복사지A4 500매	2,900	12	0%	34,800	50만원 미만
230	경기	고잔점	이유진	2020-04-16	복합기	레이저복합기 L650	358,900	36	5%	12,274,380	50만원 미만
231	서울	가양점	최준혁	2020-04-16	문서세단기	오피스 Z-03	83,600	60	0%	5,016,000	50만원 미만
232	경기	죽전점	박지우	2020-04-17	문서세단기	문서세단기 SCUT-1000	526,800	25	5%	12,511,500	50만원 이상
233	경기	죽전점	박지우	2020-04-20	복사용지	복사지A4 5000매	26,800	120	10%	2,894,400	50만원 미만
234	경기	서수원점	김도현	2020-04-22	복사기	흑백레이저복사기 TLE-5000	652,200	22	5%	13,630,980	50만원 이상
235	서울	가양점	최준혁	2020-04-26	복사기	흑백레이저복사기 TLE-5000	597,900	25	5%	14,200,125	50만원 이상
236											
237											

`◀ ▶` | **dashboard** | **pivot** | **sample** | ⊕

TIP 4월 데이터를 복사해 붙여 넣으면 동일한 데이터가 두 번 입력되므로 4월 매출이 두 배로 증가합니다.

08 [dashboard] 시트로 이동해 4월 매출 실적이 모두 증가했는지 확인합니다.

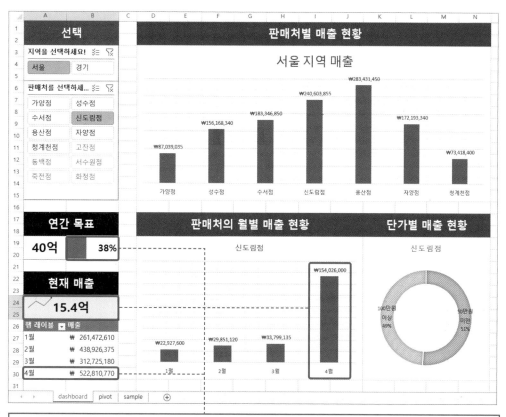

[sample] 시트의 데이터가 변경되면 대시보드의 매출도 그에 맞게 수정됩니다. 매크로가 제대로 동작하고 있다는 것을 알 수 있습니다.

09 매크로를 사용하려면 매크로 사용 통합 문서로 저장해야 합니다.

10 F12를 눌러 [다른 이름으로 저장] 대화상자를 엽니다.

11 [파일 형식]을 [Excel 매크로 사용 통합 문서]로 선택하고 [저장]을 클릭합니다.

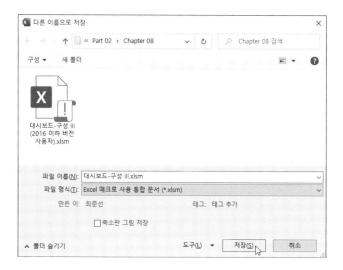

데이터 분석
및 예측 기술

요약된 데이터를 적확하게 설명하려면 다양한 분석 기술 및 예측 방법론을 이해
하고 있어야 합니다. 보통 데이터를 요약한 후 숫자를 어떻게 이해하고 설명해야
하는지 모르는 경우가 많습니다. 이런 부분은 감성의 영역이 아니라 논리의 영역
이므로, 기존의 분석 방법을 이해하고 활용할 수 있어야 설명하거나 주장하려는
바를 상대방에게 무리 없이 전달할 수 있습니다.

기술 통계법을 활용한 분석적 시각 갖기

기술 통계법은 데이터 자체의 속성을 파악하는 데 초점이 맞춰진 데이터 분석 기법입니다. 따라서 기술 통계법을 사용하면 데이터의 특성을 빠르게 파악할 수 있습니다. 엑셀에서는 함수를 이용하는 방법 외에도 [분석 도구] 추가 기능을 이용해 기술적 통계 결과를 얻을 수 있습니다.

09 01 대푯값 이해하기

예제 파일 없음

대푯값의 이해

많은 데이터를 빠르게 이해하려면 데이터를 대표할 수 있는 값을 구해보는 것이 좋습니다. 기술 통계에서는 이런 데이터를 대표하는 값으로 평균, 중간값, 최빈값 등을 사용합니다.

엑셀에서 대푯값을 구할 때 사용하는 함수는 다음과 같습니다.

대푯값	설명	함수
평균	전체 데이터의 합계를 개수(표본 수)로 나눈 값으로 산술 평균이라고도 합니다.	AVERAGE
중간값	전체 데이터를 정렬할 때 가운데 오는 값입니다. 데이터가 홀수일 때는 중간값이 하나이지만, 데이터가 짝수라면 중간값이 두 개가 되는데 이 경우에는 두 개의 평균을 반환합니다.	MEDIAN
최빈값	전체 데이터 중 가장 많이 입력된 값입니다.	MODE

대푯값은 데이터의 성질에 따라 자주 사용하는 것이 다릅니다. 보통 숫자 데이터가 정규 분포를 따르는 경우에는 평균을 자주 사용하고, 비대칭적 구조라면 중간값을 주로 사용합니다. 또한 숫자 데이터가 아닌 전화번호나 주소 등의 데이터를 대상으로 할 경우에는 최빈값을 주로 사용합니다.

함수의 이해

평균

여기서 평균은 보통 산술 평균을 의미하며 데이터의 합계를 개수로 나눈 값을 의미합니다. 엑셀에서는 AVERAGE 함수를 사용해 구할 수 있습니다. 함수의 구문은 다음과 같습니다.

AVERAGE (❶ 숫자1, ❷ 숫자2, …)

전체 데이터의 숫자를 산술 평균으로 구한 값을 반환합니다.

❶ 숫자	평균을 구할 숫자 또는 숫자 데이터가 입력된 범위

주의 사항

- [숫자]에 전달된 논릿값과 텍스트 데이터는 무시됩니다.
- AVERAGE 함수의 결과는 =SUM/COUNT 수식의 계산 결과와 동일합니다.

중간값

중간값은 전체 데이터 범위를 정렬했을 때 가운데 위치하는 값을 의미합니다. 전체 데이터가 홀수인 경우에는 중간값이 하나이지만, 짝수일 때는 중간값이 두 개입니다. 따라서 데이터 개수가 짝수인 경우에는 두 중간값의 평균으로 중간값을 구합니다. 엑셀에서는 MEDIAN 함수를 사용해 중간값을 구할 수 있습니다. 함수의 구문은 다음과 같습니다.

MEDIAN (❶ 숫자1, ❷ 숫자2, …)

데이터의 가운데에 위치한 중간값을 반환합니다.

❶ 숫자	분산을 구할 숫자 또는 숫자 데이터가 입력된 범위

주의 사항

- [숫자]에 전달된 논릿값과 텍스트 데이터는 무시됩니다.

최빈값

전체 데이터 범위에서 가장 빈번하게 출현하는 데이터를 찾고자 할 경우에는 최빈값을 구합니다. 엑셀에서는 MODE, MODE.SNGL, MODE.MULT 함수가 제공됩니다. 다음 표를 참고합니다.

구분	엑셀 2007 이하 버전	엑셀 2010 이상 버전
최빈값	MODE	MODE.SNGL
		MODE.MULT

MODE 함수는 최빈값을 반환하지만, 최빈값이 여러 개라면 첫 번째 최빈값만 반환합니다. 이 부분은 MODE.SNGL 함수와 동일합니다. 함수의 결과를 구체적으로 표현하기 위해 엑셀 2010 버전부터 새로 추가된 MODE.SNGL 함수의 SNGL은 Single이라는 의미입니다.

마찬가지로 엑셀 2010 버전부터 사용할 수 있는 MODE.MULT 함수의 MULT는 Multiple이라는 단어가 의미하듯 최빈값이 여러 개 있는 경우 이를 배열로 반환합니다. 따라서 엑셀 2019 이전 버전에서는 반환 받을 범위를 선택하고 수식을 작성한 후 Ctrl + Shift + Enter 를 눌러 입력해야 합니다. 마이크로소프트 365 버전부터는 동적 배열이 지원되므로 수식을 입력하고 그냥 Enter 를 눌러 입력할 수 있습니다. 함수의 구문은 다음과 같습니다.

MODE.SNGL (❶ 숫자1, ❷ 숫자2, ⋯)

데이터에서 가장 빈번하게 출현하는 값을 반환합니다.

❶ 숫자	분산을 구할 숫자 또는 숫자 데이터가 입력된 범위

주의 사항

- [숫자]에 전달된 논릿값과 텍스트 데이터는 무시됩니다.
- MODE.SNGL 함수는 전체 범위에서 가장 빈번하게 출현하는 숫자를 하나 반환하며, 동일한 횟수로 출현한 숫자가 여러 개일 때는 MODE.MULT 함수를 사용합니다.

대푯값을 활용해 데이터 설명하기

예제 파일 PART 04 \ CHAPTER 09 \ 대푯값.xlsx

데이터를 설명할 때 가장 기본이 되는 대푯값을 구해 데이터를 설명하는 방법에 대해 알아보겠습니다. 다음 과정을 참고합니다.

01 예제를 열고 각 공정별 모델의 월별 불량 수량을 집계한 표를 확인합니다. 데이터를 바탕으로 공정라인에 대한 평가를 해보겠습니다.

월 불량률 관리 대장

공정라인	인치	모델번호	1월	2월	3월	4월	5월	6월	7월	8월	9월	10월	11월	12월	합계	평균	중간값	왜도	최빈값
AB	40	XL40AB02	18	19	29	31	13	30	37	36	43	39	13	23					
AB	50	XL50AB01	20	20	28	26	36	37	37	36	16	14	45	35					
AB	55	XL55AB01	12	41	34	30	23	18	25	16	22	21	29	25					
AB	60	XL60AB02	31	19	38	35	20	13	36	34	28	21	26	33					
AB	65	XL65AB02	16	21	45	12	25	40	15	29	16	28	18	34					
AB	70	XL70AB02	41	12	28	37	29	14	39	44	36	15	13	39					
AB	75	XL75AB02	31	12	14	27	45	12	12	14	44	42	11	13					
AC	40	XL40AC01	10	13	44	23	18	19	30	28	27	26	16	12					
AC	50	XL50AC01	14	33	29	25	31	35	30	17	27	27	18	45					
AC	55	XL55AC01	24	20	18	16	15	33	25	18	43	43	10	42					
AC	60	XL60AC02	37	13	25	36	37	41	32	42	15	13	42	15					
AC	65	XL65AC02	18	45	20	17	23	44	18	10	17	37	33	11					
AC	70	XL70AC01	35	34	22	26	22	28	29	27	36	43	22	37					
AC	75	XL75AC02	22	11	34	18	21	30	22	43	38	22	43	25					
공정라인		AB																	
		AC																	

🔍 **더 알아보기**   **예제 이해하기**

예제의 표는 공정라인이 두 개(AB, AC)인 공장에서 여러 모델을 생산했을 때의 월별 불량 수량을 집계한 것입니다. 어떤 라인이 불량이 적게 발생하고 관리하기 용이한지 설명해야 한다고 가정합니다.

02 먼저 월별 불량 수량의 합계와 평균을 구하겠습니다.

03 [Q6] 셀과 [R6] 셀에 다음 수식을 입력하고 [Q6:R6] 범위의 채우기 핸들을 19행까지 드래그합니다.

[Q6] 셀 : =SUM(E6:P6)

[R6] 셀 : =AVERAGE(E6:P6)

	A	B	C	D	E	F	G	H	I	J	K	L	M	N	O	P	Q	R	S	T	U	V
																	Q6		=SUM(E6:P6)			
1																						
2									월 불량률 관리 대장													
3																						
5		공정라인	인치	모델번호	1월	2월	3월	4월	5월	6월	7월	8월	9월	10월	11월	12월	합계	평균	증간값	왜도	최빈값	
6		AB	40	XL40AB02	18	19	29	31	13	30	37	36	43	39	13	23	331	27.6				
7		AB	50	XL50AB01	20	20	28	26	36	37	37	36	16	14	45	35	350	29.2				
8		AB	55	XL55AB01	12	41	34	30	23	18	25	16	22	21	29	25	296	24.7				
9		AB	60	XL60AB02	31	19	38	35	20	13	36	34	28	21	26	33	334	27.8				
10		AB	65	XL65AB02	16	21	45	12	25	40	15	29	16	28	18	34	299	24.9				
11		AB	70	XL70AB02	41	12	28	37	29	14	39	44	36	15	13	39	347	28.9				
12		AB	75	XL75AB02	31	12	14	27	45	12	12	14	44	42	11	13	277	23.1				
13		AC	40	XL40AC01	10	13	44	23	18	19	30	28	27	26	16	12	266	22.2				
14		AC	50	XL50AC01	14	33	29	25	31	35	30	17	27	27	18	45	331	27.6				
15		AC	55	XL55AC01	24	20	18	16	15	33	25	18	43	43	10	42	307	25.6				
16		AC	60	XL60AC02	37	13	25	36	37	41	32	42	15	13	42	15	348	29.0				
17		AC	65	XL65AC02	18	45	20	17	23	44	18	10	17	37	33	11	293	24.4				
18		AC	70	XL70AC01	35	34	22	26	22	28	29	27	36	43	22	37	361	30.1				
19		AC	75	XL75AC02	22	11	34	18	21	30	22	43	38	22	43	25	329	27.4				
20																						
21		공정라인		AB																		
22				AC																		

🔍 **더 알아보기**　　**수식 이해하기**

월별 불량 수량은 그 자체로 의미가 있지만 개별 모델의 월별 흐름을 설명하는 것은 어려우므로 모델별 불량에 대한 객관적인 지표를 보기 위해 합계와 평균을 구한 것입니다. 예를 들어 6행의 XL40AB02 모델의 경우 월별 불량 수량은 [E6:P6] 범위에서 확인할 수 있지만, 합계와 평균을 구함으로써 연간 불량 수량이 331개이고, 월 평균 27.6개의 불량이 발생했다는 것을 알 수 있습니다.

---

04 이번에는 공정라인의 월별 합계를 구합니다.

05 [E21] 셀과 [E22] 셀에 다음 수식을 입력하고 [E21: E22] 범위의 채우기 핸들을 Q열까지 드래그합니다.

[E21] 셀 : =SUM(E6:E12)

[E22] 셀 : =SUM(E13:E19)

	A	B	C	D	E	F	G	H	I	J	K	L	M	N	O	P	Q	R	S	T	U	V
					E21			=SUM(E6:E12)														
1																						
2									월 불량률 관리 대장													
3																						
5		공정라인	인치	모델번호	1월	2월	3월	4월	5월	6월	7월	8월	9월	10월	11월	12월	합계	평균	증간값	왜도	최빈값	
6		AB	40	XL40AB02	18	19	29	31	13	30	37	36	43	39	13	23	331	27.6				
7		AB	50	XL50AB01	20	20	28	26	36	37	37	36	16	14	45	35	350	29.2				
8		AB	55	XL55AB01	12	41	34	30	23	18	25	16	22	21	29	25	296	24.7				
9		AB	60	XL60AB02	31	19	38	35	20	13	36	34	28	21	26	33	334	27.8				
10		AB	65	XL65AB02	16	21	45	12	25	40	15	29	16	28	18	34	299	24.9				
11		AB	70	XL70AB02	41	12	28	37	29	14	39	44	36	15	13	39	347	28.9				
12		AB	75	XL75AB02	31	12	14	27	45	12	12	14	44	42	11	13	277	23.1				
13		AC	40	XL40AC01	10	13	44	23	18	19	30	28	27	26	16	12	266	22.2				
14		AC	50	XL50AC01	14	33	29	25	31	35	30	17	27	27	18	45	331	27.6				
15		AC	55	XL55AC01	24	20	18	16	15	33	25	18	43	43	10	42	307	25.6				
16		AC	60	XL60AC02	37	13	25	36	37	41	32	42	15	13	42	15	348	29.0				
17		AC	65	XL65AC02	18	45	20	17	23	44	18	10	17	37	33	11	293	24.4				
18		AC	70	XL70AC01	35	34	22	26	22	28	29	27	36	43	22	37	361	30.1				
19		AC	75	XL75AC02	22	11	34	18	21	30	22	43	38	22	43	25	329	27.4				
20																						
21		공정라인		AB	169	144	216	198	191	164	201	209	205	180	155	202	2,234					
22				AC	160	169	192	161	167	230	186	185	203	211	184	187	2,235					

이번 수식은 공정라인별로 어떤 월에 불량이 많이 발생했는지 이해하기 위해 공정별 합계를 구한 것입니다. 예제의 경우 [6:12] 행은 AB 공정라인, [13:19] 행은 AC 공정라인으로 데이터가 구분되어 있습니다. 하지만 만약 공정라인이 섞여 있다면 SUM 함수 대신 SUMIF 함수를 사용해야 합니다.

[E21] 셀에 다음 수식을 입력하고 [E21] 셀의 채우기 핸들➕을 [E22] 셀까지 드래그한 후 바로 Q열까지 드래그합니다.

　=SUMIF($B$6:$B$19, $D21, E$6:E$19)

다만 Q열은 월별 합계이므로 [Q21] 셀에 다음 수식을 입력해도 됩니다.

　=SUM(E21:P21)

이렇게 집계하면 전체 공정라인별 불량 발생 현황을 파악할 수 있습니다.

06　이제 공정라인의 월별 평균 불량 수량을 구합니다.

07　[R21] 셀에 **=AVERAGE(E21:P21)** 수식을 입력하고 채우기 핸들➕을 [R22] 셀까지 드래그합니다.

공정라인	인치	모델번호	1월	2월	3월	4월	5월	6월	7월	8월	9월	10월	11월	12월	합계	평균	중간값	왜도	최빈값
AB	40	XL40AB02	18	19	29	31	13	30	37	36	43	39	13	23	331	27.6			
AB	50	XL50AB01	20	20	28	26	36	37	37	36	16	14	45	35	350	29.2			
AB	55	XL55AB01	12	41	34	30	23	18	25	16	22	21	29	25	296	24.7			
AB	60	XL60AB02	31	19	38	35	20	13	36	34	28	21	26	33	334	27.8			
AB	65	XL65AB02	16	21	45	12	25	40	15	29	16	28	18	34	299	24.9			
AB	70	XL70AB02	41	12	28	37	29	14	39	44	36	15	13	39	347	28.9			
AB	75	XL75AB02	31	12	14	27	45	12	12	14	44	42	11	13	277	23.1			
AC	40	XL40AC01	10	13	44	23	18	19	30	28	27	26	16	12	266	22.2			
AC	50	XL50AC01	14	33	29	25	31	35	30	17	27	27	18	45	331	27.6			
AC	55	XL55AC01	24	20	18	16	15	33	25	18	43	43	10	42	307	25.6			
AC	60	XL60AC02	37	13	25	36	37	41	32	42	15	13	42	15	348	29.0			
AC	65	XL65AC02	18	45	20	17	23	44	18	10	17	37	33	11	293	24.4			
AC	70	XL70AC01	35	34	22	26	22	28	29	27	36	43	22	37	361	30.1			
AC	75	XL75AC02	22	11	34	18	21	30	22	43	38	22	43	25	329	27.4			
공정라인		AB	169	144	216	198	191	164	201	209	205	180	155	202	2,234	186.2			
		AC	160	169	192	161	167	230	186	185	203	211	184	187	2,235	186.3			

합계는 전체 데이터를 집계할 수 있지만 구체적인 상황을 파악하기는 쉽지 않습니다. 그에 반해 평균을 구하면 월별 평균 불량 수량을 확인할 수 있어 데이터를 이해하는 데 도움이 됩니다. [R21:R22] 범위에 구한 평균을 보면 AB 공정라인의 월별 평균 불량 수량은 186.2개이고 AC 공정라인의 월별 평균 불량 수량은 186.3개로 월별로 발생하는 불량 수량의 차이가 크지 않다는 것을 확인할 수 있습니다.

이렇게 두 데이터 집합의 평균이 유사하면 두 데이터가 유사하다고 설명할 수 있지만 세부적인(월별로) 불량 발생 현황은 설명하기 어렵습니다. 이런 경우에는 대푯값 중 중간값을 구하는 것이 좋습니다.

08 개별 모델의 월별 불량 수량의 중간값을 구하겠습니다.

09 [S6] 셀에 **=MEDIAN(E6:P6)** 수식을 입력하고 채우기 핸들🔲을 [S19] 셀까지 드래그합니다.

| S6 | | | fx | =MEDIAN(E6:P6) | | | | | | | | | | | | | | | |

월 불량률 관리 대장

공정라인	인치	모델번호	1월	2월	3월	4월	5월	6월	7월	8월	9월	10월	11월	12월	합계	평균	중간값	왜도	최빈값
AB	40	XL40AB02	18	19	29	31	13	30	37	36	43	39	13	23	331	27.6	29.5		
AB	50	XL50AB01	20	20	28	26	36	37	37	36	16	14	45	35	350	29.2	31.5		
AB	55	XL55AB01	12	41	34	30	23	18	25	16	22	21	29	25	296	24.7	24.0		
AB	60	XL60AB02	31	19	38	35	20	13	36	34	28	21	26	33	334	27.8	29.5		
AB	65	XL65AB02	16	21	45	12	25	40	15	29	16	28	18	34	299	24.9	23.0		
AB	70	XL70AB02	41	12	28	37	29	14	39	44	36	15	13	39	347	28.9	32.5		
AB	75	XL75AB02	31	12	14	27	45	12	12	14	44	42	11	13	277	23.1	14.0		
AC	40	XL40AC01	10	13	44	23	18	19	30	28	27	26	16	12	266	22.2	21.0		
AC	50	XL50AC01	14	33	29	25	31	35	30	17	27	27	18	45	331	27.6	28.0		
AC	55	XL55AC01	24	20	18	16	15	33	25	18	43	43	10	42	307	25.6	22.0		
AC	60	XL60AC02	37	13	25	36	37	41	32	42	15	13	42	15	348	29.0	34.0		
AC	65	XL65AC02	18	45	20	17	23	44	18	10	17	37	33	11	293	24.4	19.0		
AC	70	XL70AC01	35	34	22	26	22	28	29	27	36	43	22	37	361	30.1	28.5		
AC	75	XL75AC02	22	11	34	18	21	30	22	43	38	22	43	25	329	27.4	23.5		
공정라인		AB	169	144	216	198	191	164	201	209	205	180	155	202	2,234	186.2			
		AC	160	169	192	161	167	230	186	185	203	211	184	187	2,235	186.3			

10 공정라인의 월별 불량 수량의 중간값을 구하겠습니다.

11 [S21] 셀에 **=MEDIAN(E21:P21)** 수식을 입력하고 채우기 핸들🔲을 [S22] 셀까지 드래그합니다.

| S21 | | | fx | =MEDIAN(E21:P21) | | | | | | | | | | | | | | | |

월 불량률 관리 대장

공정라인	인치	모델번호	1월	2월	3월	4월	5월	6월	7월	8월	9월	10월	11월	12월	합계	평균	중간값	왜도	최빈값
AB	40	XL40AB02	18	19	29	31	13	30	37	36	43	39	13	23	331	27.6	29.5		
AB	50	XL50AB01	20	20	28	26	36	37	37	36	16	14	45	35	350	29.2	31.5		
AB	55	XL55AB01	12	41	34	30	23	18	25	16	22	21	29	25	296	24.7	24.0		
AB	60	XL60AB02	31	19	38	35	20	13	36	34	28	21	26	33	334	27.8	29.5		
AB	65	XL65AB02	16	21	45	12	25	40	15	29	16	28	18	34	299	24.9	23.0		
AB	70	XL70AB02	41	12	28	37	29	14	39	44	36	15	13	39	347	28.9	32.5		
AB	75	XL75AB02	31	12	14	27	45	12	12	14	44	42	11	13	277	23.1	14.0		
AC	40	XL40AC01	10	13	44	23	18	19	30	28	27	26	16	12	266	22.2	21.0		
AC	50	XL50AC01	14	33	29	25	31	35	30	17	27	27	18	45	331	27.6	28.0		
AC	55	XL55AC01	24	20	18	16	15	33	25	18	43	43	10	42	307	25.6	22.0		
AC	60	XL60AC02	37	13	25	36	37	41	32	42	15	13	42	15	348	29.0	34.0		
AC	65	XL65AC02	18	45	20	17	23	44	18	10	17	37	33	11	293	24.4	19.0		
AC	70	XL70AC01	35	34	22	26	22	28	29	27	36	43	22	37	361	30.1	28.5		
AC	75	XL75AC02	22	11	34	18	21	30	22	43	38	22	43	25	329	27.4	23.5		
공정라인		AB	169	144	216	198	191	164	201	209	205	180	155	202	2,234	186.2	194.5		
		AC	160	169	192	161	167	230	186	185	203	211	184	187	2,235	186.3	185.5		

🔍 **더 알아보기** | **수식 결과 이해하기**

개별 공정라인의 월별 불량 수량의 중간값을 구해보면 R열의 평균과는 다른 값이 반환되는 것을 확인할 수 있습니다. AB 공정라인의 월별 평균 불량 수량은 186.2개이지만 중간값은 194.5개로 평균과 중간값의 차이가 8개 정도 발생합니다. 그에 비해 AC 공정라인의 월별 불량 수량은 186.3개이지만 중간값은 185.5개로 거의 차이가 없습니다.

이 사실로 AB 공정라인에 대해 다음과 같은 사실을 유추할 수 있습니다.

첫째, 월 불량 수량 중 평균보다 크게 낮은 월이 존재합니다. 이것은 평균이 중간값보다 낮다는 사실로 쉽게 유추할 수 있습니다.

아래 데이터 집합에서 평균은 4이고 중간값은 5입니다. 이렇게 평균이 중간값보다 낮으려면 평균보다 크게 낮은(1, 2) 숫자가 있어야만 합니다.

샘플 데이터				
1	2	5	6	6

둘째, 월 불량 수량 중 평균을 초과하는 데이터가 많습니다. 이것은 첫 번째 설명의 반대 측면으로, 중간값이 평균보다 높은 경우에는 예외 없이 평균을 초과하는 데이터가 많습니다.

12 중간값과 평균의 관계를 시각적으로 확인하려면 조건부 서식이 유용합니다.

13 [E21:P21] 범위를 선택하고 리본 메뉴의 [홈] 탭-[스타일] 그룹-[조건부 서식📊]을 클릭합니다.

14 하위 메뉴에서 [상위/하위 규칙]-[평균 초과]를 선택합니다.

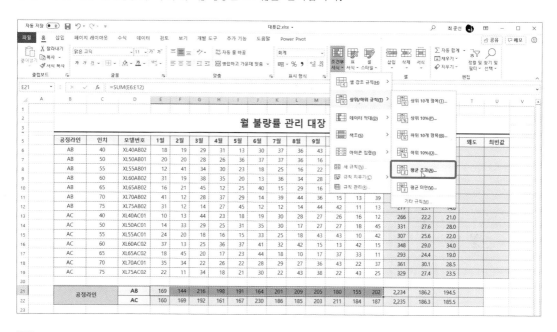

TIP 이 작업으로 평균을 초과하는 월이 어디이며 몇 개인지 확인할 수 있습니다.

15 [평균 초과] 대화상자가 표시되면 기본 서식을 그대로 두고 [확인]을 클릭합니다.

TIP 원하는 다른 서식을 적용하려면 [사용자 지정 서식]을 선택합니다.

16 리본 메뉴의 [홈] 탭-[스타일] 그룹-[조건부 서식📊]을 클릭하고 [상위/하위 규칙]-[평균 미만]을 선택합니다.

17 [평균 미만] 대화상자가 표시되면 [진한 녹색 텍스트가 있는 녹색 채우기] 서식을 선택하고 [확인]을 클릭합니다.

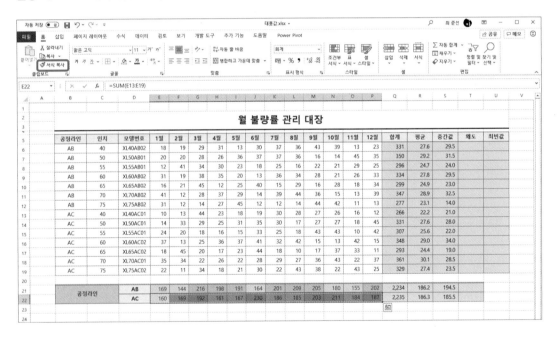

14		AC	50	XL50AC01	14	33	29	25	31						331	27.6	28.0	
15		AC	55	XL55AC01	24	20	18	16	15						307	25.6	22.0	
16		AC	60	XL60AC02	37	13	25	36	37						348	29.0	34.0	
17		AC	65	XL65AC02	18	45	20	17	23						293	24.4	19.0	
18		AC	70	XL70AC01	35	34	22	26	22						361	30.1	28.5	
19		AC	75	XL75AC02	22	11	34	18	21						329	27.4	23.5	
20																		
21	공정라인		AB	169	144	216	198	191	164	201	209	205	180	155	202	2,234	186.2	194.5
22			AC	160	169	192	161	167	230	186	185	203	211	184	187	2,235	186.3	185.5
23																		

TIP AB 공정라인은 월 불량 수량이 평균을 초과한 경우가 7회, 미만인 경우가 5회입니다.

18 동일한 조건부 서식 효과를 AC 공정라인에도 적용하겠습니다.

19 [E21:P21] 범위를 선택하고 리본 메뉴의 [홈] 탭-[클립보드] 그룹-[서식 복사✓]를 클릭합니다.

20 [E22:P22] 범위를 드래그해 복사한 서식을 붙여 넣습니다.

TIP AC 공정라인은 월 불량 수량이 평균을 초과한 경우가 5회, 미만인 경우가 7회입니다.

조건부 서식이 적용된 결과 해석하기

AB 공정라인(21행)의 경우 평균([R21] 셀)보다 중간값([S21] 셀)이 더 크므로 평균을 초과한 월이 많다는 것을 알 수 있습니다. 다만 AC 공정라인(22행)의 경우는 평균([R22] 셀)과 중간값([S22] 셀)의 차이가 크지 않으며, AB 공정라인과 반대로 평균 미만 인 월이 7회입니다.

이 사실은 AC 공정라인의 월 불량 수량 중 평균을 높이는 숫자가 존재한다는 것을 의미합니다. [E22:P22] 범위를 보면 6월과 같이 다른 월에 비해 좀 더 많은 불량 수량이 발생한 경우가 있다는 사실을 확인할 수 있습니다.

이렇게 대푯값 중 평균값과 중간값을 구하면 데이터에 대한 여러 해석이 가능합니다. 조건부 서식은 데이터를 시각화해주기 때문 에 대푯값만으로는 이해할 수 없는 구체적인 사실을 이해하는 데 도움이 됩니다.

21 전체 월별 불량 수량이 어떻게 분포되어 있는지 확인할 수 있는 왜도를 측정하겠습니다.

왜도 이해하기

01 왜도는 전체 데이터의 비대칭성을 계산하는 개념입니다. 데이터의 출현 빈도 가 좌우 대칭 구조라면 왜도는 0이 됩니다.

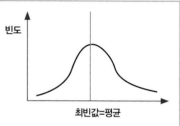

02 만약 데이터가 오른쪽 그림과 같이 작은 쪽에 많이 몰려 있다면 왜도는 플러 스 값이 반환됩니다.

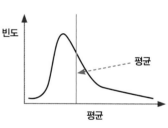

03 반대로 데이터가 큰 쪽에 더 많이 몰려 있다면 왜도는 마이너스 값이 반환됩 니다.

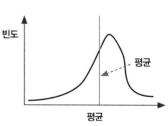

이렇게 데이터에 대한 이해를 구체적인 수치로 구한 값이 왜도입니다. 엑셀에서 왜도는 SKEW 함수로 구하며, 사용 방법은 AVERAGE, MEDIAN 함수와 동일합니다.

22 [T21] 셀에 **=SKEW(E21:P21)** 수식을 입력하고 채우기 핸들➕을 [T22] 셀까지 드래그합니다.

T21	▼ : × ✓ *fx*	=SKEW(E21:P21)																			

	A	B	C	D	E	F	G	H	I	J	K	L	M	N	O	P	Q	R	S	T	U	V

월 불량률 관리 대장

공정라인	인치	모델번호	1월	2월	3월	4월	5월	6월	7월	8월	9월	10월	11월	12월	합계	평균	중간값	왜도	최빈값
AB	40	XL40AB02	18	19	29	31	13	30	37	36	43	39	13	23	331	27.6	29.5		
AB	50	XL50AB01	20	20	28	26	36	37	37	36	16	14	45	35	350	29.2	31.5		
AB	55	XL55AB01	12	41	34	30	23	18	25	16	22	21	29	25	296	24.7	24.0		
AB	60	XL60AB02	31	19	38	35	20	13	36	34	28	21	26	33	334	27.8	29.5		
AB	65	XL65AB02	21	21	45	12	25	40	15	29	16	28	18	34	299	24.9	23.0		
AB	70	XL70AB02	41	12	28	37	29	14	39	44	36	15	13	39	347	28.9	32.5		
AB	75	XL75AB02	31	12	14	27	45	12	12	14	44	42	11	13	277	23.1	14.0		
AC	40	XL40AC01	10	13	44	23	18	19	30	28	27	26	16	12	266	22.2	21.0		
AC	50	XL50AC01	14	33	29	25	31	35	30	17	27	27	18	45	331	27.6	28.0		
AC	55	XL55AC01	24	20	18	16	15	33	25	18	43	43	10	42	307	25.6	22.0		
AC	60	XL60AC02	37	13	25	36	37	41	32	42	15	13	42	15	348	29.0	34.0		
AC	65	XL65AC02	18	45	20	17	23	44	18	10	17	37	33	11	293	24.4	19.0		
AC	70	XL70AC01	35	34	22	26	22	28	29	27	36	43	22	37	361	30.1	28.5		
AC	75	XL75AC02	22	11	34	18	21	30	22	43	38	22	43	25	329	27.4	23.5		
공정라인		AB	169	144	216	198	191	164	201	209	205	180	155	202	2,234	186.2	194.5	- 0.6	
		AC	160	169	192	161	167	230	186	185	203	211	184	187	2,235	186.3	185.5	0.7	

🔍 **더 알아보기** | **수식 결과 이해하기**

AB 공정라인의 왜도는 −0.6(마이너스 값)이므로 월별 불량 수량이 많은 경우가 많을 것으로 추정할 수 있습니다. 실제 데이터를 확인하면 [E21:P21] 범위를 봐도 평균을 초과하는 월이 7개로, 불량 수량이 평균을 초과하는 경우가 많습니다.

그에 비해 AC 공정라인의 왜도는 0.7(플러스 값)로, 월별 불량 수량이 평균보다 적은 경우가 많을 것으로 추정할 수 있습니다. 실제 [E22:P22] 범위에도 평균보다 불량 수량이 적은 월이 7개입니다.

이렇게 왜도를 계산하면 데이터의 분포 현황을 보다 쉽게 이해하고 설명할 수 있습니다.

23 왜도의 값을 스파크라인을 이용해 표시하면 [U21:U22] 범위와 같은 모습의 그래프가 됩니다.

	AC	50	XL50AC01	14	33	29	25	31	35	30	17	27	27	18	45	331	27.6	28.0		
	AC	55	XL55AC01	24	20	18	16	15	33	25	18	43	43	10	42	307	25.6	22.0		
	AC	60	XL60AC02	37	13	25	36	37	41	32	42	15	13	42	15	348	29.0	34.0		
	AC	65	XL65AC02	18	45	20	17	23	44	18	10	17	37	33	11	293	24.4	19.0		
	AC	70	XL70AC01	35	34	22	26	22	28	29	27	36	43	22	37	361	30.1	28.5		
	AC	75	XL75AC02	22	11	34	18	21	30	22	43	38	22	43	25	329	27.4	23.5		
	공정라인		AB	169	144	216	198	191	164	201	209	205	180	155	202	2,234	186.2	194.5	- 0.6	
			AC	160	169	192	161	167	230	186	185	203	211	184	187	2,235	186.3	185.5	0.7	

TIP [U21:U22] 범위의 스파크라인은 설명을 위해 넣어둔 것이므로 참고용으로만 사용합니다.

24 이번에는 각 모델별 왜도를 구하겠습니다.

25 [T6] 셀에 **=SKEW(E6:P6)** 수식을 입력하고 채우기 핸들 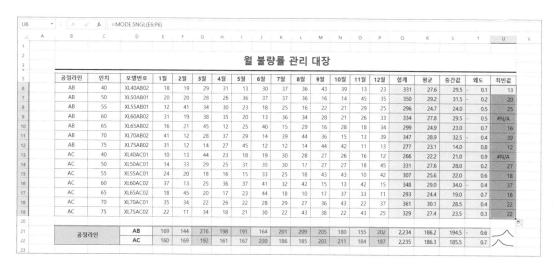을 [T19] 셀까지 드래그합니다.

TIP 반환된 왜도를 보면 개별 모델의 월별 불량 수량이 어떻게 분포되어 있는지 확인할 수 있습니다.

26 월별 불량 수량의 최빈값을 구하겠습니다.

TIP 숫자 데이터의 경우 최빈값보다는 평균이나 중간값이 대푯값으로 더 유용합니다.

27 [U6] 셀에 **=MODE.SNGL(E6:P6)** 수식을 입력하고 채우기 핸들 을 [U19] 셀까지 드래그합니다.

🔍 **더 알아보기**   **수식 이해하기**

MODE.SNGL 함수는 최빈값이 여러 개 있어도 하나만 반환되며 MODE 함수를 사용한 결과와 동일합니다. 그러므로 엑셀 2007 버전 사용자는 함수를 MODE로 변경해 입력합니다. 이번 수식에서 #N/A 에러가 반환된다면 최빈값이 없기 때문입니다.

28 에러가 발생된 셀에는 '없음'이 반환되도록 하는 것이 좋습니다.

29 [U6] 셀에 다음 수식을 입력하고 채우기 핸들 ⊞을 [U19] 셀까지 드래그합니다.

=IFERROR(MODE.SNGL(E6:P6), "없음")

| | U6 | | × ✓ fx | =IFERROR(MODE.SNGL(E6:P6), "없음") | | | | | | | | | | | | | | | | | |

월 불량률 관리 대장

공정라인	인치	모델번호	1월	2월	3월	4월	5월	6월	7월	8월	9월	10월	11월	12월	합계	평균	중간값	왜도	최빈값
AB	40	XL40AB02	18	19	29	31	13	30	37	36	43	39	13	23	331	27.6	29.5	0.1	13
AB	50	XL50AB01	20	20	28	26	36	37	37	36	16	14	45	35	350	29.2	31.5	0.2	20
AB	55	XL55AB01	12	41	34	30	23	18	25	16	22	21	29	25	296	24.7	24.0	0.5	25
AB	60	XL60AB02	31	19	38	35	20	13	36	34	28	21	26	33	334	27.8	29.5	0.5	없음
AB	65	XL65AB02	16	21	45	12	25	40	15	29	16	28	18	34	299	24.9	23.0	0.7	16
AB	70	XL70AB02	41	12	28	37	29	14	39	44	36	15	13	39	347	28.9	32.5	0.4	39
AB	75	XL75AB02	31	12	14	27	45	12	12	14	44	42	11	13	277	23.1	14.0	0.8	12
AC	40	XL40AC01	10	13	44	23	18	19	30	28	27	26	16	12	266	22.2	21.0	0.9	없음
AC	50	XL50AC01	14	33	29	25	31	35	30	17	27	27	18	45	331	27.6	28.0	0.2	27
AC	55	XL55AC01	24	20	18	16	15	33	25	18	43	43	10	42	307	25.6	22.0	0.6	18
AC	60	XL60AC02	37	13	25	36	37	41	32	42	15	13	42	15	348	29.0	34.0	0.4	37
AC	65	XL65AC02	45	20	17	23	44	18	10	17	37	33	11	51	293	24.4	19.0	0.7	18
AC	70	XL70AC01	35	34	22	26	22	28	29	27	36	43	22	37	361	30.1	28.5	0.4	22
AC	75	XL75AC02	22	11	34	18	21	30	22	43	38	22	43	25	329	27.4	23.5	0.3	22

| 공정라인 | | AB | 169 | 144 | 216 | 198 | 191 | 164 | 201 | 209 | 205 | 180 | 155 | 202 | 2,234 | 186.2 | 194.5 | 0.6 | |
| | | AC | 160 | 169 | 192 | 161 | 167 | 230 | 186 | 185 | 203 | 211 | 184 | 187 | 2,235 | 186.3 | 185.5 | 0.7 | |

TIP 이번 예제의 경우 최빈값을 가지고 해석할 만한 사항은 없습니다.

분석 도구를 활용한 엑셀의 기술 통계

09 03 텍스트 데이터의 최빈값 구하기

예제 파일 PART 04 \ CHAPTER 09 \ 최빈값.xlsx

수식 활용

데이터를 설명할 때 가장 기본이 되는 대푯값으로는 숫자 데이터의 경우 평균과 중간값을, 그 외의 데이터의 경우 최빈값을 주로 이용합니다. 단, 엑셀의 최빈값을 구하는 MODE 함수는 숫자 데이터만 처리할 수 있으므로 숫자 이외의 데이터로 작업하려면 별도의 수식을 활용해야 합니다. 다음 수식을 참고합니다.

> **=INDEX(데이터,**
> **MATCH(MAX(COUNTIF(데이터, 데이터)),**
> **COUNTIF(데이터, 데이터), 0))**
>
> ● 데이터 : 최빈값을 구할 데이터가 입력된 범위

위 수식은 배열을 이용한 수식으로 엑셀 2019 이전 버전까지는 Ctrl + Shift + Enter 를 눌러 입력해야 하며 마이크로소프트 365 버전과 같이 동적 배열을 지원하는 경우에는 Enter 를 눌러 입력합니다.

다만 위 수식도 MODE.SNGL 함수처럼 첫 번째 최빈값을 반환합니다. 그러므로 최빈값이 여러 개인 경우에는 다음과 같은 수식을 사용합니다.

> **마이크로소프트 365**
>
> **=UNIQUE(**
> **FILTER(데이터, COUNTIF(데이터, 데이터)**
> **=MAX(COUNTIF(데이터, 데이터))))**
>
> ● 데이터 : 최빈값을 구할 데이터가 입력된 범위

앞 수식에 있는 UNIQUE, FILTER 함수는 마이크로소프트 365와 같이 동적 배열을 지원하는 버전에서만 사용할 수 있습니다. 따라서 엑셀 2019 이전 버전까지는 사용할 수 없으며 향후 출시될 엑셀 2022 버전에서 지원될 예정입니다.

만약 여러 개의 최빈값을 쉼표(,) 등과 같은 구분 문자를 사용해 하나의 문자열로 반환 받고 싶다면 다음과 같은 수식을 사용합니다.

```
=TEXTJOIN(구분 문자, TRUE,
            UNIQUE(FILTER(데이터,
                    COUNTIF(데이터, 데이터)
                    =MAX(COUNTIF(데이터, 데이터)))))
```

- **데이터** : 최빈값을 구할 데이터가 입력된 범위
- **구분 문자** : 쉼표(,)와 같은 구분 기호를 입력하면 여러 개의 최빈값이 구분 문자로 구분된 하나의 문자열로 반환됩니다.

그러면 중복된 최빈값이 있을 때 **최빈값1**, **최빈값2**와 같이 구분 문자로 구분된 하나의 문자열로 결과가 반환됩니다. 위 수식 역시 배열을 이용한 수식으로 TEXTJOIN 함수와 앞에서 언급한 UNIQUE, FILTER 함수도 마이크로소프트 365 버전에서만 사용할 수 있습니다.

최빈값 구하기

방법1 – 텍스트 데이터에 코드를 부여해 최빈값 구하기(전체 버전)

엑셀에서 최빈값을 구할 때 사용하는 MODE, MODE.SNGL, MODE.MULT 함수는 모두 숫자 데이터만 처리할 수 있습니다. 그러므로 텍스트 데이터를 대상으로 최빈값을 구해야 한다면 텍스트 데이터에 숫자로 된 코드를 부여해 작업해야 합니다. 다음 과정을 참고합니다.

01 예제의 [sample1] 시트에는 다음과 같은 데이터가 준비되어 있습니다.

🔍 더 알아보기   예제 이해하기

점심 식사 후 음료수 제공을 위해 [B5:B15] 범위에 직원들이 선호하는 커피 종류를 조사했습니다. 가장 많은 답변을 받은 커피를 제공하기 위해 최빈값을 구하는 작업을 진행합니다.

02 [B5:B15] 범위의 답변은 텍스트 데이터이므로 MODE 함수로는 원하는 결과를 얻을 수 없습니다.

03 확인을 위해 [H5] 셀에 다음 수식을 입력해봅니다.

=MODE.SNGL(B5:B15)

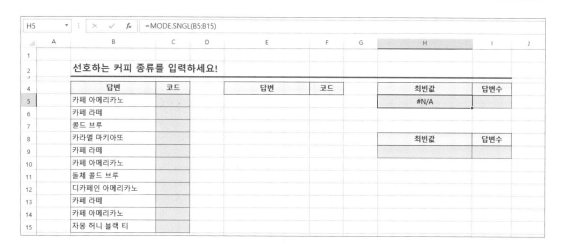

TIP MODE 함수에 텍스트 데이터 범위를 지정하면 #N/A 에러가 발생합니다.

04 텍스트 데이터에 코드를 부여하려면 중복 항목을 먼저 제거해야 합니다.

05 [B4:B15] 범위를 선택하고 Ctrl + C 로 복사해 [E4] 셀에 Ctrl + V 로 붙여 넣습니다.

06 [E4:E15] 범위가 선택된 상태에서 리본 메뉴의 [데이터] 탭-[데이터 도구] 그룹-[중복된 항목 제거]를 클릭합니다.

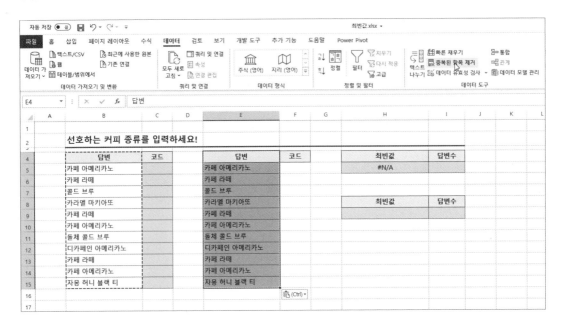

07 오른쪽 빈 열(F열)의 머리글([F4] 셀) 때문에 경고 메시지가 표시됩니다.

08 현재 선택된 범위에서만 기능이 동작되도록 [현재 선택 영역으로 정렬]이 선택된 상태에서 [중복된 항목 제거]를 클릭합니다.

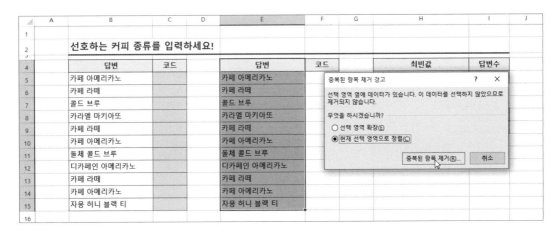

09 [중복 값 제거] 대화상자에서 [답변] 열이 체크된 상태로 [확인]을 클릭합니다.

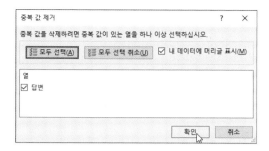

10 중복이 제거됐다는 메시지가 나오면 [확인]을 클릭합니다.

11 [F5:F11] 범위에 1, 2, 3, …과 같은 일련번호를 입력합니다.

	A	B	C	D	E	F	G	H	I	J
1										
2		선호하는 커피 종류를 입력하세요!								
4		답변	코드		답변	코드		최빈값	답변수	
5		카페 아메리카노			카페 아메리카노	1		#N/A		
6		카페 라떼			카페 라떼	2				
7		콜드 브루			콜드 브루	3				
8		카라멜 마키아또			카라멜 마키아또	4		최빈값	답변수	
9		카페 라떼			돌체 콜드 브루	5				
10		카페 아메리카노			디카페인 아메리카노	6				
11		돌체 콜드 브루			자몽 허니 블랙 티	7				
12		디카페인 아메리카노								
13		카페 라떼								
14		카페 아메리카노								
15		자몽 허니 블랙 티								

TIP F열에 입력하는 숫자는 중복되지만 않으면 어떤 숫자든 상관 없습니다.

12 C열에 입력된 코드를 참조하는 수식을 작성하겠습니다.

13 [C5] 셀에 다음 수식을 입력하고 채우기 핸들➕을 [C15] 셀까지 드래그합니다.

=VLOOKUP(B5, $E$5:$F$11, 2, FALSE)

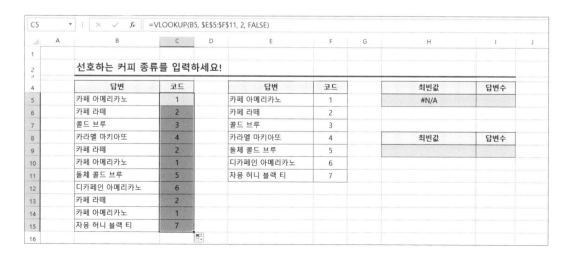

VLOOKUP 함수는 원하는 값을 다른 표의 왼쪽 열에서 찾아 오른쪽 열의 값을 참조해올 수 있는 함수입니다. 구문은 다음과 같습니다.

> VLOOKUP(찾는 값, 표, 열 번호, 찾는 방법)

그러므로 이번 수식은 [B5] 셀의 값을 표([E5:F11] 범위)의 왼쪽 열([E5:E11] 범위)에서 찾아 두 번째 열([F5:F11] 범위)의 값을 참조합니다. FALSE는 [찾는 값]과 동일한 값을 찾으라는 인수입니다.

14 참조한 코드 값을 이용해 최빈값을 구합니다. [H5] 셀에 다음 수식을 입력합니다.

=MODE.SNGL(C5:C15)

H5	▼ : × ✓ *fx*	=MODE.SNGL(C5:C15)						
▲	A	B	C	D	E	F	G	H	I	J

	선호하는 커피 종류를 입력하세요!							
	답변	**코드**		**답변**	**코드**		**최빈값**	**답변수**
	카페 아메리카노	1		카페 아메리카노	1		1	
	카페 라떼	2		카페 라떼	2			
	콜드 브루	3		콜드 브루	3			
	카라멜 마키아또	4		카라멜 마키아또	4		**최빈값**	**답변수**
	카페 라떼	2		돌체 콜드 브루	5			
	카페 아메리카노	1		디카페인 아메리카노	6			
	돌체 콜드 브루	5		자몽 허니 블랙 티	7			
	디카페인 아메리카노	6						
	카페 라떼	2						
	카페 아메리카노	1						
	자몽 허니 블랙 티	7						

TIP 반환된 최빈값이 1인 것은 코드 값이 1번인 커피가 가장 많이 답변되었다는 것을 의미합니다.

MODE.SNGL 함수는 엑셀 2010 버전부터 지원됩니다. 엑셀 2007 버전을 사용한다면 MODE 함수로 수식을 입력합니다. MODE, MODE.SNGL 함수는 [C5:C15] 범위에서 먼저 입력된 값 순으로 가장 많은 빈도를 보인 첫 번째 최빈값을 반환합니다.

15 최빈값이 여러 개인 경우가 있는지 확인합니다.

16 [H9] 셀에 다음 수식을 입력합니다.

=MODE.MULT(C5:C15)

TIP 엑셀 2019 버전까지는 [H9:H10] 범위를 선택하고 수식을 작성한 후 `Ctrl` + `Shift` + `Enter` 를 눌러 입력해야 합니다.

H9 | =MODE.MULT(C5:C15)

	답변	코드		답변	코드		최빈값	답변수
	카페 아메리카노	1		카페 아메리카노	1		1	
	카페 라떼	2		카페 라떼	2			
	콜드 브루	3		콜드 브루	3			
	카라멜 마키아또	4		카라멜 마키아또	4		최빈값	답변수
	카페 라떼	2		돌체 콜드 브루	5		1	
	카페 아메리카노	1		디카페인 아메리카노	6		2	
	돌체 콜드 브루	5		자몽 허니 블랙 티	7			
	디카페인 아메리카노	6						
	카페 라떼	2						
	카페 아메리카노	1						
	자몽 허니 블랙 티	7						

🔍 **더 알아보기**　　**수식 이해하기**

MODE.MULT 함수는 MODE.SNGL 함수와는 달리 최빈값이 여러 개 있는 경우 이를 모두 반환합니다. 다만 배열로 값을 반환하므로, 동적 배열을 지원하는 마이크로소프트 365 버전과 엑셀 2019 이하 버전까지의 입력이 다르다는 점에 주의합니다. 마이크로소프트 365 버전에서는 [H9] 셀에 수식을 입력하면 여러 개의 최빈값이 알아서 반환됩니다. 하지만 엑셀 2019 이하 버전까지는 직접 수식에서 반환 받을 범위를 선택하고 수식을 작성한 후 Ctrl + Shift + Enter 를 눌러 입력해야 합니다.

아직은 동적 배열 함수를 입력하는 새로운 방법이 마이크로소프트 365 버전에만 적용되어 있어 이런 불편함이 있지만, 향후 출시될 엑셀 2022 버전에서도 마이크로소프트 365 버전과 동일한 동적 배열이 지원될 예정입니다.

17 반환된 코드를 답변된 커피 종류로 변환하기 위해 [H5] 셀의 수식을 다음과 같이 변경합니다.

=INDEX(E5:E11, MATCH(MODE.SNGL(C5:C15), F5:F11, 0))

H5 | =INDEX(E5:E11, MATCH(MODE.SNGL(C5:C15), F5:F11, 0))

	답변	코드		답변	코드		최빈값	답변수
	카페 아메리카노	1		카페 아메리카노	1		카페 아메리카노	
	카페 라떼	2		카페 라떼	2			
	콜드 브루	3		콜드 브루	3			
	카라멜 마키아또	4		카라멜 마키아또	4		최빈값	답변수
	카페 라떼	2		돌체 콜드 브루	5		1	
	카페 아메리카노	1		디카페인 아메리카노	6		2	
	돌체 콜드 브루	5		자몽 허니 블랙 티	7			
	디카페인 아메리카노	6						
	카페 라떼	2						
	카페 아메리카노	1						
	자몽 허니 블랙 티	7						

VLOOKUP 함수로 원하는 값을 가져오지 못하는 경우에 보통 INDEX 함수와 MATCH 함수를 조합해 값을 참조해 오는 방법을 사용합니다. VLOOKUP 함수는 가장 왼쪽 열을 기준으로 일치하는 값을 찾아 오른쪽 열의 값을 참조할 수 있는 함수입니다. [E:F] 열을 보면 답변은 왼쪽 열에, 코드는 오른쪽 열에 있습니다. 이번과 같이 오른쪽의 코드 값으로 커피 종류를 참조하기는 어렵습니다.

INDEX 함수는 값을 참조할 수 있는 함수로 구문은 다음과 같습니다.

INDEX(표, 행 번호, 열 번호)

MATCH 함수는 원하는 값이 몇 번째 위치에 있는지 찾을 수 있는 함수로 구문은 다음과 같습니다.

MATCH(찾을 값, 찾을 범위, 찾는 방법)

그러므로 이번 수식은 MATCH 함수로 MODE.SNGL 함수에 반환된 최빈값을 [F5:F11] 범위에서 찾아 INDEX 함수로 [E5:E11] 범위의 값을 참조하라는 의미입니다. VLOOKUP 함수나 INDEX, MATCH 함수는 엑셀 사용자라면 반드시 알아야 하는 함수이므로 잘 익혀둘 것을 권장합니다.

18 [H9] 셀의 수식도 다음과 같이 변경합니다.

=INDEX(E5:E11, MATCH(MODE.MULT(C5:C15), F5:F11, 0))

TIP 엑셀 2019 이전 버전은 [H9:H10] 범위를 선택하고 수식을 작성한 후 Ctrl + Shift + Enter 를 눌러 입력해야 합니다.

H9	▼ : × ✓ fx	=INDEX(E5:E11, MATCH(MODE.MULT(C5:C15), F5:F11, 0))						
	A	B	C	D	E	F	G	H	I	J
1								
2		선호하는 커피 종류를 입력하세요!						
4		답변	코드		답변	코드		최빈값	답변수
5		카페 아메리카노	1		카페 아메리카노	1		카페 아메리카노	
6		카페 라떼	2		카페 라떼	2			
7		콜드 브루	3		콜드 브루	3			
8		카라멜 마키아또	4		카라멜 마키아또	4		최빈값	답변수
9		카페 라떼	2		돌체 콜드 브루	5		카페 아메리카노	
10		카페 아메리카노	1		디카페인 아메리카노	6		카페 라떼	
11		돌체 콜드 브루	5		자몽 허니 블랙 티	7			
12		디카페인 아메리카노	6						
13		카페 라떼	2						
14		카페 아메리카노	1						
15		자몽 허니 블랙 티	7						
16								

19 최빈값의 답변 수를 구하기 위해 [I5] 셀에 다음 수식을 입력합니다.

=COUNTIF(B5:B15, H5)

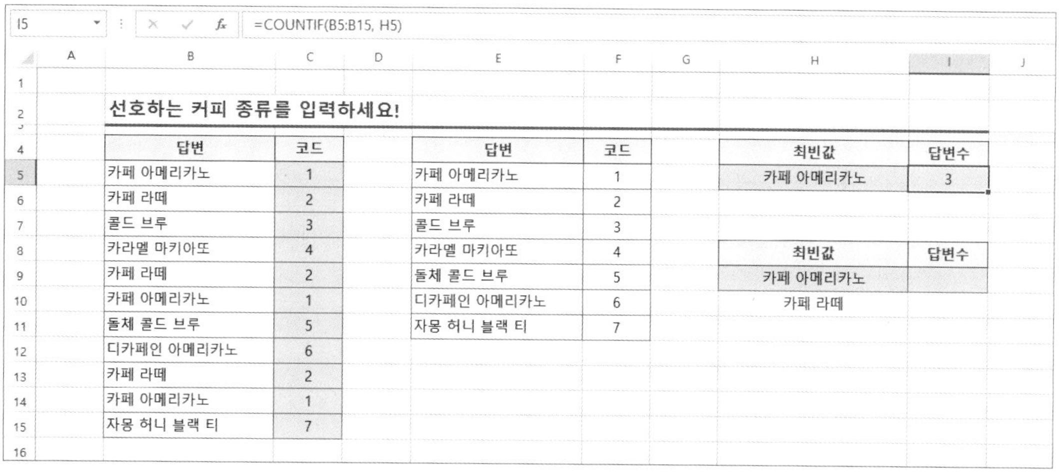

| I5 | | : | × | ✓ | fx | =COUNTIF(B5:B15, H5) |

COUNTIF 함수는 범위 내에서 지정한 조건에 맞는 셀이 몇 개인지 세어줍니다. 구문은 다음과 같습니다.

　COUNTIF(범위, 조건)

그러므로 이번 수식은 [B5:B15] 범위에 [H5] 셀과 일치하는 데이터가 몇 개인지 세어줍니다. 반환된 값을 통해 카페 아메리카노라고 답변한 직원이 세 명이라는 것을 알 수 있습니다.

20　[I9] 셀에는 다음 수식을 입력합니다.

=COUNTIF(B5:B15, H9#)

TIP 엑셀 2019 이전 버전은 **=COUNTIF($B$5:$B$15, H9)** 수식을 입력하고, 채우기 핸들🔸을 [I10] 셀까지 드래그합니다.

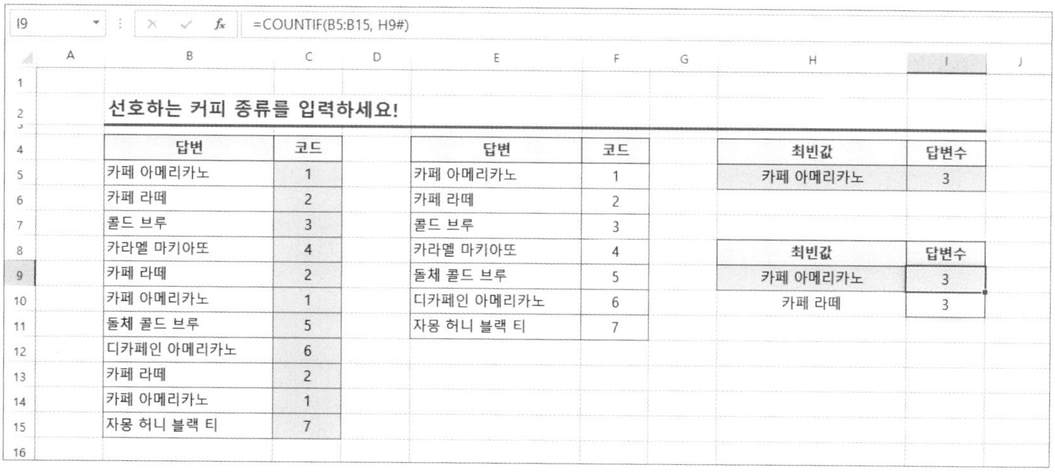

| I9 | | : | × | ✓ | fx | =COUNTIF(B5:B15, H9#) |

방법 2 – 동적 배열을 이용해 빠르게 결과 얻기   마이크로소프트 365

마이크로소프트 365 버전부터 지원되는 동적 배열을 이용하면 굳이 텍스트 데이터를 숫자(코드)로 변환하지 않고도 원하는 최빈값을 구할 수 있습니다. 다음 과정을 참고합니다.

01 [sample2] 시트로 이동하면 다음 표를 확인할 수 있습니다.

	A	B	C	D	E	F
1						
2		선호하는 커피 종류를 입력하세요!				
3						
4		답변		최빈값	답변수	
5		카페 아메리카노				
6		카페 라떼				
7		콜드 브루				
8		카라멜 마키아또		최빈값	답변수	
9		카페 라떼				
10		카페 아메리카노				
11		돌체 콜드 브루				
12		디카페인 아메리카노				
13		카페 라떼				
14		카페 아메리카노				
15		자몽 허니 블랙 티				
16						
17						

‹ › sample1 sample2 ⊕

02 [D5] 셀에 커피 종류 중 최빈값을 구하기 위해 다음 수식을 입력합니다.

```
=INDEX(B5:B15,
            MATCH(MAX(COUNTIF(B5:B15, B5:B15)),
                    COUNTIF(B5:B15, B5:B15), 0))
```

TIP 엑셀 2019 이전 버전은 [H9:H10] 범위를 선택하고 수식을 작성한 후 Ctrl + Shift + Enter 를 눌러 입력해야 합니다.

| D5 | ▼ | : | × | ✓ | f_x | =INDEX(B5:B15, MATCH(MAX(COUNTIF(B5:B15, B5:B15)), COUNTIF(B5:B15, B5:B15), 0)) |

	A	B	C	D	E	F	G	H	I
1									
2		**선호하는 커피 종류를 입력하세요!**							
3									
4		답변		최빈값	답변수				
5		카페 아메리카노		카페 아메리카노					
6		카페 라떼							
7		콜드 브루							
8		카라멜 마키아또		최빈값	답변수				
9		카페 라떼							
10		카페 아메리카노							
11		돌체 콜드 브루							
12		디카페인 아메리카노							
13		카페 라떼							
14		카페 아메리카노							
15		자몽 허니 블랙 티							
16									

🔍 **더 알아보기**　　**수식 이해하기**

이번 수식은 배열을 이용한 수식으로, 배열에 대한 이해 없이는 어떻게 동작하는지 알기 어렵습니다. 이 책에서는 배열을 활용한 수식 작성 방법을 모두 설명하기에 한계가 있습니다. 배열을 활용한 수식을 정확하게 이해하려면 〈엑셀 함수&수식 바이블〉 책을 참고할 것을 권장합니다.

간략히 설명하자면 이번 수식을 이해하는 데 핵심적인 부분은 **COUNTIF(B5:B15, B5:B15)**입니다. COUNTIF 함수의 두 번째 인수에 [B5:B15] 범위를 전달해 한 번에 여러 개수를 셀 수 있도록 한 것인데, 이런 수식 작성 방법은 배열을 이용하지 않으면 얻을 수 없습니다. 이 부분은 순서대로 COUNTIF(B5:B15, B5), COUNTIF(B5:B15, B6), COUNTIF(B5:B15, B7), … 와 같은 부분을 계산해 다음과 같이 배열에 저장합니다.

3	=COUNTIF(B5:B15, B5)
3	=COUNTIF(B5:B15, B6)
1	=COUNTIF(B5:B15, B7)
1	=COUNTIF(B5:B15, B8)
…	…
1	=COUNTIF(B5:B15, B15)

여기서 가장 큰 숫자를 MAX 함수로 얻은 다음 MATCH 함수로 그 값이 몇 번째에 있는지 찾아 INDEX 함수로 [B5:B15] 범위의 값을 참조하도록 처리한 것입니다.

03 [D5] 셀에 작성한 수식에는 반복되는 부분이 있습니다.

04 반복적으로 입력되는 부분을 줄이려면 마이크로소프트 365 버전에서 새로 지원된 LET 함수를 사용합니다.

05 [D5] 셀의 수식을 다음과 같이 수정합니다.

```
=LET(답변, B5:B15,
     개수, COUNTIF(답변, 답변),
     INDEX(답변, MATCH(MAX(개수), 개수, 0)))
```

D5	▼	:	×	✓	fx	=LET(답변,B5:B15,개수,COUNTIF(답변,답변),INDEX(답변,MATCH(MAX(개수),개수,0)))			

◢	A	B	C	D	E	F	G	H	I
1									
2		선호하는 커피 종류를 입력하세요!							
3									
4		답변		최빈값	답변수				
5		카페 아메리카노		카페 아메리카노					
6		카페 라떼							
7		콜드 브루							
8		카라멜 마키아또		최빈값	답변수				
9		카페 라떼							
10		카페 아메리카노							
11		돌체 콜드 브루							
12		디카페인 아메리카노							
13		카페 라떼							
14		카페 아메리카노							
15		자몽 허니 블랙 티							
16									

🔍 **더 알아보기** **수식 이해하기**

LET 함수는 프로그래밍 언어에서 변수를 사용하는 것과 동일하게 계산식이나 범위 참조를 이름으로 정의해 사용할 수 있도록 도와줍니다. 구문은 다음과 같습니다.

　　LET(이름1, 할당1, 이름2, 할당2, ⋯, 계산식)

이번 수식에서 LET 함수의 네 번째 인수까지는 이름을 정의하는 부분입니다. **답변**에 [B5:B15] 범위를 할당하고, **개수**에 COUNTIF(답변, 답변)의 결과를 할당합니다. **개수**에 할당된 수식에서 먼저 정의된 **답변**을 이용한 부분이 나오므로, **개수**에 할당된 수식은 COUNTIF(B5:B15, B5:B15)입니다. 그런 다음 다섯 번째 인수의 INDEX, MATCH 함수를 사용한 수식에 앞서 정의한 **답변**과 **개수** 이름을 이용했으므로 수식이 좀 더 간결하게 표시됩니다.
LET 함수는 이렇게 수식에서 반복적으로 사용되는 부분을 이름으로 정의해 반복 입력하는 부분을 짧게 구성할 수 있도록 도와줍니다.

06 최빈값이 여러 개인 경우를 모두 반환하도록 [D9] 셀에 다음 수식을 입력합니다.

```
=UNIQUE(
        FILTER(B5:B15, COUNTIF(B5:B15, B5:B15)
        =MAX(COUNTIF(B5:B15, B5:B15))))
```

| D9 | ▼ | : | × | ✓ | fx | =UNIQUE(FILTER(B5:B15, COUNTIF(B5:B15, B5:B15)=MAX(COUNTIF(B5:B15, B5:B15)))) |

선호하는 커피 종류를 입력하세요!

답변		최빈값	답변수
카페 아메리카노		카페 아메리카노	
카페 라떼			
콜드 브루			
카라멜 마키아또		최빈값	답변수
카페 라떼		카페 아메리카노	
카페 아메리카노		카페 라떼	
돌체 콜드 브루			
디카페인 아메리카노			
카페 라떼			
카페 아메리카노			
자몽 허니 블랙 티			

🔍 **더 알아보기** 　　**수식 이해하기**

이번 수식에서는 마이크로소프트 365 버전에서 새로 지원되는 FILTER와 UNIQUE 함수를 사용했습니다. FILTER 함수는 자동 필터와 마찬가지로 조건에 맞는 데이터를 동적 배열로 반환해줍니다. 구문은 다음과 같습니다.

> FILTER(배열, 필터 조건, emtpy)

즉, [배열] 내 [필터 조건]에 맞는 데이터를 모두 반환합니다. 만약 [필터 조건]에 해당하는 데이터가 없다면 [empty]에 지정된 값을 반환합니다. 이번 수식에서 FITLER 함수 부분은 다음과 같습니다.

> =FILTER(B5:B15, COUNTIF(B5:B15, B5:B15)=MAX(COUNTIF(B5:B15, B5:B15)))

위 수식은 [B5:B15] 범위에서 COUNTIF 함수로 구한 빈도수 중 최댓값과 동일한 위치의 데이터를 동적 배열로 반환합니다. 다만 이 데이터에는 동일한 커피 제품이 여러 번 나타날 수 있으므로 UNIQUE 함수를 사용해 고유한 값만 반환하도록 한 것입니다. UNIQUE 함수의 구문은 다음과 같습니다.

> UNIQUE(배열, by_col, exactly_once)

배열 범위 내 고유한 값을 반환하며, [by_col]을 생략하면 열 데이터에서 중복을 제거합니다.

07 여러 개의 최빈값을 구분 문자로 구분해 연결한 값을 한 셀에 반환하겠습니다.

08 [D9] 셀을 선택하고 Delete 를 눌러 삭제합니다.

TIP 엑셀 2019 이하 버전에서는 [D9:D10] 범위를 삭제해야 합니다.

09 [D9] 셀에 다음 수식을 입력합니다.

```
=TEXTJOIN(", ", TRUE,
          UNIQUE(
               FILTER(B5:B15, COUNTIF(B5:B15, B5:B15)
                    =MAX(COUNTIF(B5:B15, B5:B15)))))
```

| D9 | ▼ : × ✓ fx | =TEXTJOIN(", ", TRUE, UNIQUE(FILTER(B5:B15, COUNTIF(B5:B15, B5:B15)=MAX(COUNTIF(B5:B15, B5:B15))))) |

◢	A	B	C	D	E	F	G	H	I	J
1										
2		**선호하는 커피 종류를 입력하세요!**								
3										
4		**답변**		**최빈값**	**답변수**					
5		카페 아메리카노		카페 아메리카노						
6		카페 라떼								
7		콜드 브루								
8		카라멜 마키아또		**최빈값**	**답변수**					
9		카페 라떼		카페 아메리카노, 카페 라떼						
10		카페 아메리카노								
11		돌체 콜드 브루								
12		디카페인 아메리카노								
13		카페 라떼								
14		카페 아메리카노								
15		자몽 허니 블랙 티								
16										

🔍 **더 알아보기** **수식 이해하기**

TEXTJOIN 함수는 여러 문자열을 하나로 연결한 값을 반환해주는 함수입니다. 구문은 다음과 같습니다.

> TEXTJOIN(구분 문자, 빈 셀 제외, 문자열1, 문자열2, …)

즉, 여러 문자열을 구분 문자로 구분해 연결한 값을 반환해주는 함수로 이번 수식을 요약하면 다음과 같습니다.

> =TEXTJOIN(", ", TRUE, 06 과정 수식)

06 과정 수식에서 반환될 여러 최빈값을 쉼표(, 정확하게는 쉼표 뒤에 공백문자가 하나 입력되어 있음)로 연결한 문자열을 반환하므로 모든 최빈값이 연결된 결과를 얻을 수 있습니다.

분석 도구를 활용한 엑셀의 기술 통계

산포도 이해하기

예제 파일 없음

산포도의 이해

산포도는 평균을 중심으로 다른 데이터가 어떻게 분포되어 있는지 측정할 수 있는 방법으로 주로 분산과 표준편차를 활용합니다. 데이터가 한쪽으로 치우친 경우에는 평균을 사용하지 못하므로 사분위수를 구하기도 하지만, 일반적으로 평균과 표준편차를 중심으로 설명하는 것이 쉽습니다.

엑셀에서 산포도를 구할 때 사용하는 함수는 다음과 같습니다.

산포도	설명	함수
분산	전체 데이터가 어떻게 분포되어 있는지 파악할 때 사용하며, 편차의 제곱을 구한 값의 평균을 의미합니다.	VAR.S VAR.P
표준편차	전체 데이터가 어떻게 분포되어 있는지 파악할 때 사용하며, 분산의 루트 값을 의미합니다.	STDEV.S STDEV.P
사분위수	전체 데이터의 분포를 파악할 때 사용합니다.	QUARTILE.INC QUARTILE.EXE

분산

개별 데이터가 평균과 얼마나 떨어져 있는지 측정할 때 사용하는 개념으로, 개별 데이터에서 평균을 뺀 값을 제곱한 값의 평균입니다. 이때 개별 데이터에서 평균을 뺀 값을 제곱하는 이유를 알아보겠습니다.

만약 데이터가 2, 4, 6이라면 평균은 4가 되므로, 편차(데이터에서 평균을 뺀 값)는 다음과 같습니다.

데이터	편차
2	−2
4	0
6	2

이때 편차의 합은 0이므로 평균도 0이 됩니다. 그러므로 개별 데이터가 얼마나 떨어져 있는지 알 수 없는데, 편차의 제곱을 구하면 음수가 모두 다음과 같이 양수로 바뀝니다.

데이터	편차^2
2	4
4	0
6	4

TIP 물론 이 과정에서 숫자가 커질 수 있는데, 이 단점을 보완하는 것이 표준편차입니다.

평균을 구하면 합계 8을 개수 3으로 나눈 2.67입니다. 이 값을 분산이라고 합니다.

표준편차

분산은 편차의 제곱을 다시 평균으로 구한 값이라 숫자가 커지므로 개별 데이터가 평균과 얼마나 떨어져 있는지 설명하기 쉽지 않습니다. 따라서 제곱의 역산인 루트를 구하는 방법을 사용해 분산의 루트 값을 구한 것을 표준편차라고 합니다.

예를 들어 분산이 4라면 표준편차는 분산의 루트 값인 2가 됩니다. 표준편차가 클수록 개별 데이터가 평균으로부터 멀리 흩어져 있다고 판단할 수 있으며, 표준편차가 작다면 평균 주위에 데이터가 밀집되어 있음을 알 수 있습니다.

함수의 이해

분산

분산을 구할 때 사용할 수 있는 함수로는 VAR, VARP, VAR.S, VAR.P가 제공됩니다. 먼저 다음 표를 확인합니다.

구분	엑셀 2007 이하 버전	엑셀 2010 이상 버전
분산(표본)	VAR	VAR.S
분산(모집단)	VARP	VAR.P

TIP 엑셀 2010 이상 버전에서는 네개의 함수를 모두 사용할 수 있지만 주로 오른쪽 함수만 사용합니다.

간단히 살펴보면 VAR과 VAR.S 함수는 동일한 결과를 반환하며 VARP와 VAR.P 함수도 동일한 결과를 반환합니다. 즉, 기존에 제공되던 VAR, VARP 함수의 의미를 좀 더 명확하게 하여 VAR.S와 VAR.P 함수로 구분한 것으로 보입니다.

여기서 VAR 뒤에 붙은 S는 Sample의 약어이고 P는 Population의 약어입니다. Sample은 현재 데이터가 전체 데이터가 아닌 일부(샘플) 데이터라는 것을 의미하고, Population은 모집단 즉, 전체 데이터라는 것을 의미합니다.

예를 들어 선거를 하면 출구조사를 통해 당선을 예상합니다. 이때 선거를 한 전체 인구를 대상으로 한다면 VAR.P 함수를 사용하는 것이 맞고, 그게 아니라 일부만 대상으로 한다면 VAR.S 함수를 사용하는 것이 맞습니다.

VAR, VARP, VAR.S, VAR.P 함수의 구문은 모두 동일하며 결과만 다르게 반환됩니다. 함수의 구문은 다음과 같습니다.

VAR.S (❶ 숫자1, ❷ 숫자2, …)

표본의 분산을 계산한 값을 반환합니다.

❶ 숫자	분산을 구할 숫자 또는 숫자 데이터가 입력된 범위

주의 사항

- [숫자]에 전달된 논릿값과 텍스트 데이터는 무시됩니다.
- VAR.S 함수는 현재 데이터가 표본인 경우에 사용하며, 모집단을 대상으로 한다면 VAR.P 함수를 사용해야 합니다.

표준편차

표준편차를 구하는 함수도 분산을 구하는 함수와 마찬가지로 STDEV, STDEVP, STDEV.S, STDEV.P 가 제공됩니다. 아래 표를 참고합니다.

구분	엑셀 2007 이하 버전	엑셀 2010 이상 버전
표준편차(표본)	STDEV	STDEV.S
표준편차(모집단)	STDEVP	STDEV.P

TIP 엑셀 2010 이상 버전에서는 네 개의 함수를 모두 사용할 수 있지만 주로 오른쪽 함수를 사용합니다.

함수의 규칙은 분산과 동일합니다. 분산과 동일하게 현재 데이터가 표본(샘플)인지 모집단인지만 구분해 사용합니다. 함수의 구문은 다음과 같습니다.

STDEV.S (❶ 숫자1, ❷ 숫자2, …)

표본의 표준편차를 계산한 값을 반환합니다.

❶ 숫자	표준편차를 구할 숫자 또는 숫자 데이터가 입력된 범위

주의 사항

- [숫자]에 전달된 논릿값과 텍스트 데이터는 무시됩니다.
- STDEV.S 함수는 현재 데이터가 표본인 경우에 사용하며, 모집단을 대상으로 한다면 STDEV.P 함수를 사용해야 합니다.

사분위수

사분위수를 구할 때 사용하는 함수로는 QUARTILE, QUARTILE.INC, QUARTILE.EXC가 제공됩니다. 다음 표를 확인합니다.

구분	엑셀 2007 이하 버전	엑셀 2010 이상 버전
사분위수	QUARTILE	QUARTILE.INC
		QUARTILE.EXC

엑셀 2007 버전까지 제공되던 QUARTILE 함수의 의미를 좀 더 분명하게 하기 위해 엑셀 2010 버전부터 QUARTILE.INC 함수와 QUARTILE.EXC 함수로 구분해 제공됩니다. QUARTILE 함수는 QUARTILE.INC 함수와 동일한 결과를 반환합니다.

QUARTILE.INC 함수와 QUARTILE.EXC 함수는 구문도 동일하고 사용 방법도 동일합니다. 사분위수를 계산할 때는 경곗값을 포함하는지, 포함하지 않는지로 구분해 사용합니다. 경곗값이란 백분율이 0이 되거나 1이 되는 값입니다. 쉽게 설명하면 전체 데이터 범위 내 최솟값과 최댓값을 의미합니다. 경곗값을 포함하는 경우와 포함하지 않는 경우는 사분위수의 값에 약간 차이가 있습니다. QUARTILE.INC 함수의 구문은 다음과 같습니다.

QUARTILE.INC (❶ 배열, ❷ 사분위수)

데이터 집합의 사분위수를 반환합니다.

❶ 배열	사분위수를 구할 데이터 범위	
❷ 사분위수	계산하려는 사분위수로 **0~4**를 입력할 수 있으며 다음 결과를 반환합니다.	
	사분위수	결과
	0	최솟값(MIN)
	1	제1사분위수(25%)
	2	제2사분위수(50%)
	3	제3사분위수(75%)
	4	최댓값(MAX)

주의 사항

- QUARTILE.INC에서 INC는 Include의 약어로 데이터의 경곗값을 포함한 사분위수를 반환합니다. 경곗값을 포함하지 않을 경우에는 QUARTILE.EXC 함수를 사용해야 하며, EXC는 Exclude의 약어로 경계를 포함하지 않는 결과를 반환합니다.
- QUARTILE.EXC 함수의 두 번째 인수에는 1, 2, 3 값만 사용할 수 있습니다.

09 05 산포도를 활용해 데이터 설명하기

예제 파일 PART 04 \ CHAPTER 09 \ 산포도.xlsx

표준편차를 이용해 데이터 설명

산포도란 데이터가 평균으로부터 얼마나 떨어져 있는지를 파악하는 것으로 이를 통해 데이터를 설명할 수 있습니다. 가장 기본적인 방법이 바로 분산과 표준편차를 이용하는 방법입니다. 다음 과정을 참고합니다.

01 예제에는 두 공정으로 생산된 제품의 불량 수량이 월별로 집계되어 있습니다.

공정	1월	2월	3월	4월	5월	6월	7월	8월	9월	10월	11월	12월	합계	평균	분산	표준편차
AB	41	12	28	37	29	14	39	44	36	15	13	39	347	28.9		
AC	35	34	22	26	22	28	27	27	36	38	22	37	354	29.5		

🔍 **더 알아보기** | **예제 이해하기**

예제의 표에는 두 공정라인에서 생성된 제품의 평균(대푯값) 불량 수량이 유사한 두 데이터가 포함되어 있습니다. 대푯값만으로는 데이터를 어떻게 설명해야 할지 모르겠다면 표준편차를 구해 평균에서 각각의 월별 불량 수량이 어떻게 분포되어 있는지 확인해 보는 것이 좋습니다. 불량이 발생하지 않으면 좋지만, 발생한다면 편차가 큰 경우보다는 편차가 적은 경우가 더 안정적이고 통제가 가능한 상황이라고 이해할 수 있습니다.

참고로 AB 공정은 사람이 더 많이 참여하고, AC 공정은 자동화로봇을 더 적극적으로 활용한 공정이라고 가정합니다. 두 공정의 평균은 AB 공정이 28.9이고, AC 공정이 29.5입니다. 따라서 자동화로봇을 이용하는 경우에 좀 더 많은 불량이 발생하고 있다는 것을 알 수 있습니다. 이 결과는 절대적인 해석은 아니므로 맹목적으로 받아들이기보다는 좀 더 다양한 시각을 갖추는 방편으로 이해할 것을 권합니다.

02 월별 불량 수량의 분포를 파악하기 위해 분산을 구하겠습니다.

03 [Q6] 셀에 **=VAR.S(C6:N6)** 수식을 입력하고 채우기 핸들➕을 [Q7] 셀까지 드래그합니다.

| Q6 | ▼ | : | × | ✓ | fx | =VAR.S(C6:N6) | | | | | | | | | | | | |

	A	B	C	D	E	F	G	H	I	J	K	L	M	N	O	P	Q	R	S
1																			
2								공정에 따른 불량 점검											
3																			
4																			
5		공정	1월	2월	3월	4월	5월	6월	7월	8월	9월	10월	11월	12월	합계	평균	분산	표준편차	
6		AB	41	12	28	37	29	14	39	44	36	15	13	39	347	28.9	149.9		
7		AC	35	34	22	26	22	28	27	27	36	38	22	37	354	29.5	37.9		
8																			

🔍 **더 알아보기**　　**수식 이해하기**

분산은 월별 불량 수량과 평균의 차이를 거듭제곱한 값의 평균이기 때문에 숫자가 크게 반환되는 특성이 있습니다. 다만 이 숫자가 작을수록 월별 불량 수량의 평균과 편차가 작다는 것을 알 수 있습니다. VAR.S 함수는 VAR 함수와 마찬가지로 불량품을 전수 조사한 것이 아니라 표본의 수량임을 의미합니다. 만약 생산 라인 전체에서 발생한 불량 수량이라면 VAR.P 함수를 사용해야 합니다.

---

04 분산의 숫자를 정확하게 이해할 수 있도록 표준편차를 구하겠습니다.

05 [R6] 셀에 **=STDEV.S(C6:N6)** 수식을 입력하고 채우기 핸들➕을 [R7] 셀까지 드래그합니다.

| R6 | ▼ | : | × | ✓ | fx | =STDEV.S(C6:N6) | | | | | | | | | | | | |

	A	B	C	D	E	F	G	H	I	J	K	L	M	N	O	P	Q	R	S
1																			
2								공정에 따른 불량 점검											
3																			
4																			
5		공정	1월	2월	3월	4월	5월	6월	7월	8월	9월	10월	11월	12월	합계	평균	분산	표준편차	
6		AB	41	12	28	37	29	14	39	44	36	15	13	39	347	28.9	149.9	12.2	
7		AC	35	34	22	26	22	28	27	27	36	38	22	37	354	29.5	37.9	6.2	
8																			

🔍 **더 알아보기**　　**수식 이해하기**

표준편차는 분산의 루트이므로, 원래 불량 수량의 숫자 단위에 해당하는 값이 반환됩니다. 이번에 반환된 결과를 보면 AB 공정의 제품은 평균이 28.9([P6] 셀)이고 표준편차가 12.2이므로, 월 평균 불량 수량은 28.9개이고 편차는 ±12.2개입니다. 즉 매월 불량 수량이 대략 16.7(28.9-12.2)~41.1(28.9+12.2) 사이에 포함될 수 있다는 의미입니다.

그에 비해 AC 공정의 제품은 평균이 29.5([P7] 셀)이고 표준편차가 6.2이므로 매월 발생하는 평균 불량 수량이 23.3(29.5-6.2)~35.7(29.5+6.2) 사이에 포함될 수 있습니다. 그러므로 AB 공정보다는 AC 공정이 불량은 좀 더 발생했지만 월별 편차가 적으므로 개선을 통해 안정적으로 관리할 수 있을 것이라는 해석이 가능합니다.

산포도 차트를 이용해 데이터 설명

산포도를 차트로 표현하면 데이터를 보다 쉽게 이해할 수 있습니다. 산포도 차트는 보통 분산형 차트를 이용해 생성합니다. 분산형 차트에 표시된 계열 간의 관계를 보면 데이터의 분포에 대해 좀 더 상세한 설명이 가능합니다. 다음 과정을 참고합니다.

01 원본 데이터의 분포를 확인하기 위해 산포도 차트를 생성하겠습니다.

02 [C5:N7] 범위를 선택한 후 리본 메뉴의 [삽입] 탭-[차트] 그룹-[분산형 또는 거품형 차트 삽입📊]을 클릭하고 [분산형]을 선택합니다.

03 차트의 크기 조절 핸들🔘을 이용해 [C9:N20] 범위에 맞게 크기를 조절합니다.

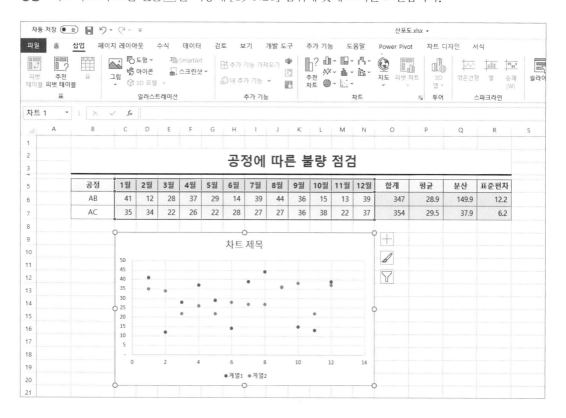

04 계열의 이름을 변경하기 위해 주황색 표식을 선택합니다.

05 수식 입력줄에서 SERIES 함수의 첫 번째 인수를 다음과 같이 추가합니다.

=SERIES("AC공정", sample!$C$5:$N$5, sample!$C$7:$N$7, 2)

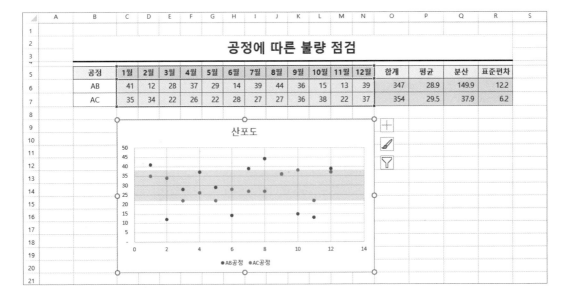

06 파란색 표식을 선택하고 **05** 과정을 참고해 계열 이름을 **AB공정**으로 변경합니다.

TIP SERIES 함수의 첫 번째 인수에 큰따옴표를 이용해 원하는 계열 이름을 입력합니다.

07 도형을 이용해 시각적으로 AC 공정의 표식이 잘 구분되도록 표시합니다.

상자 수염 차트를 이용한 사분위수로 데이터 설명

엑셀 2016 버전부터 제공되는 상자 수염 차트는 데이터의 분포를 설명하는 데 좋은 사분위수로 만드는 차트입니다. 분산형보다 간결하게 데이터의 분포를 파악할 수 있어 편리합니다. 다음 과정을 참고합니다.

01 [Sample2] 시트로 이동해 [B6:N7] 범위를 선택한 후 리본 메뉴의 [삽입] 탭-[차트] 그룹-[통계 차트 삽입📊]을 클릭하고 [상자 수염]을 선택합니다.

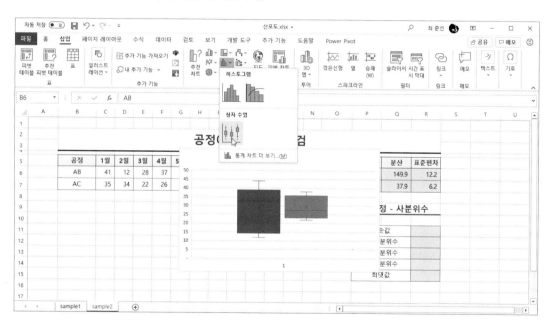

02 생성된 상자 수염 차트의 크기를 [C9:N20] 범위에 맞게 조절합니다.

03 상자 수염 차트에 데이터 레이블과 범례를 표시하겠습니다.

04 차트를 선택하고 차트 요소⊞를 클릭한 후 [데이터 레이블]에 체크합니다.

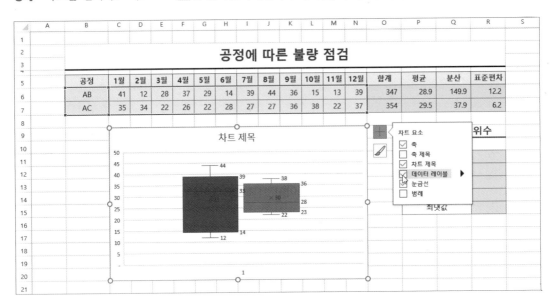

05 차트 요소⊞를 클릭한 후 [범례]의 오른쪽 화살표▶를 클릭하고 하위 메뉴에서 [오른쪽]을 선택합니다.

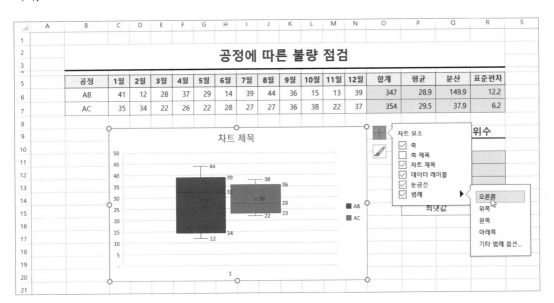

06 차트 제목을 **사분위수 – 상자 수염**으로 수정합니다.

07 X축 레이블은 필요하지 않으므로 선택하고 Delete 를 눌러 삭제합니다.

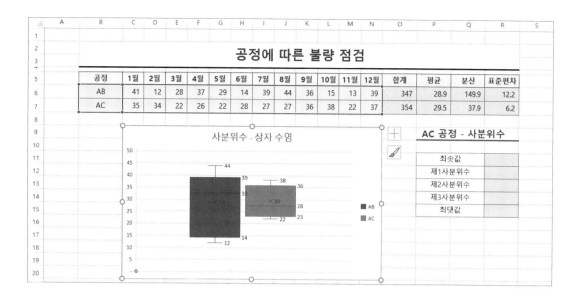

공정	1월	2월	3월	4월	5월	6월	7월	8월	9월	10월	11월	12월	합계	평균	분산	표준편차
AB	41	12	28	37	29	14	39	44	36	15	13	39	347	28.9	149.9	12.2
AC	35	34	22	26	22	28	27	27	36	38	22	37	354	29.5	37.9	6.2

🔍 더 알아보기 　 상자 수염 차트 이해하기

상자 수염 차트를 이해하려면 먼저 다음 세 부분에 대해 알아야 합니다.

아래쪽 수염의 숫자는 원본 데이터 범위의 최솟값, 위쪽 수염의 숫자는 최댓값을 의미합니다. 즉, AB 공정의 경우 불량 수량이 12~44개 사이에서 발생했다는 것을 이해할 수 있습니다. 상자 안의 가로선은 사분위수 중 제2사분위수의 위치이며 X 29는 평균이 29라는 의미입니다. 실제 AB 공정의 평균은 [P6] 셀에서 확인할 수 있는 것처럼 28.9이므로 반올림하면 29입니다.

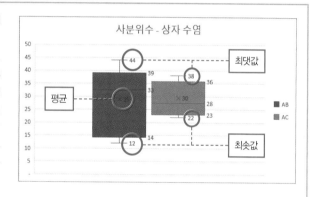

그러므로 위 차트에서 AB 공정의 월별 불량 수량은 12~44개 사이에 분포하며, AC 공정은 22~38개 사이에 분포하고 있다는 것을 알 수 있습니다. 또한 AB 공정의 월 불량 평균이 AC 공정에 비해 작으며, AC 공정은 월별 불량 수량의 편차가 AB 공정에 비해 작다는 것을 이해할 수 있습니다.

또한 상자의 오른쪽에 표시되는 레이블은 4분위수의 제1사분위수, 제2사분위수, 제3사분위수에 해당합니다. 이것으로 AB 공정은 제1사분위수(25%)와 제2사분위수(50%) 사이가 가장 넓으므로 해당 위치의 불량 수량이 가장 많이 발생하고 있다는 것을 알 수 있습니다. 그에 반해 AC 공정의 경우는 제2사분위수(50%)와 제3사분위수(75%) 사이가 가장 넓으므로, AC 공정에서 사용하는 로봇을 이용한 자동화 프로세스는 아직 개선할 부분이 많이 있다고 설명할 수 있습니다.

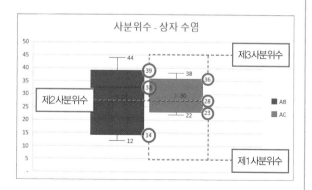

이렇게 상자 수염 차트를 이용하면 평균과 표준편차로 알지 못하는 다양한 정보를 해석해낼 수 있습니다.

08 상자 수염 차트에 표시된 AC 공정의 데이터 레이블 값을 직접 계산해보겠습니다.

09 [R11] 셀과 [R15] 셀에는 MIN, MAX 함수를 사용해 최솟값, 최댓값을 구합니다.

[R11] 셀 : =MIN(C7:N7)

[R15] 셀 : =MAX(C7:N7)

| R15 | ✕ ✓ fx | =MAX(C7:N7) |

공정	1월	2월	3월	4월	5월	6월	7월	8월	9월	10월	11월	12월	합계	평균	분산	표준편차
AB	41	12	28	37	29	14	39	44	36	15	13	39	347	28.9	149.9	12.2
AC	35	34	22	26	22	28	27	27	36	38	22	37	354	29.5	37.9	6.2

공정에 따른 불량 점검

사분위수 - 상자 수염

AC 공정 - 사분위수

최솟값	22
제1사분위수	
제2사분위수	
제3사분위수	
최댓값	38

10 사분위수를 구하기 위해 [R12] 셀에 다음 수식을 입력합니다.

=QUARTILE.EXC($C$7:$N$7, ROW(A1))

11 [R12] 셀의 채우기 핸들을 [R14] 셀까지 드래그해 수식을 복사합니다.

| R12 | ✕ ✓ fx | =QUARTILE.EXC($C$7:$N$7, ROW(A1)) |

공정	1월	2월	3월	4월	5월	6월	7월	8월	9월	10월	11월	12월	합계	평균	분산	표준편차
AB	41	12	28	37	29	14	39	44	36	15	13	39	347	28.9	149.9	12.2
AC	35	34	22	26	22	28	27	27	36	38	22	37	354	29.5	37.9	6.2

공정에 따른 불량 점검

사분위수 - 상자 수염

AC 공정 - 사분위수

최솟값	22
제1사분위수	23.0
제2사분위수	27.5
제3사분위수	35.8
최댓값	38

12 상자 수염 차트의 데이터 레이블을 소수점 첫째 자리까지 표시되도록 변경하겠습니다.

13 AC 공정 그래프의 데이터 레이블을 더블클릭하면 [데이터 레이블 서식] 작업 창이 표시됩니다.

14 [표시 형식] 그룹에서 [소수 자릿수]를 **1**로 변경하고 Enter를 누릅니다.

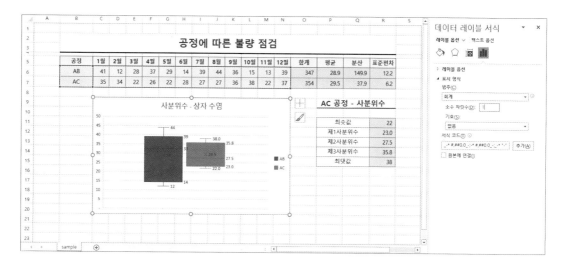

분석 도구를 활용한 엑셀의 기술 통계

09 06 분석 도구 추가 기능 설치하기

예제 파일 없음

[분석 도구] 추가 기능의 설치

[분석 도구] 추가 기능은 따로 설치하지 않으면 사용할 수 없습니다. 다음 과정을 참고해 [분석 도구]를 설치합니다.

[개발 도구] 탭이 표시된 경우

리본 메뉴에 [개발 도구] 탭이 있다면 다음 과정으로 설치합니다.

01 리본 메뉴의 [개발 도구] 탭-[추가 기능] 그룹-[Excel 추가 기능⚙]을 클릭합니다.

TIP 엑셀 2010 버전까지는 [Excel 추가 기능]이 아니라 [추가 기능]이라고 표시됩니다.

02 [추가 기능] 대화상자에서 [분석 도구]에 체크하고 [확인]을 클릭합니다.

03 리본 메뉴에 [데이터] 탭-[분석] 그룹-[데이터 분석 ]이 추가된 것을 확인할 수 있습니다.

[개발 도구] 탭이 표시되지 않는 경우

리본 메뉴에 [개발 도구] 탭이 표시되지 않는 경우에는 [Excel 옵션] 대화상자에서 추가합니다. 다음 과정을 참고합니다.

01 리본 메뉴의 [파일] 탭-[옵션]을 선택합니다.

02 [Excel 옵션] 대화상자가 열리면 [추가 기능]을 선택합니다.

03 오른쪽의 [관리]에 [Excel 추가 기능] 항목이 선택된 상태에서 [이동]을 클릭합니다.

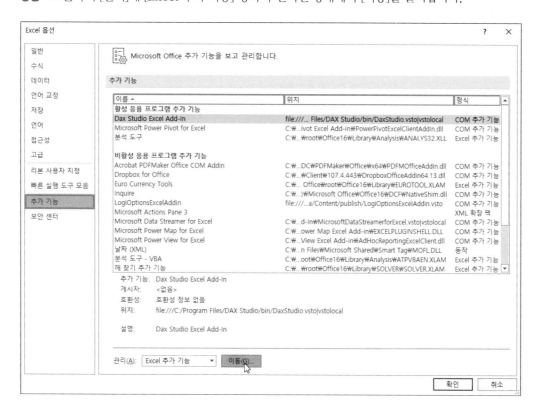

04 [추가 기능] 대화상자가 열리면 [분석 도구]에 체크하고 [확인]을 클릭합니다.

09 07 분석 도구를 활용한 기술 통계법 알아보기

예제 파일 PART 04 \ CHAPTER 09 \ 분석 도구.xlsx

분석 도구를 활용한 기술 통계 확인

분석 도구에는 분석을 위한 다양한 도구가 제공되며, 특히 가장 기본이 되는 기술 통계를 빠르게 확인할 수 있도록 해주는 기술 통계법이 제공됩니다. 다음 과정을 참고합니다.

01 예제를 열고 왼쪽 표의 AB, AC 공정의 불량 수량에 따른 기술 통계를 확인하겠습니다.

02 리본 메뉴의 [데이터] 탭–[분석] 그룹–[데이터 분석 ▦]을 클릭합니다.

03 [통계 데이터 분석] 대화상자가 표시되면 [기술 통계법]을 선택하고 [확인]을 클릭합니다.

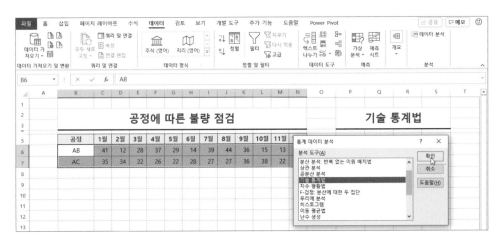

TIP 예제 화면은 입력 범위를 시각화하기 위해 선택한 것이므로, 따라 하기 과정에서는 선택할 필요가 없습니다.

04 [기술 통계법] 대화상자의 [입력 범위]에서 [B6:N7] 범위를 드래그해 참조합니다.

05 [데이터 방향]은 [행]을 선택하고, [첫째 열 이름표 사용]에 체크합니다.

06 [요약 통계량]에 체크합니다.

07 [출력 범위]는 [P5] 셀을 클릭해 참조한 후 [확인]을 클릭합니다.

08 [P5] 셀 위치에 다음과 같은 기술 통계가 반환됩니다.

	AB		AC	
공정	1월	2월	...	

공정에 따른 불량 점검

공정	1월	2월	3월	4월	5월	6월	7월	8월	9월	10월	11월	12월
AB	41	12	28	37	29	14	39	44	36	15	13	39
AC	35	34	22	26	22	28	27	27	36	38	22	37

기술 통계법

AB		AC	
평균	28.91667	평균	29.5
표준 오차	3.534373	표준 오차	1.777383
중앙값	32.5	중앙값	27.5
최빈값	39	최빈값	22
표준 편차	12.24343	표준 편차	6.157036
분산	149.9015	분산	37.90909
첨도	-1.69369	첨도	-1.70662
왜도	-0.40174	왜도	0.105161
범위	32	범위	16
최소값	12	최소값	22
최대값	44	최대값	38
합	347	합	354
관측수	12	관측수	12

분석 도구의 기술 통계법에서 반환되는 항목과 엑셀 함수

분석 도구의 [기술 통계법]을 실행했을 때 반환되는 항목은 이미 앞에서 설명한 엑셀 함수로 대부분 구할 수 있는 값들입니다. 아래 표를 참고합니다.

항목	설명	엑셀 함수
평균	데이터의 평균	AVERAGE
표준오차	표본 평균의 표준편차	STDEV/SQRT(개수)
중앙값	데이터의 가운데에 있는 숫자	MEDIAN
최빈값	가장 빈번하게 출현한 숫자	MODE, MODE.SNGL
표준편차	분산의 루트	STDEV, STDEV.S
분산	편차의 제곱에 대한 평균	VAR, VAR.S
첨도	분포의 뾰족한 정도	KURT
왜도	평균을 중심으로 왼쪽, 오른쪽으로 치우친 정도(비대칭성)	SKEW
범위	최댓값 – 최솟값	MAX – MIN
최소값	데이터의 최댓값	MAX
최대값	데이터의 최솟값	MIN
합	데이터의 합계	SUM
관측수	데이터의 개수	COUNT

09 08 목표값 찾기를 이용한 문제 해결 방법 이해하기

예제 파일 PART 04 \ CHAPTER 09 \ 목표값 찾기.xlsx

목표값 찾기의 이해

전체 계산 작업을 완료했는데도 원하는 값이 나오지 않을 때 원본 데이터를 수정해 원하는 값이 나오도록 찾아주는 기능이 바로 목표값 찾기입니다. 목표값 찾기는 쉽고 간편하게 사용할 수 있는 대신 원본 데이터 중 하나의 값만 수정할 수 있습니다.

예를 들어 다음과 같은 데이터의 연산을 통해 6을 얻었다고 가정합니다.

| 1 | + | 2 | + | 3 | = | 6 |

이때 결괏값인 6이 10이 되어야 하는 상황에서 1, 2, 3 중 하나가 어떻게 바뀌어야 하는지 알고 싶을 때 사용할 수 있는 기능이 바로 목표값 찾기 기능입니다.

| 1 | + | ? | + | 3 | = | 10 |

위의 계산식에 목표값 찾기를 수행해 '?' 위치의 값을 찾으면 6으로 데이터가 변경되며, 그러면 수식의 결괏값이 10이 됩니다.

목표값 찾기를 활용한 문제 해결

견적서의 총액을 원하는 값으로 맞추려면 할인율을 목표값 찾기를 이용해 조정할 수 있습니다. 다음 과정을 참고합니다.

01 예제의 견적서에서 [F5] 병합 셀에 입력된 총액 5,096,124는 수식으로 계산되어 있습니다.

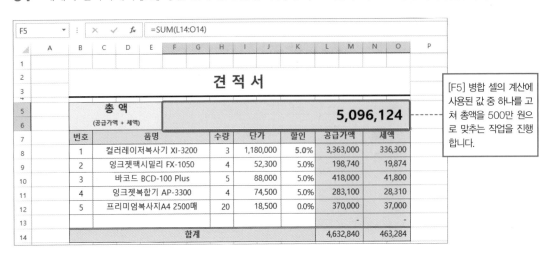

[F5] 병합 셀의 계산에 사용된 값 중 하나를 고쳐 총액을 500만 원으로 맞추는 작업을 진행합니다.

02 [F5] 병합 셀의 계산에 사용한 셀들을 확인하겠습니다.

TIP [목표값 찾기]를 이용하려면 [F5] 병합 셀에 어떤 셀들이 참조되어 있는지 확인할 필요가 있습니다.

03 [F5] 병합 셀을 선택하고 리본 메뉴의 [수식] 탭-[수식 분석] 그룹-[참조되는 셀 추적 █]을 클릭합니다.

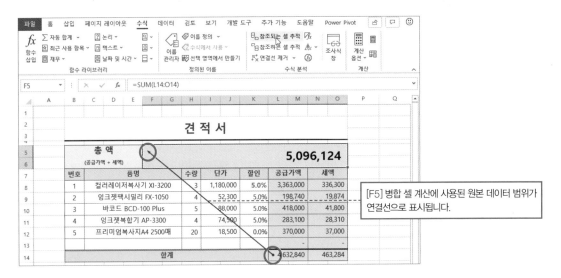

[F5] 병합 셀 계산에 사용된 원본 데이터 범위가 연결선으로 표시됩니다.

🔍 더 알아보기   표시된 연결선 이해하기

표시된 연결선에서 화살표 부분은 계산식이 입력된 셀을, 동그란 도형 부분은 계산식이 입력된 셀에서 참조하는 위치를 가리킵니다. 또한 참조되는 셀이 여러 개면 범위 테두리에 파란색 실선이 표시됩니다. 예제의 경우 [F5] 병합 셀은 [L14:O14] 범위를 참조해 계산한다는 것을 알 수 있습니다.

참고로 예제에서 배경색이 주황색으로 표시된 범위는 모두 수식이 입력된 셀인데, [목표값 찾기]는 수식으로 계산된 셀은 변경할 수 없고, 사용자가 직접 입력한 셀 값 중 하나만 변경할 수 있습니다.

04 [참조되는 셀 추적]을 한 번 더 클릭하면 연결선이 다음과 같이 확장됩니다.

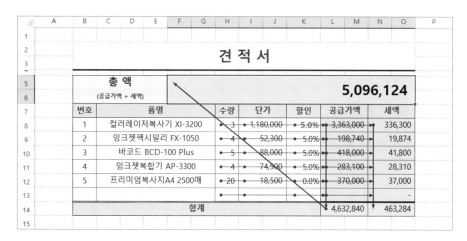

TIP [L14], [N14] 병합 셀은 각각 8~13행의 데이터 범위를 참조해 계산됩니다.

05 [참조되는 셀 추적]을 한 번 더 클릭하면 연결선이 다음과 같이 확장됩니다.

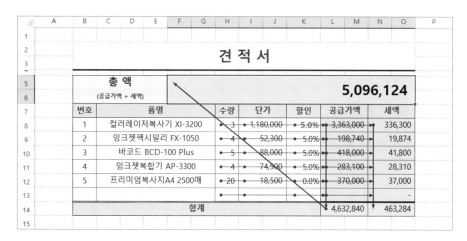

🔍 **더 알아보기**　　**표시된 연결선으로 확인된 결과 이해하기**

[F5] 병합 셀은 [L14:O14] 범위를 참조해 계산되고, [L14:O14] 범위는 [L8:O13] 범위의 값을 참조해 계산됩니다. 또한 [L8:O13] 범위는 [H8:K13] 범위의 데이터를 참조해 계산됩니다. 이 중에서 값을 직접 입력한 범위는 [H8:K13] 범위밖에 없으므로, [F5] 병합 셀의 총액을 변경하려면 수량, 단가, 할인율의 값 중 하나를 고쳐야 합니다. 수량은 구매자가 요청한 것이므로 단가나 할인율을 조정해야 하는데, 이번 예제에서는 [K8] 셀의 할인율을 변경한다고 가정합니다.

06 리본 메뉴의 [수식] 탭–[수식 분석] 그룹–[연결선 제거 🔣]를 클릭해 연결선을 모두 제거합니다.

07 [목표값 찾기]를 수행하겠습니다.

08 리본 메뉴의 [데이터] 탭-[예측] 그룹-[가상 분석 ▦]을 클릭하고 [목표값 찾기]를 선택합니다.

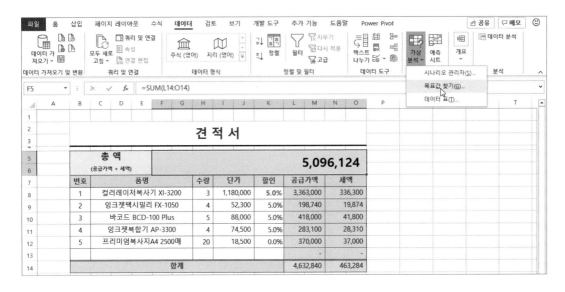

09 [목표값 찾기] 대화상자가 나타나면 다음과 같이 설정하고 [확인]을 클릭합니다.

[수식 셀] : F5, [찾는 값] : 5000000, [값을 바꿀 셀] : K8

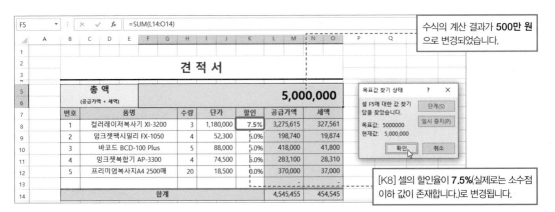

10 [목표값 찾기 상태] 대화상자가 나타나고 답을 찾았다는 메시지가 표시됩니다.

> 수식의 계산 결과가 **500만 원**으로 변경되었습니다.

> [K8] 셀의 할인율이 **7.5%**(실제로는 소수점 이하 값이 존재합니다.)로 변경됩니다.

목표값 찾기와 해 찾기

해 찾기를 이용한
문제 해결 방법 이해하기

예제 파일 PART 04 \ CHAPTER 09 \ 해 찾기.xlsx

해 찾기 추가 기능 설치

해 찾기 기능도 분석 도구와 마찬가지로 추가 기능이므로 따로 설치하는 과정을 거쳐야 합니다. 분석 도구 추가 기능을 설치하는 과정은 **Section 09-06**을 참고합니다.

01 리본 메뉴의 [개발 도구] 탭-[추가 기능] 그룹-[Excel 추가 기능⌨]을 클릭합니다.

TIP 엑셀 2010 버전까지는 [Excel 추가 기능]이 아니라 [추가 기능]이라고 표시됩니다.

02 [Excel 추가 기능] 대화상자가 열리면 [해 찾기 추가 기능]에 체크하고 [확인]을 클릭합니다.

추가된 [해 찾기] 기능은 [분석 도구]와 마찬가지로 리본 메뉴의 [데이터] 탭-[분석] 그룹-[해 찾기☑]로 제공됩니다.

해 찾기의 이해

해 찾기는 목표값 찾기보다 더 복잡한 유형의 문제를 해결할 수 있는 기능입니다.

목표값 찾기에서 설명했던, 다음과 같은 데이터의 연산을 통해 결괏값이 6이 나온 경우를 예로 들겠습니다.

| 1 | + | 2 | + | 3 | = | 6 |

이때 결괏값인 6이 10이 되어야 하는 상황에서 원본 중 두 개의 값을 변경할 수 있다면 더 복잡한 상황이 됩니다.

| 1 | + | ? | + | ? | = | 10 |

첫 번째 '?'에 2가 나온다면 두 번째 '?'에는 7이 나와야 합니다. 그 외에도 다양한 답이 나올 수 있으므로 사용자가 구체적으로 원하는 조건을 설정해야 합니다.

리본 메뉴의 [데이터] 탭-[분석] 그룹-[해 찾기 ?]를 클릭하면 다음과 같은 대화상자가 나타납니다.

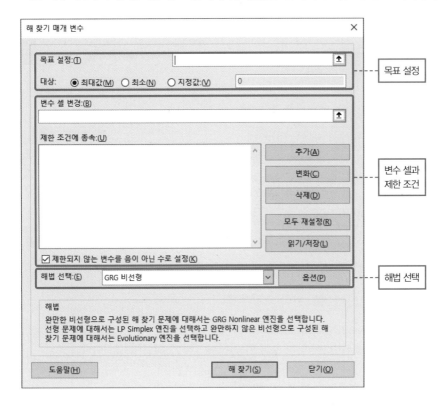

[해 찾기 매개 변수] 대화상자는 설정할 수 있는 부분이 크게 세 군데입니다. 각 부분에 대한 설명은 다음을 참고합니다.

목표 설정

수식으로 계산된 셀로, 결과로 반환되기를 원하는 조건을 다음 세 가지 중 하나로 선택할 수 있습니다.

대상	설명
[최대값]	조건을 만족하는 가장 큰 값이 나오는 조합을 찾습니다. 예를 들면 매출을 극대화할 수 있는 전체 계획안 조정이 필요한 경우에 선택합니다.
[최소]	조건을 만족하는 가장 작은 값이 나오는 조합을 찾습니다. 예를 들면 비용을 최소화하는 프로젝트 계획을 수립할 때 선택합니다.
[지정값]	[목표값 찾기] 기능의 [찾는 값]과 동일한 부분으로, 정확하게 원하는 값을 산출하는 최적의 조합을 찾을 때 선택합니다.

변수 셀

[목표값 찾기] 기능의 [값을 바꿀 셀]에 해당하는 부분입니다. 차이점은 여러 셀을 선택할 수 있다는 것과 각각의 셀에 어떤 값이 입력될 수 있는지 조건을 설정할 수 있다는 것입니다.

값을 수정할 셀을 **변수 셀**이라고 하며, 변수 셀에 입력될 조건을 **제한 조건**으로 설정할 수 있습니다. 제한 조건을 등록하거나 변경할 때는 다음 버튼 중 하나를 이용합니다.

대상	설명
[추가]	새로운 제한 조건을 등록할 때 사용합니다.
[변화]	기존의 제한 조건을 변경할 때 사용합니다.
[삭제]	기존의 제한 조건을 삭제할 때 사용합니다.
[모두 재설정]	설정된 모든 설정을 초기화합니다.
[읽기/저장]	설정을 다른 범위에서 읽어오거나 기록할 때 사용합니다.

해법 선택

답을 찾는 방법으로 **GRG 비선형**, **단순 LP**, **Evolutionary**의 세 가지 방법이 제공됩니다. Evolutionary의 특이한 점은 제한 조건을 설정할 때 반드시 최소, 최댓값과 같은 범위를 설정해야 제대로 된 결과가 반환된다는 것입니다.

해 찾기 활용한 문제 해결

견적서의 총액을 원하는 값으로 맞추기 위해 할인율을 단가에 맞춰 변경해야 하는 경우에는 [목표값 찾기] 기능으로 해결할 수 없습니다. 이런 작업에는 [해 찾기] 기능을 사용해야 합니다. 다음 과정을 참고합니다.

01 예제의 견적서에서 [F5] 병합 셀에 입력된 총액 8,722,450은 수식으로 계산되어 있습니다.

02 총액을 800만 원에 맞추기 위해 [K8:K12] 범위의 할인율을 할인 조건표를 참고해 변경하겠습니다.

TIP [목표값 찾기]는 한 번에 하나의 값만 변경할 수 있으므로, [K8:K12] 범위의 값을 모두 변경하려면 [해 찾기]를 사용해야 합니다.

03 리본 메뉴의 [데이터] 탭-[분석] 그룹-[해 찾기 ⅔]를 클릭합니다.

04 [해 찾기 매개 변수] 대화상자가 표시되면 다음 옵션을 변경합니다.

[목표 설정] : F5

[대상] : [지정값], 8000000

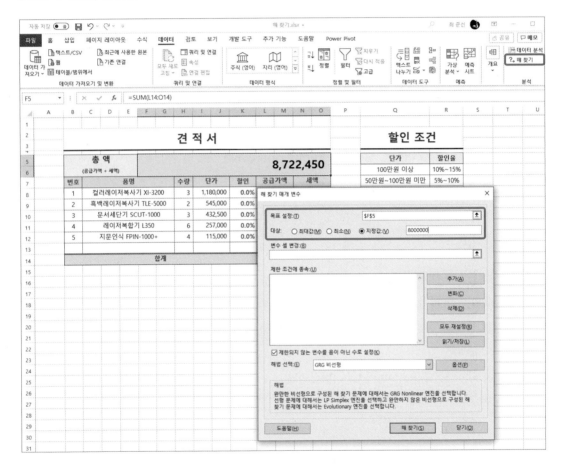

05   [변수 셀 변경]을 선택하고 [K8:K12] 범위를 드래그해 참조합니다.

06   할인율이 변경될 조건을 등록하기 위해 [제한 조건에 종속] 오른쪽의 [추가]를 클릭합니다.

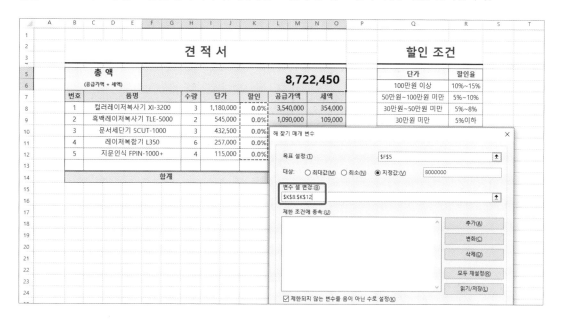

07   [제한 조건 추가] 대화상자가 열리면 먼저 100만 원 이상 단가의 할인율을 적용하겠습니다.

08   [셀 참조]를 선택하고 [K8] 셀을 클릭해 참조한 후 [제한 조건]에 **0.15**를 입력하고 [추가]를 클릭합니다.

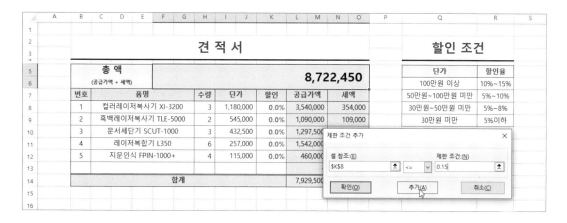

🔍 **더 알아보기**   **[제한 조건 추가] 대화상자의 구성**

해 찾기의 제한 조건을 이용하면 할인율을 변경할 때의 조건을 지정할 수 있습니다. [Q6:R6] 범위를 보면 단가가 100만 원 이상인 경우에는 할인율을 10%에서 15% 사이로 적용할 수 있다고 되어 있으니, 제한 조건에 해당 조건을 추가해야 합니다.

[K8] 셀은 단가가 100만 원 이상인 할인율이 변경되어야 하는 셀로, 이번에 적용한 조건은 0.15(15%) 이내로 할인율이 변경되어야 한다는 조건을 추가한 것입니다. [추가]를 클릭하지 않고 [확인]을 클릭하면 [해 찾기 매개 변수] 대화상자로 돌아가므로 다시 [추가]를 클릭해 조건을 계속 추가합니다. 참고로 [제한 조건 추가] 대화상자에서 설정할 수 있는 비교 연산자는 다음과 같습니다.

비교 연산자	설명
<=	기본값으로 선택한 셀 또는 범위의 최댓값을 설정할 때 사용합니다.
=	선택한 셀 또는 범위가 원하는 값이어야 할 때 사용합니다.
>=	선택한 셀 또는 범위의 최솟값을 설정할 때 사용합니다.
int	선택한 셀 또는 범위의 값이 모두 정수여야 할 때 사용합니다.
bin	선택한 셀 또는 범위의 값이 모두 이진수(0, 1)여야 할 때 사용합니다.
dif	선택한 셀 또는 범위의 값이 이 값이 아니어야 할 때 사용합니다.

09 다시 [셀 참조]를 선택하고 [K8] 셀을 클릭해 참조합니다. 비교 연산자를 [>=]로 변경한 후 [제한 조건]에 **0.1**을 입력하고 [추가]를 클릭합니다.

TIP 단가가 100만 원 이상인 경우에는 할인율을 10%부터 적용할 수 있으므로 최솟값 범위를 설정한 것입니다.

10 이번에는 50만 원 이상 100만 원 미만 단가의 할인율 조건을 추가하겠습니다.

11 [셀 참조]에서 [K9] 셀을 클릭해 참조하고 비교 연산자를 [<=]로 변경한 후 [제한 조건]에 **0.1**을 입력하고 [추가]를 클릭합니다.

12 다시 [셀 참조]에서 [K9] 셀을 클릭해 참조하고 비교 연산자를 [>=]로 변경한 후 [제한 조건]에 **0.05**를 입력하고 [추가]를 클릭합니다.

13 이번에는 30만 원 이상 50만 원 미만 단가의 할인율 조건을 추가하겠습니다.

14 [셀 참조]에서 [K10] 셀을 클릭해 참조하고 비교 연산자를 [<=]로 변경한 후 [제한 조건]에 **0.08**을 입력한 후 [추가]를 클릭합니다.

15 다시 [셀 참조]에서 [K10] 셀을 클릭해 참조하고 비교 연산자를 [>=]로 변경한 후 [제한 조건]에 **0.05**를 입력하고 [추가]를 클릭합니다.

16 마지막으로 30만 원 미만 단가의 할인율 조건을 추가하겠습니다.

17 [셀 참조]에서 [K11:K12] 범위를 드래그해 참조하고 비교 연산자를 [<=]로 변경한 후 [제한 조건]에 **0.05**를 입력하고 [확인]을 클릭합니다.

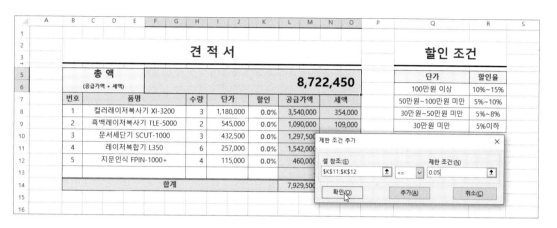

18 **09-17** 과정에서 진행한 작업이 [해 찾기 매개 변수] 대화상자의 [제한 조건에 종속]에 등록된 것을 확인할 수 있습니다.

19 [해법 선택]에 [GRG 비선형]이 선택된 상태에서 [해 찾기]를 클릭합니다.

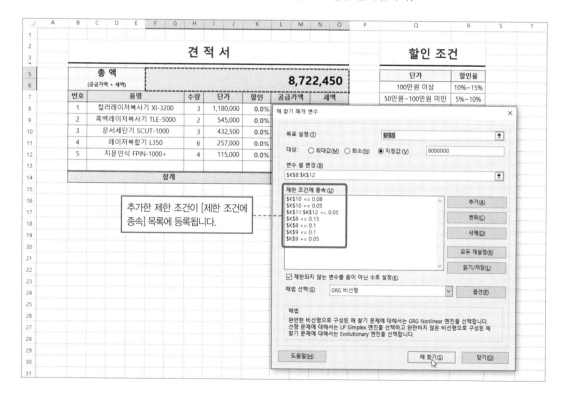

20 총액이 800만 원으로 변경되면서 [해 찾기 결과] 대화상자가 표시됩니다.

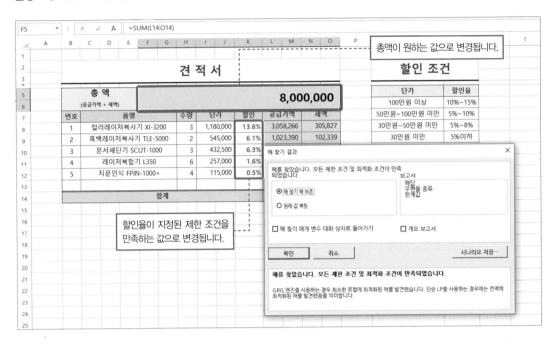

21 **단순 LP** 해법을 사용해 답을 다시 찾아보겠습니다.

22 [해 찾기 결과] 대화상자에서 [원래 값 복원]을 클릭하고 [해 찾기 매개 변수 대화 상자로 돌아가기]에 체크한 후 [확인]을 클릭합니다.

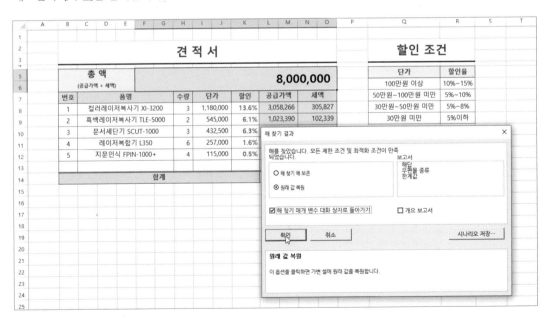

23 견적서의 결과가 원래 값으로 바뀌고 [해 찾기 매개 변수] 대화상자가 다시 나타납니다.

24 [해법 선택]을 [단순 LP]로 변경하고 [해 찾기]를 클릭합니다.

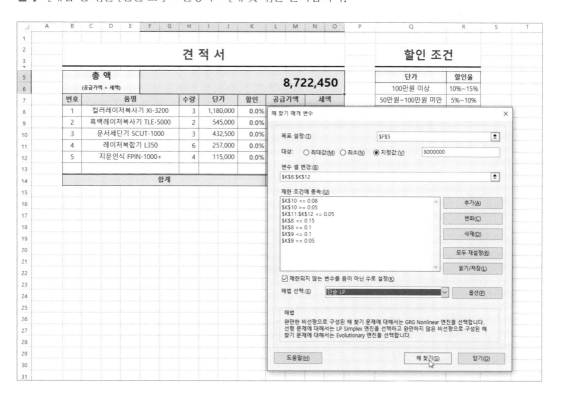

25 그러면 총액이 800만 원으로 변경됩니다. 할인율은 [GRG 비선형]을 선택했을 때와 다릅니다.

26 **Evolutionary 해법**을 적용해보기 위해 [원래 값 복원]을 클릭하고 [확인]을 클릭합니다.

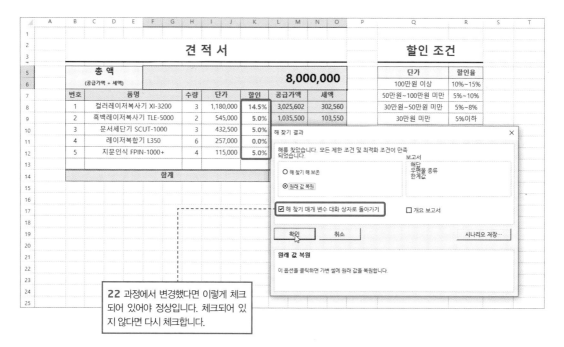

22 과정에서 변경했다면 이렇게 체크되어 있어야 정상입니다. 체크되어 있지 않다면 다시 체크합니다.

먼저 [F5] 병합 셀의 총액은 원하는 값이 되었습니다. 그러므로 [K8:K12] 범위에서 변경된 할인율을 적용하면 된다는 것은 이해했을 것입니다. 다만 [GRG 비선형]을 선택했을 경우와 [단순 LP]를 선택했을 때의 결과가 다르므로 어떤 것을 선택해야 하는지 고민될 수 있습니다.

[해 찾기] 기능은 해법에 따라 원하는 값을 얻기 위한 여러 가지 선택지 중 하나를 보여주는 역할만 합니다. 어떤 것이 더 좋은지 또는 마음에 드는지 선택하는 것은 의사 결정권자의 몫입니다. 여러 해법에서 반환된 결과를 확인해 결과를 고를 수 있는 위치라면 원하는 것을 취사/선택하면 되고, 아니라면 해당 결과를 모두 보여주고 의사 결정권자의 선택을 기다리면 됩니다.

27　[해 찾기 매개 변수] 대화상자가 다시 나타나면 [해법 선택]에서 [Evolutionary]를 선택하고 [해 찾기]를 클릭합니다.

28　결과를 확인하고 [원래 값 복원]을 클릭한 후 [확인]을 클릭합니다.

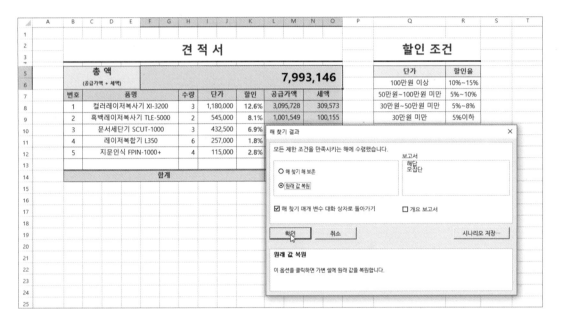

이번 결과에서는 [F5] 병합 셀의 결과가 800만 원이 되지 않았습니다. 이것은 Evolutionary 해법의 문제가 아니라 현재 예제로 제공한 견적서와 같은 경우는 Evolutionary 해법으로 원하는 결과를 얻기 어렵기 때문입니다. [해 찾기] 해법은 많은 문제를 해결하지만 모든 문제에서 원하는 답을 찾아줄 수 있는 것은 아닙니다. 그러므로 Evolutionary 해법은 신뢰할 수 없다고 생각할 것이 아니라 여러 방법 중에서 원하는 답을 찾아주는 해법을 선택해 사용하면 됩니다.

29　[해 찾기 매개 변수] 대화상자에서 원하는 해법을 선택하고 [해 찾기]를 클릭합니다.

TIP　예제에서는 할인율이 비교적 딱 떨어져 나오는 **단순 LP** 해법을 선택하겠습니다.

30 단순 LP의 해법 결과로 견적서가 다시 변경됩니다.

31 이 결과를 확정해 사용하겠습니다. [해 찾기 결과] 대화상자에서 [해 찾기 해 보존]을 선택하고 [해 찾기 매개 변수 대화 상자로 돌아가기]의 체크를 해제한 후 [확인]을 클릭합니다.

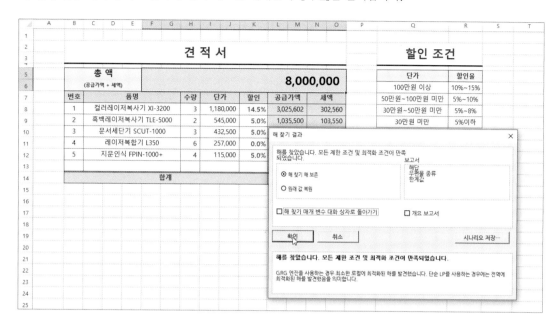

09 10 해 찾기를 이용한 조합 문제 해결 방법 이해하기

예제 파일 PART 04 \ CHAPTER 09 \ 해 찾기-조합.xlsx

다양한 데이터를 조합해 원하는 결과가 나오도록 할 경우에도 [해 찾기] 기능을 사용할 수 있습니다. 이 경우 이진 변수를 활용하는 경우가 많습니다. 예제를 이용해 다양한 해법을 찾아보겠습니다.

01 예제를 열고 왼쪽의 상품 리스트 표에서 오른쪽의 총액이 나올 수 있도록 조합한 결과를 찾아보겠습니다.

	A	B	C	D	E	F	G	H
1								
2		상품 리스트				찾는 결과		
3								
5		제품명	단가	수량		총액	2,675,000	
6		레이저복합기 L200	133,500					
7		레이저복합기 L800	445,000					
8		무한레이저복합기 L500C	220,000					
9		잉크젯복합기 AP-3200	84,000					
10		잉크젯복합기 AP-4900	100,000					
11		컬러레이저복사기 XI-3200	1,200,000					
12		컬러레이저복사기 XI-4400	1,550,000					
13		흑백레이저복사기 TLE-3500	324,000					
14		흑백레이저복사기 TLE-5000	543,500					
15		흑백레이저복사기 TLE-9000	896,500					
17		합계						
18								

🔍 **더 알아보기**   **예제 이해하기**

장부 상에 총액 2,675,000원에 해당하는 매출이 있지만 어떤 상품이 판매되었는지에 대한 내역이 누락된 경우에 이를 찾는 작업을 진행할 수 있도록 해당 기간에 판매한 상품을 왼쪽 표에 나열했습니다. 이 상품들이 하나씩만 판매되었다고 가정하고 어떤 상품이 판매되었는지 찾을 때도 [해 찾기] 기능을 사용할 수 있습니다.

02 [해 찾기] 기능을 이용하기 전에 상품 리스트에 수량이 입력될 때의 합계를 먼저 구해야 합니다.

03 [C17] 병합 셀에 다음 수식을 입력합니다.

=SUMPRODUCT(C6:C15, D6:D15)

C17	▼ : × ✓ *fx*	=SUMPRODUCT(C6:C15, D6:D15)						
	A	B	C	D	E	F	G	H
1								
2		상품 리스트				찾는 결과		
3								
5		제품명	단가	수량		총액	2,675,000	
6		레이저복합기 L200	133,500					
7		레이저복합기 L800	445,000					
8		무한레이저복합기 L500C	220,000					
9		잉크젯복합기 AP-3200	84,000					
10		잉크젯복합기 AP-4900	100,000					
11		컬러레이저복사기 XI-3200	1,200,000					
12		컬러레이저복사기 XI-4400	1,550,000					
13		흑백레이저복사기 TLE-3500	324,000					
14		흑백레이저복사기 TLE-5000	543,500					
15		흑백레이저복사기 TLE-9000	896,500					
17		합계	-					
18								

🔍 더 알아보기 **수식 이해하기**

왼쪽 표의 상품 리스트에는 [수량] 열(D열)의 값이 아직 입력되지 않았습니다. 수량이 입력될 때의 합계를 구하려면 [단가] 열과 [수량] 열을 먼저 곱한 후 곱해진 값을 모두 더해야 합니다.

엑셀에서는 이런 식의 작업에 사용할 수 있는 SUMPRODUCT 함수를 제공합니다. SUMPRODUCT 함수는 인수로 전달된 배열 내 숫자를 하나씩 곱하고, 곱한 값의 합계를 반환하는 함수입니다. 구문은 다음과 같습니다.

  SUMPRODUCT(배열1, 배열2, …)

● **배열** : 계산하려는 숫자가 입력된 데이터 범위

아직 [수량] 열의 데이터를 입력하기 전이므로, 참조하면 모두 0이 됩니다. 그러므로 [C17] 병합 셀에도 0이 반환되는 것이 정상입니다.

04 이제 [해 찾기] 기능을 이용해 수량의 값을 얻어봅니다.

05 리본 메뉴의 [데이터] 탭-[분석] 그룹-[해 찾기 ?]를 클릭합니다.

06 [해 찾기 매개 변수] 대화상자가 열리면 다음과 같이 설정하고 [추가]를 클릭합니다.

[목표 설정] : C17

[대상] : [지정값], 2675000

[변수 셀 변경] : D6:D15

🔍 **더 알아보기**　　**해 찾기 설정 이해하기**

[C17] 병합 셀에 수식이 입력되어 있고 [수량]이 변경되면 합계가 계산될 것이므로, 합계가 [G5] 셀의 찾는 금액과 일치할 수 있도록 조건을 설정해야 합니다. 그러므로 [목표 설정]은 [C17] 셀이 되어야 하며, [대상]은 [지정값] 옵션을 선택하고 원하는 값을 오른쪽에 입력해야 합니다. 또한 고칠 값은 [수량]이므로 [D6:D15] 범위가 되어야 합니다.

[해 찾기] 기능이 내부적으로 동작하는 원리까지 알 필요는 없지만, 대화상자의 조건은 잘 이해하고 있어야 원하는 결과를 제대로 도출할 수 있습니다.

07 [제한 조건 추가] 대화상자가 열리면 다음과 같이 설정하고 [확인]을 클릭합니다.

[셀 참조] : D6:D15

[비교 연산자] : bin

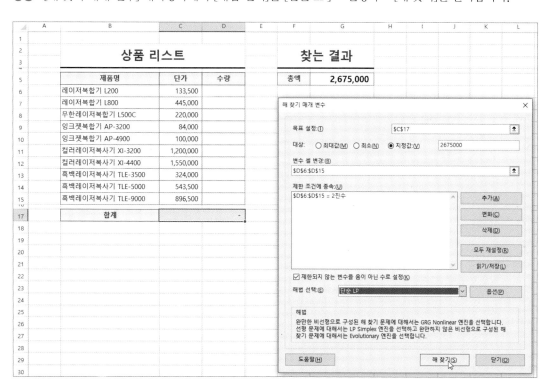

TIP 비교 연산자가 [bin]이면 binary를 의미하므로 0과 1만 입력할 수 있습니다.

08 [해 찾기 매개 변수] 대화상자에서 [해법 선택]을 [단순 LP]로 변경하고 [해 찾기]를 클릭합니다.

TIP 다른 해법을 선택해도 되지만, 이처럼 0과 1을 찾는 경우라면 **단순 LP**가 가장 효과적입니다.

09 [해 찾기 결과] 대화상자에 해를 찾았다는 메시지가 반환되면 [확인]을 클릭합니다.

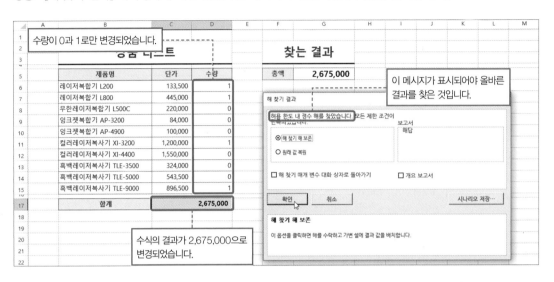

TIP 다양한 해법을 적용해보고 싶다면 [원래 값 복원]을 선택하고 [해 찾기 매개 변수 대화 상자로 돌아가기]에 체크한 후 [확인]을 클릭합니다.

10 만약 수량이 꼭 한 개씩 팔린 경우가 아닌 결과를 찾으려면 조건을 변경해야 합니다.

11 리본 메뉴의 [데이터] 탭-[분석] 그룹-[해 찾기]를 다시 클릭합니다.

12 기존 조건이 그대로 표시됩니다.

13 기존에 추가한 [제한 조건에 종속]의 조건을 클릭하고 [변화]를 클릭합니다.

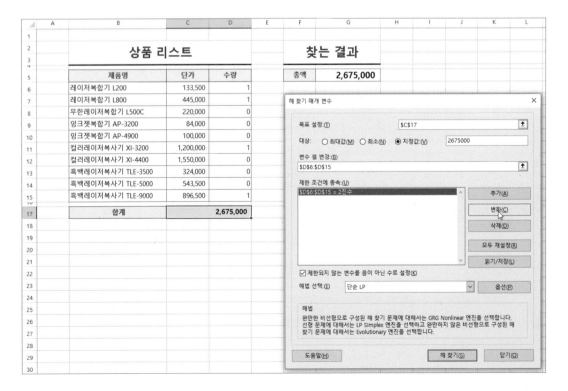

14 [제한 조건 변경] 대화상자가 열리면 비교 연산자를 [int]로 변경하고 [추가]를 클릭합니다.

	A	B	C	D	E	F	G	H	I	J
2		상품 리스트					찾는 결과			
5		제품명	단가	수량		총액	2,675,000			
6		레이저복합기 L200	133,500	1						
7		레이저복합기 L800	445,000	1						
8		무한레이저복합기 L500C	220,000	0						
9		잉크젯복합기 AP-3200	84,000	0						
10		잉크젯복합기 AP-4900	100,000	0						
11		컬러레이저복사기 XI-3200	1,200,000	1						
12		컬러레이저복사기 XI-4400	1,550,000	0						
13		흑백레이저복사기 TLE-3500	324,000	0						
14		흑백레이저복사기 TLE-5000	543,500	0						
15		흑백레이저복사기 TLE-9000	896,500	1						
17		합계		2,675,000						

제한 조건 변경 ✕

셀 참조:(E) 제한 조건:(N)
$D$6:$D$15 | int | 정수

확인(O)　추가(A)　취소(C)

TIP int는 Integer의 약어로, 정수로만 수량이 입력되어야 한다는 조건입니다.

15 최대로 판매될 수 있는 제한 수량을 산정하겠습니다.

TIP 최대 5개 이내로 판매된 경우를 처리합니다.

16 [제한 조건 변경] 대화상자의 조건을 다음과 같이 설정하고 [확인]을 클릭합니다.

[셀 참조] : D6:D15
[비교 연산자] : [<=]
[제한 조건] : 5

	A	B	C	D	E	F	G	H	I	J
2		상품 리스트					찾는 결과			
5		제품명	단가	수량		총액	2,675,000			
6		레이저복합기 L200	133,500	1						
7		레이저복합기 L800	445,000	1						
8		무한레이저복합기 L500C	220,000	0						
9		잉크젯복합기 AP-3200	84,000	0						
10		잉크젯복합기 AP-4900	100,000	0						
11		컬러레이저복사기 XI-3200	1,200,000	1						
12		컬러레이저복사기 XI-4400	1,550,000	0						
13		흑백레이저복사기 TLE-3500	324,000	0						
14		흑백레이저복사기 TLE-5000	543,500	0						
15		흑백레이저복사기 TLE-9000	896,500	1						
17		합계		2,675,000						

제한 조건 변경 ✕

셀 참조:(E) 제한 조건:(N)
$D$6:$D$15 | <= | 5

확인(O)　추가(A)　취소(C)

17 [해 찾기 매개 변수] 대화상자에서 [해 찾기]를 클릭합니다.

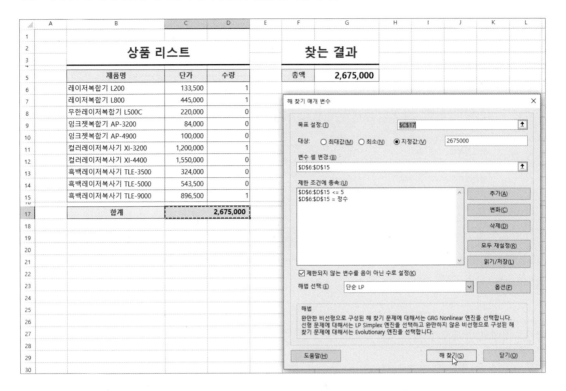

18 조건에 부합되는 수량 결과가 반환됩니다.

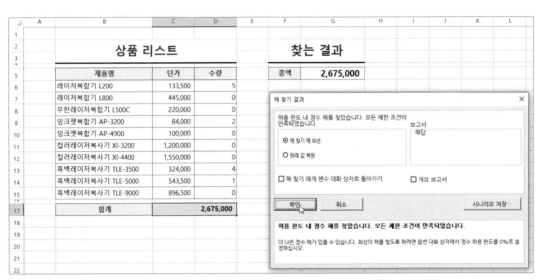

회귀 분석을 이용한 관계 분석 및 예측

요약된 데이터를 기술 통계법으로 설명할 수 있지만, 해당 방법으로는 특정 데이터에 영향을 주는 요인(변수)의 관계나 미래값을 예측할 수는 없습니다.

이번 CHAPTER에서는 변수의 관계를 설명하거나 미래값을 예측하는 방법에 대해 설명합니다. 이런 방법은 데이터를 좀 더 깊이 이해하고 설명하는 데 도움이 됩니다.

10 01
차트의 추세선을 이용해 그래프의 방향성 이해하기

예제 파일 PART 04 \ CHAPTER 10 \ 추세선.xlsx

추세선이란

생성한 차트의 흐름에 변화가 많아서 어떤 방향을 가지고 움직이는지 알기 어려울 때 그래프의 추세를 표시해주는 차트가 추세선입니다. 추세선에는 다양한 종류가 있습니다. 방향성을 알고 싶다면 선형 추세선이나 이동 평균 추세선을 사용하는 것이 좋습니다.

01 예제의 [sample1] 시트를 열고 현재 월 매출의 추이를 추세선을 통해 확인해보겠습니다.

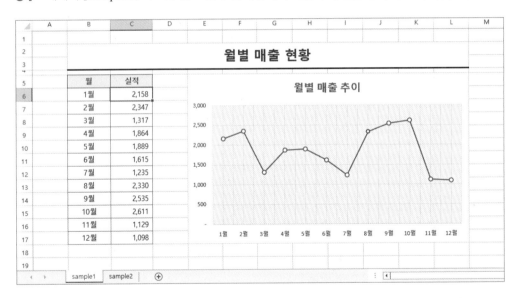

02 차트를 선택하고 차트 요소 田를 클릭한 후 [추세선]에 체크합니다.

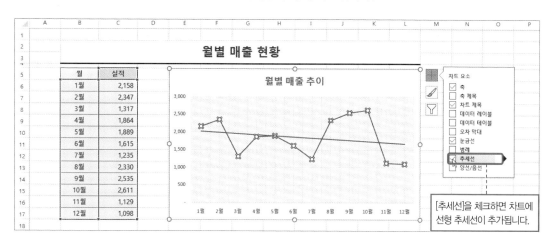

[추세선]을 체크하면 차트에 선형 추세선이 추가됩니다.

03 추세선이 잘 구분되게 하려면 선 스타일을 변경하는 것이 좋습니다.

04 추세선을 선택하고 리본 메뉴의 [서식] 탭-[도형 스타일] 그룹에서 원하는 스타일을 선택합니다.

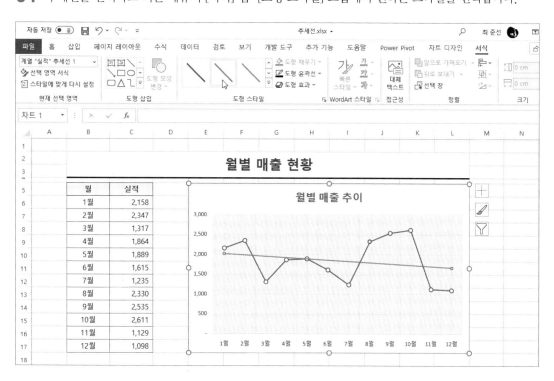

🔍 **더 알아보기** **추세선 이해하기**

추세선이 좌측 상단에서 우측 하단 방향으로 이동하면 꺾은선 그래프가 하락 추세에 있다고 판단할 수 있습니다. 이렇게 추세를 판단하기 애매한 경우에 선형 추세선을 사용하면 내 데이터의 추이를 객관적으로 판단할 수 있습니다.

추세선을 사용하기 어려운 패턴

추세선을 사용해 추이를 판단하려면 차트 계열의 항목 간 편차가 크지 않아야 합니다. 항목 간 숫자의 편차가 큰 경우에는 이동 평균을 이용해 추이를 완만하게 변경한 후 판단하는 것도 좋은 방법입니다. 다음 과정을 참고합니다.

01 [sample2] 시트를 열면 다음 차트를 확인할 수 있습니다.

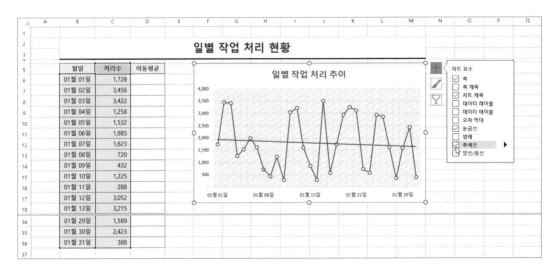

02 일별 처리된 작업의 추이를 표시하기 위해 추세선을 추가하겠습니다.

03 차트를 선택하고 차트 요소⊞를 클릭한 후 [추세선]에 체크합니다.

04 예제처럼 꺾은선 그래프의 편차가 큰 경우에는 이동 평균을 활용하는 방법이 유용합니다.

05 추세선 종류를 변경하기 위해 차트에 표시된 추세선을 더블클릭합니다.

06 오른쪽에 [추세선 서식] 작업 창이 나타납니다.

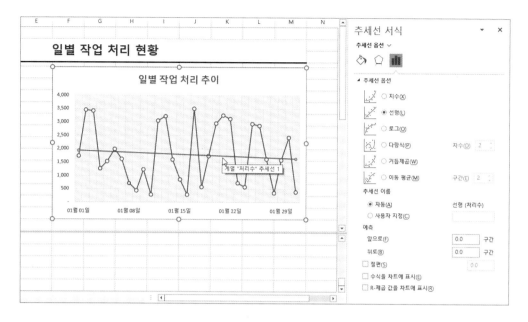

07 [추세선 옵션] 그룹에서 [이동 평균]을 선택하고 [구간]을 **7**로 변경합니다.

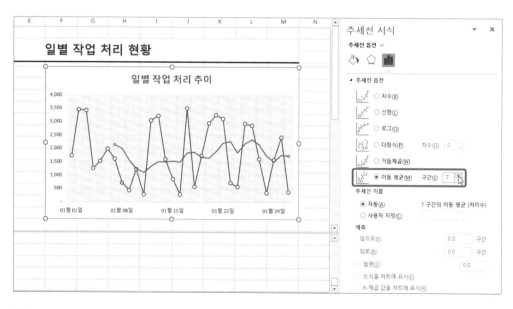

TIP [이동 평균]은 몇 구간의 평균을 사용해 표시되므로 편차가 완만하게 변화됩니다.

08 기본 기능으로는 추세선에 또 다른 추세선을 삽입할 수 없으므로 표에 이동 평균값을 추가한 후 그 값을 이용해 추가로 추세선을 삽입하겠습니다.

09 [D12] 셀에 **=AVERAGE(C6:C12)** 수식을 입력하고 채우기 핸들 ⊞을 [D36] 셀까지 드래그합니다.

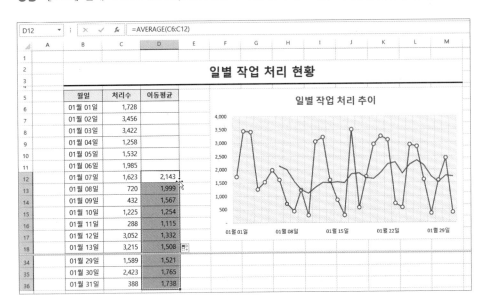

10 계산된 이동 평균값을 차트에 추가하겠습니다.

11 차트를 선택하면 차트의 원본 데이터 범위가 표시됩니다.

12 [C36] 셀 우측 하단의 범위 조절 핸들에 마우스 포인터를 위치시킵니다.

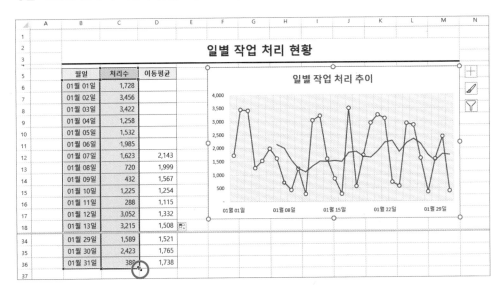

13 범위 조절 핸들을 D열까지 드래그해 확장하면 차트에 [이동평균] 계열이 추가됩니다.

14 기존 추세선을 제거하기 위해 차트 요소⊞를 클릭한 후 [추세선]의 체크를 해제합니다.

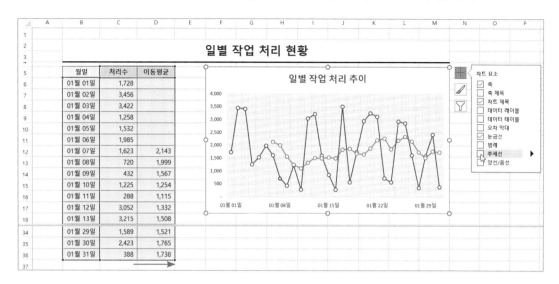

15 차트에서 [이동평균] 계열을 선택하고 차트 요소⊞를 클릭한 후 [추세선]에 체크합니다.

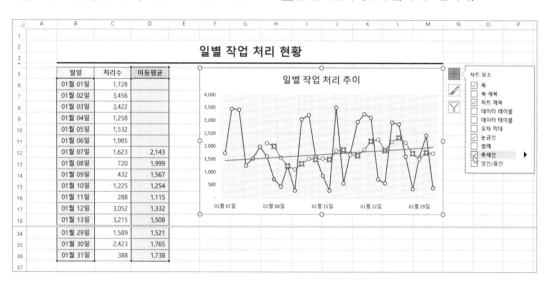

16 [처리수] 계열과 [이동평균] 계열의 추세선을 함께 표시해 비교해보겠습니다.

17 [처리수] 계열을 선택하고 차트 요소 ⊞를 클릭한 후 [추세선]에 체크합니다.

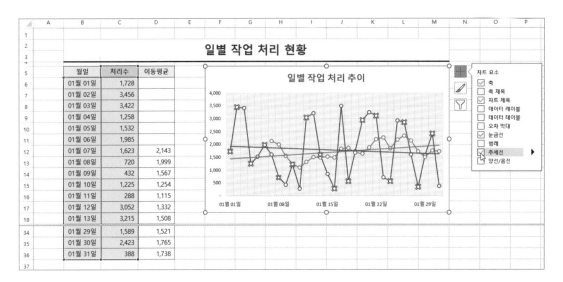

🔍 **더 알아보기**   **추세선 이해하기**

[이동평균] 계열을 계산해 추가한 추세선은 증가 추이를 반환했지만, 원본 차트의 추세선은 감소 추이를 반환합니다. 이렇게 항목 간 편차가 큰 경우에는 바로 추세선을 삽입해 추이를 분석하는 것보다 이동 평균값을 계산하고 추세선을 삽입해야 현황을 이해하기 좋습니다.

추세선을 사용할 수 있는 차트

모든 차트에서 추세선을 사용할 수 있는 것은 아닙니다. 추세선을 사용할 수 있는 차트와 없는 차트를 구분하면 다음과 같습니다.

추세선을 사용할 수 있는 차트	추세선을 사용할 수 없는 차트
막대형 차트 (가로, 세로) 꺾은선형 차트 분산형 차트 영역형 차트 주식형 차트 거품형 차트	원형 차트 도넛형 차트 방사형 차트 엑셀 2016 이상 버전에 새롭게 추가된 차트 (Section 07-12~07-14 참고)

단, 추세선을 사용할 수 있는 차트라도 누적형 차트나 3차원 차트에서는 추세선을 사용할 수 없습니다.

추세선과 예측 시트를 활용한 예측 기법

10 02 추세선의 종류와 사용 방법 이해하기

예제 파일 PART 04 \ CHAPTER 10 \ 추세선-종류.xlsx

회귀 분석

회귀 분석은 데이터의 일정한 경향성을 규명하는 분석 방법입니다. 경향성을 찾을 수 있다면 이 흐름이 연속된다는 가정하에 미래값을 예측할 수 있습니다. 회귀 분석을 이용한 추세선은 다음과 같은 다섯 가지 방법 중에서 하나를 선택할 수 있습니다.

선형

선형 추세선은 일정한 비율로 증가/감소하는 패턴이 선형 즉, 직선과 같은 흐름을 보이는 데이터를 설명하는 데 유용합니다. 예제의 [선형] 시트에는 다음과 같은 월별 데이터가 있습니다. 이 차트의 매출은 선형과 같은 추세선으로 설명하기에 적합합니다.

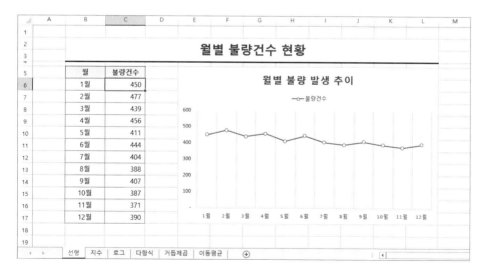

이 경우 선형 추세선을 이용하면 두 선이 거의 동일한 흐름을 보입니다.

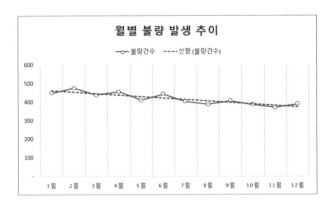

지수

지수 추세선은 데이터가 직선이 아닌 곡선으로 증가/감소하는 패턴에 적용 가능하며, 특히 빠르게 증가하거나 감소하는 패턴에 잘 맞습니다. 참고로 지수 추세선은 데이터에 0이나 음수가 있는 경우에는 사용할 수 없습니다.

예제의 [지수] 시트에는 다음과 같은 월별 데이터가 있습니다.

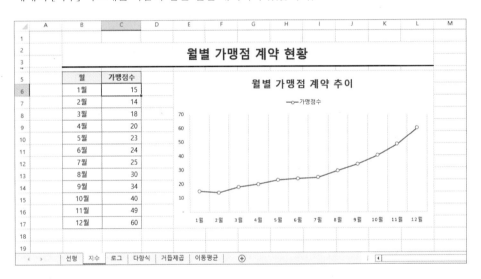

이 경우 지수 추세선을 이용하면 두 선이 거의 동일한 흐름을 보입니다.

로그

로그 추세선도 지수와 마찬가지로 곡선으로 증가/감소하는 패턴에 유용합니다. 특히 추세가 증가하다가 완만하게 감소하는 패턴 또는 그 반대 패턴에 적용하면 정확합니다. 참고로 로그 추세선은 지수와는 달리 데이터에 0이나 음수가 있는 경우에도 사용할 수 있습니다.

예제의 [로그] 시트에는 다음과 같은 월별 데이터가 있습니다.

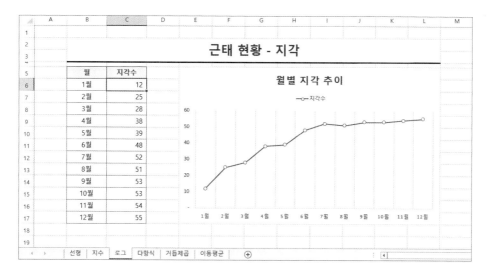

이 경우 로그 추세선을 이용하면 두 선이 거의 동일한 흐름을 보입니다.

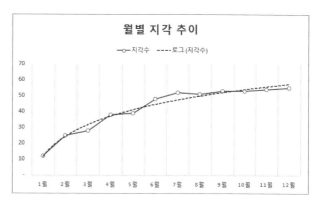

다항식

다항식 추세선도 곡선으로 변화하는 패턴에 적용하는 추세선입니다. 최대 6차 방정식을 이용할 수 있기 때문에 데이터의 증가/감소 패턴이 함께 있는 경우에 사용할 수 있습니다.

예제의 [다항식] 시트에는 다음과 같은 월별 데이터가 있습니다.

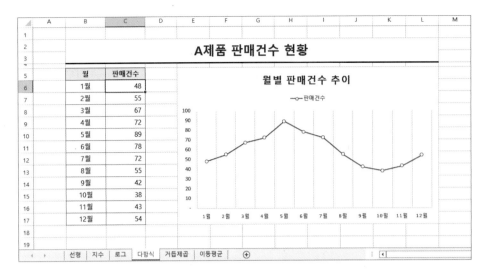

이 경우 다항식 추세선을 이용하면 두 선
이 거의 동일한 흐름을 보입니다.

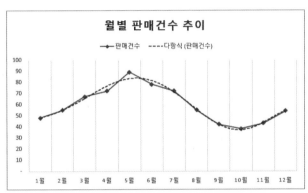

거듭제곱

거듭제곱 추세선도 곡선으로 변화하는 패턴에 적용하는 추세선으로, 특정 비율로 증가/감소하는 패턴에
적용할 수 있습니다. 지수 추세선과 마찬가지로 데이터에 0이나 음수가 있으면 사용할 수 없습니다.

예제의 [거듭제곱] 시트에는 다음과 같은 월별 데이터가 있습니다.

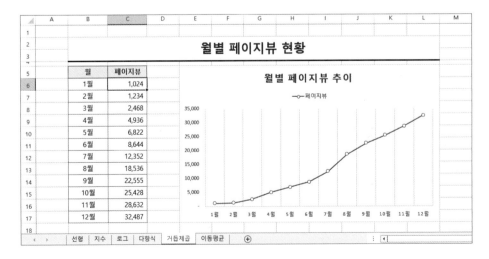

이런 경우 거듭제곱 추세선을 이용하면 두 선이 거의 동일한 흐름을 보입니다.

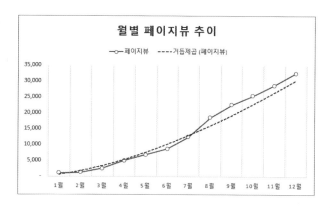

이동 평균

이동 평균 추세선은 패턴이나 추세를 좀 더 명확하게 표현하고 싶은 경우에 사용합니다. 이동 평균 추세선은 [구간] 옵션을 조정해 평균을 구하고, 구한 평균을 사용해 추세선을 표시합니다. 다만 미래값을 예측하는 데는 사용할 수 없습니다.

예제의 [이동평균] 시트에는 다음과 같은 월별 데이터가 있습니다.

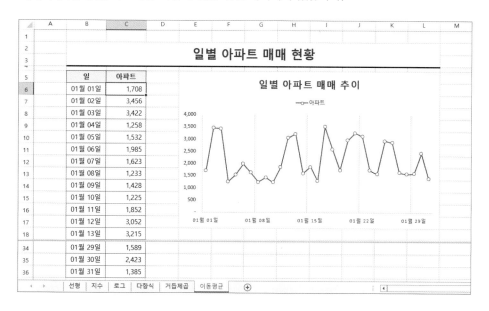

이런 경우 이동 평균 추세선을 이용하면 복잡한 흐름을 완만하게 설명할 수 있습니다.

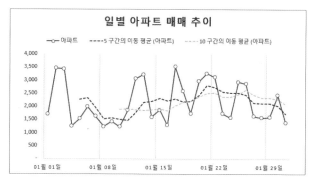

10 03 R-제곱값을 이용해 추세선 선택하기

예제 파일 PART 04 \ CHAPTER 10 \ 추세선−선택.xlsx

R-제곱값

회귀 분석에서 사용하는 지수, 선형, 로그, 다항식, 거듭제곱 추세선 중 어떤 것을 선택해야 하는지 고르기 힘든 경우가 많습니다. 이때 선택 기준으로 삼을 수 있는 것이 **R-제곱값**입니다. R-제곱값은 기존 그래프와의 연관성을 설명하는 값으로, 0~1 사이의 소수가 반환됩니다. 1에 가까울수록 연관성이 높다고 이해할 수 있습니다. 그러므로 R-제곱값이 높은 추세선을 선택하는 것이 좋습니다.

상관계수

서로 얼마나 관련이 있는지 확인하는 방법론을 상관관계라고 합니다. 이 상관관계를 측정하는 데 가장 많이 활용되는 방법이 피어슨의 상관계수를 구하는 것입니다. 상관계수의 영어 약어는 R입니다.

상관계수는 둘의 관계에 따라 −1과 1 사이의 값이 반환됩니다. 예를 들어 부모의 키가 자녀의 키에 얼마나 영향을 미치는지 조사했더니 부모의 키가 클수록 자녀의 키가 컸다면 오른쪽과 같은 우상향의 그래프가 표시됩니다.

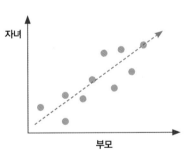

이런 경우 양의 상관관계가 있다고 하며, 상관계수는 0~1 사이의 값이 반환됩니다.

만약 정반대의 상황으로 부모의 키가 클수록 자녀의 키가 작다면 다음과 같이 우하향의 그래프가 표시됩니다.

이런 경우를 음의 상관관계가 있다고 하며, 상관계수는 −1~0 사이의 값이 반환됩니다.

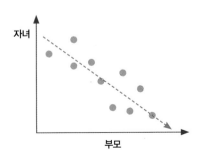

결정계수

상관계수는 양인지 음인지에 따라 −1~1 사이의 값이 반환되고, 양극단(−1, 1)에 가까울수록 연관성이 커집니다. 이렇게 양/음에 상관없이 상관관계가 얼마나 높은지 확인할 때 사용하는 값이 **결정계수**입니다. −1과 1이 동일한 값이 되도록 제곱값을 구한 것을 R−제곱값 또는 결정계수라고 합니다.

추세선의 선택

어떤 추세선이 현재 그래프를 더 잘 설명하는지 R−제곱값을 기준으로 선택해보겠습니다. 다음 과정을 참고합니다.

01 예제를 열면 월 판매건수를 집계한 표와 해당 표로 그린 꺾은선형 차트를 확인할 수 있습니다.

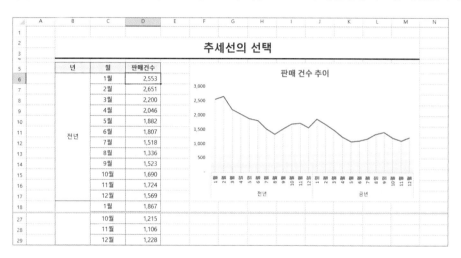

02 꺾은선 그래프를 잘 설명하는 추세선을 선택하기 위해 옵션별 R−제곱값을 확인하겠습니다.

03 차트를 선택하고 차트 요소⊞를 클릭한 후 [추세선]에 체크합니다.

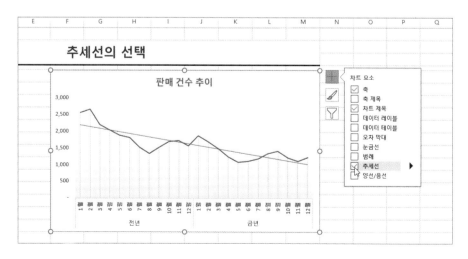

TIP 기본 추세선은 항상 선형입니다.

04 추세선을 더블클릭합니다. [추세선 서식] 작업 창이 열리면 [R-제곱 값을 차트에 표시] 옵션에 체크합니다.

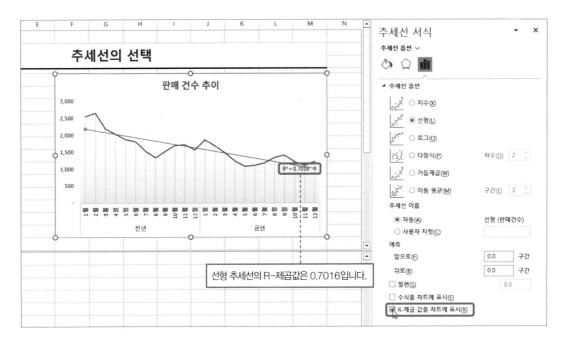

선형 추세선의 R-제곱값은 0.7016입니다.

05 [추세선 서식] 작업 창에서 [추세선 옵션]을 [지수]로 변경합니다.

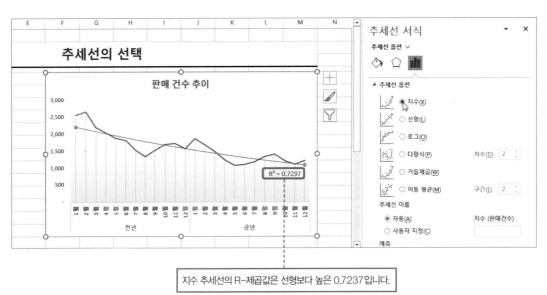

지수 추세선의 R-제곱값은 선형보다 높은 0.7237입니다.

06 [추세선 서식] 작업 창에서 [추세선 옵션]을 [로그]로 변경합니다.

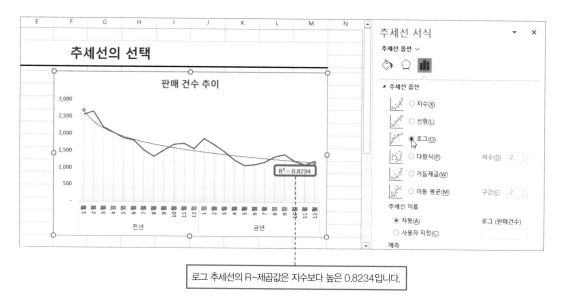

로그 추세선의 R-제곱값은 지수보다 높은 0.8234입니다.

07 [추세선 서식] 작업 창에서 [추세선 옵션]을 [다항식]으로 변경합니다.

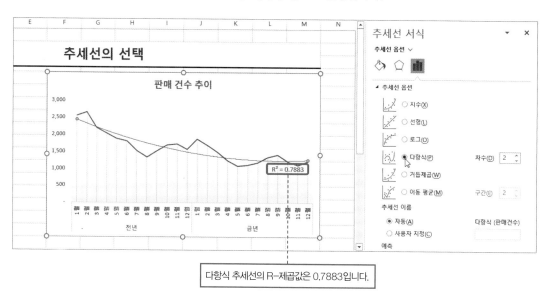

다항식 추세선의 R-제곱값은 0.7883입니다.

08 다항식 추세선은 [차수]를 2에서 6까지 변경할 수 있습니다.

09 다항식 추세선의 [차수]를 **6**으로 변경합니다.

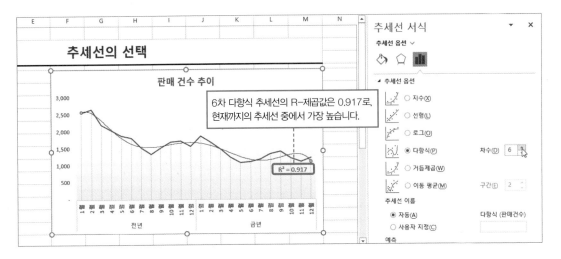

10 다항식 추세선은 미래값을 예측하기에 부적합합니다. 확인을 위해 [추세선 서식] 작업 창에서 [예측] 그룹의 [앞으로]에 **3**을 입력합니다.

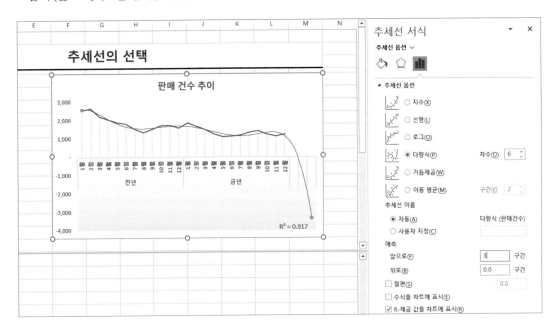

🔍 **더 알아보기** ▸ **다항식 추세선과 R-제곱값**

다항식 추세선은 2차부터 6차까지의 차수를 선택할 수 있으며, 차수가 올라갈수록 더 많은 근을 사용하므로 변화가 심한 계열의 흐름과 유사한 패턴을 확인할 수 있습니다. 따라서 R-제곱값만 가지고 판단하면 다항식 추세선이 가장 유리할 수밖에 없지만, 다항식 추세선으로 예측을 하면 너무 크거나 작은 값의 위치까지 변화하게 되므로 예측 목적으로는 활용하기 어렵습니다. R-제곱값을 이용해 추세선을 선택할 때 예측 목적인 경우에는 다항식 추세선은 빼고 선택하는 것이 좋습니다.

11 [추세선 서식] 작업 창에서 [추세선 옵션]을 [거듭제곱]으로 변경합니다.

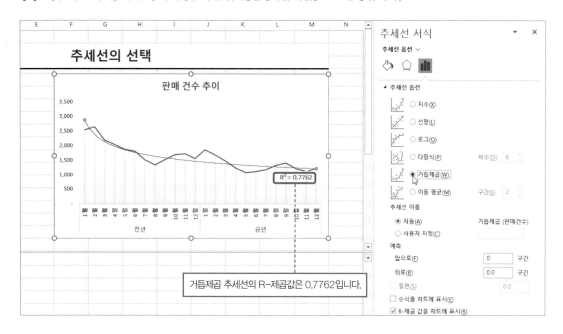

거듭제곱 추세선의 R-제곱값은 0.7762입니다.

12 다항식 추세선을 제외하면 로그 추세선의 R-제곱값이 가장 높습니다.

13 [추세선 서식] 작업 창에서 [추세선 옵션]을 [이동 평균]으로 변경합니다.

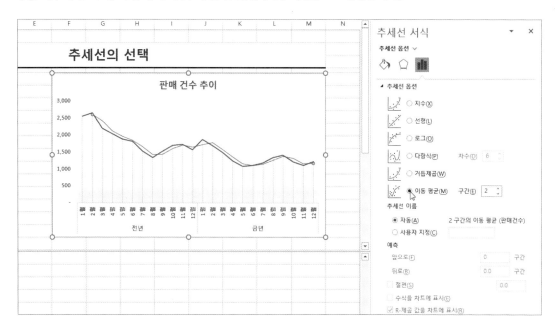

TIP 이동 평균 추세선은 R-제곱값이 표시되지 않습니다. R-제곱값은 회귀 분석을 활용하는 추세선에서만 나타납니다.

14 다항식 추세선을 제외하고 R−제곱값이 가장 높은 [로그] 추세선으로 확정합니다.

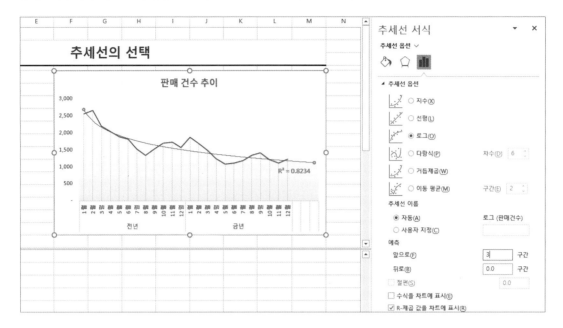

🔍 **더 알아보기**　　　**추세선과 예측**

차트의 꺾은선 그래프가 미래에 어떻게 변할지는 알 수 없습니다. 하지만 추세선은 방정식으로 표현되는 것이므로 기존의 꺾은선 그래프와 연관성이 높은 것을 찾아 연장하면 미래값이 어떻게 될지 예측할 수 있습니다.

10-04 추세선의 예측 정확도를 높일 수 있는 두 가지 방법 알아보기

예제 파일 PART 04 \ CHAPTER 10 \ 추세선-정확도.xlsx

데이터 범위 조정

차트를 그릴 때 사용한 데이터 범위가 선택한 추세선으로 잘 설명되는지 확인할 필요가 있습니다. 추세선은 일정한 패턴일 때 데이터를 더 잘 예측하므로 데이터를 얼마나 많이 준비하느냐에 따라 정확도가 달라질 수 있습니다. 다음 과정을 참고합니다.

01 예제의 [sample1] 시트에는 2년 동안의 월별 실적과 해당 실적에 대한 차트가 준비되어 있습니다.

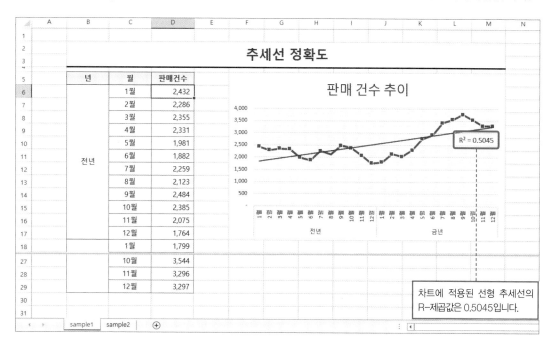

02 차트의 참조 범위를 축소해 R−제곱값이 어떻게 변화하는지 확인하겠습니다.

03 차트를 선택하고 [D6] 셀 우측 상단의 범위 조절 핸들을 [D7] 셀까지 드래그합니다.

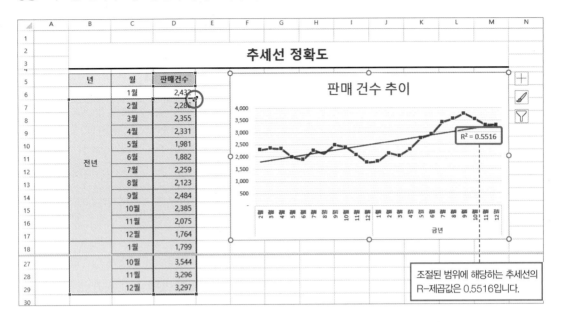

04 차트의 원본 범위를 한 개월씩 축소해 R−제곱값이 가장 커지는 부분을 찾아봅니다.

05 전년도 12월 위치까지 차트의 원본 참조 범위를 조정합니다.

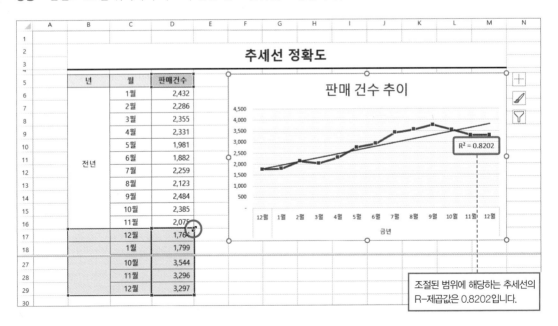

06 선택된 기간에 다른 추세선을 선택해 R-제곱값이 변하는지 확인해보겠습니다.

07 추세선을 더블클릭하고 [추세선 옵션]을 [거듭제곱]으로 변경합니다.

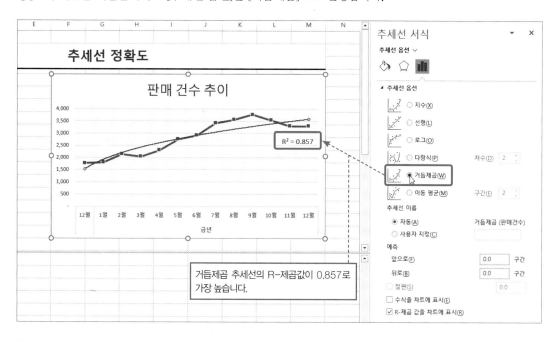

거듭제곱 추세선의 R-제곱값이 0.857로 가장 높습니다.

TIP 여러 추세선을 하나씩 선택해 R-제곱값이 가장 높게 나타나는 추세선을 선택합니다.

08 차트의 범위를 축소하거나 확장하면서 R-제곱값의 변화를 확인합니다.

09 금년 1월부터 데이터를 참조할 때 R-제곱값이 가장 높게 나타납니다.

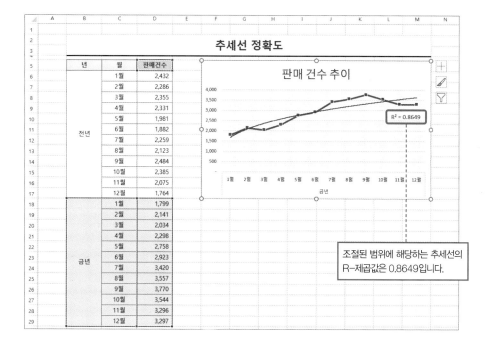

조절된 범위에 해당하는 추세선의 R-제곱값은 0.8649입니다.

이렇게 범위와 추세선 옵션을 조정하면서 R−제곱값이 높은 추세선으로 확정합니다. 그러면 현재 데이터에 딱 맞는 추세선을 고를 수 있게 되어 미래를 예측할 때 정확도를 높일 수 있습니다.

추세선과 간극이 큰 데이터 제외

추세선의 관련성을 극대화하려면 기존 데이터 계열에서 추세선과 차이가 큰 몇 개의 값을 제거합니다. 다음 과정을 참고합니다.

01 [sample2] 시트로 이동합니다. 시트에 삽입된 그래프에서 R−제곱값의 정확도를 높이는 작업을 진행하겠습니다.

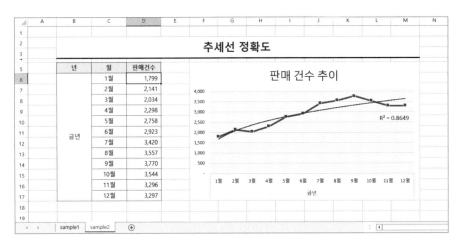

02 추세선과의 차이가 가장 큰 데이터는 3월과 9월의 판매건수입니다.

03 [D8] 셀과 [D14] 셀을 각각 선택하고 Delete 를 눌러 삭제합니다.

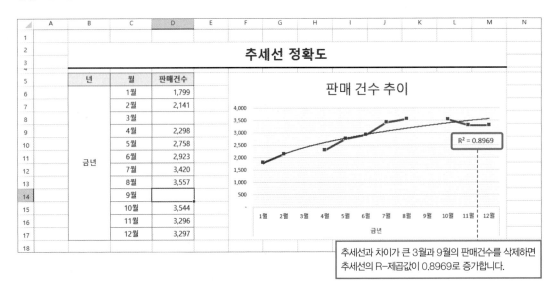

추세선과 차이가 큰 3월과 9월의 판매건수를 삭제하면 추세선의 R−제곱값이 0.8969로 증가합니다.

04 이제 확정된 추세선으로 미래 3개월간의 예측값을 구해봅니다.

05 추세선을 더블클릭하고 [추세선 서식] 작업 창에서 [예측]의 [앞으로]를 **3**으로 수정합니다.

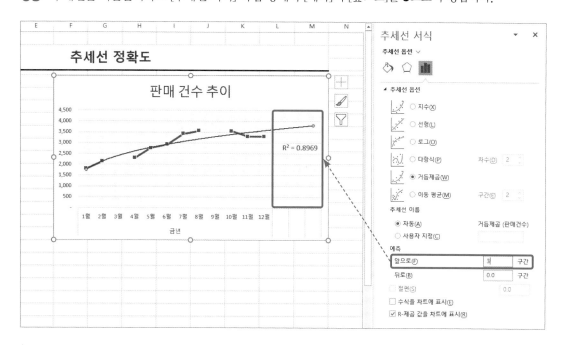

TIP [앞으로] 옵션은 추세선을 오른쪽으로 확장시킵니다. [구간]을 3으로 수정했으므로 X축 단위에 맞춰 3개의 빈 구간만큼 추세선이 확장됩니다.

10 05 추세선으로 예측된 부분 직접 계산하기

예제 파일 PART 04 \ CHAPTER 10 \ 추세선−회귀방정식.xlsx

회귀 방정식

추세선의 회귀 방정식은 모두 다음과 같은 구조로 되어 있습니다.

추세선	회귀 방정식	실제 예
선형	$y = m * x + b$	$y = 61.734x + 1778.1$
지수	$y = m * EXP(b * x)$	$y = 1881.1e^{0.0222x}$
로그	$y = m * LN(x) + b$	$y = 363.93\ln(x) + 1719$
다항식	$y = m_1 * x^2 + m_2 * x + b$	$y = 6.8806x^2 - 110.28x + 2523.5$
거듭제곱	$y = m * x^b$	$y = 1857.4x^{0.1273}$

회귀 방정식에서 m은 기울기를 의미하며, b는 상수에 해당하는 값으로 추세선의 회귀 방정식에 해당 값이 그대로 보여집니다. 예를 들어 위 표에서 선형 추세선의 m은 61.734를 의미하며, b는 1778.1입니다. y 는 Y축의 값을, x는 X축의 값을 의미합니다. 참고로 X축의 값이 숫자가 아니면 1, 2, 3, …과 같은 일련번호를 넣어 계산합니다.

지수와 로그 추세선에는 EXP 함수와 LN 함수가 사용됩니다. 지수 추세선의 e는 EXP 함수로 대체할 수 있으며, EXP 함수의 구문은 다음과 같습니다.

EXP (숫자)

상수 e를 숫자만큼 거듭제곱한 값을 반환합니다.

숫자	거듭제곱할 숫자

참고

● 상수 e는 자연로그 값의 밑인 2.71828182845904입니다.

로그 추세선에서 사용하는 LN 함수의 구문은 다음과 같습니다.

LN (숫자)

숫자의 자연로그 값을 반환합니다.

숫자	자연로그 값을 계산할 양의 실수

참고

● 자연로그 값의 밑은 상수 e로 2.71828182845904입니다.

추세선의 회귀 방정식을 이용해 예측된 값

추세선은 회귀 방정식을 이용해 표시되므로 회귀 방정식을 풀면 예측된 구간의 값을 얻을 수 있습니다. 다음 과정을 참고합니다.

01 예제를 열면 왼쪽 표의 데이터에 부합하는 추세선을 확인할 수 있습니다.

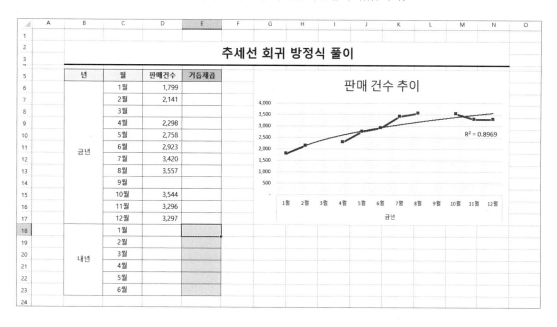

02 추세선을 연장해 내년 상반기의 판매건수를 예측하고 회귀 방정식을 차트에 표시하겠습니다.

03 추세선을 더블클릭하고 [추세선 서식] 작업 창에서 [예측]의 [앞으로]를 **6**으로 변경합니다.

04 [수식을 차트에 표시]에 체크합니다.

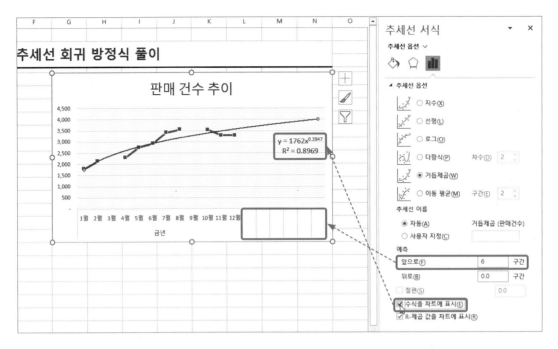

TIP 회귀 방정식은 추세선 레이블 내 R-제곱값과 함께 표시됩니다.

05 회귀 방정식의 숫자를 소수점 다섯 자리까지 표시하겠습니다.

06 추세선 레이블을 더블클릭합니다. [추세선 레이블 서식] 작업 창이 열리면 [표시 형식] 그룹의 [범주]에서 [숫자]를 선택하고 [소수 자릿수]에 **5**를 입력합니다.

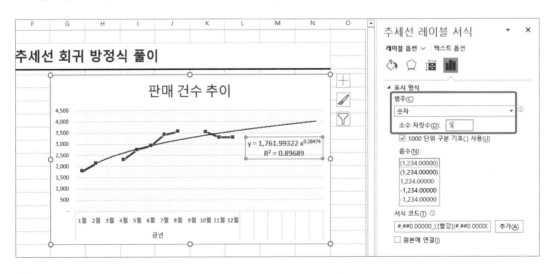

TIP 추세선 레이블의 표시 형식을 변경하면 회귀 방정식과 R-제곱값에 모두 적용됩니다.

07 회귀 방정식을 풀려면 X축 항목을 숫자로 매칭시켜야 합니다.

TIP X축 항목이 텍스트 데이터이면 1, 2, 3, …과 같은 일련번호로 변환합니다.

08 D열을 선택하고 Ctrl + Shift + + 를 눌러 열을 삽입합니다.

09 [D5] 셀에 **x**를 입력한 후 [D6] 셀에 **1**, [D7] 셀에 **2**를 각각 입력합니다.

10 [D6:D7] 범위를 선택하고 채우기 핸들⊞을 더블클릭해 일련번호를 모두 입력합니다.

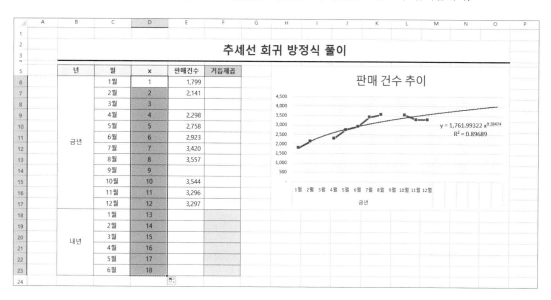

11 [F18] 셀에 회귀 방정식에 해당하는 다음 수식을 입력하고 채우기 핸들⊞을 [F23] 셀까지 드래그합니다.

=1761.99322 * (D18^0.28474)

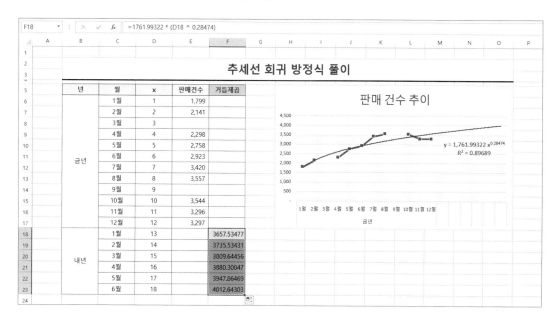

12 계산된 값이 추세선과 일치하는지 확인해보겠습니다.

13 차트를 선택하고 [E23] 셀 위치의 범위 조절 핸들을 [F23] 셀까지 드래그해 F열을 계열로 추가합니다.

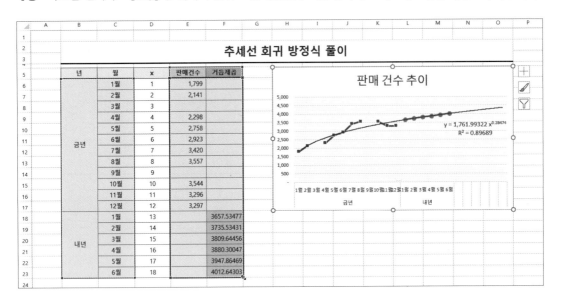

14 이번에는 추세선을 지수 추세선으로 변경해 회귀 방정식을 풀이해봅니다.

> **TIP** 다른 추세선으로 변경하는 것은 해당 추세선의 회귀 방정식을 풀어 보기 위한 것으로, 반드시 필요한 작업은 아닙니다.

15 Ctrl + Z 를 눌러 **13** 과정을 취소합니다.

16 추세선을 더블클릭하고 [추세선 서식] 작업 창에서 [추세선 옵션]을 [지수]로 변경합니다.

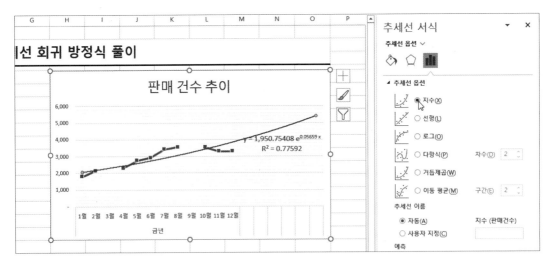

> **TIP** 추세선을 변경하면 회귀 방정식도 변경됩니다.

17 [F18] 셀의 수식을 다음과 같이 수정하고 채우기 핸들➕을 [F23] 셀까지 드래그합니다.

=1950.75408 * EXP(0.05659 * D18)

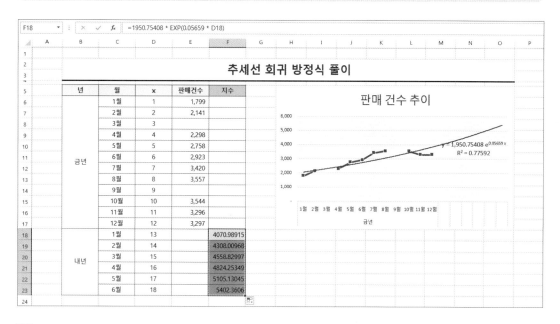

TIP 계산된 결과가 정확한지 확인하려면 **13** 과정을 참고합니다.

18 **16** 과정을 참고해 추세선을 [선형]으로 변경합니다.

19 [F18] 셀의 수식을 다음과 같이 수정하고 채우기 핸들➕을 [F23] 셀까지 드래그합니다.

=149.8328 * D18 + 1914.40354

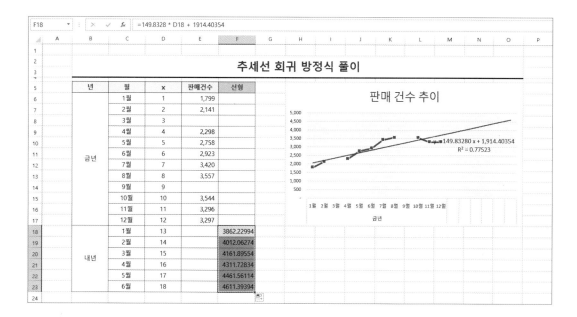

20 **16** 과정을 참고해 추세선을 [로그]로 변경합니다.

21 [F18] 셀의 수식을 다음과 같이 수정하고 채우기 핸들 ⊞을 [F23] 셀까지 드래그합니다.

=738.37695 * LN(D18) + 1670.84714

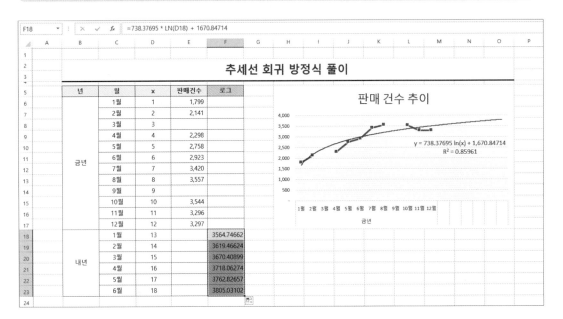

22 **16** 과정을 참고해 추세선을 [다항식]으로 변경합니다.

23 [F18] 셀의 수식을 다음과 같이 수정하고 채우기 핸들 ⊞을 [F23] 셀까지 드래그합니다.

=19.9209 * (D18^2) + 411.17451 * D18 + 1305.11865

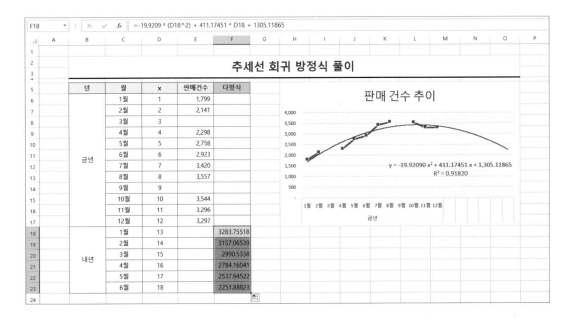

10 06 예측 시트 기능을 활용해 미래 예측하기

예제 파일 PART 04 \ CHAPTER 10 \ 예측 시트.xlsx

지수 평활법

이동 평균법의 예측 기법 중 하나인 지수 평활법은 시계열 데이터의 흐름으로 미래값을 예측하는 기법입니다. 엑셀에서는 2016 버전부터 새롭게 추가된 FORECAST.ETS 함수를 사용해 지수 평활법을 사용할 수 있으며, 예측 시트 기능은 해당 함수와 다양한 옵션으로 미래값을 예측해 반환해줍니다.

FORECAST.ETS (예측 X, 기존 Y 범위, 기존 X 범위, 계절성, 보간 방법, 중복 X)

지수 평활법을 사용해 기존 데이터로 미래 시점의 데이터를 예측해 반환합니다.

예측 X	예측할 시점의 시계열 데이터			
기존 Y 범위	예측에 사용될 과거 실제 데이터			
기존 X 범위	예측에 사용될 과거 시계열 데이터			
계절성	얼마간의 주기로 데이터를 예측할지 결정할 값			
	옵션	설명		
	1 또는 생략	자동으로 계절성이 있는지 확인하고 적용		
	0	계절성이 없다고 가정하고 선형 예측		
	2 이상	입력된 주기로 반복된다고 가정하고 예측		
보간 방법 (누락 데이터 처리)	기존 X 범위에 누락 데이터가 있을 경우 처리 방법을 결정할 값			
	옵션	설명		
	1 또는 생략	누락 데이터를 주변 데이터의 평균으로 계산		
	0	누락 데이터를 0으로 처리		
중복 X (중복 시계열 처리)	누락된 시계열 데이터가 있을 때 동일한 주기에 위치한 Y 값을 계산하기 위해 사용할 함수를 결정할 값			
	옵션	설명	옵션	설명
	1 또는 생략	AVERAGE	5	MEDIAN
	2	COUNT	6	MIN
	3	COUNTA	7	SUM
	4	MAX		

예측 시트로 주가 예측하기

예측 시트는 간단하게 미래값을 예측하기에 적합한 기능으로, 엑셀 2016 버전부터 사용 가능합니다. 예측 시트로 간단하게 주가를 예측하는 방법은 다음 과정을 참고합니다.

01 예제에는 20일간의 종가가 입력되어 있습니다. 다음 주 종가를 예측 시트로 예측해보겠습니다.

> **TIP** 예측 시트를 사용하려면 [B:C] 열 모두 계산 가능한 데이터여야 합니다. 텍스트 데이터로는 예측 시트 기능을 사용할 수 없습니다.

02 [B6:C25] 범위를 선택하고 리본 메뉴의 [데이터] 탭-[예측] 그룹-[예측 시트 ▦]를 클릭합니다.

03 [예측 워크시트 만들기] 대화상자가 표시되면 [옵션]을 클릭합니다.

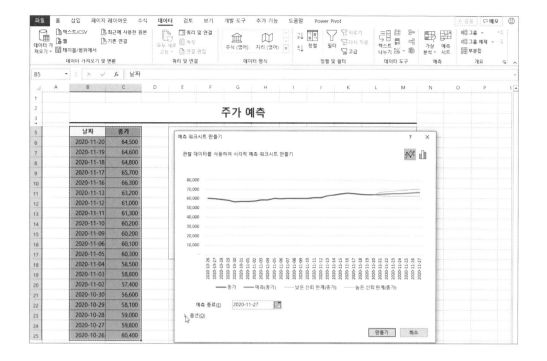

04 제공된 옵션 중에서 [계절성] 항목을 [수동으로 설정]으로 변경하고 값을 **10**으로 수정합니다.

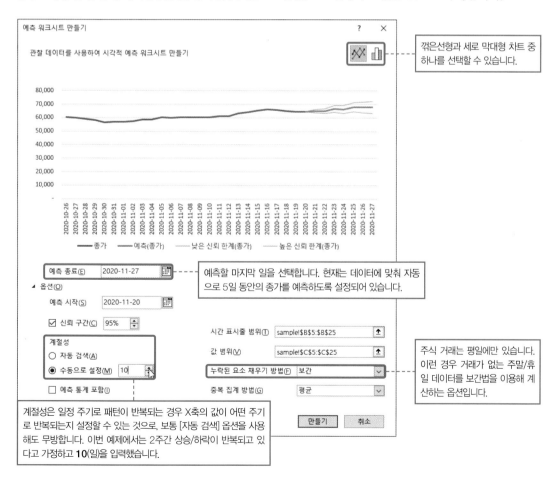

꺾은선형과 세로 막대형 차트 중 하나를 선택할 수 있습니다.

예측할 마지막 일을 선택합니다. 현재는 데이터에 맞춰 자동으로 5일 동안의 종가를 예측하도록 설정되어 있습니다.

주식 거래는 평일에만 있습니다. 이런 경우 거래가 없는 주말/휴일 데이터를 보간법을 이용해 계산하는 옵션입니다.

계절성은 일정 주기로 패턴이 반복되는 경우 X축의 값이 어떤 주기로 반복되는지 설정할 수 있는 것으로, 보통 [자동 검색] 옵션을 사용해도 무방합니다. 이번 예제에서는 2주간 상승/하락이 반복되고 있다고 가정하고 **10**(일)을 입력했습니다.

05 [만들기]를 클릭하면 새 시트에 예측 결과 표와 차트가 함께 표시됩니다.

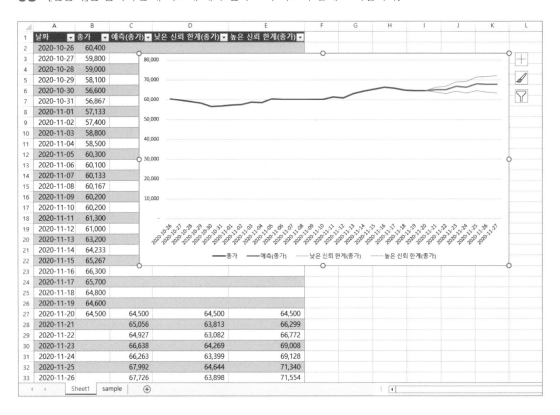

06 차트를 선택하고 Ctrl + X 로 잘라낸 후 [sample] 시트의 [E5:M17] 범위에 맞게 붙여 넣습니다.

07 차트의 Y축 레이블을 더블클릭해 [축 서식] 작업 창을 열고 [축 옵션] 그룹에서 [경계]의 [최소값]을 **50000**으로 변경합니다.

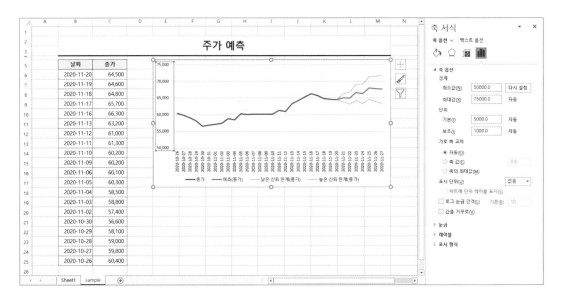

08 차트의 예측 결과가 어떻게 계산되는지 확인하겠습니다.

09 [Sheet1] 시트의 [C28] 셀을 선택하면 FORECAST.ETS 함수를 사용한 수식을 확인할 수 있습니다.

=FORECAST.ETS(A28, $B$2:$B$27, $A$2:$A$27, 10, 1)

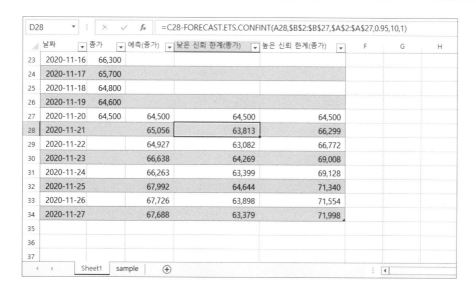

TIP C열의 예측(종가)값이 예측된 차트의 가운데 굵은 실선의 계열입니다.

10 [D28] 셀에는 다음과 같은 수식이 입력되어 있습니다.

=C28−FORECAST.ETS.CONFINT(A28, $B$2:$B$27, $A$2:$A$27, 0.95, 10, 1)

	날짜	종가	예측(종가)	낮은 신뢰 한계(종가)	높은 신뢰 한계(종가)	F	G	H
23	2020-11-16	66,300						
24	2020-11-17	65,700						
25	2020-11-18	64,800						
26	2020-11-19	64,600						
27	2020-11-20	64,500	64,500	64,500	64,500			
28	2020-11-21		65,056	63,813	66,299			
29	2020-11-22		64,927	63,082	66,772			
30	2020-11-23		66,638	64,269	69,008			
31	2020-11-24		66,263	63,399	69,128			
32	2020-11-25		67,992	64,644	71,340			
33	2020-11-26		67,726	63,898	71,554			
34	2020-11-27		67,688	63,379	71,998			
35								
36								
37								

D28 수식 입력줄: =C28-FORECAST.ETS.CONFINT(A28,$B$2:$B$27,$A$2:$A$27,0.95,10,1)

Sheet1 sample ⊕

10 07

두 변수 간의 관계 설명하기

예제 파일 PART 04 \ CHAPTER 10 \ 산포도.xlsx

산포도 차트와 결정계수

변수는 프로그램 실행 도중 변경될 수 있는 값입니다. 예를 들어 광고횟수가 매출에 영향을 끼치고 있는지 확인하려고 할 경우 광고횟수와 매출은 각각 변경될 수 있는 값이므로 변수입니다. 두 변수 간의 관계를 설명하고 싶다면 산포도 차트를 생성하고 선형 추세선의 결정계수(R-제곱값)를 이용할 수 있습니다.

엑셀에서 산포도 차트는 분산형 차트로 생성하며, 선형 추세선의 R-제곱값은 오른쪽 표와 같은 의미로 이해할 수 있습니다.

결정계수	설명
0.7 초과	매우 강한 연관성
0.4 ~ 0.7	강한 연관성
0.2 ~ 0.4	약간의 연관성

산포도 차트로 상관관계 분석

매출에 영향을 미치는 특정 비중을 확인해보고 싶을 때 산포도 차트를 이용해 분석할 수 있습니다. 다음 과정을 참고합니다.

01 예제를 열면 다음과 같은 표를 확인할 수 있습니다.

	A	B	C	D	E	F	G	H	I	J
1										
2		광고 효과 분석					(단위 : 만원)		등급표	
3		구분	월	광고횟수	모델등급	광고비	매출		모델등급	코드
4			1월	6	B	₩ 20,316	₩ 450,142		S	3
5			2월	5	B	₩ 34,315	₩ 765,666		A	2
6			3월	8	A	₩ 95,264	₩ 1,515,348		B	1
7			4월	8	A	₩ 75,508	₩ 1,987,360			
8			5월	12	S	₩ 185,205	₩ 2,675,712			
9		전년	6월	8	A	₩ 60,006	₩ 1,617,850			
10			7월	5	S	₩ 62,940	₩ 2,016,804			
21		금년	6월	12	S	₩ 102,545	₩ 2,004,264			
22			7월	8	B	₩ 58,492	₩ 1,529,091			
23			8월	10	A	₩ 69,935	₩ 1,639,100			
24			9월	12	A	₩ 89,284	₩ 1,788,314			
25			10월	8	A	₩ 80,552	₩ 1,378,768			
26			11월	12	A	₩ 81,305	₩ 1,983,575			
27			12월	10	S	₩ 115,283	₩ 2,140,930			
28										

02 산포도 차트를 이용하려면 모든 데이터가 숫자여야 하므로 E열의 모델등급을 숫자로 변환해야 합니다.

03 F열을 선택하고 Ctrl+ + 를 누르거나 리본 메뉴의 [홈] 탭-[셀] 그룹-[삽입🎫]을 클릭합니다.

04 [F3] 셀에 **모델등급** 머리글을 입력합니다.

05 [F4] 셀에 다음 수식을 입력하고 채우기 핸들🔳을 [F27] 셀까지 드래그합니다.

> **=VLOOKUP(E4, $J$4:$K$6, 2, FALSE)**

06 F열에 수식 결과만 남기려면 수식을 값으로 변환해야 합니다.

07 [F4:F27] 범위를 Ctrl+ C 로 복사한 후 리본 메뉴의 [홈] 탭-[클립보드] 그룹-[붙여넣기📋]의 아래 화살표▾를 클릭하고 [값🔢]을 선택합니다.

08 모델 등급을 숫자로 변환했으므로 E열은 삭제해도 됩니다.

09 E열을 선택하고 마우스 오른쪽 버튼을 클릭한 후 [삭제]를 선택합니다.

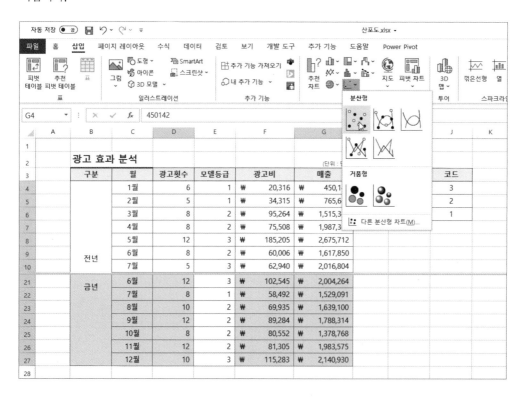

10 광고횟수와 매출 간의 상관관계를 산포도 차트를 이용해 분석하겠습니다.

11 [D4:D27] 범위를 선택하고 Ctrl를 누른 상태에서 [G4:G27] 범위를 선택합니다.

12 리본 메뉴의 [삽입] 탭-[차트] 그룹-[분산형 또는 거품형 차트 삽입📊]을 클릭한 후 [분산형]을 선택합니다.

13 생성된 차트의 위치와 크기를 [I8:P20] 범위에 맞게 조절합니다.

구분	월	광고횟수	모델등급	광고비	매출
					(단위:만원)
	1월	6	1	₩ 20,316	₩ 450,142
	2월	5	1	₩ 34,315	₩ 765,666
	3월	8	2	₩ 95,264	₩ 1,515,348
	4월	8	2	₩ 75,508	₩ 1,987,360
	5월	12	3	₩ 185,205	₩ 2,675,712
전년	6월	8	2	₩ 60,006	₩ 1,617,850
	7월	5	3	₩ 62,940	₩ 2,016,804
	8월	10	2	₩ 89,195	₩ 1,744,713
	9월	10	3	₩ 125,420	₩ 1,846,229
	10월	8	2	₩ 63,558	₩ 1,012,848
	11월	8	2	₩ 69,745	₩ 1,562,290
	12월	5	1	₩ 58,885	₩ 1,292,864
	1월	10	1	₩ 56,210	₩ 1,021,761
	2월	10	2	₩ 63,705	₩ 1,890,696
	3월	12	2	₩ 60,716	₩ 1,644,910
	4월	15	1	₩ 54,560	₩ 1,390,180
	5월	9	1	₩ 60,684	₩ 1,537,730
금년	6월	12	3	₩ 102,545	₩ 2,004,264
	7월	8	1	₩ 58,492	₩ 1,529,091
	8월	10	2	₩ 69,935	₩ 1,639,100
	9월	12	2	₩ 89,284	₩ 1,788,314
	10월	8	2	₩ 80,552	₩ 1,378,768
	11월	12	2	₩ 81,305	₩ 1,983,575
	12월	10	3	₩ 115,283	₩ 2,140,930

광고 효과 분석 / **등급표**

모델등급	코드
S	3
A	2
B	1

TIP Alt 를 누른 상태에서 차트를 드래그해 위치를 좌측 상단을 [I8] 셀에 맞춘 다음 Alt 를 누른 상태에서 우측 하단의 크기 조절 핸들 을
[P20] 셀까지 드래그합니다.

14 차트에 선형 추세선을 추가하겠습니다.

15 차트를 선택하고 차트 요소 를 클릭한 후 [추세선]에 체크합니다.

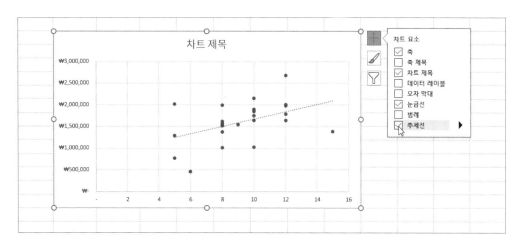

TIP 산포도 차트에서 관계를 설명할 경우에는 선형 추세선만 사용합니다.

16 추세선의 R−제곱값(결정계수)을 확인합니다.

17 추세선을 더블클릭해 [추세선 서식] 작업 창을 열고 [R−제곱 값을 차트에 표시]에 체크합니다.

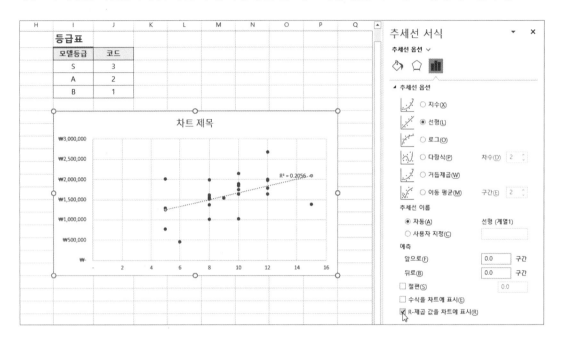

🔍 **더 알아보기**　　**결정계수 이해하기**

결정계수는 0~1 사이의 값을 반환하며, 1에 가까울수록 X축과 Y축 데이터의 연관성이 높음을 의미합니다. 산포도 차트는 D열의 광고횟수와 G열의 매출 데이터로 생성한 것이므로 결정계수가 0.2056이라는 것은 둘 사이의 연관성이 거의 없다는 의미로 설명할 수 있습니다.

결정계수를 보기 좋게 설정하려면 차트 내 R−제곱값을 선택하고 리본 메뉴의 [홈] 탭−[글꼴] 그룹에서 글꼴 크기나 글꼴 색을 조정합니다. 다음 화면의 경우 글꼴 크기를 **10.5**로, 글꼴 색을 빨간색으로 변경한 것입니다.

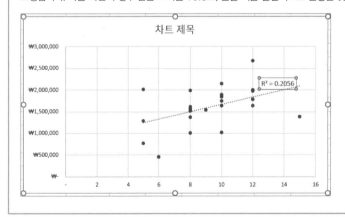

---

18 모델등급(E열)과 매출(G열)의 연관성을 확인하려면 산포도 차트의 원본 범위를 조정해보면 됩니다.

19 차트 내 표식을 선택하고 수식 입력줄의 수식을 다음과 같이 수정합니다.

=SERIES(,sample!$E$4:$E$27, sample!$G$4:$G$27, 1)

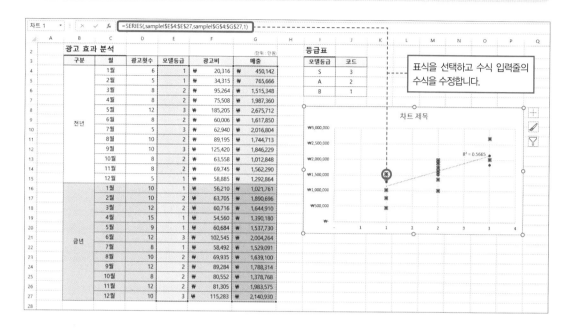

🔍 더 알아보기 　　차트의 원본 범위 수정 방법과 R–제곱값 이해하기

차트의 계열은 SERIES 함수로 참조 범위를 반환합니다. SERIES 함수의 구문은 다음과 같습니다.

> **SERIES** (계열 이름, X축 범위, Y축 범위, 정렬 순서, 크기 범위)

인수로 전달된 데이터 범위를 가지고 차트의 그래프 계열을 구성합니다.

계열 이름	범례에 표시되는 계열의 이름
X축 범위	차트의 X축 범위에 표시될 데이터 범위
Y축 범위	차트의 Y축 범위에 사용될 데이터 범위
정렬 순서	누적형 차트에서 계열을 표시하는 순서
크기 범위	거품형 차트에서 거품의 크기를 표시할 데이터 범위

동일한 차트로 다양한 변수 간의 관계를 확인해보고자 할 경우에는 계열 내 SERIES 함수를 수정하는 것이 쉽습니다. 이번과 같이 X축 범위를 D열에서 E열 범위로 수정하면 산포도 차트가 모델등급과 매출 간의 관계를 설명하게 됩니다.
원본 범위를 수정하면 R–제곱값도 그에 맞게 변경됩니다. 변화된 차트에서 R–제곱값은 0.5665로 모델등급이 매출에 영향을 미치고 있다고 설명할 수 있습니다. 또한 이전 R–제곱값(0.2056)보다 크기 때문에 광고횟수보다 모델등급이 매출에 더 큰 영향을 미친다고 판단할 수 있습니다.

20 광고비(F열)와 매출(G열)의 연관성을 확인하려면 산포도 차트의 범위를 조정해보면 됩니다.

21 차트 내 표식을 선택하고 수식 입력줄의 수식을 다음과 같이 수정합니다.

=SERIES(,sample!$F$4:$F$27, sample!$G$4:$G$27, 1)

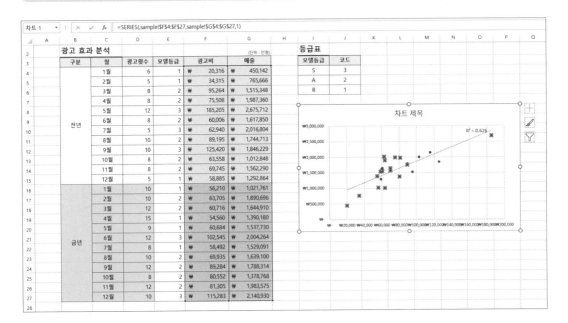

🔍 **더 알아보기**   **광고비와 매출의 상관관계**

산포도 차트의 원본 범위를 조정하면 R-제곱값도 그에 맞게 변경됩니다. 산포도 차트에 표시된 R-제곱값은 0.626으로, 모델 등급(0.56650) 때보다 높아졌습니다. 그러므로 R-제곱값만 비교했을 때는 광고비가 매출에 가장 많은 영향을 끼치고 있다고 설명할 수 있습니다.

10 08 시점을 구분하는 상관관계 분석하기

예제 파일 PART 04 \ CHAPTER 10 \ 산포도-시점.xlsx

R-제곱값(결정계수)을 활용한 상관관계 분석

상관관계를 분석할 때 어느 정도의 기간을 데이터로 사용해야 할지 애매한 경우가 많습니다. 보통은 일정한 기간을 대상으로 하며 해당 기간에 특별한 변화가 없다면 상관없지만, 특정 시점에 변화가 있다면 해당 시점을 구분해 분석하는 것이 좋습니다.

산포도 차트는 일일이 데이터 범위를 조정해서 R-제곱값(결정계수)을 확인해야 하는 점이 불편합니다. 이런 식의 작업에서는 결정계수를 반환하는 RSQ 함수를 사용해 시점을 나눠 분석하는 것이 의미가 있는지 먼저 확인하는 것이 편리합니다.

RSQ (Y축 범위, X축 범위)

인수로 전달된 두 범위에 있는 숫자의 결정계수 값을 반환합니다.

Y축 범위	차트의 Y축에 표시될 원본 데이터 범위
X축 범위	차트의 X축에 표시될 원본 데이터 범위

참고

● Y축 범위와 X축 범위는 반대로 전달해도 상관 없습니다. 분산형 차트를 그릴 때 X축 범위와 Y축 범위가 서로 변경되어도 선형 추세선의 R-제곱값에는 변화가 없습니다.

시점을 구분하는 산포도

01 예제를 열고 전년도와 금년도 데이터를 구분해 상관관계를 분석해보겠습니다.

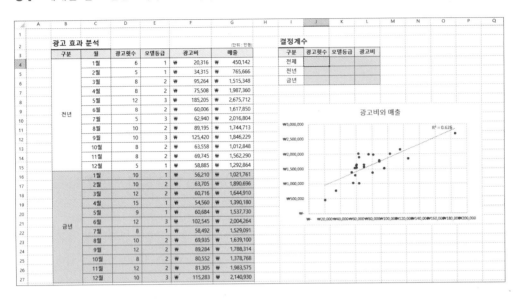

> **TIP** 전년도와 금년도에 홍보를 맡긴 대행사가 변경되었다고 가정합니다.

02 산포도 차트를 변화시키기에 앞서 전년도와 금년도 R−제곱값(결정계수)을 구합니다.

03 [J4] 셀에 다음 수식을 입력하고 채우기 핸들➕을 [L4] 셀까지 드래그합니다.

=RSQ($G$4:$G$27, D4:D27)

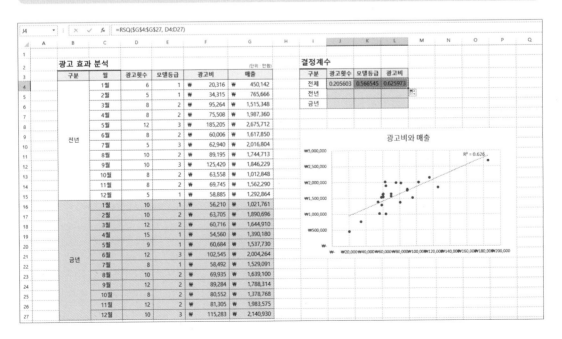

RSQ 함수는 선형 추세선의 R-제곱값을 구해주는 함수로, 차트의 Y축 데이터 범위와 X축 데이터 범위를 인수로 입력하면 R-제곱값이 반환됩니다.

이번 수식에서 매출이 입력된 [G4:G27] 범위는 고정하고 광고횟수가 입력된 [D4:D27] 범위는 수식을 오른쪽으로 복사할 때 모델등급(E열)과 광고비(F열) 범위로 변경되도록 상대 참조 방식으로 참조한 것입니다.

수식이 입력된 [J4:L4] 범위에 R-제곱값은 차트에 표시된 추세선의 R-제곱값과 동일한 결과가 반환됩니다. 참고로 [L4] 셀에 반환된 0.625973은 [I9] 셀 위치에 삽입된 차트의 추세선에 표시된 R-제곱값(0.626)과 동일합니다. 추세선의 경우 R-제곱값을 특정 자리까지 표시해주므로, 0.625973을 소수점 셋째 자리까지 표시하면 반올림된 결과로 0.626이 표시된 것입니다. 이것으로 RSQ 함수를 사용해 추세선의 R-제곱값을 구하는 것이 가능하다는 것을 이해할 수 있습니다.

04 이번에는 전년도 데이터만으로 R-제곱값을 구하겠습니다.

TIP 전년도와 금년도를 구분해 분석하는 것이 의미가 있는지 파악하기 위해 R-제곱값을 먼저 확인합니다.

05 [J5] 셀에 다음 수식을 입력하고 채우기 핸들➕을 [L5] 셀까지 드래그합니다.

=RSQ($G$4:$G$15, D4:D15)

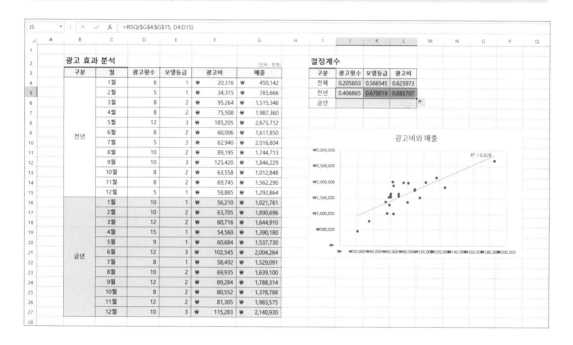

이번에 구한 R-제곱값이 4행의 전체 데이터 범위로 구한 R-제곱값보다 큽니다. 그러므로 전년도 데이터가 매출에 더 큰 영향을 끼쳤다고 판단할 수 있습니다. 이렇게 전체 데이터보다 변화가 있는 시기를 기준으로 상관관계를 분석하면 어떤 부분이 더 효과적이었는지 더 쉽게 설명할 수 있습니다.

06 금년도 데이터만으로 R-제곱값을 구하겠습니다.

07 [J6] 셀에 다음 수식을 입력하고 채우기 핸들 ⊞을 [L6] 셀까지 드래그합니다.

> **=RSQ($G$16:$G$27, D16:D27)**

🔍 **더 알아보기**   **수식 이해하기**

금년도 데이터만으로 구한 R-제곱값이 전체 데이터와 전년도 데이터만으로 구한 R-제곱값보다 전반적으로 작습니다. 이것으로만 보면 광고가 금년도의 매출에 영향을 미치는 부분이 줄어들었다고 주장할 수 있습니다.

08 반환된 R-제곱값 중에서 매출에 가장 큰 영향을 줬던 시기로 차트를 조정하겠습니다.

09 차트를 선택하고 [G27] 셀 우측 하단의 범위 조절 핸들을 [G15] 셀 위치까지 드래그합니다.

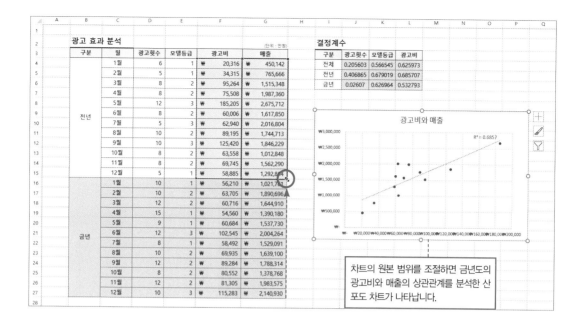

광고 효과 분석							결정계수			
구분	월	광고횟수	모델등급	광고비		매출	구분	광고횟수	모델등급	광고비
						(단위: 만원)	전체	0.205603	0.566545	0.625973
전년	1월	6	1	₩	20,316	₩ 450,142	전년	0.406865	0.679019	0.685707
	2월	5	1	₩	34,315	₩ 765,666	금년	0.02607	0.626964	0.532793
	3월	8	2	₩	95,264	₩ 1,515,348				
	4월	8	2	₩	75,508	₩ 1,987,360				
	5월	12	3	₩	185,205	₩ 2,675,712				
	6월	8	2	₩	60,006	₩ 1,617,850				
	7월	5	3	₩	62,940	₩ 2,016,804				
	8월	10	2	₩	89,195	₩ 1,744,713				
	9월	10	3	₩	125,420	₩ 1,846,229				
	10월	8	2	₩	63,558	₩ 1,012,848				
	11월	8	2	₩	69,745	₩ 1,562,290				
	12월	5	1	₩	58,885	₩ 1,292,864				
금년	1월	10	1	₩	56,210	₩ 1,021,761				
	2월	10	2	₩	63,705	₩ 1,890,696				
	3월	12	2	₩	60,716	₩ 1,644,910				
	4월	15	1	₩	54,560	₩ 1,390,180				
	5월	9	1	₩	60,684	₩ 1,537,730				
	6월	12	3	₩	102,545	₩ 2,004,264				
	7월	8	1	₩	58,492	₩ 1,529,091				
	8월	10	2	₩	69,935	₩ 1,639,100				
	9월	12	2	₩	89,284	₩ 1,788,314				
	10월	8	2	₩	80,552	₩ 1,378,768				
	11월	12	2	₩	81,305	₩ 1,983,575				
	12월	10	3	₩	115,283	₩ 2,140,930				

차트의 원본 범위를 조절하면 금년도의 광고비와 매출의 상관관계를 분석한 산포도 차트가 나타납니다.

10 금년도와의 비교를 위해 산포도 차트에 금년 데이터 계열을 추가하겠습니다.

11 [F16:G27] 범위를 Ctrl + C 로 복사한 후 차트를 선택합니다.

12 리본 메뉴의 [홈] 탭-[클립보드] 그룹-[붙여넣기 📋]의 아래 화살표 ⌄ 를 클릭하고 [선택하여 붙여넣기]를 선택합니다.

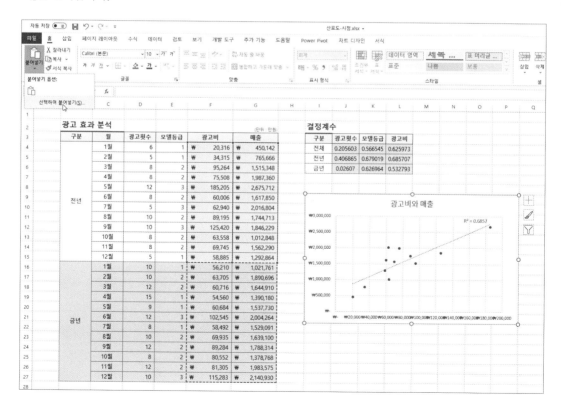

13 [선택하여 붙여넣기] 대화상자가 나타나면 [첫 열을 항목명으로]에 체크하고 [확인]을 클릭합니다.

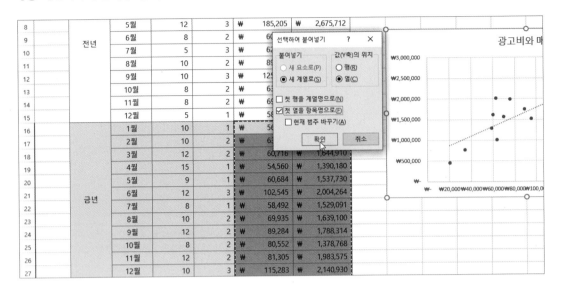

🔍 **더 알아보기** **[선택하여 붙여넣기] 대화상자의 설정 이해하기**

[선택하여 붙여넣기]를 사용하면 선택한 범위를 차트에 별도 계열로 추가할 수 있습니다. 이번에 선택한 옵션은 [첫 열을 항목명으로]입니다. 여기서 첫 열은 선택한 범위의 '첫 열'로, **11** 과정에서 [F16:G27] 범위를 선택했으므로 첫 열은 [F16:F27] 범위인 광고비 범위가 됩니다. 광고비를 항목명으로 사용하는 것은 X축 범위로 설정한다는 의미입니다. 이런 옵션은 사용자의 표에 맞게 사용해야 합니다.

14 추가된 계열(금년)에 추세선을 추가하겠습니다.

15 차트 내 주황색 표식을 하나 선택하고 차트 요소 田를 클릭한 후 [추세선]에 체크합니다.

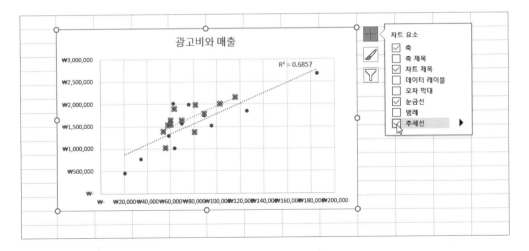

추가된 추세선은 R-제곱값이 제대로 표시되지 않습니다. 616페이지를 참고해 옵션에서 R-제곱값을 표시하고 가독성을 위해 글꼴 색이나 굵기, 크기 등을 조정합니다.

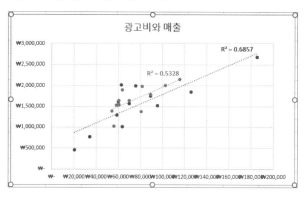

16 차트에 범례를 표시하겠습니다.

17 차트 요소⊞를 클릭합니다. [범례]에 체크하고 오른쪽 화살표▶를 클릭한 후 [위쪽]을 선택합니다.

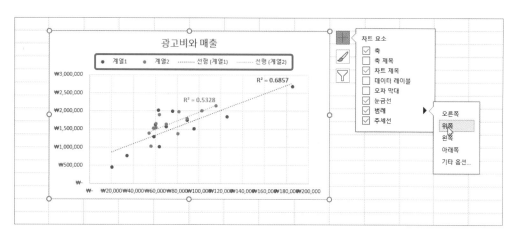

산포도 차트는 분산형 차트로 생성합니다. 분산형 차트는 데이터 원본 범위로 숫자가 입력된 범위만 선택해야 하므로 해당 숫자가 어떤 값인지 알 수 없습니다. 그러므로 범례를 표시해도 제대로 된 이름이 나타나지 않는 것입니다.

18 범례에 표시되는 계열의 이름을 수정하겠습니다.

19 차트 내 파란색 표식을 선택하면 수식 입력줄에 SERIES 함수를 사용한 수식이 표시됩니다.

20 SERIES 함수의 첫 번째 인수 위치를 선택한 후 [B4] 병합 셀을 선택하고 Enter 를 누릅니다.

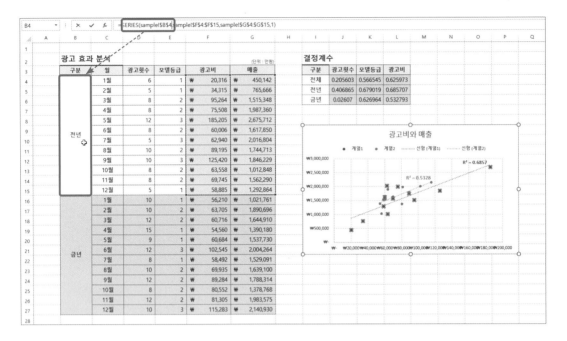

21 차트 내 주황색 표식을 선택하고 수식 입력줄에서 SERIES 함수의 첫 번째 인수 위치를 선택한 후 [B16] 병합 셀을 선택하고 Enter 를 누릅니다.

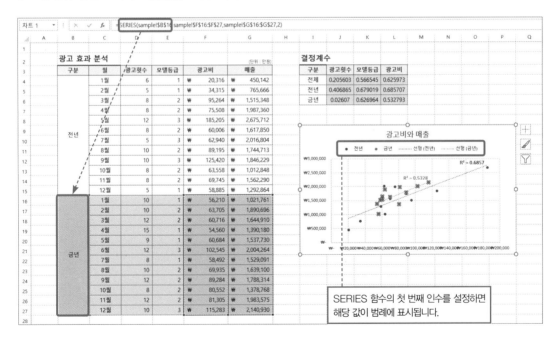

보간법

보간법을 활용해 두 점 사이의 값을 계산하기

예제 파일 PART 04 \ CHAPTER 10 \ 보간법.xlsx

보간법이란

산포도를 이용하면 현재 데이터의 위치가 표식(도형)으로 표시됩니다. 이때 아직 발생하지 않은 위치에 대한 값은 알 수 없습니다. 보간법은 새로운 데이터 지점의 값을 계산하기 위한 방법으로, 계산하는 방식에 따라 선형 보간법, 이중 선형 보간법, 다항식 보간법, 스플라인 보간법 등이 있습니다.

이 중 가장 간단한 방법은 새로운 데이터 위치에서 가장 가까운 두 점을 직선으로 이어 계산하는 선형 보간법입니다. 아래 그림을 참고합니다.

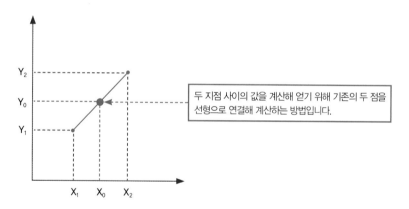

두 지점 사이의 값을 계산해 얻기 위해 기존의 두 점을 선형으로 연결해 계산하는 방법입니다.

위 그래프와 같이 X_1, X_2 값과 Y_1, Y_2 값을 알 때 중간 지점에 있는 X_0 값으로 Y_0 값을 계산하고 싶다면 다음과 같은 계산식을 사용할 수 있습니다.

$$Y_0 = Y_1 + (Y_2 - Y_1)/(X_2 - X_1) * (X_0 - X_1)$$

이런 계산식보다 함수가 더 편하다면 FORECAST 함수로 구할 수 있습니다. FORECAST 함수의 구문은 다음과 같습니다.

FORECAST (X₀, Y축 범위, X축 범위)

선형 추세의 값을 회귀 분석으로 계산해줍니다.

X_0	계산할 값
Y축 범위	Y축 데이터 범위
X축 범위	X축 데이터 범위

참고

● 엑셀 2016 버전부터는 FORECAST 함수의 새로운 함수인 FORECAST.LINEAR 함수가 제공됩니다. 사용 방법은 두 함수가 동일하지만, 엑셀 2016 이후 버전부터 FORECAST.LINEAR 함수 사용을 권장하고 있습니다.

선형 보간법을 이용해 X₀ 값 계산

새로운 데이터가 발생했거나 새로운 데이터로 다른 값을 추정하려고 할 때 보간법을 사용할 수 있습니다. 이번에는 선형 보간법을 이용해 값을 계산하는 방법에 대해 알아보겠습니다.

01 예제를 열고 연봉이 [F5] 셀일 때 월별 근로소득세를 기존 직원 데이터를 참고해 계산해보겠습니다.

	A	B	C	D	E	F	G	H	I	J
1										
2		**RAW 데이터**				**선형 보간법**				
3										
4		**직원**	**연봉**	**근로소득세**		**연봉**		**근로소득세**		
5		박지훈	3,430	195,800		3,540				
6		유준혁	3,230	155,600						
7		이서연	3,210	172,600		**직원**	**연봉**	**근로소득세**	**위치**	
8		김민준	3,650	187,300						
9		최서현	3,820	175,000						
10		박현우	3,030	165,600						
11		정시우	3,820	183,100						
12		이은서	3,360	175,300						
13		오서윤	3,020	183,700						
14		최하얀	3,480	190,900						
15		심은하	2,890	170,200						
16		정동구	2,960	161,300						
17										

TIP 근로소득세는 본래 소득 구간과 부양 가족 수로 알 수 있습니다. 이번 예제는 보간법을 구하는 사례로만 이해합니다.

628 / PART 04 | 데이터 분석 및 예측 기술

02 보간법을 사용하기 위해 먼저 [F5] 셀의 연봉과 가장 유사한 연봉을 받고 있는 데이터를 추출하겠습니다.

03 [F5] 셀의 연봉보다 작은 연봉 중에서 가장 큰 연봉을 찾도록 [I8] 셀에 다음 수식을 입력합니다.

=MAXIFS(C5:C16, C5:C16, "<" & F5)

	A	B	C	D	E	F	G	H	I	J
I8			fx	=MAXIFS(C5:C16, C5:C16, "<" & F5)						

	A	B	C	D	E	F	G	H	I	J
1										
2		RAW 데이터				선형 보간법				
3										
4		직원	연봉	근로소득세		연봉		근로소득세		
5		박지훈	3,430	195,800		3,540				
6		유준혁	3,230	155,600						
7		이서연	3,210	172,600		직원	연봉	근로소득세	위치	
8		김민준	3,650	187,300					3,480	
9		최서현	3,820	175,000						
10		박현우	3,030	165,600						
11		정시우	3,820	183,100						
12		이은서	3,360	175,300						
13		오서윤	3,020	183,700						
14		최하얀	3,480	190,900						
15		심은하	2,890	170,200						
16		정동구	2,960	161,300						
17										

🔍 **더 알아보기**   **수식 이해하기**

이번 수식에서 사용한 MAXIFS 함수는 엑셀 2019 이상 버전에서 사용할 수 있는 함수로, 조건을 만족하는 숫자 중에서 최댓값을 반환합니다. 함수의 구문은 다음과 같습니다.

> **MAXIFS** (최댓값 범위, 범위1, 조건1, 범위2, 조건2, …)

최댓값 범위에서 조건에 맞는 가장 큰 값을 반환합니다.

최댓값 범위	최댓값을 구할 데이터 범위
범위	조건을 확인할 데이터 범위
조건	범위에서 확인할 조건 문자열

참고

- MAXIFS 함수는 엑셀 2019 이상 버전에서 사용할 수 있으며, 유사 함수로 MINIFS 함수가 있습니다. MINIFS 함수는 MAXIFS 함수와 달리 조건을 모두 만족하는 최솟값을 반환합니다.

엑셀 2016 이하 버전에서는 다음과 같은 수식으로 변경하고 Ctrl + Shift + Enter 를 눌러 입력합니다.

    =MAX(IF(C5:C16<F5, C5:C16))

이번 수식은 [C5:C16] 범위에서 [F5] 셀의 값보다 작은(<) 값 중에서 가장 큰(MAX) 값을 반환합니다. 그 결과 작은 값 중에서 가장 가까운 값을 얻을 수 있습니다.

04 근삿값의 위치를 MATCH 함수로 찾겠습니다.

05 [I8] 셀의 수식을 다음과 같이 수정합니다.

> **=MATCH(MAXIFS(C5:C16, C5:C16, "<" & F5), C5:C16, 0)**

	A	B	C	D	E	F	G	H	I	J
					fx	=MATCH(MAXIFS(C5:C16, C5:C16, "<" & F5), C5:C16, 0)				
1										
2		**RAW 데이터**				**선형 보간법**				
3										
4		직원	연봉	근로소득세		연봉		근로소득세		
5		박지훈	3,430	195,800		3,540				
6		유준혁	3,230	155,600						
7		이서연	3,210	172,600		직원	연봉	근로소득세	위치	
8		김민준	3,650	187,300					10	
9		최서현	3,820	175,000						
10		박현우	3,030	165,600						
11		정시우	3,820	183,100						
12		이은서	3,360	175,300						
13		오서윤	3,020	183,700						
14		최하안	3,480	190,900						
15		심은하	2,890	170,200						
16		정동구	2,960	161,300						

🔍 더 알아보기 **수식 이해하기**

MATCH 함수는 지정된 범위에서 찾는 값이 몇 번째 위치에 있는지 반환합니다. MATCH 함수의 구문은 다음과 같습니다.

> **MATCH** (찾을 값, 찾을 범위, 찾는 방법)

찾을 값을 찾을 범위 내에서 찾아 해당 값의 위치를 인덱스 번호로 반환합니다.

찾을 값	찾으려는 값 또는 해당 값이 입력된 셀		
찾을 범위	값을 찾으려는 데이터 범위		
찾는 방법	[찾을 값]을 [찾을 범위]에서 찾는 방법을 지정하는 옵션		
	찾는 방법	**설명**	
	1	[찾을 범위] 내 데이터가 오름차순으로 정렬되었다고 가정하고 찾으며, [찾을 값]보다 큰 값을 만날 때까지 동일한 값을 찾지 못하면 작은 값 중에서 가장 큰 값의 위치를 찾습니다.	
	0	[찾을 범위]에서 [찾을 값]과 동일한 첫 번째 값의 위치를 찾습니다.	
	−1	[찾을 범위]에 데이터가 내림차순으로 정렬되었다고 가정하고 찾으며, [찾을 값]보다 작은 값을 만날 때까지 동일한 값을 찾지 못하면 큰 값 중에서 가장 작은 값의 위치를 찾습니다.	

그러므로 이번 수식은 MAXIFS 함수로 찾은 최댓값이 [C5:C16] 범위에서 몇 번째에 위치하는지 반환합니다.

06 동일한 방법으로 [F5] 셀의 연봉보다 큰 값 중에서 가장 작은 값의 위치를 찾겠습니다.

07 [I9] 셀에 다음 수식을 입력합니다.

=MATCH(MINIFS(C5:C16, C5:C16, ">" & F5), C5:C16, 0)

🔍 **더 알아보기**　**수식 이해하기**

엑셀 2016 버전을 포함한 하위 버전에서는 수식을 다음과 같이 수정하고 Ctrl + Shift + Enter 를 눌러 입력합니다.

=MATCH(MIN(IF(C5:C6>F5, C5:C16)), C5:C16, 0)

08 [F5] 셀의 연봉과 가장 가까운 값의 위치를 모두 찾았으므로 이제 데이터를 참조합니다.

09 [F8] 셀에 **=INDEX(B$5:B$16, $I8)** 수식을 입력한 후 채우기 핸들⊞을 [H8] 셀까지 드래그하고 이어서 9행까지 드래그합니다.

10 마이크로소프트 365 버전에서는 I열의 수식을 사용하지 않아도 됩니다.

11 마이크로소프트 365 버전에서는 [F8:H9] 범위를 선택하고 ⌊Delete⌋를 눌러 지운 후 **12-16** 과정을 수행해봅니다.

12 [F8] 셀에 다음 수식을 입력합니다.

=FILTER(B5:D16, (C5:C16=MAXIFS(C5:C16, C5:C16, "<" & F5))
+(C5:C16=MINIFS(C5:C16, C5:C16, ">" & F5)))

| F8 | ▾ | : | × | ✓ | fx | =FILTER(B5:D16, (C5:C16=MAXIFS(C5:C16, C5:C16, "<" & F5))+ (C5:C16=MINIFS(C5:C16, C5:C16, ">" & F5))) |

	A	B	C	D	E	F	G	H	I	J
1										
2		**RAW 데이터**				**선형 보간법**				
3										
4		직원	연봉	근로소득세		연봉		근로소득세		
5		박지훈	3,430	195,800		3,540				
6		유준혁	3,230	155,600						
7		이서연	3,210	172,600		직원	연봉	근로소득세	위치	
8		김민준	3,650	187,300		김민준	3650	187300	10	
9		최서현	3,820	175,000		최하안	3480	190900	4	
10		박현우	3,030	165,600						
11		정시우	3,820	183,100						
12		이은서	3,360	175,300						
13		오서윤	3,020	183,700						
14		최하안	3,480	190,900						
15		심은하	2,890	170,200						
16		정동구	2,960	161,300						
17										

`TIP` 이번 수식은 엑셀 2019 버전을 포함한 하위 버전에서는 사용할 수 없습니다.

🔍 **더 알아보기** **수식 이해하기**

마이크로소프트 365 버전에는 새롭게 추가된 함수가 많습니다. 이런 함수들을 이용하면 업무를 보다 효율적으로 진행할 수 있습니다. 이번에 사용된 FILTER 함수는 함수 이름이 의미하듯 표에서 원하는 조건에 해당하는 데이터를 여러 개 반환해주는 함수입니다. 구문을 간략하게 표현하면 다음과 같습니다.

FILTER(원본 범위, 필터 조건)

즉, [원본 범위]에서 [필터 조건]에 해당하는 데이터를 반환하는 함수입니다. 다만 마이크로소프트 365 버전에 새롭게 추가된 함수는 배열에 대한 이해가 없으면 사용하기 쉽지 않습니다. 이런 함수의 사용 방법을 학습하려면 《엑셀 함수&수식 바이블》 책을 참고할 것을 권합니다.

13 **09** 과정 화면처럼 연봉이 작은 순으로 나열되도록 하려면 SORT 함수를 중첩해 사용합니다.

14 [F8] 셀의 수식을 다음과 같이 수정합니다.

=SORT(FILTER(B5:D16, (C5:C16=MAXIFS(C5:C16, C5:C16, "<" & F5))
+(C5:C16=MINIFS(C5:C16, C5:C16, ">" & F5))), 2)

F8	▼	:	×	✓	fx	=SORT(FILTER(B5:D16, (C5:C16=MAXIFS(C5:C16, C5:C16, "<" & F5))+ (C5:C16=MINIFS(C5:C16, C5:C16, ">" & F5))), 2)			

▲	A	B	C	D	E	F	G	H	I	J
1										
2		RAW 데이터				선형 보간법				
3										
4		직원	연봉	근로소득세		연봉		근로소득세		
5		박지훈	3,430	195,800		3,540				
6		유준혁	3,230	155,600						
7		이서연	3,210	172,600		직원	연봉	근로소득세	위치	
8		김민준	3,650	187,300		최하얀	3480	190900	10	
9		최서현	3,820	175,000		김민준	3650	187300	4	
10		박현우	3,030	165,600						
11		정시우	3,820	183,100						
12		이은서	3,360	175,300						
13		오서윤	3,020	183,700						
14		최하얀	3,480	190,900						
15		심은하	2,890	170,200						
16		정동구	2,960	161,300						
17										

TIP 이번 수식은 엑셀 2019 버전을 포함한 하위 버전에서는 사용할 수 없습니다.

🔍 **더 알아보기**　　**수식 이해하기**

SORT 함수도 마이크로소프트 365 버전에서 새롭게 추가된 함수로 정렬된 결과를 반환합니다. 이번에 사용한 SORT 함수의 구문은 다음과 같습니다.

　SORT(배열, 열 번호, 정렬 방식)

즉, [배열]에서 지정된 [열 번호] 위치의 값을 [정렬 방식]에 맞게 정렬해줍니다. [정렬 방식] 인수를 생략하면 오름차순으로 정렬됩니다. 내림차순으로 정렬하려면 **-1**을 입력합니다.

15 수식 내에서 반복적으로 사용되는 부분을 줄이려면 LET 함수를 중첩합니다.

16 [F8] 셀의 수식을 다음과 같이 수정합니다.

=LET(연봉, C5:C16,
　　근삿값_S, MAXIFS(연봉, 연봉, "<" & F5),
　　근삿값_L, MINIFS(연봉, 연봉, ">" & F5),
　　SORT(FILTER(B5:D16, (연봉=근삿값_S)+(연봉=근삿값_L)), 2))

```
=LET(연봉, C5:C16,
     근삿값_S, MAXIFS(연봉, 연봉, "<" & F5),
     근삿값_L, MINIFS(연봉, 연봉, ">" & F5),
     SORT(FILTER(B5:D16, (연봉=근삿값_S)+(연봉=근삿값_L)), 2))
```

	A	B	C	D	E	F	G	H	I	J
1										
2		**RAW 데이터**				**선형 보간법**				
3										
4		직원	연봉	근로소득세		연봉		근로소득세		
5		박지훈	3,430	195,800		3,540				
6		유준혁	3,230	155,600						
7		이서연	3,210	172,600		직원	연봉	근로소득세	위치	
8		김민준	3,650	187,300		최하안	3480	190900	10	
9		최서현	3,820	175,000		김민준	3650	187300	4	
10		박현우	3,030	165,600						
11		정시우	3,820	183,100						
12		이은서	3,360	175,300						
13		오서윤	3,020	183,700						
14		최하안	3,480	190,900						
15		심은하	2,890	170,200						
16		정동구	2,960	161,300						
17										

TIP 이번 수식은 엑셀 2019 버전을 포함한 이하 버전에서는 사용할 수 없습니다.

🔍 **더 알아보기**   **수식 이해하기**

LET 함수도 마이크로소프트 365 버전에서 새롭게 추가된 함수입니다. LET 함수는 이름 정의와 같이 수식 내에서 반복되는 부분을 원하는 명칭으로 정의해 반복 사용할 수 있도록 해줍니다. 이번 수식에서는 다음과 같은 세 개의 범위와 수식을 이름으로 정의했습니다.

이름	수식(또는 참조)
연봉	C5:C16
근삿값_S	MAXIFS(연봉, 연봉, "<" & F5)
근삿값_L	MINIFS(연봉, 연봉, ">" & F5)

이렇게 정의된 이름을 가지고 마지막 인수에서 수식이 실행되도록 입력한 것입니다. 처음에는 이런 방식이 어렵게 느껴지겠지만, 수식을 좀 더 이해하기 쉽게 만들어준다는 점에서 유용합니다.

---

17 [F5] 셀의 연봉과 인접한 데이터를 참조했다면 근로소득세를 선형 보간법으로 구합니다.

18 [H5] 셀에 다음 수식을 입력합니다.

=FORECAST.LINEAR(F5, H8:H9, G8:G9)

| H5 | ▼ | : | × | ✓ | fx | =FORECAST.LINEAR(F5, H8:H9, G8:G9) |

	A	B	C	D	E	F	G	H	I	J
1										
2		RAW 데이터				선형 보간법				
3										
4		직원	연봉	근로소득세		연봉		근로소득세		
5		박지훈	3,430	195,800		3,540		189,629		
6		유준혁	3,230	155,600						
7		이서연	3,210	172,600		직원	연봉	근로소득세	위치	
8		김민준	3,650	187,300		최하얀	3480	190900	10	
9		최서현	3,820	175,000		김민준	3650	187300	4	
10		박현우	3,030	165,600						
11		정시우	3,820	183,100						
12		이은서	3,360	175,300						
13		오서윤	3,020	183,700						
14		최하얀	3,480	190,900						
15		심은하	2,890	170,200						
16		정동구	2,960	161,300						

🔍 **더 알아보기**　　**수식 이해하기**

이번 수식에서 사용한 FORECAST.LINEAR 함수는 엑셀 2016 버전에서 추가된 함수로, 선형 추세에 따른 예측값을 구해줍니다. 엑셀 2013 버전을 포함한 이하 버전에서는 FORECAST 함수를 사용합니다. 두 함수의 인수 구성은 동일합니다. 수식을 계산하면 [H5] 셀의 결과처럼 대략적인 근로소득세를 추정할 수 있습니다.
다음과 같은 선형 보간법 계산식으로 변경해도 동일한 결과를 구할 수 있습니다.

= H8+(H9−H8)/(G9−G8)*(F5−G8)

19 차트의 선형 추세선을 이용해 선형 보간법의 결과를 얻어보겠습니다.

20 [G8:H9] 범위를 선택하고 리본 메뉴의 [삽입] 탭-[차트] 그룹-[분산형 또는 거품형 차트 삽입📊]을 클릭합니다.

21 하위 메뉴에서 [분산형]을 선택해 차트를 생성하고 [F11:I16] 범위에 위치시킵니다.

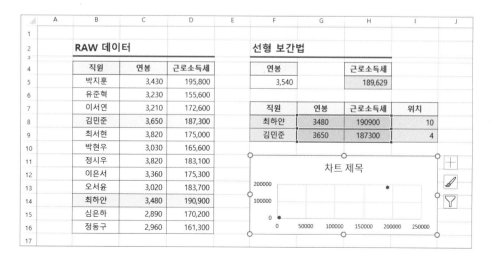

22 계열이 잘못 인식되므로 차트가 선택된 상태에서 리본 메뉴의 [차트 디자인] 탭-[데이터] 그룹-[행/열 전환圖]을 클릭합니다.

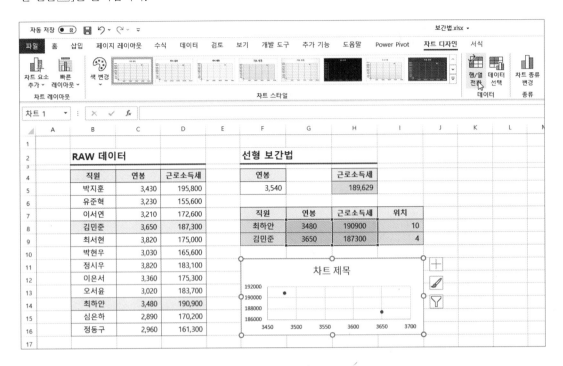

23 차트 제목을 선택하고 Delete 를 눌러 삭제합니다.

24 차트 요소⊞를 클릭하고 [추세선]에 체크합니다.

25 차트에 삽입된 추세선을 더블클릭해 [추세선 서식] 작업 창이 열리면 [수식을 차트에 표시]에 체크합니다.

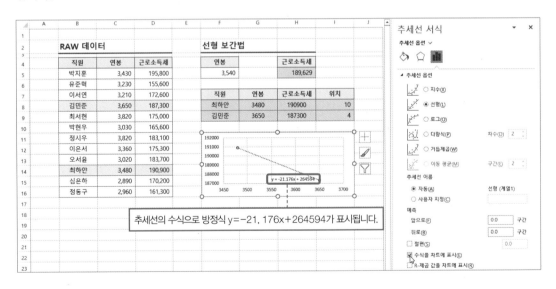

26 추세선에 표시된 방정식을 입력해 [H5] 셀의 결과와 비교해 확인합니다.

27 [I5] 셀에 다음 수식을 입력합니다.

=−21.176 * F5 + 264594

🔍 더 알아보기 ┃ 수식 이해하기

이번 과정에서 입력한 수식은 추세선의 회귀 방정식을 푼 결과로, [H5] 셀과 근접한 결과를 반환합니다. 이때 [H5] 셀과 [I5] 셀의 결과에 차이가 발생하는 것이 이해되지 않을 수 있습니다. 추세선의 회귀 방정식은 소수점 자릿수 아래의 값을 정확하게 표시하지는 않으므로 [I5] 셀의 결과가 [H5] 셀의 결과와 정확하게 일치하지 않는 것입니다. 좀 더 정확한 결과를 원한다면 추세선의 회귀 방정식을 소수점 아래 다섯 번째 자리까지 표시해 다음과 같은 회귀 방정식을 구할 수 있습니다.

$$y = -21.17647 \, x + 264{,}594.11765$$

이 회귀 방정식을 [I5] 셀에 다시 입력하면 **189,629.41**이 반환됩니다. 추세선의 회귀 방정식에 표시된 숫자 자릿수를 변경하는 방법은 602페이지를 참고합니다.

10 10 다항식 보간법으로 두 점 사이의 값을 계산하는 방법 이해하기

예제 파일 *PART 04 \ CHAPTER 10 \ 보간법-다항식.xlsx*

다항식 보간법이란

선형 보간법은 두 점을 직선으로 이어 계산하므로 비교적 쉽게 이해할 수 있고 계산하기도 쉽습니다. 그런데 대부분의 업무에서 활용하는 데이터는 상승과 하락을 반복하는 곡선 패턴을 보이는 경우가 많습니다. 이 경우에는 선형 보간법보다 다음과 같은 2차 다항식 보간법을 사용하는 것이 더 정확한 결과를 얻는 데 도움이 됩니다.

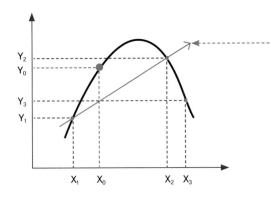

두 지점 사이의 값을 계산해 얻기 위해 기존 세 점을 2차 다항식 보간법을 이용해 구하는 방법으로, 선형 추세선의 흐름과 다른 결과를 얻을 수 있습니다.

다항식 보간법을 사용하려면 세 개의 점에 해당하는 데이터가 필요합니다. 이런 데이터를 추출하기는 쉽지 않으므로, 보통 데이터를 정렬하고 차트를 생성한 후 2차 다항식 추세선을 이용해 계산 결과를 얻는 것이 더 유용합니다.

2차 다항식 추세선의 수식을 직접 계산해 얻으려면 다음과 같은 계산식을 사용합니다.

$Y = (m_2 * X^2) + (m_1 * X) + b$

위 2차 다항식 방정식의 기울기 m과 상수 b 값은 다음과 같은 수식으로 얻을 수 있습니다.

m_2 = INDEX(LINEST(Y축 범위, X축 범위^{1,2}), 1)
m_1 = INDEX(LINEST(Y축 범위, X축 범위^{1,2}), 1, 2)
b = INDEX(LINEST(Y축 범위, X축 범위^{1,2}), 1, 3)

LINEST 함수는 데이터에 가장 적합한 직선을 구하는 최소 자승법에 대한 다양한 통계를 반환하는 함수로, 구문은 다음과 같습니다.

LINEST (Y축 범위, X축 범위, 상수 b 계산 여부, 추가 통계 반환 여부)

데이터에 가장 적합한 직선을 구할 때 사용하는 최소 자승법에 대한 여러 수치를 반환합니다.

Y축 범위	차트의 Y축에 표시될 데이터 범위로, 알고 싶은 결과에 해당하는 데이터를 갖고 있는 범위입니다.
X축 범위	차트의 X축에 표시될 데이터 범위로, 결과에 영향을 주는 원인에 해당하는 데이터 범위입니다.
상수 b 계산 여부	범위에서 확인할 조건 문자열로, 논릿값을 인수로 사용하며 생략하면 TRUE로 상수 b를 계산합니다.
추가 통계 반환 여부	결정계수를 포함한 여러 통곗값을 반환할지 여부로 다음 옵션을 사용합니다. 기본값은 FALSE입니다.

옵션	설명
TRUE	추가 통계를 반환합니다.
FALSE	추가 통계를 반환하지 않습니다.

2차 다항식 보간법을 이용해 X_0 값 계산

01 예제를 열고 2차 다항식 보간법을 이용해 연봉 3,540만 원을 받는 인원의 근로소득세를 추정해보겠습니다.

⊿	A	B	C	D	E	F	G	H	I
1									
2		**RAW 데이터**				**2차 다항식 보간법**			
3									
4		직원	연봉	근로소득세		연봉		근로소득세	
5		박지훈	3,430	195,800		3,540			
6		유준혁	3,230	155,600					
7		이서연	3,210	172,600					
8		김민준	3,650	187,300					
9		최서현	3,820	175,000					
10		박현우	3,030	165,600					
11		정시우	3,820	183,100					
12		이은서	3,360	175,300					
13		오서윤	3,020	183,700					
14		최하안	3,480	190,900					
15		심은하	2,890	170,200					
16		정동구	2,960	161,300					
17									

TIP 근로소득세는 본래 소득 구간과 부양 가족 수로 알 수 있습니다. 이번 예제는 보간법을 구하는 사례로만 이해합니다.

02 왼쪽의 Raw 데이터를 연봉순으로 정렬합니다.

03 [C5] 셀을 선택하고 리본 메뉴의 [데이터] 탭-[정렬 및 필터] 그룹-[오름차순 정렬 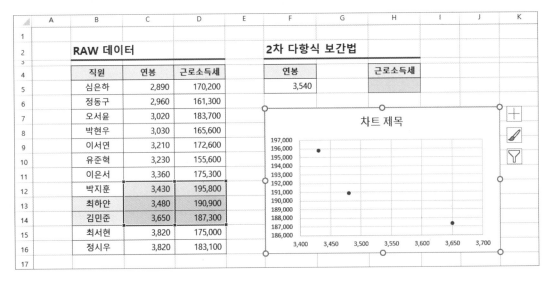]을 클릭합니다.

TIP 선형 보간법처럼 두 개의 값만 구하면 되는 것이 아니므로 원본 데이터를 정렬해 사용합니다.

04 정렬된 범위에서 [C12:D14] 범위를 대상으로 산포도 차트를 생성하겠습니다.

05 [C12:D14] 범위를 선택하고 리본 메뉴의 [삽입] 탭-[차트] 그룹-[분산형 또는 거품형 차트 삽입]을 클릭한 후 [분산형]을 선택합니다.

TIP 산포도 차트는 [F7:J16] 범위에 맞춰 위치와 크기를 조절합니다.

06 산포도 차트의 차트 요소⊞를 클릭하고 [추세선]에 체크합니다.

07 차트의 추세선을 더블클릭해 [추세선 서식] 작업 창을 엽니다.

08 [추세선 옵션]을 [다항식]으로 변경하고 [수식을 차트에 표시]에 체크합니다.

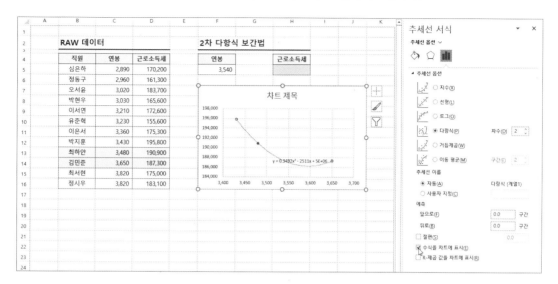

09 추세선 레이블을 선택하고 리본 메뉴의 [홈] 탭–[글꼴] 그룹에서 [글꼴 크기]를 **12**로 변경합니다.

10 [추세선 레이블 서식] 작업 창에서 [표시 형식] 그룹의 [범주]를 [숫자]로 변경하고 [소수 자릿수]를 **5**로 변경합니다.

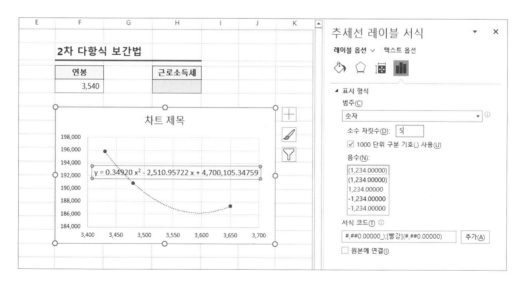

11 확인된 회귀 방정식을 이용해 근로소득세를 추정하겠습니다.

12 [H5] 셀에 다음 수식을 입력합니다.

> **=0.3492 * F5^2 − 2510.95722 * F5 + 4700105.34759**

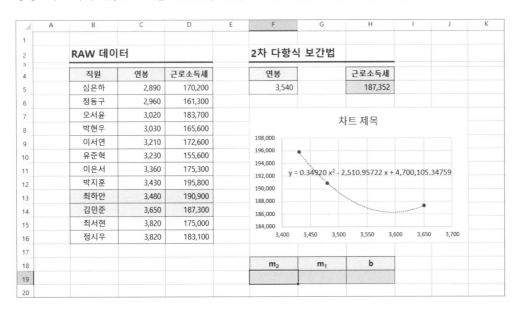

13 추세선의 회귀 방정식 대신 회귀 방정식 내 기울기 m과 상수 b 값을 얻어보겠습니다.

14 차트 아래 적당한 위치([F18:H19] 범위)에 다음과 같은 표를 생성합니다.

TIP 표는 반드시 필요한 것은 아니며 이해를 돕기 위해 구성한 것입니다.

15 [F19] 셀에 다음 수식을 입력합니다.

=LINEST(D12:D14, C12:C14^{1,2})

| F19 | ▼ | : | × | ✓ | fx | =LINEST(D12:D14, C12:C14^{1,2}) | | | | | |

	A	B	C	D	E	F	G	H	I	J	K
1											
2		**RAW 데이터**				**2차 다항식 보간법**					
3											
4		직원	연봉	근로소득세		연봉		근로소득세			
5		심은하	2,890	170,200		3,540		187,352			
6		정동구	2,960	161,300							
7		오서윤	3,020	183,700				차트 제목			
8		박현우	3,030	165,600							
9		이서연	3,210	172,600							
10		유준혁	3,230	155,600							
11		이은서	3,360	175,300							
12		박지훈	3,430	195,800							
13		최하얀	3,480	190,900							
14		김민준	3,650	187,300							
15		최서현	3,820	175,000							
16		정시우	3,820	183,100							
17											
18						m_2	m_1	b			
19						0.349197861	-2510.95722	4700105.348			
20											

차트 영역: y = 0.34920 x^2 - 2,510.95722 x + 4,700,105.34759

🔍 **더 알아보기**   **수식 이해하기**

이번 수식은 엑셀 2019 버전을 포함한 이하 버전에서는 [F19:H19] 범위를 선택하고 Ctrl + Shift + Enter 를 눌러 입력해야 제대로 된 결과가 반환됩니다. [F19] 셀에 반환된 값은 회귀 방정식의 첫 번째 기울기값이며, [G19] 셀에 반환된 값은 두 번째 기울기값, [H19] 셀에 반환된 값은 상수 b 값입니다. 그러므로 차트와 추세선을 사용하지 않고 계산식만 사용해 [H5] 셀의 근로소득세를 구하려면 다음과 같은 계산식을 이용합니다.

```
=INDEX(LINEST(D12:D14, C12:C14^{1,2}), 1) * F5^2 +
    INDEX(LINEST(D12:D14, C12:C14^{1,2}), 1, 2) * F5 +
    INDEX(LINEST(D12:D14, C12:C14^{1,2}), 1, 3)
```

다만 이렇게 수식을 작성하면 너무 복잡하므로 [F19:H19] 범위와 같이 LINEST 함수를 사용해 먼저 계산 결과를 구한 후 다음과 같이 수식을 사용하는 것이 더 좋습니다.

```
=F19 * F5^2 +
    G19 * F5 +
    H19
```

계절지수를 활용해 데이터 예측하기

예제 파일 PART 04 \ CHAPTER 10 \ 회귀 분석−계절지수.xlsx

계절지수를 활용한 회귀 분석에 필요한 함수

다음과 같이 특정 주기로 상승과 하락을 반복하는 데이터의 예측에는 차트의 추세선을 사용할 수 없습니다.

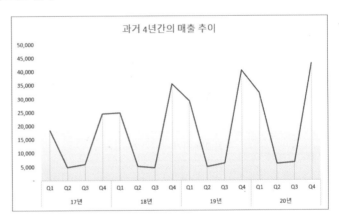

물론 상승과 하락을 반복하는 다항식 추세선을 사용하면 기존 데이터 흐름과 유사한 추세선을 삽입해 분석할 수는 있습니다. 하지만 다항식 추세선은 최대 6차 다항식까지만 표현할 수 있으므로 상승과 하락 사이클을 최대 세 번 반복하는 패턴까지만 적용할 수 있습니다.

위 데이터에서 19년~20년에 6차 다항식 추세선을 적용하면 다음과 같은 결과를 얻을 수 있습니다.

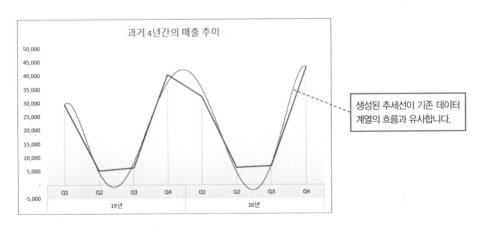

생성된 추세선이 기존 데이터 계열의 흐름과 유사합니다.

하지만 20년 이후까지 추세선을 연장해보면 아래와 같이 극단적인 하락 또는 상승 패턴이 발생하므로 일반적인 다항식 추세선으로는 이런 패턴의 데이터를 예측할 수 없습니다.

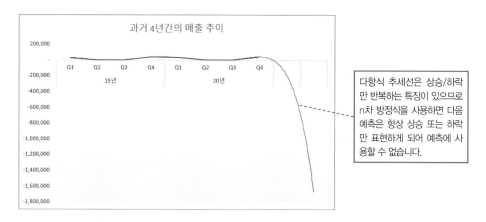

다항식 추세선은 상승/하락만 반복하는 특징이 있으므로 n차 방정식을 사용하면 다음 예측은 항상 상승 또는 하락만 표현하게 되어 예측에 사용할 수 없습니다.

그렇다면 상승과 하락을 반복하는 데이터의 예측에는 어떤 방법을 사용해야 할까요? 이런 데이터에는 선형과 지수 추세 방식을 보이는 2차 다항식을 적용해야 합니다. 2차 다항식은 기울기가 두 개(상승, 하락)인 패턴이므로 일정 주기로 반복하는 데이터를 예측하는 데 적합합니다.

선형 추세를 계산할 때 엑셀에서는 TREND 함수를 사용할 수 있습니다. 구문은 다음과 같습니다.

TREND (Y축 범위, X축 범위, 예측 X측 범위, b 계산 여부)

회귀 분석의 선형 추세에 따른 값을 반환합니다.

Y축 범위	Y축 데이터 범위
X축 범위	X축 데이터 범위
예측 X축 범위	예측하려는 X축 구간의 값이 입력된 데이터 범위

b 계산 여부	$y = mx + b$와 같은 회귀 방정식의 상수 b를 계산할지 여부를 결정하는 옵션으로, 기본값은 TRUE입니다.	
	옵션	설명
	TRUE	상수 b를 계산해 회귀 방정식은 $y = mx + b$가 됩니다.
	FALSE	상수 b를 0으로 설정하므로 회귀 방정식은 $y = mx$가 됩니다.

참고

- 이 함수는 여러 값을 반환할 수 있기 때문에 엑셀 2019 버전까지는 계산이 반환될 데이터 범위에 배열 수식(Ctrl + Shift + Enter)으로 입력해야 합니다. 엑셀 마이크로소프트 365 버전에서는 첫 번째 셀에서 Enter 로 입력합니다.
- [Y축 범위]와 [X축 범위]의 셀 개수가 다르면 #REF! 에러가 발생합니다.

지수 추세를 계산할 때는 GROWTH 함수를 사용합니다. GROWTH 함수의 구문 및 사용 방법은 TREND 함수와 동일합니다. 다만 GROWTH 함수의 경우 [Y축 범위]에 0이나 음수인 값이 있으면 #NUM! 에러가 발생합니다.

계절지수를 활용한 회귀 분석

특정 주기로 사이클을 반복하는 데이터의 경우 선형과 지수 추세만으로는 정확한 분석 결과를 얻기 어려우므로 계절지수를 활용해 예측값을 보정하는 방법을 사용합니다. 계절지수는 데이터와 선형, 지수 추세 오차를 보정하기 위한 값으로, 상승/하강 사이클의 원본 데이터 대비 선형과 지수 비율을 구해 계산합니다.

1단계 – 데이터 추세를 확인하고 선형과 지수 추세를 계산

데이터가 특정 주기로 반복되는지 확인하고 선형과 지수 추세를 먼저 계산합니다.

01 예제의 [sample1] 시트를 열면 화면과 같은 표를 확인할 수 있습니다.

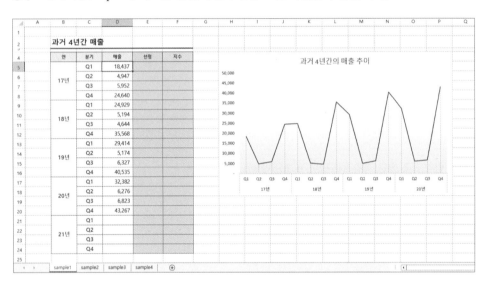

🔍 **더 알아보기** **예제 이해하기**

예제는 17년~20년의 분기별 매출을 집계한 표로, 꺾은선 차트를 생성하면 일정 사이클로 패턴이 반복되는 것을 확인할 수 있습니다. 이런 패턴을 반복하는 경우에는 동일 패턴이 최소 세 번 이상 나타나야 예측의 정확도를 높일 수 있습니다. 예제의 경우 1년 주기로 반복되는 매출 패턴이 4년 동안 반복되었으므로 2021년의 매출을 예측하는 작업을 진행하기에 적합합니다.

02 선형 추세와 지수 추세를 계산하기 위해 X축을 숫자로 표현하겠습니다.

🔍 **더 알아보기** **X축을 숫자로 전환하는 이유**

추세선과 마찬가지로 X축의 값이 숫자가 아니라면 X축의 분기가 매출에 어떤 영향을 끼쳤다고 주장하기 어려우므로 일정한 흐름을 갖는 일련번호(1, 2, 3, …)를 사용해 X축을 숫자로 전환합니다.

03 D열을 선택하고 [홈] 탭-[셀] 그룹-[삽입 🖭]을 두 번 클릭해 새 열을 두 개 삽입합니다.

TIP 2차 다항식에는 X축의 숫자로 x와 x^2이 필요하므로 열도 두 개 추가해야 합니다.

04 [D4] 셀에 머리글 **x**를, [E4] 셀에 **x2**를 입력합니다.

05 [D5], [D6] 셀에 순서대로 **1**, **2**를 입력하고 [D5:D6] 범위를 선택합니다.

06 채우기 핸들 🖳을 더블클릭해 D열 전체에 일련번호를 입력합니다.

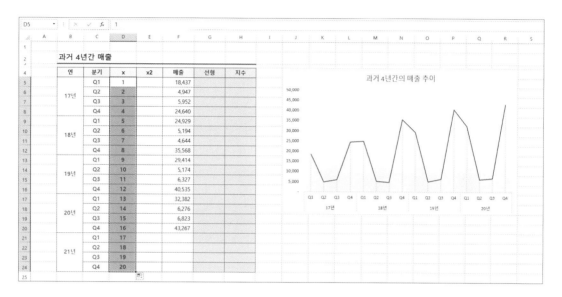

07 [E5] 셀에 **=D5^2** 수식을 입력하고 채우기 핸들 🖳을 더블클릭합니다.

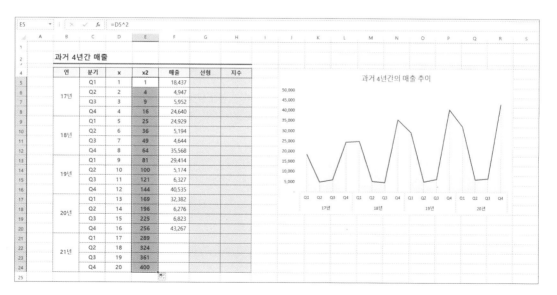

08 선형 추세를 이용해 기존 매출 데이터 부분의 데이터를 계산하겠습니다.

09 [G5:G20] 범위를 선택하고 다음 수식을 작성한 후 Ctrl + Shift + Enter 를 눌러 입력합니다.

=TREND(F5:F20, D5:E20)

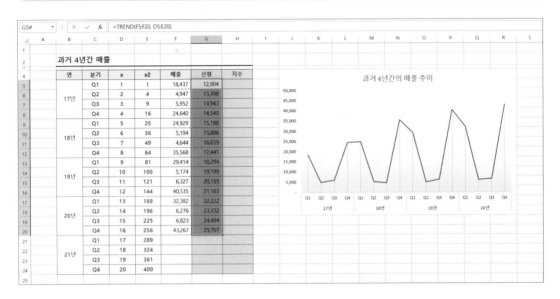

> **TIP** 엑셀 마이크로소프트 365 버전에서는 [G5] 셀에 수식을 입력하고 Enter 를 눌러도 동일한 결과를 얻을 수 있습니다.

🔍 **더 알아보기** **수식 이해하기**

TREND 함수는 선형 추세에 해당하는 값을 반환하는 함수로, 인수는 총 네 개이지만 기존 데이터 구간에 해당하는 선형 추세값을 계산할 때는 첫 번째와 두 번째 인수만 사용합니다. 이 작업은 추세선으로 데이터를 예측할 때 원본 데이터와 유사한 추세선을 선택하는 과정과 동일하게 기존 데이터 범위를 가장 잘 설명하는 추세를 선택하기 위한 것입니다.

[G5:G20] 범위에 배열 수식으로 수식을 입력하면 마이크로소프트 365 버전을 포함한 모든 버전에서 데이터를 반환받을 수 있습니다. 다만 마이크로소프트 365 버전에서는 동적 배열을 지원하므로 첫 번째 셀([G5] 셀)에서 Enter 를 눌러 입력해도 동일한 결과를 얻을 수 있습니다.

이렇게 구한 결과는 모두 배열을 이용해 계산된 것이므로 [G5:G20] 범위 중 일부 셀만 수정하거나 Delete 를 눌러 삭제할 수는 없습니다. 수정과 삭제는 모두 입력한 방법과 동일하게 작업해야 합니다.

---

10 데이터의 흐름을 파악할 수 있도록 계산된 선형 추세값을 차트에 추가하겠습니다.

11 [G4:G20] 범위를 선택하고 Ctrl + C 로 복사한 후 차트를 선택하고 Ctrl + V 를 눌러 추가합니다.

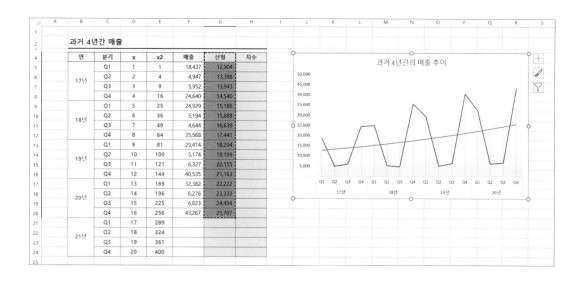

🔍 더 알아보기   **차트의 흐름 이해**

이차 다항식 선형 추세의 값으로만 계산하면 상승/하락을 반복하는 패턴과 일치하는 결과가 나오지 않습니다. 계절지수를 통해 계산된 결과를 보정하는 작업을 통해 정확한 상승/하락 패턴이 발생하도록 수정해야 합니다.

12 지수 추세를 이용해 기존 매출 데이터 부분의 데이터를 계산합니다.

13 [H5:H20] 범위를 선택한 후 다음 수식을 작성하고 Ctrl + Shift + Enter 를 눌러 배열 수식으로 입력합니다.

=GROWTH(F5:F20, D5:E20)

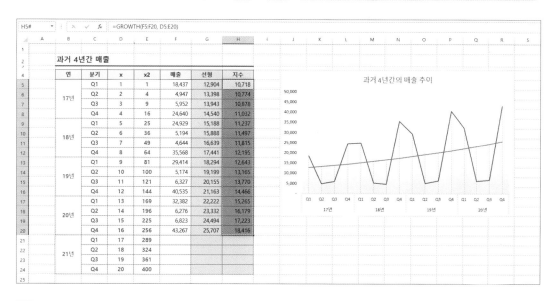

TIP 엑셀 마이크로소프트 365 버전에서는 [H5] 셀에 수식을 입력하고 Enter 만 눌러도 동일한 결과를 얻을 수 있습니다.

14   계산된 지수 추세값을 차트에 추가해 흐름을 파악하겠습니다.

15   [H4:H20] 범위를 선택하고 `Ctrl`+`C`로 복사한 후 차트를 선택하고 `Ctrl`+`V`를 눌러 추가합니다.

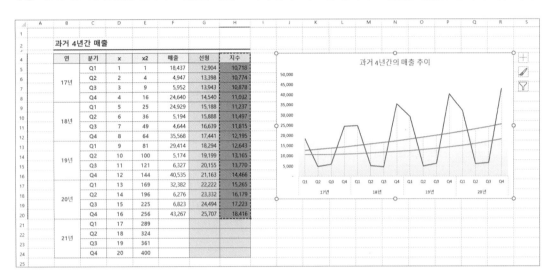

2단계 – 계절지수를 반영한 지수 보정

1단계에서 계산된 선형과 지수 추세가 정확한 상승/하락 패턴을 갖도록 하려면 계절지수를 활용해 계산된 값을 보정합니다.

01   [sample2] 시트를 확인하면 다음과 같은 표와 차트가 삽입되어 있습니다.

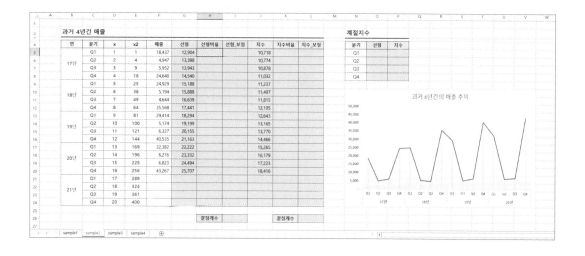

02 매출을 선형 추세의 값으로 나눈 비율로 계산하겠습니다.

TIP G열에서 구한 선형 추세의 값을 보정하려면 매출을 선형 추세의 값으로 나눈 비율이 필요합니다.

03 [H5] 셀에 **=F5/G5** 수식을 입력하고 채우기 핸들을 [H20] 셀까지 드래그합니다.

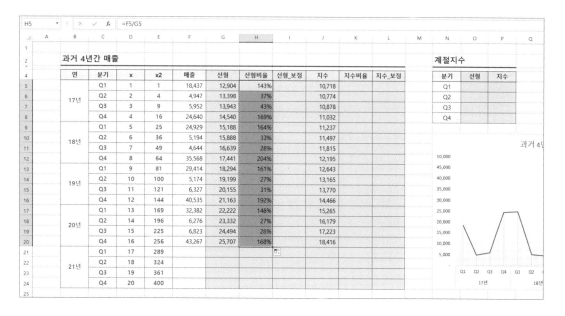

🔍 **더 알아보기**   **수식 이해하기**

이번 수식은 F열의 매출액을 G열의 선형 추세의 값으로 나누는 것으로, 비율을 통해 매출이 선형 추세에 비해 어느 정도 크거나 작은지 알 수 있습니다. 이렇게 구한 선형 비율의 평균값을 계절지수로 활용합니다.

04 이제 선형 추세의 계절지수를 구합니다.

05 [O5] 셀에 다음 수식을 입력하고 채우기 핸들🔸을 더블클릭합니다.

> **=AVERAGEIF($C$5:$C$20, N5, $H$5:$H$20)**

| | O5 | ▾ | : | × | ✓ | fx | =AVERAGEIF($C$5:$C$20, N5, $H$5:$H$20) | | | | | | | | | | |

	A	B	C	D	E	F	G	H	I	J	K	L	M	N	O	P	Q
1																	
2		과거 4년간 매출												계절지수			
4		연	분기	x	x2	매출	선형	선형비율	선형_보정	지수	지수비율	지수_보정		분기	선형	지수	
5			Q1	1	1	18,437	12,904	143%		10,718				Q1	153%		
6		17년	Q2	2	4	4,947	13,398	37%		10,774				Q2	31%		
7			Q3	3	9	5,952	13,943	43%		10,878				Q3	32%		
8			Q4	4	16	24,640	14,540	169%		11,032				Q4	183%		
9			Q1	5	25	24,929	15,188	164%		11,237							
10		18년	Q2	6	36	5,194	15,888	33%		11,497							
11			Q3	7	49	4,644	16,639	28%		11,815							
12			Q4	8	64	35,568	17,441	204%		12,195							
13			Q1	9	81	29,414	18,294	161%		12,643							
14		19년	Q2	10	100	5,174	19,199	27%		13,165							
15			Q3	11	121	6,327	20,155	31%		13,770							
16			Q4	12	144	40,535	21,163	192%		14,466							
17			Q1	13	169	32,382	22,222	146%		15,265							
18		20년	Q2	14	196	6,276	23,332	27%		16,179							
19			Q3	15	225	6,823	24,494	28%		17,223							
20			Q4	16	256	43,267	25,707	168%		18,416							
21			Q1	17	289												
22		21년	Q2	18	324												
23			Q3	19	361												
24			Q4	20	400												
25																	

🔍 **더 알아보기** **수식 이해하기**

이번 수식에서 사용한 AVERAGEIF 함수는 COUNTIF나 SUMIF 함수와 같이 조건에 맞는 데이터의 평균을 집계할 수 있는 함수로, 구문은 다음과 같습니다.

> AVERAGEIF(범위, 조건, 평균 범위)

첫 번째 [범위]에서 [조건]에 맞는 경우 [평균 범위] 내 같은 위치에 있는 셀의 평균을 반환합니다. 그러므로 이번 수식은 H열에 입력된 [선형비율]의 분기별 평균을 구하는 수식이 됩니다. 분기별 평균을 구하는 이유는 예제에서 사용된 데이터가 1년 주기로 상승과 하락을 반복하며, X축은 분기별로 데이터를 구분하고 있기 때문입니다.

이번에 구한 값을 보면 F열의 매출이 G열에서 구한 선형 추세의 값보다 분기별로 평균 얼마나 크거나 작은지 알 수 있습니다.

06 지수 추세의 계절지수도 구하겠습니다. 먼저 지수 비율을 계산합니다.

07 [K5] 셀에 **=F5/J5** 수식을 입력하고 채우기 핸들█을 [K20] 셀까지 드래그합니다.

	연	분기	x	x2	매출	선형	선형비율	선형_보정	지수	지수비율	지수_보정
		Q1	1	1	18,437	12,904	143%		10,718	172%	
	17년	Q2	2	4	4,947	13,398	37%		10,774	46%	
		Q3	3	9	5,952	13,943	43%		10,878	55%	
		Q4	4	16	24,640	14,540	169%		11,032	223%	
		Q1	5	25	24,929	15,188	164%		11,237	222%	
	18년	Q2	6	36	5,194	15,888	33%		11,497	45%	
		Q3	7	49	4,644	16,639	28%		11,815	39%	
		Q4	8	64	35,568	17,441	204%		12,195	292%	
		Q1	9	81	29,414	18,294	161%		12,643	233%	
	19년	Q2	10	100	5,174	19,199	27%		13,165	39%	
		Q3	11	121	6,327	20,155	31%		13,770	46%	
		Q4	12	144	40,535	21,163	192%		14,466	280%	
		Q1	13	169	32,382	22,222	146%		15,265	212%	
	20년	Q2	14	196	6,276	23,332	27%		16,179	39%	
		Q3	15	225	6,823	24,494	28%		17,223	40%	
		Q4	16	256	43,267	25,707	168%		18,416	235%	
		Q1	17	289							
	21년	Q2	18	324							
		Q3	19	361							
		Q4	20	400							

계절지수

분기	선형	지수
Q1	153%	
Q2	31%	
Q3	32%	
Q4	183%	

08 이어서 지수 추세의 계절지수를 구합니다.

09 [P5] 셀에 다음 수식을 입력하고 채우기 핸들█을 더블클릭합니다.

=AVERAGEIF($C$5:$C$20, N5, $K$5:$K$20)

계절지수

분기	선형	지수
Q1	153%	210%
Q2	31%	42%
Q3	32%	45%
Q4	183%	258%

10 이제 선형 추세의 값에 계절지수를 적용합니다.

11 [I5] 셀에 다음 수식을 입력하고 채우기 핸들➕을 [I20] 셀까지 드래그합니다.

=G5 * VLOOKUP(C5, $N$5:$O$8, 2, FALSE)

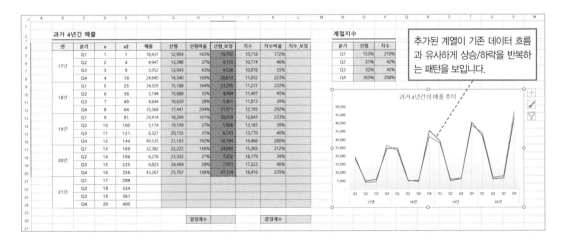

🔍 **더 알아보기**　　**수식 이해하기**

이번 수식은 G열의 값에 O열에 계산된 선형 추세의 계절지수 값을 곱해 선형 추세가 상승/하락 패턴을 갖도록 값을 보정한 것입니다. 계절지수를 참조해오기 위해 VLOOKUP 함수를 사용했습니다.
VLOOKUP 함수는 [C5] 셀의 분기값과 동일한 값을 N열에서 찾아 O열(두 번째 열)의 값을 참조하는 역할을 합니다.

12 보정된 선형 추세(I열)의 값을 차트에 추가합니다.

13 [I4:I20] 범위를 선택하고 Ctrl + C 로 복사한 후 차트를 선택한 후 Ctrl + V 를 눌러 추가합니다.

14 지수 추세의 값도 동일한 방법으로 보정합니다.

15 [L5] 셀에 다음 수식을 입력하고 채우기 핸들 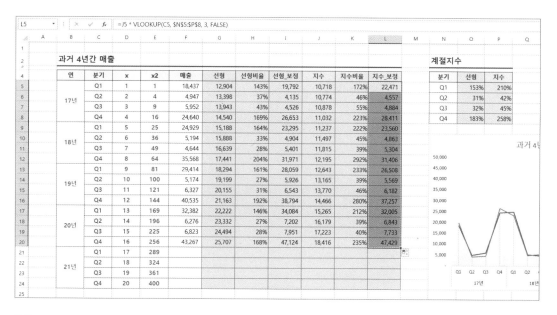을 [L20] 셀까지 드래그합니다.

=J5 * VLOOKUP(C5, $N$5:$P$8, 3, FALSE)

TIP 이번 수식은 **11** 과정의 수식과 동일하며, 오른쪽 표의 세 번째 열(계절지수의 [지수] 열)의 값을 참조하는 부분만 다릅니다.

16 보정된 지수 추세의 값을 차트에 추가하겠습니다.

17 [L4:L20] 범위를 선택하고 Ctrl + C 로 복사한 후 차트를 선택한 후 Ctrl + V 를 눌러 추가합니다.

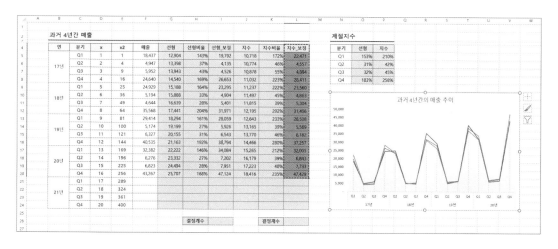

TIP 차트에 추가된 계열 역시 상승/하락을 반복하는 패턴을 보입니다.

18 선형 추세와 지수 추세 중 기존 데이터 흐름과 더 유사한 것을 선택하기 위해 결정계수를 구합니다.

19 [I26] 셀에 다음 수식을 입력합니다.

=RSQ(F5:F20, I5:I20)

20 [L26] 셀에 다음 수식을 입력합니다.

=RSQ(F5:F20, L5:L20)

3단계 – 미래 예측

선형 추세와 지수 추세의 결과를 계절지수를 이용해 보정한 후 결정계수를 통해 기존 데이터 흐름을 보다 잘 설명하는 추세 방식을 확인했다면 해당 방법으로 미래값을 예측할 수 있습니다. 다음 과정을 참고합니다.

01 [sample3] 시트로 이동해 선형 추세의 미래값을 예측하겠습니다.

02 [G21:G24] 범위를 선택하고 다음 수식을 입력한 후 Ctrl + Shift + Enter 를 누릅니다.

`=TREND(F5:F20, D5:E20, D21:E24)`

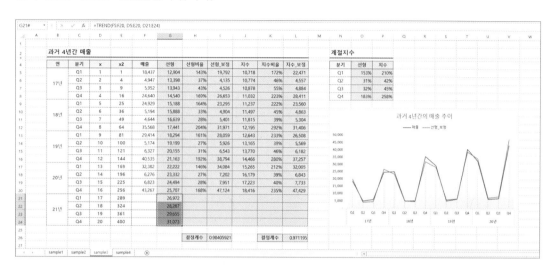

TIP 엑셀 마이크로소프트 365 버전에서는 [G21] 셀에 수식을 입력하고 Enter 만 눌러도 동일한 결과를 얻을 수 있습니다.

03 선형 추세값은 바로 상승과 하락을 표현하지 못하므로 계절지수를 추가로 적용해야 합니다.

04 [I20] 셀의 채우기 핸들을 [I24] 셀까지 드래그합니다.

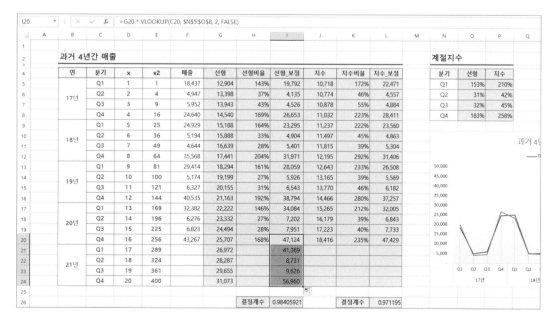

05 예측된 값이 차트에 표시되도록 하기 위해 차트에서 [선형_보정] 계열의 그래프를 선택합니다.

06 원본 범위 중 [I20] 셀 우측 하단의 범위 조절 핸들을 [I24] 셀까지 드래그합니다.

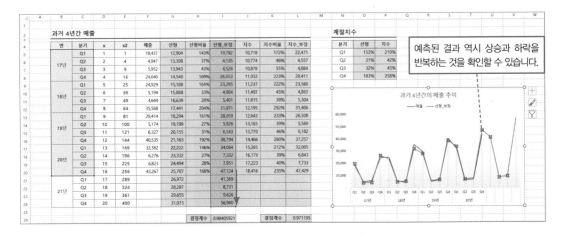

4단계 – 마무리

계절지수를 사용하면 선형 추세와 지수 추세에 큰 차이가 발생하지 않는 경우가 많습니다. 이 경우에는 3단계에서 선택한 추세 방식 이외의 다른 방식으로도 미래값을 예측해 어떤 것이 더 좋을지 판단해보는 것도 좋습니다. 다음 과정을 참고합니다.

01 [sample4] 시트에서는 지수 추세에 의한 미래값을 예측해보겠습니다.

02 [J21:J24] 범위를 선택하고 다음 수식을 입력한 후 Ctrl + Shift + Enter 를 누릅니다.

`=GROWTH(F5:F20, D5:E20, D21:E24)`

	연	분기	x	x2	매출	선형	선형비율	선형_보정	지수	지수비율	지수_보정		분기	선형	지수
		Q1	1	1	18,437	12,904	143%	19,792	10,718	172%	22,471		Q1	153%	210%
	17년	Q2	2	4	4,947	13,398	37%	4,135	10,774	46%	4,557		Q2	31%	42%
		Q3	3	9	5,952	13,943	43%	4,526	10,878	55%	4,884		Q3	32%	45%
		Q4	4	16	24,640	14,540	169%	26,653	11,032	223%	28,411		Q4	183%	258%
		Q1	5	25	24,929	15,188	164%	23,295	11,237	222%	23,560				
	18년	Q2	6	36	5,194	15,888	33%	4,904	11,497	45%	4,863				
		Q3	7	49	4,644	16,639	28%	5,401	11,815	39%	5,304				
		Q4	8	64	35,568	17,441	204%	31,971	12,195	292%	31,406				
		Q1	9	81	29,414	18,294	161%	28,059	12,643	233%	26,508				
	19년	Q2	10	100	5,174	19,199	27%	5,926	13,165	39%	5,569				
		Q3	11	121	6,327	20,155	31%	6,543	13,770	46%	6,182				
		Q4	12	144	40,535	21,163	192%	38,794	14,466	280%	37,257				
		Q1	13	169	32,382	22,222	146%	34,084	15,265	212%	32,005				
	20년	Q2	14	196	6,276	23,332	27%	7,202	16,179	39%	6,843				
		Q3	15	225	6,823	24,494	28%	7,951	17,223	40%	7,733				
		Q4	16	256	43,267	25,707	168%	47,124	18,416	235%	47,429				
		Q1	17	289		26,972		41,369	19,779						
	21년	Q2	18	324		28,287		8,731	21,336						
		Q3	19	361		29,655		9,626	23,118						
		Q4	20	400		31,073		56,960	25,159						

TIP 엑셀 마이크로소프트 365 버전에서는 [J21] 셀에 수식을 입력하고 Enter 만 눌러도 동일한 결과를 얻을 수 있습니다.

03 지수 추세값 역시 바로 상승과 하락을 표현하지 못하므로 계절지수를 추가로 적용해야 합니다.

04 [I20] 셀의 채우기 핸들 ➕을 [I24] 셀까지 드래그합니다.

L20 함수: `=J20 * VLOOKUP(C20, $N$5:$P$8, 3, FALSE)`

과거 4년간 매출

연	분기	x	x2	매출	선형	선형비율	선형_보정	지수	지수비율	지수_보정
17년	Q1	1	1	18,437	12,904	143%	19,792	10,718	172%	22,471
	Q2	2	4	4,947	13,398	37%	4,135	10,774	46%	4,557
	Q3	3	9	5,952	13,943	43%	4,526	10,878	55%	4,884
	Q4	4	16	24,640	14,540	169%	26,653	11,032	223%	28,411
18년	Q1	5	25	24,929	15,188	164%	23,295	11,237	222%	23,560
	Q2	6	36	5,194	15,888	33%	4,904	11,497	45%	4,863
	Q3	7	49	4,644	16,639	28%	5,401	11,815	39%	5,304
	Q4	8	64	35,568	17,441	204%	31,971	12,195	292%	31,406
19년	Q1	9	81	29,414	18,294	161%	28,059	12,643	233%	26,508
	Q2	10	100	5,174	19,199	27%	5,926	13,165	39%	5,569
	Q3	11	121	6,327	20,155	31%	6,543	13,770	46%	6,182
	Q4	12	144	40,535	21,163	192%	38,794	14,466	280%	37,257
20년	Q1	13	169	32,382	22,222	146%	34,084	15,265	212%	32,005
	Q2	14	196	6,276	23,332	27%	7,202	16,179	39%	6,843
	Q3	15	225	6,823	24,494	28%	7,951	17,223	40%	7,733
	Q4	16	256	43,267	25,707	168%	47,124	18,416	235%	47,429
21년	Q1	17	289		26,972		41,369	19,779		41,469
	Q2	18	324		28,287		8,731	21,336		9,025
	Q3	19	361		29,655		9,626	23,118		10,379
	Q4	20	400		31,073		56,960	25,159		64,795

계절지수

분기	선형	지수
Q1	153%	210%
Q2	31%	42%
Q3	32%	45%
Q4	183%	258%

05 예측된 지수 추세의 값을 차트에 추가하겠습니다.

06 [L4:L24] 범위를 Ctrl + C 로 복사하고 차트를 선택한 후 Ctrl + V 를 눌러 붙여 넣습니다.

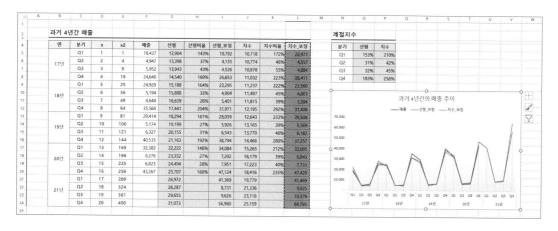

07 예측된 구간의 값만 차트에 표시되도록 하려면 [I5:I19], [L5:L19] 범위를 각각 선택하고 ⎡Delete⎤를 눌러 지웁니다.

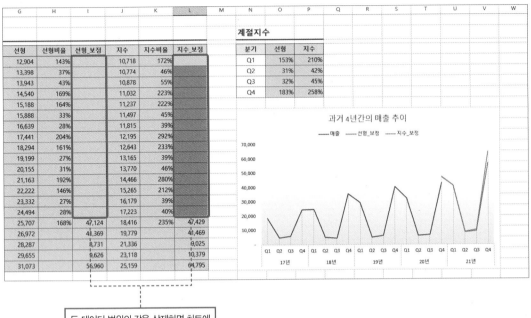

선형	선형비율	선형_보정	지수	지수비율	지수_보정
12,904	143%		10,718	172%	
13,398	37%		10,774	46%	
13,943	43%		10,878	55%	
14,540	169%		11,032	223%	
15,188	164%		11,237	222%	
15,888	33%		11,497	45%	
16,639	28%		11,815	39%	
17,441	204%		12,195	292%	
18,294	161%		12,643	233%	
19,199	27%		13,165	39%	
20,155	31%		13,770	46%	
21,163	192%		14,466	280%	
22,222	146%		15,265	212%	
23,332	27%		16,179	39%	
24,494	28%		17,223	40%	
25,707	168%	47,124	18,416	235%	47,429
26,972		41,369	19,779		41,469
28,287		8,731	21,336		9,025
29,655		9,626	23,118		10,379
31,073		56,960	25,159		64,795

계절지수

분기	선형	지수
Q1	153%	210%
Q2	31%	42%
Q3	32%	45%
Q4	183%	258%

두 데이터 범위의 값을 삭제하면 차트에
미래 구간의 예측된 값만 표시됩니다.

계절 주기를 반복하는 데이터의 예측

이진 변수를 활용해 데이터 예측하기

예제 파일 PART 04 \ CHAPTER 10 \ 회귀 분석-이진 변수.xlsx

이진 변수를 활용한 데이터의 예측

이진 변수는 더미 변수라고도 합니다. 이진 변수의 이진은 이진수를 의미하며, 더미 변수의 더미는 '있다/없다'를 의미하므로 둘은 같은 의미의 다른 용어라고 생각하면 됩니다. 이진 변수는 1과 0으로 계절 주기를 구분하는 용도로 활용되며, 이전 데이터처럼 1년이 4분기로 나뉘는 경우를 의미한다면 세 개의 X축 변수를 추가합니다. 그리고 각 분기를 1과 0으로 구분한 후 선형 추세와 지수 추세 방식으로 데이터를 예측할 때 활용합니다.

다음은 4사분기를 세 개의 이진 변수로 구분한 예시입니다.

계절 주기	구분1	구분2	구분3
1사분기	1	0	0
2사분기	0	1	0
3사분기	0	0	1
4사분기	0	0	0

구분1에 1이 입력된 항목이 1사분기, 구분2에 1이 입력된 항목이 2사분기, 구분3에 1이 입력된 항목이 3사분기, 모두 0인 항목이 4사분기입니다. 1을 입력하는 순서는 정해져 있지 않으며, 각 분기가 구분되기만 하면 됩니다. 위 표를 다음과 같이 입력해도 동일한 결과를 얻을 수 있습니다.

계절 주기	구분1	구분2	구분3
1사분기	0	0	0
2사분기	1	0	0
3사분기	0	1	0
4사분기	0	0	1

1단계 – 이진 변수로 계절 구분

이진 변수를 이용해 특정 주기의 사이클이 반복되는 데이터를 예측하려면 먼저 각 주기를 이진 변수로 구분하는 작업을 진행해야 합니다. 다음 과정을 참고합니다.

01 예제의 [sample1] 시트에는 화면과 같은 표와 차트를 확인할 수 있습니다.

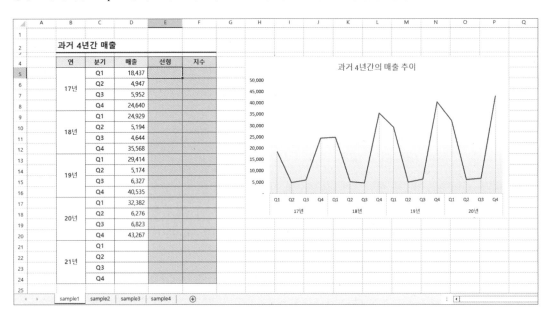

02 차트가 상승과 하락 패턴을 가질 수 있도록 X축의 값을 일련번호로 변환하겠습니다.

03 D열을 선택하고 리본 메뉴의 [홈] 탭-[셀] 그룹-[삽입▦]을 두 번 클릭해 열을 두 개 추가합니다.

04 [D4] 셀에는 **x**, [E4] 셀에는 **x2**를 각각 입력합니다.

TIP 머리글은 원하는 값으로 입력해도 무방합니다.

05 [D5] 셀에는 **1**, [D6] 셀에는 **2**를 입력하고 [D5:D6] 범위를 선택한 후 채우기 핸들▣을 더블클릭합니다.

06 [E5] 셀에 **=D5^2** 수식을 입력하고 채우기 핸들 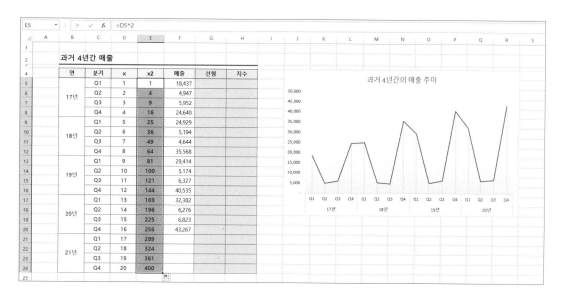을 더블클릭합니다.

07 이진 변수를 추가하기 위해 F열을 선택하고 리본 메뉴의 [홈] 탭-[셀] 그룹-[삽입]을 세 번 클릭합니다.

TIP 현재 데이터는 1분기를 주기로 네 분기 동안 상승과 하락을 반복하므로, 네 개의 분기를 구분할 수 있도록 세 개의 이진 변수를 기록할 열을 추가합니다.

08 [F4:H4] 범위에 순서대로 **b1**, **b2**, **b3**을 각각 입력합니다.

TIP 머리글은 원하는 값으로 입력해도 무방합니다.

09 분기를 구분하기 위한 이진 변숫값을 입력합니다. [F5] 셀, [G6] 셀, [H7] 셀에 각각 **1**을 입력합니다.

연	분기	x	x2	b1	b2	b3	매출	선형	지수
17년	Q1	1	1	1			18,437		
	Q2	2	4		1		4,947		
	Q3	3	9			1	5,952		
	Q4	4	16				24,640		
18년	Q1	5	25				24,929		
	Q2	6	36				5,194		
	Q3	7	49				4,644		
	Q4	8	64				35,568		

과거 4년간 매출

10 [F5:H8] 범위를 선택하고 [Ctrl]+[H]를 눌러 [찾기 및 바꾸기] 대화상자를 엽니다.

11 [바꿀 내용]에만 **0**을 입력하고 [모두 바꾸기]를 클릭합니다.

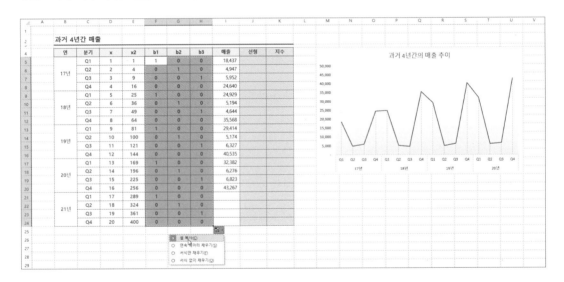

> **TIP** 빈 셀에 동일한 값을 입력할 때 [찾기 및 바꾸기] 대화상자를 이용하면 편리합니다. [찾을 내용]에 아무것도 입력하지 않고 [바꿀 내용]에 채울 내용을 입력하면 일괄적으로 빈 셀에 데이터를 입력할 수 있습니다.

12 [F5:H8] 범위의 채우기 핸들▦을 24행까지 드래그해 복사합니다.

13 자동 채우기 옵션▦을 클릭하고 [셀 복사]를 선택합니다.

2단계 – 선형과 지수 추세 선택

이진 변수의 구성이 끝났다면 선형 추세와 지수 추세의 값을 계산하고 결정계수를 구해 기존 데이터 흐름에 가까운 추세 방식을 선택합니다. 다음 과정을 참고합니다.

01 [sample2] 시트를 열고 선형 추세의 값을 구하겠습니다.

02 [J5:J20] 범위를 선택한 후 다음 수식을 입력하고 Ctrl +Shift+Enter를 누릅니다.

=TREND(I5:I20, D5:H20)

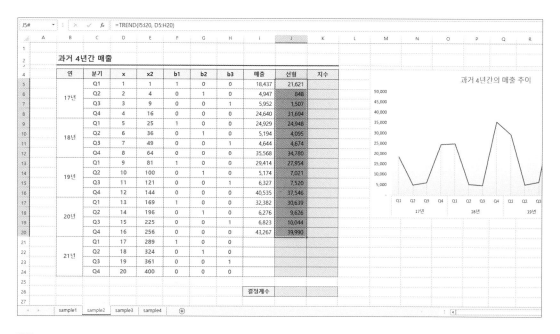

TIP 엑셀 마이크로소프트 365 버전에서는 [J5] 셀에 수식을 Enter로 입력해도 동일한 결과를 얻을 수 있습니다.

🔍 **더 알아보기**　　**수식 이해하기**

TREND는 선형 추세에 의한 값을 반환하는 함수로, 첫 번째와 두 번째 인수만 사용하면 기존 데이터에 대한 선형 추세 결과를 반환합니다. 이때 두 번째 인수인 [X축 범위]에 이진 변수를 입력한 범위를 모두 포함해 입력하면 계절지수 없이 상승/하락을 반복하는 패턴의 선형 추세를 얻을 수 있습니다.

03 반환된 선형 추세값을 차트에 표시합니다.

04 [J4:J20] 범위를 선택하고 Ctrl +C로 복사한 후 차트를 선택한 후 Ctrl +V를 눌러 붙여 넣습니다.

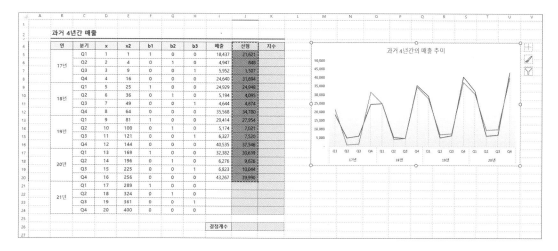

05 기존 데이터 부분의 지수 추세의 값을 구하겠습니다.

06 [K5:K20] 범위를 선택한 후 다음 수식을 작성하고 Ctrl + Shift + Enter 를 눌러 배열 수식으로 입력합니다.

=GROWTH(I5:I20, D5:H20)

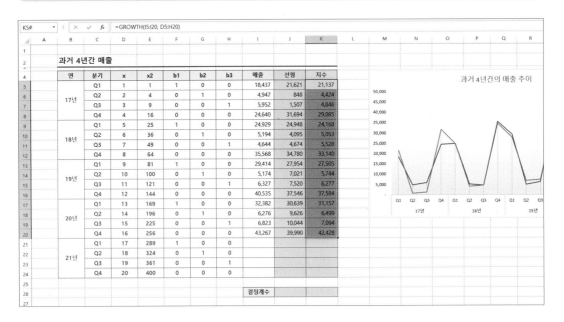

TIP 엑셀 마이크로소프트 365 버전에서는 [K5] 셀에 수식을 입력하고 Enter 만 눌러도 동일한 결과를 얻을 수 있습니다.

07 반환된 지수 추세의 값을 차트에 표시하겠습니다.

08 [K4:K20] 범위를 선택하고 Ctrl + C 로 복사한 후 차트를 선택하고 Ctrl + V 를 눌러 붙여 넣습니다.

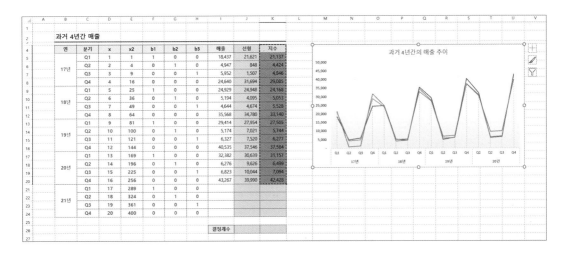

09 이제 선형 추세와 지수 추세의 결정계수 값을 구합니다.

10 [J26] 셀에 다음 수식을 입력하고 채우기 핸들➕을 [K26] 셀까지 드래그합니다.

=RSQ($I$5:$I$20, J5:J20)

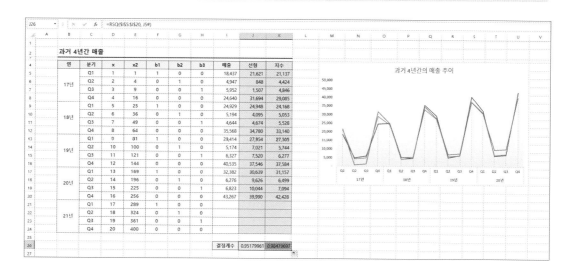

🔍 **더 알아보기**   **수식 이해하기**

이번 수식은 결정계수 값을 구해 선형 추세와 지수 추세 중 매출을 더 잘 설명하는 방식을 고르기 위한 것입니다. 반환된 값은 선형 추세가 0.95이고, 지수 추세가 0.98이므로 선형보다는 지수 추세가 현재 매출과의 연관성이 더 높다고 이해할 수 있습니다. 참고로 마이크로소프트 365 버전에서는 이번 수식을 다음과 같이 입력할 수 있습니다.

    =RSQ($I$5:$I$20, J5#)

J5#에서 '#' 기호는 마이크로소프트 365 버전부터 지원되는 동적 배열 참조 기호로, 예제에서는 [J5:J20] 범위를 의미합니다. 동적 배열에 대한 자세한 설명은 엑셀 바이블 시리즈 중 하나인 〈엑셀 함수&수식 바이블〉 책을 참고하기 바랍니다.

3단계 – 선택된 추세 방식으로 미래 예측

추세 방식 중 하나를 선택했다면 해당 방식으로 미래값을 예측해볼 수 있습니다. 다음 과정을 참고합니다.

01 [sample3] 시트를 열고 지수 추세 방식으로 미래 매출을 예측해보겠습니다.

02 [K21:K24] 범위를 선택하고 다음 수식을 작성한 후 Ctrl + Shift + Enter 를 눌러 배열 수식으로 입력합니다.

=GROWTH(I5:I20, D5:H20, D21:H24)

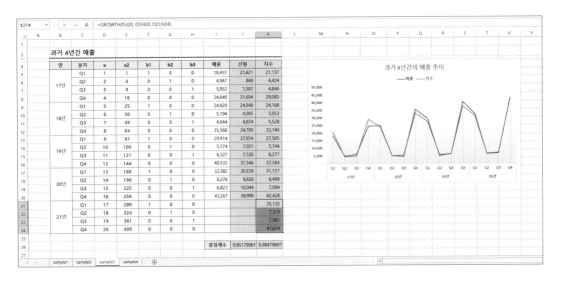

TIP 엑셀 마이크로소프트 365 버전에서는 [K21] 셀에 수식을 입력하고 [Enter] 만 눌러도 동일한 결과를 얻을 수 있습니다.

03 예측된 매출액을 차트에 표시하겠습니다.

04 차트를 선택하고 [K20] 셀 우측 하단의 범위 조절 핸들을 [K24] 셀까지 드래그합니다.

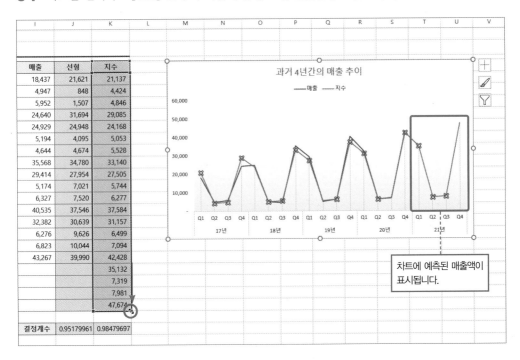

4단계 – 마무리

계절지수를 이용하는 방법과 이진 변수를 이용하는 방법은 결정계수에 큰 차이가 나지 않으므로, 다른 추세 방식도 미래값을 예측하고 두 값을 비교한 후 사용하는 것이 좋습니다. 다음 과정을 참고합니다.

01 [sample4] 시트에서 선형 추세에 의한 미래 매출을 예측해보겠습니다.

02 [J21:J24] 범위를 선택하고 다음 수식을 입력한 후 `Ctrl`+`Shift`+`Enter`를 누릅니다.

=TREND(I5:I20, D5:H20, D21:H24)

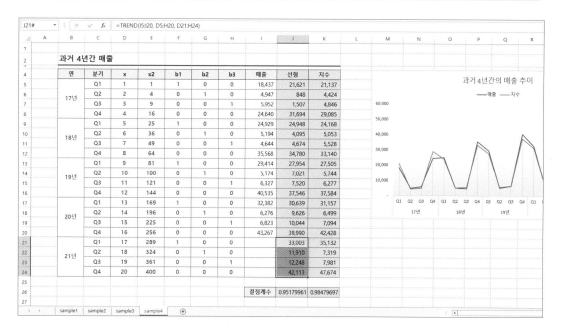

TIP 엑셀 마이크로소프트 365 버전에서는 [J21] 셀에 수식을 입력하고 `Enter`만 눌러도 동일한 결과를 얻을 수 있습니다.

03 선형 추세로 예측된 매출액을 차트에 표시하겠습니다.

04 [J4:J24] 범위를 `Ctrl`+`C`로 복사한 후 차트를 선택하고 `Ctrl`+`V`를 눌러 붙여 넣습니다.

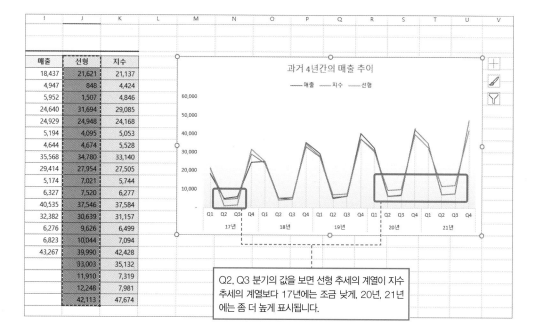

Q2, Q3 분기의 값을 보면 선형 추세의 계열이 지수 추세의 계열보다 17년에는 조금 낮게, 20년, 21년에는 좀 더 높게 표시됩니다.

10 13 결과에 영향을 끼치는 원인 간의 상관관계 분석하기

예제 파일 PART 04 \ CHAPTER 10 \ 다중 회귀 분석–상관관계.xlsx

다중 회귀 분석의 모형

세상의 모든 일은 여러 원인에 의해 결과가 만들어집니다. 회귀 분석에서는 결과에 영향을 주는 모든 원인을 독립변수라고 하며, 독립변수가 여럿인 회귀 분석을 다중 회귀 분석이라고 합니다.

결과에 영향을 끼치는 원인은 너무나 다양합니다. 간단하게 회사의 매출에 영향을 주는 원인이 무엇일지 가늠해보면 인력 구성, 마케팅, 홍보비, 상품 수 등의 다양한 내부 원인과 경쟁사, 시장 상황, 국가 정책의 변화 등의 외부 원인을 비롯해 손에 꼽기 어려울 정도로 많을 것입니다.

매출을 예측하고자 이렇게 많은 독립변수를 모두 사용하는 것은 비효율적입니다. 따라서 흐름이 유사한 독립변수는 둘 중 하나만 사용하는 방법으로 독립변수의 개수를 줄일 필요가 있습니다.

즉, 다중 회귀 분석에서 정확한 결과를 얻으려면 상호 보완적인 데이터(독립변수)가 필요합니다. 따라서 유사한 독립변수를 찾기 위한 상관관계 분석 작업을 먼저 진행해야 합니다.

상관관계 분석에 사용되는 함수는 PEARSON 함수로 구문은 다음과 같습니다.

PEARSON (범위1, 범위2)

두 데이터 집합 간의 상관관계를 의미하는 상관계수 R 값을 반환합니다.

범위	상관관계를 측정할 데이터 범위

참고

● [범위1]과 [범위2]의 데이터 개수는 동일해야 하며, 개수가 맞지 않으면 #N/A 에러가 발생합니다.

독립변수의 상관관계 분석

독립변수 간의 상관관계를 분석하려면 일단 모든 독립변수 데이터를 준비해 하나의 표로 완성해야 하며, 상관관계 분석에 필요한 표를 구성해야 합니다. 다음 과정을 참고합니다.

01 예제를 열면 화면과 같은 표를 확인할 수 있습니다.

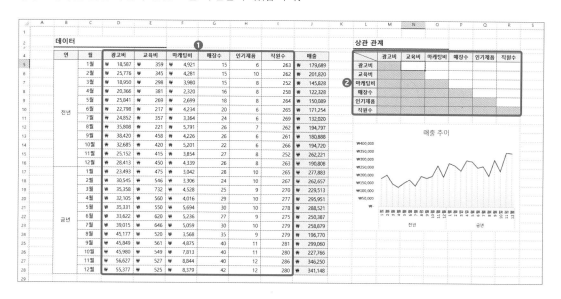

🔍 **더 알아보기**　　**예제 이해하기**

예제 파일에서 **❶**, **❷** 부분을 정확하게 이해해야 합니다. 먼저 **❶**은 매출에 영향을 주는 요인을 정리해놓은 것으로, 수치화할 수 있는 다양한 독립변수를 가져와 정리합니다. **❷**는 **❶**의 머리글 영역(D4:I4)을 복사해 붙여 넣어 구성한 것으로, 상관관계 분석을 위해서는 머리글을 왼쪽 표에 정리된 독립변수의 순서에 맞춰 구성하는 것이 좋습니다. 다음은 [L4:R10] 범위의 표를 구성하는 방법입니다.

01 [D4:I4] 범위를 복사해 [M4] 셀에 붙여 넣습니다.
02 이어서 [L5] 셀을 선택하고 마우스 오른쪽 버튼을 클릭합니다.
03 [붙여넣기 옵션] 그룹에서 [행/열 바꿈 🔄]을 선택합니다.

02 광고비와 다른 독립변수 데이터 간의 상관관계 분석을 진행하겠습니다.

03 [N5] 셀에 다음 수식을 입력하고 채우기 핸들 🔳을 [R5] 셀까지 드래그합니다.

=PEARSON($D$5:$D$28, E5:E28)

🔍 더 알아보기　**수식 이해하기**

이번 수식에서 PEARSON 함수의 첫 번째 인수는 [D5:D28]로 광고비 데이터 범위입니다. 이 범위는 절대 참조로 고정하고, 두 번째 인수의 [E5:E28] 범위는 교육비 범위인데 상대 참조로 참조했습니다. 이렇게 하면 수식을 오른쪽으로 복사할 때 첫 번째 인수의 범위는 고정이지만, 두 번째 인수의 범위는 E열에서 F열, G열, …로 변경됩니다. 이 방법을 통해 [N5:R5] 범위 내 상관관계를 빠르게 계산해 얻을 수 있습니다.

[N5] 셀의 경우 D열의 광고비와 E열의 교육비의 상관관계를 측정한 상관계수 값을 반환합니다. 상관계수(R)는 −1~1 사이의 값을 가지며, [N5] 셀에 반환된 0.53은 둘 사이에 어느 정도 연관성이 있고 광고비가 증가했을 때 교육비 역시 증가했다는 것을 의미합니다. [P5] 셀과 [R5] 셀의 상관계수를 보면 0.89와 0.80으로, 매우 높은 상관관계가 있다고 추정할 수 있습니다. 광고비가 증대될 때 거의 유사한 정도로 매장수나 직원수가 증가한 것입니다.

04 교육비와 다른 독립변수 간의 상관관계를 계산하기 위해 [O6] 셀에 다음 수식을 입력하고 채우기 핸들⊞을 [R6] 셀까지 드래그합니다.

=PEARSON($E$5:$E$28, F5:F28)

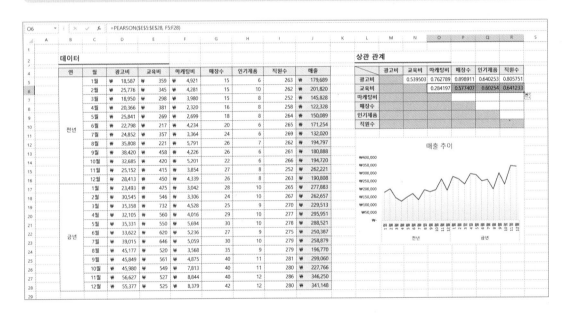

05 마케팅비와 다른 독립변수 간의 상관관계를 계산하기 위해 [P7] 셀에 다음 수식을 입력하고 채우기 핸들⊞을 [R7] 셀까지 드래그합니다.

=PEARSON($F$5:$F$28, G5:G28)

06 매장수와 다른 독립변수 간의 상관관계를 계산하기 위해 [Q8] 셀에 다음 수식을 입력하고 채우기 핸들🔲을 [R8] 셀까지 드래그합니다.

`=PEARSON($G$5:$G$28, H5:H28)`

07 인기제품과 직원수의 상관관계를 계산하기 위해 [R9] 셀에 다음 수식을 입력합니다.

`=PEARSON(H5:H28, I5:I28)`

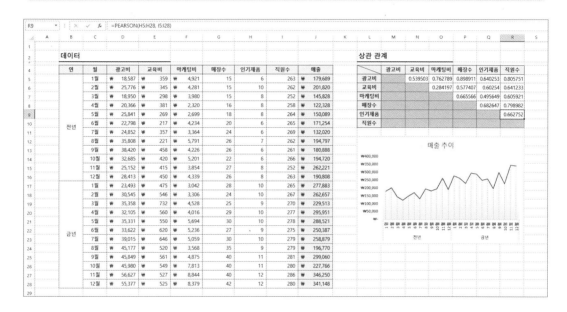

08 [N5:R9] 범위에 계산된 상관계수 중 연관성이 높은 항목만 표시하겠습니다.

09 [N5:R9] 범위를 선택하고 리본 메뉴의 [홈] 탭-[스타일] 그룹-[조건부 서식🔲]을 클릭합니다.

10 하위 메뉴에서 [셀 강조 규칙]-[보다 큼]을 선택합니다.

11 [보다 큼] 대화상자가 나타나면 **0.7**을 입력하고 [확인]을 클릭합니다.

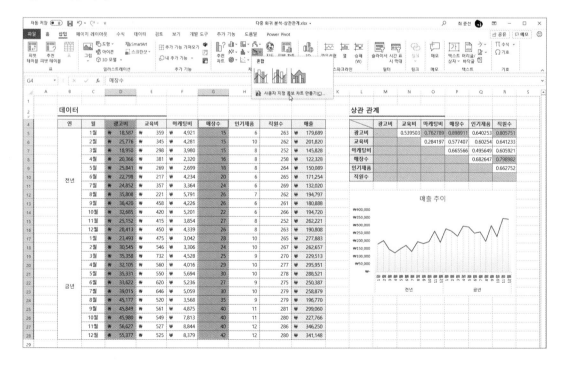

연관성이 높은 항목들이 시각적으로 구분되어 표시됩니다.

TIP 상관계수가 0.7 이상이면 매우 높은 연관성을 가진 것으로 이해할 수 있습니다.

12 연관성이 큰 독립변수 간의 흐름을 확인합니다.

13 가장 연관성이 큰 독립변수는 [P5] 셀에 0.89가 반환된 광고비와 매장수입니다.

14 [D4:D28] 범위를 선택하고 Ctrl 을 누른 상태에서 [G4:G28] 범위를 선택합니다.

15 리본 메뉴의 [삽입] 탭-[차트] 그룹-[콤보형 차트 삽입 📊]을 클릭하고 [사용자 지정 콤보 차트 만들기]를 선택합니다.

16 [차트 삽입] 대화상자에서 [광고비]와 [매장수] 계열을 모두 [꺾은선형]으로 변경하고 [매장수] 계열의 [보조 축] 옵션에 체크합니다.

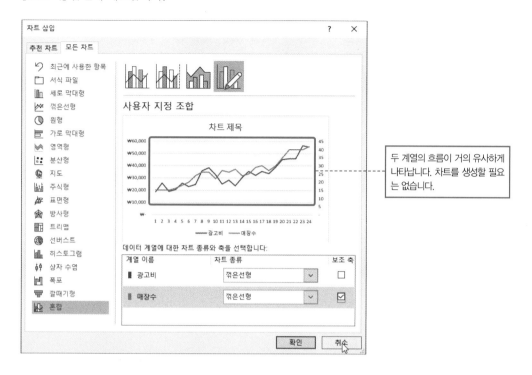

두 계열의 흐름이 거의 유사하게 나타납니다. 차트를 생성할 필요는 없습니다.

17 [취소]를 클릭해 차트 생성 작업을 취소합니다.

TIP 차트는 독립변수 간의 연관성을 확인하기 위한 용도로 사용했으므로, 미리 보기 화면으로 충분히 연관성이 확인되면 굳이 생성할 필요는 없습니다.

18 독립변수 중 연관성이 높은 항목을 제외합니다.

데이터

연	월	광고비	교육비	마케팅비	매장수	인기제품	직원수	매출
전년	1월	₩ 18,587	₩ 359	₩ 4,921	15	6	263	₩ 179,689
	2월	₩ 25,776	₩ 345	₩ 4,281	15	10	262	₩ 201,820
	3월	₩ 18,950	₩ 298	₩ 3,980	15	8	252	₩ 145,828
	4월	₩ 20,366	₩ 381	₩ 2,320	16	8	258	₩ 122,328
	5월	₩ 25,841	₩ 269	₩ 2,699	18	8	264	₩ 150,089
	6월	₩ 22,798	₩ 217	₩ 1,234	20	6	265	₩ 171,254
	7월	₩ 24,852	₩ 357	₩ 3,364	24	6	269	₩ 132,020
	8월	₩ 35,808	₩ 221	₩ 5,791	26	7	262	₩ 194,797
	9월	₩ 38,420	₩ 458	₩ 4,226	26	6	261	₩ 180,888
	10월	₩ 32,685	₩ 420	₩ 5,201	22	6	266	₩ 194,720
	11월	₩ 25,152	₩ 415	₩ 3,854	27	8	252	₩ 262,221
	12월	₩ 28,413	₩ 450	₩ 4,339	26	8	263	₩ 190,808

상관 관계

	광고비	교육비	마케팅비	매장수	인기제품	직원수
광고비		0.539503	0.762789	0.898911	0.640253	0.805751
교육비			0.284197	0.577407	0.60254	0.641233
마케팅비				0.665566	0.495649	0.605921
매장수					0.682647	0.798982
인기제품						0.662752
직원수						

매출 추이

🔍 더 알아보기 독립변수 선택

다중 회귀 분석을 할 경우 모든 독립변수를 사용하는 것보다 네 개 이하로 사용하는 것이 효율적입니다. 예제의 독립변수 중에서는 다른 독립변수와 상관계수가 높게 나온 광고비와 직원수를 제외하고, 나머지 교육비, 마케팅비, 매장수, 인기제품을 가지고 매출을 예측하는 작업을 진행합니다.

10 14 결과를 가장 잘 설명하는 독립변수 간의 조합 이해하기

예제 파일 PART 04 \ CHAPTER 10 \ 다중 회귀 분석-모형 구성.xlsm

모형이란

선별된 독립변수를 모두 사용해 매출을 예측하는 것이 최상은 아닙니다. 독립변수의 조합을 만들어 어떤 조합이 매출 변화를 가장 잘 설명하고 있는지 찾아야 합니다. 이런 독립변수들의 조합을 모형이라고 합니다. 이 작업을 위해서는 독립변수 간의 중복되지 않는 조합 결과를 얻을 수 있어야 합니다.

다만 특정 항목의 조합을 반환해주는 함수나 기능은 엑셀에서 바로 지원되지 않기 때문에 이런 작업을 쉽게 하려면 매크로를 사용하는 것이 좋습니다.

매크로를 이용한 모형 구성

예제에는 독립변수 간의 중복 없는 조합을 얻을 수 있는 매크로가 포함되어 있습니다. 다음 과정을 참고해 원하는 결과를 얻어보겠습니다.

01 예제를 열고 [보안 경고] 메시지 줄이 표시되면 [콘텐츠 사용]을 클릭합니다.

TIP 사용자의 설정에 따라 [보안 경고] 메시지 줄이 표시되지 않을 수 있습니다.

02 [A2:A5] 범위에 사용할 독립변수 이름을 입력하겠습니다.

03 [A2:A5] 범위에 순서대로 **교육비, 마케팅비, 매장수, 인기제품** 항목을 입력하고 [모형 생성]을 클릭합니다.

🔍 **더 알아보기** 　**예제 파일 사용 방법 이해하기**

예제 파일에는 매크로가 포함되어 있으므로 사용 방법을 정확하게 이해하고 사용해야 합니다. 만약 [A2] 셀에 아무런 데이터가 입력되지 않은 상태에서 [모형 생성]을 클릭하면 다음과 같은 메시지가 표시됩니다.

독립변수는 최소 두 개 이상 입력해야 합니다. 만약 독립변수 이름이 [A2] 셀 하나에만 입력되면 다음과 같은 메시지가 표시됩니다.

04 7행 하단에 [A2:A5] 범위에 입력된 독립변수의 중복되지 않은 조합의 결과가 반환됩니다.

	A	B	C	D	E	F	G
1	**독립변수**		모형 생성		모형 삭제		
2	교육비						
3	마케팅비						
4	매장수						
5	인기제품						
6							
7	**모형**						
8	교육비						
9	마케팅비						
10	매장수						
11	인기제품						
12	교육비	마케팅비					
13	교육비	매장수					
14	교육비	인기제품					
15	마케팅비	매장수					
16	마케팅비	인기제품					
17	매장수	인기제품					
18	교육비	마케팅비	매장수				
19	교육비	마케팅비	인기제품				
20	교육비	매장수	인기제품				
21	마케팅비	매장수	인기제품				
22	교육바	마케팅비	매장수	인기제품			
23							

> 독립변수가 4개면 중복되지 않은 조합 15개가 반환됩니다. 모형이 많을수록 계산해야 할 내용이 늘어나는데, 이 정도면 큰 부담은 아닙니다.

05 [8:22] 행에 얻어진 조합을 하나의 모형으로 어떤 조합이 매출을 가장 잘 설명하는지 확인하겠습니다.

06 [모형 삭제]를 클릭하면 7행 하단의 내용이 삭제됩니다.

	A	B	C	D	E	F	G	H
1	**독립변수**		모형 생성		모형 삭제			
2	교육비							
3	마케팅비							
4	매장수							
5	인기제품							
6								
7								
8								
9								

07 [A6:A7] 범위에 **매장수, 직원수**를 추가하고 [모형 생성]을 클릭합니다.

	A	B	C	D	E	F	G
1	**독립변수**		모형 생성		모형 삭제		
2	광고비						
3	교육비						
4	마케팅비						
5	인기제품						
6	매장수						
7	직원수						
8							
9	**모 형**						
10	광고비						
11	교육비						
12	마케팅비						
13	인기제품						
14	매장수						
15	직원수						
16	광고비	교육비					
62	교육비	마케팅비	인기제품	직원수			
63	교육비	마케팅비	매장수	직원수			
64	교육비	인기제품	매장수	직원수			
65	마케팅비	인기제품	매장수	직원수			
66	광고비	교육비	마케팅비	인기제품	매장수		
67	광고비	교육비	마케팅비	인기제품	직원수		
68	광고비	교육비	마케팅비	매장수	직원수		
69	광고비	교육비	인기제품	매장수	직원수		
70	광고비	마케팅비	인기제품	매장수	직원수		
71	교육비	마케팅비	인기제품	매장수	직원수		
72	광고비	교육비	마케팅비	인기제품	매장수	직원수	
73							

독립변수가 6개면, 중복되지 않은 조합 63개가 반환됩니다. 이 정도면 계산해야 할 모형이 너무 많아지므로 독립변수의 수를 줄이는 것이 좋습니다.

10 15 조정된 결정계수를 활용해 최적 모형 선택하기

예제 파일 PART 04 \ CHAPTER 10 \ 다중 회귀 분석-모형 선택.xlsx

조정 결정계수

결정계수는 추세선의 R-제곱값이나 RSQ 함수로 구했지만 결정계수에는 치명적인 단점이 있습니다. 다중 회귀 분석에서는 결과에 영향을 끼치는 다양한 요인을 사용해 미래값을 예측하는데, 결정계수는 요인을 더 많이 사용할수록 값이 커지는 문제가 있습니다.

그래서 결정계수의 단점을 보완하기 위해 설계된 개념이 조정 결정계수입니다. 엑셀에서 조정 결정계수를 구할 수 있는 방법은 다음 두 가지입니다.

데이터 분석 추가 기능

엑셀에서 제공되는 여러 추가 기능 중 [분석 도구]는 다양한 통계 관련 추가 기능입니다. 그중에서 [회귀 분석]을 사용하면 조정 결정계수를 포함한 다양한 통곗값을 얻을 수 있습니다. [데이터 분석] 추가 기능을 활성화하려면 다음 과정을 참고합니다.

01 리본 메뉴의 [개발 도구] 탭-[추가 기능] 그룹-[Excel 추가 기능圖]을 클릭합니다.

02 [추가 기능] 대화상자가 표시되면 [분석 도구]에 체크하고 [확인]을 클릭합니다.

TIP 엑셀 2013 버전까지는 [Excel 추가 기능]이 아니라 [추가 기능]입니다. 엑셀 2016 버전부터 명칭이 변경되었습니다.

03 리본 메뉴의 [데이터] 탭-[분석] 그룹에 [데이터 분석 📊]이 표시됩니다.

조정 결정계수 계산식

엑셀에서 결정계수를 구할 때 사용하는 RSQ 함수는 독립변수를 하나만 설정할 수 있습니다. 여러 개의 독립변수를 사용하는 결정계수 값을 구하려면 LINEST 함수를 사용해야 합니다. LINEST 함수는 데이터에 가장 적합한 직선을 구하는 최소 자승법에 대한 다양한 통계를 반환하는 함수입니다. 구문은 다음과 같습니다.

LINEST (Y축 범위, X축 범위, 상수 b 계산 여부, 추가 통계 반환 여부)

데이터에 가장 적합한 직선을 구할 때 사용하는 최소 자승법에 대한 여러 수치를 반환합니다.

Y축 범위	알고 싶은 결과가 입력된 데이터 범위	
X축 범위	결과에 영향을 미치는 원인에 해당하는 독립변수의 데이터 범위	
상수 b 계산 여부	범위에서 확인할 조건 문자열로, 논릿값을 인수로 사용하며 TRUE는 상수 b를 계산해줍니다.	
추가 통계 반환 여부	결정계수를 포함한 여러 통곗값을 반환할지 여부를 정하는 옵션으로 FALSE가 기본값입니다.	
	옵션	**설명**
	TRUE	추가 통계를 반환합니다.
	FALSE	추가 통계를 반환하지 않습니다.

참고

- [X축 범위]에 전달할 데이터 범위가 여러 개라면 반드시 연속된 범위에 데이터가 위치해야 합니다.
- LINEST 함수를 사용해 결정계수를 얻고 싶다면 반드시 마지막 인수인 [추가 통계 반환 여부]를 TRUE로 설정해야 합니다.

LINEST 함수의 마지막 [추가 통계 반환 여부] 옵션을 TRUE로 설정하면 독립변수의 개수에 따라 배열이 반환됩니다. 독립변수가 세 개면 오른쪽처럼 5×4 행렬에 해당하는 배열이 반환됩니다.

m_3	m_2	m_1	b
se_3	se_2	se_1	seb
R^2	sev		
F	df		
ssreg	ssresid		

첫 번째 행은 회귀 방정식의 기울기 m과 상수 b 값을 반환하며, 세 번째 행의 첫 번째 위치에 결정계수(R^2)가 반환됩니다. 따라서 LINEST 함수에서 반환된 배열 내 결정계수 값만 사용하려면 다음과 같은 수식을 사용합니다.

=INDEX(LINEST(Y축 범위, X축 범위, TRUE, TRUE), 3, 1)

조정 결정계수의 경우 따로 함수가 제공되지 않기 때문에 다음과 같은 수식을 사용해 구합니다.

조정 결정계수 = $1-(((1-R^2)*(n-1))/(n-k-1))$

- R^2 : 결정계수로, RSQ 함수를 사용해 구합니다.
- n : 데이터 집합 내 항목 수로 COUNT 함수를 사용해 구합니다.
- k : 상수를 제외한 모형의 독립변수 수입니다.

조정 결정계수를 이용한 최적 모형 선택

다중 회귀 분석에 사용될 모형을 결정했다면 해당 모형 중 어떤 모형을 사용하는 것이 매출을 가장 잘 설명하고 있는지 찾아야 합니다. 이 부분에서 조정 결정계수를 사용해 판단합니다. 다음 과정을 참고합니다.

01 예제를 열면 화면과 같은 표를 확인할 수 있습니다.

모형

독립변수				결정계수	조정 결정계수
교육비					
마케팅비					
매장수					
인기제품					
교육비	마케팅비				
교육비	매장수				
교육비	인기제품				
마케팅비	매장수				
마케팅비	인기제품				
매장수	인기제품				
교육비	마케팅비	매장수			
교육비	마케팅비	인기제품			
교육비	매장수	인기제품			
마케팅비	매장수	인기제품			
교육비	마케팅비	매장수	인기제품		

데이터

연	월	교육비	마케팅비	매장수	인기제품	매출
전년	1월	₩ 359	₩ 4,921	15	6	₩ 179,689
	2월	₩ 345	₩ 4,281	15	10	₩ 201,820
	3월	₩ 298	₩ 3,980	15	8	₩ 145,828
	4월	₩ 381	₩ 2,320	16	8	₩ 122,328
	5월	₩ 269	₩ 2,699	18	8	₩ 150,089
	6월	₩ 217	₩ 4,234	20	6	₩ 171,254
	7월	₩ 357	₩ 3,364	24	6	₩ 132,020
	8월	₩ 221	₩ 5,791	26	7	₩ 194,797
	9월	₩ 458	₩ 4,226	26	6	₩ 180,888
	10월	₩ 420	₩ 5,201	22	6	₩ 194,720
	11월	₩ 415	₩ 3,854	27	8	₩ 262,221
	12월	₩ 450	₩ 4,339	26	8	₩ 190,808
금년	1월	₩ 475	₩ 3,042	28	10	₩ 277,883
	2월	₩ 546	₩ 3,306	24	10	₩ 262,657
	3월	₩ 732	₩ 4,528	25	9	₩ 229,513
	4월	₩ 560	₩ 4,016	29	10	₩ 295,951
	5월	₩ 550	₩ 5,694	30	10	₩ 288,521
	6월	₩ 620	₩ 5,236	27	9	₩ 250,387
	7월	₩ 646	₩ 5,059	30	10	₩ 258,879
	8월	₩ 520	₩ 3,568	35	9	₩ 196,770
	9월	₩ 561	₩ 4,875	40	11	₩ 299,060
	10월	₩ 549	₩ 7,813	40	11	₩ 227,766
	11월	₩ 527	₩ 8,844	40	12	₩ 346,250
	12월	₩ 525	₩ 8,379	42	12	₩ 341,148

🔍 **더 알아보기**　　**예제 이해하기**

예제의 [B5:E19] 범위에 입력된 독립변수 모형은 Section 10-14에서 작업한 모형을 그대로 복사해 붙여 넣은 것입니다. 모형은 한 행씩 서로 다른 조합으로 사용되며, 어떤 독립변수 조합이 매출과 연관성이 가장 높은지 찾아 해당 모형을 이용해 미래 매출을 예측합니다.

02 먼저 독립변수가 하나씩인 [5:8] 행의 모형에 해당하는 결정계수를 구하겠습니다.

03 [F5:F8] 범위에 다음과 같은 수식을 입력합니다.

[F5] 셀 : =RSQ(O5:O28, K5:K28)

[F6] 셀 : =RSQ(O5:O28, L5:L28)

[F7] 셀 : =RSQ(O5:O28, M5:M28)

[F8] 셀 : =RSQ(O5:O28, N5:N28)

F8			fx	=RSQ(O5:O28, N5:N28)											
A	B	C	D	E	F	G	H	I	J	K	L	M	N	O	P

	모형							데이터							
		독립변수			결정계수	조정 결정계수		연	월	교육비	마케팅비	매장수	인기제품	매출	
	교육비				0.392533917				1월	₩ 359	₩ 4,921	15	6	₩ 179,689	
	마케팅비				0.353158203				2월	₩ 345	₩ 4,281	15	10	₩ 201,820	
	매장수				0.558891721				3월	₩ 298	₩ 3,980	15	8	₩ 145,828	
	인기제품				0.628179291				4월	₩ 381	₩ 2,320	16	8	₩ 122,328	
	교육비	마케팅비							5월	₩ 269	₩ 2,699	18	8	₩ 150,089	
	교육비	매장수						전년	6월	₩ 217	₩ 4,234	20	6	₩ 171,254	
	교육비	인기제품							7월	₩ 357	₩ 3,364	24	6	₩ 132,020	
	마케팅비	매장수							8월	₩ 221	₩ 5,791	26	7	₩ 194,797	
	마케팅비	인기제품							9월	₩ 458	₩ 4,226	26	6	₩ 180,888	
	매장수	인기제품							10월	₩ 420	₩ 5,201	22	6	₩ 194,720	
	교육비	마케팅비	매장수						11월	₩ 415	₩ 3,854	27	8	₩ 262,221	
	교육비	마케팅비	인기제품						12월	₩ 450	₩ 4,339	26	8	₩ 190,808	
	교육비	매장수	인기제품						1월	₩ 475	₩ 3,042	28	10	₩ 277,883	
	마케팅비	매장수	인기제품						2월	₩ 546	₩ 3,306	24	10	₩ 262,657	
	교육비	마케팅비	매장수	인기제품					3월	₩ 732	₩ 4,528	25	9	₩ 229,513	
									4월	₩ 560	₩ 4,016	29	10	₩ 295,951	
									5월	₩ 550	₩ 5,694	30	10	₩ 288,521	
								금년	6월	₩ 620	₩ 5,236	27	9	₩ 250,387	
									7월	₩ 646	₩ 5,059	30	10	₩ 258,879	
									8월	₩ 520	₩ 3,568	35	9	₩ 196,770	
									9월	₩ 561	₩ 4,875	40	11	₩ 299,060	
									10월	₩ 549	₩ 7,813	40	11	₩ 227,766	
									11월	₩ 527	₩ 8,844	40	12	₩ 346,250	
									12월	₩ 525	₩ 8,379	42	12	₩ 341,148	

🔍 **더 알아보기** **수식 이해하기**

독립변수가 하나인 모형의 결정계수는 RSQ 함수를 이용해 구할 수 있습니다. 다만 독립변수의 데이터 범위가 다르므로, 수식을 하나씩 입력해야 한다는 점이 불편합니다. 이번 수식을 한 번에 입력하려면 RSQ 함수의 두 번째 인수 범위가 자동으로 변화해야 하므로 [F5] 셀에 다음과 같은 수식을 입력하고 채우기 핸들🔳을 [F8] 셀까지 드래그해 복사합니다.

=RSQ($O$5:$O$28, OFFSET($J$5:$J$28,0,ROW(A1)))

OFFSET 함수는 첫 번째 인수의 범위에서 행과 열 방향으로 이동한 범위를 참조할 수 있는 함수입니다. 두 번째 인수에 행 방향으로 이동할 셀 개수를 지정하고, 세 번째 인수에 열 방향을 이동할 셀 개수를 지정합니다.

두 번째 인수는 **0**이니 행 방향으로는 이동하지 말라는 의미이고, 세 번째 인수는 **ROW(A1)**으로 [A1] 셀의 행 번호(1)만큼 열 방향으로 이동하라는 의미입니다. 그러므로 **OFFSET($J$5:$J$28, 0, ROW(A1))** 부분은 [J5:J28] 범위에서 오른쪽으로 한 칸 이동하라는 의미가 되어 [K5:K28] 범위를 참조합니다.

이 수식을 [F8] 셀까지 복사하면 **ROW(A1)** 부분이 **ROW(A2), ROW(A3),** …와 같이 변경되어 [J5:J28] 범위에서 열 방향으로 2칸, 3칸, … 식으로 떨어진 위치를 참조하게 됩니다.

04 독립변수가 두 개씩 짝을 이루는 모형에는 RSQ 함수를 사용할 수 없습니다.

05 확인을 위해 [F9] 셀에 다음 수식을 입력합니다.

=RSQ(O5:O28, K5:L28)

F9 ▾ : × ✓ fx =RSQ(O5:O28, K5:L28)

모형				결정계수	조정 결정계수		데이터							
	독립변수			결정계수	조정 결정계수		연	월	교육비	마케팅비	매장수	인기제품	매출	
교육비				0.392533917				1월	₩ 359	₩ 4,921	15	6	₩ 179,689	
마케팅비				0.353158203				2월	₩ 345	₩ 4,281	15	10	₩ 201,820	
매장수				0.558891721				3월	₩ 298	₩ 3,980	15	8	₩ 145,828	
인기제품				0.628179291				4월	₩ 381	₩ 2,320	16	8	₩ 122,328	
교육비	마케팅비			#N/A				5월	₩ 269	₩ 2,699	18	8	₩ 150,089	
교육비	매장수						전년	6월	₩ 217	₩ 4,234	20	6	₩ 171,254	
교육비	인기제품							7월	₩ 357	₩ 3,364	24	6	₩ 132,020	
마케팅비	매장수							8월	₩ 221	₩ 5,791	26	7	₩ 194,797	
마케팅비	인기제품							9월	₩ 458	₩ 4,226	26	6	₩ 180,888	
매장수	인기제품							10월	₩ 420	₩ 5,201	22	6	₩ 194,720	
교육비	마케팅비	매장수						11월	₩ 415	₩ 3,854	27	8	₩ 262,221	
교육비	마케팅비	인기제품						12월	₩ 450	₩ 4,339	26	8	₩ 190,808	
교육비	매장수	인기제품						1월	₩ 475	₩ 3,042	28	10	₩ 277,883	
마케팅비	매장수	인기제품						2월	₩ 546	₩ 3,306	24	10	₩ 262,657	
교육비	마케팅비	매장수	인기제품					3월	₩ 732	₩ 4,528	25	9	₩ 229,513	
								4월	₩ 560	₩ 4,016	29	10	₩ 295,951	
								5월	₩ 550	₩ 5,694	30	10	₩ 288,521	
							금년	6월	₩ 620	₩ 5,236	27	9	₩ 250,387	
								7월	₩ 646	₩ 5,059	30	10	₩ 258,879	
								8월	₩ 520	₩ 3,568	35	9	₩ 196,770	
								9월	₩ 561	₩ 4,875	40	11	₩ 299,060	
								10월	₩ 549	₩ 7,813	40	11	₩ 227,766	
								11월	₩ 527	₩ 8,844	40	12	₩ 346,250	

독립변수가 K열과 L열 두 개의 범위를
참조하면 #N/A 에러가 발생합니다.

06 독립변수가 둘 이상인 경우에는 LINEST 함수에서 반환하는 결정계수를 사용합니다.

07 이해를 돕기 위해 [F9] 셀에 다음 수식을 입력합니다.

=LINEST(O5:O28, K5:L28, TRUE, TRUE)

F9 ▾ : × ✓ fx =LINEST(O5:O28, K5:L28, TRUE, TRUE)

모형				결정계수	조정 결정계수		데이터							
	독립변수			결정계수	조정 결정계수		연	월	교육비	마케팅비	매장수	인기제품	매출	
교육비				0.392533917				1월	₩ 359	₩ 4,921	15	6	₩ 179,689	
마케팅비				0.353158203				2월	₩ 345	₩ 4,281	15	10	₩ 201,820	
매장수				0.558891721				3월	₩ 298	₩ 3,980	15	8	₩ 145,828	
인기제품				0.628179291				4월	₩ 381	₩ 2,320	16	8	₩ 122,328	
교육비	마케팅비			17.31709233	235.4983225	35159.61		5월	₩ 269	₩ 2,699	18	8	₩ 150,089	
교육비	매장수			5.6347329	69.69216973	36389.19	전년	6월	₩ 217	₩ 4,234	20	6	₩ 171,254	
교육비	인기제품			0.580989464	42949.96442	#N/A		7월	₩ 357	₩ 3,364	24	6	₩ 132,020	
마케팅비	매장수			14.55903575	21	#N/A		8월	₩ 221	₩ 5,791	26	7	₩ 194,797	
마케팅비	인기제품			53714090300	38738688311	#N/A		9월	₩ 458	₩ 4,226	26	6	₩ 180,888	
매장수	인기제품							10월	₩ 420	₩ 5,201	22	6	₩ 194,720	
교육비	마케팅비	매장수						11월	₩ 415	₩ 3,854	27	8	₩ 262,221	
교육비	마케팅비	인기제품						12월	₩ 450	₩ 4,339	26	8	₩ 190,808	
교육비	매장수	인기제품						1월	₩ 475	₩ 3,042	28	10	₩ 277,883	
마케팅비	매장수	인기제품						2월	₩ 546	₩ 3,306	24	10	₩ 262,657	
교육비	마케팅비	매장수	인기제품					3월	₩ 732	₩ 4,528	25	9	₩ 229,513	
								4월	₩ 560	₩ 4,016	29	10	₩ 295,951	
								5월	₩ 550	₩ 5,694	30	10	₩ 288,521	
							금년	6월	₩ 620	₩ 5,236	27	9	₩ 250,387	
								7월	₩ 646	₩ 5,059	30	10	₩ 258,879	
								8월	₩ 520	₩ 3,568	35	9	₩ 196,770	
								9월	₩ 561	₩ 4,875	40	11	₩ 299,060	

TIP 엑셀 2019 버전을 포함한 이하 버전에서는 [F9:H13] 범위를 선택하고 수식을 작성한 후 Ctrl + Shift + Enter 를 눌러 입력해야 합니다.

LINEST 함수에서 반환된 배열 중 [F11] 셀에 반환된 값이 결정계수 값입니다. 이번 작업은 매출을 가장 잘 설명하는 모형을 찾기 위한 것이므로 LINEST 함수에서 반환된 결과 중에서 3행×1열 위치의 값만 필요합니다.

참고로 LINEST 함수의 세 번째, 네 번째 인수를 더 쉽게 입력하려면 **TRUE** 대신 **1**을 입력해도 됩니다.

   =LINEST(O5:O28, K5:L28, 1, 1)

논릿값은 수식에서 TRUE는 1, FALSE는 0으로 취급됩니다.

---

08   하위 버전에서 **07** 과정을 따라했다면 [F9:H13] 범위를 선택하고 Delete 를 눌러 삭제합니다.

TIP 이 작업은 엑셀 2019 버전을 포함한 이하 버전 사용자에게만 적용됩니다.

09   [F9] 셀에 다음 수식을 입력합니다.

=INDEX(LINEST(O5:O28, K5:L28, TRUE, TRUE), 3, 1)

연	월	교육비	마케팅비	매장수	인기제품	매출
전년	1월	₩ 359	₩ 4,921	15	6	₩ 179,689
	2월	₩ 345	₩ 4,281	15	10	₩ 201,820
	3월	₩ 298	₩ 3,980	15	8	₩ 145,828
	4월	₩ 381	₩ 2,320	16	8	₩ 122,328
	5월	₩ 269	₩ 2,699	18	8	₩ 150,089
	6월	₩ 217	₩ 4,234	20	6	₩ 171,254
	7월	₩ 357	₩ 3,364	24	6	₩ 132,020
	8월	₩ 221	₩ 5,791	26	7	₩ 194,797
	9월	₩ 458	₩ 4,226	26	6	₩ 180,888
	10월	₩ 420	₩ 5,201	22	6	₩ 194,720
	11월	₩ 415	₩ 3,854	27	8	₩ 262,221
	12월	₩ 450	₩ 4,339	26	8	₩ 190,808
금년	1월	₩ 475	₩ 3,042	28	10	₩ 277,883
	2월	₩ 546	₩ 3,306	24	10	₩ 262,657
	3월	₩ 732	₩ 4,528	25	9	₩ 229,513
	4월	₩ 560	₩ 4,016	29	10	₩ 295,951
	5월	₩ 550	₩ 5,694	30	10	₩ 288,521
	6월	₩ 620	₩ 5,236	27	9	₩ 250,387
	7월	₩ 646	₩ 5,059	30	10	₩ 258,879
	8월	₩ 520	₩ 3,568	35	9	₩ 196,770
	9월	₩ 561	₩ 4,875	40	11	₩ 299,060
	10월	₩ 549	₩ 7,813	40	11	₩ 227,766
	11월	₩ 527	₩ 8,844	40	12	₩ 346,250
	12월	₩ 525	₩ 8,379	42	12	₩ 341,148

모형 / 데이터

독립변수				결정계수	조정 결정계수
교육비				0.392533917	
마케팅비				0.353158203	
매장수				0.558891721	
인기제품				0.628179291	
교육비	마케팅비			0.580989464	
교육비	매장수				
교육비	인기제품				
마케팅비	매장수				
마케팅비	인기제품				
매장수	인기제품				
교육비	마케팅비	매장수			
교육비	마케팅비	인기제품			
교육비	매장수	인기제품			
마케팅비	매장수	인기제품			
교육비	마케팅비	매장수	인기제품		

TIP INDEX 함수를 활용하면 데이터 범위나 배열에서 행/열 위치의 값만 참조할 수 있습니다.

---

10   [F9] 셀의 결정계수 값이 올바로 구해졌는지 확인하겠습니다.

11   리본 메뉴의 [데이터] 탭-[분석] 그룹-[데이터 분석 📊]을 클릭합니다.

TIP [데이터 분석]이 표시되지 않는다면 Section 09-06을 참고해 설치한 후에 진행합니다.

12 [통계 데이터 분석] 대화상자가 열리면 [회귀 분석]을 선택하고 [확인]을 클릭합니다.

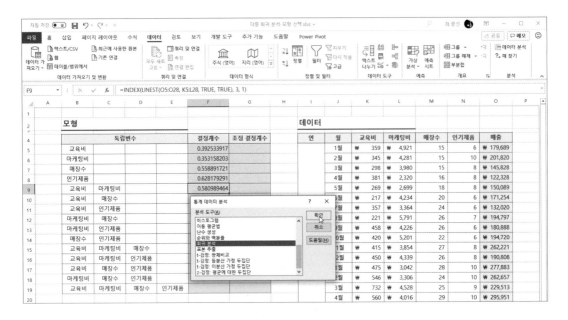

13 [회귀 분석] 대화상자를 다음과 같이 설정하고 [확인]을 클릭합니다.

[Y축 입력 범위] : $O$5:$O$28

[X축 입력 범위] : $K$5:$L$28

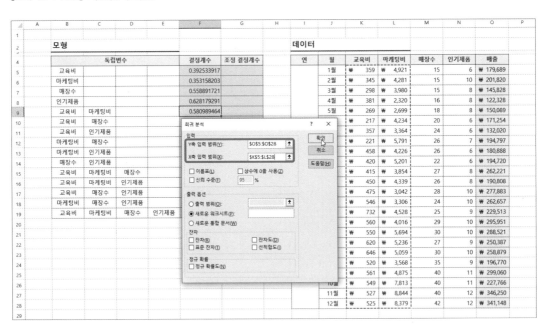

14 새 시트가 생성됩니다. 해당 시트의 [B5:B6] 범위를 보면 결정계수와 조정된 결정계수 값을 확인할 수 있습니다.

[B5] 셀의 결정계수는 0.580989이고, [sample] 시트의 [F9] 셀에 계산된 결정계수는 0.580989464입니다. 두 값이 동일하므로 [회귀 분석] 대화상자를 이용하지 않고 LINEST 함수를 사용해 결정계수를 구할 수 있습니다.

15 [sample] 시트로 이동해 조정 결정계수를 구하겠습니다.

16 [G9] 셀에 다음 수식을 입력합니다.

=1−(((1−F9)*(COUNT($L$5:$L$28)−1))/(COUNT($L$5:$L$28)−COUNTA(B9:E9)−1))

이번 수식에서 계산된 값은 0.541083699로 [Sheet1] 시트에서 반환된 조정된 결정계수([B6] 셀)의 값인 0.541084와 동일합니다. 그러므로 [데이터 분석] 기능의 회귀 분석을 사용하지 않고도 수식으로 동일한 결과를 얻을 수 있다는 점은 확인했습니다. 또한 조정 결정계수는 결정계수의 단점인 독립변수의 개수에 따라 결정계수가 증가하는 특성을 보정하기 위한 것이므로 결정계수보다 항상 작은 값이 반환됩니다.

이번 수식은 복잡해 보이지만 COUNT($L$5:$L$28)과 COUNTA(B9:E9) 부분만 이해하면 그렇게 어렵지 않게 사용할 수 있습니다. 다만 괄호를 열고 닫는 부분에는 주의가 필요합니다.

COUNT($L$5:$L$28)은 [L5:L28] 범위의 숫자 개수를 세기 위한 것으로, 독립변수의 항목 수를 얻는 데 사용됩니다. 이 부분에서 [L5:L28] 범위를 반드시 사용할 필요는 없고, 매출 범위를 이용해 COUNT($O$5:$O$28)로 수정해도 상관 없습니다.

COUTNA(B9:E9) 부분은 왼쪽 독립변수의 개수를 구하는 데 사용됩니다. 그러므로 이번 수식을 좀 더 이해하기 쉽게 변경하면 다음과 같습니다.

=1-(((1-R2)*(독립변수의 항목 수-1))/(독립변수의 항목 수-독립변수의 개수-1))

수식이 이해하기 어려울 수 있지만, 공식과 같은 것이라 일단 이해해두면 언제든지 찾아 사용할 수 있습니다.

17 독립변수가 하나인 경우의 조정 결정계수도 구하겠습니다.

18 [G9] 셀의 채우기 핸들➕을 [G5] 셀까지 드래그해 수식을 복사합니다.

19 LINEST 함수를 사용하려면 독립변수의 위치가 연속되어야 합니다.

20 이번에는 10행의 교육비와 매장수 두 개의 독립변수를 이용한 결정계수를 구해봅니다.

21 [F10] 셀에 다음 수식을 입력하면 #REF! 에러가 발생합니다.

=INDEX(LINEST(O5:O28, (K5:K28, M5:M28), TRUE, TRUE), 3, 1)

| F10 | | ▼ | : | × | ✓ | *fx* | =INDEX(LINEST(O5:O28, (K5:K28, M5:M28), TRUE, TRUE), 3, 1) | | | | | | | |

	A	B	C	D	E	F	G	H	I	J	K	L	M	N	O	P
1																
2		모형								데이터						
3																
4			독립변수			결정계수	조정 결정계수		연	월	교육비	마케팅비	매장수	인기제품	매출	
5		교육비				0.392533917	0.364921822			1월	₩ 359	₩ 4,921	15	6	₩ 179,689	
6		마케팅비				0.353158203	0.323756304			2월	₩ 345	₩ 4,281	15	10	₩ 201,820	
7		매장수				0.558891721	0.538841345			3월	₩ 298	₩ 3,980	15	8	₩ 145,828	
8		인기제품				0.628179291	0.611278349			4월	₩ 381	₩ 2,320	16	8	₩ 122,328	
9		교육비	마케팅비			0.580989464	0.541083699			5월	₩ 269	₩ 2,699	18	8	₩ 150,089	
10		교육비	매장수			#REF!			전년	6월	₩ 217	₩ 4,234	20	6	₩ 171,254	
11		교육비	인기제품							7월	₩ 357	₩ 3,364	24	6	₩ 132,020	
12		마케팅비	매장수							8월	₩ 221	₩ 5,791	26	7	₩ 194,797	
13		마케팅비	인기제품							9월	₩ 458	₩ 4,226	26	6	₩ 180,888	
14		매장수	인기제품							10월	₩ 420	₩ 5,201	22	6	₩ 194,720	
15		교육비	마케팅비	매장수						11월	₩ 415	₩ 3,854	27	8	₩ 262,221	
16		교육비	마케팅비	인기제품						12월	₩ 450	₩ 4,339	26	8	₩ 190,808	
17		교육비	매장수	인기제품						1월	₩ 475	₩ 3,042	28	10	₩ 277,883	
18		마케팅비	매장수	인기제품						2월	₩ 546	₩ 3,306	24	10	₩ 262,657	
19		교육비	마케팅비	매장수	인기제품					3월	₩ 732	₩ 4,528	25	9	₩ 229,513	
20										4월	₩ 560	₩ 4,016	29	10	₩ 295,951	
21										5월	₩ 550	₩ 5,694	30	10	₩ 288,521	
22										6월	₩ 620	₩ 5,236	27	9	₩ 250,387	
23									금년	7월	₩ 646	₩ 5,059	30	10	₩ 258,879	
24										8월	₩ 520	₩ 3,568	35	9	₩ 196,770	
25										9월	₩ 561	₩ 4,875	40	11	₩ 299,060	
26										10월	₩ 549	₩ 7,813	40	11	₩ 227,766	
27										11월	₩ 527	₩ 8,844	40	12	₩ 346,250	
28										12월	₩ 525	₩ 8,379	42	12	₩ 341,148	
29																

🔍 **더 알아보기** | **수식 이해하기**

이번 수식은 **09** 과정의 수식과 동일하지만 LINEST 함수의 두 번째 인수 범위(**K5:K28, M5:M28**)로 전달된 부분만 차이가 있습니다. 이것은 교육비([K5:K28] 범위)와 매장수([M5:M28] 범위)가 떨어져 있기 때문에 함수에 그렇게 전달된 것입니다.

다만 LINEST 함수는 독립변수의 범위가 연속된 경우가 아니라면 에러를 반환하므로, 이런 방식의 수식은 사용할 수 없습니다. 이것은 [데이터 분석] 명령의 [회귀 분석]도 동일합니다. X축 입력 범위가 떨어져 있다면 [회귀 분석]에서도 다음과 같은 에러 메시지가 반환됩니다.

Microsoft Excel ⓘ 회귀 분석 - 입력 범위는 연속적인 참조 영역이어야 합니다. [확인] [도움말(H)]

22 먼저 연속된 범위에 위치한 독립변수 모형의 결정계수와 조정 결정계수를 계산하겠습니다.

23 다음 각 셀에 수식을 입력합니다.

[F12] 셀 : =INDEX(LINEST(O5:O28, L5:M28, TRUE, TRUE), 3, 1)

[F14] 셀 : =INDEX(LINEST(O5:O28, M5:N28, TRUE, TRUE), 3, 1)

[F15] 셀 : =INDEX(LINEST(O5:O28, K5:M28, TRUE, TRUE), 3, 1)

[F18] 셀 : =INDEX(LINEST(O5:O28, L5:N28, TRUE, TRUE), 3, 1)

[F19] 셀 : =INDEX(LINEST(O5:O28, K5:N28, TRUE, TRUE), 3, 1)

[G12] 셀 : =1−(((1−F12)*(COUNT($L$5:$L$28)−1))/(COUNT($L$5:$L$28)−COUNTA(B12:E12)−1))

[G14] 셀 : =1−(((1−F14)*(COUNT($L$5:$L$28)−1))/(COUNT($L$5:$L$28)−COUNTA(B14:E14)−1))

[G15] 셀 : =1−(((1−F15)*(COUNT($L$5:$L$28)−1))/(COUNT($L$5:$L$28)−COUNTA(B15:E15)−1))

[G18] 셀 : =1−(((1−F18)*(COUNT($L$5:$L$28)−1))/(COUNT($L$5:$L$28)−COUNTA(B18:E18)−1))

[G19] 셀 : =1−(((1−F19)*(COUNT($L$5:$L$28)−1))/(COUNT($L$5:$L$28)−COUNTA(B19:E19)−1))

| G19 | | × ✓ fx | =1-(((1-F19)*(COUNT($L$5:$L$28)-1))/(COUNT($L$5:$L$28)-COUNTA(B19:E19)-1)) | | | | | | | | | | | | |

	A	B	C	D	E	F	G	H	I	J	K	L	M	N	O
2		모형							데이터						
4			독립변수			결정계수	조정 결정계수		연	월	교육비	마케팅비	매장수	인기제품	매출
5		교육비				0.392533917	0.364921822		전년	1월	₩ 359	₩ 4,921	15	6	₩ 179,689
6		마케팅비				0.353158203	0.323756304			2월	₩ 345	₩ 4,281	15	10	₩ 201,820
7		매장수				0.558891721	0.538841345			3월	₩ 298	₩ 3,980	15	8	₩ 145,828
8		인기제품				0.628179291	0.611278349			4월	₩ 381	₩ 2,320	16	8	₩ 122,328
9		교육비	마케팅비			0.580989464	0.541083699			5월	₩ 269	₩ 2,699	18	8	₩ 150,089
10		교육비	매장수			#REF!				6월	₩ 217	₩ 4,234	20	6	₩ 171,254
11		교육비	인기제품							7월	₩ 357	₩ 3,364	24	6	₩ 132,020
12		마케팅비	매장수			0.575679106	0.535267593			8월	₩ 221	₩ 5,791	26	7	₩ 194,797
13		마케팅비	인기제품							9월	₩ 458	₩ 4,226	26	6	₩ 180,888
14		매장수	인기제품			0.708065581	0.680262303			10월	₩ 420	₩ 5,201	22	6	₩ 194,720
15		교육비	마케팅비	매장수		0.645128687	0.59189799			11월	₩ 415	₩ 3,854	27	8	₩ 262,221
16		교육비	마케팅비	인기제품						12월	₩ 450	₩ 4,339	26	8	₩ 190,808
17		교육비	매장수	인기제품					금년	1월	₩ 475	₩ 3,042	28	10	₩ 277,883
18		마케팅비	매장수	인기제품		0.718187008	0.675915059			2월	₩ 546	₩ 3,306	24	10	₩ 262,657
19		교육비	마케팅비	매장수	인기제품	0.736172177	0.680629477			3월	₩ 732	₩ 4,528	25	9	₩ 229,513
20										4월	₩ 560	₩ 4,016	29	10	₩ 295,951
21										5월	₩ 550	₩ 5,694	30	10	₩ 288,521
22										6월	₩ 620	₩ 5,236	27	9	₩ 250,387
23										7월	₩ 646	₩ 5,059	30	10	₩ 258,879
24										8월	₩ 520	₩ 3,568	35	9	₩ 196,770
25										9월	₩ 561	₩ 4,875	40	11	₩ 299,060
26										10월	₩ 549	₩ 7,813	40	11	₩ 227,766
27										11월	₩ 527	₩ 8,844	40	12	₩ 346,250
28										12월	₩ 525	₩ 8,379	42	12	₩ 341,148

🔍 **더 알아보기**   **수식 쉽게 입력하기**

F열의 결정계수는 독립변수 범위가 변경되므로 일일이 수식을 수정해 입력해야 합니다. 그와 달리 조정 결정계수는 [G9] 셀에 입력된 수식을 그대로 이용할 수 있습니다. [G9] 셀을 Ctrl+C 로 복사한 후 [G12], [G14], [G15], [G18], [G19] 셀을 각각 선택하고 Ctrl+V 로 붙여 넣으면 수식을 보다 쉽게 입력할 수 있습니다.

24 나머지 독립변수 모형의 결정계수를 구하려면 오른쪽 표의 열 순서를 변경해야 합니다.

25 그러기 위해 [F:G] 열에 구했던 결정계수를 수식에서 값으로 변환하겠습니다.

26 [F5:G19] 범위를 선택하고 Ctrl + C 로 복사한 후 리본 메뉴의 [홈] 탭-[클립보드] 그룹-[붙여넣기]-[값 붙여넣기 ⧉]를 선택합니다.

TIP 수식을 값으로 변경하지 않으면 오른쪽 표의 열 순서를 조정했을 때 잘못된 결과가 반영될 수 있습니다.

27 M열의 매장수 열을 K열 우측에 붙여 넣겠습니다.

28 [M4:M28] 범위를 선택하고 Ctrl + X 를 눌러 잘라냅니다.

29 [L4] 셀에서 마우스 오른쪽 버튼을 클릭한 후 [잘라낸 셀 삽입]을 선택합니다.

30 표의 열 순서를 변경했으므로 10행과 13행의 결정계수를 구할 수 있습니다.

31 다음 각 셀에 수식을 입력합니다.

[F10] 셀 : =INDEX(LINEST(O5:O28, K5:L28, TRUE, TRUE), 3, 1)

[F13] 셀 : =INDEX(LINEST(O5:O28, M5:N28, TRUE, TRUE), 3, 1)

[G10] 셀 : =1−(((1−F10)*(COUNT($L$5:$L$28)−1))/(COUNT($L$5:$L$28)−COUNTA(B10:E10)−1))

[G13] 셀 : =1−(((1−F13)*(COUNT($L$5:$L$28)−1))/(COUNT($L$5:$L$28)−COUNTA(B13:E13)−1))

	G13		× ✓ fx	=1-(((1-F13)*(COUNT($L$5:$L$28)-1))/(COUNT($L$5:$L$28)-COUNTA(B13:E13)-1))									
▲	A	B	C	D	E	F	G	H	I	J	K	L	M	N	O

모형					결정계수	조정 결정계수		데이터						
	독립변수				결정계수	조정 결정계수		연	월	교육비	매장수	마케팅비	인기제품	매출
	교육비				0.392533917	0.364921822		전년	1월	₩ 359	15	₩ 4,921	6	₩ 179,689
	마케팅비				0.353158203	0.323756304			2월	₩ 345	15	₩ 4,281	10	₩ 201,820
	매장수				0.558891721	0.538841345			3월	₩ 298	15	₩ 3,980	8	₩ 145,828
	인기제품				0.628179291	0.611278349			4월	₩ 381	16	₩ 2,320	8	₩ 122,328
	교육비	마케팅비			0.580989464	0.541083699			5월	₩ 269	18	₩ 2,699	8	₩ 150,089
	교육비	매장수			0.615853789	0.579268435			6월	₩ 217	20	₩ 4,234	6	₩ 171,254
	교육비	인기제품							7월	₩ 357	24	₩ 3,364	6	₩ 132,020
	마케팅비	매장수			0.575679106	0.535267593			8월	₩ 221	26	₩ 5,791	7	₩ 194,797
	마케팅비	인기제품			0.68196763	0.651678833			9월	₩ 458	26	₩ 4,226	6	₩ 180,888
	매장수	인기제품			0.708065581	0.680262303			10월	₩ 420	22	₩ 5,201	6	₩ 194,720
	교육비	마케팅비	매장수		0.645128687	0.59189799			11월	₩ 415	27	₩ 3,854	8	₩ 262,221
	교육비	마케팅비	인기제품						12월	₩ 450	26	₩ 4,339	8	₩ 190,808
	교육비	매장수	인기제품					금년	1월	₩ 475	28	₩ 3,042	10	₩ 277,883
	마케팅비	매장수	인기제품		0.718187008	0.675915059			2월	₩ 546	24	₩ 3,306	10	₩ 262,657
	교육비	마케팅비	매장수	인기제품	0.736172177	0.680629477			3월	₩ 732	25	₩ 4,528	9	₩ 229,513
									4월	₩ 560	29	₩ 4,016	10	₩ 295,951
									5월	₩ 550	30	₩ 5,694	10	₩ 288,521
									6월	₩ 620	27	₩ 5,236	9	₩ 250,387
									7월	₩ 646	30	₩ 5,059	10	₩ 258,879
									8월	₩ 520	35	₩ 3,568	9	₩ 196,770
									9월	₩ 561	40	₩ 4,875	11	₩ 299,060
									10월	₩ 549	40	₩ 7,813	11	₩ 227,766
									11월	₩ 527	40	₩ 8,844	12	₩ 346,250
									12월	₩ 525	42	₩ 8,379	12	₩ 341,148

32 **26** 과정을 참고해 수식을 값으로 변경합니다.

33 N열의 [인기제품] 열을 K열 우측으로 이동시키겠습니다.

34 [N4:N28] 범위를 선택하고 Ctrl+X를 눌러 잘라냅니다.

35 [L4] 셀에서 마우스 오른쪽 버튼을 클릭한 후 [잘라낸 셀 삽입]을 클릭합니다.

36 이제 11행과 17행 모형의 결정계수를 계산하기 위해 다음 각 셀에 수식을 입력합니다.

[F11] 셀 : =INDEX(LINEST(O5:O28, K5:L28, TRUE, TRUE), 3, 1)

[F17] 셀 : =INDEX(LINEST(O5:O28, K5:M28, TRUE, TRUE), 3, 1)

[G11] 셀 : =1−(((1−F11)*(COUNT($L$5:$L$28)−1))/(COUNT($L$5:$L$28)−COUNTA(B11:E11)−1))

[G17] 셀 : =1−(((1−F17)*(COUNT($L$5:$L$28)−1))/(COUNT($L$5:$L$28)−COUNTA(B17:E17)−1))

G17 ▾ : × ✓ fx =1-(((1-F17)*(COUNT($L$5:$L$28)-1))/(COUNT($L$5:$L$28)-COUNTA(B17:E17)-1))

모형

독립변수				결정계수	조정 결정계수
교육비				0.392533917	0.364921822
마케팅비				0.353158203	0.323756304
매장수				0.558891721	0.538841345
인기제품				0.628179291	0.611278349
교육비	마케팅비			0.580989464	0.541083699
교육비	매장수			0.615853789	0.579268435
교육비	인기제품			0.663018604	0.630925138
마케팅비	매장수			0.575679106	0.535267593
마케팅비	인기제품			0.68196763	0.651678833
매장수	인기제품			0.708065581	0.680262303
교육비	마케팅비	매장수		0.645128687	0.59189799
교육비	마케팅비	인기제품			
교육비	매장수	인기제품		0.72033067	0.678380271
마케팅비	매장수	인기제품		0.718187008	0.675915059
교육비	마케팅비	매장수	인기제품	0.736172177	0.680629477

데이터

연	월	교육비	인기제품	매장수	마케팅비	매출
전년	1월	₩ 359	6	15	₩ 4,921	₩ 179,689
	2월	₩ 345	10	15	₩ 4,281	₩ 201,820
	3월	₩ 298	8	15	₩ 3,980	₩ 145,828
	4월	₩ 381	8	16	₩ 2,320	₩ 122,328
	5월	₩ 269	8	18	₩ 2,699	₩ 150,089
	6월	₩ 217	6	20	₩ 4,234	₩ 171,254
	7월	₩ 357	6	24	₩ 3,364	₩ 132,020
	8월	₩ 221	7	26	₩ 5,791	₩ 194,797
	9월	₩ 458	6	26	₩ 4,226	₩ 180,888
	10월	₩ 420	6	22	₩ 5,201	₩ 194,720
	11월	₩ 415	8	27	₩ 3,854	₩ 262,221
	12월	₩ 450	8	26	₩ 4,339	₩ 190,808
	1월	₩ 475	10	28	₩ 3,042	₩ 277,883
	2월	₩ 546	10	24	₩ 3,306	₩ 262,657
	3월	₩ 732	9	25	₩ 4,528	₩ 229,513
	4월	₩ 560	10	29	₩ 4,016	₩ 295,951

37 26 과정을 참고해 수식을 값으로 변경합니다.

38 N열의 [마케팅비] 열을 L열 우측으로 이동시키겠습니다.

39 [N4:N28] 범위를 선택하고 Ctrl + X 를 눌러 잘라냅니다.

40 [M4] 셀에서 마우스 오른쪽 버튼을 클릭한 후 [잘라낸 셀 삽입]을 클릭합니다.

41 이제 16행 모형의 결정계수를 계산하기 위해 다음 각 셀에 수식을 입력합니다.

[F16] 셀 : =INDEX(LINEST(O5:O28, K5:M28, TRUE, TRUE), 3, 1)

[G16] 셀 : =1-(((1-F16)*(COUNT($L$5:$L$28)-1))/(COUNT($L$5:$L$28)-COUNTA(B16:E16)-1))

G16 ▾ : × ✓ fx =1-(((1-F16)*(COUNT($L$5:$L$28)-1))/(COUNT($L$5:$L$28)-COUNTA(B16:E16)-1))

모형

독립변수				결정계수	조정 결정계수
교육비				0.392533917	0.364921822
마케팅비				0.353158203	0.323756304
매장수				0.558891721	0.538841345
인기제품				0.628179291	0.611278349
교육비	마케팅비			0.580989464	0.541083699
교육비	매장수			0.615853789	0.579268435
교육비	인기제품			0.663018604	0.630925138
마케팅비	매장수			0.575679106	0.535267593
마케팅비	인기제품			0.68196763	0.651678833
매장수	인기제품			0.708065581	0.680262303
교육비	마케팅비	매장수		0.645128687	0.59189799
교육비	마케팅비	인기제품		0.718651277	0.676448969
교육비	매장수	인기제품		0.72033067	0.678380271
마케팅비	매장수	인기제품		0.718187008	0.675915059
교육비	마케팅비	매장수	인기제품	0.736172177	0.680629477

데이터

연	월	교육비	인기제품	마케팅비	매장수	매출
전년	1월	₩ 359	6	₩ 4,921	15	₩ 179,689
	2월	₩ 345	10	₩ 4,281	15	₩ 201,820
	3월	₩ 298	8	₩ 3,980	15	₩ 145,828
	4월	₩ 381	8	₩ 2,320	16	₩ 122,328
	5월	₩ 269	8	₩ 2,699	18	₩ 150,089
	6월	₩ 217	6	₩ 4,234	20	₩ 171,254
	7월	₩ 357	6	₩ 3,364	24	₩ 132,020
	8월	₩ 221	7	₩ 5,791	26	₩ 194,797
	9월	₩ 458	6	₩ 4,226	26	₩ 180,888
	10월	₩ 420	6	₩ 5,201	22	₩ 194,720
	11월	₩ 415	8	₩ 3,854	27	₩ 262,221
	12월	₩ 450	8	₩ 4,339	26	₩ 190,808
	1월	₩ 475	10	₩ 3,042	28	₩ 277,883
	2월	₩ 546	10	₩ 3,306	24	₩ 262,657
	3월	₩ 732	9	₩ 4,528	25	₩ 229,513
	4월	₩ 560	10	₩ 4,016	29	₩ 295,951

42 모든 모형의 결정계수를 계산했다면 조정 결정계수 중 높은 결정계수를 반환하는 모형을 선택해야 합니다.

43 조정 결정계수가 높은 상위 세가지 모형을 표시해보겠습니다.

44 [G5:G19] 범위를 선택하고 [홈] 탭-[스타일] 그룹-[조건부 서식 ▦]을 클릭합니다.

45 하위 메뉴에서 [상위/하위 규칙]-[상위 10개 항목]을 선택합니다.

46 [상위 10개 항목] 대화상자가 나타나면 조건을 **3**으로 수정하고 [확인]을 클릭합니다.

🔍 **더 알아보기**　　**결과 이해하기**

조정 결정계수가 가장 높은 것은 19행의 교육비, 마케팅비, 매장수, 인기제품 모형으로 0.6806입니다. 다음으로 높은 것은 14행의 매장수, 인기제품 모형으로 결정계수가 0.6802이므로 19행의 모형과 별 차이 없습니다. 세 번째는 17행의 교육비, 매장수, 인기제품으로 조정 결정계수는 0.6783입니다.

상위 세 모형이 큰 차이가 없으므로, 계획 수립과 변경에 용이한 모형을 선택해 매출을 예측합니다. 이번 예제에서는 19행의 모형을 선택합니다.

다중 회귀 분석을 위한 데이터 예측 방법

10 16 선형 추세와 비선형(지수) 추세의 선택과 미래 예측하기

예제 파일 PART 04 \ CHAPTER 10 \ 다중 회귀 분석.xlsx

모형을 선택했으면 다음으로 선형 추세와 지수 추세 중 어느 방식으로 매출을 예측할지 선택해야 합니다. 이 부분은 이전의 미래값 예측 방법과 유사합니다. 다음 과정을 참고해 작업합니다.

01 예제 파일을 열면 화면과 같은 표를 확인할 수 있습니다.

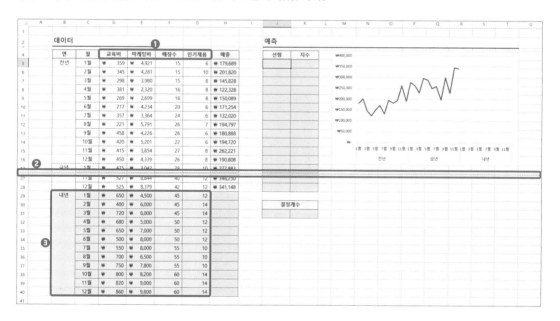

🔍 **더 알아보기**   **예제 이해하기**

❶ 부분을 보면 모형에서 가장 높은 조정 결정계수를 반환했던 교육비, 마케팅비, 매장수, 인기제품의 네 가지 독립변수를 사용하는 것으로 구성되어 있습니다. 그리고 표가 아래로 길기 때문에 [나누기] 명령을 사용해 ❷와 같이 중간 부분을 생략했습니다.

마지막으로 ❸에는 내년 매출을 예측하는 데 필요한 데이터가 입력되어 있습니다. 이 데이터는 관련 부서에서 수립된 연간 계획을 입력해놓은 것으로, 이런 데이터를 얻기 어려운 독립변수라면 사용하지 않는 것이 좋습니다.

02 먼저 선형 추세를 이용해 기존 데이터의 매출을 계산하겠습니다.

03 [J5:J28] 범위를 선택하고 다음 수식을 작성한 후 Ctrl + Shift + Enter 를 눌러 배열 수식으로 입력합니다.

=TREND(H5:H28, D5:G28)

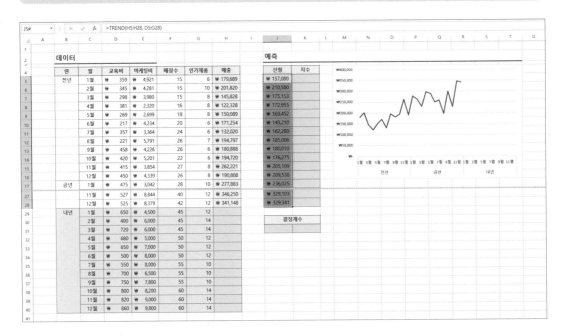

TIP 엑셀 마이크로소프트 365 버전에서는 [J5] 셀에 수식을 Enter 로 입력해도 동일한 결과를 얻을 수 있습니다.

04 계산된 선형 추세의 값을 차트에 표시해 확인하겠습니다.

05 [J4:J28] 범위를 선택하고 Ctrl + C 로 복사한 후 차트를 선택하고 Ctrl + V 로 붙여 넣습니다.

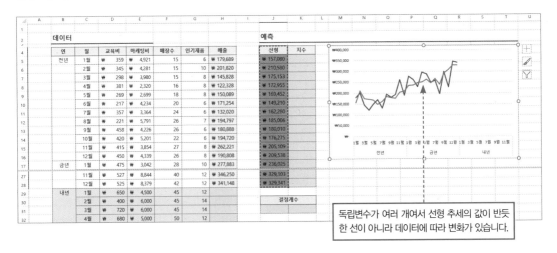

독립변수가 여러 개여서 선형 추세의 값이 반듯한 선이 아니라 데이터에 따라 변화가 있습니다.

06 이번에는 기존의 매출 데이터에 대한 지수 추세의 결과를 계산하겠습니다.

07 [K5:K28] 범위를 선택하고 다음 수식을 작성한 후 Ctrl + Shift + Enter 를 눌러 배열 수식으로 입력합니다.

=GROWTH(H5:H28, D5:G28)

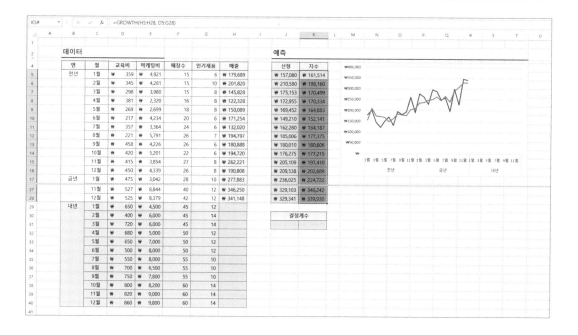

08 계산된 지수 추세의 값을 차트에 표시해 확인하겠습니다.

09 [K4:K28] 범위를 선택하고 Ctrl + C 로 복사한 후 차트를 선택하고 Ctrl + V 로 붙여 넣습니다.

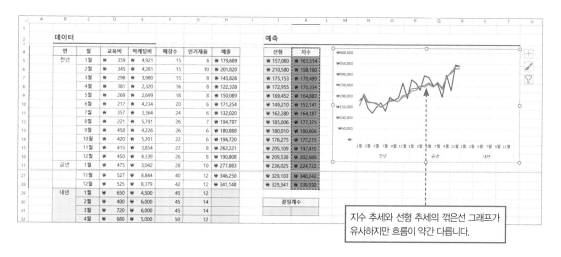

지수 추세와 선형 추세의 꺾은선 그래프가 유사하지만 흐름이 약간 다릅니다.

10 계산된 선형 추세와 지수 추세 중에서 기존 매출을 보다 잘 설명하는 것을 선택하겠습니다.

11 [J31] 셀에 다음 수식을 입력하고 채우기 핸들[+]을 [K31] 셀까지 드래그합니다.

> =RSQ($H$5:$H$28, J5:J28)

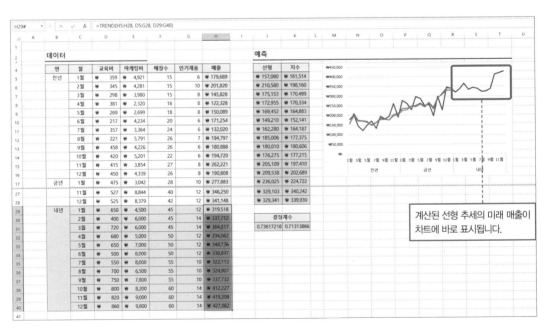

🔍 **더 알아보기**   **결과 이해하기**

계산된 결정계수를 보면 선형 추세가 0.73610이고 지수 추세가 0.71310이므로, 현재 모형에서는 선형 추세가 지수 추세에 비해 좀 더 매출 흐름과 유사하다고 판단할 수 있습니다. 그러므로 내년 계획에 따른 매출 예측은 선형 추세를 이용한 방법을 사용합니다.

12 [H29:H40] 범위를 선택하고 다음 수식을 입력 한 후 Ctrl + Shift + Enter 를 누릅니다.

> =TREND(H5:H28, D5:G28, D29:G40)

계산된 선형 추세의 미래 매출이 차트에 바로 표시됩니다.

TIP 엑셀 마이크로소프트 365 버전에서는 [H29] 셀에 수식을 Enter 로 입력해도 동일한 결과를 얻을 수 있습니다.

10 17 예측된 결과를 목표와 일치시키기

예제 파일 PART 04 \ CHAPTER 10 \ 다중 회귀 분석-해 찾기.xlsx

다중 회귀 분석으로 예측된 매출액은 이전 흐름과 크게 달라지는 부분이 없고 내년 계획대로 업무가 진행될 때 이룰 수 있는 금액을 의미합니다. 다만 목표는 항상 그보다 크게 잡히므로, 예측된 매출액을 목표와 일치시키려면 계획을 어떻게 수정해야 하는지 알아야 합니다. 이런 작업에서 가장 효과적인 엑셀 기능이 바로 해 찾기입니다. 다음 과정을 참고합니다.

01 예제를 열면 다음과 같은 표를 확인할 수 있습니다.

	연	월	교육비	마케팅비	매장수	인기제품	매출		예상 매출	목표	
데이터								**계획 수정**			
	전년	1월	₩ 359	₩ 4,921	15	6	₩ 179,689			₩ 5,000,000 ❶	
		2월	₩ 345	₩ 4,281	15	10	₩ 201,820				
		3월	₩ 298	₩ 3,980	15	8	₩ 145,828		계획 수정 가이드 라인		
		4월	₩ 381	₩ 2,320	16	8	₩ 122,328		교육비 총액	마케팅비 총액	
		5월	₩ 269	₩ 2,699	18	8	₩ 150,089				
		6월	₩ 217	₩ 4,234	20	6	₩ 171,254				
		12월	₩ 525	₩ 8,379	42	12	₩ 341,148				
	내년	1월	₩ 650	₩ 4,500	45	12	₩ 319,518		연 교육비	연 마케팅비	
		2월	₩ 400	₩ 6,000	45	14	₩ 337,712				
		3월	₩ 720	₩ 6,000	45	14	₩ 364,817				
		4월	₩ 680	₩ 5,000	50	12	₩ 334,062				
		5월	₩ 650	₩ 7,000	50	12	₩ 344,736				
		6월 ❷	₩ 500	₩ 8,000	50	12	₩ 338,637 ❸				
		7월	₩ 550	₩ 8,000	55	10	₩ 322,113				
		8월	₩ 700	₩ 6,500	55	10	₩ 324,907				
		9월	₩ 750	₩ 7,800	55	10	₩ 337,732				
		10월	₩ 800	₩ 8,200	60	14	₩ 412,227				
		11월	₩ 820	₩ 9,000	60	14	₩ 419,208				
		12월	₩ 860	₩ 9,800	60	14	₩ 427,882				

🔍 **더 알아보기**   **예제 이해하기**

예제에는 다중 회귀 분석으로 예측된 부분과 회사의 내년 매출 목표가 입력되어 있습니다. ❶의 [K5] 셀에 입력된 금액이 바로 내년도 회사 매출 목표로, 500억 원입니다. ❷는 내년도 각 사업 부문에서 진행할 계획의 독립변수가 입력된 표이고, ❸은 Section 10-16 과정에서 산출한 예상 매출액입니다.

예상된 매출액과 목표액의 차이가 발생하면 ❷의 계획 중 일부를 수정해 예상 매출액이 목표액과 동일해질 수 있는지 확인합니다. 참고로 목표액과 예상 매출액의 차이가 발생하면 D열의 교육비와 E열의 마케팅비를 우선 조정합니다.

02 먼저 예상 매출액과 내년도 계획 부분에서 수정할 교육비와 마케팅비를 집계해놓습니다.

03 [J5], [J9], [K9] 셀에 각각 다음과 같은 수식을 입력합니다.

[J5] 셀 : =SUM(H29:H40)

[J9] 셀 : =SUM(D29:D40)

[K9] 셀 : =SUM(E29:E40)

	K9	▾	:	✕	✓	ƒx	=SUM(E29:E40)				
◢	A	B	C	D	E	F	G	H	I	J	K	L

데이터								**계획 수정**		
	연	월	교육비	마케팅비	매장수	인기제품	매출		예상 매출	목표
	전년	1월	₩ 359	₩ 4,921	15	6	₩ 179,689		₩ 4,283,550	₩ 5,000,000
		2월	₩ 345	₩ 4,281	15	10	₩ 201,820			
		3월	₩ 298	₩ 3,980	15	8	₩ 145,828		계획 수정 가이드 라인	
		4월	₩ 381	₩ 2,320	16	8	₩ 122,328		교육비 총액	마케팅비 총액
		5월	₩ 269	₩ 2,699	18	8	₩ 150,089		₩ 8,080	₩ 85,800
		6월	₩ 217	₩ 4,234	20	6	₩ 171,254			
		12월	₩ 525	₩ 8,379	42	12	₩ 341,148			
	내년	1월	₩ 650	₩ 4,500	45	12	₩ 319,518		연 교육비	연 마케팅비
		2월	₩ 400	₩ 6,000	45	14	₩ 337,712			
		3월	₩ 720	₩ 6,000	45	14	₩ 364,817			
		4월	₩ 680	₩ 5,000	50	12	₩ 334,062			
		5월	₩ 650	₩ 7,000	50	12	₩ 344,736			
		6월	₩ 500	₩ 8,000	50	12	₩ 338,637			
		7월	₩ 550	₩ 8,000	55	10	₩ 322,113			
		8월	₩ 700	₩ 6,500	55	10	₩ 324,907			
		9월	₩ 750	₩ 7,800	55	10	₩ 337,732			
		10월	₩ 800	₩ 8,200	60	14	₩ 412,227			
		11월	₩ 820	₩ 9,000	60	14	₩ 419,208			
		12월	₩ 860	₩ 9,800	60	14	₩ 427,882			

04 [J5] 셀의 예상 매출액이 [K5] 셀의 목표에 미달하므로 교육비와 연 마케팅비를 증액해 계산합니다.

05 연 교육비를 1억 원까지, 마케팅비를 12억 원까지 증액할 수 있다고 할 때 최대 예상 매출을 계산해 보겠습니다.

06 [J30] 셀에 **10,000**을, [K30] 셀에 **120,000**을 각각 입력합니다.

07 리본 메뉴의 [데이터] 탭-[분석] 그룹-[해 찾기 [?]]를 클릭합니다.

TIP [해 찾기] 명령이 표시되지 않는다면 Section 09-09를 참고해 [해 찾기] 추가 기능을 먼저 설치합니다.

08 [해 찾기 매개 변수] 대화상자가 열리면 다음과 같이 설정하고 [추가]를 클릭합니다.

[목표 설정] : J5

[대상] : 최대값

[변수 셀 변경] : D29:E40

이번 [해 찾기] 매개 변수 대화상자의 설정은, 교육비는 8천만 원([J9] 셀)에서 1억 원([J30] 셀)으로, 마케팅비는 8억 5천만 원([K9] 셀)에서 12억 원([K30] 셀)으로 증액이 가능하다고 할 때 최대 매출액을 구해보기 위한 설정입니다. 그러려면 [D29:E40] 범위의 교육비와 마케팅비가 변경되어야 하므로 해당 범위를 변수 셀로 설정합니다. [해 찾기 매개 변수] 대화상자에서 변경하는 변수 셀에는 수식이 아니라 값이 입력되어 있어야 합니다.

09 [제한 조건 추가] 대화상자가 열리면 교육비를 수정된 교육비 이내로 변경되도록 설정합니다.

10 [셀 참조]에는 [J9] 셀을, [제한 조건]에는 [J30] 셀을 각각 참조하고 [추가]를 클릭합니다.

비교 연산자는 기본인 작거나 같다(<=)가 선택된 채로 둡니다.

TIP [추가]를 클릭하면 조건이 추가되고, [제한 조건 추가] 대화상자가 초기화됩니다.

11 다음으로 마케팅비를 수정된 마케팅비 이내로 변경되도록 설정합니다.

12 [셀 참조]에는 [K9] 셀을, [제한 조건]에는 [K30] 셀을 각각 참조하고 [확인]를 클릭합니다.

비교 연산자는 기본인 작거나 같다(<=)가 선택된 채로 둡니다.

TIP [확인]을 클릭하면 [제한 조건 추가] 대화상자가 닫힙니다.

13 [제한 조건에 종속]에 등록된 조건이 정확한지 확인하고 [해 찾기]를 클릭합니다.

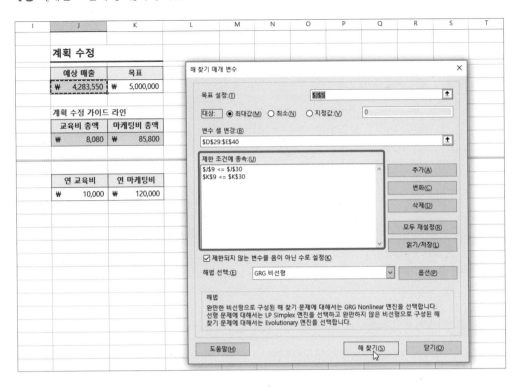

14 [해 찾기 결과] 대화상자가 나타납니다. 전체 내용을 확인하고 [취소]를 클릭합니다.

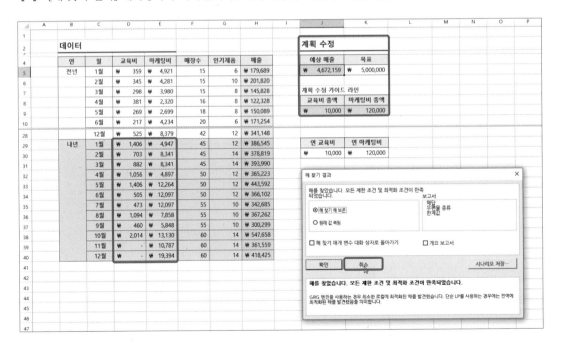

[J9] 셀과 [K9] 셀을 보면 교육비 총액과 마케팅비 총액이 각각 1억 원과 12억 원으로 증액된 것을 확인할 수 있습니다. 다만 이 경우에도 [J5] 셀의 예상 매출은 467억 원으로 기존 428억 원에 비하면 증액되었지만 목표(500억 원)에는 미달입니다. 그리고 [D29:E40] 범위를 보면 교육비가 정상적인 지출 계획과는 많이 다르게 변경된 것을 확인할 수 있습니다. 이런 부분은 [해 찾기] 대화상자를 실행할 때 좀 더 정확한 조건을 추가하는 방법으로 해결할 수 있습니다.

15 [D29:E40] 범위의 교육비와 마케팅비가 제대로 수정되도록 해 찾기를 다시 실행하겠습니다.

16 리본 메뉴의 [데이터] 탭-[분석] 그룹-[해 찾기 ?]를 클릭한 후 [추가]를 클릭합니다.

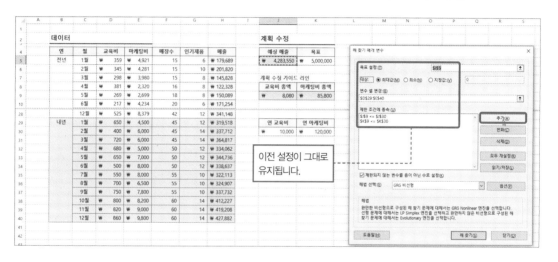

17 [제한 조건 추가] 대화상자에 다음 조건을 추가하고 [추가]를 클릭합니다.

[셀 참조] : D29:D40
[비교 연산자] : >=
[제한 조건] : 400

14 과정에서 확인할 수 있는 것처럼 [D29:D40] 범위에 있는 0을 없애고 매월 교육비의 편차를 줄이려면 월에 지불할 최소 교육비를 입력해놓는 것이 좋습니다. 처음 계획에서 가장 작은 금액이 400이므로 이 숫자를 최소 조건으로 추가한 것입니다.

18 다음 조건을 추가하고 [확인]을 클릭합니다.

[셀 참조] : E29:E40
[비교 연산자] : >=
[제한 조건] : 4500

[E29:E40] 범위의 마케팅비는 교육비와는 달리 **14** 과정에서 제대로 변경됐지만, 그래도 정확한 조건을 설정하기 위해 월에 지불할 최소 마케팅비를 입력해놓은 것입니다. 처음 계획에서 가장 작은 금액이 4500이므로 이 숫자를 최소 조건으로 추가합니다.

19 [제한 조건에 종속]에서 추가된 조건을 확인하고 [해 찾기]를 클릭합니다.

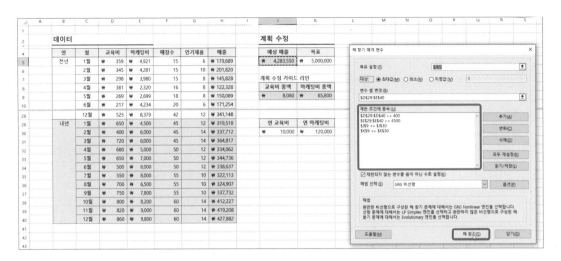

20 [D29:E40] 범위의 값이 수정되면서 매출은 최대 467억 원이 반환됩니다. 원하는 결과가 아니므로 결과만 확인하고 [취소]를 클릭합니다.

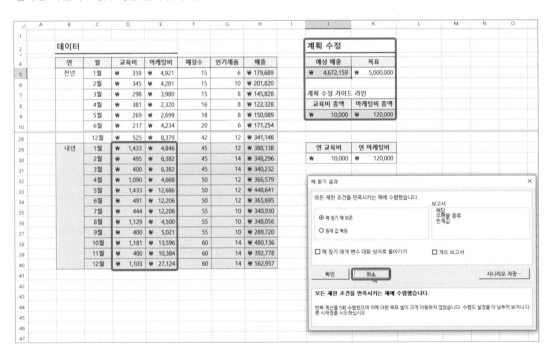

21 연 마케팅비를 최대 15억 원으로 조정하면 예상 매출 500억 원을 달성할 수 있는지 확인해보겠습니다.

22 [K30] 셀의 값을 **150000**으로 수정합니다.

23 리본 메뉴의 [데이터] 탭-[분석] 그룹-[해 찾기 ⁇]를 클릭합니다.

24 대상 옵션을 [지정값]으로 변경하고 **5000000**을 입력한 후 [해 찾기]를 클릭합니다.

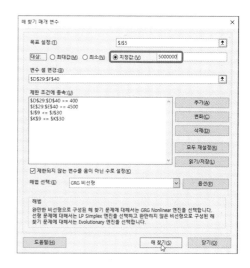

TIP 제한 조건은 동일하므로 [대상]만 수정합니다.

25 [해 찾기 결과] 대화상자가 열리고 [J5] 셀에 예상 매출 487억 원이 반환됩니다. 원하는 결과가 아직 반환되지 않았으므로 [취소]를 클릭합니다.

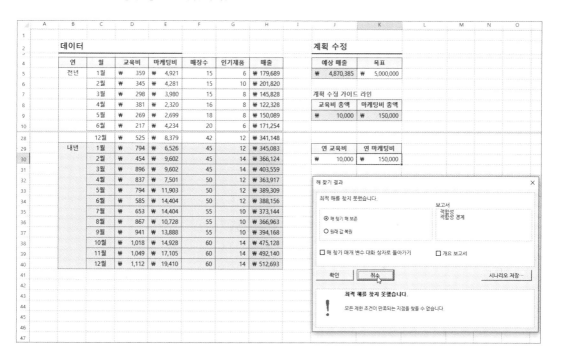

26 매장수 계획을 조정하면 500억 원 매출을 달성할 수 있는지 확인해보겠습니다.

27 먼저 내년 계획 상의 평균 매장 수를 구합니다.

28 [K8:K9] 범위를 Ctrl+C로 복사해 [L8] 셀에 Ctrl+V로 붙여 넣습니다.

29 [L8] 셀의 머리글을 **평균 매장수**로 변경하고 [L9] 셀에 **=AVERAGE(F29:F40)** 수식을 입력합니다.

30 [K29:K30] 범위를 복사해 [L29] 셀에 붙여 넣고, [L29] 셀의 머리글을 **연평균 매장수**로 변경합니다.

31 [L30] 셀에 연평균 목표 매장수를 **60**으로 입력합니다.

	연	월	교육비	마케팅비	매장수	인기제품	매출		예상 매출	목표	
데이터								**계획 수정**			
	연	월	교육비	마케팅비	매장수	인기제품	매출		예상 매출	목표	
5	전년	1월	₩ 359	₩ 4,921	15	6	₩ 179,689		₩ 4,283,550	₩ 5,000,000	
6		2월	₩ 345	₩ 4,281	15	10	₩ 201,820				
7		3월	₩ 298	₩ 3,980	15	8	₩ 145,828		**계획 수정 가이드 라인**		
8		4월	₩ 381	₩ 2,320	16	8	₩ 122,328		교육비 총액	마케팅비 총액	평균 매장수
9		5월	₩ 269	₩ 2,699	18	8	₩ 150,089		₩ 8,080	85,800	53
10		6월	₩ 217	₩ 4,234	20	6	₩ 171,254				
28		12월	₩ 525	₩ 8,379	42	12	₩ 341,148				
29	내년	1월	₩ 650	₩ 4,500	45	12	₩ 319,518		연 교육비	연 마케팅비	연평균 매장수
30		2월	₩ 400	₩ 6,000	45	14	₩ 337,712		₩ 10,000	₩ 150,000	60
31		3월	₩ 720	₩ 6,000	45	14	₩ 364,817				
32		4월	₩ 680	₩ 5,000	50	12	₩ 334,062				
33		5월	₩ 650	₩ 7,000	50	12	₩ 344,736				
34		6월	₩ 500	₩ 8,000	50	12	₩ 338,637				
35		7월	₩ 550	₩ 8,000	55	10	₩ 322,113				
36		8월	₩ 700	₩ 6,500	55	10	₩ 324,907				
37		9월	₩ 750	₩ 7,800	55	10	₩ 337,732				
38		10월	₩ 800	₩ 8,200	60	14	₩ 412,227				
39		11월	₩ 820	₩ 9,000	60	14	₩ 419,208				
40		12월	₩ 860	₩ 9,800	60	14	₩ 427,882				

TIP [F29:F40] 범위의 내년도 매장수 목표는 평균 53개인데, 이를 60개까지 늘리도록 계획을 수정한 것입니다.

32 계획에 맞춰 변수를 수정해 다시 해 찾기를 실행하겠습니다.

33 리본 메뉴의 [데이터] 탭-[분석] 그룹-[해 찾기 🔍]를 클릭합니다.

34 [해 찾기 매개 변수] 대화상자가 열리면 [변수 셀 변경]의 참조 범위를 [D29:F40]으로 수정하고 제한 조건을 추가하기 위해 [추가]를 클릭합니다.

35 [제한 조건 추가] 대화상자에 다음 조건을 추가하고 [확인]을 클릭합니다.

[셀 참조] : L9
[비교 연산자] : =
[제한 조건] : L30

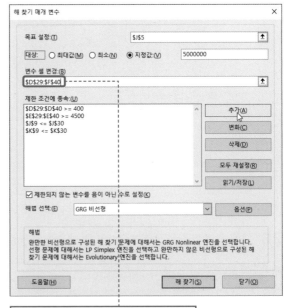

내년도 월별 매장 수도 변경되어야 하므로 [변수 셀 변경]에 F열이 포함되도록 [D29:F40] 범위로 설정합니다.

36 [제한 조건에 종속]에 조건이 추가된 것을 확인하고 [해 찾기]를 클릭합니다.

$L$9=$L$30 조건이 추가되어 있어야 합니다.

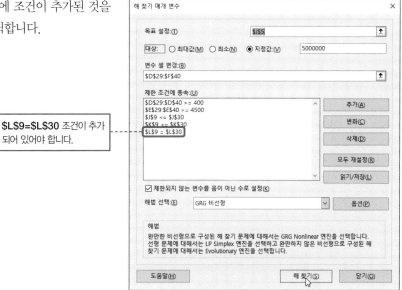

37 [해 찾기 결과] 대화상자가 표시되고 [J5] 셀에 예상 매출액으로 500억 원을 약간 초과하는 금액이 반환됩니다. 다른 해법도 사용해보기 위해 [취소]를 클릭합니다.

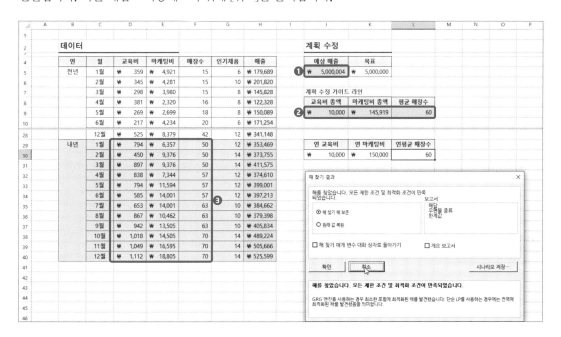

🔍 **더 알아보기** **해 찾기 결과 이해하기**

해 찾기 결과 ❶에서 확인할 수 있는 것처럼 [J5] 셀의 예상 매출액 500억 4만 원으로 원하는 결과에 근접한 결과를 얻었습니다. 그에 맞게 ❷의 교육비 총액은 1억 원, 마케팅비 총액은 14억 5천만 원, 평균 매장 수는 60개로 변경됩니다.
❷의 결과는 모두 수식으로, ❸의 데이터 범위를 대상으로 하므로 ❸의 내년 계획도 그에 맞게 조정되어 있는 것을 확인할 수 있습니다.

38 동일한 조건의 다른 해법으로 결과를 확인하겠습니다.

39 리본 메뉴의 [데이터] 탭–[분석] 그룹– [해 찾기 ?] 를 클릭합니다.

40 [해법 선택]을 [단순 LP]로 변경하고 [해 찾기]를 클릭합니다.

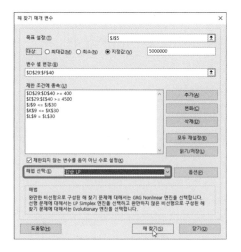

41 [해 찾기 결과] 대화상자가 반환되면 [J5] 셀의 예상 매출이 500억 원으로 반환됩니다. [취소]를 클릭합니다.

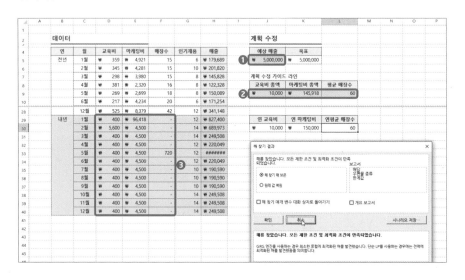

🔍 **더 알아보기**　　**해 찾기 결과 이해하기**

단순 LP 해법으로 실행된 결과를 보면 ❶과 ❷ 부분의 결과는 만족스럽지만 ❸의 내년도 계획이 너무 극단적으로 치우친 결과가 반환된 것을 확인할 수 있습니다. D열의 교육비는 [D30] 셀에만 5,600만 원이 투입되고 나머지는 모두 400만 원입니다. E열도 마찬가지인데, [E29] 셀에만 9억 6천만 원이 투입되고 나머지는 모두 4,500만 원으로 동일합니다. F열의 매장수는 [F33] 셀에만 720개이고 나머지는 모두 0입니다. 이런 극단적인 계획을 진행할 수는 없습니다. 그러므로 단순 LP를 이용해 정확한 결과를 얻으려면 [해 찾기] 대화상자의 [제한 조건에 종속]에 별도의 조건을 추가해야 합니다.

예를 들어 D열의 교육비의 경우 매월 최소 400만 원 이상이면 된다고만 조건이 적용되어 있으므로 상한선을 정해주면 좋습니다. 교육비의 경우는 연 교육비가 1억 원이므로, 이를 12(개월)로 나누면 833만 원 정도가 됩니다. 그러므로 최대 1,000만 원을 넘지 않는다는 조건을 추가하면 더 좋은 계획이 수립될 수 있습니다.

이렇게 사업 계획을 수정해 원하는 결과를 얻고 싶을 때 [해 찾기] 기능을 사용할 수 있지만, 해법에 따라 여러 가지 제한 조건을 추가해보아야 만족스러운 결과를 얻을 수 있습니다. 이런 데이터 예측 방법은 여러 번 반복 실행을 하면서 최적의 조건을 지정하는 연습을 해보는 것이 좋습니다.

엑셀 바이블 시리즈로
나도 엑셀 잘하면 소원이 없겠네!

엑셀 바이블 시리즈는 수많은 독자가 검증한 실무 예제와
엑셀 실력 향상에 꼭 필요한 내용이 알차게 수록되어 있습니다. 사랑받는 한빛미디어의
엑셀 바이블 시리즈와 함께 마음껏 실력을 쌓아보세요.

엑셀 데이터 분석의
필수 함수&기능을
마스터한다!

기본 코드와
문법부터 실무 자동화
프로그래밍까지
총정리!

엑셀 데이터 분석
바이블 모든 버전 사용 가능

최준선 지음 | 712쪽 | 38,000원

① 엑셀 데이터 분석 업무에 최적화된 방법을 마스터한다.
② 실무 예제를 통해 데이터 분석 원리와 기능 사용 방법을 꼼꼼하게 학습한다.

엑셀 데이터 가공과 분석에 필요한 함수와 기능 설명부터 데이터 시각화, 예측을 통한 활용 방법까지 실무 예제로 학습한다. 또한 엑셀 데이터 분석에 필요한 기본 원리를 꼼꼼하게 정리하여 데이터 분석을 통한 대시보드 제작, 의사 결정을 위한 데이터 가공, 미래 예측 기능 등으로 업무를 효율적으로 개선하고 활용할 수 있다.

엑셀 매크로&VBA
바이블 모든 버전 사용 가능

최준선 지음 | 1,044쪽 | 45,000원

① 엑셀 매크로 활용에 필요한 기본기와 VBA 기초 문법, 코드까지 한 권에 다 담았다.
② 친절한 코드 설명과 함께 실무에 꼭 맞는 매크로 코드를 체계적으로 학습할 수 있다.

엑셀 모든 버전에서 매크로와 VBA의 기본 기능부터 주요 기능, 실제 업무에 활용할 수 있는 코드까지 체계적으로 학습할 수 있도록 구성했다. 친절한 코드 설명과 실무에 꼭 맞는 예제 구성으로 엑셀 업무 자동화 프로그래밍의 거의 모든 것을 쉽게 학습할 수 있다.